国家社会科学基金项目（08BXW006)

中国新闻伦理
思想的演进

The Evolution of Chinese
Journalism Ethics

徐新平　著

北京大学出版社
PEKING UNIVERSITY PRESS

图书在版编目(CIP)数据

中国新闻伦理思想的演进/徐新平著.—北京:北京大学出版社,2019.10
(传播学论丛)
ISBN 978-7-301-30588-1

Ⅰ.①中… Ⅱ.①徐… Ⅲ.①新闻学—伦理学—思想史—研究—中国
Ⅳ.①G219.29

中国版本图书馆 CIP 数据核字(2019)第 135219 号

书　　　　名	中国新闻伦理思想的演进
	ZHONGGUO XINWEN LUNLI SIXIANG DE YANJIN
著作责任者	徐新平　著
责 任 编 辑	胡利国
标 准 书 号	ISBN 978-7-301-30588-1
出 版 发 行	北京大学出版社
地　　　　址	北京市海淀区成府路 205 号　　100871
网　　　　址	http://www.pup.cn
新 浪 微 博	@北京大学出版社　　　@未名社科-北大图书
微信公众号	ss_book
电 子 信 箱	ss@pup.pku.edu.cn
电　　　　话	邮购部 010-62752015　发行部 010-62750672　编辑部 010-62753121
印 刷 者	涿州市星河印刷有限公司
经 销 者	新华书店
	730 毫米×980 毫米　16 开本　31 印张　576 千字
	2019 年 10 月第 1 版　　2019 年 10 月第 1 次印刷
定　　　　价	88.00 元

目录

绪　论

新闻伦理思想是伴随着新闻事业的产生而产生的,新闻事业是新闻职业道德赖以生成和发展的客观物质基础,新闻道德是新闻事业得以健康发展的重要保证和必要条件,是照亮新闻工作者职业生活的指路明灯。恩格斯说:"实际上,每一个阶级,甚至每一个行业,都各有各的道德。"① 以采集和传播新闻信息为专门业务并担负着一定社会责任的新闻业,在中国已有百余年的历史。中国自从有了新闻业,便有了指导和规约行业行为与记者活动的新闻伦理思想。随着时代的发展与科学技术的进步,中国新闻事业及其伦理思想也在不断地发展变化着,犹如一条绵延不断的河流,处处呈现着新的光景。那么,不同历史时期的中国新闻业存在哪些伦理问题? 人们为解决这些问题,提出了哪些具有针对性、指导性和建设性的新闻伦理思想? 这些产生于不同历史时期的新闻伦理思想,在当时起到了怎样的作用? 对于今天的传媒伦理建设具有怎样的价值和影响? 这是中国新闻事业史研究中应该重视的课题。因此,全面研究中国新闻伦理思想产生和发展的历史,是本书要完成的主要任务。

一、中国新闻伦理思想史研究的现状

迄今为止,海内外还没有专门研究中国新闻伦理思想发展史的著作,学界对中国新闻伦理思想的研究,总体上还比较薄弱。这与中国新闻伦理学的研究起步较晚有一定的关系。众所周知,中国新闻伦理学研究是 20 世纪 80 年代以后才开始起步的。在此之前,几乎没有专门研究新闻伦理学的著作,而对于中国新闻伦理思想史的研究起步更晚。从已有的研究成果看,关于中国新闻伦理思想史的研究成果,主要体现在以下几个方面。

---

① 恩格斯:《路德维希·费尔巴哈和德国古典哲学的终结》,北京:人民出版社 2014 年版,第 35 页。

一是新闻伦理学著作中对中国新闻伦理思想史的简要叙述。

1995年9月,新华出版社出版了国内第一本新闻伦理学著作——周鸿书的《新闻伦理学论纲》。该书的第二部分"历史篇",用了六千多字的篇幅,对全球新闻伦理的发展史进行了概括性的描述,认为"新闻道德形成于近代报业,却勃兴在现代新闻事业之中。现代新闻事业使新闻道德得到了比较充分的发展,形成了规范性的新闻道德准则"[①]。这一概括是符合历史实际的。但是,该书对新闻道德在近代和现代是怎样形成、又怎样勃兴的具体内容则没有论及,对中国新闻伦理思想的发展更缺乏具体的叙述。在"近代报业与新闻道德的形成"一节中,作者只选取了王韬、梁启超、黄远生、邵飘萍四位报人有关新闻道德的只言片语进行了简单的介绍。显然,这样的概括与描述不可能展示百余年来中国新闻伦理思想蔚为壮观的历史,也不可能呈现中国新闻伦理思想历史长河的真实面貌。

1996年8月,新华出版社出版了中华全国新闻工作者协会编写的《新闻职业道德》一书。该书的第一章第三节"新闻道德的历史发展",用两千多字概括了中国近代报人对新闻道德的三点认识:(1)记者以"品性为第一要素";(2)报道务求客观、真实、公正、全面;(3)报纸文风要"直抒胸臆",通俗易懂[②]。在各个小点中,作者分别选择了洪仁玕、王韬、郑观应、陈炽、梁启超等人有关新闻道德的言论作为论据,说明我国近代报人对新闻道德的认识。显而易见,这两千多字的内容对于中国"新闻道德历史的发展"来说,不过是九牛一毛的轻描淡写。

1997年12月,复旦大学出版社出版了陈桂兰主编的《新闻职业道德教程》。该书在绪论的第二部分提到了中国新闻职业道德的演变问题,但没有专门的章节论述中国新闻道德的发展历史。1998年3月,四川人民出版社出版了黄瑚著的《新闻法规与新闻职业道德》。作者在第九章"新闻职业道德的起源与发展"和第十章"我国社会主义职业道德的发展历程"中,简要地勾勒了中外新闻职业道德发展的历史。较之以往的著作,该书的材料较为充分,线索更为清楚,概括也颇为精当,是已有的新闻伦理学著作中论述中国新闻伦理思想发展历史最为详细的。但是,该书因其主题与体例的需要,对新闻伦理思想的内容只能做简单的介绍。以上几本书中的有关章节,是我国新闻学研究中较早涉及中国新闻伦理思想史的文献。这一方面说明,凡研究新闻伦理学的,无不认为中国新闻事业发展史中存在着丰富的伦理思想;另一方面也说明,新闻学界对中国新闻伦理思

---

① 周鸿书:《新闻伦理学论纲》,北京:新华出版社1995年版,第51页。
② 中华全国新闻工作者协会编:《新闻职业道德》,北京:新华出版社1996年版,第17—19页。

想史的研究才刚刚起步。

进入新世纪以来，中国新闻伦理学研究迎来了百花齐放万紫千红的春天，出版了多部新闻伦理学著作和教材。这些著作和教材中，对中国新闻伦理思想一般都有历史的回顾和概括。2001 年 3 月，湖南师范大学出版社出版了我写的《新闻伦理学新论》，同年 11 月，中国人民大学出版社出版了蓝鸿文主编的《新闻伦理学简明教程》，12 月新华出版社出版了黄瑚撰写的《新闻伦理学》。在同一年内出版了三本新闻伦理学书籍，这是我国新闻伦理学研究领域前所未有的，说明新闻伦理学研究越来越受到我国新闻学界的关注与重视。

这三本书中都有关于中国新闻伦理发展历史的内容。《新闻伦理学新论》对梁启超、孙中山、章太炎、徐宝璜、邵飘萍的新闻伦理思想做了简单的论述，对我国社会主义新闻职业道德的发展历程及其特色进行了分析。实事求是地说，虽然作者在写作本书的时候，指导思想上有明显的历史科学的意识，但由于当时掌握的资料和认识水平的局限，对中国新闻伦理思想史的研究还处于简略和肤浅阶段。蓝鸿文主编的《新闻伦理学简明教程》，在绪论的第四节"新闻伦理学在我国形成和创立的历史透析"中，按照古代、近代、现代和当代四个时期，简略地介绍了中国新闻伦理发展的历史以及各个历史时期新闻伦理思想的特点，线索比较清楚，但对各个历史时期新闻伦理内容的分析和特点的把握不够全面和准确。① 黄瑚撰写的《新闻伦理学》，其第四章"我国新闻伦理思想与新闻职业道德建设的发展历程"，介绍了我国近现代资产阶级新闻伦理思想和社会主义新闻职业道德建设以及我国港、澳、台地区新闻职业道德建设的情况。比较而言，该书对中国新闻伦理的历史叙述较其他书籍要详细、丰富一些，但总体看是属于概述性质的，未能联系具体的历史文化背景对不同历史时期的新闻伦理思想作深入的阐述。当然，中国新闻伦理思想发展的历史，只是"新闻伦理学"研究的内容之一，在一般概论性的著作中，不可能得到详尽的叙述。

我国台湾学者马骥伸在其《新闻伦理》一书中，也追溯了"我国新闻伦理思潮的演进"②，对孙中山、邵飘萍、张季鸾等人的新闻伦理思想作了简略的介绍，但对中国传统新闻伦理思想和思潮的介绍与阐释，无论是资料的收集，还是对内容的分析，都没有理清"我国新闻伦理思潮的演进"的基本脉络，与大陆学者的著作比较起来，其内容显得单薄。而李瞻著的《新闻道德》一书，主要是比较分析了世界各国新闻自律规范的内容与特点，没有论及中国新闻伦理思想发展的历史。

---

① 蓝鸿文主编：《新闻伦理学简明教程》，北京：中国人民大学出版社 2001 年版，第 11—17 页。

② 马骥伸：《新闻伦理》，台北：三民书局 1997 年版，第 25—36 页。

近几年来,我国又出版了近 10 部研究新闻伦理学的著作和教材。这些著作和教材的问世,有力地推动了我国新闻伦理学研究的深入,标志着新闻伦理学作为一门独立的学科,得到了新闻学界的重视与认可。但是,这些著作因著述的目的与研究的对象所限,有关中国新闻伦理思想发展演变的内容,要么完全没有涉及,要么只是简略的陈述。

二是中国新闻史著作和中国新闻学说史、新闻思想史著作中的有关论述。

中国新闻史著作和教材是对中国新闻事业的全面论述。目前有代表性的著作是方汉奇主编的《中国新闻事业通史》、丁淦林主编的《中国新闻事业史》、吴廷俊著的《中国新闻史新修》等。此外,还有戴元光主编的《20 世纪中国新闻学与传播学》系列,徐培汀著的《中国新闻传播学说史(1949—2005)》,赵凯、丁法章、黄芝晓主编的《二十世纪中国社会科学:新闻学卷》等。这些著作和教材中也有中国新闻伦理思想史的内容。但是,新闻史教材一般是在介绍某个重要人物的新闻活动的时候,附带一两句话对其有影响的伦理主张作概括性的叙述。而新闻学说史著作主要是提纲性地介绍中国新闻伦理的发展和研究情况。如赵凯、丁法章、黄芝晓主编,上海人民出版社 2005 年 9 月出版的《二十世纪中国社会科学:新闻学卷》,在第二编中用二分之一节的篇幅,简略地介绍了从洪仁玕《资政新篇》到 2001 年中国新闻伦理学的发展历史,对不同历史时期几位最著名记者的新闻伦理思想有所提及,但也仅仅是简略地介绍而已,缺乏详细的论述与阐释。

到目前为止,研究中国新闻思想和传播思想的著作主要有:胡太春著《中国近代新闻思想史》(山西教育出版社 1996 年版);金冠军、戴元光主编《中国传播思想史》(上海交通大学出版社 2005 年版);张昆著《中外新闻传播思想史导论》(复旦大学出版社 2008 年版);李秀云著《中国现代新闻思想史》(中国社会科学出版社 2007 年版);徐新平著《维新派新闻思想研究》(湖南人民出版社 2010 年版)。这些著作对一定历史时期著名人物或者派别的新闻传播思想进行了全面深入的阐述,为读者认识和了解中国新闻思想的发展脉络,特别是重要人物的新闻思想提供了一定的帮助。但是,这些著作的主要任务是对"新闻传播思想"作全面的考察与分析,而"新闻伦理思想"只是其中的一部分。因此,中国近代以来新闻伦理思想发展演进的历史不可能在这些著作中得到全面的呈现。

三是有关新闻伦理思想史的研究论文。

为了全面了解我国新闻伦理思想史的研究状况,我通过湖南师范大学图书馆电子资料室所拥有的主要相关文献资料数据库,进行了"中国新闻伦理思想史"相关主题的检索,结果没有发现这方面的研究论文。其他关于各个历史时期代表人物的新闻伦理思想研究的单篇论文也不多。大量有关新闻伦理和新闻职业道德的论文，都是针对现实的新闻职业道德案例与问题有感而发的。关于中国新闻伦理思想史的研究文章则较少看到。

总之，在所有新闻学著作和论文中，除上面介绍的新闻伦理学著作、新闻事业史著作、新闻思想史著作对中国新闻伦理思想的发展历史有一些简单的介绍和研究外，其他著作很少涉及这方面的内容，研究论文也不多见。为了弥补这一不足，本书将按照中国新闻事业发展历史的线索，全面论述中国新闻伦理思想发展演变的脉络，并联系特定时代背景和代表人物的人生经历，从纵向和横向的比较中揭示不同派别、不同代表人物新闻伦理思想的具体内容、时代特色及其价值和影响，全面总结各个历史时期中国新闻伦理思想的优秀成果，为今天的新闻伦理建设提供有益的思想资源和历史借鉴。

二、中国新闻伦理思想史研究的意义

只要新闻这一职业存在，就会有新闻职业道德建设的任务，也会有符合一定时代特点和时代需要的新闻伦理思想。新闻伦理道德是新闻事业永恒的话题。随着社会的进步和传媒技术的迅速发展，新闻传播正深刻地影响着人们社会生活的各个方面，在社会的政治、经济和文化生活中发挥着越来越重要的作用。"过去，很多人做自己的事情可以不需要媒体，而现在，即使在乡村，人们已经不是需不需要媒体，而是离不开好的媒体。"①正因为大众传媒的影响力在日益扩大，大众传媒的社会责任、传媒业的服务水平与质量、新闻工作者的职业道德，也越来越受到人们的关注与重视。一方面，人们对现代传媒在迅速及时地传播各种信息、更好地服务经济建设、充分发挥舆论监督的作用、积极推进民主政治建设和不断满足人们精神文化需求等方面寄予了更高的期望；另一方面，对传媒业存在的种种道德缺失的现象，也表示了极大的关注与忧虑。各级媒体主管部门、新闻机构以及新闻学界，都在不断探索提高新闻职业道德水平的路径和方法。

其实，新闻道德缺失的现象，从新闻业诞生以来从来就没有消失过，新闻伦理问题总是与新闻传播活动相伴而生。无论哪个国家和哪个历史时期，新闻伦理失范现象总是或多或少，或轻或重地存在着，真可谓"此恨绵绵无绝期"。例如，早在戊戌变法时期，国人一开始办报，就面临着新闻道德的困扰。梁启超在

---

① 〔法〕让·贝特朗：《媒体职业道德规范与责任体系》，宋建新译，北京：商务印书馆2006年版，第2页。

《论报馆有益于国事》一文中就指出报纸存在五种不良现象：一是喜欢登载闭门而造、信口以谈的奇闻逸事，荒唐悠谬，徒伤风化；二是记载不实，臆造诡说，荧惑听闻，贻误大局；三是对人对事的评价缺乏公正的立场，毁誉凭其恩怨，为个人的私利服务；四是言论缺乏依据和新意，蹈袭陈言，或缺乏才气，敷衍塞责，义无可取，言之无文；五是视界狭隘，局限于门派的小圈子，立言发论，断章取义，不伦不类。① 1907 年，《大公报》创始人英敛之在《北京视察识小录·报界之繁盛》中说，当时北京的文言报纸，"近日不知因何妙悟，忽插入'花丛'一门。婉娈万状，媒狎满纸，为嫖界作前驱，充妓女之忠仆"②。对这种靠低俗的内容营利赚钱的行为，英敛之给予了严厉的批判。1923 年，邵飘萍在《实际应用新闻学》一书中，对当时的报纸存在的"花柳优伶种种不堪入目之记载"和为了迎合一般劣等之读者而登载"秽亵与残忍"之新闻现象，也提出了尖锐的批评。

英国的马修·基兰在《媒体伦理》一书中说：在英国，"新闻记者的许多实际行径都是不道德的。的确，由于他们刻意制造新闻、侵犯个人隐私权、骚扰不幸者、使用具有性别歧视的字眼以及其他一般不当的行为，大众对新闻记者充满着负面的印象，因为他们是一群不诚实、难以信任且毫无原则的自利者"③。美国的罗恩·史密斯在《新闻道德评价》中说："公众不仅不再像过去那样支持媒体的'监视人的角色'一说，而且他们认为新闻工作者是些坏家伙。1/3 的美国人会说全国性的新闻媒体妨碍了政治领导人的工作。12 年前，大部分人都认为记者在尽心尽力、真挚诚恳地为公众服务，但是今天他们却认为，新闻报道中充满了偏见、错误和骇人听闻的故事。他们相信记者追逐新闻并不是为了公众的利益，而是为了提高节目的受欢迎程度和追求个人的职业成就。"④

由此可见，新闻道德问题是长期以来不断困扰人们的全球性问题。正因为问题长期和普遍存在，所以不同国度、不同历史时期的人们，都在思考着问题产生的原因以及解决问题的对策，也因此才有了为解决新闻道德问题而产生的具有时代特色的新闻伦理思想。

历史虽然是已经消逝了的存在，但又不是毫无价值的存在，它总是与我们的现实生活有着一定的关系。诚如德国历史学家雅斯贝尔斯所说："历史之光照亮了当下，它不但告诉我们一去不返的往事，更指出过去发生过而今依然存在的事

---

① 张品兴主编：《梁启超全集》第 1 册，北京：北京出版社 1999 年版，第 66—67 页。
② 英敛之：《英敛之集》上，桂林：广西师范大学出版社 2013 年版，第 450 页。
③ 〔英〕马修·基兰编：《媒体伦理》，张培伦等译，南京：南京大学出版社 2009 年版，第 12 页。
④ 〔美〕罗恩·史密斯：《新闻道德评价》，李青藜译，北京：新华出版社 2001 年版，第 15 页。

情。"①改革开放以来,中国的新闻事业在取得了飞速发展和辉煌成就的同时,也出现了"有偿新闻""有偿不闻""虚假新闻""新闻敲诈""不良广告""低俗之风""网络谣言"和"网络暴力"等种种不道德的现象。人们为纠正和防止这些严重影响传媒职业声誉和社会风气的行为,提出了种种解决方案和对策。但是,当下的大多数意见都是从外在的规范体系的重建和新闻道德法律化、制度化等角度出发的,很少从历史的视角来考察和总结过去所积累的新闻伦理思想成果,进而从历史经验中深化对新闻伦理的认识和吸取有益的养料,为现实的新闻伦理建设服务。

李大钊在《史学要论》中说:"凡是一种学问,或是一种知识,必于人生有用,才是真的学问,真的知识;否则不能说他是学问,或是知识。历史学是研究人类生活及其产物的文化的学问,自然与人生有密切的关系;史学既能成为一种学问,一种知识,自然亦要于人生有用才是。"②德国人雅斯贝尔斯说:"历史知识也决不是一堆可有可无的事实,而是我们生活中的一个活跃的组成部分。"③历史与现实总是联系在一起的。任何职业都有其思想观念的延续性与继承性,虽然过去的做法与经验不可能成为今天解决问题的直接答案,但是,人们对过去的历史了解得越全面、越深入,解决当下问题的智慧和对策就会越高超、越管用。因此,研究中国新闻伦理思想史具有重要的理论价值和现实意义。

一是认识意义。本书全面系统地梳理和总结了中国新闻事业产生以来所积累的丰富的新闻伦理思想成果,有助于人们更好地认识中国新闻事业发展的历史,特别是中国新闻职业道德发展的历史。百余年来,中国的新闻事业经历了晚清时期、北洋政府时期、国民政府时期、中华人民共和国时期等几个重要的历史阶段。在每一个历史阶段,由于媒体面临的时代主题、所处的社会生态环境和担负的时代使命不同,在伦理道德方面的要求与内容也不相同。全面了解中国新闻史上丰富的新闻伦理思想成果,对于我们更好地认识中国新闻事业和传媒道德发展的历史,具有积极的帮助。

二是借鉴意义。正如人们常说的,一切历史都是当代史。研究中国新闻伦理思想的变迁,不仅是为了回应全面再现过去的新闻伦理思想的面貌,而且是为了回应现实的需要。期望通过对中国传统新闻伦理思想的梳理、总结、分析与批判,为现实的新闻道德建设提供一定的理论参照和历史的借鉴。梁启超在《中

---

①　〔德〕雅斯贝尔斯:《什么是教育》,邹进译,北京:生活·读书·新知三联书店1991年版,第59页。

②　《李大钊文集》下卷,北京:人民出版社1984年版,第761页。

③　〔英〕汤因比等著,张文杰编:《历史的话语:现代西方历史哲学译文集》,桂林:广西师范大学出版社2002年版,第51页。

国历史研究法补编》中说：研究"历史的目的在将过去的真事实予以新意义或新价值以供现代人活动之资鉴。……假如不是有此种目的，则过去的历史如此之多已经足够了。……吾人做新历史而无新目的，大大可以不作。历史所以要常常去研究，历史所以值得研究，就是因为要不断的予以新意义及新价值以供吾人活动的资鉴"①。美国当代著名伦理学家麦金太尔也说过："一个时代、一个社会的伦理思想，一方面有着历史传统的承继性，另一方面，更重要的是要看到，它是作为供需者来满足那个时代的社会生活的需要。"②我们今天面临的新闻职业道德问题，有些是现时特有的新问题，有些则是古已有之的"疑难杂症"。如何解决这些问题，"从历史中我们可以看见自己，就好象站在时间中的一点，惊奇地注视着过去和未来，对过去我们看得愈清晰，未来发展的可能性就愈多"③。正因为当前的新闻职业道德建设需要我们了解更多的历史，才使得中国传统新闻伦理思想史的研究有了积极的现实意义。

三、中国新闻伦理思想史研究的内容

一般说来，新闻伦理思想既包括一定历史时期的社会、国家和政党对其新闻工作者的道德要求，如新闻道德原则、新闻道德规范和新闻道德理想等，又包括新闻工作者对自身的道德要求与期待，如新闻道德意识、新闻道德选择、新闻道德行为和新闻道德品质等。新闻道德主客观两方面的内容都是本书着力关注的对象。

中国素有重伦理教化的优良传统，儒家倡导的修身、齐家、治国、平天下的道德观念深入人心。新闻职业因自身生存和发展的需要，因社会对这个职业寄予了诸多的期望，自诞生以来，其道德问题就受到行业自身及社会各界的特别关注。还在国人办报之前，太平天国后期的第二号人物洪仁玕在构想未来社会政治蓝图的《资政新篇》中就说："兴各省新闻官，其官有职无权，性品诚实不阿者。"④他最早提出了新闻从业者要"品性诚实不阿"的道德要求。

自此以后，中国的新闻伦理思想便不断地产生和发展着，形成了一条绵延不断、波澜壮阔的思想河流。在晚清专制时期，中国的报人顶着清政府限制言论自由的巨大压力，秉着开民智、开官智和救亡图存的办报目的，一边探索办报的经验，一边思考着新闻工作者应具有的伦理精神。例如，被誉为"中国新闻记者之

① 梁启超：《中国历史研究法》，北京：东方出版社1996年版，第155页。
② 〔美〕麦金太尔：《伦理学简史》，龚群译，北京：商务印书馆2003年版，第3页。
③ 〔德〕雅斯贝尔斯：《什么是教育》，邹进译，北京：生活·读书·新知三联书店1991年版，第58页。
④ 中国史学会主编：《太平天国》（二），上海：上海人民出版社1957年版，第534页。

父"的王韬认为:"天下事皆在乎得人而已,得其人则治,不得其人则虽有良法美意,多败于奉行故事之手。"①他提出,新闻记者最重要的资格与条件就是"其立论一秉公平,其居心务期诚正"。他认为公平、诚实、正直是新闻记者最重要的品德,有了这样的品德,才会站在客观公正的立场上从事采访报道活动。维新派报人汪康年在办报过程中,最早明确提出了"报品""报德"的概念,认为:"夫振起社会,开发民智,不能无望于报。报之不善,则吾国前途复何望?吾故曰:今日中外各报,宜速求自尊自重之道也。"②维新派新闻理论集大成者梁启超在《敬告我同业诸君》一文中说:"西哲有言:'报馆者,现代之史记也。'故治此业者不可不有史家之精神。史家之精神何?鉴既往,示将来,导国民以进化之途径者也。"③梁启超把"史家精神"看作是对记者德性的最高要求,形成了以社会责任为核心的新闻伦理观。

而资产阶级革命派报人的代表章太炎则认为:"道德者,不必甚深言之,但使确固坚厉,重然诺,轻死生,则可矣。"④"不侮鳏寡,不畏强御,是新闻记者之职也……诸新闻记者,其当不务谄媚,不造夸辞,正色端容,以存天下之直道。"⑤他在著名的"苏报案"中所表现出来的宁死不屈、宁折不弯的铮铮铁骨,正是他所提倡的道德精神的体现。资产阶级革命派报人郑贯公在《拒约须急设机关日报议》中认为:"欲言办报,不得不先言记者。言记者又不得不先言其人格。"⑥他把记者个人的道德人格看作是新闻事业的基础。中国民主革命的先行者孙中山认为:作为记者,最重要的品性是敢于为真理而战斗,用至诚的精神感化读者。他说:"报馆记者卒抱定真理,一往不渝,并牺牲一切精神、地位、财产、名誉,使吾所抱之真理屹不为动,作中流之砥柱。"⑦"我们要感化人,最要紧的,就是诚。"⑧

辛亥革命推翻了统治中国二千多年的封建帝制,创立了中华民国。中国新闻事业也步入了一个新的历史时期,报刊从政论时代转向新闻时代。在这个过渡时期里,报纸和记者的地位有所提高,新闻在社会政治、经济生活中的影响力越来越大,新闻业自身也发生了新的变化,在业务上突破了晚清报刊政论唱主

①　王韬:《弢园文新编》,北京:生活·读书·新知三联书店 1998 年版,第 350 页。
②　汪康年:《敬告报馆(第三)》,《汪穰卿遗著》卷五,首都图书馆藏书,1920 年铅印本,第 31 页。
③　张品兴主编:《梁启超全集》第 2 册,北京:北京出版社 1999 年版,第 970 页。
④　汤志钧编:《章太炎政论选集》上册,北京:中华书局 1977 年版,第 311 页。
⑤　汤志钧编:《章太炎政论选集》下册,北京:中华书局 1977 年版,第 543 页。
⑥　张之华主编:《中国新闻事业史文选》,北京:中国人民大学出版社 1999 年版,第 52 页。
⑦　《孙中山全集》第 2 卷,北京:中华书局 1981 年版,第 337 页。
⑧　《孙中山全集》第 10 卷,北京:中华书局 1981 年版,第 351 页。

角的局面,出现了消息、通讯、评论等各种新闻文体。但是,袁世凯的复辟倒退、各路军阀争斗和当时党派斗争的加剧以及报业自身经营困难等原因,导致新闻界出现了有偿新闻、低俗新闻、利用报刊相互攻讦等许多新的伦理问题。面对这些问题,许多新闻记者都提出了自己的伦理主张。如黄远生信奉的"独立自尊"的人格思想、林白水倡导的"讲人话,不讲鬼话"的新闻伦理观,就是当时的代表。

五四新文化运动时期,随着学术研究的兴盛和西方资产阶级新闻学说进一步传入中国,中国新闻伦理思想形成了西方理论与中国传统伦理相互碰撞与交融的新局面。中国新闻教育的兴起,有力地促进了新闻伦理学研究的深入,新闻职业道德受到业界和学界的更多关注与重视。一批新闻学著作对新闻伦理给予了更多的论述。徐宝璜在其《新闻学》中论述了"访员应守之金科玉律",提出了具有规范意义的新闻伦理思想。著名记者邵飘萍在《实际应用新闻学》中,提出了"记者精神上之要素,以品性为第一"①以及"凡事必力求实际真相,以'探究事实不欺阅者'为第一信条"②的著名观点。任白涛在其著作中提出了"笔可焚而事实不可改,身可杀而良心不可夺"③的新闻伦理精神。20世纪二三十年代是中国新闻伦理思想大放异彩的时期。

"九一八"事变和抗日战争爆发后,中华民族经历了一场生死存亡的大考验。在民族危机空前严重的形势下,记者的伦理道德与职业精神也被时代赋予了新的要求与内涵。邹韬奋提倡永远立于大众立场的新闻道德观,主张为国家独立和民族解放而奋斗是最重要的新闻职业精神。他认为:"记者所始终认为绝对不容侵犯的是本刊在言论上的独立精神,也就是所谓报格。尚须屈伏于干涉言论的附带条件,无论出于何种方式,记者为自己人格计,为本刊报格计,都抱有宁为玉碎不为瓦全的决心。"④著名记者范长江提出:"新闻记者要能坚持着真理的火炬,在夹攻中奋斗,特别是在时局艰难的时候,新闻记者要能坚持真理,本着富贵不能淫、贫贱不能移、威武不能屈的精神,实在非常重要。"⑤新记《大公报》吴鼎昌、胡政之、张季鸾坚持"四不"主义原则,提倡"立言为公""言论报国"的职业理想,为报界树立了独立办报的榜样。还有成舍我、史量才等人,在办报实践中,用

---

① 肖东发、邓绍根编:《邵飘萍新闻学论集》,北京:北京大学出版社2008年版,第18页。
② 肖东发、邓绍根编:《邵飘萍新闻学论集》,北京:北京大学出版社2008年版,第137页。
③ 任白涛:《应用新闻学》,上海:亚东图书馆1937年版,第15页。
④ 邹韬奋:《韬奋全集》第5卷,上海:上海人民出版社1995年版,第439—440页。
⑤ 范长江:《怎样学做新闻记者》,张之华主编:《中国新闻事业史文选》,北京:中国人民大学出版社1999年版,第255页。

自己的行动实践着忠于新闻职务的专业主义伦理思想。这些富有时代特色的新闻伦理思想展示了中国新闻工作者特有的伦理精神。

中国共产党在上海和江西苏区中央革命根据地办报时期，就注重党报伦理建设。中国共产党的领袖和党报负责人瞿秋白、张闻天等根据当时党报的宣传任务和存在的问题，提出了讲真话、去粉饰、脸向着群众等独特的新闻伦理思想。延安时期是中国共产党党报理论的大发展和形成时期，经过整风运动和知识分子的思想改造，党报的政治伦理（党性原则）和记者不做"无冕之王"而做"人民公仆"的职业伦理等新的观念逐步深入到了党报工作者心中。毛泽东、刘少奇、博古、陆定一等无产阶级革命家，对党的新闻事业和党报记者提出了许多具体的伦理要求，阐述了丰富的党报伦理思想，形成了自成体系、独具特色的中国共产党党报伦理观。

新中国成立后的前17年，中国的报业经过社会主义改造，形成了全新的格局。在新闻道德方面，一方面全面继承了延安时期形成的以党性原则为核心内容的新闻伦理思想，进一步强调了新闻伦理政治化要求；另一方面又根据共产党全面执政后由农村进入城市办报的新形势，提出了全心全意为人民服务，发扬"联系实际、联系群众、批评和自我批评"三大作风及坚持"政治家办报"等新的伦理要求。

改革开放以来，面对社会主义建设的新形势、新任务和中国新闻业出现的新情况、新特点，党和国家领导人对新闻业提出了新的要求。经过新闻界的"拨乱反正"和改革开放的有力推动，中国新闻职业道德建设也受到了前所未有的重视。在抵制和防范"有偿新闻""虚假新闻""低俗之风""不良广告""网络谣言"等不良道德现象的过程中，中国新闻工作者职业道德准则、广告伦理规范和网络伦理规范陆续制定并不断完善，中国新闻伦理思想得到了前所未有的新发展。邓小平、江泽民、胡锦涛、习近平等党和国家领导人在新闻职业道德方面对新闻工作者提出了具有时代特点的新要求。

可以说，中国新闻事业自诞生以来，中国人关于新闻道德建设的思考就没有停止过。中国新闻伦理思想随着时代的变化和需要在不断地发展和演变，中国历代报人和其他精英在新闻道德原则、新闻道德教育、新闻道德规范、新闻道德修养、新闻道德品质等方面提出了许多真知灼见，为中国新闻伦理思想的宝库提供和积累了丰富的理论资源。这些丰富的思想资源为本书的研究提供了客观的依据和条件。

因此，本书研究的主要内容：一是分别按照晚清时期、北洋政府时期、南京国民政府时期、新中国成立后27年和改革开放以来几个历史阶段，全面阐述中国新闻伦理思想在不同历史时期的独特内涵,再现当时新闻伦理思想的风貌;二是厘清中国新闻伦理思想发展演变的脉络,弄清后来者在前人思想的基础上提出了哪些新的有价值的思想主张,从而揭示出中国新闻伦理思想发展演变的特点;三是联系时代背景和思想家个人的人生经历,阐释各种新闻伦理思想产生的内外在缘由以及这些思想成果在当时产生的影响,在历史发展的链条中所具有的地位与价值,以及为我们今天的新闻道德建设提供的启发与借鉴。

第一章　晚清时期新闻伦理思想
（1840—1911 年）

　　研究中国新闻伦理思想为什么不从古代说起，而以晚清为开端，主要原因是中国新闻事业诞生于晚清。1872 年 4 月 30 日，上海《申报》在其创刊号的"本馆告白"中就说："新闻纸之制，创自西人，传于中土。"①我国著名新闻史学家戈公振在《中国报学史》中也说："我国现代报纸之产生，均出自外人之手。"②"我国之有官报，在世界上为最早，何以独不发达？其故盖西人之官报乃与民阅，而我国乃与官阅也。……故官报从政治上言之，固可收行政统一之效；但从文化上言之，可谓毫无影响。"③这就是说，以社会大众为传播对象、定期出版、有专门机构和人才从事这项工作的中国近代新闻事业，是晚清因受了洋人报纸的影响和中国社会的需要才出现的。毫无疑问，新闻伦理也只有在新闻职业产生之后才会出现。离开新闻职业来谈新闻伦理，就成了无源之水、无本之木。因此，探讨中国新闻伦理思想发展演变的历史，当从晚清时期开始。

第一节　中国近代报业的兴起

　　在历史研究中，一般把 1840 年至 1911 年称为晚清时期或中国近代。"中国近代，是社会动荡剧烈、国内外矛盾和斗争复杂尖锐的历史时期。在这个历史时期内，充满了侵略和反侵略、压迫和反压迫、变革和反变革、革命和反革命的斗争。近代的历史，既是中华民族各族人民的一部苦难史和屈辱史，又是一部斗争

---

① 《本馆告白》，《申报》1872 年 4 月 30 日。
② 戈公振：《中国报学史》，上海：上海古籍出版社 2003 年版，第 73 页。
③ 同上书，第 71 页。

史和光荣史。"①晚清时期中国社会最大的特点,一方面是西方列强入侵、民族危机不断加深;另一方面是中国人在不断觉醒和不断探索民族复兴的办法与途径,救亡图存与中华振兴是整个晚清时期的时代主题。围绕着这个主题,不同时期的中国人从他们所代表的利益和他们自身的条件出发,提出了各种各样的思想和主张。特别是一批具有先进思想、被称为"先知先觉"的知识分子,他们深念国忧,又苦于无权无势,不得不借助办报来抒发对国家前途命运的担忧和政治改革的主张。于是,中国近代报业在晚清时期便应运而生了。

一、西报东来及其对中国报业的影响

众所周知,中国近代报业之路是由外国人开启的。晚清时期,欧美传教士和商人来华办报,将西方报纸的模式传入中国,从而拉开了中国近代报业的序幕。诚如顾维钧在为邵飘萍《新闻学总论》写的序言中所说:"欧风东渐,新闻事业始萌芽于港沪,骎骎移植于内地。"②西方人用中文出版的以中国人为传播对象的第一份定期报刊,是由英国的传教士马礼逊和米怜于1815年8月5日在马来半岛的马六甲出版的《察世俗每月统记传》。这份报纸采用书册形式,每期5页,约2000字,每月发行一次,全年合订一卷,除免费在南洋华侨中散发外,还通过各种途径散发至中国境内的广州和澳门。

第一次鸦片战争前,外国传教士创办的中文报刊共有6种,分别是马礼逊和米怜创办的《察世俗每月统记传》,1823年麦都思创办的《特选撮要每月纪传》,1828年吉德创办的《天下新闻》,1828年士罗创办的《依泾杂说》,1833年郭士立创办的《东西洋考每月统记传》,1838年麦都思等创办的《各国消息》。其中最有影响的是英国传教士创办的《察世俗每月统记传》和德籍传教士创办的《东西洋考每月统记传》,而《东西洋考每月统记传》又是第一家进入中国本土的由外国传教士创办的中文报刊。外国人在华创办的宗教报刊以阐发基督教义为根本要务,内容以介绍神理、人道、国俗、天文、地理为主,很少有真正意义的新闻传播。

鸦片战争前,来华办报的外国人除了传教士之外,还有商人和政客。与传教士办报以中国人为传播对象不同,他们创办的外文报刊主要是给外国人看的。据统计,鸦片战争前在中国境内出版的外文报刊大约有17种。其中影响较大的有1822年9月在澳门出版的葡萄牙文周刊《蜜蜂华报》,1824年1月在澳门出版的《澳门钞报》,1827年11月在广州出版的英文报纸《广州纪录报》,1831年7月在广州出版的《中国差报与广州钞报》,1832年5月在广州出版的《中国丛报》,

---

① 李侃等:《中国近代史(1840—1919)(第四版)》,北京:中华书局1994年版,第1页,前言。
② 肖东发、邓绍根编:《邵飘萍新闻学论集》,北京:北京大学出版社2008年版,第99页。

1835 年 9 月在广州出版的英文周刊《广州周报》等。这些外文报刊的受众都是外国人。因此，其办报主要是为外商的商业利益服务的；其报道内容包括商业信息、政治评论和各地新闻等，比传教士办的报纸更符合近代报刊的要求；其宣传立场则完全站在英美帝国主义一边，批评中国清朝政府的对外政策和官员，为帝国主义的侵华策略与行为作辩护。1839 年，林则徐以钦差大臣的身份奉命到广州禁烟时，为了知己知彼而办的译文刊物《澳门新闻纸》，其中的内容就来自这些外文报刊。

1840 年 6 月，英国对中国发动了第一次鸦片战争，用炮舰打开了封建中国的大门，中国社会开始沦为半殖民地半封建社会。1842 年 8 月，中国近代史上第一个不平等条约——中英《南京条约》强迫中国割地赔款，五口通商。1844 年签订的中美《望厦条约》和中法《黄埔条约》，允许美国人和法国人在通商口岸设立教堂。1846 年 2 月，道光皇帝批准取消对天主教的禁令。接着，基督教也顺利地进入中国。这样，西方传教士在中国建教堂、开医院、办学校、设报馆，就有了一定的依据与保障。鸦片战争后，从 19 世纪 40 年代到 80 年代的半个世纪，外国人来华创办的中外文报刊达 200 多种，形成了中国境内的外报网络。

外国人在华创办的报纸不仅数量上快速增加，而且在地域上由海外和澳门、香港，扩大到广州、上海、汉口、宁波、烟台等中国中东部沿海城市。特别在内容上，这些由传教士和商人创办的报刊，大多数不再像《察世俗每月统记传》那样以阐发基督教义为宗旨，而是在保持介绍宗教知识和西方科学文化知识的同时，增加了时事新闻与时事评论。如《遐迩贯珍》不仅注意刊载新闻，而且开始刊登广告，开中文报纸刊载广告之先河。《六合丛谈》在内容上载有"泰西近事""金领近事""粤省近事"等中外新闻，还有"进口货单""出口茶叶单""银票单"等商务信息，基本脱离了纯宗教报刊的旧貌，具备了"新闻纸"的资格。

如果说宗教报刊在鸦片战争之后开始了旧貌变新颜的改革的话，那么，新创办的商业报刊则出现了全新的气象。如 1861 年 11 月在上海创刊的中文商业报纸《上海新报》，1872 年英国商人美查在上海创办的中文商业报纸《申报》，就是其中的代表。《上海新报》主要是为商业贸易服务，在《发刊启》中宣称："大凡商贾贸易，贵乎信息流通。本行印此新报，所有一切国政军情，市俗利弊，生意价值，船货往来，无所不载。"①这份报纸刊载各类商业信息和商业广告，新闻和言论集中在第二版。它创刊后的 10 年中，是上海唯一的中文报纸。1872 年 4 月《申报》创办后，《上海新报》在与《申报》的竞争中失败，于同年 12 月 31 日自动停刊。

《申报》是中国出版时间最长、影响最大的中文商业报纸。创办人是英国商

---

① 　转引自陈玉申：《晚清报业史》，济南：山东画报出版社 2003 年版，第 35 页。

人美查。美查在中国经营丝、茶生意亏本后,接受中国买办陈莘庚的建议,邀请英国友人伍华德、普莱亚、麦基洛合资办报,每人出银 400 两,于 1872 年 4 月 30 日在上海创办了《申江申报》,简称《申报》。《申报》的办报目的就是为了赚钱,"本报之开馆,余愿直言不讳焉,原因谋业所开者耳"①。这与过去所有外报都不同。过去的"宗教报刊重在宣传,不在营利,常免费赠阅;以往商业报纸旨在利用报纸宣传,为主人所从事的商业贸易营利,主要不在报纸本身赚钱"②。

因此,《申报》从一开办,就与其他报纸不同,表现出了鲜明的个性特色:一是报纸编务工作全由华人主持,其内容更加适合中国读者的口味。二是重视新闻采访,使报纸成为真正的"新闻纸"。三是重视言论。其言论内容非常广泛,创刊第一个月就发表言论 72 篇。总体上看,《申报》的言论既有为英帝国主义殖民政策作辩护的,也有鼓吹西方富强之术的,还有伸张社会正义的。四是热衷于社会新闻的报道,以吸引读者的眼球。《申报》上载有许多奇闻怪事、里巷琐谈、男女艳情、鬼神怪异的新闻。这些新闻既有满足读者好奇心的作用,也存在格调低下的毛病。五是重视文艺稿件和广告。《申报》创刊伊始,就向文人征稿,许多旧式文人纷纷向报馆投稿,或描写艳情,或流连景物,彼此唱和,互吟风雅,在商业报刊中别具一格。《申报》创刊后几天,就刊出《招刊告白引》,即刊载广告的广告。《申报》的广告内容无所不包,来者不拒。在中国新闻传播史上,《申报》是第一份形态完备的真正意义的"新闻纸"。

从 1815 年 8 月第一家中文近代报刊《察世俗每月统记传》的创办,到 1872 年 4 月《申报》的问世,在这将近 60 年的时间里,几乎所有的中文报刊都是外国人办的。中国新闻史学界一致认为,西方人创办的报刊,在政治倾向上,多数是为西方殖民主义侵略中国的总目标服务的,是西方列强侵略中国的组成部分。但是,这些外报将西方自然科学知识和人文社会科学知识介绍给中国,打开了长期封闭的中国人的眼界,增加了中国人的见识,客观上促进了中国自然科学知识和社会科学知识的普及。

从新闻事业发展角度看,外国人创办的报纸,向中国人传播了近代报刊的观念和思想,输入了新闻采编、排版印刷、经营管理等方面的办报技能,吸收中国人参与办报,为国人自办报刊培养了人才,提供了办报经验。如果不是外国人来华办报,中国近代新闻事业也许还继续停留在只反映皇帝活动和朝廷动态的"宫门钞"时代。诚如戈公振所说:外国人在中国创办的报纸"几一致为其国家出力,鼓吹资本主义与帝国主义。关于外交问题,往往推波助澜,为害于我国实大。不过

---

① 《本馆作报本意》,《申报》1875 年 10 月 11 日。
② 吴廷俊:《中国新闻史新修》,上海:复旦大学出版社 2010 年版,第 43 页。

以第三者眼光观之,外报于编辑、发行、印刷诸方面,均较中国报纸胜一筹,销数不多而甚有势力,著论纪事,均有素养。且无论规模大小,能继续经营,渐趋稳固。是则中国报纸所宜效法者也"①。

二、晚清时期国人办报的历程

中国人自办近代报纸,经历了由译报到办报的过程。1839 年,著名的民族英雄林则徐以钦差大臣的身份奉命到广州查禁鸦片,为了知己知彼、了解敌情而开展了译书、译报活动。他到达广州后,很快组织人力翻译《四州志》《各国律例》和《华事夷言》等外文书籍,以便了解外国的地理、制度、法律等知识。与此同时,他还下令搜集外国人在广州、澳门出版的各种报刊,精选外文翻译人员进行翻译,译出的新闻报道和时事评论按时间顺序装订成册,命名为《澳门新闻纸》。《澳门新闻纸》现存 6 册,时间从 1839 年 7 月 23 日始至 1840 年 11 月 7 日止,历时一年零三个多月。其内容有政治、军事和贸易等方面的时事报道和评论,尤其是林则徐抵广州后所采取的禁烟措施、施行的政策所引起的各方面强烈的反应和外国人对中国的政治、军事、经济、文化特点的分析,占了主要的篇幅。1840 年 10 月,林则徐被清廷革职,发配新疆,译报工作在一个多月之后停止。

林则徐的译报活动,"乃中国译外国新闻纸之嚆矢"②。在中国近代历史上,林则徐是官僚士绅中最早具有开放意识的人。他最早看到报纸在沟通内外情况方面的作用,最早利用西方人办的报纸了解西方情况,这在中国新闻史上无疑是一个创举。后来的许多学者,都把他的译报活动看成是中国了解近代报纸的开端。康有为说:"中国自古为大一统国,环列皆小国,若缅甸,朝鲜,安南,琉球之类,吾皆鞭箠使之,其自大也久矣。……道光二十年,林文忠始译洋报,为讲求外国情形之始。"③汪康年说:"海通以还,林文忠、魏默深先生,时译西书西报以饷海内,于是吾国人始知各国有日报。"④梁启超说:"林则徐乃创译西报,实为变法之萌芽。"⑤可见,林则徐利用外国人的报纸来开阔眼界的做法,被视为变法维新的源头和中国人办报的先声。

中国人自己创办近代报纸始于 19 世纪 80 年代。戈公振在他的《中国报学史》中说:"我国人自办之日报,开其先路者,实为《昭文新报》,《循环日报》次之,

①　戈公振:《中国报学史》,上海:上海古籍出版社 2003 年版,第 142 页。

②　中国史学会主编:《鸦片战争·澳门新闻纸跋》Ⅱ,上海:上海人民出版社 1955 年版,第 522 页。

③　汤志钧:《康有为政论集》上册,北京:中华书局 1981 年版,第 237 页。

④　汪康年:《京报发刊献言》,《汪穰卿遗著》卷二,首都图书馆藏书,1920 年铅印本,第 1 页。

⑤　张品兴主编:《梁启超全集》第 1 册,北京:北京出版社 1999 年版,第 191 页。

《汇报》《新报》《广报》又次之。今硕果仅存者,惟《循环日报》耳。"①1873 年 8 月,艾小梅在汉口创办的《昭文新报》,是中国人创办的第一家近代报纸。这家报纸实物至今未见,但比它早办一年的《申报》有报道。该报最初每日出一期,销路不佳,两月后改为每五日出一期,销路仍然不佳,经济上难以支撑,不到一年就停刊了。1874 年 2 月,王韬在香港创办《循环日报》,这是中国人在香港创办的第一家中文政论报纸。1874 年 6 月容闳在上海创办了《汇报》。1884 年 4 月,广州出版了第一家国人自办的报纸《述报》。1886 年 6 月,邝其照在广州又创办了第二份中文日报《广报》。这些报纸的出现,标志着中国人自办报纸的开始。但从时间上看,比外国人在中国从事报业活动晚了半个世纪之久。从 19 世纪 70 年代开始,到 1894 年中日甲午战争之前的 20 年左右的时间里,中国人自办的报纸并不多,但毕竟开创了中国近代新闻事业的新里程。这些报纸先在香港、广州、上海等通商口岸出现,而创办人都是具有游历或留学欧美经历的知识分子,其内容多是关心国运民瘼、针砭时弊的政论和各类新闻信息,说明中国的近代报纸从经营管理到内容生产,一开始就脱离了中国传统的官报模式,步入欧美近代新闻事业的体系。

如果说中国人在自办报刊的最初 20 年里还只是"小荷才露尖尖角"的话,那么,在中日甲午战争之后到清廷灭亡之前的 10 多年里,中国却出现了两次办报高潮。第一次是中日甲午战争到戊戌变法失败这一时期,维新运动推动了国人办报热情的空前高涨。甲午战争中"以庞大之中国,败于蕞尔之日本,遗传惟我独尊之梦,至斯方憬然觉悟。在野之有识者,知政治之有待改革,而又无权柄可操,则不得不借报纸以发抒其意见,亦势也。当时之执笔者,念国家之阽危,懔然有栋折榱崩之惧,其忧伤之情,自然流露于字里行间。故其感人也最深,而发生影响也最速"②。

据不完全统计,在 1896—1898 年的三年时间里,全国新办的报刊 105 家,仅上海就有 40 多家,其中以《时务报》影响最大。湖南有 9 家国人所办的中文报刊问世,其中以《湘学报》和《湘报》最为著名。还有其他地区也出版了不少宣传维新变法的报刊,如天津的《国闻报》,浙江杭州的《经世报》,四川重庆的《渝报》,成都的《蜀学报》,安徽的《皖报》,广州的《岭学报》《岭海报》,广西桂林的《广仁报》,福州的《福报》,陕西西安的《广通报》,澳门的《知新报》等。此外,一批专业报刊,如《农学报》《算学报》《工商学报》等,一批妇女儿童报刊,如《女学报》《蒙学报》等,一批白话报刊,如《演义白话报》《无锡白话报》等,也在维新运动

---

① 戈公振:《中国报学史》,上海:上海古籍出版社 2003 年版,第 151 页。
② 同上书,第 206 页。

中创刊出版。

在这次办报热潮中，不仅产生了一大批有影响的报刊，而且涌现出一批杰出的报人和报刊政论家，如康有为、梁启超、汪康年、麦孟华、严复、唐才常、谭嗣同、吴恒炜等。他们在中国近代新闻事业的快速发展中，既是吹鼓手，又是战斗员，如果没有他们的艰苦努力，就没有中国近代维新运动中的第一次办报高潮。

第二次办报高潮出现在清政府推行"新政"之后。19 世纪末 20 世纪初，中国社会经历了义和团运动的冲击和八国联军的入侵以及庚子赔款的剧痛，中华民族的危机进一步加深，清王朝的统治岌岌可危。腐朽的清政府在内忧外患的强大压力之下，为了挽救危殆的时局和维护自己的统治，不得不从 1901 年开始，参酌"西法"，陆续推行废除科举、办新式教育、调整文化政策等"新政"。在新政中"新闻出版政策的出台，亦在形式上给予国民办报的自由权利，在客观上造成了中国人自己办报的第二个高潮"[①]。从新闻事业的主体——报人角度说，在民族救亡的热潮中，他们只有通过言论报国的途径来实现自己的理想抱负。在清末的最后 10 余年里，维新派继续办报，革命派积极办报，清政府也开始创办新式官报。各种力量的自主办报使得这一期间的新闻事业比戊戌变法时期更为活跃和壮观。

维新派的办报活动并没有因为戊戌变法的失败而停止，只是把办报的地点从国内转移到了海外。康有为、梁启超逃亡海外之后，陆续创办了《清议报》《新民丛报》《新中国报》和《天南新报》等。维新派的支持者在国内也创办了一批新的报刊，如英敛之等人 1902 年 6 月在天津创办《大公报》；彭翼仲 1904 年 8 月在北京创办《京话日报》；狄楚青 1904 年 6 月在上海创办《时报》；夏瑞芳创办的商务印书馆于 1904 年 3 月在上海编辑出版《东方杂志》；汪康年 1907 年 3 月在北京创办《京报》，1910 年 11 月在北京创办《刍言报》；等等。这些报刊在传播新知、开启民智、批判专制、鼓吹自由等方面发挥过重要的作用，在社会上产生过重要的影响。

以孙中山为首的资产阶级革命派从 1900 年 1 月在香港创办兴中会第一份机关报《中国日报》以后，开始重视报刊宣传活动。此后，兴中会和同盟会创办的报刊不断涌现，陆续取代了维新报刊，成了晚清 10 年中最有活力、最具影响力的报界主体。

资产阶级革命派先后在东京、上海、香港、澳门、南洋、美洲、武汉、广州等地创办的报刊达 120 多种。其中影响比较大的有：1900 年 12 月郑贯公等人创办于日本的留学生革命刊物《开智录》；1901 年 5 月秦力山等人创办于东京的政论刊

---

① 张小莉：《清末"新政"时期文化政策》，北京：人民出版社 2010 年版，第 363 页。

物《国民报》；1903 年 2 月蒋百里、厉绥之等人创办于东京的《浙江潮》；1903 年 8 月章士钊创办于上海的《国民日日报》；1903 年 12 月林白水创办于上海的《中国白话报》；1904 年 3 月陈独秀创办于安徽芜湖的《安徽俗话报》；1905 年 6 月郑贯公创办于香港的《有所谓报》；1905 年 10 月同盟会创办于东京的机关报《民报》；1907 年 8 月胡汉民等创办于新加坡的《中兴日报》；1907 年 1 月秋瑾创办于上海的《中国女报》；1907 年 4 月于右任创办于上海的《神州日报》及 1909 年创办于上海的《民呼日报》《民吁日报》；1910 年 12 月詹大悲创办于汉口的《大江报》；等等。这些报刊的共同特点是，积极宣传资产阶级革命的思想和理论，为推翻清朝封建统治的斗争起到了舆论导向和摇旗呐喊的作用。资产阶级革命派的报刊在新闻业务上也有新的发展，为推动中国新闻事业的进步做出了新的贡献。

在清末的办报高潮中，清政府为了适应"新政"的需要，也被迫办起了新式官报。所谓新式官报是相对于过去旧式"邸报"和"京报"而言的，在内容和发行上都有所变化。1901 年以后，《北洋官报》《湖南官报》《江西官报》首先问世，接着其他各省纷纷仿效。在 1902 年至 1905 年间，各省创办的官报达 20 多种。1906 年以后，清廷为了"预备立宪"的需要，中央政府和中央各部门又陆续创办了一些官报。如 1906 年农工商部创办的《商务官报》、1907 年 10 月清政府创办的《政治官报》、学部创办的《学务官报》、1909 年邮传部创办的《交通官报》等。清末 10 年间，全国出版的中央和地方官报，总数在 100 种以上，形成了一个从中央到地方的官报网络。

虽然这些新式官报在形式上已进入近代报刊的行列，但依然是朝廷的喉舌，在编辑内容上只为朝廷歌功颂德，报喜不报忧，所有言论都站在统治阶级的立场上说话。诚如《申报》所说："与其名为《官报》，实贻报界羞，毋宁名之曰'官言'，较为妥当也。"[1]邵飘萍也评论说："官报之内容，非无新闻之原料，而其制作之方法，陈陈相因，满纸腐气，使人未阅毕而昏昏欲睡，既莫辨其何项为可注意，更无丝毫引人兴味之处。"[2]正因为如此，官报除利用行政渠道自上而下强制派销外，几乎无人自愿订阅。如《政治官报》存世不到 4 年，无法收回的报费累计达 9 万余元。连办理官报的人也承认，"那些喜欢看新报的人，不免嫌我们这官报陈腐"[3]。

从以上简略的介绍中可知，晚清时期中国的新闻事业具有以下几个特点：

第一，中国近代报纸是洋人办报在前，国人办报在后，洋人在华创办的外文

---

① 《申报》1911 年 7 月 6 日。转引自陈玉申：《晚清报业史》，济南：山东画报出版社 2003 年版，第 295 页。

② 肖东发、邓绍根编：《邵飘萍新闻学论集》，北京：北京大学出版社 2008 年版，第 110 页。

③ 转引自陈玉申：《晚清报业史》，济南：山东画报出版社 2003 年版，第 295 页。

报刊和中文报刊虽然有着不同的目的与动机,如有的为了传教,有的为了赚钱,但客观上增进了国人对近代报纸的认识,直接或间接为中国培养了报业人才,在一定程度上推动了中国报纸近代化的进程。

第二,国人办报经历了从译报到办报的过程。对于近代报纸的特点与作用,鸦片战争之前,中国人从上到下都缺乏了解和认识。政府官员甚至视报章为妖言、蛊贼,必欲除之而后快,从来没有主动迎接和支持这一新生事物。这与中国社会长期闭关锁国和清政府的昏聩腐朽有着密切的关系。从 1839 年林则徐译报开始,"吾国人始知各国有日报"①。

第三,从 19 世纪 70 年代开始,中国人才开始自己办报,但数量很少,到中日甲午战争之前都没有形成气候。中国人大量办报是因为两次外敌入侵且惨遭失败之后,国难当头,知识分子觉醒。诚如张季鸾所说:"近代国家报纸负重要使命,而在改革过度时代之国家为尤重。中国有志者知其然也,故言论报国之风,自甲午后而大兴,至庚子后而极兴。"②正因为时局危机和"有志者"的作为,才有了中国近代报业的产生和发展,这与西方国家因商品经济的发展和商业需要而催生的报业不同。

第四,从 1895 年到 1911 年 10 多年的时间里,中国近代报业虽然经历了戊戌变法失败的挫折和政府的打压,但由于时代的迫切需要,出现了戊戌变法时期和清末"新政"时期两次办报高潮。报纸的类型,既有政论报刊,又有商业报刊,还有政府官报。办报的主体,既有知识分子,也有商人,还有官员。但从社会影响和作用方面说,知识分子创办的政论报纸和商业报纸,一直是报界的主力军,承担了传播各种信息、监督社会和政府、向导国民的责任,发挥了报纸应有的功能。戈公振说:"自报章之文体行,遇事畅言,意无不尽。因印刷纸进化,而传布愈易,因批判之风开,而真理乃愈见。所谓自由博爱平等之学说,乃一一输入我国,而国人始知有所谓自由、博爱、平等。故能于十余年间,颠覆清社,宏我汉京,文学之盛衰,系乎国运之隆替。"③这里说的是当时知识分子所办的报纸及其作用,政府创办的官报是不在其中的。

第五,晚清报业的历史虽然不长,尤其是报纸的兴盛时期只有 10 多年时间,但由于有了一批又一批具有爱国思想和学贯中西的知识分子的热情参与和孜孜以求,中国新闻事业的地位才得到迅速的提高,报纸的影响力才得以迅速扩大,新闻理论才受到报界的重视,从而形成了中国最早的具有本土特色的新闻理论成果。

---

① 汪康年:《京报发刊献言》,《汪穰卿遗著》卷二,首都图书馆藏书,1920 年铅印本,第 1 页。
② 张季鸾:《季鸾文存》(《民国丛书》第一编 48),上海:上海书店出版社 1989 年版,第 30 页。
③ 戈公振:《中国报学史》,上海:上海古籍出版社 2003 年版,第 207 页。

第二节 晚清新闻业存在的道德问题

世界各国的新闻业无论是在它的幼稚时期,还是在它的发展时期,抑或是在它的繁荣时期,职业道德问题总是存在的,只是表现的形式与程度不同而已。诚如英国学者马修·基兰所说:"因为有新闻产业存在,所以才会有新闻伦理的问题。"①中国的新闻业当然也不例外。在清末,最早指出新闻职业道德问题的是王韬。王韬在《论日报渐行于中土》中指出:当时的日报存在两个最突出的问题:一是"挟私讦人,自快其忿";一是"采访失实、纪载多夸"。他认为这是"近时日报之通弊"②。戊戌变法时期,梁启超在《时务报》创刊号上发表的《论报馆有益于国事》中,列举了报纸存在的五种不良表现:

> 记载琐故,采访异闻,非齐东之野言,即秘辛之杂事,闭门而造,信口以谈,无补时艰,徒伤风化,其弊一也;军事敌情,记载不实,仅凭市虎之口,罔惩夕鸡之嫌,甚乃揣摩众情,臆造诡说,海外已成劫烬,纸上犹登捷书,荧惑听闻,贻误大局,其弊二也;臧否人物,论列近事,毁誉凭其恩怨,笔舌甚于刀兵,或扬颂权贵,为曳裾之阶梯,或指斥富豪,作苞苴之左券,行同无赖,义乖祥言,其弊三也;操觚发论,匪有本原,蹈袭陈言,剿撮涂说,或乃才尽为忧,敷衍塞责,讨论軼闻,纪述游览,义无足取,言之无文,其弊四也;或有译录稍广,言论足观,删汰秽芜,颇知体要,而借阐宗风,不出郑志,虽有断章取义之益,未免歌诗不类之憾,其弊五也。具此诸端,斯义遂梏,遂使海内一二自好之士,反视报馆为蠹贼,目报章为妖言,古义不行,良法致弊。呜呼,不其恫欤。③

梁启超指出报刊存在的这些道德问题,主要是为了阐释在英国、德国、日本等国为什么会"于报馆有谗谤之律,有惩罚之条",而不是实指当时中国某某报纸的道德行为。因为梁启超写这篇文章的时候,在中国境内占主要地位的,是洋人创办的宗教报纸和商业报纸,中国人自办报刊还处于起步阶段。如果说这些问题确实存在,也只存在于洋人创办的报刊之中。梁启超所要表达的思想,一方面是陈述他所看到的报刊不良现象,另一方面,也表达了他对中国新闻界的道德期望,并提醒刚刚起步的中国报业,应该避免这些不符合新闻职业道德的行为。

中国报业在后来的发展过程中,其职业道德是否就如梁启超所期盼的那样

---

① 〔英〕马修·基兰编:《媒体伦理》,张培伦等译,南京:南京大学出版社 2009 年版,第 11 页。

② 王韬:《弢园文新编》,北京:生活·读书·新知三联书店 1998 年版,第 110 页。

③ 张品兴主编:《梁启超全集》第 1 册,北京:北京出版社 1999 年版,第 66—67 页。

呢?我们从当时的部分报刊和报人的有关记载和论述中不难发现,从戊戌变法到清政府灭亡的 10 多年里,中国新闻界的确存在不少职业道德问题,主要表现在以下几个方面。

一、报刊内容的低俗化

众所周知,媒介受众的阅听兴趣常常是多种多样的,有些人喜欢高雅,有些人喜欢低俗,有些人喜欢雅俗共赏。尤其在大众的文化素质和媒介素养比较低的时候,庸俗的内容往往会有更大的市场,读者好奇的"原始兴趣"总是客观存在的。作为报人,是用高尚的志趣和健康的内容去引导受众,还是用迎合讨好的态度去取悦读者,吸引受众的眼球,从而给自己带来经济上的好处,这是衡量媒介道德的重要标尺之一。1898 年,严复在办《国闻报》的时候,就提出过传者与受者的关系问题,主张记者应该坚守自己的职业道德与理想追求,反对一味讨好读者。① 然而,在具体的新闻活动中,并不是每一个报人都是这么想和这么做的。有些报纸和报人为了自身的经济利益,有意迎合读者的低级趣味,热衷于刊载一些格调低下的社会新闻和黄色新闻。

在国人自办报刊之初,低俗化主要体现在所刊载的社会新闻之中。王韬主编的《近事编录》,就有大量奇闻逸事。外国人创办的中文商业报纸《上海新报》和《申报》常常摘录《近事编录》以及香港《中外新闻七日报》《华字日报》中的作品。戊戌变法时期和后来出现的民办报刊,对社会新闻也往往情有独钟。而刊载的社会新闻有相当一部分是道听途说、向壁虚构的谈狐说鬼之作,如"牛报仇""瘟猪复活""毒蛇报仇""幼妇化为男""典妻奇闻"等。如《申报》第 1640 号在刊登"难产奇闻"时,明明知道是不符合情理的事情,却照登不误。这篇报道是这样的:

> 鄞县东林寺有李姓妇,怀孕将产,痛不可忍,以安胎方治之终不能下,狂呼三日而毙。草草殓毕,即杠棺木于屋外。次日,其邻闻棺中有呱呱声,心甚诧异,即告其夫。听之信,劈棺,果有一儿产其中,而妇亦苏。其夫喜出望外,乃越一尽夜,妇血下不止,复死,儿亦相继以殁。其事固奇,其理真不可解,而鄞人言之凿凿,故录之。

从文字表达中可见,作者和报馆都知道这件事"其事固奇,其理真不可解",是荒唐无稽之谈,但是,《申报》照发不误。当时,一些报纸和读者对《申报》刊载"寺僧淫报""二人共娶一妇""情愿为娼""鬼讨房饭钱"之类的社会新闻进行过

① 王栻主编:《严复集》第 2 册,北京:中华书局 1986 年版,第 491 页。

批评,但是《申报》并不接受,还辩护说:"采集人言,搜集众说,遇有奇迹异谈,但便事有可取,为之登录,如古之《夷坚志》《太平广记》所载者,篝灯夜读,举为谈助。"①他们认为,天下人既然喜欢看一些奇闻逸事,报馆为什么不去满足他们的好奇心呢?在《申报》创刊时,他们就宣称:"今天下可传之事甚多矣,而湮没不彰者,比比皆是。其何故?与无好事者为之记载,遂使奇闻逸事阒然无称,殊可叹息也!"这种不管事实真伪、不顾社会影响的做法,与他们的办报目的是一致的,只要读者喜欢、有利于报刊发行就行,至于报刊应承担的社会责任与义务,对于商业报刊来说只能放到次要的位置。

尽管《申报》在"本馆告白"中也说过"不为浮夸之辞,不述荒唐之语"②,但是,在实际操作中并没有真正做到。以《申报》第132号为例,当天所刊载的全部内容为:"论汉镇姜氏子死于妓馆事""情种轻生""老妇再嫁少年""牛讨命""宫门钞"。从这些标题中就不难看出,除了放在末尾的"宫门钞"之外,全部是取悦市民阅读兴趣、内容低俗荒诞的社会新闻。更可怪的是,《申报》第87号发表了一篇更正文章《通奸毙命事辩正》:"前75号《申报》所录范霞卿之子逼奸致命一案,传闻未的。兹有金闾友人来书辨正,嘱为改正,因再详录之。"对一则"通奸"案,第一次记载不准确就予刊发,本就错误,第二次以更正之名,"再详录之",就错上加错了。

像这样热衷于刊载社会新闻的报纸,绝不止《申报》一家,翻看1905年日本人创办的《盛京时报》也是这样。该报设有"市井杂俎"专栏,专载市井里巷的黄色新闻。例如,"和尚奸淫""妓女骗客""道士奸拐事发""鸨儿之毒心辣手""悍妇争风""为妓失和"等,不一而足。而且,这些黄色新闻在写法上,常常用"某地""某人"等无法查证核实的手法,胡编乱造,毫无新闻价值可言。

对于报刊内容低俗化现象,凡有社会责任感和职业操守的报人,对此都给予了尖锐的批判和自觉的抵制,《大公报》创始人英敛之可谓是其中的代表。还在《大公报》创办之初,英敛之就对当时报界的一些不良风气提出了批评。

他在《再讲看报的好处》和《论画报》中严厉指出,诋毁他人,乐谈苟且下贱之事,传播娼窑色情,劝嫖引赌,迎合读者的低级趣味,虽然有助于报纸的销路,能获得一时的经济利益,但是它毒害了青年学生。报纸赚这样的腥秽之钱,不仅丧失了自己的人格,而且像蝎蛇一样害了别人。

一般说来,人们的所作所为,大都与利益有关,但在利己与利他的问题上,不同的人有不同的取舍:最高境界是专门利人而毫不利己;其次是利人也利己,实

---

① 转引自方汉奇主编:《中国新闻事业通史》第1卷,北京:中国人民大学出版社1992年版,第391页。
② 《本馆告白》,《申报》1872年4月30日。

现双赢;再次是利己而不害人,利人也不损己;最次是损人而利己。在英敛之的眼里,媒体传播苟且下贱、低级趣味的内容,就是卑鄙自私、损人利己的勾当,为善良正直者所不齿。

美国的埃默里父子在《美国新闻史(第八版)》中说:"黄色新闻从最坏处说,是一种没有灵魂的新式新闻思潮,黄色新闻记者在标榜关心'人民'的同时,却用骇人听闻、华而不实、刺激人心和满不在乎的那种新闻阻塞普通人所依赖的新闻渠道,把人生的重大问题变成了廉价的闹剧,把新闻变成最适合报童大声叫卖的东西。最糟糕的是,黄色新闻不仅起不到有效的领导作用,反而为罪恶、性和暴力开脱。"①日本的小野秀雄也说:"新闻界流行着一股歪风……不为读者办报,而是为了发行者的私利而办报,一味迎合'读者的没有区别的欲望'。这种恶劣作风的流行是世界各国所共有的现象。"②可见,古今中外,凡有责任、有良知的新闻学者和新闻工作者,无不把报纸内容的低俗化看成是一剂毒药而加以痛斥和抵制,只有那些品性卑劣、唯利是图的人,才不顾新闻的社会影响而热衷于低级趣味的东西。

二、拿政府和富绅的津贴

晚清的最后 10 年,虽然中央政府和地方政府创办了不少官报作为自己的喉舌,但由于官报不被广大民众所接受,在社会上影响有限,清政府又想操控和影响社会舆论,便采取入股和津贴的办法收买商办报纸。例如,在报业中心上海,先后有多家商办报纸接受官方津贴。1909 年 11 月,江苏咨议局对官冒商名的报纸进行调查,结果是"查得上海现行之《中外日报》、《舆论时事报》、《申报》,或纯系官款,或半系官款,其按月由官津贴之款,更多少不等"③。这说明,当时报馆拿政府津贴的,不止一家,而且都是一些稍具影响的商业报纸。不是政府办的报纸而接受政府津贴,其最大的坏处是在某种程度上变成政府的附庸,受其控制。一家受了某种控制的报纸,怎么可能做到言论独立和行使舆论监督的职责呢?

对于这种拿津贴、受资助的媒介行为,梁启超曾结合自己的办报经历做过深刻的分析。他说:

> 吾侪从事报业者,其第一难关,则在经济之不易独立。报馆恃广告
> 费以维持其生命,此为天下通义;在产业幼稚之中国,欲恃广告所入以

---

① 〔美〕迈克尔·埃默里等:《美国新闻史:大众传播媒介解释史(第八版)》,展江等译,北京:新华出版社 2001 年版,第 223 页。

② 转引自刘志钧:《试论社会新闻》,中国人民大学新闻系《新闻学论集》编辑组:《新闻学论集》第 3 辑,北京:中国人民大学出版社 1981 年版,第 88 页。

③ 转引自陈玉申:《晚清报业史》,济南:山东画报出版社 2003 年版,第 296 页。

供一种完善报纸之设备,在势既已不可能,而后起之报为尤甚。质言之,则凡办报者非于营业收入以外别求不可告人之收入,则其报殆不得自存。本报十余年间,盖无一日不感受此种苦痛,力极声嘶,不能支而思舍去者,不知几何次矣。①

梁启超认为,在产业基础薄弱的中国,报业的生存环境是相当困难的,而当时一些报纸为求生存不得不依傍势力集团获取经济支持,"凡办报者,非于营业收入以外别求不可告人之收入,则其报殆不得自存"。虽然这种做法在客观上情有可原,但是梁启超对这种做法是持反对态度的。他说:

> 同人等殊不敢以清高自诩,但酷爱自由,习已成性,常觉得金钱何来,必自势力,无论受何方面金钱之补助,自然要受该方面势力之支配,最少亦受牵制。吾侪确认现在之中国,势力即罪恶,任受何方面势力之支配或牵制,即与罪恶为邻。……为欲保持发言之绝对的自由,以与各方面罪恶的势力奋斗,于是乎吾侪相与矢,无论经若何困难,终不肯与势力家发生一文钱之关系。②

这是梁启超与维新派报业同人在数十年的办报生涯中所面临的经济压力与现实困境,是他们的切身体会。他们说自己宁肯承受经济窘迫的压力,也绝不拿新闻自由和言论独立做交易,表现了维新派报人独立不倚的道德追求。

如果说有些报馆拿津贴是因为官方的行贿和自身的经济压力出于半被动状态的话,那么,有些报馆明目张胆地索贿,主动与富绅进行权钱交易,大搞舆论寻租,就是有意违背职业道德、自愿丧失人格和报格了。1908年,英敛之在《报馆包年之奇闻》中以义愤填膺、痛心疾首的心情揭露和批判了同行中以报索贿的现象,认为某报馆用包年的手段索贿,是卑污苟贱、斯文败类行为,极大地败坏了报业的声誉和尊严。他认为,报馆是主持清议、维持公理的地方,自身必须具有清华高贵之品质,不然就没有资格从事这个行业。利用舆论工具要挟他人、公然索贿,不仅损害了媒介自身的形象,还破坏了新闻职业的社会声誉,对整个新闻行业来说,无疑是一种自杀行为。

三、虚假的新闻报道

晚清时期,中国虽然创办了不少报纸,但是从事报馆工作的人员,都没有接受过新闻学的正式教育和训练,他们的新闻知识大多来自于对已有报纸的直观

---

① 张品兴主编:《梁启超全集》第6册,北京:北京出版社1999年版,第3368页。
② 同上。

感知。加之受文艺创作中消闲文学和新闻活动中"有闻必录"思潮的影响,许多报人都没有认识到新闻真实的重要性,有的甚至用流行于新闻业界的"有闻必录"来对抗新闻真实的原则,为自己新闻失实的行为作辩护。因此,这一时期的新闻报道,存在不少虚假新闻。1896 年 9 月 3 日,李鸿章在美国接受《纽约时报》记者采访时说:"清国办有报纸,但遗憾的是清国的编辑们不愿将真相告诉读者。他们不象你们的报纸讲真话。清国的编辑们在讲真话的时候十分吝啬,他们只讲部分的真实,而且他们也没有你们报纸这么大的发行量。由于不能诚实地说明真相,我们的报纸就失去了新闻本身的高贵价值,也就未能成为广泛传播文明的方式了。"①晚清的虚假新闻主要有以下几种类型。

1. 有关自然界的虚假新闻

有些报纸热衷于道听途说、向壁虚构的自然现象的报道,其内容完全不符合自然科学常识,一眼就能看出其虚假性。例如,《申报》同治癸酉四月初十日刊载的"墨鱼救溺":

> 数年前,广东有某客向为商贩。一日乘轮船行诸香港相近之洋面,船为触礁而沉。人皆如蚁之浮于水面,见有大鱼游来,遇人即食,或一口而吞,或咬断而分二口。未几,数十人已尽。将要及己,忽有一异样大鱼奔来,喷出墨水多,诸鱼尽逸。在某彼时意为驱诸巨鱼,行将自嚼。岂此鱼竟不然,守诸某客之旁,侯有救生船只,盼某客救起,鱼始游去。某观其形,方知是墨鱼之类,惟莫识其因何而得救也。某回家后,遂图墨鱼即乌食鱼式,供诸家堂,并传训子孙,不食墨鱼,以酬其恩耳。惟传者失其名,闻其家至今尚供敬礼云。

这是一则典型的虚假新闻,报道中的时间、地点、人物、事件,如"数年前""广东有某客""有大鱼游来"等都是虚构的,根本没有办法进行核对和查实。墨鱼驱赶食人"大鱼",保护这个"商贩",等到被人救起"鱼始游去"。这则故事有人物、情节、环境诸要素,读起来,像一则神话传说,但离新闻内容与写作的要求相去甚远。

2. 谈狐说鬼的虚假新闻

这里举《申报》的两则实例,来看看当时报道的原貌。一则是清同治壬申十二月初十刊载的《驱狐》:

> 东乡施氏者,家素饶裕,田连阡陌,屋宇宽宏。园中小楼三楹为藏

---

① 郑曦原编:《帝国的回忆——〈纽约时报〉晚清观察记》,北京:生活·读书·新知三联书店 2001 年版,第 342 页。

书之地,尤为优雅,非佳客不能至也。庚申之秋,主人某在园内看花,闻楼上言语声,试视重门下键如故,遂集家人而环听之,呢呢莫辨。俄有一纸自窗隙出,观之,则写"仆吴山人,避难到此,暂憩尊斋,君其无恐"16字。主人心知为狐,未敢触犯,然必思一法以驱之。呼群儿于楼下,闹以锣鼓,不三日而楼中寂然,盖狐已宅迁矣。

一则是清同治癸酉四月十七日刊载的《记异四则》中的一则:

> 凡人生精心所属,殁后或能依凭。记幼时晚夏纳凉,闻空中隐隐似有大木鱼声。我母告我曰:东首比邻某屋,旧系某姓所居,家有老翁,素念佛,每晨诵经无间。殁时,其家即以平日所敲大木鱼焚之,以后每交夜分,即闻其声。余聆此言,后验之,良然。

这两篇谈狐说鬼的文章,从题材上看,与蒲松龄撰写的《聊斋志异》中的作品并无两样,但从教育和认识意义上看,较《聊斋志异》相差十万八千里。它不能给读者带来任何正面价值,纯粹是杜撰出来的子虚乌有的东西。如果说放在"志怪类"的文学作品中还大体相称的话,那么,放在报纸上当作新闻来处理,就是对新闻的曲解与亵渎。

3. 虚假的社会新闻

这里也举一例。

> 传闻数月前,城中梅溪街,某民妇生一怪物,人形而散目,胸前多生一臂。接生稳婆惊走后,旋复生一兽形之物,落地能跑。家人骇,知为不可留之物,随均置毙云。夫育怪之事,本馆前已闻传保,此次是否一起,抑系另有一事,亦不得而知。事近荒诞,姑妄记之,俟确见者考证耳。

假新闻的特征在这一则报道中全部具备,新闻要素无一可以查证。更为奇特的是,编者明明知道是"传闻","事近荒诞",却故意放弃把关者的责任,而把核实事实的责任推给读者,"俟确见者考证耳"。其结果必然是永无"确见者"。梁启超在《论报馆有益于国事》中批评的"记载琐故,采访异闻,非齐东之野言,即秘辛之杂事,闭门而造,信口以谈,无补时艰,徒伤风化"之类的新闻,指的大概就是这样的作品。

4. 虚假的政治和军事新闻

虚假的政治和军事新闻,常常是政党报纸为了政治利益的需要而制造的虚假新闻。晚清时期国人创办的报纸主要以政论为主,而政论报刊往往更为注重政治观点与政治思想的传播,对于新闻报道重视得不够,尤其是对荒诞怪异的社会新闻报道,更是不屑一顾。从这个意义上说,政论报刊的职业道德状况比商业报刊要好得多。但是,作为有明显政治倾向的政论报纸,有时候为了政治宣传的需要,也刊发了一些假新闻。

例如,1911年10月15日由革命党人胡石庵创办的《大汉报》,为了壮大起义军的声威,鼓舞士气,就有意制造和刊发了一些假新闻和假文告。创刊号上的《布告国人书》,列举清朝统治260多年来种种罪行,以激起民众对清政府的痛恨,就是胡石庵以"中华民国军政府"的名义撰写的。所刊发的各地起义独立、声援武昌起义的消息,也是胡石庵和编辑们有意制造出来的。"黄州巡防营独立""湖南革命军占领长沙""九江独立""荆沙宜昌革命军赴援武汉""湖南援鄂军即日可到"等,都是当时并不存在的事情。第二天刊载的《告全国同胞书》,也是革命党人假托"大总统"孙文的名义撰写的。而事实上,此时的孙中山尚在美国,临时民国政府还没有成立,自然也就没有什么"大总统"了。

有人曾经问胡石庵为什么要制造这些假新闻,他说:"把声势说得夸张些,既可以安民心,又可以丧敌胆,这个谎非扯不可。"[1]有意思的是,胡石庵制造的假新闻,有些在后来不久却变成了事实。如武昌起义的第12天,即10月22日,长沙新军发动起义,宣告湖南脱离清廷统治,实现光复,成为全国响应武昌起义的第一个省份。10月23日,九江起义军顺利地占领了九江城。这些新军起义反清的事实,距《大汉报》的报道晚了一个星期左右。

先有报道后有事实,这在新闻史上是少见的现象。在这样特殊的形势下,《大汉报》的报道在一定意义上催生了各地起义事实的产生,可见舆论引导的巨大作用。但从新闻学角度说,不能因为这些假新闻帮了辛亥革命的大忙,就有了合理性。制造和刊发假新闻,在任何时候、任何情况下,都是不妥的。

其他各地由革命党人创办的一些报纸,如上海的《民立报》《警报》《电报》《快报》《飞报》《讯报》等,为了配合武装起义制造舆论,也刊登过一些虚假信息和谣言。如"京城失守,清帝逃去,庆王被擒","清摄政王昨晚暴卒,清皇太后自缢死","民军光复天津,地方官皆逃","袁世凯宅被毁,妻妾自杀"等。这些明显出于政治需要而杜撰的假新闻,在当时信息传播技术不发达的历史条件下,人们一时难辨真假,而对于打击和瓦解清政府地方官吏继续效忠清王朝的信心起到了特殊的作用。冯自由在《革命逸史》中说:"武昌革命军兴,清吏张鸣岐、龙济光、李准等,初负隅自固。讵沪电谣传'京陷帝崩'四字,港粤各报相率登载,全城人士欢声雷动。张督知人心已去,无可挽救,始仓皇出走,龙、李遂亦卑辞乞降。

---

① 转引自丁淦林主编:《中国新闻事业史》,北京:高等教育出版社2002年版,第147页。

使广东省城,得以不流血而获光复者,报纸之力为多焉。"①在武昌起义后的两个月里,全国18个行省中有14个行省成功起义或宣告独立,清王朝迅速土崩瓦解,这与当时革命报纸有意传播一些于清廷大不利的虚假消息有一定的关系。这是战争时期特有的新闻传播现象,也是新闻工作者在特殊情境下面临的两难选择:是遵奉职业伦理选择真实客观的报道,还是为了政治利益选择有利于己的报道。"媒体也许永远只能在战争中尴尬地寻找自己的定位。"②

清政府也有利用报纸发布假新闻的。据《扬子晚报》2009年2月16日报道,1909年1月8日《时事报》刊载的《熊成基被捕》是篇假新闻。因为资产阶级革命家熊成基1908年冬在安徽发动新军起义,起义失败后逃往日本,1910年1月回国,在东北进行革命活动,准备炸死清廷要员,后因叛徒告密,于1月30日被清军逮捕。《时事报》发布的《熊成基被捕》的消息比历史事实早了一年多时间,"显而易见是清廷为蛊惑人心而故意散布的假新闻"③。

革命党和清政府作为对立的双方,发布假新闻都是为了达到自己的政治目的。为了政治目的而发布谣言,这是政治家惯用的手段,很难得到道义上的支持。但是,从民心向背的角度看,在四万万中国人都希望清朝专制制度早日灭亡的时候,革命派报纸的虚假报道,似乎得到了很多人的原谅与理解。"胡石庵一支笔,胜过吾辈三千毛瑟枪"④的评价,就反映了民众的这种心理。

四、夸大吹牛的商业广告

广告既是工商企业树立品牌形象、获取最大利益的手段,也是新闻媒介重要的经济来源,任何报刊重视广告经营都有其合理性与必要性。尤其在商品经济非常落后的晚清,商业广告对于当时的报刊来说,还是一种稀缺资源。从当时的报纸广告情况看,党派报刊和政府公报上的广告相对较少,商业报纸上的广告则比较多。

在晚清报刊的广告中,存在的突出问题是夸大商品的功效和为不正当行业作广告。我在湖南师范大学历史文化学院中国近代史资料室随意翻阅了两份报纸,就看到了这样的广告内容:《时报》1905年1月至3月份刊载的"长命洋行统治百病广告",其广告词说:"本行秘制电气药带,所治各症,奏效如神。"其广告主是长命洋行主人、美国医生麦克劳根。一根电气药带能治各种疾病,本已夸张,

---

① 转引自陈玉申:《晚清报业史》,济南:山东画报出版社2003年版,第284—285页。
② 〔英〕苏珊·L.卡拉瑟斯:《西方传媒与战争》,张毓强等译,北京:新华出版社2002年版,第3页目录。
③ 汪凡、陈咏:《市民收藏百年老报　发现晚清报纸"假新闻"〔图〕》,《扬子晚报》2009年2月16日。
④ 转引自陈玉申:《晚清报业史》,济南:山东画报出版社2003年版,第280页。

还"奏效如神",就是不负责任的有意吹牛了。

1911 年 3 月,《申报》上有几条广告是这样的:"八宝化毒丹——包医毒门,永不再发","顺气化痰止咳,天下第一奇方","京都天宝斋——真正西藏马宝,专治文武痴癫、痰迷心窍——仙品马宝,治痴如神"。还有什么"海狗肾汁壮阳广嗣金丹""包医花柳病"之类的广告。这些医药类广告,一看便知是夸大功效、欺骗消费者的虚假广告。

在晚清,报纸的普遍做法是:不管什么样的商品广告,只要广告主愿意出钱,报纸就给刊登,至于商品质量的好坏,报纸是不负责任的。鉴别商品真假的责任和受骗上当的后果,全由消费者承担。在当时,政府也没有专门的行政机构来管理报纸的广告经营,刊载广告如何对得起消费者和自己的职业良心全在报馆自身了。

五、新闻评论中的人身攻击

政党类报纸都有各自的党派立场,为了维护政党的观点与政治利益,常常要发表以宣传党派思想观点为目的的评论。这样的评论对于阐明政党的政治主张,引导读者接受自己的观点,无疑具有重要的作用。但是,晚清的一些政党报刊及民营报刊在新闻评论中也存在污蔑他人和人身攻击的问题。

例如,1906 年前后《民报》与《新民丛报》的大论战,是改良派与革命派关于中国前途和命运的一场大讨论。其核心问题是:要不要推翻清政府,实行反清的民族革命;要不要实行民主革命,建立共和政体;要不要废除封建土地制度,实现民生主义及土地国有。讨论的最终结果是革命派取得了完全的胜利。但是,在这场政治主张的论战中,也存在人身攻击的问题。主要是革命派一方的年轻人,对改良派老将梁启超的攻击。汪精卫在《民报》第 5 号发表的《希望满洲立宪者盍听诸》中说:

> 而此后尚敢诋谋民族主义,则真可谓甘心卖国,对于汉族,为叛逆之凶竖;对于满族,为既被斥逐、复求媚附之家奴,不当以人类视之。若此后若敢劝告满洲政府开明专制,则真可谓自残同种,以媚异种甘作煮豆之豆萁,尤不容汝靦然立于人世。①

文章讨论种族革命必要与不必要的问题,大可以摆事实、讲道理,以理服人。汪文也这样做了,是有说服力的。但是,文中因对方反对民族主义,就扣上"卖国贼""叛逆之凶竖""求媚附之家奴"的帽子,还说"不当以人类视之",就过分了,

---

① 《民报》2,北京:中华书局 2006 年版,第 651 页。

属于人身攻击。其实,改良派所说的"满人与我不能谓纯粹的异民族","满洲决不可谓之国家",清朝与明朝的更替,"决不可谓以一国家蹯一国家"①,这些观点都是正确的。相反,革命派把满族视为外国、说满族入关就等于中国灭亡的观点是错误的。在媒介论争中,观点的交锋,思想的碰撞,靠的是让事实说话,以理服人,谩骂和攻击是无济于事的。

在《民报》同一期刊载的《来函》中,署名"恨海"的文章对梁启超的攻击与谩骂更加露骨。文章说,《新民丛报》是"清政府之机关杂志",主持《新民丛报》的是"清政府之弄臣梁启超其人也"。这实在是冤枉了《新民丛报》和梁启超。戊戌变法失败后,慈禧太后于1898年10月9日下的谕旨说:对康、梁要"严行访拿,从重惩办,以息邪说,而靖人心"。1900年2月14日慈禧还下谕旨说:

> 前因康有为、梁启超罪大恶极,迭经谕令沿海各省督抚,悬赏缉拿,迄今尚未弋获。该逆等狼子野心,仍在沿海一带,煽诱华民,并开设报馆,肆行簧鼓。种种悖逆情形,殊堪发指。著南洋、闽、浙、广东各省督抚,仍行明白示谕,不论何项人等,如有能将康有为、梁启超缉获送官,验明实系该逆犯正身,立即赏银10万两。②

一个被清政府污蔑为"罪大恶极"并悬赏10万银两四处捉拿的人,怎么成了清政府的"弄臣"呢?"恨海"的文章还说:"鄙人以为自梁贼之表面上观之,代异族之专制政府立言,直接以排斥我革命党,间接以杀戮我同胞,此固吾仇且公仇也,不待言而自明。……彼不过一奸猾小人耳。"③文章把梁启超称为"梁贼"和"奸猾小人",完全是人身攻击和恶意谩骂,远远超出了意见争论的范围,是完全错误的。这也给中国新闻史上的媒介论战和媒介批评开了一个不好的先例。党派报纸必然为其政党服务,这是无法改变的事实和媒介活动的规律,但是,利用报纸相互诋毁、相互攻讦,就不可取了。

政党报纸为什么会出现人身攻击的问题呢?其主要原因,一是党派利益的驱使,错把对手当敌人。如革命派报人对康、梁的攻击就是如此。毫无疑问,康有为、梁启超都是爱国主义者。他们提出的改良主张,也是为了国家的进步与发展,与革命派相比,只是实现政治改革和民族振兴的路径不同而已,骂他们是卖国贼,是毫无根据的。二是因个人恩怨,发泄私愤。如1909年9月陶成章等人掀起的"倒孙风潮"和对孙中山的攻击,就是如此。由于个人的利害得失和思想观念的偏激,利用报纸,攻讦私德,是有悖于职业道德的。

---

① 饮冰:《杂答某报》,《新民丛报》第四年第十三号,清光绪三十二年六月十五日。
② 转引自戈公振:《中国报学史》,上海:上海古籍出版社2003年版,第169页。
③ 《民报》2,北京:中华书局2006年版,第757页。

总之,晚清的报纸在职业道德方面存在的问题不少,诚如雷瑨在《申报馆之过去状况》中所概括的那样:"所摭拾报告者,大率里巷琐闻,无关宏旨。……各省各埠琐录,如试场文字、书院题目与夫命盗灾异以及谈狐说鬼等等,……要而言之,其时开报馆者,惟以牟利为目标;任笔政者,惟以省事为要诀。而总其原因,由于全国上下皆无政治思想,无世界眼光,以为报纸者不过为洋商一种营业,与吾侪初无若何之关系。"①

正因为如此,在清末,新闻记者不仅没有得到社会应有的尊重,相反还有"斯文败类"的污名。从最高统治者到社会一般人士,都用"斯文败类"四个字来辱骂记者。例如,慈禧太后于 1898 年 10 月 9 日针对康有为、梁启超等维新派的办报活动下了一道谕旨说:

> 莠言乱政,最为生民之害。前经降旨将官报局《时务报》一律停止。近闻天津、上海、汉口等处,仍复报馆林立,肆口逞说,妄造谣言,惑世诬民,罔知顾忌,亟应设法禁止。著各该督抚饬属认真查禁。其馆中主笔之人,率皆斯文败类,不顾廉耻。即饬地方官严行访拿,从重惩办,以息邪说,而靖人心②。

慈禧骂"馆中主笔之人,率皆斯文败类,不顾廉耻",是从政治立场出发的,把康、梁等持不同政见的报人都说成是"斯文败类",显然是有意污蔑。但由于这种污蔑是出自最高统治者之口,自然会在社会上产生特别恶劣的影响。我们从当时的报刊中可知,晚清时期,社会上对报馆记者确有"斯文败类"的说法。

例如,英敛之认为,报纸的声誉和威望不是由外在因素决定的,而是依赖于自身的作为,即是否对民众有益。"夫报纸者,国民之耳目、社会之回声也。善者,则政府监督,国民向导,为人群豪杰;恶者,则逢恶助虐,颠倒混淆,为斯文败类。豪杰乎?败类乎?要皆与人民有密切关系,布帛菽粟而外,一日不可离者也。"③

1905 年 3 月 14 日,《时报》发表的《宜创通国报馆记者同盟会说》中也提出了同样的观点:"顽固之士骂报馆中人为斯文败类,名教罪人者,有由来也。苟我记者而不自肃清以一洗此,可贵之名誉是亦无论之。"作者出于对行业信誉的关切和对记者形象的忧虑,真诚地期盼着记者要用良好的道德行为来洗刷记者身

---

① 转引自赵建国:《分解与重构:清季民初的报界团体》,北京:生活·读书·新知三联书店 2008 年版,第 21 页。
② 转引自戈公振:《中国报学史》,上海:上海古籍出版社 2003 年版,第 169 页。
③ 英敛之:《英敛之集》上,桂林:广西师范大学出版社 2013 年版,第 459 页。

上"斯文败类"的污水。

由此可见，当时社会上骂新闻记者为"斯文败类"，并非空穴来风。除了慈禧太后骂新闻记者"斯文败类"是出于政治需要和恶意攻击外，社会公众对记者的道德评价，还是有一定理由的。记者要洗刷头上"斯文败类"的污名，最重要的是自身要培养良好的职业道德，树立和维护良好的职业形象。记者自身坐得正、行得稳，那么，不管专制统治者如何污蔑，社会上自然会有公允的评价。因此，晚清的许多报人，对新闻记者的职业道德都提出了自己的看法与主张。

第三节　晚清时期新闻伦理思想

我国台湾学者马骥伸说："事实上，外在环境对新闻界的观感所产生的压力，是驱策新闻界关怀新闻伦理的最大力量。"①晚清中国新闻业自身存在的种种职业道德问题和社会给予的否定性道德评价，是促使有良知和责任感的报人思考新闻伦理的直接动力。这一时期的代表性报人，出于维护职业尊严和赢得社会信赖的目的，围绕着新闻记者个体道德的中心，提出了许多思想主张。本节将选择一些代表性报人的新闻伦理思想进行重点的介绍与论述。

一、早期维新派新闻伦理思想

中国报业诞生之初，新闻记者的队伍并没有形成，从事或愿意从事这项工作的人，寥寥无几。就连最早办报的王韬，也说自己从事记者工作是迫不得已而为之。他在给友人的信中说："韬逐臭海滨，为西人佣书，计非得已，然舍此无可适者。欲为禄仕以谋升斗，而疆场有事，不得不供驱策。男儿以马革裹尸，诚为仕事，但有老母在，不敢以身许国。壮志渐消，分阴可惜，拊髀自叹，安能郁郁久居此哉！"②王韬多次说过，他的理想是从政或者从军，为国家建树功勋，只是因为生不逢时，才落得个"末路文人"的结局。

1875 年 10 月 8 日《申报》上的一篇文章《论新报体裁》，反映了国人办报之初对新闻职业的普遍心态："笔墨生涯原是文人学士之本分，既不能立朝賡歌扬言，又不能在家著书立说，至降为新报，已属文人下等艺业，此亦不得已而为之耳！"就是说，新闻作品、报馆文章是登不上大雅之堂的，从事这份工作也没有什么职业荣誉感可言，只是不得已而为之的"文人下等艺业"。因此，当朋友向王韬索要《遐迩贯珍》这份报纸时，王韬回信说："承索遐迩贯珍，但此糊

---

① 马骥伸：《新闻伦理》，台北：台湾三民书局 1997 年版，第 276 页。
② 转引自王韬：《弢园老民自传》，孙邦华选编，南京：江苏人民出版社 1999 年版，第 30 页。

窗覆瓿之物,亦复何用,徒供喷饭耳。"①当然,与朋友通信,难免有自谦客套之词,但中国人当时对报业及记者的轻视则是不争的事实。"当时社会所谓优秀份子,大都醉心科举,无人肯从事于新闻事业。惟落拓文人,疏狂学子,或借此以发抒其抑郁无聊之意思。各埠访员人格,犹鲜高贵,则事实之不可为讳者。"②

　　既然社会轻视报人,把记者看成是"无赖文人",报人自己也认为办报属于"下等艺业",那么,似乎对从事这个职业的人就不应该有过高的要求。但是,我们从晚清时期的历史文献中发现:一方面,社会对新闻业常有鄙视性的评价;另一方面,从事新闻工作的人对新闻记者又常常寄予才能与道德的双重期许。王韬提出的"非绝伦超群者,不得预其列",要"博古通今之士以操其简",就是其中的代表性观点。这主要是因为,虽然社会看不到报纸的巨大作用与影响,但是,已经从事这份职业的人则清楚地认识到了报刊对于社会生活的重大影响,并期望通过自身的道德和才能来树立自身的形象,逐步赢得社会的尊重,从而改变社会对记者的否定性看法。在近代中国,最早关注新闻伦理问题的是早期维新派人物王韬、何启、胡礼垣、郑观应等人。

（一）王韬新闻伦理思想

　　王韬(1828—1897)是中国新闻事业的开创者,著名的改良思想家。在中国新闻史上,他最早提出并阐述了人格与报格的关系问题。在《论日报渐行于中土》一文中,他认为,报人最重要的资格与条件就是"其立论一秉公平,其居心务期诚正"。如果利用报纸"挟私讦人,自快其忿,则品斯下矣,士君子当摈之而不齿"③。在王韬看来,新闻记者最重要的品德是做到公平、诚实、正直。有了这样的品德,才会站在客观公正的立场上从事采访报道活动,"不参毁誉之私"。如果把报纸当作个人牟利泄愤的工具,那么,这样的记者和报纸就是多余的,必然会被人们所唾弃。

　　王韬认为:"直陈其事"是记者最重要的职责,只有具备公平、正直品德的报人才能做到"直陈其事",防止"采访失实、纪载多夸"的通病。王韬指出,当时的日报存在两个最突出的问题:一是"挟私讦人,自快其忿";一是"采访失实、纪载多夸"。④ 他提醒和希望从事新闻工作的人,在这两个方面都要"始终持之以慎"。王韬重视并强调报人的品德修养,一方面与他的人才思想密切相关;另一

---

　　① 转引自赵建国:《分解与重构:清季民初的报界团体》,北京:生活·读书·新知三联书店 2008 年版,第 21 页。

　　② 戈公振:《中国报学史》,上海:上海古籍出版社 2003 年版,第 123 页。

　　③ 王韬:《弢园文新编》,北京:生活·读书·新知三联书店 1998 年版,第110 页。

　　④ 同上。

方面,也来自于他对报纸地位和作用的认识。

王韬继承了中国传统的"其人存,则其政举,其人亡,则其政息"的人才思想。他认为,要想事业兴旺发达,必须先有善于从事这份事业的人才。他说:"人材者,国势之所系也,国家之有人材,犹人身之有精神。"①"天下事在乎得人而已。得其人则治,不得其人则虽有良法美意,多败于奉行故事之手。"②而人才又以品德为先,对不同的人才应有不同的品德要求。作为报人,最重要的就是公平、诚实、正直,不然就难于担当"直笔"之职责。自近代新闻事业诞生以来,所有新闻学论著都毫无例外地视品性为新闻记者的第一要素,而王韬则是最早提出这一观点的报人。

王韬还从报纸的地位和作用上论证了新闻人才品德的重要性。他说:"日报一道,所系岂不重哉","所载上关政事之得失,足以验国运之兴衰;下述人心之事,亦足以察风俗之厚薄。"③办报关系到国计民生,责任非常重大。他说,在西方,报纸和报人(特别是主笔)的地位极高,其言论足可左右局势和人心。"如英国之《泰晤士》,人仰之几如泰山北斗,国家有大事,皆视其所言以为准则。盖主笔之所持衡,人心之所趋向也。"④西方的报纸在国家事务中是不是真有这么大的影响,"皆视其所言以为准则",当然有夸大之嫌。但是,新闻舆论在社会生活中的作用则是毋庸置疑的。正因为如此,他主张对报纸从业人员,特别是主笔要有准入制度,学习西方的做法:"西国之为日报主笔者,必精其选,非绝伦超群者,不得预其列。"尤其在"今日云蒸霞蔚、持论蜂起,无一不为庶人之清议"的情势下,更要选好报纸的人才。⑤

从王韬的有关新闻学论述看,他所说的"绝伦超群",包括德与才两个方面:从"德"方面说,主要是具备"公平、诚正"的品质;从"才"方面说,就是具有"博古通今"的学识。王韬认为,所谓"通才",不是那种只有"一技之长、一材之擅"的专业技术人才,更不是那种只知"圣贤之经典、上下三千年之史册",而对于"泰西之国政民情、山川风土,茫乎未有所闻"的"迂才"⑥,而是那种德行艺皆优、古今事皆通,尤其是以"通今为先"的人才。他认为,所谓"博古通今","古则通经术,谙史事,今则明经济,娴掌故;凡舆图算术,胥统诸此"⑦。

---

① 王韬:《弢园文新编》,北京:生活·读书·新知三联书店1998年版,第244页。
② 同上书,第350页。
③ 王韬:《重订法国志略》第21卷,转引自夏良才:《王韬的近代舆论意识和〈循环日报〉的创办》,《历史研究》1990年第2期。
④ 王韬:《弢园文新编》,北京:生活·读书·新知三联书店1998年版,第109页。
⑤ 同上。
⑥ 王韬:《弢园文录外编》,上海:上海书店出版社2002年版,第68页。
⑦ 王韬:《弢园文新编》,北京:生活·读书·新知三联书店1998年版,第270页。

　　报人为什么应是"博古通今之士"？王韬认为,这是由其业务本身的需要决定的。报纸不仅要"博采群言、兼收并蓄"、传播新知,而且要评论时事、直抒胸臆、开启民智。"纪事"和"述情"两个方面都要求报人具有"通才"的业务素质,"其间或非通才、未免识小而遗大",是说没有相应的知识结构,在办报过程中就不免只抓芝麻而丢了西瓜。王韬的新闻人才思想,开启了中国对新闻记者道德修养和知识结构的理论思考,以至于当今社会,人们还在为新闻记者应该是"通才"还是"专才"的问题而争论不休。显而易见,新闻人才的知识结构不是恒定不变的,而是随着时代的变化与职业的要求,在不断地变化着。如今,在信息时代,新媒体技术的发展日新月异。在这样的历史条件下,新闻工作者做出色的"专才"已属不易,而要做"通才"更是难上加难。因此,我认为,新时期的记者,在知识结构上应该成为知识面宽的"专家"型记者。

　　有人说,作为中国第一个成功的报人,王韬的办报实践,"开启了在科举功名之外的另一条新道路,树立起了一种新型的人生模式,称之为近代中国最早的知识分子应该是恰当的。他不依傍朝廷,独立创造自己的事业。报刊这个舶来品,正是在他手里完成了最初的中国化过程,他把古老的农业文明传统和西方工商业文明的理想结合在一起,借助报纸这一新型载体,发出了独立的民间的声音,成为百年言论史的源头,影响深远,余音不绝"①。古代中国的读书人因依附于封建政权而生存,所以始终都没有孕育作为自由职业者的知识分子。王韬的报业实践说明,民营报业不仅为知识分子开启了一条传统途径之外的谋生之道,还改变了古代文人读书做官、服务皇权的人生模式,一种新型的文人生活方式——职业报人——逐渐进入了知识分子的视野。自此以后,许多才高八斗、学富五车的知识分子,都无意官场,自觉选择报人的职业来实现其报国理想。这当然与时代的变化有密切的关系,但与王韬的示范作用也有一定的关系。

　　(二)何启、胡礼垣新闻伦理思想

　　何启(1859—1914)与胡礼垣(1847—1916)都是长期生活在香港、自幼接受英式教育的改良派知识分子。在中国近代早期维新派思想家中,他们虽然没有直接办过报纸,但是,他们对中国的新闻事业却给予了热切的关注。他们在《新政论议》中,不仅向清政府提出了"宏日报以广言路"的建议,而且特别强调新闻记者要有"直笔""公平"的道德品质和职业精神。

　　何启、胡礼垣认为,当时中国报人最大的缺点是不敢直言,其原因固然与清政府和地方官员对舆论的残酷压制、对报人的无情打击有关,但是,新闻记者自

---

　　① 傅国涌:《笔底波澜:百年中国言论史的一种读法》,桂林:广西师范大学出版社2006年版,"前言"。

身的道德缺失也是重要的原因。胡礼恒说：

> 日报之设，为利无穷，然必其主笔者、采访者有放言之权、得直书己见，方于军国、政事、风俗、人心有所裨益。若唯诺由人，浮沉从俗，遇官府旷职则隐而不言，曰：彼虽旷职，仍是官府也，以下讪上，不可为也。持此一念，势必至逢君恶、遇小民含冤，则忍而不发，曰：彼虽含冤，不过小民耳，贫不敌富，理岂不然。持此一念，势必至失人心。曾亦思《春秋》之笔褒贬从心，南董之风斧钺不惧乎？

> 盖言必能直于日报，方为称职，言而不直于日报，则为失职也。中国日报之设，盖亦有年，而不能得其利益者，由秉笔之人不敢直言故也。①

记者最高的职责是什么？用什么标准来衡量记者的"称职"与"失职"？何启、胡礼垣认为，就是"言必能直于日报"，如果在报纸上不敢直言，就是失职。他们认为，中国的报纸已创办多年，但是，给社会带来的利益却不多，就是因为"秉笔之人不敢直言"，形成了一股"唯诺由人，浮沉从俗"的不良风气。而要做到敢于直言，就要继承中国历史上史家优秀的道德传统："《春秋》之笔褒贬从心，南董之风斧钺不惧"，敢于揭露官府旷职，敢于为小民申冤。

所谓"春秋之笔"，是指孔子修《春秋》的写作方法。司马迁说："夫《春秋》，上明三王之道，下辨人事之纪，别嫌疑，明是非，定犹豫，善善恶恶，贤贤贱不肖，存亡国，继绝世，补敝起废，王道之大者也。"②周振甫认为："春秋笔法，主要是指不由作者出面来对人物或事件表示意见，是通过对人物或事件的叙述来表示褒贬，含有让事实说话的意味。"③石昌渝解释说：《春秋》本是先秦时代的编年史，孔子曾修订鲁国的《春秋》，该书文字简短，记述中常一字寓褒贬，故称春秋笔法。""春秋笔法的狭义解释是一字寓褒贬，微言而有大义；广义解释则是让事实说话，作者的态度寓含在事实的叙述中。"④何启、胡礼垣希望新闻工作者学习"春秋笔法"，就是要学习《春秋》叙事简要谨严和持论是非分明，"善善恶恶，贤贤贱不肖"的直笔精神。

所谓"南董之风"，是指春秋时齐国史官南史和晋国史官董狐的著史精神。他们都以直笔不讳、宁肯牺牲性命也不肯歪曲事实而著称于世。《左传·襄公二十五年》载：齐国的大臣崔抒杀了国君齐庄公。"太史书曰：'崔杼弑其君'。崔

---

① 胡礼垣：《胡翼南先生全集》，台北：文海出版社1974年版，第477—478页。

② 司马迁：《史记》，长沙：岳麓书社1988年版，第944页。

③ 周振甫：《周振甫讲古代文论》，南京：江苏教育出版社2005年版，第36页。

④ 石昌渝：《中国小说源流论》，北京：生活·读书·新知三联书店1994年版，第72—74页。

子杀之,其弟嗣书,而死者二人,其弟又书,乃舍之。南史氏闻太史尽死,执简以往,闻既书矣,乃还。"

《左传·宣公二年》记载:"晋灵公无道,赵盾屡谏,灵公乃欲杀赵盾,盾出奔。盾族人赵穿因杀灵公,盾还晋。董狐书曰:'赵盾弑其君'。以示于朝。"孔子称赞董狐为"古之良史",能够做到书法不隐。南史和董狐都是历史上维护历史真实而不怕牺牲的光辉典范。

同王韬一样,何启、胡礼垣非常推崇史家的直笔精神,认为记者最需要的就是这种"书法不隐"和"斧钺不惧"的大无畏气概。这不仅说明当时的人们对史家与记者这两种职业的某些内在联系已有了清楚的认识,而且对记者的道德人格修养也有了明确的要求与期望。自从他们提出这一口号之后,"史家精神"便成了几代报人关于记者道德修养的共识。

何启、胡礼垣认为,记者的"直言"精神一方面要靠政府的鼓励,另一方面,要靠记者自身的培育。他向最高统治者建议:"凡有志切民事、不惮指陈、持论公平、言底可绩者,天子宜特赐匾额以旌直言也。"①就是说,对于那些敢于直言的记者,天子应该赐予匾额来表彰,给记者队伍树立敢讲真话的榜样。只有在记者队伍中形成了不惮指陈、持论公平的风气,才能保证新闻的真实。"盖据事直书者,必无齐东野人之语,实事求是者,岂有子虚乌有之谈。使大开日报之风,尽删门面之语,而主笔者、采访者各得尽言,则其为利国利民之件实无以尚。"②这段话不仅说明了"据事直书"对于记者的重要性,而且论述了新闻对于防止谣言的重要作用。

何启、胡礼垣在提倡记者应有"直笔"精神时,往往与"持论公平"相提并论。"据事直书"与"持论公平"其实是两方面的要求。据事直书着重于对事实的陈述,要求记者真实地记录历史;持论公平着重于对事实的评论,要求记者客观地评价事实。

他们还指出,日报的通病就是夸大其词,缺乏社会责任感。特别是面对外交事务时,更是如此。他们在《新政论议》中说:"惟外国交涉之件,其中宜和、宜战、宜攻、宜守等事,则宜尽听于议院。日报者只可为见闻之助,不可为决断所凭。盖日报每遇此等事,必好为过当之词,多作托大之语。不独中国惟然,推之天下各国,其不坐此病者,实鲜。"③他认为,报馆"好为过当之词,多作托大之语"的原因就在于,报馆不用承担战争的责任,不用支付战争的费用;如果战争打胜了,报馆会说自己有先见之明,如果打败了,那是将帅的过错。假如要他们临阵作战

---

① 胡礼垣:《胡翼南先生全集》,台北:文海出版社 1974 年版,第 482 页。
② 同上书,第 417 页。
③ 胡礼垣:《胡翼南先生全集》,台北:文海出版社 1974 年版,第 482 页。

或者出钱,那么,说话就会谨慎了。因此,他们希望新闻界要增强社会责任感,培养求实和公平的职业精神。

（三）郑观应新闻伦理思想

郑观应（1842—1922）是近代有影响的具有爱国思想的工商业民族资本家。他同何启、胡礼垣一样,也不是报人,除了 1898 年应康广仁之邀,在上海参加过《自强报》的一段编辑工作外,没有从事过新闻工作。但是,作为一个爱国的民族资本家,他十分关心国家大事,忧国忧民,对中国的新闻事业给予了特别的关注与支持。他经常为《申报》《华字日报》《循环日报》《中西闻见录》等报纸撰写政论文章,表达其"富强救国"的思想。他在《日报》等文章中,对新闻工作者的职业道德问题,提出了自己的思想主张。

首先,作为报人,最重要的是追求新闻的真实,据事直书,实事求是。

他说:"盖秉笔者有主持清议之权,据事直书,实事求是,而曲直自分,是非自见。必无妄言谰语、子虚乌有之谈,以参错其间,然后民信不疑。"又说:"凡为主笔,必须明外国之事,达公法之情。地方有公事,如官绅会议,陪员审案等,则派访事人员亲至其处,援笔记录,务在真实详明。"①

在郑观应看来,"据事直书""真实详明"是新闻工作者最基本的道德要求,只有这样,才能防止"妄言谰语、子虚乌有之谈",提高民众对报纸的信任度。人们读报纸,主要是为了了解发生在世界各地的新鲜事实,真实性自然是第一位的。

其次,报人要具备公正无私的品质。

执笔者尤须毫无私曲,暗托者则婉谢之,纳贿者则峻拒之,胸中不染一尘,惟澄观天下之得失是非,自抒伟论。②

就是说,新闻工作者要具备公正廉洁的作风,做到一尘不染,保持独立的人格,在自己的职业活动中不要以文谋私。新闻真实的最大障碍就是个人的私心。报馆人员常常经不起"暗托者"情面的干扰和"纳贿者"金钱的诱惑。所谓"毫无私曲""不染一尘",就是希望新闻工作者在金钱和利益面前要经得起考验。

郑观应认为,对于那些违背职业道德的人,不能只靠教育,还要用法律来规约。"倘有徇私受贿,颠倒是非,借公事以报私仇,藉巧词以纾积忿,逞坚白异同之辨,乱斯民之视听者,则迹同秽史,罪等莠民,可援例告官惩治。"③"如主笔借此

---

① 夏东元编:《郑观应集》上册,上海:上海人民出版社 1982 年版,第 350 页。
② 同上书,第 347 页。
③ 同上。

勒索,无故诋毁伤人名节者,不论大小官绅,当控诸地方官申办。"①就是说,新闻记者如果勒索受贿、公报私仇、诋毁他人,就应该受到法律的惩处。在他看来,职业道德的树立,一方面要靠记者自身的修养与自觉;另一方面,也要靠法纪的约束与惩处。德法并举,才能造就良好的道德风气。

最后,报人要做到为民请命而"不惮指陈,持论公平"。就是说,只要是有利于国计民生的,就要大胆地说话,不要怕别人的指责,观点力求公平。郑观应在《日报下》中说:"主笔者、采访者,各得尽言无隐。""其有志切民生,不惮指陈,持论公平。"②他在《创办上海汇报章程并序》中又说"持论必须公平,择言务求精当,方足以开民智而服人心。惟不得贡谀,不得毁谤,据事直书,以存直道"③。

值得注意的是,郑观应在文中也提出了"春秋之笔褒贬从心,南董之风斧钺不惧"的职业精神。我们知道,这一口号的首倡者是何启和胡礼垣,郑观应只是重复了他人的提法。但是,我们从这一重复中可以看出,记者应当具备"史家精神"已成为我国早期维新派新闻伦理思想的共识。

综上所述,在戊戌变法之前国人刚刚自办报刊的时候,许多人就对记者的道德品质问题给予了特别的关注,提出了道德人格为记者重要条件的思想。虽然他们的论述还不够全面,不能涵盖记者道德的全部内容,有些主张也不够具体,缺乏实践的操作性,但是,他们提出的公平、正直、敢言、诚实、直笔的道德主张,构成了中国早期新闻伦理思想中记者德性伦理的核心内容。这些内容切合新闻记者道德实践与工作实际的需要,为记者的道德修养提供了最初的目标,在中国新闻伦理思想发展史上具有开创性贡献。

二、梁启超新闻伦理思想

梁启超(1873—1929)是中国资产阶级维新派中杰出的政治家、思想家、宣传家和学者。他为后人留下的思想文化遗产和在学术上作出的贡献是多方面的,以至于现在和将来,凡研究中国近代的政治史、文学史、新闻史、教育史、学术史等,都离不开对他的研究。梁启超从事新闻职业的时间之长,所办报纸的影响之大,撰写的报刊文章之多,对新闻理论的探讨之深,在晚清的报人中无人能比。正如黄天鹏1929年在《新闻运动之回顾——新闻学名论集代序》一文中所说:"光宣之间,国难日殷,有志人士奋起,新闻界人才盛极一时。梁任公氏以一代宗师,舍政从事文字生涯,新闻记者之身价顿增万倍。梁氏于新闻学颇有心得,《饮

---

① 夏东元编:《郑观应集》上册,上海:上海人民出版社1982年版,第351页。
② 同上书,第350、351页。
③ 夏东元编:《郑观应集》下册,上海:上海人民出版社1982年版,第176页。

冰室文集》中数见论报之作。同时报章杂志,亦有探讨新闻之篇。此十数年间,可谓新闻运动之酝酿时期,而梁氏实此运动之开山祖也。"①戈公振在《中国报学史》中也认为:"迨梁启超等以学者出而办报,声光炳然,社会对于记者之眼光乃稍稍变矣。"②可见梁启超的办报活动为中国新闻事业开创了一个新的局面,影响了一个时代的新闻气象。

在梁启超有关新闻学和伦理学的文章中,并没有专门论述新闻职业道德的文章,但是,他在许多论文中都探讨了报馆从业者的道德问题。他从新闻职业的特点出发,以"史家精神"为重点,提出了报馆自律和记者德性的诸多主张,对当时和后世都产生了积极的影响。

(一)记者应该具备"史家精神"

如前所述,关于记者要具备史家精神的道德主张,早期维新人士何启、胡礼垣就提出过。后来,郑观应又倡导记者应该具备"据事直书"的品格。但是,对"史家精神"阐述得最明确、最充分的,还是梁启超。

1902年,梁启超在《敬告我同业诸君》中第一次提出了"史家精神"的概念。他说:

> 西哲有言:"报馆者,现代之史记也。"故治此业者,不可不有史家之精神。史家之精神何? 鉴既往,示将来,导国民以进化之途径者也。故史家必有主观客观二界。作报者亦然,政府人民所演之近事,本国外国所发之现象,报之客观也;比近事,察现象,而思所以抽绎之,发明之,以利国民,报之主观也。有客观而无主观,不可谓之报,主观之所怀抱,万有不齐,而要之以向导国民为目的者,则在史家谓之良史,在报界谓之良报。③

在这段论述中,梁启超引用西方人的话,论证了现代报纸与过去史记的关系,不仅提出了记者"不可不有史家之精神"的道德主张,而且对史家精神的内涵也作了明确的阐释。在他看来,史家精神主要体现在两个方面:客观方面,要如实记载政府、人民和本国外国发生的事实;主观方面,要从这些事实中,发现和抽绎出正确的思想观点来向导国民,从而"导国民以进化之途径"。

一般谈史家精神的,往往着重于客观记载事实方面,而对记者主观方面的责任,则没有涉及。梁启超在另一篇文章中也发表了同样的看法。"凡学问必有

---

① 黄天鹏编:《新闻学刊全集　新闻学名论集》(《民国丛书》第二编第48册),上海:上海书店出版社1990年版,第5页。

② 戈公振:《中国报学史》,上海:上海古籍出版社2003年版,第123—124页。

③ 张品兴主编:《梁启超全集》第2册,北京:北京出版社1999年版,第970页。

客观主观二界。客观者,谓所研究之事物也。主观者,谓能研究此事物之心灵也。”“史学之客体,则过去、现在之事实是也。其主体,则作史、读史者心识中所怀之哲理是也。有客观而无主观,则其史有魄无魂,谓之非史焉可也……是故善为史者,必研究人群进化之现象,而求其公理公例之所在,于是有所谓历史哲学者出焉。”①他希望从事新闻工作的人,也要具备史家的这种精神,就是在忠实地记录客观事实的同时,还要从中发掘出“公理公例”来启发和引导读者。

梁启超所说的“史家精神”与“史德”其实是同一概念。晚年,他在《中国历史研究法补编》中对“史德”的解释又回到了客观方面。他说:“所谓史德,乃是对于过去毫不偏私,善恶褒贬,务求公正。……我以为史家第一件道德,莫过于忠实。如何才算忠实?即‘对于所叙述的史迹,纯采客观的态度,不丝毫参以自己意见’便是。”“总而言之,史家道德,应如鉴空衡平,是什么,照出来就是什么,有多重,称出来就有多重,把自己主观意见铲除净尽,把自己性格养成像镜子和天平一样。”②他认为,妨碍史德的最大障碍是夸大、附会和武断。排除主观对客观的干扰,忠实于历史的本来面目,就是史家之道德。1914 年,他在《欧洲战役史论自序》中又说:“抑古之良史,惟记事耳,而论议不加,自能使读者跃然有会于言外。所谓据事直书,其义自见,史之正轨,恒必由兹。……然太史公之传伯夷、屈原,论与叙相错,宁得曰非史?”③就是说,“据事直书”,将自己的意见蕴含于事实的叙述之中是作史的正轨,但是,像司马迁写《伯夷》《屈原列传》那样,叙事与议论相结合,也是作史的方法之一。

梁启超有时候讲“史家精神”应该包括主观和客观两个方面,有时候讲“史德”主要是纯客观方面的记述,是不是前后自相矛盾呢?我认为,从写作方法角度看,两者是有区别的:“据事直书”是将个人观点寓于事实的叙述之中,作者不直接站出来发表看法,即今天所说的“用事实说话”;而“论与叙相错”则是在客观记述事实的同时,作者直接站到前台发表个人的观点与评价,就像司马迁写《屈原列传》那样,情不自禁地要说出心中对屈原的赞美:“其文约,其辞微,其志洁,其行廉,其称文小而其指极大,举类迩而见义远……推此志也,虽与日月争光可也。”④

在叙事过程中,无论将观点隐含于事实之中,还是将看法直接说出来,作者的态度立场总是客观存在的,只是表达的方式不同而已。从这个意义上说,

---

①　梁启超:《梁启超史学论著四种》,长沙:岳麓书社 1998 年版,第 251 页。
②　张品兴主编:《梁启超全集》第 8 册,北京:北京出版社 1999 年版,第 4800、4801 页。
③　张品兴主编:《梁启超全集》第 5 册,北京:北京出版社 1999 年版,第 2680 页。
④　司马迁:《史记》,长沙:岳麓书社 1988 年版,第 627 页。

无论是强调客观一面,还是强调主客观两个方面,其本质都是一样的。1902年,梁启超在强调"史家必有主观客观二界"的同时也说过,从记事方面说,记者应该像优秀的史家那样,忠于事实:"凡记事皆为秩序的、系统的,以作史之精神行之。"①因此,我认为,梁启超所倡导的"史家精神",其核心内涵是提倡新闻记者要具备良史那样的精神品格:敢于维护历史真实,敢于维护社会正义。

(二)报馆从业者应具备职业责任感

对职业责任与职业荣誉的认同是干好本职工作的前提,从来没有人因为轻视自己的职业而能干好本职工作的。梁启超一开始从事报馆工作,就坚定地相信,报馆是一项"有益于国事"的事业。因此,他总是怀着极大的热情和十分的努力对待自己的工作。他说,《时务报》创办之始,"每期报中论说四千余言,归其撰述;东西文各报二万余言,归其润色;一切奏牍告白等项,归其编排;全本报章,归其复校。十日一册,每册三万字,经启超自撰及删改者几万字,其余亦字字经目经心。六月酷暑,洋蜡皆变流质,独居一小楼上,挥汗执笔,日不遑食,夜不遑息。记当时一人所任之事,自去年以来,分七八人始乃任之"②。这份拼命三郎的干劲、这种乐于吃苦的热情就来自于对职业责任的认识和对职业荣誉的追求。

在后来的报馆生涯中,梁启超又一而再、再而三地敬告同行,一定要认识记者所肩负的重大责任,一定要对得起这份神圣的事业。1901年,他在《清议报第一百册祝辞》中说:

> 报馆者政本之本,而教师之师也。惟其然也,故其人民嗜之,如饮食男女不可须臾离。闻之,英国人无论男妇老幼贫富贵贱,有不读书者,无不读报者。其他文明诸国国民,大率例是。以此之故,其从事于报馆事业者,亦益复奋勉刻厉,日求进步。③

1902年,他在《敬告我同业诸君》中又说:

> 报馆者,摧陷专制之戈矛,防卫国民之甲胄也。在泰西诸国,立法权、司法权既已分立,政党既已确定者,而其关系之重大犹且若是,而况于我国之百事未举,惟恃报馆为独一无二之政监者乎!故今日吾国政治之或进化,或堕落,其功罪不可不专属诸报馆。我同业诸君,其知此

① 张品兴主编:《梁启超全集》第4册,北京:北京出版社1999年版,第2214页。
② 张之华主编:《中国新闻事业史文选》,北京:中国人民大学出版社1999年版,第33页。
③ 张品兴主编:《梁启超全集》第1册,北京:北京出版社1999年版,第476页。

乎,其念此乎,当必有瞿然于吾侪之地位如此其居要,吾侪之责任如此
其重大者,其尚忍以文字为儿戏也?①

在梁启超有关新闻学的论文中,"责任"二字是他常常提到的名词。他之所以要
反复强调报馆的责任,就是为了使报馆从业者在道德自律上做得更好,能够"奋
勉刻厉,日求进步",绝不能"以文字为儿戏"。1911 年,美国密苏里新闻学院首
任院长威廉博士制定的世界第一份《报人守则》第一条就是"我们相信,新闻事业
为神圣的职业"。梁启超虽然没有说过同样的话,但是,在许多文章中,他再三强
调报馆地位之重要和责任之崇高,就是为了让报馆从业者意识到新闻职业的光
荣与神圣,从而增强遵守职业道德的自觉性。

(三) 记者应具有自由独立之道德

如前所述,梁启超多次说过,中国人在专制政府的统治之下,最缺乏自由和
独立。他说:"我国民不自树立,柔媚无骨,惟奉一庇人宇下之主义。暴君污吏之
压制也服从之;他族异种之羁轭也亦服从之。但得一人之母我,则不惜为之子;
但得一人之主我,则不惮为之奴。"②梁启超认为,不改变这种污下贱辱的品格,中
国的前途绝没有希望。记者作为向导国民的先觉者,更应该率先养成自由独立
之品格。

戊戌变法之后,梁启超在新闻学论文中,谈得最多的话题之一,就是西方的
新闻自由。他向国人介绍说:

近世泰西各国之文明,日进月迈,观已往数千年,殆如别开辟一新
天地。究其所以致此者何自乎? ……无他,思想自由、言论自由、出版
自由,此三大自由者,实惟一切文明之母,而近世世界种种现象,皆其子
孙也。③

梁启超希望中国有一天也能成为自由文明的国度。他说:"西人有恒言曰:'言论
自由、出版自由,为一切自由之保障。'……而报馆者,即据言论出版两自由,以龚
行监督政府之天职者也。故一国之业报馆者,苟认定此天职而实践之,则良政治
必于是出焉。"④直到晚年,他在回顾过去办报经历的时候,还为自己保持自由与
独立精神的做法而深感自豪。"为欲保持发言之绝对的自由,以与各方面罪恶的
势力奋斗,于是乎吾侪相与矢,无论经若何困难,终不肯与势力家发生一文钱之

---

① 张品兴主编:《梁启超全集》第 2 册,北京:北京出版社 1999 年版,第 969 页。
② 同上书,第 1078 页。
③ 张品兴主编:《梁启超全集》第 1 册,北京:北京出版社 1999 年版,第 476 页。
④ 张品兴主编:《梁启超全集》第 2 册,北京:北京出版社 1999 年版,第 969 页。

关系。"①就是说，为了保持自由的品格，无论经济上如何困顿，也不能为了金钱而向任何势力低头献媚。在梁启超看来，一个人要是没有自由独立之精神，就如同奴隶一样，根本算不上是一个真正的人，而报馆从业者如果没有自由独立的品格，就不配做这份工作，也无法干好这份工作。

（四）做健全舆论的向导

在中国新闻史上，最早提出正确舆论导向这个命题的是梁启超。他所说的"健全舆论向导"，从字面上来理解，与今天我们说的"正确舆论导向"是同一个意思。当然，两者的具体内容因时代的不同是不一样的。

梁启超在探索舆论理论的过程中，特别强调了记者做健全舆论之向导的职责。"舆论之所自出，虽不一途，而报馆，则其造之之机关之最有力者也。"②既然报馆与舆论的关系如此密切，那么，作为引导舆论的报人就应该自觉担负起向导健全舆论的责任。梁启超说："为向导者，必先自识途至熟，择途至精，然后有以导人。否则若农父告项王以左，左乃陷大泽矣。又必审所导之人现时筋力之所能逮，循渐以进，使积跬步以致千里。否则若屈子梦登天魂，中道而无杌矣。故向导之职，为报馆诸职之干，而举之也亦最难。"③

梁启超认为，要向导别人，首先得自己熟识道路和选择最佳的路径，不然就会像农夫给项羽指路那样，指的是一条死路。另外，还要了解被向导对象的情况与特点，依据对象的实际来当好向导。从报馆自律角度看，梁启超所提倡的向导健全之舆论，就是希望报馆从业者充分认识健全舆论对于国家政治与民众生活的重要性，从而不断提高自己的修养与水平，对政府和国民尽"先觉之责"，特别在提高民众的德、智、力方面要起到引领与示范的作用。在梁启超看来，国家的强盛与民众的素质有重要的关系。他说："中国所以不振，由于国民公德缺乏、智慧不开。故本报专对此病而药治之，务采合中西道德以为德育之方针。"④这是他流亡日本后创办《新民丛报》时说的话。在戊戌变法失败后，他越加清晰地认识到，中国社会变革的当务之急是造就一代新的国民，而"新民"的重要标志之一是来一场"道德革命"，使民众树立现代公德意识。作为先知先觉的记者和影响巨大的媒体，就应该担负起社会道德改造与道德引领的责任。

（五）记者应具有正直的品格

在梁启超的文章中，"正"和"直"是分开使用的。他说的"正"，从业务角度

---

① 张品兴主编：《梁启超全集》第 6 册，北京：北京出版社 1999 年版，第 3368 页。
② 张品兴主编：《梁启超全集》第 4 册，北京：北京出版社 1999 年版，第 2212 页。
③ 同上。
④ 丁文江、赵丰田：《梁启超年谱长编》，上海：上海人民出版社 1983 年版，第 272 页。

解释,指的是"正确",如"思想新而正","处今日万芽齐苗之世界,其各种新思想淆列而不一家,则又当校本国之历史,察国民之原质,审今后之时势,而知以何种思想为最有利而无病,而后以全力鼓吹之,是之谓正"①。从道德角度解释,指的是正派,如"凡攻讦他人阴私,或轻薄排挤,借端报复之言,概言屏绝,以全报馆之德义"②。他对"直"的解释,也有两重含义。有时指报纸的新闻报道"必忠实报闻,无所隐讳";有时指人的正直的精神品质,如"故必有柔亦不茹、刚亦不吐、不侮鳏寡、不畏强御之精神,然后舆论得以发生。若平居虽有所主张,一遇威怵,则噤如寒蝉,是腹诽也,非舆论也。甚或依草附木,变其所主张者以迎合之,是妖言也,非舆论也"③。其实,新闻业务与记者的道德品质是紧密相连的。有"正派"的报人才会有"正确"的言论;有正直的记者才会有忠实的报道。人格决定报格,报格反映人格,两者互为表里,无法分离。

正直往往与刚毅紧密相连。"柔亦不茹、刚亦不吐、不侮鳏寡、不畏强御之精神",就是一种刚毅不屈的品质。梁启超说他自己的道德追求是:"故自认为真理者,则舍己以从;自认为谬误者,则不远而复。'如恶恶臭,如好好色',此吾生之所长也。"④他希望报馆从业者要具备这种正直刚毅的品质,敢于为正义而献身,不要"一遇威怵,则噤如寒蝉",更不要"依草附木,变其所主张"。梁启超反对报纸"媚权贵""悦市人"的主张,其实就是正直品性的表现。

(六)以公心主持公道

梁启超说的"公心",是指对待事物不要存个人私心和党派偏见。他认为,"无辟于其所好恶,然后天下之真是非乃可见。若怀挟党派思想,而于党以外之言论举动,一切深文以排挤之"⑤,那么,天下公道就没法维护了。"挟党见以论国事,必将有辟于亲好,辟于所贱恶,非惟自蔽,抑其言亦不足取重于社会也,故勉避之。"⑥

"公心"与"私欲"相对立。梁启超在《论中国国民之品格》中深刻地分析了私欲的三种表现:第一种是"守一自了主义,断断然束身寡过,任众事之废堕芜秽,群治之弛纵败坏,惟是塞耳瞑目,不与闻公事以为高";第二种是"标'为我'为宗旨,先私利而后公益,嗜利无耻,乘便营私";第三种是"妨公益以牟私利,倾

---

① 张品兴主编:《梁启超全集》第1册,北京:北京出版社1999年版,第476—477页。

② 转引自单波:《20世纪中国新闻学与传播学·应用新闻学卷》,上海:复旦大学出版社2001年版,第24页。

③ 张品兴主编:《梁启超全集》第4册,北京:北京出版社1999年版,第2211页。

④ 张品兴主编:《梁启超全集》第2册,北京:北京出版社1999年版,第975页。

⑤ 张品兴主编:《梁启超全集》第4册,北京:北京出版社1999年版,第2211页。

⑥ 转引自单波:《20世纪中国新闻学与传播学·应用新闻学卷》,上海:复旦大学出版社2001年版,第23页。

轧同类，独谋垄断，乃至假外人之威力以朘剥同胞，为他族之伥鬼以搏噬同种，谋丝毫之小利，图一日之功名，不惜歼其群以为之殉。呜呼！道德之颓荡至此，是亦不仁之甚，可谓为人道之蟊贼者矣。"①三种私欲的表现，一种比一种恶劣，而其共同的特征，是都缺少了一颗"公心"。

梁启超认为，报馆从业者的公心一方面体现在"能以国民最多数之公益为目的"②，另一方面体现在对待事实的报道和评论所持的客观公正的态度。他所提倡的"凡论说及时评皆不徇党见，不衍陈言，不炫学理，不作诙语"，就是以公心维护公道的表现。

（七）记者要有真诚的德性

在人们的道德生活中，真诚是一种公共的道德。无论任何人，无论你做什么工作，都需要具有真诚的品德。中国传统的伦理学说一直把"诚"看作是人最应该具备的道德品质。荀子说："君子养心莫善于诚，致诚则无他事矣。""天地为大矣，不诚则不能化万物；圣人为知矣，不诚则不能化万民。"③《中庸》说："诚者，物之终始，不诚无物。是故君子诚之为贵。诚者，非自成己而已也，所以成物也。"④中国的先哲们认为，人的道德修养没有比"诚"这种品德更重要的了。至诚的人，并非自己取得成就就算完事了，还要成就他物和他人。

梁启超认为，真诚不仅是一种社会公德，还应该是从事舆论工作者的重要职业道德。他解释说："《传》曰：'至诚而不动者，未之有也。'不诚，未有能动者也。夫舆论者，非能以一二人而能成立者也，必赖多人。而多人又非威劫势胁以结集者也，而各凭其良知之所信者而发表之。必多数人诚见其如是，诚欲其如是，然后舆论乃生。故虚伪之舆论，未有能存在者也。"⑤就是说，舆论的生成必须依赖大多数人，而要使大多数人成为舆论的支持者，制造舆论的人必须具备真诚的品质，没有真诚就影响不了大多数人，也形成不了舆论。可见真诚是舆论生成的先决条件之一。

真诚与伪善是对立的，能做到表里如一，真心实意地履行自己的职责就是诚。同时，能否达到"诚"的境界，还取决于做事的动机与目的。目的纯正，才可能真诚，所谓心底无私天地宽。那些心中有私只为自己着想的人，怎么可能真诚

① 张品兴主编：《梁启超全集》第 2 册，北京：北京出版社 1999 年版，第 1078 页。
② 张品兴主编：《梁启超全集》第 1 册，北京：北京出版社 1999 年版，第 476 页。
③ 章诗同注：《荀子简注》，上海：上海人民出版社 1974 年版，第 21 页。
④ 来可泓：《中庸直解》，上海：复旦大学出版社 1998 年版，第 246 页。
⑤ 张品兴主编：《梁启超全集》第 4 册，北京：北京出版社 1999 年版，第 2211 页。

呢？所以,梁启超说:"诚者何？曰:以国家利害为鹄,而不以私人利害为鹄是也。"①

从梁启超的有关论述中可知,他所说的真诚,一是指报馆人员办报的动机目的,要以国家的利益为重。二是指监督政府与向导国民的态度:"非徒恃客气也,而必当出以热诚。"对于政府,要"如严父之督子弟";对于国民,要"如孝子之事两亲"。三是指记事和言论写作的方法,记事要准确,言论要淋漓尽致地发挥自己的见解。

总之,梁启超的新闻伦理思想,既是对当时中国新闻行业的整体期望,也是对记者个体道德修养的提倡。他所倡导的史家精神、责任意识、自由独立、向导舆论和正直、公心、真诚等职业道德,对于加强新闻从业者的道德认识和德性培养,对于纠正当时报馆存在的不良的道德风气,对于形成中国新闻事业的优良道德传统,无疑具有积极的作用。今天看来,这些道德主张依然具有较高的理论水平和现实的参考价值。

三、严复新闻伦理思想

在近代中国,具有直接的海外生活经历、精通英文而又从事报业的人屈指可数,严复(1854—1921)就是其中的一个。严复虽然办报的时间很短,其主要的职业是从事教育和翻译工作,但是,他于 1897 年 10 月创办的《国闻报》却获得了与梁启超主持的《时务报》和谭嗣同主持的《湘报》三足鼎立的美誉。特别是他在办报的一年多时间里,除了撰写大量的社论之外,还撰写了几篇阐述新闻理论的文章,丰富了中国近代新闻伦理思想。

严复在《国闻报》创刊之时,与报馆同人制定了《国闻报馆章程》,在章程之中,有一段这样的话:

> 毁谤官长、攻讦隐私,不但干国家之律令,亦实非报章之公理。凡有涉于此者,本馆概不登载。即有冤抑等情,借报章申诉,至本馆登上告白者,亦必须本人具名,并有妥实保家,本馆方许代登。如隐匿姓名之件,一概不登。②

这一条规定反映了严复对报纸禁忌和职业道德的重视。他认为,报纸的公理是不允许诽谤他人,不允许揭人隐私,即使个人要借报纸申诉冤抑之情,也要本人署名并有人担保,责任自负。这种认识虽然不是严复的发明和创新,在他之前的

---

① 张品兴主编:《梁启超全集》第 4 册,北京:北京出版社 1999 年版,第 2211 页。
② 王栻主编:《严复集》第 2 册,北京:中华书局 1986 年版,第 456 页。

王韬就说过类似的话,但是说明严复的办报作风是严谨的。这对于形成中国新闻事业的优良传统不无影响。

值得一提的是,1898 年 8 月 5—6 日《国闻报》上刊登了严复一篇文章,名为《说难》。这篇文章以主客问答的形式、谐谑自嘲的语言讨论了报纸为什么难办、报馆之文章为什么难写的问题,实质上反映了严复办报的苦衷和他的新闻道德观。

《说难》开头说:"天下有三事同习气:一酒肆中之庖人,二北里中之女子,三报馆中之文章。此三事者,托业不同,而终于无以善其后则同也。"为什么记者同厨师、妓女的职业一样,都不会有好的结果呢?因为"已在酒肆、北里、报馆中,则断不能逃三者之习气,必尽失其本来,无他,欲使人人讨好而已。"就是说,三种职业都要讨好别人而丧失了自己的本性。在三种职业中,报馆又是最难做的。其原因是"若夫报馆,则职在论说与记载天下之事变。方日出而无涯,众生之意念又不可以纪极,而欲以一二人之力应之。其记事也,记而不确,则焉用报为?其记而确,则局外之人观之,未必即遽爱报馆也,不过曰:分所当为而已;而局中之人,则以为报馆宣泄其事,而衔之次骨。……其论说耶,夫人之语言,犹人之行步也,一举足则不能无方向,一著论则不能无宗旨,从甲则违乙,从乙则违甲。故甲观之以为是,乙观之必以为非;甲观之以为是之极,则乙观之必以为非之极。正负相生,断难免一,而其甚者,则甲乙丙无以为是者焉。""故曰:报馆之文章至难也。"①

在严复看来,报纸要满足所有读者的口味是根本不可能的,"从甲则违乙,从乙则违甲",如果迎合受众,其结果必然是非驴非马,得不到读者的认可。严复在文章中借某甲之口,以讽刺揶揄的笔调辛辣地批判了当时报馆的文章"人人讨好""尽失本来"的恶习,他一针见血地指出:中国"设报馆三十年矣,向见各报,其论事也,诡入诡出,或洋洋数千言,而茫然不见其命意之所在。其记事也,似是而非,若有若无,确者十一,虚者十九"②。

严复认为,过去几十年办的报纸都存在这样的通病:论事诡入诡出,不见其命意之所在;记事似是而非,若有若无。这与报纸的职责是不相符的。报纸的职责应该是"在论说与记载天下之事变"。记事要确凿,论说要有主见,就是报纸的本来面目。"其记事耶,记而不确,则焉用报为?""其论说耶,夫人之语言,犹人之行步也,一举足则不能无方向,一著论则不能无宗旨。"就是说,报纸众口难调是必然的,报人只要坚守自己的本分就够了。"就吾见闻,敬告天下,平心以出之,

---

① 王栻主编:《严复集》第 2 册,北京:中华书局 1986 年版,第 490 页。
② 同上书,第 491 页。

正志以待之,如此而已矣。若必谓效其习气,而后可免于今之世,则何如无此报馆之为愈乎?""故报馆立言记事,均有一定之方向,而阅此报者,亦有一定之责备也,则报馆易为也。"①

从这段话中可知,严复是反对迎合讨好读者的。他主张"报馆之责,在观时势之所趋,若有所管窥臆测,则敬告天下,以待当世臧否之。"②记事立言,只需"平心以出之,正志以待之",用职业良心来对待,就不怕读者不满意了。

在中国新闻史上,严复是最早讨论报纸与读者关系的新闻理论家,他在批判当时报纸"其论事也,诡入诡出""其记事也,似是而非"的现象的同时,明确地提出了自己的观点:反对"迎合讨好"读者,主张报馆应有自己的宗旨和操守,应有自己的见解和立场,"就吾见闻,敬告天下,平心以出之,正志以待之,如此而已矣"。事实上,严复在办报过程中就坚守了自己的办报宗旨,始终把"鼓民力、开民智、新民德"作为自己的办报追求,无论是介绍西方资产阶级政治学说和自然科学知识,还是批判国人的陈规陋习,都表明《国闻报》始终"均有一定之方向"。

在新闻传播活动中,究竟应该以传者为中心,还是应该以受众为中心,历来是新闻传播学界讨论和争议的重要话题。如今,当以"魔弹论"为代表的传者中心论被推倒之后,"受众中心论"便成了传播者的主导思想。在这种思想的指导下,有些报刊公开打出"读者需要什么,我们就报道什么"的口号,似乎只有把读者尊为上帝,才算是摆正了传、受双方的位置。

其实,如同"传者中心论"有其自身的偏颇与不足一样,"受者中心论"同样是片面的。媒体一旦失去了自己的宗旨与操守,没有了自己的见解与追求,一味地认为"读者需要什么,我们就报道什么",那么,这样的媒体于社会、于受众,会真的有益吗?可以肯定地说,不顾受众的需要办报,是一种盲目的行为,完全按受众需要去办报,是一种不负责任的做法。传受双方从来都是相互依存、相互监督、相互促进的关系。中心位置体现在具体的传播活动之中,何种情形下,谁是中心,得根据具体的传播活动与内容而定。因此,笼统地说谁是中心,不仅理论上错误,实践上也有害。如果非得要分出谁是"中心"的话,我认为,传受双方都是中心,又都不是中心。"中心"与边缘、主动与被动的关系,绝不是恒定不变的。

四、汪康年新闻伦理思想

汪康年(1860—1911)是中国近代真正以办报为职业的民间报人。在维新派

---

① 王栻主编:《严复集》第 2 册,北京:中华书局 1986 年版,第 491、492 页。
② 同上书,第 486 页。

诸多成员中,能与梁启超比肩而立的,只有汪康年了。他在 16 年艰难曲折的新闻生涯中,先后创办和主持了 6 种报纸,分别是:《时务报》(1896 年创办),《昌言报》(1898 年由《时务报》易名而来),《时务日报》(1898 年创办),《中外日报》(1898 年由《时务日报》易名而来),《京报》(1907 年创办),《刍言报》(1910 年创办)。

在 1920 年刊行的《汪穰卿遗著》中,保存了汪康年对新闻理论思考与探索的 10 多篇论文,分别是:《京报发刊献言》《说机关报》《论粤督限制报馆》《论报馆挂洋牌之不可》《说报章记事关系个人及社会之分别》《论报章之监督》《论朝廷宜激励国民多设报馆于京师》《通报停闭感言》《论今日言论家须顾及国民经济》《论报馆立言之宜慎》《续论报馆立言之宜慎》《论谣言之不可轻信》《敬告报馆》(第一、第二、第三、第四、第五)。在汪诒年纂辑的《汪穰卿先生传记》中,有《论设立〈时务日报〉宗旨》和《时务日报章程》等文章。

在晚清,撰写了这么多新闻学论文的,只有汪康年和梁启超。梁启超在辛亥年之前所撰写的有关新闻学文章,将近一半是报纸发刊辞,而汪康年所撰写的论文则更多的是针对当时某一具体问题有感而发的,直接表达出自己对中国新闻事业的理论思考。汪康年在 1907 年 5 月写的《论报章之监督》一文中有一段精辟的论述:

> 天下无独利之事,报者,若兵器,仁者用之,则可为至仁之事;不仁者用之,亦可为至不仁之事。夫使以此利器而掣而付之不仁者之手,使得恣其攫搏嗷噬之威,而仁者反退处于无权力之地,则事之可希望者几何矣。[1]

在汪康年之前,陈炽和郑观应就说过,报纸是"国之利器",能够为国家和民族的利益服务,在对外传播中,决不可轻假于人。汪康年继承了这一思想,并明确提出"报者,若兵器"的观点。

报纸作为传播信息与意见的工具,是好是坏并不在于报纸本身,而在于掌握报纸的人。好人可以用来做最好的事情,坏人也可以用来做最恶的事情。诚如拉扎斯菲尔德所说:"大众媒介是一种为善服务,也可以为恶服务的强大工具。而总的说来,如果不加以适当控制,它为恶服务的可能性则更大。"[2]因此,汪康年对从事新闻工作的记者提出了特殊的要求与期望。

在汪康年之前,虽然许多人都论述过记者的品德与新闻事业的密切关系,但

---

① 汪康年:《论报章之监督》,《汪穰卿遗著》卷二,首都图书馆藏书,1920 年铅印本,第 28 页。

② 转引自刘笑盈主编:《"窃听门"真相——默多克传媒帝国透视》,北京:新华出版社 2011 年版,第 1 页。

是,明确提出"报德""报品"概念的,在近代中国,汪康年当是第一人。1907 年 5 月 5 日,他在《京报》发表的《论报章记事关系个人及社会之分别》一文中说:"今日之报章,每好讦个人之私事,是直为营私纳贿地耳!苟有报德、有报识而欲成为完美之报章者,必不出此。"[1]1911 年 3 月 21 日,他在《刍言报》发表的《敬告报馆(第二)》中又说:"报之为用,伟矣!为力亦大矣!然今之为报者,不能自尊其品格,腐败狂谬,至不可言状。"[2]

所谓"报德""报品",就是新闻职业所特有的道德。作为职业报人,汪康年在自己的新闻生涯中,为自己确立了许多行业规则,不断呼吁同业成员要"自尊自重"。他期望报界能够赢得社会信任与尊崇,能够惩恶扬善,在社会上产生巨大的影响力。他说:"抑报纸者,代表舆论之机关也。既为舆论之代表,则其一言一语,皆将为社会所信仰。夫以社会所信仰,而不自保其名誉、自尊其资格、自重其价值,而信笔书之,率臆言之,人将不信仰我,乌乎可!"[3]又说:"夫振起社会,开发民智,不能无望于报。报之不善,则吾国前途复何望?吾故曰:今日中外各报,宜速求自尊自重之道也。"[4]就是说,报纸"自尊自重"的目的,既是为了自己,也是为了国家。于私于公,都是十分必要的。"自尊而后人尊之,自重然后人重之。"[5]

因此,他针对当时业界所存在的种种道德问题,及时地予以抨击,并不时提出新闻职业道德的一些思想和主张。在《敬告报馆(第二)》这篇文章中,汪康年对报纸不遵守职业道德所带来的严重后果,逐一进行了分析,认为其危害主要表现在四个方面:

> 一曰使人藐视报章。盖近来非特官界不信报,即社会亦不之信。常闻人曰:"此报纸所载,乌足尽为准?"或曰:"报纸议论,何必理他?"然则办报者于此,当自省随意登载、随意诬诋之非计矣。

> 一曰使人轻视名誉。夫名誉者,人之赖以生活者也。是故名誉而为人坏,则必讼之。然吾国日报多妄肆评弹,久而久之,人皆视若无睹。于是,用人者既不以是为取舍,观人者亦不以是为轻重,则人纵日被报纸诬毁,而绝不为意,即有言之真切者,而人转得以报语多诬之说,为辩护之语。夫使人人贱视名誉若此,实非社会之福也。

① 汪康年:《论报章记事关系个人及社会之分别》,《汪穰卿遗著》卷二,首都图书馆藏书,1920 年铅印本,第 28 页。
② 汪康年:《敬告报馆(第二)》,《汪穰卿遗著》卷五,首都图书馆藏书,1920 年铅印本,第 22 页。
③ 汪康年:《论川省争路事(第五)》,《汪穰卿遗著》卷六,首都图书馆藏书,1920 年铅印本,第 27 页。
④ 汪康年:《敬告报馆(第三)》,《汪穰卿遗著》卷五,首都图书馆藏书,1920 年铅印本,第 31 页。
⑤ 汪康年:《敬告报馆(第四)》,《汪穰卿遗著》卷五,首都图书馆藏书,1920 年铅印本,第 36 页。

> 一曰使人玩视祸害。凡报章登载外交危险之事，初时，人咸骇奋也。乃一再所登，皆不确实，则人心懈矣。以吾国之人心，难振而易弛，既见报章如此，则不特不信报章也，且轻视祸害，则以后果为实事。报纸登载，亦无效力矣。

> 一曰损害风俗。报之效力，可以改良凡俗，然亦足以坏乱风俗。近来报馆于传单电报之至，或虚称全体，或伪托姓名，而不辨真伪，一皆登载。且以销报之故，务以悦众为事。①

汪康年认为，报纸"随意登载、随意诬诋"的结果是使人藐视报章；报纸"妄肆评弹"的结果是使人轻视名誉；而一再"登载外交危险之事"，使人玩视祸害；"于传单电报""而不辨真伪，一皆登载"，损害了社会风俗。报纸的这四种表现是造成社会不信任的主要原因。

为了改变这种状况，他向同行发出呼吁，希望用实际行动改变社会的看法，以"恢复报之名誉，挽回报之效力，使政府社会之对于报章，咸信用尊崇，无敢藐视"②。汪康年的这种思想对于当时的报人是很有警示作用的。他从报业自身生存危机的高度论证了职业道德的重要性和必要性，认为社会信任是报业赖以生存的基础，而报业要获得社会的信任，只有靠严格的道德自律——"自尊其品格"。

在汪康年看来，新闻工作者在职业道德方面，最应该做到的是：

（一）记载贵实，维护新闻的真实性

中国自有近代报纸以来，从业者对新闻真实的问题先后提出过许多真知灼见。与其他人相比较，汪康年的特点是：他常常结合具体的事例来论述新闻真实的重要性。他认为，维护新闻真实是报纸的立身之本，如果登载失实，不仅误导读者，危害社会，而且报纸自身也因失去了公信力而威信扫地。"且报者，为众人耳目也，故记事贵实。今乃时时捏造事实以惊骇人，则为社会害矣。"③又说："士君子既欲言论救世，则必自尊其言论，事必求其确实，论必求其正当。若初未调查明白，而遽宣诸笔墨，则往往害于事。吾辈好发议论，时犯此病。"④因此，他十分诚恳地向同行提出：

> 吾意办报诸君，宜各自约检。凡记载一事，必先审其真伪，即转载他报，亦必择其近情理者录之，且注所从出。而于外交尤应注意，倘知其误，则即自更正。若有所指斥，必有根据，庶不穷于根究。如是，则初

---

① 汪康年：《敬告报馆（第二）》，《汪穰卿遗著》卷五，首都图书馆藏书，1920 年铅印本，第 21 页。
② 同上。
③ 《刍言报》宣统二年十月十六日，《汪穰卿遗著》卷七，首都图书馆藏书，1920 年铅印本，第 11 页。
④ 汪康年：《汪穰卿笔记》，北京：中华书局 2007 年版，第 87 页。

时虽稍觉黯淡,然久之,则人知其详实,必格外信用,报销必广,且报品
亦必尊,于我国前途,实大有裨益。①

汪康年在论述中,不仅反复强调了新闻真实对于报纸、报人和国家社会的重要
性,而且具体论述了维护新闻真实、避免新闻失实的一些方法。

一是对来稿要考察事实的真伪。他提出,报馆对于来稿,绝没有不加考察就
轻率刊载的理由。"凡以抄件、印刷件之诋毁人或自炫者,偏寄各报,或以公众具
名,或捏名,或匿名,报馆本无不加考察遽行登载之理。"可是,当时的一些报纸,
"一得此件,即彼此登载。事之实否,不计也;即有一二确实,而寄此者别有作用,
亦不计也;登报后,有何等关碍,亦不计也。"②这种不考察真假、不明辨投稿者的
用心、不管登载的后果就按原文照登的做法,是极为错误的,既欺骗了读者,又损
害了报纸。

二是转载消息要谨慎。他反复提醒同业者,对于转载的新闻,"必择其近
情理者录之,且注所从出",尤其是转载外报新闻更要谨慎。"报界诸君,应知
此后于转载外人之报言我国事者,更宜矜慎。盖事而确,则凡较大之事,我国人
岂得不知?事而不确,则登之不特惑本国人,且外人见我国报纸亦纷然登载,即
始以为疑者,后亦以为实然,岂不害于事乎?"③当时的报馆,采编人员不多,很多
消息译自外报。假如外报的报道有假,国内的报纸不辨真伪,给予转载,那么
就成了传播假新闻的帮凶。因此,他提醒同行,对于"外人之报言我国事者,更
宜矜慎"。

三是尽量亲历其境,实地调查。汪康年还主张要获得真实情况,应该亲历其
境,决不可道听途说,过爱新奇。他说:"身未亲历其境,欲求真实之情、持平之
论,难矣!然而,有言论之责者,固不可不详慎也,不可不公平也。道听途说,其
事苟涉可疑,则与其登载而不实,毋宁缺疑之为愈也。尤不可略涉偏袒而信笔书
之,过爱新奇而率臆言之也。"④"道听途说"是不负责任的表现,"过爱新奇"是哗
众取宠的表现。"新奇"本是新闻内在的要求,不新不奇的事实,就成不了新闻,
这是已经深入业界人心的基本理念。但是,"过爱"新奇,就会背离新闻真实性原
则。许多虚假新闻正是借着"新奇"的面具得以出笼的,古往今来,莫不如此。汪
康年的这一主张对于新闻界防范假新闻,至今仍有启发作用。

---

① 汪康年:《敬告报馆(第三)》,《汪穰卿遗著》卷五,首都图书馆藏书,1920年铅印本,第30页。
② 《刍言报》宣统三年正月二十一日,《汪穰卿遗著》卷七,首都图书馆藏书,1920年铅印本,第
32页。
③ 同上书,第33页。
④ 汪康年:《论川省争路事》第五,《汪穰卿遗著》卷六,首都图书馆藏书,1920年铅印本,第26页。

汪康年还对新闻界"有闻必录"的做法提出了批评,认为"日报不应闻言辄载,而关于外交者为尤甚"①。所谓"闻言辄载",其本质就是"有闻必录",它与新闻真实性原则是背道而驰的。在中国新闻史上,汪康年是最早对"有闻必录"提出批评的记者。这在"有闻必录"被许多报人当作新闻报道重要理论依据的晚清时期,显得尤为可贵。

(二)报人要具备公正的品质

汪康年对报纸的性质与特点做过不同的论述,例如,报纸如兵器,在不同的人手中会发挥不同的作用②;报纸是全国人的指南,其力量胜过火炮百倍③;报纸是主持舆论、引导社会的工具,善则大局蒙其福,不善则大局受其殃④;等等。不管其表述有怎样的区别,但肯定报纸于国于民都有重要的影响与作用是一致的。正因为如此,他特别希望从事报馆职业的人要具有公正的品德。因为报纸都是人办的,个人的道德必然要反映到报纸上来,如果办报的人没有诚实公正的品德,那么,他所主持的报纸也必然会成为偏私和谋私的工具。"有言论之责者,固不可不详慎也,不可不公平也。"⑤

报上的公平与否主要体现在记事与评论上面。汪康年说:

> 报之论人,有纯于公心者,有出于党见者。纯于公者无论矣,即有党见,其措词亦应有一定之规则,而事实尤须有著落,否则,一经人指出,人人知其诬也,而知其挟偏私。又以挟偏私也,而以后将永疑其言,而此报乃成为一文不值之报。愿秉笔者慎之。⑥

在另一篇文章中,他也指出:

> 近来报章于其所喜,或相联络之人,则其人虽极荒谬,必极力揄扬之,且交口颂之;于所不喜,或受人嗾使,则其人虽极无他,必极力诋诃之,且交口毁之。如是,则适足炫惑用人者之耳目,陷社会于迷惘之域。报品如此,而欲得人信用,不啻南辕北辙矣。⑦

汪康年认为,报纸评论人和事,不能存在党见和偏私,如果毁誉凭个人的喜好与恩怨,这样的报纸就会危害社会,也会失去公众的信任,变得一文不值。因此,作

---

① 《刍言报》宣统三年四月二十一日,《汪穰卿遗著》卷八,首都图书馆藏书,1920年铅印本,第5页。
② 汪康年:《论报章之监督》,《汪穰卿遗著》卷二,首都图书馆藏书,1920年铅印本,第33页。
③ 汪康年:《通报停闭感言》,《汪穰卿遗著》卷三,首都图书馆藏书,1920年铅印本,第25页。
④ 汪康年:《论川省争路事(第四)》,《汪穰卿遗著》卷六,首都图书馆藏书,1920年铅印本,第24页。
⑤ 汪康年:《论川省争路事(第五)》,《汪穰卿遗著》卷六,首都图书馆藏书,1920年铅印本,第26页。
⑥ 汪康年:《敬告报馆(第五)》,《汪穰卿遗著》卷六,首都图书馆藏书,1920年铅印本,第7—8页。
⑦ 《刍言报》1911年4月4日,《汪穰卿遗著》卷七,首都图书馆藏书,1920年铅印本,第39页。

为报人,就应该舍弃个人的喜好与恩怨,站在公正的立场报道和评论事实。

(三)记者要有"百訾不馁""强御不避"的精神

从 1896 年创办《时务报》开始,汪康年的记者生涯达 16 年之久。在这 16 年的时间里,中国的媒介环境是非常糟糕的。清政府对新闻业严厉控制,地方官员对报馆和报人随意打压,民众对新闻业尚缺乏了解与认识。在这样的条件下办报,非有一种"百訾不馁""强御不避"的精神不可。当时的人评价汪康年是一个外柔内刚的人,他"遇利害所系,辄侃侃力争,一意孤行,不以府怨为嫌,赴义若渴,如恐不及"①。汪康年认为,新闻记者的职业责任是记录事实和评论事实,但在记载新闻和发表意见的时候,往往会受到权势的干扰和利益的诱惑。而要排除这种外来的干扰与诱惑,最重要的是不要考虑个人的得失,为了维护国家利益和坚持真理,要不畏强权,敢于斗争。1907 年,他在《京报》发刊词中说:

> 夫今日时局之危,灾患之繁,举国皆用为忧念,而稍有智识者,乃急逸之是务,祸害之是惧,虽于计为得,如本心何?……处今之时,合同志,结团体,力纠政府之过失,以弭目前之祸,犹惧晚也,遑恤其他? 然则假发言论之权,以尽己之天职,抑亦无恶于天下欤? 若夫以昭昭白日之心,发慷慨激昂之气,言之急无隣于诡,言之平无近于阿;通上下之意,平彼此之情;理所与者,必以言助之,虽百訾不馁;理所否者,必以言阻之,虽强御不避。固将奉以始终,勿致失坠。②

就是说,记者的报道和言论不可能无恶于天下,不可能不得罪人。对当时许多报纸因惧怕政府的迫害而挂洋牌的做法,汪康年提出了反对意见。他认为:"若吾报之偶发一直言,讦一秽迹,抨一宵人,乃一极细微不足指数之事,而吾若遽引为大惧,皇皇然将托之外人,不独自示畏缩,且适表明政府必无容直言奖气节之美德。又示各省及海外诸同志,必不可复至京师,吾虽懦奥,敢为是乎!"③他认为,报纸挂洋牌的做法不仅反映了政府"无容直言奖气节之美德",而且对于报人来说,也是一种懦弱畏缩的表现。他认为在国家危急的关键时刻,如果只考虑个人得失,于良心上是过不去的。作为记者,记载和评论时事不能看评论的对象是谁,而是看其是否合理。理之与者,必以言助之,虽百訾不馁;理所否者,必以言阻之,虽强御不避。

在另一篇文章中,汪康年也说过:"顾报章虽多,然于时事多未敢深论,论之或辄致殃咎。士之欲以言救人国,如是难也。虽然,苟以己身为与国无预,则已

---

① 汪诒年纂辑:《汪穰卿先生传记》,北京:中华书局 2007 年版,第 226 页。
② 汪康年:《京报发刊献言》,《汪穰卿遗著》卷二,首都图书馆藏书,1920 年铅印本,第 2 页。
③ 汪康年:《论报馆挂洋牌之不可》,《汪穰卿遗著》卷二,首都图书馆藏书,1920 年铅印本,第 14 页。

耳;苟尚自知其身为本国之人也,则死且不可避,奚有于殃咎?"①一向以"言论救国"为己任的汪康年,并没有把办报只当作个人赚钱的工具,而是把它看成自己报效国家的武器。在他看来,既然立志以身许国,就要做到死都不怕,更不要说其他了。他曾坚定地表示:"累然孤立于群枉之中,而欲厉其百折不回之气,矢其至死不变之心,使是非正而公私辨,以徐伸其作民气、振民心、定民志之大愿。"②从本质上看,新闻工作既是一个人采访写作才能的展示,也是一个人精神品格的体现。

(四)要以维护国家和民族的利益为己任

清朝最后 70 余年是中华民族多灾多难的时期。当时的许多报人,面对内忧外患的情势,在报道新闻和评论时事的时候,都以维护国家民族利益为己任,具有强烈的爱国主义精神。但是,也有一些报纸,对于国家的忧患和政治的弊端,常常以置身局外的姿态,以嘲谑的口气进行评说,以致被外国人讥讽为"天空中人所作之报"。对此,汪康年深感忧愤,多次批判这种轻慢失职的行为。他认为,作为中国的报人,没有理由置国家民族利益于不顾。他说:

> 凡人痛伤本国之事,垂涕泣道之,可也;慷慨直陈,可也;婉转言之,亦可也;甚至微文刺讥,亦无不可也。若夫嘲谑轻薄,引为笑端,则不啻为本国之罪人矣。而吾国报蹈此习者不少。前某报绘两人将屠一豕,而题其上曰:辽东豕。呜呼!是何为乎?无怪外人谓吾国之报,不似属于一国,而为天空中人所作之报。愿报界人审之。③

对自己国家的伤痛之事,用嘲笑戏谑的态度来对待,汪康年认为,这不是一般的错误,而是本国的罪人。他们这样做的根本原因,是丧失了爱国的立场。在另一篇文章中,他针对某家报纸的一篇报道,又一次批判了这种极其恶劣的行为。"近某报载各国公使于贺中国元旦日,相谓曰:吾辈谓中国即亡,不意又过一年,云云。且刻成大字,列诸要闻。不知此京城某报之滑稽新闻也。以此而为新闻,且为要闻,可怪甚矣!况某报此文,本属轻慢,使外人见之,必谓中国人视亡国为儿戏。假使果以实然而列诸要闻,则应大有辩论,不能随意登载也。外人谓我国之日报,不似棣属一国之报,大似天空中所发行之报,故其言己国事,若指目他国然,其亦然欤?"④

---

① 汪康年:《京报发刊献言》,《汪穰卿遗著》卷二,首都图书馆藏书,1920 年铅印本,第 2 页。
② 汪诒年纂辑:《汪穰卿先生传记》,北京:中华书局 2007 年版,第 138 页。
③ 《刍言报》1911 年 5 月 16 日,《汪穰卿遗著》卷八,首都图书馆藏书,1920 年铅印本,第 9 页。
④ 汪康年:《杂说二》,《汪穰卿遗著》卷八,首都图书馆藏书,1920 年铅印本,第 42 页。

中国的报纸被外国人看成是"天空中人所作之报",讲自己的事情,就同讲别国的事情一样。这一方面说明,凡报纸都是有国家立场的,外国人把中国的报纸看成是天空中人办的报纸,正说明西方人眼中的报纸也是要讲国家立场的;另一方面说明,中国的少数报人,对报纸的本质和报人品格缺乏认识。1911 年 2 月 16 日,汪康年在《刍言报》上说:

> 《国民公报》载:《大清国尚有干净土耶?》,中言某君得俄人信,谓中国万一瓜分,必留出数省,仍归中国,云云。按此信之有无,及说之足信与否,姑勿具论,然吾国人今日断无许外人有瓜分我之事,亦断无有承认外人瓜分我之心。此理至确。无论为满为汉,为新为旧,均须确守此范围。今或举此而易言之,又或举此而平平言之,甚至用为戏谑,岂非全国无心肝之证据乎?前闻竟有以此质问外人者,吾恨不一拳毙之。[1]

对于这种丧失爱国心的言论和行为,汪康年常常表现出异常的激愤,说自己恨不得将这种人一拳打死。汪康年的许多文章都表现了一以贯之的思想,就是在国家和民族利益的问题上,报纸和报人,都应该毫不动摇地站在自觉维护的立场,不然就是国家和民族的罪人。汪康年的晚年,虽然思想已趋于保守,但在爱国立场方面却是坚定不移的。在中国新闻史上,作为职业报人,汪康年是最早认识新闻的真实性与立场性关系的人。他既强调"记事贵实",又强调要维护国家民族利益。这是对新闻规律的深刻把握。

五、英敛之新闻伦理思想

英敛之(1867—1926)是著名的《大公报》的创始人之一,他主持了《大公报》最初 10 年的工作。他是维新人士中办报时间较长的一个,仅次于王韬、梁启超和汪康年,也是晚清最具影响力的报人之一。他主持《大公报》的时期,正是清王朝摇摇欲坠的最后 10 年,也是中华民族的危机进一步加深的时期。面对国难当头、国运日衰的时局,他本着"开风气、牖民智"[2]的办报目的和"以大公之心,发折中之论"的言论宗旨,尽心竭力,使《大公报》后来居上,成为北方最有影响的报纸。1931 年 5 月 22 日,张季鸾在《大公报一万号纪念辞》中评价说:

> 近代中国改革之先驱者为报纸,《大公报》其一也。中国之衰,极于甲午,至庚子而濒于亡。海内志士用是发愤呼号,期自强以救国;其工

---

① 《刍言报》1911 年 2 月 21 日,《汪穰卿遗著》卷七,首都图书馆藏书,1920 年铅印本,第 37 页。
② 英敛之:《大公报序》,《大公报》1902 年 6 月 17 日。

具为日报与丛刊。其在北方最著名之日报为《大公报》。盖创办人英君敛之目击庚子之祸，痛国亡之无日，纠资办报，名以大公。发刊以来，直言谈论，倾动一时。①

张季鸾说英敛之"目击庚子之祸，痛国亡之无日，纠资办报"，与事实并不完全相符。因为从英敛之的日记中可以看到，《大公报》的创办，从倡议到集资，都不是英敛之，而是柴天宠。但说《大公报》"发刊以来，直言谈论，倾动一时"，倒是千真万确的。在维新派报人中，从实践到理论，英敛之都是卓然特立的佼佼者。英敛之留下的著述主要有：《也是集》《也是集续编》《万松野人言善录》《安蹇斋丛残稿》《劝学罪言》《安蹇斋随笔》《敝帚千金》《英敛之先生日记遗稿》等。他的新闻伦理思想主要反映在这些文献和他的办报实践之中。

英敛之在《说报》一文中，有这样一段论述：

> 西国誉报章为政府监督，中国詈主笔为斯文败类。夫报者，诚一国之代表者也。国民程度之高下，智识之开塞，风俗之美恶，要以报馆之多寡、销路之畅滞、纪载议论之明通猥鄙徵之。西国之所以监督之者，中国之所以败类之者，推求其故，莫不皆有致之之原因。有人焉，古今成迹之得失，中西政治之优劣，全局在胸，燎若观火。陈一义也，而天下莫之或摇；发一言也，而是非因之以定。彰善瘅恶，激浊扬清，心如鉴衡，目同秋水，夫安得不政府监督乃者？以卑鄙龌龊之身，滥厕笔削清议之席，恩怨偏私，糊涂满纸，恫吓敲诈，拉杂成篇。人乐放辟邪侈也，而复助纣为虐；民信异端邪说也，而更推波助澜。鄙俚芜词，互相标榜，狎亵丑态，自鸣得意，夫安得而不斯文败类？夫报者，所以存三代之直也，直而不直，已堪唾弃，况复加以种种罪孽，种种痛苦，奸淫邪佞，臃肿溃烂，流毒传染，污我报界乎！予之为此说也，固非为个人而发也，独惜我国之颠连困顿，一至于斯，而更有此晦盲否塞之报，以锢蔽人心，闭塞风气，而国民岂复有飞扬发达之一日？②

英敛之认为，报纸的声誉和威望不是由外在因素决定的，而是依赖于自身的作为，即是否对民众有益。"夫报纸者，国民之耳目、社会之回声也。善者，则政府监督，国民向导，为人群豪杰；恶者，则逢恶助虐，颠倒混淆，为斯文败类。豪杰乎？败类乎？要皆与人民有密切关系，布帛菽粟而外，一日不可离者也。"③英敛

---

① 张季鸾：《季鸾文存》，上海：上海书店出版社1989年版，第29页。
② 英敛之：《英敛之集》上，桂林：广西师范大学出版社2013年版，第307—308页。
③ 同上书，第459页。

之认为,从总体上看,逢恶助虐、颠倒混淆的报纸毕竟是少数,但是其影响相当恶劣,犹如"栏有瘟牛,群牛皆病,邻有疯犬,村犬皆灾。不灭星星之火,燎原堪虞,不塞涓涓细流,溃堤必见。是消灾弭患者,尤在杜渐防微也"①。

因此,英敛之在办报过程中,始终将报纸的伦理要求作为衡量其质量的重要标尺,在不断批判行业不正之风的同时,提出了自己的新闻伦理思想。

(一)强烈的社会责任意识和工作责任意识

英敛之在办报过程中,对报纸社会责任的期许,远远超过了对报纸盈利的欲望。在记者的责任意识上,他着重强调了两个方面:一是办报的目的,不是为了赚钱,而是为了开启民智,改造社会;二是对待本职工作一定要尽心尽力,不能敷衍塞责。1902 年 6 月《大公报》创刊时,英敛之就提出了自己的办报理想——"总期有益于国是民依,有裨于人心学术。"1904 年 3 月,他在《敝帚千金》的"序"中说:"我等无权无位,又无才学,偏不自量,妄想担这个重大的责任,所以创办《大公报》,那报上的总意思就是为开民智。也不论见效不见效,也不管讨嫌不讨嫌,但是尽我们的这点血诚。"②1910 年,他在《也是集》"自序"中还坚定地表示:"苟一息尚存,应竭其能力,以图国利民福,效国民一分子之天职。"③英敛之在主持《大公报》的 10 年中,很好地履践了他办报时所说的"开风气,牖民智"的宣言。

英敛之认为,记者除了社会责任意识外,在工作方面也要具有强烈的责任感。1903 年 1 月他对员工刘贵的处理和 1907 年 6 月对主笔叶清漪的处理,就体现了这种思想。1903 年 1 月 23 日,他在日记中记载:"账房言刘贵赚邮票事,屡加劝诫,毫无悛改,情理难再容忍。伊亦垂头丧气,无可置办,因令之去。内人见其无归情形,良为不忍,乃将所存一元五角洋钱与之。账房除工钱外,后与路费三元。伊迟迟不去,守六乃与之作函荐之他处。"④1907 年农历六月初一的日记记载:"是日晨,叶清漪进京,于昨日辞馆。每月薪水百元,只作论二篇,新闻编辑,亦不着意。报稿未完,即卧。实不知责任为何物。故未之留彼也。"⑤在英敛之眼里,凡是不具备强烈责任意识的人,无论是一般员工还是主笔,都不配留下来继续工作。

(二)敢言的勇气与强烈的批判意识

英敛之虽然清楚地知道,在专制的中国要敢于直言并不是一件容易的事情,

---

① 英敛之:《英敛之集》上,桂林:广西师范大学出版社 2013 年版,第 309 页。
② 同上书,第 7 页。
③ 同上书,第 423 页。
④ 《英敛之先生日记遗稿》,台北:文海出版社 1974 年版,第 615 页。
⑤ 同上书,第 1113 页。

得承受许多压力,但是,他认为,记者的天职就是要监督政府和向导国民的,不敢说话,报纸就失去了其存在的价值。他说:

> 报馆在中国,难得益处的缘故,是因为没有直言不讳的权柄,遇见官长有误国害民的事情,也不敢说。你要少少一说,就有人挐中国的老道理来责备你,说你是毁谤官长、目无尊上。又说居是邦不非其大夫。若是遇见小民含冤受屈的事情,要是直说了,岂不是合那有权有势的富贵人作对麽。你替小民抱不平,你这不是引领他们不甘心奉公守法麽?教导他们胆大妄为麽?所以中国日报若要犯了这些事情,不是报馆封门,就是主笔被拿。故此作主笔的,若不懂得情面,不知道忌讳,不能够奉承,一定不成的。闹的中国人,没有敢开报馆的,必得有个外国人出名。这还成何事体?①

虽然如此,英敛之从来没有放弃"直言"的责任。在他的思想里,"惟独那肯说实话、不奉承人、不谄媚人的,那算顶好"的报纸。② 如前所述,他主持的《大公报》在发民之冤苦、揭官之贪邪两个方面表现了仗义执言的胆略和勇气,开创了《大公报》敢于直言的优良传统。

(三)超乎常人的见识和独立不倚的精神

在英敛之看来,报人对于读者负有"导师"的责任。要"化导"别人,自己就要有超过别人的识见,不然就会贻害社会。在《开民智非易事》中,他说:"看报固然是叫人多知时务,多长见识,到底有许多的报,他的见识,就先偏在一边。凡事不管真假虚实,有理无理,也不管有多大害处,但由着一时的高兴,信口胡云。那些个糊涂人,信正难,信邪易,从此一传十,十传百,这岂不是种下了祸根子了麽?"③当时报纸的确存在不负责任、信口胡言的现象,英敛之认为这是报人见识缺乏造成的。因此,他提倡,从事报馆职业的人,"虽不必淹贯中西,然识见亦须加人一等。或烛事于几先,或消患于萌始,不能同流合污,取媚俗人。倘滥厕匪人,以其昏昏,使人昭昭,则贻害于社会者何极?或有学识虽欠开通,心术尚颇诚恳,有时偶涉错误,犹可冀其改悛,则仍不失为善补过之君子。"④

就是说,记者在"学识"和"心术"两个方面都应该具有较高的素质,如果"识见"上达不到要求,那么"心术"上必须要纯正。他尖锐地指出:"独至一等依阿趋附之辈,故为反对真理,呵诋新学,以自鸣其保存国粹之心,揣其意未尝不知西

---

① 英敛之:《英敛之集》上,桂林:广西师范大学出版社 2013 年版,第 60—61 页。
② 同上书,第 49 页。
③ 同上书,第 42—43 页。
④ 同上书,第 299—300 页。

学之利实用,中学之遑空谈也。以为不如是,则不得上宪之欢心,无以谋其升斗,而阻隔风气、闭塞民智,非所计也。此辈直无是非之心,而惟以上宪之好恶为是非。水母目虾,可怜熟甚!"①为了迎合上宪之好恶,依阿趋附,就是缺乏独立精神和心术不正的表现。

（四）以维护新闻真实为职志

1907 年,英敛之写过一篇《说假》的文章,专门分析和批判了中国人虚假恶习的表现、成因和危害。他说,虚假是真实的反面,人性中没有不讨厌虚假而喜爱真实的,因为虚假对于社会有百害而无一利。既然人人痛恨虚假,为什么虚假在社会中还总是存在呢？其根源在于人性的自私,在于统治者的坏榜样。中国向来"重虚文而不重实事,尚空论而不尚实行","在上者以假笼统其下,在下者以假欺骗其上……时至今日,谓中国为假之制造场也,可;谓中国为假之出产地,亦无不可"。"中国之处于劣败而不克与列强争胜者,无他,其一言以蔽之曰:假。"②英敛之对中国人造假恶习的分析,可谓一针见血、入木三分。

在新闻业务中,为什么要杜绝虚假、追求真实呢？英敛之主要是从报纸的社会影响方面来进行论证的。他在许多文章中都说过,报纸的多少,是衡量一个国家进步与落后、民智的开通与闭塞的重要标尺,但是,并不是所有的报纸都是有益于社会和民众的。那些"闭门而造,信口以谈","甚或军事敌情,纪载不实,仅凭市虎之口,罔惩夕鸡之嫌;又或揣摩众情、臆造诡说,阃外已成劫烬,纸上犹登捷书,荧惑听闻,贻误大局。则其弊为更大"③。因此,他一直提倡记者要有"直言"的精神。所谓"直言",不仅是指敢于揭露官员的贪腐,反映民众的冤屈,也体现在记载事实的真实性上。1908 年 8 月 25 日,《大公报》发表的《论新闻纸之势力》一文,以发达的英国新闻业为例,把真实作为衡量新闻的首要标准。"原英国新闻之特色有三:一曰真实,二曰正直,三曰公平。"这既是对英国新闻事业的介绍,也是英敛之自己对新闻道德的追求。

值得指出的是,英敛之在努力提倡新闻真实的同时,对当时流行的"有闻必录"也是认可的。1906 年,他在《论某大员设计倾陷报馆之苦心》一文中说,某官员故意唆使一些人给某报馆投寄一些"极无影响之事"的新闻稿,想"使该报陷散布谣言、惑人听闻之咎",如果报馆登载了这样"纯属子虚"的稿件,某官员就出面指责该报登载了虚假新闻,不值得相信。英敛之批判了某官员这种卑鄙龌龊的

---

① 英敛之:《英敛之集》上,桂林:广西师范大学出版社 2013 年版,第 300 页。
② 同上书,第 349 页。
③ 英敛之:《原报》,《大公报》1902 年 6 月 22 日。

行为，并为该报馆解释说："该报以新闻之来核其情形，苟无恩怨，即可据'有闻必录'之例登之，亦无甚罪过者也。况君子之过，如日月之食，无心之失，知则必改，亦不失为君子。"①

从报刊史料中可知，"有闻必录"在晚清新闻界很有影响，是当时的报人应对因虚假新闻而带来的社会纠纷的挡箭牌。英敛之对这一口号也是赞同的，认为"据'有闻必录'之例登之，亦无甚罪过者也"。宁树藩先生在《"有闻必录"考》一文中，对"有闻必录"的来源、含义、影响及其消亡进行过深入的探讨，认为"有闻必录"一词开始出现于19世纪80年代。1883年6月10日的上海《申报》和1884年12月广州的《述报》，都有"有闻必录之例"的说法，并明确指出："所谓'有闻必录'乃是当时报纸处理新闻真实性问题的一种原则。它的含义可概括如下：只要是听到有人讲过的事实，报纸就可以报道，至于真伪如何，报馆不负责任。长期以来，'有闻必录'就是以这样的含意作为报馆的护身符、挡箭牌而流行起来的。"②著名报人汪康年在1911年曾对记者"闻言辄载"（"有闻必录"）的做法提出过批评。但是，直到1918年，邵飘萍和徐宝璜等人在其论著中对"有闻必录"进行猛烈的批判之后，这一错误的原则才逐步退出历史舞台。

（五）注重自己的道德人格，避免低俗，拒绝贿赂

晚清时期，新闻界的职业道德存在许多问题，特别是内容低俗和以报谋私的现象，尤为突出。凡有社会责任感和职业操守的报人，对此都给予了尖锐的批判和自觉的抵制，英敛之可谓是其中的代表。还在《大公报》创办之初，英敛之就对当时报界的一些不良风气提出了批评，他指出："许多报上，不是弄些冷字眼儿的虚文，就是写些个邪僻不堪的话，在开人的见识不足，在乱人的聪明有余；或是合谁不合式，就造做他几句，坏他的名声。或是遇点小事，言过其实，乌烟瘴气。再不然云山雾罩，不是东家婆媳吵嘴，就是西家夫妻打架；再不然拿些苟且下贱的事，当作美谈。请问，这有什么益处呢？所以我常听见人指着新闻纸说，不过是谣言传罢咧。"③

1907年，英敛之在《北京视察识小录·报界之繁盛》中说：北京的文言报纸，"近日不知因何妙悟，忽插入花丛一门。婉娈万状，媟狎满纸，为嫖界作前驱，充妓女之忠仆。近日自治会新章，以开设妓馆者为不正当之营业。不知此类报章，劝嫖诱赌，引坏无数青年，其营业为正当否也？或曰，子真迂阔顽梗，不识趋时妙

---

① 英敛之：《英敛之集》上，桂林：广西师范大学出版社2013年版，第303页。
② 《宁树藩文集》，汕头：汕头大学出版社2004年版，第453页。
③ 英敛之：《英敛之集》上，桂林：广西师范大学出版社2013年版，第12—13页。

诀。盖一有此门,不惟报纸藉以多销,且无穷之利益皆将源源而出也。仆曰:此事确否,不得而知,但此等腥秽之钱,凡稍具人格者,鲜不呕吐。"①

在《论画报》中,他对当时画报中的低俗化现象,也进行了尖锐的批判:"京津两处,近二年来,报纸勃兴,五花八门,目不暇接。而画报一种,工本既省,售价亦廉,便于妇孺,引人入胜,故销行亦最广。且遍观其名称,不曰利国,则曰益民,猗欤盛哉! 此可为吾国民贺矣。虽然,鄙人遇闲,偶一披阅各种画报,其是否地丑德齐,莫能相尚,则不敢妄加评断。然千部一腔,千人一面者,则无一篇不载娼窑公案者是也。查各种画报,逐日向各处喊卖,而略识之无之学生,最乐购阅。使其脑筋中所印者,非南朝金粉,即北地胭脂;非醋海生波,即金屋贮美。呜呼! 所谓利国益民,种种佳美名称,固如此乎! 鄙人迂腐,所以不能不痛心疾首而视此辈如蝎蛇也。"②

以上几篇文章都是针对报纸的内容低俗化问题有感而发的。他指出,传播娼窑色情,劝嫖引赌,迎合读者的低级趣味,虽然有助于报纸的销路,能获得一时的经济利益,但是,它毒害了青年学生,败坏了社会风气。报纸赚这样的腥秽之钱,不仅丧失了自己的人格,而且像蝎蛇一样害了别人。

1908 年,他撰写的《报馆包年之奇闻》,还以义愤填膺、痛心疾首的心情揭露和批判了同行中以报索贿的行为:

近日道路风传:有某报馆向某富绅要索包年之奇闻。缘有一种卑鄙报馆,挟"有闻必录"之法力,每向为富不仁一流恫吓曰:"某某事件,吾必登报。"富者惧坏名誉,或干不便也,则出巨款,贿免之。此世所习闻者也。近日之事,则某报所挟者,大富者虽出巨款,挽鲁仲连一流为之缓颊。然该报只允此次之事姑隐不宣。谓此后我之言论自由权固在也,无已,则必须为包年之举乎? 岁出若干金以为常,则此后无论如何,虽事大如天,亦断不登录云云。

呜呼,异哉! 报业中竟有包年之举,诚为花样翻新、生财有道者矣。吾闻之,为神经不宁者终夜。非妒其能而美其利也,以吾措大眼孔,老生肺肠,不能不痛心疾首,为吾业悲也。夫报界以清华高贵之品,所以主持清议、维持公理者也,乃竟出此卑污苟贱之流,要挟索贿,颠倒是非,吾诚欲焚君苗之砚矣。倘按元朝区南人十等之例(大元区南人为十等,七匠八娼九儒十丐),则此类报馆当在贱娼之下、强盗之上,斯文败

---

① 英敛之:《英敛之集》上,桂林:广西师范大学出版社 2013 年版,第 450 页。
② 同上书,第 474—475 页。

类云乎哉！斯文败类云乎哉！①

英敛之痛骂某报馆用包年的手段索贿，是卑污下贱、斯文败类的行为，极大地败坏了报业的声誉和尊严。他认为，报馆是主持清议、维持公理的地方，自身必须具有清华高贵的品质，不然就没有资格从事这个行业。

对报界的不正之风和因官府法律的压制而形成的种种扭曲的表现，英敛之还以调侃、讽刺的笔调写过二首仿刘禹锡《陋室铭》体的诗歌，兹录如下：

> 报不在高，销行则名，馆不在大，印刷则灵。斯是报馆，发吾德馨。半屋堆纸白，满架列铅青。校对多腐儒，排字无白丁。可以谈风月，注嫖经。有机轴之乱耳，有稿件之劳形。花酒怡情楼，麻雀赏心亭。主笔云：何暇之有。

> 馆不在高，有匾则名。报不在深，白话则灵。斯是报馆，惟吾营生。新闻贵迎合，言论忌持平。自能联权贵，从此傲白丁。何必傲官邪，重民情。有官府之干涉，有报律之缠萦。北京彭翼仲，南海唐继星。总厅云：何难之有。②

第一首，主要是讽刺某些办报的人，只顾报纸的印刷行销，内容上"可以谈风月，注嫖经"；热心于"花酒怡情楼，麻雀赏心亭"。整天忙忙碌碌，而所办的报纸，对社会和民众不仅没有任何好处，反而毒害了社会大众。

第二首，则是批评某些报人因为害怕政府的迫害，为了明哲保身，而违背了新闻规律与法则；在报道和言论上，采取的态度是："新闻贵迎合，言论忌持平。自能联权贵，从此傲白丁。何必傲官邪，重民情"。英敛之缺乏彭翼仲、唐继星那样敢于讲真话的精神。他同时也讽刺批判了警厅迫害报人"何难之有"的丑恶嘴脸。

英敛之自己在新闻实践中，除了敢于直言之外，还常常以清廉自律，对于显官达贵、绅士富商的有关报道，格外小心谨慎。例如，他在1904年二月初三的日记中记载："张云衢来函，托代登颂洪翰香德政。予以函辞云：本报不能以一字褒贬，受海内指摘。洪之父子，声气过大，恐人疑本报受其贿嘱云云。"③洪翰香，名恩广，安徽人。他是当时天津的政坛要员，任直隶候补道，后官至长庐盐运使。英敛之不愿意为"声气过大"的洪翰香歌功颂德，就是为了避免巴结达官、受其贿嘱的嫌疑。这比起那些公开向富绅索取贿赂的报人来，其人格之差距，可谓

---

① 英敛之：《英敛之集》上，桂林：广西师范大学出版社2013年版，第496—497页。
② 同上书，第515页。
③ 《英敛之先生日记遗稿》，台北：文海出版社1974年版，第791页。

天壤之别。

1908 年,英敛之在《人格》一文中,明确提出:"人群社会赖以安和而不堕者,厥惟道德。至于法律,则有时而穷,人民或得假借而趋避之。古今之英雄豪杰,率皆出于道德,而非成于法律。虽然,道国齐民之术,舍法律而无由。以道德空而法律实也。是以有国者,当以道德为体,以法律为用。而吾党所注重者,则当时时刻刻竭尽心力,以道德为斯民倡也。"①文中不仅深刻地论述了道德与法律的关系——"道德为体,法律为用",而且明确地提出了自己的追求——"时时刻刻竭尽心力,以道德为斯民倡"。

英敛之和他主持的《大公报》,之所以在当时和后来都受到人们的普遍认可与赞扬,与英敛之的伦理思想和《大公报》良好的道德表现有着极为密切的关系。他自己也常常为此感到自信与自豪。1909 年,他在《可怜哉社会一般之心理》中说:"鄙人创办《大公报》八年于兹矣,虽学疏才短,无补时艰,然所可自信者,独此彝良不昧、不为利趋也。且自始迄今,毫无改易,总以救国爱群、明正辟邪为宗旨。此为明达忠正者所共鉴。"②考察英敛之 10 余年的办报实践经历,我认为,他的这一自我评价,并非言过其实。

六、孙中山宣传伦理思想

孙中山(1866—1925)是我国资产阶级民主革命时期伟大的革命家和思想家,也是资产阶级革命派杰出的宣传家。他在长期的革命斗争生涯中,十分重视报刊宣传,把宣传看成是与武力同等重要,甚至更为重要的斗争工具。在他的论著中,有许多专门论述新闻宣传工作者职业道德的文章,总括起来,有如下主要内容。

(一) 个人的道德人格是国家与社会进步的基础

什么是人格? 通俗地说,人格就是人的品格,是人在处理个人与社会、与自然、与他人的关系中体现出来的道德情操。孙中山在自己的论文和演讲中多次论述了个体的道德人格与国家、民族的关系。他说:"我们要造成一个好国家,便先要人人有好人格。""要正本清源,自根本上做工夫,便是在改良人格来救国。"③"但是要维持民族和国家的长久地位,还有道德问题。有了很好的道德,国家才能长治久安。"④孙中山为什么要如此强调个体道德人格的价值与作用呢?

---

① 英敛之:《英敛之集》上,桂林:广西师范大学出版社 2013 年版,第 492 页。
② 同上书,第 493 页。
③ 《孙中山全集》第 8 卷,北京:中华书局 1981 年版,第 319 页。
④ 《孙中山全集》第 9 卷,北京:中华书局 1981 年版,第 242 页。

他的观点是:第一,在人的身上本来就有兽性,人性的张扬需要战胜本来的兽性才能实现。他说:

> 人的本源便是动物,所赋的天性,便有多少动物性质。换一句话说,就是人本来是兽,所以带有多少兽性,人性很少。我们要人类进步,是在造就高尚人格。要人类有高尚人格,就在减少兽性,增多人性。没有兽性,自然不至于作恶,完全是人性,自然道德高尚;道德既高尚,所做的事情,当然是向轨道而行,日日求进步,所谓"人为万物之灵"。①

孙中山认为,人是由动物进化而来的,人类进化的过程就是人性战胜兽性的过程。在社会生活中,罪恶产生于人的兽性,道德来源于人性,只要"减少兽性,增多人性",人格就高尚了,社会就进步了。因此,"造成顶好的人格",养成"特别好的道德"是我们人类的天职。"有道德始有国家,有道德始有世界。"②

人性不是抽象的,而是具体的。那么,什么是人性,什么是兽性呢?在孙中山看来,兽的本性是绝对的利己,弱肉强食;而人性则与之相反,不仅利己,还应当利人。孙中山说:

> 我们可把人类两种思想来比对,便可以明白了。一种就是利己,一种就是利人。重于利己者,每每出于害人亦有所不惜。……重于利人者,每每至到牺牲自己亦乐而为之。……人人当以服务为目的,而不以夺取为目的。③

就是说,人类如果能够用"利人"的思想代替"利己"的思想,"人人当以服务为目的,而不以夺取为目的",那么,人性就得到了实现。人性实现了,人格高尚了,国家也就有救了,这就叫作改良人格来救国。在孙中山看来,利己与利人是检衡人格高低的标准,也是衡量道德高低的尺度。但是,他把利己与害人、利人与牺牲自己的关系,说得未免绝对。重于利己的,未必会不惜害人。西方的合理利己主义学说,其中就有不以牺牲他人利益为前提的利己主义。利己与利人在很多情况下,并不是绝对对立的关系,而是共存相容的关系。

第二,中国人长期在封建专制的压迫下,丧失了自己的道德人格,现在必须恢复起健全的人格来,国家才有希望。孙中山说:

> 今民国既已完成,国民之希望甚大,然最要者为人格。我中国人民

---

① 《孙中山全集》第8卷,北京:中华书局1981年版,第316页。
② 《孙中山全集》第3卷,北京:中华书局1981年版,第25页。
③ 《孙中山全集》第9卷,北京:中华书局1981年版,第298—299页。

受专制者已数千年。近二百六十余年,又受异族专制,丧失人格久矣。①

讲到中国人口有四万万,文明有四千多年的历史,为甚么我们的国际地位一落千丈呢? 这就是因为我们中国人不自振作,所谓堕落。堕落的原因,就是在不讲人格。我们要恢复国际的地位,须要我们不堕落。要不堕落,便先要讲人格。②

就是说,影响人格的因素除了天然的兽性之外,还有专制社会的毒害。而专制制度所造就的国民人格最大的弱点,就是奴隶人格。"我中国人民久处于专制之下,奴性已深,牢不可破,不有一度之训政时期以洗除其旧染之污,奚能享民国主人之权利?"③人一旦有了奴性,便完全不知道自己作为人应当具有的尊严与权利,一任他人摆布驱遣,与牛马无异。

孙中山曾经反复强调,民权主义所要达到的目的,就是实现人性的自觉与解放,让人们知道人格的尊严与平等。他认为,做奴隶做久了的人,往往不知道自己的权利与尊严,一开始从奴隶的状态中解放出来,还很不适应。而中国人长期受封建专制的压迫,人格严重扭曲和丧失,因此,要使中国社会进步,就必须进行国民的道德改造,由奴隶人格转变为健全人的人格。他说:"现在君主专制既已推翻,凡我同胞,均从奴隶跃处主人翁之地位,则一切可以自由,对于国家一切事件,亦有主权矣。然既处于主人翁之地位,则当把从前之奴隶性质,尽数抛却。"④孙中山认为,新闻记者,作为社会成员中的"先知先觉",更要在人格上做大众的表率。

孙中山的"人格改造"思想与梁启超的"新民"道德思想有许多相通的地方,在目的与内容等方面基本上是一致的。它对于提高人们对当时社会道德状况的认识和激发人们的道德革新与道德自觉,具有重要的意义。

(二) 乐观精神与坚韧的毅力

辛亥革命成功之后,民国政权被袁世凯窃取,袁死后国内军阀混战,财政困难,民不聊生;外国帝国主义不但没有放弃对中国侵略和瓜分的野心,反而加紧了对中国的干涉与掠夺。"民国虽成立,而今尚在危险时代,内乱未靖,外患顿闻。"⑤面对当时的局势,国内产生了一种悲观失望的情绪,新闻记者也不例外。1912 年 10 月 12 日,孙中山在上海报界公会欢迎会上对新闻界的同志说,"悲观

---

① 《孙中山全集》第 2 卷,北京:中华书局 1981 年版,第 358 页。
② 《孙中山全集》第 8 卷,北京:中华书局 1981 年版,第 320 页。
③ 《孙中山全集》第 6 卷,北京:中华书局 1981 年版,第 211 页。
④ 《孙中山全集》第 2 卷,北京:中华书局 1981 年版,第 537 页。
⑤ 同上书,第 494 页。

之心理为民国最危险之事","惟以仆观察社会之心理,多不免抱一种悲观,于报界尤甚。此悲观之由来,则因恐怖而起。以为民国今日外患之日逼,财政之艰困,各省秩序之不恢复,在在陷民国于极危险地位,觉大祸之将至,瓜分之不免。此悲观心理,遂酿成全国悲惨之气象。简单言之,即病在一怕字。"

孙中山以一个革命家的气魄与眼光鼓励报界诸君,越是在困难的时候,越是要保持乐观进取的精神。他说:"吾人当革命时,有一副勇猛进取之精神,不畏不惧之气概,何至于革命底成,民国草创之后,反致消灭此种精神气慨(概)之理?故可必其不然。余深望报界诸君,将悲观之心理打除,生出一极大之希望,造成一进取之乐观,唤起国民勇猛真诚之志气,则于民国建设前途,实有莫大之利。而使全国俱焕发一种新气象,厥惟报界诸君是赖!"①

革命乐观主义既是孙中山个人突出的优秀品质,也是他对新闻工作者职业道德的期望。1913 年 5 月 20 日,上海国民党总部机关刊物《国民月刊》正式出版,孙中山为该刊撰写了《出世辞》。在这篇发刊词中,他写道:"乐观者,成功之源;悲观者,失败之因。""夫事业以活动而成功,活动以坚忍为要素,世界万事,惟坚忍乃能成功。必有乐观之精神,乃有坚忍之毅力,有坚忍之毅力,而后所抱持之主义乃克达其目的焉。"②

孙中山在回顾自己的革命生涯时也说,"始终不渝"的坚毅品质是他取得成功的重要原因之一。"文奔走国事三十馀年,毕生学力,尽萃于斯,精诚无间,百折不回,满清之威力所不能屈,穷途之困苦所不能挠。吾志所向,一往无前,愈挫愈奋,再接再厉,用能鼓动风潮,造成时势。"③他劝导和鼓励新闻工作者树立乐观坚毅的道德品质,既是革命事业的需要,也是他个人人生经验的总结。他甚至鼓励革命党人要具有宗教徒一样的宣传精神:为了宣传主义、感化众人,即使牺牲性命,也在所不惜。他介绍说:"不独前在中国传教者,教堂被毁,教士被害,时有所闻;即在外国,新教亦迭遭反对。然其信徒,则皆置而不顾,仍复毅然为之,到处宣传,不稍退缩。盖其心以为感化众人,乃其本职,因此而死,乃至光荣。"④孙中山从历史经验和自己的人生历程中总结出乐观坚毅的精神关系到革命事业的成败的观点,在革命处于困难的非常时刻,给了报界诸君以莫大的鼓舞。

(三)报纸要主持公理,破除谣言

1909 年,革命党内部曾发生过一场内讧。陶成章和章太炎等人因为办报经

---

① 《孙中山全集》第 2 卷,北京:中华书局 1981 年版,第 496 页。
② 《孙中山全集》第 3 卷,北京:中华书局 1981 年版,第 63 页。
③ 《孙中山全集》第 6 卷,北京:中华书局 1981 年版,第 157 页。
④ 同上书,第 22—23 页。

费问题,对孙中山产生猜疑,并在报纸上公开诋毁孙中山,掀起一场倒孙风潮。这年 9 月,陶成章用川广湘鄂江浙闽七省同志名义,起草了《孙文罪状》,共 3 种 12 项,以及善后办法 9 条,诬蔑孙中山"谎骗营私""残贼同志""蒙蔽同志""败坏全体名誉",又称孙中山在香港的上海汇丰银行存款 20 万元帮助哥哥孙眉在九龙造洋楼。而事实上,陶成章于上一年抵南洋后要求孙中山拨 3000 元以作《人民报》经费,孙中山无款可拨,将自用手表等物变卖,给陶以支持,陶又要求筹五万元回浙江办事,孙中山不能办到,但答应写信赴各处筹款。陶成章因此对孙中山不满。而孙眉因出钱支持孙中山闹革命破产之后,在香港九龙建造了几间草房,种地养禽畜为生,根本不存在建洋房的事情。①

　　针对来自党内一些人的造谣诬蔑,孙中山除了用事实进行反驳之外,还希望新闻记者利用报纸披露真相。1909 年 11 月 12 日,他在给吴稚晖的信中说:"闻美西金山等处华人思想颇开,惟被陶布散传单之后,新得革命思想之人对于弟之感情大不善,非多少时日未易解释此种疑惑。最妙莫如由《新世纪》用同人字样作一函致美西四报馆即《大同》、《美洲少年》、《中西》及云哥华之《华英》,及檀香山三报馆《自由》、《民生》、《大声》,作为同业互通消息之谊,将陶信内忌功、争名、争利及煽人行杀于弟之口声之无理处指出,并下以公平之评判"。"倘各报馆能维持公论,则诽语不能摇惑也。"②

　　报纸其实如同一把双刃剑,既可以消除谣言,也可以传播谣言,关键在于掌握报纸的人如何利用报纸和对待所接收的信息。孙中山所期望于记者的是"不可轻信谣言,攻讦私德"③。1912 年 6 月 25 日,孙中山对《大陆报》的记者说:"粤东以及各省,均并无乱象,有之,只见于报纸上,或发于数西人之心意中而已。倘有士兵一时病狂,轰放空枪,报纸即捕风捉影,指为又起政治革命矣。"记者问他,外间传先生任南京临时大总统时,收受贿赂 100 万元始允让位于袁世凯。孙中山回答说:"此款我实未见,大抵传播此种谣言之各报纸,应给余此数也!"④他热切地希望新闻记者在职业道德上主持公理,不可为谣言传播提供方便。"报纸为制造舆论机关,望各家主持公理,指导国民,群策群力,使各尽其职。"⑤

　　与此同时,孙中山还主张,新闻记者担负着指导国民的重要职责,办报就不能专以经营为目的。1924 年 11 月 17 日他对《申报》记者康通一说:"指导国民者

①　陈锡祺主编:《孙中山年谱长编》上册,北京:中华书局 1991 年版,第 469—486 页。
②　《孙中山全集》第 1 卷,北京:中华书局 1981 年版,第 425 页。
③　《孙中山全集》第 2 卷,北京:中华书局 1981 年版,第 350 页。
④　同上书,第 385、386 页。
⑤　《孙中山全集》第 4 卷,北京:中华书局 1981 年版,第 314 页。

惟言论界。故言论界若专以营业为目的,国民自难进步,国事亦无可为。"①经营都是以盈利为目的的,是为自己的利益服务的,人一旦有了私心私利,就难于做到主持公理了。新闻记者要做到主持公理,就不能为自己谋私利,而要树立"天下为公""替众人来服务"的新道德。②

（四）抱定真理,一往不渝

1912 年 4 月 16 日,孙中山在参观上海《民立报》时,对报社的记者说:

> 报纸所以能居鼓吹之地位者,因能以一种之理想普及于人人之心中。其初虽有不正当之舆论淆惑是非,而报馆记者卒抱定真理,一往不渝,并牺牲一切精神、地位、财产、名誉,使吾所抱之真理屹不为动,作中流之砥柱。久而久之,人人之心均倾向于此正确之真理,虽有其他言论,亦与之同化。惟知报纸有此等力量,则此后建设,关于政见政论,仍当独抱一真理,出全力以赴之,此所望于社中诸君子者也。③

孙中山提倡的新闻记者要"抱定真理,一往不渝","抱一真理,出全力以赴之",所指的,一方面是记者要有坚定的理想,要始终围绕着理想去报道与宣传,通过自己持续和艰苦的工作,最终使民众接受主义和真理;另一方面,记者要为维护真理而不怕"牺牲一切",包括"精神、地位、财产、名誉"。在孙中山看来,有理想并坚定不移地为之奋斗,就是记者应该具有的品性之一。

孙中山的这一观点,在后来的中国共产党领袖人物中也有类似的提法。例如,1956 年,刘少奇对新华社记者就说过:"要坚持真理,要有斗争性,头上要长角,不要怕人家报复,不要怕人家把你赶走。如果你报道正确,人家把你赶走了,这是你的光荣。"④虽然刘少奇所说的"真理"与孙中山所说的"真理"在具体内容上有所不同,但是,从道德角度说,提倡记者要有坚定的理想与意志,则是相同的。新闻记者的工作特点之一,是报道对象纷然杂陈,变化不定,如果没有抱定与坚守真理的意志,就如水上浮萍随风漂移,永远没有根基。因此,孙中山提出的"抱定真理,一往不渝"的观点,对新闻记者有着深刻的思想启迪。

（五）"至诚"的品德

在孙中山的宣传学说中,"至诚"既是一种宣传方法,又是新闻记者应具有的一种职业道德。作为宣传方法,是指用至诚的态度感化人心,让他人接受自己的

---

① 《孙中山全集》第 11 卷,北京:中华书局 1981 年版,第 320 页。
② 《孙中山全集》第 10 卷,北京:中华书局 1981 年版,第 156 页。
③ 《孙中山全集》第 2 卷,北京:中华书局 1981 年版,第 337 页。
④ 中国社科院新闻研究所编:《中国共产党新闻工作文件汇编》下,北京:新华出版社 1980 年版,第 365 页。

观点与主张；作为道德品质，是指为人处世的道德标准。

在中国传统文化里，"诚"是一个重要的道德范畴。其本义是人在履行道德规范时诚信笃实的心理状态和行为习惯。《大学》说："所谓诚其意者，毋自欺也，如恶恶臭，如好好色，此之谓之自谦。故君子必慎其独也。"①就是说，"诚"的道德境界就是道德主体不欺骗自己，如同讨厌恶臭、喜欢美色一样，完全出自内心的真情实感。孟子说："诚者，天之道也；思诚者，人之道也。"②上天是不会欺骗人的，风雨雷电，阴晴晦明，完全是真实自然的状态。人道如同天道，应该"思诚"，只有心性修养达到"诚"的境界，才算有了最好的道德。

孙中山认为，中国的传统道德有很多优秀的成分，如仁、义、礼、智、信等，都应该继承和发扬。他说："一般醉心新文化的人，便排斥旧道德，以为有了新文化，便可以不要旧道德。不知道我们固有的东西，如果是好的，当然是要保存，不好的才可以放弃。"③讲究诚信，就是中华民族固有的道德，新闻工作者应该要培养"诚"的德性。孙中山说："谋国不以诚意，未有不误国者。"④又说："诸君去实行宣传的人，居心要诚恳，服务要勤劳，要真是为农民谋幸福。"⑤可见，作为道德品质，"至诚"就是在处理个人与国家、与他人的关系中所表现出来的处事的态度与行为标准。

为什么新闻记者要有"至诚"的品性呢？因为记者从事的是宣传舆论工作，而宣传舆论的终极目标是要受众能够心悦诚服。要别人心悦诚服，当然自己首先要诚实。欺骗的宣传也许可以得逞一时，但终究是会被戳穿的。

六、章太炎新闻伦理思想

章太炎（1869—1936）在中国近现代史上，同康有为、孙中山一样，是蜚声当时的风云人物。他不仅是一个革命家、思想家和学问家，而且是资产阶级革命派的宣传家。在当时，他就被誉为国学大师和革命元勋，这两项荣誉加起来就是鲁迅说的"有学问的革命家"。有人说："写中国近代政治史、思想史、学术史都要辟出专章，对章太炎浓彩重抹，一个人到了这个份上，想不伟大都难。"⑥研究中国新闻伦理思想史，同样不能不写章太炎。

章太炎一生担任过 10 余家报刊的编辑和主编。他在不同时期所发表的数

---

①　朱熹撰：《四书章句集注》，北京：中华书局 1983 年版，第 7 页。

②　《孟子·离娄上》。

③　《孙中山全集》第 9 卷，北京：中华书局 1981 年版，第 243 页。

④　《孙中山全集》第 6 卷，北京：中华书局 1981 年版，第 549—550 页。

⑤　《孙中山全集》第 10 卷，北京：中华书局 1981 年版，第 558 页。

⑥　王林：《大家精要——章太炎》，昆明：云南教育出版社 2008 年版，第 124 页。

百篇文章中,大多是关于政治改革和时局看法的政治论文以及个人见解的学术论文,但其中也有一些表达自己新闻思想的论文。例如,《实学报叙》(1897年),《正学报缘起》(1898年),《〈大共和日报〉发刊词》(1912年),《敬告同职业者》(1912年),《却还内务部所定报律议》(1912年),《〈新纪元报〉发刊词》(1912年),《致界俱进会书》(1912年)等。从这些文章和他的新闻实践活动中,我们可以看出章太炎对新闻事业的独特见解。在新闻伦理思想方面,他的见解也是独树一帜的。

伦理道德是章太炎思想学说的重要组成部分。在清末民初这个"数千年来未有之变局"的特殊历史时期,面对西方文化对中国传统文化的猛烈冲击和中国传统道德价值体系的动摇,为了重建新的道德价值体系,章太炎在许多文章中都探讨了包括新闻道德在内的道德问题。李泽厚评价说:"讲道德、重历史,始终贯串章整个思想之中。用所谓道德来衡量品评一切,是章非常突出的思想特征。他的倡导佛学,便是为了提倡佛入地狱的道德精神和众生平等的道德理想;他反孔批儒,是因为'儒家之病在以富贵利禄为心',完全着重在道德方面。章太炎对历史和历史人物的评定,也多从道德着眼,例如,章经常盛赞东汉,就是因为'季汉风节,上轶商周','东汉风尚二千年中为殊胜'的原故。他对当时'满清'政府、官吏和改良派的斗争,也总是尖锐揭露对方个人道德的堕落、人格的低劣。"①的确,伦理道德思想在章太炎思想中具有重要的地位。我们先了解章太炎道德思想的主要内容,再看他对新闻职业道德所提出的主张。

(一) 对道德的理解与阐释

同孙中山一样,章太炎把道德看成是关系到国家与民族兴亡的基础。他认为,近代中国之所以落后挨打,社会弊端百出,危机四伏,就是因为"人人皆不道德"。1906年8月10日,他在《民报》第八号上发表了《革命之道德》一文,提出了"道德衰亡,诚亡国灭种之根极"的观点。他总结了古今革命运动与革命者个人道德之间的密切关系,认为"道德堕废者,革命不成之原","今日之革命,惟有道德可以获胜。"又说:"道德之为用,非特革命而已,事有易于革命者,而无道德亦不可就。"辛亥革命之后的1913年,他在《致伯中书一》信中说:"共和政体,以道德为骨干,失道德则共和为亡国之阶,此孟德斯鸠所已言者。"②在章太炎看来,无论是革命时代还是建设时代,无论是革命事业还是其他事业,道德都起着决定性的作用。因为事业都是人做出来的,而决定人能否做事和能否做成事的首要条件,就在于人的道德。章太炎的"道德决定论"有其合理的一面,但是,过分强

---

① 李泽厚:《中国思想史论》(中),合肥:安徽文艺出版社1999年版,第729—730页。
② 汤志钧编:《章太炎政论选集》下册,北京:中华书局1977年版,第645页。

调道德的作用,也是片面的。

关于道德的标准,章太炎认为,衡量一种行为是道德的还是不道德的,其主要标尺是"自利与利他"。首先,从自利方面说,章太炎认为自利是人的天性,"一切道德,皆始自利"。他说:"夫善恶生于自利,而自利非善恶;犹宫商成于莛击,而莛击无宫商。自社会言之,则有善恶矣;自人而言之,则有宫商矣。此荀子所谓缘也。无善无恶,就内容言;有善有恶,就外交言,本无异议。"①自利是人的本性,不存在善与恶的问题。在著名的《四惑论》中,他又解释说:"或有愤世厌生,蹈清冷之渊以死,此固其人所得自主,非大群所当诃问也。当诃问者云何?曰:有害于己,无害于人者,不得诃问之;有益于己,无益于人者,不得诃问之;有害于人者,然后得诃问之。"②也就是说,害己而不害人、利己而不害人都不必用道德标准来考量,只有损害他人的行为,才是不道德的。他的结论是:"人伦相处,以无害为其限界。"章太炎的这种合理利己主义思想是对传统的"存天理,灭人欲"思想的否定,与西方的合理利己主义思想有相通之处。

其次,从利他方面说,人总是生活在社会群体之中,必然要与他人产生联系。在处理个体与群体、个人与社会的关系中,人应该遵循"利他"的原则。"凡有害于人者,谓之恶人;凡有益于人者,谓之善人。人类不为相害而生,故恶非人所当为,则可以遮之使止;人类不为相助而生,故善亦非人之责任,则不得迫之使行。善与恶之间,必以'无记'为之平线。"③善人与恶人的区别,就在于是否有益于他人。虽然我们不能强迫他人去为善,却可以提倡与人为善,提倡做一个有益于他人和社会群体的人。在利己与利人的问题上,孙中山也主张以利人为道德的标准,但是孙中山与章太炎不同的是:孙中山主张利人应不惜牺牲个人利益,而章太炎认为,利己与利人可以并存。

在道德品质方面,章太炎认为,人类有四种德性尤为重要:一是"知耻",二是"厚重",三是"耿介",四是"必信"。

所谓知耻,就是能够知道什么是善,什么是恶,什么是荣,什么是辱。《礼记·中庸》说:"知耻近乎勇。"④孟子说:"无羞恶之心,非人也。""羞恶之心,义之端也。"⑤在中国传统儒家伦理思想中,知耻被看作是道德的前提与基础。一个人如果连好与坏都分不清楚,就是寡廉鲜耻,还谈什么伦理道德。章太炎说:"礼

---

① 转引自张岂之:《近代伦理思想的变迁》,北京:中华书局 2000 年版,第 358 页。
② 章太炎:《太炎文录初编·别录卷三》,上海:上海书店出版社 1992 年版,第 42 页。
③ 同上书,第 43 页。
④ 朱熹撰:《四书章句集注》,北京:中华书局 1983 年版,第 29 页。
⑤ 杨伯峻译注:《孟子译注》上,北京:中华书局 1960 年版,第 80 页。

义,治人之大法;廉耻,立人之大节","士大夫之无耻,是谓国耻。"①他提倡,人们尤其是读书人更要知耻。他甚至把知耻看成是人格的第一义。他说:"甚么叫人格? 人格不过就是'我格',行己有耻,就是人格的第一义。""道德的败坏,虽不止是一端,惟有人格堕落,是最紧一件事。杀人放火做强盗,虽是恶人,可是还不算丧了人格。这样人回转心来,尽有成就志士仁人英雄豪杰的。只有丧了廉耻,就算把人格消磨干净,求他再能振作,就一百个难得一个了。"②为什么说"士大夫之无耻,谓之国耻"呢? 因为知识分子是社会道德文化传承和再造的精英,是社会道德的表率,如果连这一批人都不知耻的话,那么,整个社会也就无耻了,这是"国耻"。可见,章太炎对包括自己在内的知识分子寄予了很高的道德期望。自古以来,社会对于知识分子都抱有很高的道德期望与要求,这是中国传统文化的产物,也是知识分子的荣耀。在物欲横流、世风日下的社会里,总有一些人会坚守道德的阵地,挽颓风于既倒。担当此任的,当然不只是知识分子,各行各业都有富贵不淫、贫贱不移、威武不屈的人。这些人才是构建社会道德的脊梁。

厚重是指个人言行的庄重朴厚,不轻佻,不浮华。"子曰:君子不重则不威。杨子《法言》曰:言轻则招忧,行轻则招辜,貌轻则招辱,好轻则招淫。"③一个人在日常生活中的言语、行动、外表、爱好都不要轻佻,只有淳厚庄重的人,才能给人可信、可靠的感觉,才能够受人尊重,成就事业。尤其是革命者是要干大事的,更要有厚重的品德。

耿介是光明正直的意思,是一种为坚持真理、维护正义而刚正不阿的品质。章太炎说:"读屈子《离骚》之篇,乃知尧、舜所以行出乎人者,以其耿介。同乎流俗,合乎污世,则不可与入尧、舜之道矣。非礼勿视,非礼勿听,非礼勿言,非礼勿动,是之谓耿介。"④《离骚》中有"彼尧舜之耿介兮,既遵道而得路;何桀纣之猖披兮,夫唯捷径以窘步"。那些同流合污的人,也许会得意一时,但终究是会失败的,只有具备耿介刚毅道德的人,才能经得起环境与时间的考验。

必信就是"重然诺",讲话算数。章太炎解释说:"言必信,行必果,久要不忘生平之言,贯四时而不改柯易叶者",就叫必信。他举例说,假使有人请你去杀人挖墓,虽然这是最不好的事情,只要你答应了,就要信守诺言。古代有一个男子叫尾生,与女友在桥边约会,女子没有来,他一直等着,直到洪水来了他也不离开,结果被洪水淹死。这就叫必信。他认为,孔子提倡的"言必信,行必果"的信

---

① 汤志钧编:《章太炎政论选集》上册,北京:中华书局1977年版,第320页。
② 转引自张春香:《章太炎主体性道德哲学研究》,北京:中国社会科学出版社2007年版,第191—192页。
③ 汤志钧编:《章太炎政论选集》上册,北京:中华书局1977年版,第321页。
④ 同上书,第321页。

德,是获得他人忠诚效死力的重要条件。

章太炎的这一观点,无疑是片面的,犯了绝对化的毛病,也是对儒家信德思想的曲解。孔子说过"言必信,行必果",但孟子也说过"大人者,言不必信,行不必果,惟义所在"。孟子并不是要否定孔子的信德思想,而是继承和发展了孔子的思想,提出了有条件的诚信观,就是"惟义所在"四个字。即守信还是违背诺言,关键是看它是否符合"义"的要求。杀人挖墓显然是不符合"义"的行为,即使答应了,也可以反悔;在桥下与女子约会,情况突然变化之后,还死守约定而危及生命,不仅是迂腐的表现,还不符合"义"的要求。中国人历来认为,身体发肤受之父母,不知爱惜自己生命的行为就是最大的不孝。这样信守诺言而不知权变,恰恰是违背道德的,只有符合道义的诺言,才值得信守。

章太炎进而认为,这四种品德是他所主张的核心道德价值观的前提和基础。他提倡的核心道德价值观是什么呢? 他说,"道德者,不必甚深言之,但使确固坚厉,重然诺,轻死生,则可矣"①。又说:"所谓道德,岂必备三德六行哉,见利思义,见危授命,不侮鳏寡,不畏强御,则足以为共和之本根矣。"②就是说,道德不必说得太深奥,也不必提倡太多,只要真正做到刚强不屈、不畏强权、不怕牺牲就足够了。对这四种德性"若能则而行之,率履不越,则所谓确固坚厉,重然诺,轻生死者,于是乎在"③。可见,在道德的内容上,最关键的是确固坚厉,重然诺,轻生死,它具体体现在"知耻""厚重""耿介""必信"的道德行为之中。

关于道德的实现途径,章太炎认为:一是"立德依于情,不依于慧"④。就是说道德主要靠个人内心的情感来实现,而不是靠知识和理智的支配,靠"自律"而非靠"他律"。章太炎认为,人人心中天生都具有"隐爱之念"。这个"隐爱之念"与孟子所说的"恻隐之心"大体相同。如果人心所固有的"隐爱之念"在个人与他人、个人与社会的关系中能够自然而然地流露和体现出来,那么,个体的道德就得到了实现。他举例说:"昔华盛顿拯一溺儿,跃入湍水,盖所谓从井救人者。若华盛顿作是念曰:溺儿生死,轻于鸿毛,吾之生死,重于泰山,空弃万姓倚赖之躯,而为溺儿授命,此可谓至无算者。如是,则必不入湍矣。"⑤面对儿童落水的情境,华盛顿没有因为个人地位的优越和价值的高贵而权衡得失,很自然地去拯救溺水儿童,就是因为他自觉地流露出了心中固有的隐爱之念,是自愿做的,而不是外力强迫他做的。"吾为他人尽力,利泽及彼,而不求圭撮之报酬,此自本吾隐爱

①　汤志钧编:《章太炎政论选集》上册,北京:中华书局1977年版,第311页。
②　汤志钧编:《章太炎政论选集》下册,中华书局1977年版,第645页。
③　同上书,第323页。
④　章太炎:《太炎文录初编·文录卷一》,上海:上海书店出版社1992年版,第95页。
⑤　汤志钧编:《章太炎政论选集》上册,北京:中华书局1977年版,第313页。

之念以成,非有他律为之规定。吾与他人戮力,利泽相当,使人皆有余,而吾亦不忧乏匮,此自社会趣执迫胁以成,非先有自然法律为之规定。"①

在章太炎看来,道德行为应该来自于主体的内心自觉,出自于自然而然的隐爱之心,如果因迫于外力而为善,这本身就是不善。如果因为迫于外力的约束而做某种善事,或者不敢做某种恶事,那么,一旦脱离这种约束,就可能违背道德。章太炎这一观点与中国传统道德中提倡的"慎独"有共同之处,即在独处和外力不能起作用的时候,依然能够秉持一定的道德操守。"自然为之"才是最高的道德境界。

二是在于力行。章太炎认为,道德不是口头上的东西,它的实现要体现在具体的行为之中,"至德者,匹夫可以行之"。他在早期的《变法箴言》说:"变法者,非口说也,必躬自行之;躬自行之而不可济,必赴汤火冒白刃以行之。"②辛亥革命之后,他同样提倡道德需要在实际生活中身体力行。人们在现实的道德生活中,一靠内心自觉,二靠勇于力行。如果将外在的道德规范内化成了道德自觉,即使没有外力约束,也能身体力行,这才是真正的道德。

章太炎还有一个重要的观点,就是道德不是天生的、固定不变的,而是随时代而变、随职业而变的。他认为:"道德亦随时会而变也""盖政体不同,则风俗不同,风俗不同,则道德亦随之不同。"③中国历史上所提出的人性本善、人性本恶、无善无不善、善恶相混和善恶以人异的人性观,都不正确。他认为"万物皆无自性"。他解释说:"自性者,不可变坏之谓。情界之物,无不可坏;器界之物,无不可变。此谓万物无自性也。"④就是说,万物都没有超然于一切生灭变化之外的绝对性质。这种绝对的、固定不变的性质,在精神世界和物质世界都不存在。那么,人也是如此,绝没有固定不变的人性,也没有固定不变的道德。人的道德要受到时代和职业的影响。

(二)新闻职业道德思想

基于"无自性"的人性观,章太炎最早提出了"今之道德,大率从于职业而变"的职业道德思想。他把当时的职业分为16种:

> 一曰农人,二曰工人,三曰裨贩,四曰坐贾,五曰学究,六曰艺士,七曰通人,八曰行伍,九曰胥徒,十曰幕客,十一曰职商,十二曰京朝官,十

① 章太炎:《太炎文录初编·别录卷三》,上海:上海书店出版社1992年版,第42页。
② 汤志钧编:《章太炎政论选集》上册,北京:中华书局1977年版,第19页。
③ 汤志钧编:《章太炎年谱长编》,北京:中华书局1979年版,第673页。
④ 转引自姜义华:《章炳麟评传》,南京:南京大学出版社2002年版,第474页。

三日方面官,十四日军官,十五日差除官,十六日雇译人。①

章太炎对这 16 种人的道德特点逐一进行了分析评价,认为:"以此十六职业者,第次道德,则自艺士以下,率在道德之域;而通人以上,则多不道德者。"②为什么说农人、工人、裨贩、坐贾、学究、艺士这六种人算是有道德的?因为农工勤劳质朴,强毅不屈;商贾恤贫好施,讲究诚信;学究安贫乐道,清高自许;艺士多才多艺,傲岸自好。而其他十种职业的人,多数是不道德的。他认为,道德与知识和权位并不成正比,相反,"知识愈进,权位愈申,则离于道德也愈远"③。章太炎的这种看法是基于对当时的军阀、政客和官僚们普遍道德沦丧的现实所作出的评判。说不同的职业会有不同的道德要求和特点,是正确的;说某些职业的人有道德,而另一些职业的人"多不道德",是主观片面的看法,与事实不符。从古到今,无论何种职业,都有道德高尚的人和道德卑劣的人。说"知识愈进,权位愈申,则离于道德者愈远",也是错误的。照此推论,全社会都是文盲,没有知识,没有政府,回归到"含哺而熙,鼓腹而游"的原始状态,就是最道德的社会了。

在《革命之道德》这篇道德专论之中,章太炎的观点虽然有失偏颇,但是,为我们考察人的道德提供了新的视角:依据职业和时代来探讨。严复曾经也说过记者、厨师、妓女托业不同,但"讨好他人"的习气却是一样的。他也是依据职业来分析道德异同的,但是,章太炎明确提出了"今之道德,大率从于职业而变"的观点。

既然不同的职业有不同的道德,那么记者应当具备怎样的道德呢?在章太炎提出的 16 种职业中,并没有记者这一类。这主要是因为,当时的中国社会全凭收集和发布信息而生存的记者还很少,大多数从事报馆工作的人都有多重身份。如学者兼记者、革命家兼记者、官员兼记者的人都有。

值得注意的是,在章太炎的论述中,他对"通人"给予了特别的关注。所谓"通人",就是通学术的人,尤其是"笃信好学、志存生民"的"狂狷"之士。孔子说:"不得中行而与之,必也狂狷乎! 狂者进取,狷者有所不为也。"④"狂者"勇于进取、敢作敢为,"狷者"能有所不为、洁身自好。虽然这两种人都有某些不足,但是他们处在道德与不道德之间,由于他们地位、知识、品格的特殊,对于道德负有提倡与表率的责任。"使通人而具道德,提倡之责,舍通人则谁与?"⑤实际上,章

---

① 汤志钧编:《章太炎政论选集》上册,北京:中华书局 1977 年版,第 314—315 页。
② 同上书,第 318 页。
③ 同上。
④ 杨伯峻译注:《论语译注》,北京:中华书局 1980 年版,第 141 页。
⑤ 汤志钧编:《章太炎政论选集》上册,北京:中华书局 1977 年版,第 318 页。

太炎把革命党人归在"通人"一类,而当时主持革命报刊的记者也是革命党人,自然也在"通人"之列。

章太炎希望革命党人能够具备"知耻""厚重""耿介""必信"的道德,实质上也是对新闻记者的道德期望。这些普遍的道德体现在具体的职业行为之中,就是职业道德的内容。除此之外,章太炎还根据新闻职业的特点明确提出和强调了记者的职业道德。我们看看下面几则材料:

> 1. 是故不侮鳏寡,不畏强御,是新闻记者之职也。①
>
> 2. 诸新闻记者,其当不务谄媚,不造夸辞,正色端容,以存天下之直道。假令当轴复以为牾,阴遣私人,有所贼害,是亡清之续耳。"赫赫师尹,民具尔瞻。"曲苟在彼,丈夫岂因是屈挠耶?②
>
> 3. 与记者约,事不可诬,论不可宕,近妇言者不可听,长乱略者不可从,毋以肤表形相而昧内情,毋以法理虚言而蔽事实,毋以众情踊动而失鉴裁,以是革末流之弊,则庶几其有瘳乎!《传》曰:"君子以作事谋始",故有正春者无乱秋。愿以《新纪元》之名,与载笔之士勉之矣。③
>
> 4. 风听胪言,高位之所有事;直言无忌,国民之所自靖。《日报》刊发,大义在兹。箴当世之痛疚,谋未来之缮卫,能为诤友,不能为佞人也。④

从以上的材料中可知,章太炎所提出的"六不"(不侮鳏寡,不畏强御;不务谄媚,不造夸辞;事不可诬,论不可宕)、"三毋"(毋以肤表形相而昧内情,毋以法理虚言而蔽事实,毋以众情踊动而失鉴裁)是新闻记者最应该具备的道德。总的来看,这"六不""三毋"所包含的道德内容主要如下。

一是忠于事实,敢讲真话。所谓"不务谄媚,不造夸辞,正色端容,以存天下之直道","事不可诬,论不可宕","毋以肤表形相而昧内情,毋以法理虚言而蔽事实","直言无忌",都是关于新闻真实性的要求。即新闻记者不要说谄媚讨好的话,不要说夸大其词的话,不要说凭空捏造的话,不能被表面现象所迷惑,不用假大空的话掩盖事实真相,而应该讲直话,行直道。只有这样做,才是符合新闻职业道德的行为。

二是同情弱者,不侮鳏寡。新闻记者要伸张社会正义,站在弱势群体一边。而社会中被称为弱势群体、常常受到不公平待遇的,往往是普通民众。尤其是在

---

① 汤志钧编:《章太炎政论选集》下册,北京:中华书局1977年版,第543页。
② 同上书,第543页。
③ 同上书,第601页。
④ 同上书,第538页。

专制社会里,官员的权力愈大,愈集中,民众的合法权利就愈难得到保障。章太炎希望具有社会良知的记者站在"鳏寡"者一边,不要为了个人私利而谄媚讨好当权者。

三是不畏强御,不屈不挠。这是章太炎特别提倡的道德品质。他说:"不侮鳏寡,不畏强御,是新闻记者之职也。"就是说,在所有道德中,最难做到的是"不畏强御"。对于自己所追求和坚持的东西,面对强权的威胁,能够不惜以生命来维护,还有什么比这种品质更高尚的呢? 一个人连死都不怕,还有什么做不到的呢? 他说的"假令当轴复以为悟,阴遣私人,有所贼害,是亡清之续耳。'赫赫师尹,民具尔瞻。'曲苟在彼,丈夫岂因是屈挠耶?""能为诤友,不能为佞人",就是鼓励新闻记者不要怕"当轴"的迫害,敢于与当权者斗争,不要因强权而"屈挠",不做见风使舵、逢迎讨好的小人。

在这方面,章太炎本人是身体力行的。例如,他早年为邹容《革命军》作序、撰写《驳康有为论革命书》而入西牢三年,坚贞不屈,视死如归,没有一丝一毫的懊悔;流寓东京时,为革命的宣传事业,"寓庐至数月不举火,日以百钱市麦饼以自度,衣被三年不浣,困厄如此,而德操弥厉"[1];在袁世凯图谋复辟时,他"以大勋章作扇坠,临总统府之门,大诟袁世凯的包藏祸心者,并世无第二人"[2]。章太炎称得上是一位铁骨铮铮、不畏强御的典范。

四是要有独立的见解,"毋以众情踊动而失鉴裁"。在章太炎的道德思想里,独立是重要的内容。他不仅提出了"依自不依他"的道德主张,而且特别崇尚"大独"的精神。所谓"大独"精神,是相对于"小独"而言的。他认为,"独"有两种:一是为己之独,一是为人之独。为人之独就是指关爱他人、心忧天下的情怀。所谓"大独必群,不群非独也"。他说的"大独必群"与"毋以众情踊动而失鉴裁",是否有矛盾呢? 其实两者是一致的。不要被"众情踊动"的表面现象所迷惑而失去了自己的独立判断与主张,自己的独立判断与主张又要以大众的利益为旨归,而不要以个人的利益为目的。这样的独立不倚才有益于社会、有益于国家、有益于他人。

在新闻职业工作者的道德生活中,章太炎特别强调新闻记者要维护真实、不侮鳏寡、不畏强御、独立不倚。这是针对当时新闻界普遍存在的问题和职业自身的特点与需要提出的,具有很强的现实针对性和职业特征。

当时新闻界道德缺失最严重的表现之一,就是新闻失实。例如,1912年5月

---

① 黄侃:《太炎先生行事纪》,傅杰编:《自述与印象:章太炎》,上海:上海三联书店1997年版,第48页。

② 鲁迅:《关于太炎先生二三事》,《鲁迅全集》(6),北京:人民文学出版社1991年版,第547页。

22 日和 23 日《国民公报》和《定一报》等报纸刊登："章太炎在总统府中,以手枪吓唐总理。"而事实是,章太炎曾经说过这样的话："为国务总理,必须有不畏手枪、炸弹之毅力。"当时的总理唐绍仪也辨明"章氏并无杀害之意"。可是,一些报纸将这样的"乌有之谈,传为实录"。章太炎愤怒地指出："京城报馆三十余家,大抵个人私立,取快爱憎,以嫉妒之心,奋诬污之笔。其间虽有一二善者,而白黑混淆,难为辨别。都城斗大,闻见易周,然其信口造谣,甚于齐谐志怪。"①

章太炎批评报纸"信口造谣,甚于齐谐志怪"的现象,不仅是为了维护个人的名誉,还是为了维护新闻职业的信誉。他在《〈新纪元报〉发刊辞》中,曾经对新闻"偏颇失实"的问题作过深刻的剖析与批判,认为这是"情在爱憎,志相倾陷""以快一己之私"造成的。新闻报道如果夹带了个人的情感和私利,必然失去客观与公正,其结果是:"若以斯之言论,伏于心胸,发于事业,则媚与乱交长。以乱易媚,非不足以快愤心,将有瓜分之祸;以媚易乱,非不足以驯民志,则有鱼烂之忧。大惧国之丧亡,不在戈矛,而成于謷謷之口。"②他把新闻失实的危害上升到关乎国家危亡的高度来看待,这在以前还不曾有过。在他的思想中,报纸的重大职责是要"匡国政而为史官所取材",如果报道失实,自然于国家政治生活和历史都毫无作用了。

面对当时新闻道德存在的问题,章太炎把解决问题的希望寄托在记者的道德自觉上。他认为,真正能够让道德发挥作用的,还在于道德主体的自律,而非外在的他律。因此,他在许多文章中,都反复阐述新闻职业的失德对于国家和革命事业的危害,从而引起记者的警觉与重视,期望记者们用自己的职业责任与职业良心来规范自己的行为。例如,他在《〈新纪元报〉发刊辞》中提出的记者在记事和评论中应该"事不可诬,论不可宥"的道德规约,就是"与记者约""与载笔之士勉之矣。"③在《致报界俱进会书》中"望弗以亡是乌有之谈,传为实录,则幸甚"等,都是对记者道德觉悟的期望。从个体道德实践的角度看,这种观点是正确的。当一个人蔑视传统道德、不惧怕社会舆论、内心信念发生极大偏差的时候,是不会履行社会道德责任的,任何道德规约对他来说都会毫无约束力。但是,从社会道德生成的角度看,这种观点有一定的片面性。对于不知耻的人来说,道德劝说往往是徒劳的,必须用外力强制来促进其道德的改造与培育。因此,德法并用是培育社会道德最有效的途径。

---

① 汤志钧编:《章太炎政论选集》下册,北京:中华书局 1977 年版,第 602 页。
② 同上书,第 601 页。
③ 汤志钧编:《章太炎政论选集》下册,北京:中华书局 1977 年版,第 601 页。

第四节 中国最早的新闻道德规范:"各报馆公共章程"

职业道德规范是适用于某一个行业的行规。它的出现,是从事某个职业的人的行业意识的产生和道德自觉的体现。新闻职业道德规范的出现也是如此。在中国新闻史上,新闻职业道德规范是什么时候产生的?有的学者认为:"徐宝璜 1919 年出版的《新闻学》一书第六章第十三节'访员应守之金科玉律',实际上也是一种记者信条,'金科玉律'一词就是很好的说明。"①还有的学者认为:"中国青年新闻记者学会于 1939 年 10 月制定了学会的《会员信条》和《记者公约》。它是中国新闻史上最早的正式成文的新闻职业道德规范。它包括了新闻工作者的人格、意志、立场、目标等各方面内容,标志着中国新闻工作者的道德自律已由个体意识上升到行业行为。"②我认为,这些说法与中国新闻伦理发展史上新闻道德规范的实际并不相符。据我所阅读到的资料,1902 年 9 月 17 日,《大公报》转录《中国日报》上的《谨拟各报馆公共章程》,才是中国最早成文的新闻职业道德规范。

一、《谨拟各报馆公共章程》的制定及其目的

《中国日报》是以孙中山为代表的资产阶级革命派于 1900 年 1 月在香港创办的兴中会的第一份机关报。该报 1902 年拟订的《谨拟各报馆公共章程》,与一般经过行业协会共同制定的职业道德规范有所不同,它不是经过业内人员共同讨论、最后形成的集体智慧的结晶,而是该报的自主行为。

这时的中国新闻界还没有出现行业组织性质的报界团体。从有关史料看,最早提出组建报界团体的是上海的《时报》。1905 年 3 月 13 日,《时报》发表《宜创全国报馆记者同盟会说》,首倡组织全国性的记者同盟会。"报界之知有团体,似自此始。"③《时报》的倡议很快得到新闻界同人的呼应与赞同,《申报》于 3 月 14 日发表了《赞成报馆记者同盟会之论》,认为报界组建同盟会是新闻事业发展的需要和必然。

在这种思想的影响下,中国第一个新闻行业组织——"天津报馆俱乐部"于 1906 年 7 月 1 日成立。接着,上海日报公会、北京报界公会、广州报界公会等区域性报界行业组织于 1906 年至 1909 年之间相继成立。这标志着新闻行业群体意识的兴起。但是,这些报界团体只制定了组织机构运作的章程,明确了"公会"

---

① 蓝鸿文主编:《新闻伦理学简明教程》,北京:中国人民大学出版社 2001 年版,第 24 页。

② 田灿等:《中西新闻职业道德规范比较》,《文史博览》2005 年第 2 期。

③ 戈公振:《中国报学史》,北京:生活·读书·新知三联书店 1955 年版,第 280 页。

的宗旨、机构、纪律、集会办法及会员的权利与义务,而没有制定出一份各报馆成员共同遵守的职业道德规范。在《时报》《神州日报》的倡议下,1910年9月4日,全国性的新闻行业组织——"中国报界俱进会"在南京成立。会议制定了《中国报界俱进会章程》。同地方性报界公会的章程一样,该章程对组织的名称、宗旨、机构、会员的权利与义务等也作出了明确的规定。会员一致同意,俱进会由国人自办报馆组织而成,以"结合群力,联络声气,督促报界之进步"为宗旨。

中国报界俱进会(以下简称俱进会)的成立,标志着中国新闻界首次有了全国性的行业组织机构。在俱进会的旗帜下,各报馆之间的联系更加密切,行动更趋一致,影响力日益扩大。但是,中国报界俱进会在成立之后的数年时间里,关注得最多的是"全国报界共通利害问题",对维护报界公益的事情做得多,对行业自身的道德建设问题考虑得很少,同样没有制定一份全国性的新闻职业道德规范。其主要原因是报界面临的外部环境太差,中央政府和地方官员对报馆的限制太多,给报人制造的麻烦不断。俱进会成立之后,为报界争自由、争权利的事情应接不暇,维权比自律更为迫切,没有精力顾及自身队伍的道德建设问题。①

由此可见,《中国日报》拟订的《谨拟各报馆公共章程》,是在中国新闻行业组织出现之前由一家报馆自发制定的"公共章程"。这份报馆公共章程不仅是中国新闻史上最早的新闻职业道德规范,而且比美国密苏里大学新闻学院首任院长威廉于1911年手订的《报人守则》早了9年。

问题是,《谨拟各报馆公共章程》算得上是一份成文的职业道德规范吗?为了便于读者了解,现将全文转录如下。

谨拟各报馆公共章程
《大公报》第93号录《中国日报》

—— 迩来风气趋新,报馆之设自日见其多,然现今所有之在内地或在外洋各华人报馆,大都杂乱无章,毫无纪律,良由主持笔政之人,未必通新闻之学,而主席司理等人,又多未谙报务,以报纸为射利之具,故报体日陋,报品日卑,若不设法挽救,必至报务日漓,大为风俗人心之害。本馆为维持世界公益起见,故不忖固陋,特拟就各报馆公共章程。

—— 论说以出自该本报者为佳,虽日著一论,未必所见皆是,然每日必著一论,乃所以抒该本报主笔之意见,亦所以令阅者比较各报意见之异同,非惟西人报馆之例则,然实凡为报馆主笔者,应尽之责任也。故

---

① 参见赵建国:《分解与重构:清季民初的报界团体》,北京:生活·读书·新知三联书店2008年版,第一章"报界团体的初建"。

凡为报馆主笔者,每日必须自著一论,不可抄袭各报论说,掠人之美为己有。如是日新闻太多,无地位安插新闻,则不著论,而以要件、公文等代论,亦无不可。

——人之智识有限,每一报馆之主笔,多者十人,少者一人,日日高谈,保无有菁华日竭之虑?为此之故,来稿之善者,必当录之。各报论说之善者,必当选之而列入来稿、选论一门。且来稿必当书明来者姓名,选论必当声明选录某报,方不负作者之苦心及主者之权利。否则,窃陈编以盗窃,大违公理,凡作者及主笔,均可刊登告白以攻之,或下年不与交换。

——当今贪官酷吏,充塞朝野,万姓受虐,呼诉无门,惟赖各报纸,秉公论事,尚可延民权一线未绝之路。近见某某等报,于贪官酷吏之举动,不独不敢论列其非,且曲意颂扬,以增长其势焰。如明明抽捐逼变,乃为之说曰:赔款数钜,期迫各宪之抽捐,原属万不得已之举等词。似此助纣为虐,于世上有何裨益?忖作者之意,不过自以为忠君爱国、代朝廷劝捐。不知清国乃专制之国,官吏有全权以办事,何患民间之抗捐,特患官吏压制人民耳。自此以后,切宜痛戒。

——各报纸往往于官场事件,意存巴结,不肯照事直书。如新官尚未赴任,乃云想必有一番新政;案情未知有无枉纵,乃云某宪,秦镜高悬。似此逢迎巴结,于风俗人心大有损害,各宜切戒。

——报纸以开民智为要务,词贵条达,不尚艰深。尝见某某等报,每喜用词典,使常人不解。如叙厦门琐事,乃云"鹭岛春涛",写北直新闻,乃云"燕京秋色"。似此庸劣,殊背词达之旨。

——各报俗尚,如刘坤一,则称之曰:岘庄宫太保;张之洞则称之曰:香帅。在恭维之义,原无不合。惟除数显者以外,如称某某别驾,某某刺史,仅书别字,转令人不能悉其官名,殊非妥善。今拟一格:直称其官名而冠以头衔,如刘坤一,则称之曰:两江总督刘坤一;张之洞,则称之曰:两湖总督张之洞。使阅者一目了然。

——各地新闻,最善莫如标明某省、某国、某埠,使阅者不致混乱。惟有时限于时刻,不能细为编列,亦须标明本埠新闻、本省新闻、各省新闻、各国新闻,依类编开,不可混名之曰"中外新闻",以致阅者难于分别。

——对译西字新闻,宜由译员主权,对译者不得任意可否。惟对译者倘以该项新闻无关紧要商之译员,译员允为不录,方可不译。倘译员以为宜录,则仍须译出。

　　——　选录各处交换之报纸，头绪纷繁，最易厌倦，司其事者，往往苟且塞责，未免遗漏。今拟凡即日接得他处寄到之报纸，即于该报纸上书明某日选用字样（如初一日接到，书明初二日选用）如此，则将初二日印出之报章，与初一日选余之他处报纸遗稿互对，便知选录者有无遗漏。为此之故，凡有选录各处报纸所遗余稿，宜暂存之，俟再有寄来，方可递次弃去。

　　——　对散稿大稿，各有专责，每晚对过之稿底，宜与选出之原稿拼为一束，五日内勿得抛弃，以备如有人指提错误，即可按日调查，认明对者字迹，便知何人错误，以免互相诿卸之弊。①

这份《谨拟各报馆公共章程》一共 11 条。我们从拟订者的动机看，显然是针对当时日益增多的海内外华文媒体存在的"大都杂乱无章，毫无纪律"的现状而制定的。其目的就是为了挽救"报体日陋，报品日卑""大为风俗人心之害"的报界颓势，更好地维持"世界公益"。

二、《谨拟各报馆公共章程》的价值与局限

　　在通常情况下，媒体总是在发生危机的时候才开始重视职业道德。从古至今，任何一个国家和地区，任何时期的新闻职业道德规范，都是为严肃"纪律"、提高"报品"服务的。法国新闻学者让·贝特朗说："职业道德规范能增加对记者的保护，增强他们的团结，提高他们的尊严，增加他们的影响，由此激发他们的士气，激发他们的创造力。至于公众，媒体职业道德规范，将直接提高公众对媒体喜爱的程度，最终将增加公众对媒体的信任。"②可以说，职业道德规范都是为了行业自身兴利除弊服务的。这份《谨拟各报馆公共章程》（以下简称《章程》）制定的动机与目的也是如此。

　　从《章程》的形式上看，成文的道德规范，通常都以"守则""公约""章程""信条"为标题的形式出现。如 1911 年美国密苏里新闻学院院长威廉博士手订的《报人守则》；1918 年法国记者工会通过的《责任章程》；1956 年联合国新闻自由委员会制定的《记者公约》；等等。这些"守则""公约""章程"，都是新闻道德规范。其中的各项要求与承诺，都以数字逐条标明。如威廉手订的《报人守则》一共 8 条，每一条都有独特的内容。《中国日报》拟就的《谨拟各报馆公共章程》，以当时常用的序数表达方式，用"——"这个符号将章程的内容逐条标示。这在形式

① 《大公报》1902 年 9 月 17 日。
② 〔法〕让·贝特朗：《媒体职业道德规范与责任体系》，宋建新译，北京：商务印书馆 2006 年版，第 149 页。

上与道德规范的格式也完全相符。

从《章程》的内容上看,着重规定了报馆内部业务和对待外部关系两方面的准则。在内部业务方面,分别有:(1)主笔应尽的责任是"每日必著一论,乃所以抒该本报主笔之意见,亦所以令阅者比较各报意见之异同","不可抄袭各报论说,掠人之美为己有"。(2)文风上,"报纸以开民智为要务,词贵条达,不尚艰深"。(3)各地新闻要标明出处,"最善莫如标明某省、某国、某埠,使阅者不致混乱"。(4)报馆要充分尊重翻译人员的权利,"对译西字新闻,宜由译员主权,对译者不得任意可否"。(5)选用他报文稿,要注明出处。"凡即日接得他处寄到之报纸,即于该报纸上书明某日选用字样","凡有选录各处报纸所遗余稿,宜暂存之,俟再有寄来,方可递次弃去。"(6)校对人员要对报纸的错误负责。"每晚对过之稿底,宜与选出之原稿拼为一束,五日内勿得抛弃,以备如有人指提错误,即可按日调查,认明对者字迹,便知何人错误,以免互相诿卸之弊。"

在外部关系方面,分别有:(1)对待贪官污吏,要敢于揭露,秉公论事,不可曲意颂扬,助纣为虐;(2)对待官场事件,要秉笔直书,如果"逢迎巴结,于风俗人心大有损害,各宜切戒";(3)对待来稿及选载文章,要尊重作者的权利,"来稿之善者,必当录之。各报论说之善者,必当选之","且来稿必当书明来者姓名,选论必当声明选录某报,方不负作者之苦心及主者之权利。"

从以上的分析中可见,这份《章程》的内容,从道德规范角度看,的确存在一些不足。如主笔每天必须写一篇论说,报馆要尊重翻译人员的权利,报馆要处理好他处寄来的报纸,报馆校对人员要对错误负责。这应该是各报馆内部的业务问题,各报馆自有处理的办法,这些措施与规定不可能成为报馆业务工作的普遍法则。如主笔每天必须写一篇论说,就缺乏科学性和可行性。

又如:文辞要通俗易懂;新闻要标明出处,来稿要署明姓名、尊重作者的权利。这几条与服务读者、维护真实和作者的权利有密切的关系,属于职业道德的范畴,但在表述上,内容太狭窄,没能突出新闻职业道德的主题。

《章程》中的第四、第五两条,对待贪官污吏,要敢于揭露,对待官场事件,要秉笔直书,完全符合新闻职业道德规范的要求,体现了新闻职业的责任意识与专业精神。但可惜这样的内容在整个《章程》里所占的比重太少。

为什么中国日报馆的这份《章程》当时在新闻界产生的影响较小,未能成为全行业一致认同的职业价值观和道德原则?我认为,主要原因是:

第一,在制定的程序上,它不是通过行业团体的反复讨论最终形成的共同意见,而是《中国日报》的一家之言,难于被各家报馆所接受。这是因为当时还没有地方或全国性的报界团体组织,缺乏共同讨论、形成一致意见的客观条件。凡是没有得到全行业大多数认可与执行的章程,都算不上是真正的"各报馆公共章程"。

第二,在内容上,《章程》所列举的大部分条款,属于报纸业务的具体操作问题,不属于新闻职业道德的内容,没有全面反映新闻界早已形成共识的一些道德原则。如记者的维护真实、客观公正、忠于职守、廉洁自律等最重要的规范,都没有在章程中体现。如果《章程》作为一家报馆用于内部管理的规章,并无不妥,但作为"各报馆公共章程",就不太合适了。

第三,没有具体的执行措施和执行机构。道德的具体落实,虽然主要依靠人们的内心信念和行为自觉,但也离不开一定的舆论环境和外在的监督机制。不然,对于那些胆敢违背和践踏道德规范的人来说,道德规范不过是毫无约束力的一纸空文。

虽然如此,《中国日报》在1902年拟订的这份《章程》,在中国新闻伦理发展史上的地位是应当肯定的。

首先,它反映了当时中国报人已经萌生了报界需要有"公共章程"来约束职业行为的规范意识,并初步认识到,作为一个有影响力的行业,如果没有共同的行为规范,就不可能赢得公众的信任和社会的尊重。"本馆为维持世界公益起见,故不忖固陋,特拟就各报馆公共章程。"这种行业道德规范意识的出现,在中国乃至世界新闻史上都有积极的意义。

其次,它反映了当时报界的职业理想和急需解决的某些共同存在的问题。任何职业道德规范都是一定时代的产物,必然带有时代的印痕。晚晴时期是中国报业的幼稚时代,许多报人都不懂新闻业务。诚如《章程》所说:"主持笔政之人,未必通新闻之学,而主席司理等人,又多未谙报务,以报纸为射利之具,故报体日陋,报品日卑。"因此,这份《章程》所规定的内容是切合当时情况和适应报界需要的,不然,像《大公报》这样知名的报纸,就不会转载了。

最后,它告诉我们,全国性的职业行为准则的产生,不是某一家报馆所能做到的。只有全国性的行业组织出现之后,全行业有了共同的愿望和需要,行业的道德意识达到一定的程度,才能真正形成被大多数人认可并有实际约束力的道德规范。但是,在全国性的新闻职业道德规范产生之前,某家报馆或某个地区先制定自己的道德规范,是完全可能和必要的。这也有助于行业道德意识的强化和全国性的职业行为准则的产生。

第五节　晚清时期中国新闻伦理思想小结

晚清时期既是中国新闻事业的初创时期,也是中国新闻伦理思想的发轫期。这个时期的新闻伦理思想的显著特点,就是特别强调记者的个体德性,把记者的个体道德修养视为新闻事业的根基。虽然《中国日报》为同行拟订的《章程》,可谓中国最早成文的新闻职业道德规范,但由于其自身内容有缺陷且当时全国性的行业组织和新闻团体并没有形成,报馆各自为政的局面并未被打破,其影响力相当有限,并没有真正起到规范和约束行业行为的作用。

其实,强调记者的个体道德,一方面是晚清时期新闻业处于分散状态的必然结果,另一方面,也反映了中国最初的报人对记者特有品格的认识与要求。美国有一份创办于 1893 年的杂志《展望》曾经发表过一篇社论,其中说道:

> 每一种专业都有基本的品德要求。因此,正如牧师的基本品德是诚挚,士兵的基本品德是勇气,而新闻记者的基本品德是忠实叙述。胆怯会破坏军队的特殊价值,不诚恳会破坏教会的特殊价值,不能忠实地叙述事实也会破坏报纸的特殊价值。……如果新闻充斥着虚假,不论是故意的还是由疏忽造成的,那么整个新闻专业都会像充斥着胆小鬼的军队一样毫无用处。①

新闻记者的"基本品德"问题在同时期的中国报人中有着深刻的认识。从洪仁玕在《资政新篇》中最早提出"兴各省新闻官,其官有职无权、性品诚实不阿者"②的主张之后,晚清时期的所有报人无一例外地都对报人品德提出了自己的看法。总体看来,如下这些品德是他们强调得最多的。

一是公平正直。王韬说:记者,特别是主笔,"其立论一秉公平,其居心务期诚正"。郑观应说:"执笔者尤须毫无私曲,暗托者则婉谢之,纳贿者则峻拒之,胸中不染一尘,惟澄观天下之得失,自抒伟论。"这都说明,他们把公平正直看作是记者最重要的品德,是新闻记者立身的基础。他们认为有了这样的品德,才会"不参毁誉之私",才会站在客观公正的立场上从事采访报道活动。

二是社会责任意识。王韬在他的文章中多次提出,日报的责任非常重大,"所载上关政事之得失,足以验国运之兴衰,下述人心之事,亦足以察风俗之厚薄"。梁启超认为,报馆的两大天职是监督政府与向导国民,"有瞿然于吾侪之地位如此其居要,吾侪之责任如此其重大者,其尚以文字为儿戏也?"③他提出记者在追求和维护新闻自由的同时,不能忘记所肩负的责任。这个责任就是记事立言要以国民大多数之公益为目的,而不是为了个人的私利。

三是维护真实,刚毅不屈。何启、胡礼垣、郑观应提出,新闻记者应该"据事直书,实事求是","援笔记录,务在详明"。在维护新闻真实的过程中,如果碰到种种威胁和打击,要具备"南董之风,斧钺不惧"的精神。就是说,要像春秋时的

---

① 〔美〕弗林特:《报纸的良知》,萧严译,北京:中国人民大学出版社 2005 年版,第 32 页。
② 中国史学会主编:《太平天国》(二),上海:上海人民出版社 1957 年版,第 534 页。
③ 张品兴主编:《梁启超全集》第 2 册,北京:北京出版社 1999 年版,第 969 页。

史官南史和董狐那样,宁肯牺牲性命,也要秉笔直书。这种品质,被梁启超称为"史家精神"。他说:"欲以身救国者,不可不牺牲其性命,欲以言救国者,不可不牺牲其名誉。甘以一身,为万矢的,曾不于悔,然后所志所事,乃庶有济。"①有革命家之美誉的章太炎曾说:"道德者,不必甚深言之,但使确固坚厉,重然诺,轻生死,则可矣。""不侮鳏寡,不畏强御,是新闻记者之职也。"

四是坚持办报宗旨,始终不渝。新闻记者不应该只是事实的记录者和传声筒,还应该有自己的理想和追求。康有为曾要求维新派的报纸和报人,一定要为宣传"本会主义"不遗余力。"本会同志讲求保国、保种、保教之事以为议论宗旨,其他不得旁及。"严复主张,记者必须有自己的追求和主张,做到"平心以出之,正志以待之",反对"人人讨好""尽失本来"的做法。资产阶级革命派领袖孙中山明确提出:"报馆记者卒抱定真理,一往不渝,并牺牲一切精神、地位、财产、名誉,使吾所抱之真理屹不为动,作中流之砥柱。久而久之,人人之心均倾向于此正确之真理,虽有其他言论,亦与之同化。"②孙中山所说的"理想"和"真理"显然是他奋斗不息的三民主义的社会理想。但他提倡的记者要一以贯之地宣传自己的理想,并使其普及于人心之中,从而战胜不正当的舆论,对于记者的道德修养,是有启发意义的。理想和真理可因时代的不同和个人信仰的差异而有不同的理解和把握,但记者万不可没有对理想和真理的追求。梁启超提倡的"主一"之德——"择术至慎,持义至坚,一以贯之,彻于终始"所谈的也是这个意思。

五是清廉自律,独立不倚。如果说刚毅的品德是记者在经受外在压力的情况下得以体现的话,那么,廉洁的品质则是在面对外来的诱惑时应该表现的德性。梁启超、汪康年、英敛之都曾慨叹:中国的新闻记者要保持独立不倚的精神并非易事。其主要原因是中国的产业幼稚和恶势力的干扰。但他们主张,报馆无论经受何种压力,受何种困顿,都要保持独立的精神。因为记者一旦失去了廉洁的品性和独立的精神,新闻的客观公正也就没有了依托和保证,没有了客观公正,新闻也就失去了它存在的价值。

六是诚实勤勉。从道德范围上说,"诚实"属于社会公德的范畴。不论哪种职业的人都应该具有诚实的品德。强调新闻记者要具备诚实的品德,是社会公德在新闻职业道德中的运用。因为记者的工作是服务于社会大众的,要与各种各样的人打交道,不"诚"就不能取信于人,不"诚"也不能感动他人。孙中山对记者说:"我们宣传主义,不特是要人知,并且要感化民众,要他们心悦诚服。……我们要感化人,最要紧的,就是诚。古人说:至诚感神。"③新闻工作与社会有着天

① 张品兴主编:《梁启超全集》第 2 册,北京:北京出版社 1999 年版,第 971 页。
② 《孙中山全集》第 2 卷,北京:中华书局 1981 年版,第 337 页。
③ 《孙中山全集》第 10 卷,北京:中华书局 1981 年版,第 350—351 页。

然的联系。无论是报道客观事实,还是宣传一定的思想观点,不诚,就无法取信于人,自然也谈不上宣传和报道的效果了。

勤勉与懒惰相对立。凡成功的记者没有一个不勤奋的。梁启超说自己办《时务报》时,"每期报中论说四千余言,归其撰述;东西文各报二万余言,归其润色;一切奏牍告白等项,归其编排;全本报章,归其复校……记当时一人所任之事,自去年以来,分七八人始乃任之。"①英敛之主持《大公报》时,也是这样不知疲倦地工作。正是有了这种不怕辛苦、勤勉于事的品德和精神,才成就了一代又一代名垂青史的杰出记者。

虽然晚清时期有关记者"种种应守之道德"的看法各不相同,表述和强调的重点也各有差异,但以上几种品德则是大多数人所认同的。它对于记者道德品质的培养和新闻活动中的道德评价,无疑产生过重要的影响。许多记者在谈到道德修养时,都会不约而同地从不同角度强调这些内容,在当时还没有成文的共同的新闻道德规范时,它事实上具有规范的作用和意义。

1921 年冬,美国密苏里大学新闻学院创建人、首任院长威廉博士在北京大学的演讲中提出,记者和报纸应该具备五种品性:一是保持独立的精神,主持公道;二是大胆有勇气,不怕外来的压力、胁迫、诱惑,不受一切的制裁;三是真确老实,不伪饰或捏造以丧失信用,自贬价值;四是要讲究新闻的趣味性;五是干净、纯洁而有用。这些观点与晚清时期中国报人提出的主张大体相同。这说明不同国度的人在记者品性的认识上,有许多相通之处。这些内容也可以看成是中外报人共同认可的职业道德价值观。

法国的新闻学者让·贝特朗说:"法国天主教的一份日报曾经用五个词对福音书里的基本价值观作了概括:自由、尊严、公正、和平、爱。这五个基本价值观可以作为立柱,所有关于新闻记者职业道德规范的条款可以缠绕在柱子上。"②晚清时期,中国报人对新闻职业基本道德价值观的认识与主张,深叩新闻职业的本质,奠定了中国新闻伦理思想的基础。

---

① 梁启超:《创办〈时务报〉原委》,1898 年 8 月 11 日《知新报》第 66 册。

② 〔法〕让·贝特朗:《媒体职业道德规范与责任体系》,宋建新译,北京:商务印书馆 2006 年版,第 36—37 页。

第二章　北洋政府时期新闻伦理思想
（1912—1927 年）

北洋政府时期通常是指中华民国初年到北伐结束和南京国民政府成立之前这一段历史时期，即 1912 年到 1927 年。这是一个政治斗争异常复杂、政局动荡不安的特殊时期。虽然在袁世凯统治的 4 年里，以"癸丑报灾"为标志，中国新闻界遭受到了前所未有的重创，被称为报界最黑暗的时代，但是，"那个时代毕竟是一个渐进中的和多元化的时代，是一个五色杂陈、瑕瑜互见、各种国内外的政治力量、社会力量、各种主义、各种学术观点、各种思想主张、各种宗教信仰，乃至于各种文学艺术流派都在各自的领域内寻求发展的时代。每一个方面都拥有自己的活动空间"①。因此，从整体上看，北洋政府时期的媒介生态环境还是相对宽松的，中国新闻事业和新闻伦理思想在这个时期得到了新的发展。

第一节　北洋政府时期新闻伦理思想产生的背景

一、北洋政府时期的新闻业

1911 年 10 月武昌起义，推翻了腐朽没落的清王朝，结束了中国两千多年的封建君主专制制度，建立了中国历史上第一个资产阶级共和国。辛亥革命的胜利给中国资产阶级带来了前所未有的胜利喜悦，接下来的南京临时政府，为了让革命理想变成现实，把中国建设成为一个富强民主的资产阶级共和国，以孙中山为代表的资产阶级革命派按照西方资本主义国家的蓝本，制定和推行了一系列具有浓厚资本主义色彩的政策法令及变革措施，在新闻事业方面也是如此。

---

①　方汉奇：《北洋政府时期的新闻业及其现代化》，北京：中国人民大学出版社 2010 年版，"序"，第 1 页。

　　言论自由一直以来都被西方资产阶级思想家认为是一切自由中最重要的自由,是一切自由的根本。在这种思想的影响下,已经获得胜利的资产阶级革命派,把反对封建言禁、争取言论自由和出版自由放到了十分重要的位置。在废除《大清印刷物专律》《报章应守规则》《大清报律》等限制出版自由的法令的同时,新成立的南京临时政府在新颁布的具有资产阶级共和国宪法性质的《中华民国临时约法》中明确规定:"人民有言论、著作、刊行及集会、结社之自由"(第六条第四款)。不仅中央政府如此,新成立的地方政权机关也把保护言论出版自由之类的条款写入了其颁布的法令或协定中。比如,《浙江军政府临时约法》第二章第五条规定:"人民得享有……言论、著作、集会、结社之自由。"鄂州军政府的《中华民国鄂州约法》第二章第六条规定:"人民自由言论、著作、刊行并集会结社。"四川大汉军政府在和地方官绅共同签署的《独立协定》中明确规定:"巡警署不许干涉报馆议论。"这些政策和法令在一定程度上鼓励和保护了新闻事业的发展,规定了人民群众言论出版自由的权利。

　　新闻自由体制的确立,结束了晚清专制政府压制与束缚报界的历史,给中国的新闻事业注入了一股新的活力。与此同时,政府对电报费、邮费的减免,使报馆的经济负担有所减轻,报纸出版发行成本下降,同时激发了人们办报的热情。熊少豪在《五十年来北京报纸之事略》中说:

　　　　鼎革后人民渐知报纸之用,各党遂均以机关报为培殖势力之法,于是京中所有新旧各报几及百数……而内中多数报纸,既无机器以印刷,又无访员之报告。斗室一间,即该报之全部机关;编辑、仆役各一人,即该报之全体职员。印刷者托之印字局(以每日一千份计,每月之印刷费一大张约需一百五十元,两大张约需二百元)。由此观之,凡具数百元之资本,即可创设报馆,无怪报纸日出日多也。①

　　据戈公振《中国报学史》的记载,武昌起义后的半年内,全国的报纸由 100 多家猛增加到了 500 家,其销售总数也达到了 4200 万份,创历史最高纪录。全国各地都有新报刊问世,其中北京 50 家,上海 40 家,天津 35 家,广州 30 家,浙江、四川各 20 多家,湖南 11 家,武汉 9 家……另据 1912 年北京民国政府内务部的报告,从 2 月 12 日清帝宣布退位到 10 月 22 日的 8 个月时间里,在内务部注册的北京报纸有 89 家。② 1911 年年底至 1912 年年底,短短一年时间里,中国报界进入了一个短暂的"黄金时代"。

---

　　① 　转引自赵建国:《分解与重构:清季民初的报界团体》,北京:生活·读书·新知三联书店 2008 年版,第 128—129 页。

　　② 　方汉奇主编:《中国新闻传播史》,北京:中国人民大学出版社 2002 年版,第 152—153 页。

　　民国初年新闻事业的繁荣不仅表现在报纸数量的快速增长上，而且表现在报纸种类的逐渐增多上，除了占据主要地位的各个政党当作宣传工具的机关报刊之外，还有一些纯商业性的报纸、研究社会科学和自然科学的学术性期刊以及争取妇女参政的妇女报纸等，中国的新闻出版呈现出一种多样化的繁荣趋势。这一时期新闻业的快速发展为北洋政府时期的新闻业总体上打下了良好基础。

　　但是，袁世凯上台后，报业的这一"黄金时代"遭遇了巨大的挫折。袁世凯为了推行帝制、实现专制独裁、维护自身的专制统治，采取了一系列控制舆论的手段，包括创办御用报纸充当自己的喉舌，用金钱收买报刊制造舆论，利用前清报律和制定新的法律对异己报刊和记者进行残酷的打击和迫害等。据统计，到1913年年底，全国出版的报纸，由民国初年的500家，锐减到139家，有300多家报馆被封。北京上百家报纸只剩下20余家，史称"癸丑报灾"①。1912年4月—1916年6月，新闻记者有60人被捕，24人被杀。袁世凯对报界的压制，比晚清政府有过之而无不及。黄远生曾感叹说："余于前清时为新闻记者，指斥乘舆，指斥权贵，肆其无法律之自由，而乃无害。及于民国，极思尊重法律上之自由矣，顾其自由不及前清远甚。岂中国固只容无法律之自由，不容有法律之自由乎？"②

　　但是，由于袁世凯政权并没有形成对全国的全面有效的统治，有时也要顾及舆论的压力，加上有些报纸不屈服袁政府的高压政策，敢于与袁世凯的倒行逆施进行斗争，致其对报馆的摧残并非毫无忌惮。例如，黄远生创办的《少年中国周刊》，"敢言直谏，屡批逆鳞，而不见责罪"③。因此，袁世凯统治时期，中国的报业也还有一定的生存与发展的空间。

　　袁世凯死后，中国只有一个名义上统领全国的中央政府，皖系、直系、奉系等各派军阀"你方唱罢我登台"，中国的政局也陷入了一个混乱和不稳定的时期，处于四分五裂的状态。相比袁世凯执政时期，这一时期的新闻事业有了一个相对比较宽松的舆论环境，政府的一些法令也给办报活动提供了一定的支持。

　　黎元洪继任总统后，宣布恢复《中华民国临时约法》，表示"今后对于报馆，务取宽大主义，除其最极端激烈、妨害治安者外，毫不加以干涉，以示尊重言论自由"④。1916年7月16日，黎元洪下令废止《报纸条例》，扫除了袁世凯时代束缚报业的法律障碍，认为"惟查言论自由，载在约法，报纸为书面言论之一。现在刷新政治，正宜宣达民意，扶持舆论，似不宜束缚其自由，且报纸如有违犯法律情

---

　　①　方汉奇主编：《中国新闻事业简史》，北京：中国人民大学出版社1995年版，第154页。

　　②　转引自赵建国：《分解与重构：清季民初的报界团体》，北京：生活·读书·新知三联书店2008年版，第179页。

　　③　《远生遗著》卷一，上海：中国科学公司1938年版，第55页。

　　④　《黎总统尊重言论》，《盛京时报》1916年6月7日。

事,自有普通法可以救济,此项特别专例,似无存在之必要,此就法理上审核该项条例,似可废止。"①他还主张,废除《报纸条例》之后,不要再制定新的报律。恢复政府国务院新闻招待所、总统府新闻招待所和各种新闻记者招待会。这样,便利了记者采访,扩大了信息来源,激发了人们再度办报的热情。有报纸这样称赞说:"国会开幕之际,北京报馆有六十余家之多。嗣后屡经袁政府摧残、压抑,遂尔渐次减少,迄今存在者,惟有二十余家耳。自黎公继任大总统后,尊重言论自由,所有专制不法之法令,次第废止,取缔言论之新闻条例亦实行废止。因以创办报馆之声,日有所闻。"②这说明,中国报业在经历了袁世凯时代短期的挫折之后,已显示出复兴的希望。

在接下来军阀混战的 10 余年里,各派军阀忙于地盘和利益的争夺,对新闻界的管理与控制比袁世凯时代宽松了许多,为中国新闻业的发展提供了一定的外部条件。事实上,在 1916 年之后的一段时期里,中国的报刊也的确获得了比较大的发展,1916 年报刊总数为 289 种,到 1921 年,全国报刊种数达到 1134 种。③

可以说,内乱不断、政局动荡以及实力分散的政府管理,给这一时期的新闻事业造就了比较宽松的环境;同时,这一时期我国的民族资本也有了一定的发展,为新闻业的进步提供了一定的物质基础;还有新文化运动的迅猛发展,造就了日益活跃的思想文化环境,特别是如火如荼的五四爱国运动,为报刊与记者提高社会地位与影响力提供了新的平台,使报纸的宣传鼓动作用得到前所未有的发挥,有力地促进了中国新闻事业的发展。因此,在北洋政府时期,中国的新闻事业在曲折中呈现出不断进步与兴旺的局面。

二、政论时代向新闻时代的转化

晚清时期,无论是改良派创办的报纸,还是革命派创办的报纸,抑或是民间报纸,都以政论为主体。当时衡量报纸的影响力、报纸的质量及记者的水平,都以政论的质量为标尺。所以,从早期王韬创办的《循环日报》到康有为、梁启超创办的《时务报》,再到英敛之创办的《大公报》等,凡是产生过重要影响的报纸,无不以言论著称。加之我国素有"文人论政"的传统,在很长时间之内,政论一直是我国报纸杂志上占据主导地位的新闻体裁。一般报刊都设有社论、论说、社说、时评等栏目。报纸主笔的重要职责之一,是专门负责评论的写作。晚清数十年里,报界涌现出一大批以撰写评论著称的报刊评论作家。

而民初及北洋政府时期,由于封建军阀对言论的禁锢以及党派之争,评论逐

渐沦为政党互相诋毁和攻击的工具,政论的数量减少、思想水平下降。特别是袁世凯执政的 4 年,由于袁政府及地方官员任意摧残报馆,逮捕报人,媒介生存环境迅速恶化,报界噤若寒蝉,政论几近消失。正如《申报》当时评价的那样:

> 前清之末,言放而乱;国党之时,言横而私。至于今日,恐惧相成,莫敢为由衷之谈。或摭拾琐屑,莫及深隐;或涂附文句,故为诐侧。能文有识之士,至不欲危言正论以触忌讳,则自放于谐谈隐语,以自写其意,不求人知,⋯⋯全国报纸十有八九废弃论说,塞以译论及公布文件,将求如往日之横放而时有正论者,渺不可得。①

由此可见,民国初年报纸言论衰落,生机全无,由“政论本位”转向“新闻本位”,一定程度上是袁世凯限制言论自由、禁锢报业的政治气候造成的。另外,社会动荡不安,政局不稳定,使人们对变幻莫测的形势予以必要的关注,使新闻报道受到人们前所未有的重视;加之这一时期业界与学界对报纸传播信息功能的认识有所加深,有力地促进了报纸新闻报道业务水平的提高。因此,以新闻为本位是这个时期中国新闻事业的必然产物。邵飘萍在《新闻学总论》中说:“自近年新闻纸愈益进步以来,以新闻消息为本位之潮流已日见其显著,与曩时之以政论为本位者趣味盖完全不同。‘新闻纸’之名词,乃自是渐符其实。”②自邵飘萍的观点提出以后,新闻学界把晚清时期称为“政论时代”,把民初称为“新闻时代”几成定论。

在民初的报纸内容中,消息的比重加大,特别是政治、军事消息在报纸中所占的比例大大增加;电讯增多,还出现了外电、专电、通电等名目,以《申报》为例,每天报纸上的专电有 10—15 条,外电 15—25 条,译电 15 条左右,远胜晚清时期的专电数量。另外,迎合市民趣味的社会新闻也逐渐增多。从报人角度看,与以前以政论闻名的报人不同,这一时期出现了大批具有新闻敏感、善于新闻采访、长于新闻写作的名记者,如强调新闻记者须有灵活的头脑,善于奔走、倾听、写作“四能”的黄远生,被誉为“新闻界全才”的邵飘萍,以及与黄远生并称为“新闻三杰”的徐凌霄、刘少少等。这些名记者也写过有分量、有影响的评论,但影响最大的还是新闻作品。

在中国第一部新闻学专著《新闻学》中,徐宝璜认为,报纸的职能有六项,分别为报道新闻、引导社会舆论、发表评论、传播科学知识、提倡社会道德和促进商业发展。其中,供给新闻被认为是所有报纸职责中最重要也是最根本的职责,因

---

① 《报界某君上徐相国书》,《申报》1914 年 5 月 12 日。
② 肖东发、邓绍根编:《邵飘萍新闻学论集》,北京:北京大学出版社 2008 年版,第 131 页。

此,"以真正之新闻,供给社会,乃新闻纸之重要职务,亦于社会有极大之关系"①。王拱璧在为《应用新闻学》写序时,开篇就指出,报纸的第一职能就是准确真实地把新闻事实告知给读者,而对于新闻与评论的关系,则新闻本身更为重要,评论的正确公正与否都必须以新闻事实为基础。

邵飘萍说:"报纸之第一任务,在报告读者以最新而又最有兴味、最有关系之各种消息,故构成报纸之最要原料厥惟新闻。"②报纸上所发表的评论都是在新闻事实的基础上加以阐发的,如果新闻不真实,那么评论自然也难以做到公平公正。所以报纸的价值大小与新闻材料的真实、公正、时效性有着最为密切的关系。同时,他也认为,报纸上新闻所占比重的大小是新闻事业进步与否的标准,"世界新闻事业之趋势,基于'以新闻(News)为本位'之原则,故外交记者之地位有蒸蒸日上之势。虽各国之程度不同,而进步之趋势则一。例如我国之新闻事业,即在今日亦不能不称为幼稚。然在四十年前之《申报》,其中只有文章、诗词或小说等类,新闻不过一二最不相干之趣事,盖重文辞而未重纽斯之时代也。然嗣后逐渐改进以至于今日,其所谓改进之过程,特在纽斯材料之渐增而已。换言之,新闻进步与否之标准,惟视纽斯增加与否以为断。今日上海、北京各大报社,其进步之程度所以异于曩年者,亦因纽斯之量已比曩年为增加,此我国新闻界趋势之可考者"③。以每天的新闻量来看,《申报》为 169 条,《晨报》为 33 条,《益世报》的新闻有 63 条,《中西报》有 69 条,《七十二行商报》有 69 条。④

可见,这一时期,无论是新闻业界还是新闻学界,都认为报道新闻是记者和报纸的首要职责,报纸刊载新闻的数量也在不断地增多。但是,由"政论时代"向"新闻时代"的过渡也带来了一些新的问题。如有些报社为了提高新闻的竞争力而凭空臆造专电、通讯等,还有一些报纸为了增加销量而刻意迎合读者的低级趣味,出现了一些诲淫诲盗的黄色新闻和猎奇炫异的所谓黑幕新闻。这些问题的产生促使新闻从业者和学者不得不关注新闻伦理道德问题,以及寻求解决这些问题的办法。

三、新闻教育的产生和发展

如果从艾小梅、容闳、王韬等中国第一批报人的办报时间算起,中国近代新闻事业在走过近半个世纪的风雨历程之后,依然没有新闻教育,从事新闻职业的人都是没有受过正规新闻学训练的知识分子。而最早提议中国应重视新闻教育

---

①　肖东发、邓绍根编:《徐宝璜新闻学论集》,北京:北京大学出版社 2008 年版,第 48 页。

②　肖东发、邓绍根编:《邵飘萍新闻学论集》,北京:北京大学出版社 2008 年版,第 15 页。

③　同上书,第 42 页。

④　戈公振:《中国报学史》,香港:太平书局 1964 年版,第 207 页。

的,是美国新闻教育的开创者——密苏里大学新闻学院首任院长威廉博士。1914年,威廉环游世界各国考察新闻事业,于3月底到达北京。在与北京报界代表座谈时,他提醒中国新闻界朋友:"于经验之外,并设法办理此项学校,以造就由学问中出之报界人才,与经验相辅而行。"北京《新中国报》的汪怡安在致辞中说:"中国报界现均幼稚,新闻学校之举办,尤属当务之急。今承友邦同业良友威廉博士之谆谆诲导,同人钦佩,无似感何可言。同人虽驽钝,不敢不各尽绵薄,努力进行,以答雅意也。"①这可以看作是中国人在美国友人的提醒下想创办新闻教育的开端。但是,真正将新闻教育付之于行动,还在4年之后。

1918年10月14日,我国第一个新闻学术团体——北京大学新闻学研究会在北京大学成立。徐宝璜回忆说:"吾国新闻教育,实滥觞于民七北大所立之新闻学研究会。而飘萍先生于此会之设亦与有力。因蔡孑民校长与余初虽亦拟议及此,但无具体计划。及飘萍先生来函催促,始聘余为斯会主任,并请飘萍先生及余分任讲演。"②该研究会以研究新闻学理论、交流新闻实践经验、促进我国新闻事业的发展为宗旨,出版了我国第一个新闻学业务刊物《新闻周刊》。该学会主要对学员进行半年期和一年期的培训,招收的学员面向所有对新闻学感兴趣的人士,导师包括徐宝璜、邵飘萍等。讲课的内容涉及新闻组织、新闻采访、编辑工作以及新闻伦理道德等方面,是我国新闻教育的开端。

自此以后,国内大学相继成立了一些新闻学团体并开展新闻教育和学术交流活动。黄天鹏描述当时的情况为:"北京新闻学会成立,以研究新闻学术、发展新闻事业为宗旨,刊行《新闻学刊》,为我国破天荒唯一出版物,巍然为新闻运动之中心,匪特从事新闻者及有志新闻者所必读,而一般人亦人手一编,其影响之大,收效之宏,为前此所未有,而新闻运动入一新时代。各大学计划中之新闻学系先后开办,选修学生,颇形踊跃,各校稍有规模之设备。"③当时,世界新闻界的著名人物《泰晤士报》老板北岩、美国著名新闻教育家威廉等都相继来到中国讲学,传播西方的新闻学理论,各地开设的新闻学讲座也日益增多,并且出现了赴海外留学专修新闻学的学者。

可以说,随着北京大学新闻学研究会以及国内各高校新闻教育的开展,新闻从业者和学者们更加关注包括新闻伦理在内的理论研究,以期通过更为系统和科学的新闻理论来促进我国新闻事业的健康发展。王拱璧在为任白涛《应用新闻学》一书作序时就指出了他对于新闻学科发展的三点希望:第一,希望新闻学研究者要专注于新闻学的研究工作,从而扩大新闻学这个新兴学科的影响,以启

① 《太平洋东西两岸之新闻家大欢宴》,《申报》1914年4月3日。
② 肖东发、邓绍根编:《邵飘萍新闻学论集》,北京:北京大学出版社2008年版,第14页。
③ 黄天鹏编:《新闻学名论集》,上海:上海联合书店1929年版,第3—4页。

发社会大众对于这个学科的兴趣;第二,希望从事新闻教育的学者把新闻学和别的传统学科给予同样的对待,希望拿出和发展理工科同等的精力和设备经费去办新闻学科,只有这样,才能促进我国新闻学的现代化发展;第三,希望新闻记者要把自己的职业当作是一种高尚的、有趣的、专业化的、永久的职业去对待,对现代的新闻学进行深入的研究。①

同时,我国最早的新闻学著作也随之产生。徐宝璜在北京大学新闻学研究会的讲义《新闻学大意》,后来改名为《新闻学》,是我国第一本新闻学著作,于1919年12月出版,被蔡元培先生称为"在我国新闻学界实为破天荒之作"。随后,五四运动蓬勃发展,外国的各种新闻学论著也被逐渐介绍进来。邵飘萍总结自身十多年的记者工作经验,参考日美等其他国家的新闻学论著,于1923年9月出版了《实际应用新闻学》一书,虽然书中的主要内容以实际采写方法为主,但是把新闻伦理中的记者品性修养放在优先的位置进行论述。还有任白涛于1922年出版的《应用新闻学》、邵飘萍1924年出版的《新闻学总论》、蒋国珍1926年出版的《中国新闻发达史》和戈公振1927年出版的《中国报学史》等都有阐发新闻伦理思想的内容。

不仅新闻教育的兴起为新闻伦理思想的发展提供了有利条件,这一时期群众媒介素养的提升还在一定程度上促使新闻从业者在道德伦理上进行自我完善和改进。阅报所作为公众阅报的场所则在提升群众媒介素养方面起到了重要作用(见下表):

部分省份公众阅报所②

所属	几处	报纸种数	每日平均阅览人数
直隶	一百二十四	十四	四十
山东	一百一十三	十四	六十
河南	一百三十九	十二	三十
江苏	一百八十七	十八	五十
江西	一百零六	十	二十
浙江	一百七十	十四	三十
湖北	一百零三	十六	五十
四川	一百五十六	十二	三十
广东	一百四十九	十七	五十

---

① 王拱璧:《写在任著新闻学的上头》,任白涛:《应用新闻学》,上海:上海亚东图书馆1937年版,第7—8页。

② 《中华民国史档案资料汇编》第3辑,南京:江苏古籍出版社2000年版,第320页。

这些公众阅报场地有些是由公家办的,有些是由私人办的,另外一些则由公益团体附设。这些阅报所在培养民众对于报纸的认知能力上可谓是大有益处。

总之,在报纸数量迅猛增加、新闻采编得到重视、新闻教育和新闻学逐渐兴起等背景下,人们对新闻实践中所出现的伦理问题也越加重视。为了解决新闻实践中存在的道德问题,许多新闻记者和新闻教育工作者,都提出了自己的思想主张,从而使北洋政府时期的新闻伦理思想比晚清时期更加丰富多彩。

第二节　北洋政府时期新闻道德问题

如上所述,相对于晚清时期的报业来说,北洋政府时期的新闻事业有了新的发展。虽然在民国初年袁世凯执政时期和后来的各军阀统治时期,报纸的生态环境有所不同,但从总体上看,人们的办报热情高涨,报纸的数量与质量,也有了很大的提高与改善。正因为办报主体和客观环境有了新的变化,新闻道德方面也出现了一些新的问题,需要社会和新闻界给予高度的重视。这一时期存在的新闻职业道德问题主要有以下几个方面。

一、拿津贴风气盛行

众所周知,报馆的创办和运行离不开经济的支撑,没有钱,报馆就无法正常生产和经营。一般说来,报业经济的主要来源,一靠发行收入,二靠广告收入,三靠其他多种经营收入。但是,在北洋政府时期,我国各省商品经济发展不平衡,全国工商业比较落后,半殖民地半封建社会环境和社会文化教育的局限,使得中国的报业经济处于相当落后的状态。无论是报纸的发行还是商业广告,都非常有限,更谈不上利用报纸的优势开展多种经营了。1904 年 11 月 30 日《警钟日报》的报道说,武汉的 20 多种报刊的总销数约为 2730 份。其中《中外日报》500份,《申报》300 份,《新闻报》300 份,《同文沪报》200 份,《时报》300 份,《警钟日报》300 份,《汉报》300 份。其他 13 份报刊合计才 530 份。[①] 可想而知,一家发行量只有几百份的报纸,其发行收入是相当有限的。发行量上不去,报纸广告收入就必然受到影响。因此,如果报馆完全依靠自身的发行和广告收入维持经营,日子不可能过得轻松。于是,接受来自各方面的津贴便成了大多数报纸习以为常的行为。

当时,从中央到地方的各派军阀和政客为了自身的利益,都纷纷以津贴的方

---

① 转引自赵建国:《分解与重构:清季民初的报界团体》,北京:生活·读书·新知三联书店 2008 年版,第 102 页。

式贿买报纸充当自己的喉舌。比如,在民国初年,接受过袁世凯津贴的报馆有
125家,北京的《国华报》《黄钟日报》《国权报》《京津时报》《大自由报》,天津的
《益世报》,上海的《大共和报》《时事新报》等,都或多或少接受过袁世凯的金
钱。① 黎元洪支持的汉口《国民新报》和广州的《华国报》,段祺瑞支持的北京《北
方时报》和汉口的《公论报》,张勋支持的上海《国是报》等,都在一定程度上成了
军阀的舆论工具。国民党政学系要人张耀曾一直给其党派报纸《中华新报》津
贴。1928年他在日记中记载:"从前贴补《中华新报》及为该报偿债付利,为数
亦巨。"②

　　不仅大军阀大政客如此,一些盘踞地方的中小军阀官僚也不例外。如就任
浙督后的朱瑞就积极地对杭沪地区各报纸进行贿买。护国战争胜利后,唐继尧
为了扩充自己的势力,拿出一万大洋资助省内一些人在北京办报。尤其是湖南
督军兼省长谭延闿给报纸发津贴的力度尤为突出,我们从当时《申报》刊登的湖
南省政府《各报馆津贴一览表》③中可以看出当时各报接受地方政府津贴的情况。

《各报馆津贴一览表》

名称	已准	已发	说明
《实业丛报》	2000元	2000元	都督批准
《天铎报》	2000元	2000元	司长条示照发
《国民日报》	2000元	2000元	都督令
《实业公报》	5000两	5000两	都督批准
《实业杂志》	500两	500两	都督批准
《自治旬报》	400两	400两	都督批准
《边事白话报》	400两	400两	都督批准
《女权日报》	1000两	1000两	都督令
《沅湘日报》	3000元	3000元	都督令
北京新闻社	1000两	1000两	都督缄司照拨
东亚新闻社	5000两	5000两	都督令
《军民日报》	5000两	5000两	都督令
《军国日报》	10000两	10000两	都督令

① 刘家林:《中国新闻通史》(上),武汉:武汉大学出版社1995年版,第337页。

② 张耀曾:《求不得斋日记》,杨琥编:《宪政救国梦:张耀曾先生文存》,北京:法律出版社2004年版,
第222页。

③ 《申报》1913年7月10日。

不仅政党报纸接受各党派和政治人物的津贴,具有商业性质的民营报纸也普遍接受津贴。根据 1925 年 11 月 19 日《晨报》报道,当时接受政府津贴的报馆可以分为超等、最要者、次要者以及普通者四个等级,分别获得 300 元、200 元、100 元和 50 元不等。在当时人口只有 100 多万的北京,由于津贴的资助,竟然产生了 300 多家报社和通讯社,其中有很多报纸在办报业务上敷衍了事,印刷量极少或者根本不上市,以此来应付给予津贴的出资人。日本外务省情报局调查了北京 40 家比较有影响的报纸,其中存在津贴补助现象的有 31 家,没有接受津贴的只有 9 家。在商业发达的上海地区,津贴现象也同样存在,如《新申报》每月接受李思浩、张学良以及孙传芳 2500 元的补助,汤节之和虞洽卿则出资赞助陈布雷的《商报》。

北洋政府时期报纸拿津贴风气盛行,其原因主要有以下两点:第一,政局动荡,政府腐败。无论是中央政府还是地方政府为了自身宣传的需要,都会有一笔专门的经费作为宣传开支。报纸在自身经济状况不好的情况下,自然愿意接受津贴的补助。第二,我国报纸的商业性不突出,依靠自身的经营很难维持报纸的运营,因而拿津贴便成了资金的重要来源。当时在商业经营方面较为出色的报纸是汪汉溪担任总经理的《新闻报》。在《新闻报》成立 30 周年时,汪汉溪特别强调,《新闻报》之所以有现在的成果,是因为一直以来坚持经济独立的方针,从不接受任何方面的津贴,并认为报纸如果没有经济独立,就不可能有言论自由与独立。

津贴对报纸来说是一把双刃剑,一方面为报业发展提供了一定的经济支持,另一方面也严重影响了报纸的独立性,大大降低了报纸的言论质量。当时报纸虽然数量和种类不少,但各自发挥的作用大不相同。旨趣高尚的报纸以服务社会为己任,关注人民群众生活,促进文化教育的发展,而格调低下的报纸则专门靠刊登黄色黑幕新闻来吸引读者的眼球。更有甚者,有些报人办报态度极其敷衍,为了得到津贴,"用它报之文字换自己之报名,仅印一二百张送给关系人阅看而已,津贴多者数千,少者数百,此等报之内容腐化可知矣。其中尚有呼为御用报者系当局者出资,委其近人办报,专代某当局扬善辩恶,作某当局之辩护士。因此,社长编辑反得侧身要津者亦不乏人"①。收受津贴,站在出资者的立场说话,可以说是当时报界普遍存在的伦理缺失。《大公报》对此就有过这样的描述与批评:

> 自民国成立以来,报馆林立,报纸风行,言论界之发达,几有一日千

---

① 中国人民大学新闻系:《中国近代报刊史参考资料》(上下),北京:中国人民大学新闻系 1982 年自印,第 765 页。

里之势。然究其内容,或由政府收买,或由政党收买,或由一机关收买。故一言一论,必须随买主之旨意而不能自由,其有卓然独立而不为金钱利用者,又不免为两方所忌,此报界所以日趋黑暗也①。

官僚政客用金钱收买新闻机构,新闻机构乐意接受津贴,这在中国新闻史上开了一个极坏的先例。它严重地腐蚀了新闻队伍,破坏了新闻职业道德。诚如有人评论的那样:"袁氏称帝之罪小,而以金钱销铄人心之罪大……其坠国人之操守,使四维溃,嚣风张,民欲横决,隐患贻传,乃至开无穷之恶例,酿此后之凌夷,纪纲不振,积渐有自。"②新闻机构因接受津贴而放弃自己的言论独立和办报追求,过一种甘愿受制于人、柔媚无骨的日子,这不能不说是报人的悲哀。这种风气一旦蔓延于新闻界,对新闻业的形象和社会声誉,必将带来毁灭性打击。戈公振曾说:"当安福专政时代,报纸多为收买,凡色彩浓厚者,俱为社会所贱恶,而销数大跌。"③

二、报馆的相互倾轧

报纸一旦有了政党派系的背景和私利的驱动,又缺乏一定的法制和道德的约束,就必然会出现相互攻讦和相互倾轧的行为。民国初年袁世凯当政时期,中国政界党派林立。据黄远生的概括,当时主要有三大势力左右中国的政局:一是袁世凯一派的势力,二是国民党一派的势力,三是进步党一派的势力(其前身为共和党与民主党等)。④ 这三种势力,互不相容,给中国政坛造成了混乱的局面。这一时期的报纸,有些因为党派之争,有些因为利益之争,的确存在着相互诋毁与倾轧的现象。其所作所为,远远超出了媒介正当竞争和相互监督批评的范围。有人评论说:"民国元年之报纸,纯以谩骂为事,不知报纸原则之何在。民国二、三年之报纸,专为袁家一人作记录,不知报纸为何物,且亦不知人格为何事。"⑤

据 1912 年 6 月 5 日《民立报》记载:

> 湖北报界前因满清钳制,言论不昌,自《大江报》被封,《夏报》被辱,言论界几成为荆棘场。迨民国成立,报馆日增,言论自由,势力日形膨胀。由《大汉报》经理胡石庵发起组织报界公会,力图进行。讵同业相忌,其中不无破坏公益者。前汉口《强国公报》出版之始……《民国公

---

①　《闲评》,《大公报》1913 年 6 月 16 日。

②　转引自赵建国:《分解与重构:清季民初的报界团体》,北京:生活·读书·新知三联书店 2008 年版,第 177—178 页。

③　戈公振:《中国报学史》,上海:上海古籍出版社 2003 年版,第 237 页。

④　《远生遗著》卷一,上海:中国科学公司 1938 年版,第 1 页。

⑤　杨光辉等编:《中国近代报刊发展概况》,北京:新华出版社 1986 年版,第 171—172 页。

报》即出时评，极力痛诋，两方并几于肆口乱骂。日前《大汉报》登载张鸣鸾选举舞弊劣迹，本属确实，乃《群报》社无端干涉，在报端登函请问访员。又湖北理财司司长潘祖裕引用私人，浸蚀舞弊，经《大汉报》揭载，以昭大公。而《民国公报》亦无端干涉，在本报登辩驳书更正，词甚激烈。《大汉报》以该馆有违公理，致书质问。现各报彼此各怀意见，互相倾轧，亦报界前途之隐忧也。①

媒体之间，如此不顾事实，各怀己见，肆口乱骂，互相倾轧，不仅严重损害了媒体自身的形象，而且给公众造成信息的混乱。不仅湖北报界如此，其他如上海、北京、湖南的报纸，也有这种情况。据 1912 年 4 月创办的《太平洋报》报道，上海的报纸明显分为两派:《中华民报》《民权报》《天铎报》《民强报》《民立报》属于同盟会，《时事新报》《民声报》《神州日报》《大共和日报》《时报》《民报》《申报》《东大陆报》属于共和党等反对派。两派的报纸壁垒森严，势同水火。在北京，同盟会的报纸与非同盟会的报纸斗争更为激烈，甚至出现打人毁报的事件。1912 年 7 月 6 日，北京《国民公报》在时评中以"南京所设假政府以迄今日"讽刺南京临时政府，结果同盟会派系的报纸《国风日报》《国光新闻》《民主报》等 20 多人捣毁《国民公报》，殴打其经理徐佛苏，并将徐佛苏挟持到外城警厅，要求警局管押。之后，非同盟会各报 20 余家连成一气，到警厅共同保释徐佛苏。此后，两派报纸更加对立，几近水火不容的地步。更为严重的是，长沙的国民党报纸《长沙日报》与共和党的《湖南公报》，竟发展到"各记者出入时，均带手枪一支"，以防不测。上海的国民党系统报纸派记者去北京采访时，也发给武器，便于自卫。②

对这种党同伐异、相互倾轧的乱象，《大公报》发文说:"所谓有代表舆论之责者，大率党同伐异，入主出奴，以私人之好恶为是非，以片面之是非为毁誉，知有私而不知有公，知有利而不知有理，曲直颠倒，黑白混淆。在言者，不过挟持偏见，逞快一时。"③由于党派之间的利益之争，报界的职业道德受到严重的破坏。报纸的新闻报道和言论都蒙上党派色彩，与新闻真实性原则背道而驰，以至于"同一事件，甲乙记载，必迥然相反，故阅报即知其属于某党，至记载之孰真孰伪，社会不辨也"④。对这种因维护党派和个人私利而混淆是非、颠倒黑白的现象，当

---

① 原载《民立报》1912 年 6 月 5 日，转引自赵建国:《分解与重构:清季民初的报界团体》，北京:生活·读书·新知三联书店 2008 年版，第 160 页。

② 同上书，第 161—163 页。

③ 《对于今日舆论界之痛言》，《大公报》1913 年 5 月 6 日。

④ 转引自赵建国:《分解与重构:清季民初的报界团体》，北京:生活·读书·新知三联书店 2008 年版，第 166 页。

时具有职业良知的报人表示深深的忧虑,并从新闻专业的角度提出了批评,期望报界"不必拘执党见,自缚其言论自由"①。

三、言论的敷衍塞责

从《循环日报》到《大公报》,政论一直是我国近代报刊的重头戏。任白涛曾经说过:"论说者,报纸之灵魂也,报纸而无论说,直破残躯壳之死体耳。……故论说之势力,对内可以支配群众,监督政治。对外可作国民外交之公牍。其与报纸关系之重且巨如此。"②但是,在北洋政府时期,中央政府及地方军阀对言论的禁锢政策,使得报纸的言论锐减。各报纸和报人都畏惧言论带来祸端,逐渐减少了政论的发表,有些报纸甚至不发表言论。即便有言论面世,也大多是一些无关痛痒的空谈,或是接受津贴后替某些党派代言以对付政敌,从而使言论的声誉和权威性大大下降。

王拱璧把当时的政论分为两类:"我国现在报纸上的论评,除少数又少数的几个例外,大概以下列二类为最多:第一是模棱:这一类的论评,往往出现于色彩不很浓厚的报纸上,立言不着实际,总想面面俱圆——像六十四面的美人,又像阉然媚世的乡原——在它的字里行间,从来是认不出是非黑白的。这类论评,可以说是'模棱两可'的论评,也可以说是'模棱无不可'的论评。第二就是拜金,这一类是宗旨原没一定,谁拿钱便替谁说话;有时钻到政客的大腿底下,就是能够不衷事实,瞎拍乱吹,或和此政客的敌人,做无谓的争论。——甚至于收受帝国主义者的贿赂,就专以诅咒中国的一切人事为业务;初见好似言人所不敢言,实在这类消极而不负责任的,使读者灰心短气的论评,对于社会一切事业,是只能使它破坏、堕落,不能使它建设、向上的。"③

于是,在当时政论衰落、质量下降的情况下,大多数读者看报时养成了先关注要闻专电,最后才读政论的习惯。任白涛说:"近观我国之阅报者,大有厌弃论说之倾向。良以我国大多数报纸之论说,恒不计及关系民生疾苦之社会诸问题,徒对于政治上弄无责任无价值之放言空谈故耳。即有佳构,亦属演绎之结论,与报纸论说之性质甚不适合。"④他在写作《应用新闻学》时,为了举例说明言论的写作方法,不得不以外国作品作为"模范之论说"的范本。可见我国当时报纸的政论已经到了"无可奈何花落去"的境地了。

---

①　《敬告言论界》,《大公报》1912 年 6 月 8 日。

②　任白涛:《应用新闻学》,上海:亚东图书馆 1937 年版,第 73—74 页。

③　同上书,第 3—4 页。

④　同上书,第 76 页。

四、虚假新闻泛滥

虚假新闻泛滥是北洋政府时期新闻界存在的又一个突出问题。任白涛在《应用新闻学》中指出："返观我国大多数的报纸上的新闻记事,还是承袭着十七八世纪的东方御史的'有闻必录'、'言者无罪'的旷典、殊俗:造谣也罢,杜撰也罢,模糊影响也罢,腐化污浊也罢,个人阴私也罢,帝魔符咒也罢,不管三七二十一地,把几张洁白的纸,弄得乌烟瘴气。"①而其中伪造专电、互窃专电的现象尤为突出。有些伪造的专电手法粗劣,经过简单的推理便可知其真假。如邵飘萍披露的:"反直派对于直派欲挑起上海各报之反对,造一国务院秘书瞿宣颖致电国务院报告收买上海各报情形之电,瞿氏本以他事赴沪,七月十九晚出京,而此伪电二十四日已见于北京报纸,内述与齐燮元接洽及与上海各报馆接洽经过。假有其事,瞿氏必向某阁员个人秘密报告,决不至致电国务院,且与上海各报接洽,乃为至难之事,决不能十九晚出京而二十四日已有各家均接洽就绪之成绩,况在宁又曾勾留乎。"②这个伪造的专电,在事件发生进展和时间安排上都不符合通常的逻辑,稍加分析便可知其中的错讹。

在窃取他家报刊专电的手段上,有些报纸有专门的造电专员,每天根据其他地区的报纸,再加上本社采集的通讯和个人的主观臆测来制造多种多样的电报;有的甚至简单地只将通讯社的电报文字稍加改动,就冠以本报专电的头衔来欺骗读者。邵飘萍说:"近来我国言论界道德日坏,假造之新闻愈多。至有伪造电报全文者,常人必视为可信,一经推理,立可以证其伪。"③比如,"一日某外国通信社,电报南苑飞机由清宫上空掷炸弹毙犬一头之事实,该造电员变更文字之际,改'犬'为'狗',彼殆以'犬'与'狗'必有何等之区别,可以掩读者之目欤"④。这种愚蠢的改动和窃取手法实在太过低劣。针对当时的造假窃取之风,任白涛指出,这种行为不管是在法律上还是在道德上都是不允许的,它对报纸的威信会造成非常大的损害,以假新闻糊弄读者,不过是搬起石头砸自己的脚。

当时造成新闻失实的原因是多方面的。首先是新闻的时效性造成新闻失实。访员所获得的新闻当日是正确的,但由于局势的变化,到了第二天发稿时所得之材料已和真实情况不符,而报馆仍以原稿发出,从而导致新闻失实。《新闻报》李浩然曾对没有时间去考证新闻事实的真伪感叹道:"或谓电信消息,既有疑义,宜先审查确否,然后刊布。其说虽是,惟电文到时,每值深夜,苟无反证,安有

---

① 任白涛:《应用新闻学》,上海:亚东图书馆1937年版,第3页。
② 肖东发、邓绍根编:《邵飘萍新闻学论集》,北京:北京大学出版社2008年版,第20—21页。
③ 同上。
④ 任白涛:《应用新闻学》,上海:亚东图书馆1937年版,第143页。

余暇从事审查。若谓搁置翌日，从容稽考，则新闻又以敏速为贵，苟所传不诬，而稽留不发，必成明日黄花，有何价值乎。"①

其次，报馆的不良竞争造成新闻失实。北洋政府时期，专电这一新闻体裁被广泛应用，各报均以专电的多少和见报的速度为标志，相互之间展开竞争。为了显示自己的报道优势，以本报专电来吸引读者，固然可取，但电报的费用也是一笔不小的开支。因此，一些财力不够雄厚的报纸，就靠伪造专电和窃取其他报纸或者通讯社的专电来欺骗读者。

最后，新闻获取渠道少，新闻来源有限。有些新闻的失实并不是由记者主观造成的，而是因为新闻来源的困难。记者在接受了新闻线人提供的事实之后，无从考证，由此造成了虚假新闻的产生。比如，当时很多关于政界的新闻都需要访问要人，但是采访对象大都不肯讲真话，甚至有意故弄玄虚。这样，有些记者职业责任感不强，辨别能力差，便自觉或不自觉地成了假新闻制造者的传声筒。

五、赌博、假药及黄色广告

在北洋政府时期，我国民族工商业较之于晚清时期有了一定的发展，报纸的商业性也有所增强，广告收入成为报业经济的重要来源。民国初期，组织结构完善的报馆一般都设有营业部来负责广告和发行工作。为了增加广告收入，各报馆都想方设法拉拢客户，不仅加大回扣，降低收费标准，而且在策划、创意、版面美化上下功夫。商业报纸重视广告本无可厚非，但是，为了赢利而放弃社会责任，致使一些赌博、假药、黄色广告等频现报端，就违背职业道德了。对于这种情况，王拱璧曾这样描述过："广告的势力，差不多是与新闻记事并驾齐驱的。有少数的中国报纸，对于新闻记事，还知道负点责任。而对于广告能负责任的，不但没有一家，而且明明是毒物，是危险物，明明是欺骗的，诱惑的，明明是丑恶的，污秽的，明明是违反群众心理的，只要拿钱来，就替它登载，替它宣传；至于那广告登载后的影响如何，自然是不必管它了。"②

一些小报为了谋取利益，热衷于刊登春药、妓院等黄色广告，败坏了社会风气。特别是假药广告，在当时十分流行。夸张吹嘘药效、假冒外国权威的发明进行推销，是当时广告惯用的伎俩。报纸上有关治疗不孕不育、痔疮、肺痨的神奇药物应有尽有。一些在现代医疗条件下都难以完全治愈的疑难杂症，在当时的广告药品中却能轻而易举地解决。这样的虚假广告，不仅存在于发行量小、影响

---

① 李浩然：《十年编辑之经历》，《中国近代报刊史参考资料》，中国人民大学新闻系自印，1980 年，第156 页。

② 王拱璧：《写在任著新闻学的上头》，任白涛：《应用新闻学》，上海：亚东图书馆 1937 版，第4—5 页。

不大的报纸,而且在当时的商业大报《申报》《新闻报》上也不少见。

以 1913 年的《申报》为例,其报纸广告上常见的吹嘘疗效的广告标题就有"屡屡试验——痔疮第一灵丹""古今第一妇科降生丹"等,医药广告的标题大多都以"第一""包愈""断根"等词语来吹嘘药品的疗效。除此以外,更有"老弱能变少壮""阳绝复回"等黄色春药广告。广告上对于疑难杂症的疗效更是极尽夸张之能事,在《申报》该年 7 月 14 日的版面上,一则治疗耳聋的广告竟然吹嘘一位年过半百、耳聋七年的老人,在四服药未服完的情况下完全治愈,生活起居如同壮年。毫不夸张地说,虚假的医药广告在当时的报纸上随处可见,更为荒唐的是报纸上经常刊登的报丧、离婚、退保申明等人事广告。如果两人之间有矛盾,甲便在报上登出乙的报丧广告,不明真相的亲朋好友看到广告后就会带着香烛纸钱到乙家吊丧,弄得人家啼笑皆非。还有人因为个人恩怨,在报纸上刊登对方的离婚声明,混淆视听,诋毁他人名誉。

对于这样的广告乱象,一些学者和报人表示深切的担忧,期望报纸在刊登广告时,应该考虑广告的真实性和社会影响,不能为了挣钱而放弃媒体的社会责任,不能让任何广告都出现在报端。如徐宝璜在其《新闻学》中就说:

> 广告者,与货物有别。商人对于货物,无论何人,凡愿付相当之代价者,均可举以售之。而新闻社对于广告,则不可如是。当先审查其内容何如。若所说者为实事,而又无碍于风纪,则可登出之。若为卖春药、治梅毒、名妓到京或种种骗钱之广告,则虽人愿出重资求其一登,亦当拒而不纳。因登有碍风纪之广告,足长社会之恶风,殊失提倡道德之职务。[①]

翻检北洋政府时期的报纸,这类有碍风纪的广告,在上海、天津、广州等商业比较发达城市的报纸上也屡见不鲜。如果说广告主明明知道自己产品质量不好还故意做虚假广告,是有意欺骗消费者的恶劣行径的话,那么,报馆凭常识就可以判断广告的虚假与欺骗,还照样刊登,就是利欲熏心、助纣为虐的行为了。

六、黄色小报的流行

辛亥革命时期,报纸副刊是资产阶级革命派宣传民主革命的阵地,但是,辛亥革命后,在北洋军阀对新闻言论的压制和摧残下,一些革命党人意志衰退,副刊的进步色彩也随之减弱。报纸副刊逐步由舆论阵地转变为茶余饭后的消闲场所,其中刊发的鸳鸯蝴蝶派的言情小说特别受到读者的青睐。

---

① 肖东发、邓绍根编:《徐宝璜新闻学论集》,北京:北京大学出版社 2008 年版,第 101 页。

鸳鸯蝴蝶派中的不少人曾为资产阶级革命做过积极的宣传,大多具有较高的文化素养。但是,在革命的胜利果实被袁世凯窃取之后,一部分人意志衰退、精神颓唐,在文学创作上热衷于复古和低级趣味的东西,成了鸳鸯蝴蝶派的主力。他们的作品主要描写半殖民地半封建社会新式才子佳人相悦相恋的生活,创作了大量的言情、艳情、苦情、孽情、滥情之类的小说。这些小说善于玩弄文字技巧,以华丽的文字极力渲染才子佳人缠绵哀怨的生活。虽然这一类言情小说在一定程度上具有冲破封建束缚向往婚姻自由的进步意义,但更多的则是迎合读者的低级趣味,吸引读者沉溺于才子佳人的爱情故事之中,逃避现实。

最先在报纸副刊上刊登鸳鸯蝴蝶派言情小说的报纸是上海的《民权报》副刊,如徐枕亚的《玉梨魂》、吴双热的《兰娘哀史》,就是鸳鸯蝴蝶派早期代表作。除此以外,这一时期刊载言情小说的报纸副刊还有《申报》的"自由谈"、《新闻报》的"快活林"、《时报》的"余兴"等。对这一现象,徐宝璜在他的《新闻学》中批评说:

> 吾国报纸,近虽亦有对于世界各种之大事,为明瞭之记载,并介绍学术与思潮者。然多数则对于新闻,偏重本国政治之消息,事虽琐碎,亦多夹杂其中,对于学术及思潮,丝毫不为介绍。而香艳诗词,诲淫小说,某某之风流案,某某之秘史,反日日登载。此所以吾国之民智不进,而民德日衰也。
>
> ……
>
> 甚至为迎合社会心理以推广销路起见,于附张中或附印小报,登载"花国新闻",香艳诗词,诲淫小说,及某某之艳史等件。且有广收妓寮之广告并登妓女之照片,为其招徕生意者。是不惟不提倡道德,反暗示阅者以不道德之事。既损本身之价值,亦失阅者之信任,因阅者将渐视其为一种消闲品耳。①

除报纸副刊发表大量言情小说外,各地小报也热衷于刊载黑幕、武侠、宫闱、神怪、娼妓等内容,或写奇闻轶事,或写个人隐私,多数属于迎合读者低级趣味的庸俗无聊之作,对因果报应、鬼神迷信等封建思想起到了一定的传播作用。其中最著名的是袁世凯次子袁克文担任主编的《晶报》,因为经常刊登猥亵色情的文字,曾受到租界当局多次警告和处罚。北洋政府时期,政府对时事政治方面的文字有很多限制,但是,对鸳鸯蝴蝶派小说和黄色小报的低俗内容却不闻不问,从而助长了这一时期言情小说和黄色小报的泛滥。

---

① 肖东发、邓绍根编:《徐宝璜新闻学论集》,北京:北京大学出版社 2008 年版,第 50—51 页。

第三节　北洋政府时期新闻伦理思想

北洋政府时期的报人，大多是从晚清过来的。他们有的在晚清就开始了记者生涯，有的甚至已小有名气。但是，他们从事新闻工作的主要经历是在北洋政府时期，他们的主要业绩也创造于这个时期。面临时代的变迁和社会对新闻事业的需要及受众的变化，他们对新闻业务和新闻伦理进行了新的思考。因此，北洋政府时期的新闻伦理思想较之于晚清时期有了一番新的气象。

一、黄远生新闻伦理思想

黄远生，原名黄为基，字远庸，"远生"是其笔名。1885 年 1 月 15 日出生于江西省九江县新合乡一个书香门第。1903 年，他刚满 18 岁，即中秀才，同年秋，又中举人，次年再中进士，成为清末最后一批进士。与他同榜的进士还有沈钧儒、谭延闿等人。不过，黄远生是这批进士中最年轻的。1904 年，他以新进士的资格获准赴日本中央大学攻读法律，1909 年毕业回国。回国后，清政府本来为他在政府部门安排了工作，但他弃绝功名，按照自己的职业理想，立志做"纯粹洁白、自食其力之一种精神上之工人"，于是选择了新闻记者这一行。

民国元年，他与蓝公武、张君劢共同创办了《少年中国》周刊，因其抨击时政，立场鲜明，见解独到，名声大噪，遂有"新中国三少年"之说。1913 年，他接手了梁启超于 1912 年 12 月创办的《庸言》杂志。接手之后，黄远生发表了《本报之新生命》，全面揭示了自己的办报主张，是我们解读黄远生新闻思想的重要文献之一。

《少年中国》和《庸言》是黄远生主编的两份主要的刊物，除此之外，他还担任过上海《时报》《申报》《东方日报》和北京《亚细亚报》特约记者，同时为《东方杂志》《论衡》《国民公报》等报刊撰稿。袁世凯筹备称帝期间，聘他担任御用报纸《亚细亚日报》上海版总撰述，他坚辞不就，并在上海的报纸刊登《黄远生反对帝制并辞去袁系报纸聘约启事》以表其意，后又远走海外，以示决绝。1915 年 12 月 25 日，避匿于美国的黄远生，被中华革命党（国民党前身）美洲总支部负责人林森（后任国民政府主席）指派的警卫刘北海，以袁党罪名枪杀于美国旧金山的住宅内，时年 31 岁。

黄远生并不是袁世凯的党羽，却被国民党当作对立派人员暗杀，这是再冤枉不过的事情。他是黑暗时代政党政治斗争的牺牲品。他英年早逝，对中国新闻事业来说，的确是无法弥补的损失。从 1912 年为《时报》撰写通讯，到 1915 年冤死旧金山，黄远生从事新闻活动只有四年的时间。在这短暂的时间里，他写作了大量的政论和通讯,特别是通讯写作在中国新闻史上具有开创性贡献,有力地推动了我国报刊从政论时代向新闻时代的转型。他也因此被誉为中国新闻时代的开拓者。在新闻伦理思想方面,黄远生同样留下了珍贵的遗产。

（一）记者要有独立自尊的人格

1915 年 11 月 10 日,黄远生在《东方杂志》上发表了一篇文章,名为《忏悔录》。他在文章中回顾了自己在中学时代曾经读到日本福泽谕吉的一本论集:"中有一文,论为人当独立自尊。因译写其训条十余于壁。而余自为学生,以讫今日,对此四字,乃无丝毫做到,宁不愧死?"[①]人在少年时代所接受的教育和经历常常会影响自己的一生。从黄远生的人生经历中可知,在他的世界观里,"独立自尊"是他最崇尚和长期信奉的伦理信条。

1909 年秋,黄远生从日本留学归国,不久即被聘为远东通讯社通讯员。这是他从事新闻活动的开端。远东通讯社是由清政府驻外使馆随员王慕陶 1909 年 3—4 月在比利时首都布鲁塞尔创办的。该通讯社主要向欧洲各国提供中国消息,也向国内各大报社提供欧洲的重要消息。黄远生兼职担任北京的通讯员,其正式职业是邮传部员外郎。1910 年 7 月至 1912 年 4 月,他还担任京师大学堂经文科教员。黄远生正式从事新闻工作是在辛亥革命之后。1912 年 11 月,黄远生与张君劢、蓝公武在北京共同创办了《少年中国》周刊。该刊设有论说、时评、纪事、杂录、茶余酒后、小说等栏目。黄远生在《少年中国之自白》中说:

> 主持论理或政治者,则多崇人心之自由;迷信物质者,则等人类若机械。凡一国之存,必以自由之人类立国,决不能以机械之人类立国。又一国之士气发达,必先有独立自尊,以为匪我其谁之意,决不能一切万事归过于社会。[②]

他在 1912 年创办的第一本刊物中就提到了"独立自尊",在 1915 年遇刺前一个月发表的《忏悔录》的结尾又提出:"提倡个人修养,提倡独立自尊,提倡神圣职业,提倡人格主义,则国家社会,虽永远陆沉,而吾之身心固已受用不尽矣。"[③]如果说"四个提倡"集中反映了黄远生伦理思想主要内容的话,那么,"独立自尊"则体现了深深植根于他心中的人格理想与追求。

什么是独立自尊?黄远生认为,独立自尊就是孟子提倡的"大丈夫"精神。他说:"孟子曰:万物皆备于我。又曰:豪杰之士,虽无文王犹兴。又曰:我无他,我善养吾浩然之气。又曰:其自反而缩者,虽千万人吾往。一国中之赖有志士仁

---

①　《远生遗著》卷一,上海:中国科学公司 1938 年版,第 98 页。

②　同上书,第 11 页。

③　同上书,第 103 页。

人者,赖有此耳。"①黄远生反复引用孟子关于独立人格的论述,就是要告诫新闻记者,所谓独立自尊就是无依傍、敢担当的精神,就是"富贵不能淫、贫贱不能移、威武不能屈"的大丈夫气概。这种精神气概既是健全国家的基础,也是人格自尊的最好体现。他在《少年中国之自白》中说:"吾少年中国之发行,亦仅积鲠在喉,不能不吐,幸以三人积鲠相同,乃遂相共而倾吐之。""愿以公明之义督责政府",如此"以新民气而葆国光。"②黄远生理想中的记者是具有独立人格的"纯粹洁白、自食其力"的人,而不是任人摆布的傀儡。如果"袁总统以马为鹿,我亦不敢以为马;袁总统以粪为香,我亦不敢以为臭。此其人,除为袁氏之家奴或走狗外,有何用处,我不知之矣。"③事实上,在当时,或受权力摆布,或受金钱奴役的傀儡式记者并不在少数。

袁世凯当政时期,也是中国新闻界厄运当头的时期。1913年3月,宋教仁案发生后,各地国民党系统的报纸怒斥袁政府是"万恶政府""民贼独夫"和"杀人政府",激怒了袁世凯。5月1日,袁世凯指令内务部按照《大清报律》和刑律对《国风日报》《国光新闻》《新中国报》等报刊,严行取缔。内务部也明确表示要用前清报律来限制报馆。1914年3月2日,袁政府颁布《治安警察法》,规定警察官吏有权禁止或扣留扰乱治安的印刷品。1914年4月2日,袁世凯颁布《报纸条例》。这个条例比前清报律更加苛刻,报馆动辄得咎。1914年12月5日,袁政府又颁布《出版法》。就是说,袁世凯执政时期,控制报界不仅援用清朝旧律,还出台了新的限制性法规。在他统治的四年里,报纸数量锐减,言论自由几近丧失。

黄远生的全部新闻活动就是在这个背景下展开的。他在《少年中国之自白》中感慨道:"人生之最惨,莫惨于良心之所不欲言者,而以他故,不能不言。良心之所急于倾吐者,而乃不得尽言,而身死或族灭乃次之。"④就是说,人生最悲惨的事情,就是总是讲违背良心的话,想讲的不能讲,不想讲的又不得不讲。这种社会病态是国家和民族最大的悲哀。这段话既是对当时社会现实的真实写照,也表达了黄远生对袁政府压制言论自由的强烈不满,以及新闻记者在这样的历史条件下要做到独立自尊的艰难。

黄远生在《忏悔录》中感叹道:"余于前清时为新闻记者,指斥乘舆,指斥权贵,肆其不法律之自由,而乃无害;及于民国,极思尊重法律上之自由矣!顾其自由不及前清远甚。岂中国固只容无法律之自由,不容有法律之自由乎?然即法

---

① 《远生遗著》卷一,上海:中国科学公司1938年版,第11页。
② 同上书,第8页。
③ 同上书,第10页。
④ 同上书,第9页。

律上极其自由,究余个人而论,亦决无为新闻记者之资格。"①这是对袁政府造成万马齐喑黑暗局面的批判与失望。现代人越来越认识到,自由和独立必须以法律为保障,不然就没有真正的自由和独立。但问题的关键在于,法律本身是不是真正维护人民自由权利的,设若不是,那么法律越多,人民的自由就越少。正如邵飘萍所说:"盖法之有无为一问题,法之良否又属一问题。苟造成不良的新闻纸法,固有不如无法之感。然果系无法,则又有动辄援引普通刑律之危。"②袁世凯时代,许多记者因惧怕恶政府的淫威而不敢说话,或者干脆依附投靠袁党,发生严重的人格裂变。而黄远生独立自尊品格表现得最为突出的正是在袁世凯筹备称帝期间。1915 年 9 月,他在上海各报发表《黄远生反对帝制并辞去袁系报纸聘约启事》,以表明自己的态度与立场,较好地实践了他历来主张的独立自尊的伦理思想。

有人慨叹中国近代缺乏独立报人,认为:"近代中国报界先天不足,后天失调,独立报人难以培养,独立舆论无从出现。但是,有两类报人为数颇众:一种是唯唯诺诺的奴才型报人……再一类是以破坏为职业的狂徒。""无论奴才记者还是狂徒报人,都是独立报人难以产生的变异。这两种报人的众多,也抑制了独立报人的出现。这正是近代中国报人的悲剧,近代中国人的悲剧。"③

我认为,这种概括与评说,与历史事实并不相符。试问,既然把近代报人分为奴才报人、狂徒报人、独立报人三类,那么,王韬、梁启超、英敛之、严复、章太炎、彭翼仲、林白水、邵飘萍、黄远生这些报人属于哪一类?敢于破坏旧制度、旧秩序的报人,究竟是狂徒报人,还是独立报人?如果具有独立精神的报人,不敢破旧立新,还叫独立报人吗?以这三种报人来给中国近代报人分类,本身就不科学。事实上,中国近代具有独立精神的报人并不在少数,他们宁肯逃亡、流放,甚至被杀,也不向恶势力低头;他们敢于批判现存的制度和社会丑恶现象,不屈服于专制制度的压迫和经济上的困顿;他们敢于坚持自己的伦理操守和办报宗旨,绝不迎合社会的低级趣味,以改造落后的国民性、开启民智与官智为己任。这样的报人,才是真正的独立报人。不能说近代中国没有奴才记者和狂徒报人,但是,既然要给近代报人分类,就必须先把分类的标准说清楚,然后再将所有的报人对号入座,才符合客观实际,不能用笼统的概括和空洞的议论代替具体的分析。

---

①　《远生遗著》卷一,上海:中国科学公司 1938 年版,第 101 页。

②　肖东发、邓绍根编:《邵飘萍新闻学论集》,北京:北京大学出版社 2008 年版,第 190 页。

③　谢国明:《试论近代中国报人的悲剧》,http://www.kongfz.com/blog/blog.php? do = showone&tid = 15111,检索时期:2017 年 12 月 3 日。

（二）以公明之心，主持正论公理

袁世凯当政时期，政党竞争激烈，政局混乱不堪。以袁世凯为首的当权派与反对袁世凯的国民党以及由共和党与民主党发展而来的进步党，有时为了党派利益，甚至到了水火不容的地步。黄远生认为："法治国家不可无政党之对立"①，且"政党者，舆论政治之下必发生之品也。……顾舆论政治与政党即有不可离之关系。"②就是说，一个法治国家，多种政党的存在与对立本是正常的，也是应该的。舆论在多党竞争中也应发挥巨大的作用。报纸不是一党谋私的工具，而是为主持公平正义服务的。但在这个特殊的时代，政党报纸的相互对立自不待言，许多民办报纸和报人也被政府或政党收买，沦为政府或政党的御用工具。诚如《大公报》的评论所说：

> 切按今日之报纸，性质之类于御用与类于匪用者，确亦所在而有。其名词虽属丑诋，其内容却非尽诬。然此报之甘为御用，非真爱戴其人也，为金钱主义耳。彼报之愿为匪用，亦非徇庇其人也，为金钱主义耳。充金钱之能力，虽欲变御用为匪用，易匪用为御用，恐亦非难，……回溯帝政时代，报纸虽不若今日之多，而属于御用性质者，不过宫门钞、谕摺录存、华制存考、政治官报数种而已。若商家营业，则鲜有属于御用者，至于匪用报纸，则更绝对无闻。不谓专制去而共和来，报界之变迁，每况愈下，至于斯极，不可谓非报纸之厄运也。③

袁世凯拿金钱收买报馆和记者，创下了中国历史上"有偿新闻"最坏的纪录。这是当时人所共知的事实。许多被收买的报纸只认金钱，不认真理；只认主子，不认是非。黄远生描述说："临时政府成立以来，政府之教令，议会之法律，报馆之呼号而不平，或为大总统之私，或为政府之私，或为官僚之私，或为党会之私，或为豪疆雄桀奸商著猾之私，固有丝毫分釐为民生社会请命者乎？"④由此导致"我国之政治舞台，有黑幕而无明幕"；"我国士大夫之道德，实已一落千丈，其良心之麻木者，十人而七八"；新闻界"舆论从此渐灭，公理从此沦亡"，无法以公明之心，发公平之论，舆论氛围如一潭死水。"今吾国之所谓舆论，惟是各据一方，代表其黑幕之势力乎？抑真有发挥其所主张之真义公理，以求国民最后之判断者乎？"对此，黄远生非常痛心与愤怒，认为像这样的记者，虽"能造作文字"，但"遇事生风"，无益于"衣食我而恩厚我之同胞"。他说："以今法作报，可将一无辜良善之

---

① 《远生遗著》卷一，上海：中国科学公司1938年版，第5页。
② 同上书，第211页。
③ 无妄：《闲评》，《大公报》1913年6月3日。
④ 《远生遗著》卷一，上海：中国科学公司1938年版，第3页。

人,凭空诬陷,即可陷其人于举国皆曰可杀之中。盖一人杜撰,万报腾写。社会心理薄弱,最易欺朦也。至于凭臆造论,吠影吠声,败坏国家大事,更易为矣。"①故"若有人创议曰,此少数者皆可杀,则记者必先自服上刑矣"②。

针对舆论界的乱象,黄远生提出:"中国优秀分子,必当分二派努力:一派则实际躬亲政治及社会之事业者,以贞固稳健之道持之;一派则屏绝因缘,脱离偏倚,主持正论公理,以廓清腐秽,而养国家之元气。"③黄远生希望中国优秀的知识分子,要么能够在现代政治生活中发挥自己应有的作用,亲自参与政治及社会事业,做实际的实行家,以改变恶劣的社会风气;要么,在宣传舆论方面主持公理,"以廓清腐秽而养国家之元气"。黄远生认为,当时中国的言论界不能适应现代政治的要求,"举国言论,趋于暮气,趋于权势,趋于无聊之意识,不足以表见国民真正之精神",他说他创办《少年中国》的目的就是要做"公明之舆论之先驱","以一新政治或社会之空气",并期望各党派和言论界能"以公明之心,政治之轨道,忠告袁公,以渐迎前途一线之曙光"④。

以公明之心,发公平之论,就是媒体要为公众提供准确的信息和公允的意见,而不能成为一党牟利的工具。黄远生素来主张,记者要做到公正无私,靠的是胆量与诚实,不然,就不可能主持公道。他说:记者和文学工作者,"彼其职在写象。象如是现,写工不能不如是写,写工之自写亦复如是。故文艺家第一义在大胆,第二义在诚实不欺"⑤。在《远生遗著》中,我们看到黄远生许多督责政府和批评当权者的激烈言论,如果没有胆量,没有诚实的品质,是绝对说不出来的。

有人评价黄远生时说:"吾谓君之大过人而与其他同业不侔者,有三焉:一曰,论事不存成见;二曰,争辩中能尊重对方之人格;三曰,肯承认自己之错误。此皆个人修养之美德也。"⑥我认为,这三点美德不仅是新闻记者应该具备的,就是一般的公民,为人处世也应该这样。作为记者,记事、论事是本职工作,几乎天天要做,而天天要做的事情,难免受到成见的影响,难免伤害他人,也难免出差错。关赓麟称赞黄远生这三点大大超过了同行,既是对黄远生的肯定,也反映了人们对记者品德修养的期望。

黄远生的通讯和评论,有许多是记事论人的。他本着超然不党,"主持清议,以附于忠告之列,其言无所偏倚,或有益于滔滔之横流于万一"⑦的态度,记事论

---

① 《远生遗著》卷一,上海:中国科学公司 1938 年版,第 102 页。
② 同上书,第 4 页。
③ 同上书,第 9 页。
④ 同上书,10—12 页。
⑤ 《远生遗著》卷二,上海:中国科学公司 1938 年版,第 353 页。
⑥ 同上书,第 2 页。
⑦ 《远生遗著》卷一,上海:中国科学公司 1938 年版,第 16 页。

人不会因为亲疏的原因而有所不同,坚守着客观公平的原则,不抱成见地发表自己的看法,实践了自己提出的思想主张:"吾人造言纪事,决不偏于政治一方。""吾人所综合之事实,当一面求其精确,一面求其有系统。""以供诸君参考及判断之责任者也。"①正如他的好友林志钧评论的那样:"他相好的朋友毕竟是共和党方面的人比较的多些。他论起共和党也并不因为熟人较多、气味较近,戴着有色眼镜,就说那种颜色好。他平日谈论和文字上,对于共和党及变身之进步党,时时发露不满的口气。就如集中所收'三大势力之警告'这一篇,对于进步党,真是一丝不假借。虽也反对国民党,然亦是很实在的话,没有丝毫偏袒那一党的意思。……这种不存成见、公平评论的气度,亦是很可佩服的。"②

(三)关心时局和批判现实的责任意识

黄远生在其短暂的一生中只办了两种刊物:《少年中国》和《庸言》。他说他办这两种刊物有一个共同的动机,就是关心时局,批判现实,负起"新民气而葆国光"的责任。在《少年中国之自白》中,他说:

> 吾等生今之世,实以旦夕间粉骨碎身,令我皮骨为灰、为土、为飞尘、为野马为快,幸及未死,得倾心沥血,以吐其积郁,以冀幸当局者,或少数之同志,或异志者之一览而见省焉。……今尽吾党良心之所欲言者,以一新政治或社会之空气,其他则让之世之能建功名而立大业者。斯同人等固定之宗旨也。③

在《本报之新生命》中,他又说:"吾曹对于政局,对于时事,乃至对于一切事物,固当本其所信,发挥自以为正确之主张。"④在中国新闻史上,自王韬以来,但凡优秀的报人,无不具有言论报国的情怀。在他们身上,我们看到了屈原和杜甫那种"致君尧舜上,再使风俗淳"的理想与执着。黄远生的言论和通讯,也无不体现他为民众培元气、为国家固本根的伦理精神。这种伦理精神常常体现在他对现实的关注与批判上。

在袁世凯执政的数年里,黄远生也赞扬过袁世凯,说过"袁总统之势力魄力经验,中国今日无可比偶,惟斯人任之,亦记者所承认也"之类的奉承话,也赞扬袁世凯有五个长处:意志镇静,能御变故;经验丰富,周悉情伪;见识闳远,有容纳之量;强干奋发,勤于治事;拔擢材能,能尽其死力。⑤ 但是,自始至终,黄远生都

---

① 《远生遗著》卷一,上海:中国科学公司1938年版,第77—78页。
② 林志钧:《〈远生遗著〉序》,同上书,第5—6页。
③ 同上书,第8—9页。
④ 同上书,第77页。
⑤ 同上书,第12页。

没有成为袁世凯的党羽和御用文人。相反,对袁的批判倒是没有停止过。如1912年11月21日,他在《社会心理变迁中之袁总统》中就指出:"盖袁公者,利用之手段有余,爱国及独立之热诚不足,又其思想终未蜕化,故终不能于旧势力外,发生一种独特的政治的生面也。"①辛亥革命胜利后,袁世凯之窃据大总统之位,当时许多人认为,在特殊的历史时期,只有袁世凯的势力和能力能够控制大局,能够服众。但是,黄远生在肯定他的"长处"的同时,毫不客气地说袁世凯"新智识与道德之不备","在吾民国历史上终将为亡国之罪魁"②。并认为袁世凯如果能够"深识潮流之变迁,于政治上有以副海内之望"则可,不然,由他领导的国家及他个人的前途,都是毫无希望的。

1913年2月4日,黄远生在《政局之险恶》中说:"吾人敢公言之曰:袁总统真正政治上之公敌,及国民真正对袁之心理,尚未发表。若至一朝忍无可忍,讳无可讳之时,则袁总统瓦解之日至矣,即中国之糜烂之日亦且至矣。……故政局之日趋于险恶者,非他人为之,乃袁总统之自为之也。彼等及今而不改此度者,则吾国运命可以二言定之:盖瓦解于前清,而鱼烂于袁总统而已。"③袁世凯后来的命运果然不出黄远生所预料,正说明黄远生看问题的准确和深刻。黄远生对袁世凯的剖析与批判之所以连篇累牍,毫不留情,就是基于对国家前途和命运的关心。

我们再看黄远生在《忏悔录》中对中国官场的批判:

> 毒药之毒,封豕长蛇之凶,然犹不及中国之官界。盖饯贼人才,此为第一利剂,无耻下流,愚暗腐败种种,莫不由此酝酿增多,盖万恶之养成所也。……官僚不外三种:曰盗,曰丐,曰流氓。……余于革命时,有一事大足记述:即余被推为代表谒见庆王那桐者,说宪法事。此平日赫赫炙手可热之庆那,到此最后关头,其情状可怜,乃出意表。庆王自谓此后得为老百姓已足。那桐者至跼蹐而道,谓吾曹向日诚假立宪,此后不能不真立宪。余非到此等时,尚不知彼等之恶劣一至于斯也。④

他把当时的官员概括为强盗、乞丐和流氓三种,并对昔日炙手可热、如今摇尾乞怜的庆王那桐的嘴脸进行无情的揭露与讽刺,不仅反映了他对中国官场认识的深刻,而且反映了他作为一名记者敢言的勇气。辛亥革命之后,中国的政体名义上由专制变为共和,但实际上有其名而无其实。"以革命之目的,本在除去贪官

---

① 《远生遗著》卷一,上海:中国科学公司1938年版,第1页。
② 同上书,第12页。
③ 同上书,第50—51页。
④ 同上书,第100—101页。

污吏,即一切之为盗为丐者。而今则官僚之侵蚀如故,地方之荼毒如故。且有发生一种政客阶级,尤为不驴不马,不盗不丐,法纪荡然,风俗凋敝故也。"①黄远生对中国当时官场的评述与批判,切中要害,入木三分。他说袁世凯用人"乃并男盗女娼而用之",因而造成了"游民政治"的现状,可谓一针见血,表现了言论家的战斗风格与勇气。

黄远生剖析了中国人痴迷于当官的原因与危害,揭露了中国的官员主要由强盗、乞丐和流氓构成的现实,认为官迷之病,足可以亡国。

> 今吾国上下,中一痼病,驯至以此亡国,即亡国之后,而犹不可解者,则官迷之病是也。……以数千年专制之毒,世主既以官爵为唯一羁縻之具,而全国职业,劳少利大,而威武最盛者,既莫如官,则全国之争趋如鹜者固已宜矣。于是,实官不必得,即得一虚职已为大荣;本身不能得,乃致以其祖父子孙亲戚朋友之衔名,为追赠及余荫,且并实名实利亦不必有,并得一虚排场者即为大乐。②

黄远生深刻地指出:中国人崇官、怕官、想做官的主要原因是官员在所有社会职业中"劳少利大,而威武最盛者"。由于时代的局限,他并没有从制度设计的层面揭示其根本原因。在政治体制上,如果不以民主、自由、人权为核心价值观,在政府职能上,如果不以服务为导向,对公权力不加合理的限制,那么,官员将永远是获利最大的职业,人们的官迷心理也永远难以改变,最终也必将会制约和影响国家和民族的发展。令人忧虑的是,这种以官为荣的职业价值观,在黄远生批判百年之后,依然十分浓烈地存在于中国社会。一个国家如果大多数人以当官为荣而不以投身实业为荣,那么在世界竞争的大潮中,其竞争力就会大打折扣。

黄远生的言论和通讯可以说是袁世凯当政时期的"官场现形记",从中我们不仅能够认识到那个时代官僚体制的弊端和官僚政客形形色色的丑态,而且可以看出黄远生仗义执言、敢于批判现实的精神。因为他的大胆直言是在大多数报人都害怕言论贾祸的历史条件下表现出来的,显得尤为可贵。从他的言论中我们还可以认识到,记者和媒体不应该只是当权者的吹鼓手,也应该是政府与社会的监督员。诚如马克思所说:"报刊按其使命来说,是社会的捍卫者,是针对当权者的孜孜不倦的揭露者。"③

(四)记者的职业修养与采写行为准则

在中外新闻伦理规范中,常常会有记者的专业修养与采写行为准则的要求。

---

① 《远生遗著》卷一,上海:中国科学公司1938年版,第19页。
② 同上书,第26—27页。
③ 中国社会科学院新闻研究所:《马克思恩格斯论新闻》,北京:新华出版社1985年版,第234页。

如 1996 年制定的《美国职业记者协会：伦理规范》中就明确提出：记者要核查所有信息的准确性，避免因粗心大意而造成的错误。2009 年制定的《中国新闻工作者职业道德准则》也明确要求记者坚持深入调查研究等。尤其是新闻机构制定的伦理规范，对记者的采编行为会做出更加细致、具体的规定。由此可见，新闻伦理规范不仅要明确提出指导记者职业实践的伦理原则，而且要有落实原则的具体行为标准，从而使伦理规范得到最大程度的执行。在记者的"个人修养"与实践标准方面，黄远生提出了"四能"的要求，即"脑筋能想""腿脚能奔走""耳能听"与"手能写"。

1."脑筋能想"。黄远生认为，"调查研究，有种种素养，是谓能想"①。就是说，记者在调查研究的过程中，不仅要善于思考问题，而且要能体现出各种素养，如观察能力、判断能力、分析能力、思想能力等，能根据所调查的材料以形成自己正确的观点，绝不可浮光掠影、浅尝辄止，更不能盲从、盲信他人的观点。"能想"是"有种种素养"的综合概念，不是指某一方面。一个没有思想的记者，就如同照相机和复印机一样，绝不可能成为一个好记者。他说："一切材料及动静，无不为其因果，而向者之徒恃政论或政治运动以为改革国家之道者，无往而非迷妄。故欲求症结所在，当深察物群，周知利病。譬如吾人自命为医，若于病者之脏腑脉络，不曾一一诊察解破剖，徒执局部以概全身，而妄谓吾方实良，罪在病者不治，则世人未有不骇然笑者。"②可见记者"脑筋能想"的能力，即指这种从"材料"中求其"因果"，以"深察物群，周知利病"的能力。他的好友林志钧说，黄远生在新闻实践中"所费力的，就是一一搜集材料。差不多要直接由本人得来的消息，才去评论他。换句话说，就是要和事主对证明白的，总肯相信，然后就这个事情上加以评论。……他对于职务的忠实，真有不可及的地方。这也是远庸人格表现之一端"③。我们翻阅《远生遗著》中的文字就很容易看出，林志钧的评价是中肯的。

2."腿脚能走"。黄远生认为，"交游肆应，能深知各方面势力之所存，以时访接，是为能奔走"④。现在的新闻业界常说，新闻是跑出来的。这话自然没错，就是记者应该具有腿脚勤快、舍得吃苦的精神。但是，黄远生所说的"腿能奔走"，不只是腿要勤快，还包括"深知各方面势力之所在，以时访接"。就是要多方面了解采访对象的情况，广交朋友，多掌握新闻线索，快速及时、保质保量地完成采访

① 《远生遗著》卷一，上海：中国科学公司 1938 年版，第 102 页。
② 同上书，第 78 页。
③ 林志钧：《〈远生遗著〉序》，同上书，第 4—5 页。
④ 同上书，第 102 页。

任务。腿勤而不跑空路，每次采访都有收获，才算是"腿能奔走"。不然，跑来跑去，徒劳无功，腿再勤，也出不了好新闻。所谓"交游应肆"就是记者善于处理与外部各种关系的能力。

3．"耳能听"。黄远生认为，"闻一知十，闻此知彼，由显达隐，由旁得通，是谓能听"。即采访中不能只带耳朵，还要带脑子。"耳能听"，绝不是录音机的功能，而是分析家的本领。因为由此及彼、触类旁通，能从事物的表象看到事物的本质，绝不只有耳朵可以解决问题的。如果没有"闻一知十，闻此知彼，由显达隐，由旁得通"的学识，耳朵再灵敏，倾听的态度再认真，也不可能完成一个记者的责任与使命。因此，他强调记者的"耳能听"，包括认真倾听和善于思考两层意思。尤其是闻此知彼、由表入里的认识水平，对于记者来说，是至关重要的。

4．"手能写"。黄远生说："刻画叙述，不溢不漏。尊重彼此之人格，力守绅士之态度，是谓能写。"①在黄远生看来，记者的"手能写"不同于文学家的手能写，不是指文采飞扬、妙笔生花的本事，而是指记述事实客观真实，不夸大、不缩小，同时要尊重他人的人格。记者在写作中的真本事，就是忠实于事实，忠于读者，"不虚美，不隐恶"，让客观事实说话。同时，作为职业报人，要避免人身谩骂与攻击，要尊重被报道者的合法权益，要有绅士风度。林志钧在《〈远生遗著〉序》中说："远庸所发的政论，全用评判的态度，所根据的材料，比较的也很正确，绝不肯'信口开河'的乱说。他常常发感慨，以为新闻记者须尊重彼此之人格；叙述一事，要能恰如其分；调查研究，须有种种素养。同时号称记者的这些人，哪一个够得上这个资格？"②在中国新闻史上，黄远生是较早关注新闻写作中伦理问题的记者。他提倡在写作时要"不溢不漏。尊重彼此之人格"，为记者提供了一把衡量写作质量高低的重要标尺。

黄远生关于记者的职业修养与采写行为准则的论述，历来受到人们的重视与称赞，认为是关于记者资格的最早论述，至今尚有一定的教育意义。究其原因，在于以往有关新闻人才的看法，多重品德要求，而少业务素养的标准；多为笼统说教，而少具体指导。如品性诚实不阿、才能超群绝伦、记事要确、评论要公等，但是，如何才能做到这些呢？论者往往语焉不详。黄远生提倡的"四能"，正是从具体的采访与写作中如何"做"的方面提供了记者由"德性"变为"德行"的有效途径。"脑筋能想""腿脚能奔走""耳能听""手能写"，其目的就在于维护新闻真实和客观公正。因此，他的"四能"主张所蕴含的正是新闻道德在采访写作中的内在要求。

---

① 《远生遗著》卷一，上海：中国科学公司 1938 年版，第 102 页。
② 林志钧：《〈远生遗著〉序》，同上书，第 4 页。

总之，黄远生处在我国新闻业从政论时代向新闻时代的过渡期，他既是中国新闻时代的开创者，也是一位敢于同封建专制势力斗争的知识分子。他以记者的身份处在新旧交替和党派纷争的政治漩涡之中，又不肯随波逐流，这就决定了他办报的艰难和命运的悲惨。他自己曾说，"今日吾曹不新不旧，不中不西，青黄不接，与彼相同。而所以致其苦痛者，家国之故，较彼更深"①。在短暂的一生中，他的内心常常充满着矛盾。他对袁世凯先是抱有希望，存有幻想，以为袁世凯可以推行资产阶级的民主政治，但事实让他彻底失望，并义无反顾地与袁世凯决裂。他对孙中山领导的同盟会和国民党也存在一定的误解和偏见，对辛亥革命的历史意义也认识不足。这种矛盾的心态，如他自己所说，"既不能为真小人，亦不能为真君子，推究病根所在，由于生活太高，嗜欲太广，思想太复，道力太乏而已"②。他既不能容于袁世凯，又得罪了国民党中的一部分人，从而酿成了他的人生悲剧。这个悲剧，既是黄远生个人的悲剧，更是那个"无法律上之自由"的时代悲剧。作为有过留学经历的传统知识分子，黄远生新闻伦理思想，一方面深受中国传统伦理思想的影响，另一方面也吸收了西方文化尤其是日本文化的养料，从而形成了中西融合的新闻伦理观。他的思想不仅呈现出晚清以来中国新闻界"海归"报人新闻思想的某些共同特征，而且代表了中国近现代民营报人新闻观念的主流趋势。

二、邵飘萍新闻伦理思想

邵飘萍（1886—1926），是我国新闻史上第一个被誉为"新闻全才"的记者。在 20 余年的新闻生涯中，他创办过通讯社，当过《汉民日报》和《京报》等几家报社的记者和主编，还应聘为北京大学、北京平民大学和政法大学的教师，是一个集新闻记者、新闻学者和新闻教育工作者于一身的全才。他说："余百无一嗜，惟对新闻事业乃有非常趣味，愿终生以之。"③1926 年 4 月 26 日，他被奉系军阀张作霖以"宣传赤化"的罪名逮捕杀害，时年 40 岁。当年毛泽东在北京大学当图书管理员时，听过他讲授的新闻学课程。后来毛泽东在延安时对斯诺说："在新闻学会里……特别是邵飘萍，对我帮助很大。他是新闻学会讲师，是一个自由主义者，一个具有热烈理想和优良品质的人。"④1923 年和 1924 年，邵飘萍分别出版了两本新闻学专著《实际应用新闻学》和《新闻学总论》。这是我国第一批新闻

---

① 《远生遗著》卷一，上海：中国科学公司 1938 年版，第 125 页。
② 同上书，第 100 页。
③ 《京报特刊》1920 年 4 月 24 日。
④ 〔美〕埃德加·斯诺：《西行漫记》，董乐山译，北京：东方出版社 2005 年版，第 143 页。

学著作,在中国新闻学术史和新闻教育史上有着非常重要的地位,邵飘萍也因此获得了我国新闻学泰斗的美誉。邵飘萍在其著作和论文中对新闻伦理问题做过深刻的论述。

（一）记者以"品性为第一要素"

在中国新闻史上,关于记者的任职资格和条件问题,并不是邵飘萍最早提出的。晚清时期,王韬就说过"非绝伦超群者,不得预其列",报馆应选"博古通今之士以操其简"①。梁启超说:"故治此业者,不可不有史家之精神。"②汪康年说办报的人,必须讲究"报品"和"报德"③。郑贯公说:"言办报,不得不先言记者;言记者又不得不先言其人格。"④这都说明,中国新闻业的先贤们早就认识到了道德和才能对于记者和报纸的重要性。但是,最早明确提出记者资格以"品性为第一要素"这个命题的,是邵飘萍。

邵飘萍在《实际应用新闻学》的第二章"外交记者资格与准备"中说:

> 故外交记者精神上之要素,以品性为第一。所谓品性者,乃包含人格、操守、侠义、勇敢、诚实、勤勉、忍耐及种种新闻记者应守之道德。贫贱不能移,富贵不能淫,威武不能屈,泰山崩于前,麋鹿兴于左而志不乱,此外交记者之训练修养所最不可缺者。⑤

这是一段流传甚广、影响很大的新闻学名言,凡学习新闻专业的,几乎无人不晓。它明确论述了记者为什么要"以品性为第一"要素和记者品性的内涵。邵飘萍认为,为了抵制各种诱惑、防止堕落,就要注意培养"种种新闻记者应守之道德",从而做到"不受社会恶风之熏染,不为虚荣利禄所羁勒"。他慎重提醒新闻界同行,"世每有绝顶聪明、天才茂美,利用地位,藉便私图,至于责任抛弃,人格扫地"。"一旦败露,则世人之厌恶非笑,集矢其身,欲挽回而已无术,不仅害及一己,新闻界之前途实受其累,是安可以不慎?"⑥就是说,无论从自身的名誉,还是从报业的前途计,记者的品性都是立业的根本。

邵飘萍认为,记者的品性包括人格、操守、侠义、勇敢、诚实、勤勉、忍耐、和蔼、庄严、机警、沉着、谦恭、礼让等内容。但是,在这么多的道德品性中,最为重要的是"人格尊严与独立",做到了这一条,其他就好办了。他说:

---

① 王韬:《弢园文录外编》,上海:上海书店出版社 2002 年版,第 171 页。
② 张品兴主编:《梁启超全集》第 2 册,北京:北京出版社 1999 年版,第 970 页。
③ 徐新平:《维新派新闻思想研究》,长沙:湖南人民出版社 2010 年版,第 167—170 页。
④ 张之华:《中国新闻事业史文选》,北京:中国人民大学出版社 1999 年版,第 52 页。
⑤ 肖东发、邓绍根编:《邵飘萍新闻学论集》,北京:北京大学出版社 2008 年版,第 18 页。
⑥ 同上。

> 新闻记者应具之德性，与一般人并无大异，其第一重要者曰：人格之尊严与独立。……惟新闻记者所处之地位环境，及其活动时所用之手段，有易损及人格之尊严与独立者，差之毫厘，谬以千里，故不可不特别注意。①

> 其品性为完全独立，不受社会恶风之熏染，不为虚荣利禄所羁勒，是为养成外交记者资格之先决问题。②

什么是人格尊严与独立呢？在邵飘萍看来，就是"贫贱不能移，富贵不能淫，威武不能屈，泰山崩于前，麋鹿兴于左而志不乱。此外交记者之训练修养所最不可缺者"。也就是孟子所提倡的"大丈夫"精神与气概，或者称为"倔强性格"。在新闻活动中，不屈服威权，不迷恋金钱，不动心美色，不畏惧打击，不厌恶贫穷，能抵挡住一切诱惑与压力，坚持独立的操守，才算有了人格尊严与独立。在《新闻学总论》中，他又强调说：

> 倔强性格应用之方面，在使意志固定，自信力坚强，而不为污浊之环境所诱惑。即加以种种胁迫，然新闻记者意志之坚定如故。所谓"富贵不能淫，威武不能屈"，乃新闻记者保持人格之必要条件。夫新闻记者所处之地位，易受各方温和或激烈手段所侵迫，……故必坚苦卓绝之士，蒙患难冒危险，知人生于世之真价，视他人之富贵势力如浮云；且虽幽囚受辱而安之若素，是皆所谓"倔强"性质之表现。③

邵飘萍反复强调记者要有"富贵不能淫，威武不能屈"的品性，是因为记者的社会地位与工作特点的需要。回顾我国新闻事业的历史，在实际的新闻活动中，真正能够做到顶得住压力、抗得住诱惑、称得上独立自尊的记者，并不占多数。因此，从古至今，人们才会不断地倡导独立自尊的品性。尤其在政局动荡、政府腐败、社会风气败坏的时期，记者要保持人格尊严与独立更不容易。例如，北洋政府时期，报纸接受政府的津贴是一个普遍现象。政府部门按照超等、最要、次要、普通四个等级给报馆发放津贴，等级越高，津贴越多。当时的《东方时报》《顺天时报》《益世报》《社会日报》《京报》等就享受"超等"的津贴。据北洋政府财政部部长李恩浩回忆，他主持财政部时，每月除送给胡政之、林白水的《新社会报》三四百元之外，也给邵飘萍送过两笔数目不少的钱，"因为他是有名的记者，大家怕他，也不能不应酬"。对于接受津贴的行为，邵飘萍曾批评说：

---

① 汤志钧编：《章太炎政论选集》下册，北京：中华书局 1977 年版，第 114 页。
② 同上书，第 18 页。
③ 同上书，第 119 页。

　　津贴本位之新闻纸。我国在今日尚占多数,新闻之性质殆与广告相混同;既不依真理事实,亦并无宗旨主张,暮楚朝秦,惟以津贴为向背。此则传单印刷物耳,并不能认为新闻纸,与世界的新闻事业不啻背道而驰。①

邵飘萍自己一方面主张记者要独立自尊,不要被社会污浊的风气所污染,也知道"津贴"对于新闻队伍的腐蚀和对新闻报道的危害,认为"津贴新闻"根本称不上新闻,只算是"传单";另一方面他自己也接受来自政府或政府要员的津贴。可见记者要抵制金钱的诱惑,并不是一件容易的事情。

　　不过,邵飘萍的可贵之处在于,他并不是任何津贴都来者不拒。1925 年年底,在张作霖旧部郭松龄起兵倒戈的事件中,邵飘萍明确站在郭松龄一边,因此得罪了张作霖。张作霖为了拉拢邵飘萍,给他汇去了 30 万元,希望他不要做负面宣传。邵飘萍当即将 30 万元如数退还,对家人说:"张作霖出三十万元收买我,这种钱我不要,枪毙我也不要!"②最后,邵飘萍还真的死在张作霖的枪口之下。另外,他收了政府和要员的钱,不等于闭口不说话,绝不被军阀势力所左右;对于政府的恶言恶行照样揭露,"必使政府听命于正当民意之前"。例如,他骂袁世凯是"国民公敌";对段祺瑞、张作霖的批判和揭露毫不留情。在从事新闻工作的十多年里,他四次被追捕,数次入牢狱,而意志坚定,不屈不挠,较好地履践了人格独立的道德思想。

　　(二)记者要"以探究事实不欺阅者为第一信条"

　　邵飘萍认为,他所处的时代,新闻业已经进入"新闻消息本位时代","一般读者注意之焦点,每不在评论而在纪事。"而且,消息的准确是评论公平的前提,"凡消息屡屡迟钝错误者,亦决难期评论之公平适当耶","新闻来源之丰富真确与否,直为新闻社生命之原力"③。因此,邵飘萍主张:"凡事必力求实际真相,以'探究事实不欺阅者'为第一信条。"④

　　北洋政府时期,新闻失实是新闻界司空见惯的现象,许多报社因受津贴和党派利益及记者自身素质等多重影响,常常出现不少虚假新闻。邵飘萍说:"近来我国言论界道德日坏,假造之新闻愈多。"⑤"我国今日尚在幼稚时代之新闻纸,却以'新闻材料缺乏及所载消息不确'为两种极大病根。新闻纸既为活的教育之最

---

①　肖东发、邓绍根编:《邵飘萍新闻学论集》,北京:北京大学出版社 2008 年版,第 136 页。
②　转引自蔡晓斌:《中国报人》,北京:新星出版社 2010 年版,第 20 页。
③　肖东发、邓绍根编:《邵飘萍新闻学论集》,北京:北京大学出版社 2008 年版,第 137 页。
④　同上书,第 16 页。
⑤　同上书,第 20 页。

良机关,吾人即当竭力设法弥补上述之两种缺憾,以无负于教育之任务,此为业新闻者与社会中之人人所当共相策勉之事。"①即新闻记者和社会公众都有责任防止材料缺乏和消息不确这两大问题。所谓"材料缺乏",是指新闻的内容单薄,不能全面反映变动着的社会生活。在《实际应用新闻学》中,他说:

> 社会所以不重视访员之故,半由无对于新闻事业重视之观念,半由为访员者于上述弱点之外,更多不健全之分子,不能自重其人格,对于新闻材料不求实际之真相以忠实态度取舍之;或受目前小利之诱惑,或以个人意气泯没其良知,视他人名誉为无足重轻,逞其造谣之技,一旦被人指摘,则以"有闻必录"一语自逃其责任。……愿有志于新闻事业者,振起其责任心,凡事必力求实际真相,以"探究事实不欺阅者"为第一信条,此愚所不惜叮咛反复,冀学者能始终自尊其职务,庶可以引起社会信赖之心。②

邵飘萍在这里表达的主要思想,就是新闻真实对于新闻事业的重要性以及新闻记者不被社会尊重的原因。他认为,新闻真实是新闻事业赖以立足的基础,是记者赢得社会信赖的前提。记者之所以不被社会重视和信赖,一半是因为社会还不太了解新闻事业的重要性,一半是由记者自身造成的,即在维护新闻真实性上做得不好,"对于新闻材料,不求实际之真相以忠实态度取舍之"。有些记者不能自重其人格,受眼前小利的诱惑,放弃了责任;有些记者,为了私利而发泄个人意气,丧失了良知;还有些记者受"有闻必录"错误理论的影响,逃避责任。

值得指出的是,"有闻必录"是影响中国新闻业数十年的错误观念。其意思是说,只要是听到别人讲过的,报纸就可以报道,至于是不是真的,记者不用负责;其本质就是逃避新闻失实的责任。我在"英敛之新闻伦理思想"一节中说过,像英敛之这样德才兼备的优秀报人,有时也用"有闻必录"作为自己辩护的挡箭牌。可见这一理论流传之广、影响之大。对于这一违背新闻真实原则的理论,邵飘萍是最早站出来批驳和澄清的。他说:

> 愚意我国报纸中时见有所谓"有闻必录"之无责任心的表示,乃最易流于不道德之"专制的"恶习。以革新进步自任之外交记者,万万不可沿袭之,以招社会之厌恶与轻视。曩在北京大学及平民大学讲演新闻之学,曾对于"有闻必录"一语再三攻击,愿有志于新闻事业者,振起

---

① 肖东发、邓绍根编:《邵飘萍新闻学论集》,北京:北京大学出版社 2008 年版,第 108 页。
② 同上书,第 16 页。

　　其责任心。①

　　邵飘萍把"有闻必录"看成是不道德的、专制的、无责任心的恶习,可谓是一针见血。从邵飘萍、徐宝璜等人向"有闻必录"发起猛烈的批判之后,这一影响中国新闻界数十年的错误观念才逐步退出历史舞台。

　　从中国新闻事业的发展历史看,我认为,在新闻真实性问题上,邵飘萍认识的全面和深刻超过了以往任何文人。他不仅明确提出了记者要"以探究事实不欺阅者为第一信条"的观点,而且在如何维护新闻真实的方法上提出了许多正确的主张。

　　在他看来,记者要做到"探究事实不欺阅者",除了要消除"有闻必录"错误观念的影响外,还应知道造成新闻失实的原因。他说:"余每以亲历所得,研求新闻所以失实之原因,不外乎下之所列:(一)新闻记者活动之疏懈。(二)新闻记者缺学力经验。(三)被访问者错误之答复。(四)官僚政客之欺蒙记者。(五)不良记者之欺蒙读者。(六)时间与环境之已变更。"②邵飘萍说他归纳的这六条造成新闻失实的原因是他"亲历所得",是当时新闻界真实情况的反映。针对这些原因,邵飘萍提出了解决问题的办法。他认为,记者要获得正确的消息,须在以下几个方面努力:

　　一是具备专门学问与普通常识,尤其要懂得新闻学知识,认识新闻价值,用丰富正确的知识来指导新闻工作。"认识新闻价值者能使重要之点毫无遗漏,否则仅记谈话糟粕,而反遗漏重要之新闻,不啻虚此一谈矣。"③就是说,记者在新闻活动中要学会按照新闻价值的标准来选择新闻事实,分清精华与糟粕。

　　二是培养观察力、推理力、联想力。邵飘萍认为,有了观察力,不致被假象所迷惑;有了推理力,不致被破绽所糊弄;有了联想力,不致被局部所蒙蔽。这三种能力是记者探索事实真相不可缺少的利器。

　　三是细密与注意。"外交记者之观察、推理、联想,固为探索新闻真相之利器,但此际有不可忘者,则细密与注意,尤为探索无论何种新闻皆不宜或缺者也。""如新闻中之人名、地名、数目、时间,皆为构成新闻材料之要素。"④邵飘萍依据自己的从业经验,提醒新闻记者在新闻采访与写作中,一定要弄清楚新闻的基本要素(何事、何人、何时、何地、何故、如何),避免新闻失实。

　　四是写作上要"简单明了"。他说:"稿子最要紧的就是'简单明了'四字,其

---

① 肖东发、邓绍根编:《邵飘萍新闻学论集》,北京:北京大学出版社2008年版,第16页。
② 同上书,第134页。
③ 同上书,第19页。
④ 同上书,第21页。

实能做到这四字实不容易。有时简单就不明了,有时明了又难简单。要想简单,就别说废话;别说废话,自然就简单。要想明了,不要去掉了重要,不去掉了重要,自然就明了。再以'真'字做资格,'兴味'做血液,定是很好的稿子。"①邵飘萍提出以"'真'字做资格、'兴味'做血液"作为衡量稿子的标准,可谓是新闻写作的金玉良言。在他之前,还从来没有人作出这样精辟的概括。

五是记者须坚守第三者立场。"新闻记者第一层之觉悟,即知自身无论处于何种境遇,皆当确守第三者之高垒而勿失。故惟以真理与事实为标准,不知有友亦不知有敌。"②这要求记者不要轻易加入任何团体而使报纸成为一党一派之御用工具,否则既加入团体,就有团体之利害与色彩,而影响到新闻的真实与客观。记者虽就职于报社,但不能以一社之利益为出发点,而要以社会整体的利益为出发点。只有这样自居于"第三者"与"社会之公人"的地位,心中只忠实于"真理与事实",方能"不问何时何地,皆常保其超越的与独立的透明无色之精神";方能"不失为公平真确,以建树新闻记者之权威"③。

六是慎重对待"社外投稿"。他说,对于社外投来的新闻与评论稿件,"十九须慎之又慎,所宜防者:(一)错误,(二)感情的攻击或恭维,(三)与个人有利之广告式新闻。社中如认为有可载之价值者,必当再加调查,证明无误,且将有作用之部分完全删去"④。

邵飘萍提出的关于防止新闻失实、维护新闻真实的方法,是较为全面的,这在中国新闻史上还是第一次。这一方面得力于他个人的学识与思考,另一方面也得力于他长期的新闻实践。他提出的这些主张,虽然并不完全正确,但其中有些观点,对今天的新闻工作依然有一定的参考价值。

(三)"铁肩辣手"的责任意识与斗争精神

"铁肩辣手"是邵飘萍于1918年10月在北京创办大型日报《京报》时提出的。《京报》创刊时,邵飘萍手写了"铁肩辣手"四个字悬挂在编辑室正面墙上,作为自己和报社同人的座右铭。这四个字取自明朝杨椒山的诗句"铁肩担道义,妙手著文章",只是将"妙手"改为"辣手"。一字之改,反映了邵飘萍服务社会、敢于担当的责任意识和维护正义、敢于批判的斗争精神。邵飘萍说:

> 新闻记者之天职,在平社会之不平。故苟见有强凌弱众暴寡之行
> 为,必毅然伸张人道而为弱者吐不平之气,使豪暴之徒,不敢逞其志,不

---

① 肖东发、邓绍根编:《邵飘萍新闻学论集》,北京:北京大学出版社2008年版,第233页。
② 同上书,第116页。
③ 同上书,第116—117页。
④ 同上书,第138页。

能不屈伏于舆论之制裁。①

　　新闻记者之尽职,以道德人格为基础,以侠义勇敢为先驱,而归本于责任心之坚固。②

为什么记者要站在平民大众一边,为大众服务,与豪暴之徒作斗争,对政府要履行监督之责呢?邵飘萍认为,这是由新闻事业的特性和记者的社会地位所决定的。他认为:新闻纸是社会公共机关和国民舆论的代表,记者是社会之公人,"故从事于新闻事业者,认明此种事业之特质,第一当彻底觉悟新闻纸之为社会公共机关;根据事实与信奉真理,皆以社会公意为标准,非办理新闻社之个人或团体所可因一己或少数人之感情、利害关系而任意左右之。"③邵飘萍旗帜鲜明地担负起伸张正义的责任。

　　"铁肩辣手"是邵飘萍在办报中一贯坚持的思想。1912 年,邵飘萍辞去教职到杭州担任《汉民日报》的主编,开始了职业报人生涯。在《汉民日报》,他坚持"报馆可封,记者之笔不可封;主笔可杀,舆论之力不可崒"的大无畏精神,撰写了大量"精通简要,雅善讥弹"的论说、时评、随笔,以激烈辛辣的笔调,旗帜鲜明而又幽默深刻地抨击袁世凯以及大小军阀的专横跋扈,揭露和痛斥浙江贪官污吏钻营牟利、残害人民的罪行,表现出可贵的斗争精神和过人的才华。④ 1913 年 3 月,宋教仁在上海火车站被刺,邵飘萍有预见性地指出:"有行凶者,有主使者,更有主使者中之主使者",矛头直指袁世凯。当局立即以"扰害治安罪"查封了《汉民日报》,并逮捕了邵飘萍。邵飘萍回忆这段经历时是这么说的:"忽忽三载,日与浙江贪官污吏处于反对之地位,被捕三次,下狱九月。"但他并不后悔,更没有退缩。他在给夫人的信中说:"弟以傲骨天成,岂能寄人篱下,故惟有勉励所为,欲以新闻记者终其身,不事王侯,高尚其志。"⑤出狱后,邵飘萍东渡日本,在政法大学研习法律和政治。1915 年年底回国,不久被聘为《申报》驻京特派记者。他采写的独家新闻和内幕新闻受到广大读者的喜爱。张季鸾曾经评价说:"飘萍每遇内政外交之大事,感觉最早,而采访必工。北京大官本恶见新闻记者,飘萍独能使之不得不见,见且不得不谈,旁敲侧击,数语已得要领。其有干时忌者,或婉曲披露,或直言攻讦,官僚无如之何也。"⑥张季鸾称赞的不仅是邵飘萍的采访写

---

① 肖东发、邓绍根编:《邵飘萍新闻学论集》,北京:北京大学出版社 2008 年版,第 119 页。

② 同上书,第 206 页。

③ 同上书,第 104 页。

④ 方汉奇主编:《中国新闻事业通史》第 1 卷,北京:中国人民大学出版社 1992 年版,第 1099 页。

⑤ 华得韩:《邵飘萍传》,杭州:杭州出版社 1998 年版,第 46 页。

⑥ 谭庭浩、阮清钰:《一代报人邵飘萍》,《南方日报》2006 年 11 月 5 日。

作技巧,而且是他内在的"铁肩辣手"的精神与品格。

1920 年 7 月,段祺瑞政府垮台,9 月《京报》复刊。此后,邵飘萍在一系列政治事件上,其批判斗争精神体现得更加充分。在 1923 年的"二七"惨案中,他坚定地站在京汉铁路工人一边,在《京报》上给予罢工斗争以很大的舆论支持。在 1926 年的"五卅"运动中,《京报》不惜巨资,连发三次特刊,对"五卅"惨案表示了极大的同情和声援,对亲日军阀张作霖、张宗昌辈,用最直接大胆的语言进行了揭露与批判;对 1926 年的"三一八"惨案,邵飘萍派记者亲赴现场采访,在《京报》上详尽地报道了惨案真相,并发表多篇评论严厉地抨击帝国主义和当时的卖国政府,大声疾呼全国各党各派起来声讨人类之蟊贼,为民族一洗野蛮凶杀之奇辱。邵飘萍在自己的新闻生涯中,一直在用行动阐释着"铁肩辣手"的精神内涵。

（四）迎合而不盲从的受众观

记者与受众的关系问题,历来是新闻界不得不思考的重要问题。早在戊戌变法时期,严复在办《国闻报》的时候就提出过自己的见解,认为记者办报要想完全符合所有读者的口味是根本不可能的,"从甲则违乙,从乙则违甲"。因此,记者不应该去迎合读者的口味,只要按照自己的理想与追求,坚持正确的办报宗旨就可以了。①

邵飘萍在这个问题上也提出了自己的主张,但与严复不同的是,他主张报纸既要迎合读者的心理,又不能"不问事实理性而一味盲从迎合"。他说:

> 新闻纸之教育的任务,既不仅为舆论之代表,而兼负有指导纠正之职责,则尤应根据事理,人醉独醒,挽救群众之谬误,使其回复于正轨。是故新闻事业之政策,大体在得社会多数之同情,不能不迎合乎各方读者之心理,然不宜不问事实理性而一味以盲从迎合为事。②

邵飘萍说的"不能不迎合"又不宜"一味盲从迎合"的观点,较之于严复的看法明显有了进步。从邵飘萍的有关论述中可知,所谓"不能不迎合",是指新闻纸不能脱离现实的社会情状,不能脱离国民的现实生活,要获得大多数读者的同情、理解与支持,记事与评论就必须迎合大多数国民的心理与口味。他说:"新闻事业之特质,乃为国民舆论之代表者,则吾人执笔而为新闻之纪载、评论时,即当默察多数国民之心理,与夫人群发达进步之潮流,不敢因一人一时之私见或利害关系发为非国民之悖谬之议论,致失多数国民之信仰与同情。"③很明显,邵飘萍说的

---

① 王栻主编:《严复集》第 2 册,北京:中华书局 1986 年版,第 491—492 页。
② 肖东发、邓绍根编:《邵飘萍新闻学论集》,北京:北京大学出版社 2008 年版,第 109 页。
③ 同上书,第 107 页。

"不能不迎合"读者的心理,是指要默察多数国民的心理,符合多数国民的兴趣,并不是指满足读者的低级趣味。

在邵飘萍的思想中,记者与政府和官员,是平等的关系;与民众则是指导与被指导的关系,是师傅与徒弟的关系。这与晚清时期所有报人都以"先知先觉者"自居一样。在他看来,记者既然居于"社会中师傅之地位"①,担负着教育大众的责任,那么,在报纸的内容上,就决不能"不问事实、理性而一味盲从迎合为事"。

对于当时报界存在的为了商业利益而"迎合一般劣等读者之需要"的道德缺失现象,邵飘萍给予过尖锐的批判,特别是以下三种表现:

一是含有广告意味的新闻。"盖欲以新闻之面具而利用报纸为之宣传其目的。……所谓广告性质者,不仅在商品上用之,医生律师之名誉,文学家艺术家之作品,军人之战功,官僚之治绩,是皆广告而已"②,这样的新闻,往往是记者受其愚弄后再来愚弄读者。

二是揭人隐私的新闻。"若与国家社会无关之个人私事,竟为揭发于报纸乃违背德义,非人道之甚者。""我国有一部分新闻记者,对于此义,似未深考,且每以尽发他人私事为能,终日所探索者,皆为他人之私事。竟有将他人之家庭秘密,闺房私语,揭载于报纸者,是诚可恨已极。使外人见之,直轻视我国人为毫无新闻知识与道德也。"

三是有害社会风俗的新闻。"所谓有害社会风俗者,最当注意之点,为秽亵与残忍,淫书淫画淫戏之禁止,与夫刑法进步行刑秘密,无非恐有害于社会风俗,而增长其淫乱性与残忍性耳。"③所谓残忍的新闻,是报道那些惨不忍睹的事情,"把那可怕的凶状况尽情的披露出来,叫人看久了,则习以为常,虽有惨状万分,目若罔睹。"④"揣度报纸所以悍然不顾之原因,无非以此迎合一般劣等之读者,既有损新闻价值,而贻害社会风俗,则其责任为尤大矣。"⑤

因为学识、地位、趣味等种种原因,读者是分层次的,不同层次的读者,其需求也各不相同。关注和考察大多数国民的心理,就是为了迎合与满足他们大多数人健康、高雅的需求。邵飘萍历来主张,报纸"其善良之作用,在使人心美化,养成社会丰丽之情操"⑥,真正起到教育、引领和指导的作用。有一段话最能反映

---

① 肖东发、邓绍根编:《邵飘萍新闻学论集》,北京:北京大学出版社 2008 年版,第 109 页。
② 同上书,第 68 页。
③ 同上书,第 68、69 页。
④ 同上书,第 233 页。
⑤ 同上书,第 69 页。
⑥ 同上书,第 110 页。

邵飘萍的这种思想:

> 是故新闻纸之灵魂,应冷静活跃于理智之世界,而耕耘于世人感情之畎亩,常以最新之事实与最有兴味之问题,涵养一般人之趣味性,将世人从枯寂冷酷之心境中救出。①

这是邵飘萍那个时代,乃至在他之前所有优秀报人的共同观念与愿望。他们热切地希望通过手中的"一支秃笔"传播世界先进的思想文化来改造国民,从而造就具有现代意识和良好素质的公民,以对抗顽固而强大的封建专制制度和专制文化,进而改造国家与社会。因此,他们不仅自己在长期的新闻实践中坚持追求健康纯洁的旨趣,而且力主对低级趣味的报刊进行制裁。

邵飘萍在规划和提倡"理想的新闻纸"的同时,也提出了对于不良报纸和记者的惩罚措施。他认为,对于新闻界的不道德行为,要用三种方法进行制裁:一是法律制裁。即用能保护言论自由的正当法律来约束记者的行为。二是"社会方面之制裁。新闻纸苟滥用威权流于专制,或颠倒是非捏造谣言,则社会方面应加以制裁"。三是"同业团体之制裁。新闻记者应组织团体,谋公共利益之保障,然苟有不德之记者,滥用其权力,则同业可加以制裁。例如退出团体,断绝一切材料之交换,亦属有效之办法。惟此层亦须伴以同业道德之进步"②。

他说的社会方面的制裁,主要是指社会大众要提高自身的媒介素养,了解新闻学的普通知识,能够识别和判断报纸的好坏,从而在使用报纸的时候作出正确的选择:忠实于优秀的报纸,鄙弃不道德的报纸。而"同业团体之制裁",就是行业内部的道德自律。问题是,当时新闻界的团体组织是有的,但用于约束全行业的新闻职业道德规范还没有出现。一般来说,行业组织对于同行的监督,的确能发挥一定的作用,但是,如果没有在全行业形成良好的道德氛围,没有切实可行的监督措施,仅靠自己来约束自己,其效果常常会打折扣。

(五)正确处理新闻事业与经营的关系

在中国最早明确提出报纸具有事业性和商业性双重性质的,是晚清时期的英敛之。1907年4月18日,《大公报》发表的《邮便与报纸之关系》一文提出:"夫报纸者,商业性质之事也。"1908年,英敛之在《答问》中又说:"夫报纸者,虽亦商务之一端,究非商家之孳孳为利者比。监政府、导国民,本其天职之所在。"③英敛之认为,办报是商业行为,但又不同于一般的商家,因为报纸要承担监督政

---

① 肖东发、邓绍根编:《邵飘萍新闻学论集》,北京:北京大学出版社2008年版,第110页。
② 同上书,第191页。
③ 英敛之:《也是集续编》,大公报馆1910年刊行,第34页。

府、向导国民的天职。

邵飘萍在其论著中对新闻的事业性与商业性的关系问题给予了特别的关注，并作了较为全面和深刻的论述，提出了独特的见解与主张。在他看来，对于这个问题的认识，直接关系到新闻行业的道德判断与选择。他的主要观点是：

首先，新闻纸是商品，新闻纸刊载的消息也是商品。他说："新闻纸亦是商品之一种；不仅纸是商品，即里面消息亦是商品。这似乎不易分别，比方有个话匣子在他人房中自唱，在窗外旁听的人亦聆到无形享利。再如近日卫兵打警察的事而论，这个消息人人可得之权，然我先在《京报》上刊出，别家报馆要是偷载《京报》的消息，就如偷人家的商品一样犯法律，所以新闻之消息也是商品。商品从何而来？系由劳力与资本换来的，新闻的消息，亦是化资本费精神得到的；故新闻的消息亦成商品。"①邵飘萍对新闻是商品的命题，主要是从报纸的整体性和消息的独占性两个角度来说明的。其意思是，既然新闻纸是商品，那么新闻纸上的消息自然也是商品，两者密不可分；某家新闻单位用劳力和资本换来的消息是独家拥有的，就同某件商品一样，具有独占性。独家新闻同商品一样，属于独家所有。他在另一篇文章中介绍说，新闻是否为商品，本来各国是有争论的。"至一九一六年之末，始得一新判决例。是年，美国之联合通信社控诉国际纽斯社，谓该社盗用其新闻消息，提出种种证据，大审院最后之判决则断定新闻消息乃以独特之劳力及资本而取得者，他社不得盗用之。于是，新闻消息之营业，乃与其他商品同受法律之保护焉。"②

新闻是不是商品的问题，在我国新闻学界也一直存在着争议。特别是 20 世纪八九十年代，我国推行媒体改革，新闻单位实行企业化管理后，对新闻是不是商品的问题，学界进行了激烈的讨论，意见也颇有分歧。总的说来，不外乎三种观点：一种观点认为新闻是商品，另一种观点认为新闻不是商品，还有一种认为新闻是特殊的商品。现在大多数观点认为，新闻的生产和消费符合商品生产和消费的特征，但新闻又不同于一般的商品，而是一种特殊的商品。

其次，怎样处理新闻的事业性与商业性的关系。邵飘萍通过分析欧美新闻事业发展的历史后认为，新闻是商品的观点已经"风靡全球，为一般经济家实业家之所公认。各国新闻事业所以倾注全神于营业方面者，乃商品说主张之结果"③。但是，商品说带来的必然结果是，报馆以营业为本位，以发行为手段，以多揽广告为目的。这样就会"于不知不觉之间已卷入资本主义之漩涡"，他说：

---

① 肖东发、邓绍根编：《邵飘萍新闻学论集》，北京：北京大学出版社 2008 年版，第 222 页。
② 同上书，第 95 页。
③ 同上书，第 202 页。

"新闻事业之商业化,却又有因只顾利益而压迫编辑记者之弊,以广告之故而左右新闻,势所不能免也。且资本之色彩日益浓厚,为精神劳动之记者,不能不仰资本主之鼻息,盖所采之手段,决不能与其所持理论相一致也。"①因此,"以营业本位为理想的经营方法,未免为偏于资本主义之见解也"。

邵飘萍并不完全赞成新闻事业"以营业本位"的经营方法,对新闻事业"公有"说(于法人组织之下经营之)与"国有"说(将新闻事业移于国家机关之手),也没有完全肯定,他说:"余个人之所见,新闻经营之方法,与其他经济制度有密切关系,故将来纵有变化,亦必随社会其他制度以变迁。"②他的这一观点无疑具有前瞻性,新闻业的经营方法与其所处的社会经济制度是密切相关的。无论运用何种方式经营新闻业,其关键点还是在于如何正确处理好新闻的商业性与事业性的矛盾。邵飘萍的观点是:

> 现代新闻事业之潮流,一方日趋重于新闻消息,一方又日趋重于正当的营业。以营业所得之利益,维持发展其机关,欲从营业本位而达于理想的新闻事业之境域。其手段则利用社会公器以打倒机关新闻,标榜严正中立,以博社会多数之信仰。若以理想言之,新闻社既为社会公共机关,非但不应有党派之色彩,且目的尤不应在于营利。③

> 既不专以营业为目的,然后社会木铎、国民机关之任务,乃得而完成;言论之尊严,乃得而认识。④

由此可见,邵飘萍一方面主张新闻事业具有商业性质,正当的营业是必要的,但另一方面又主张不能专以营业为目的,更多的是要承担社会公共机关、国民舆论代表和指导教育国民的职责。用今天的话来说,就是新闻机构在重视自身经济效益的同时,必须重视社会效益,从而实现两个效益的有机统一。

邵飘萍新闻伦理思想在北洋政府时期的报人中最为全面和深刻,反映了那个时代的最高水平。它不仅吸收了西方新闻伦理思想的精华,而且继承了中国传统的伦理思想;既有很强的理论思辨特色,又有很强的现实针对性与指导性。他提出的观点涵盖了新闻职业道德的主要内容,足可成为当时新闻记者道德实践的指南。即使在今天,他倡导的记者要以"品性为第一要素"和以"探究事实不欺阅者为第一信条"以及"铁肩辣手"等观点,依然具有较强的现实意义。

---

① 肖东发、邓绍根编:《邵飘萍新闻学论集》,北京:北京大学出版社 2008 年版,第 137 页。
② 同上书,第 203 页。
③ 同上书,第 136 页。
④ 同上书,第 202 页。

三、徐宝璜新闻伦理思想

徐宝璜（1894—1930），字伯轩，江西九江人。他是我国最早留学美国学习新闻学、回国后从事新闻教育的新闻理论家，被誉为我国"新闻教育第一位的大师，新闻学界最初的开山祖"①。1918 年 10 月，他应北京大学校长蔡元培之邀，到北大为政治系四年级学生开设选修课"新闻学大意"。这是中国新闻教育的开端。此后，他一直从事教育工作，直到 1930 年在北大的一次课堂上"猝患晕厥"逝世，年仅 37 岁。他写的《新闻学》一书，是我国第一本新闻学理论专著，蔡元培称之为我国新闻界"破天荒"之作。邵飘萍主持的《京报》评价说："新闻学以前中国无专门研究新闻之书籍，有之自先生始，虽仅五六万字，以言简赅精当，则无出其右者。在中国新闻学史上，有不可抹灭之价值。无此书，人且不知新闻为学、新闻要学，他无论矣。"②

徐宝璜的新闻伦理思想是他新闻思想的重要组成部分，他在《新闻学》一书和后期的新闻学论文中都有较多的论述。在我国新闻史上，他与邵飘萍都是最早重视并全面论述新闻道德的新闻理论家。

（一）新闻纸的作用与记者的地位

徐宝璜新闻伦理思想是基于他对报纸作用与记者社会地位的认识。他认为，报纸是社会的公共事业，它与社会的政治、经济、教育、文化等有着重大的关系。"余惟新闻纸者，近代文明中势力最雄伟之物也。其力足以维持政府，亦足以倾覆政府；足以促进外交，亦足以破坏外交；足以造成一人之名誉事业，亦足以毁坏一人之名誉事业；足以激起一时之怒潮，亦足以惊醒世人之迷梦。君主遇之每多失其权；军阀遇之每多挫其势；名人一经其一致攻击，则倒如泰山压卵沸汤沃雪之易；秘密一经其详细披露，则如春雷一声，瞬息轰传于万里以外，乾坤震荡，无足以当其锋者。国民之政治思想，赖以养成；社会之道德知识，赖以涵育；思想之自由，赖以发扬；文明之基础，赖以奠定，其力诚莫与厚矣。"③在这里，徐宝璜对报纸正反两方面的力量与作用做了全面的论述，虽然在语言表达上存在夸饰的成分，但是，对于人们认识报纸的重要性，很有震撼力。

正因为报纸如此重要，所以新闻从业人员一投身这一职业就要正确认识这一职业的特殊性质。"夙昔执新闻纸业者，辄以新闻纸为其个人私产，此殊失当。

---

① 肖东发、邓绍根编：《徐宝璜新闻学论集》，北京：北京大学出版社 2008 年版，第 178 页。
② 同上书，第 177 页。
③ 同上书，第 173 页。

夫吾侪献身于社会时，即当视此身为社会所有，遑论其所执业。"①他还说："新闻事业，为神圣事业，新闻记者，对于社会，负有重大之责任。彼以颠倒是非，博官猎贿，或专以致富为目的而办新闻纸者，乃新闻事业之罪人也。"②在中国新闻史上，最早明确提出"新闻事业为神圣事业"这一命题的是徐宝璜，这对于记者增强自身的职业荣誉感和社会重视新闻事业具有一定的作用。黄天鹏曾说："在一二十年以前，新闻记者在社会上认为无聊的文人，新闻纸一般人认为遣闲的读品。先生众醉独醒，大声疾呼，以改造新闻事业为己任。于是，国人始知新闻事业之价值，新闻记者乃高尚的职业。新闻界风气的转变，这是先生提倡的效果啊！"③

如何认识新闻事业的本质，对新闻从业人员培养怎样的职业道德具有决定性的影响。徐宝璜说：

> 新闻纸既为社会之公共机关，故其记者亦为社会之公人，责任匪轻，处之宜慎，遇事当求其真，发言应本乎正，本独立之精神，作神圣之事业，信仰取得，权威自立，尊严立见。世有误认报纸为文人游戏三昧之笔，舞文弄墨之场者，有误认报纸为达到个人目的之武器，藉以博官腊贿者，有误认报纸为一人一派之机关，其均可以返矣。以上乃就报纸之公的方面而言，然报纸虽为社会之公器，应以社会之利益为利益，但究系私人独立经营或集资经营之物，而非社会所公有，自亦不能无私之一面。以营业维持新闻纸之生命，乃至正当之办法，亦凡百商业共有之义，所应注意者，即如何方能公私兼顾，复能不以私害公也。④

徐宝璜明确提出了办报是为公还是为私的重大问题，即办报的动机与责任问题。它对新闻从业人员在其业务活动中确立怎样的职业价值观具有深刻的影响。在徐宝璜之前，我国早期资产阶级报人对新闻的地位和职责，也有过精辟的论述，如近代报业的先驱王韬在《论各省会城宜设新报馆》中提出："主笔之所持论，人心之所趋向也"，因此，"其立论一秉公平，其居心务期诚正"。梁启超也提出："报馆者政本之本而教师之师也"，"其从事报馆事业者，亦盖复奋勉刻厉，日求进步"。这些观点是中国新闻史上关于办报动机与责任的最早表述。但是，徐宝璜的论述更加清晰和明确。尤其是他"公私兼顾""不以私而害公"的主张，在当时报刊私有制条件下，对于新闻从业者树立高尚的职业观和正确处理公与私的矛

---

① 肖东发、邓绍根编：《徐宝璜新闻学论集》，北京：北京大学出版社 2008 年版，第 151 页。
② 同上书，第 51 页。
③ 同上书，第 177 页。
④ 同上书，第 150 页。

盾具有重要的指导意义。

（二）记者应具的道德品性

徐宝璜的《新闻学》和他撰写的论文有一个最大的特点，就是特别强调记者的道德品质修养与新闻活动的密切关系，几乎每谈一个方面的问题，都要强调记者的个体道德对新闻业务活动的决定性作用。例如，在第二章"新闻纸之职务"中谈到新闻纸要"创造正当之舆论"时说："然非编辑有纯洁之精神、高尚之思想、远大之眼光，不足以语此也。"[1]在谈到新闻纸要承担"提倡道德之责任"时说："此于记者之道德，亦大有关系。因迎合社会，乃贱者之所为，与敲诈同为不德也。"[2]在第十三章"新闻纸之销路"中强调指出"记者个人之道德，与其报之销路亦大有关系。使道德有瑕疵，例如受人贿赂，足以丧失社会对于该报之信念，而令其销路大受影响也"[3]。至于第六章"新闻之采集"，则专门列了两节，集中论述新闻之职业道德。

徐宝璜之所以如此重视对新闻道德的论述，是因为他认为，报纸是人办的，人的好坏决定了报纸的好坏。而人的好坏最重要的条件，就是是否具备高尚的道德品质。他说："报纸者，社会之耳目也。访员者，又报纸之耳目也。访员得人，报纸方能尽其供给正确迅速新闻之天职，即社会种种是非，亦因以易明。"[4]所以，他提倡"伟大之记者，应有大无畏之精神，见义勇为，宁牺牲一身以为民请命，不愿屈于威武而噤若寒蝉。"[5]

徐宝璜不仅从新闻与社会、记者与报纸的关系上深刻地阐明了新闻道德的重要性，而且对记者应具有的道德品质作了较多的论述。特别值得注意的是，他在《新闻学》第六章中，专门列出了"访员应守之金科玉律"和"访员之资格"两节来论述对记者（访员）的道德要求。"金科玉律"就有规范的内涵，虽然它不是完整意义的新闻职业道德规范，但其中大部分内容都与新闻职业道德要求相关，我们有理由把它看作是我国新闻职业道德规范发展史上重要的一环。

他在"访员应守之金科玉律"中提出了16条要求作为"访员采编新闻应守之事项"，其内容之全、规定之细，可谓空前。虽然其中有些内容不属于道德方面的内容，如"采访时不可当面笔记"，"备一袖珍簿，记载各种新闻之略示"等，但大部分内容是记者道德方面的"应守之金科玉律"。在"访员之资格"一节中所谈

[1] 肖东发、邓绍根编：《徐宝璜新闻学论集》，北京：北京大学出版社2008年版，第50页。
[2] 同上书，第51页。
[3] 同上书，第112页。
[4] 同上书，第167页。
[5] 同上书，第147页。

的,实质上也是对道德的要求。综合两节所论,其要点如下:

一是关于真实性的要求:"(一)访得所有之新闻,切勿视谣言为事实。""(二)如为探访重要之新闻,顺每一引线而追究到底。"这显然是要求记者以追求事实真实为职志。他说:"苟记载失实,无论其出于有意之造谣与播弄,抑出于无意之疏忽与传讹,小之常足以使个人受莫大之损失与痛苦,大之足以贻毒社会,扰乱国家,此亦为不能掩饰之事实。"他还明确提出了事实正确的标准:"不可以讹传讹,以致失事实之真相";"不可以推测为事实……致贻闭门捏造之讥也";"不可颠倒事实……须持第三者态度,不以己见为转移也"。特别是在第三章"新闻之定义"中,他同邵飘萍一样对流行已久的"有闻必录"原则给予了深刻的批判,并提出了"有问必查"的新观点。①

二是关于公正性的要求:"(三)新闻之有价值与否,当自为裁夺,不当信谈者之褒贬。"既然记者是以第三者的立场在报道事实,当然应有独立公正之品德。他说:"正确与公道,乃与新闻事业万不能分离者。""凡新闻须整个的登载,勿作片面之宣传,为片面之报告,致失事件真面目,而发生不公平之评论。"②

三是关于敏捷性的要求:"(四)敏速办事,但勿忙乱""(五)不可因求速而致粗心或不正确。""访员应能事事敏捷,以节省时间。"在新闻采集上要敏捷,在新闻编辑上同样要敏捷。他认为,办事敏捷是由新闻的内在规律所决定的,"'新闻如鲜鱼',盖云明日黄花之消息,正如失味之鱼,故新闻贵乎迅速。新鲜始有价值也"③。

四是关于勤勉的要求:"(六)切不可空手归来,应设法访得所被派探访之事。""(九)本区内之各新闻来源,切不可一日不去。""勤勉为访员成功至坚之一基础。采访新闻本非易事,有时经很多之周折,而仍无所得,……若半途而废,空手归来,是自认失败也。"因此,他认为,"访员应如军中之兵卒,责任所在,无论何事,该尽力以为之"。

五是关于廉洁的要求:"(七)有请勿登载某事者,宜答之以最后之决定,权在编辑,不可轻许之,尤不可受贿,为他人隐藏。"徐宝璜在其论著中,多次批判记者"营私舞弊""博官猎贿"的丑恶行径,"不良之新闻纸,颠倒消息以刊布,或者将正确消息隐匿,此种自私之结果,一旦大白,徒坠其身价而已"④。他提出为履行报纸"国民喉舌"之天职,为维护报纸的集体利益,为使记者私人道德免受损

① 肖东发、邓绍根编:《徐宝璜新闻学论集》,北京:北京大学出版社 2008 年版,第 74、137、153 页。
② 同上书,第 74 页。
③ 同上书,第 74、137 页。
④ 同上书,第 74、151 页。

伤，记者应该廉洁自律，不可受贿。

六是关于交往中的知人守信："（十）应与因职务而相接洽之人为友，使其对于己之事业发生兴会，而愿助己采集新闻。""（十一）勿爽约、勿为不能守之约。"徐宝璜认为，新闻记者因为工作的需要，"社会中各色之人，男也女也，老也少也，贵也贱也，富也贫也，访员无一不与之接。故访员应知人性，使人均乐与之为友。交游广，采集新闻之障碍，减去一半矣。又应知人性，以免为他人所欺，而不能辨别真伪"①。

七是关于广告方面的道德要求："（十六）广告性质之新闻，不可登于新闻栏内。"徐宝璜是我国最早提出广告道德的理论家。他认为："为一报自身利益计，实有谋其广告发达之必要。"问题是报纸在广告业务中，除了讲究广告艺术之外，必须遵守广告之道德。他提出的广告道德，主要包括三个方面：一是新闻与广告分开。二是登载正当之广告。对于有伤风化的内容，如"卖春药、治梅毒、名妓到京或种种骗钱之广告，则虽人愿出重资求其一登，亦当拒而不纳。因登有碍风纪之广告，足长社会之恶风，殊失提倡道德之职务"②。三是树立广告之信用，拒登虚假广告。他认为："登载虚伪骗人之广告，又常使阅者因受欺而发生财产之损失。此损失纵使于法律上，不能向该新闻社索赔偿，而就道德方面而言，该社实有赔偿之义务。"③因此，他要求报社"对于广告，宜负全责！即审察其内容之真伪，凡欺人与一切龌龊之广告，概谢绝之，更宜进一步，要求登者自负全责，一觉虚伪，即行停止。如此初虽受相当之影响，然信用一著，必受阅者之欢迎，而商家亦必争先登刊广告矣"④。徐宝璜对广告道德论述之明确，见解之深刻，在我国是前所未有的，今天看来仍然具有很强的现实意义。

总之，徐宝璜的新闻伦理思想是较为丰富的。他的《新闻学》一书既是我国新闻学理论的"破天荒"之作，也是新闻道德理论的集大成之作。尽管他的新闻观受西方资产阶级新闻理论影响较多，如坚持报纸的超党派、超政治的独立地位，过分夸大报纸的力量和作用，甚至提出"新闻纸或可作政治之中心点，力亦伟哉"的观点等，都表现了认识上的片面性与历史局限性，但是，作为我国较早系统阐述自己新闻伦理思想的新闻理论家，他所提出的一些新闻伦理主张，不仅值得我们深入地研究，而且作为一份宝贵的文化遗产，对今天的新闻道德建设仍然具有一定的参考价值。诚如方汉奇教授所说，徐宝璜"有关新闻学普遍规律的论

---

① 肖东发、邓绍根编：《徐宝璜新闻学论集》，北京：北京大学出版社2008年版，第74、75页。

② 同上书，第74、101页。

③ 同上。

④ 同上书，第138页。

述,有关报纸功能的论述,有关反对假新闻和有偿新闻的论述,以及新闻如鲜鱼这一类形象的比喻,仍然历久弥新,给今天的新闻工作者以很大的启示"①。

四、林白水新闻伦理思想

林白水(1874—1926)是中国近现代史上的著名报人,资产阶级民主革命家,中国白话报的先驱。从 1901 年到 1926 年的 20 余年中,他先后创办了《杭州白话报》《中国白话报》《俄事警闻》(后改名为《警钟日报》)、《公言报》《平和日刊》《新社会报》(后改名为《社会日报》)等近 10 家报纸。

1911 年武昌起义胜利后,他曾先后担任福建军政府法制局局长、袁世凯总统府秘书兼直隶督军府秘书长、众议院议员、参政院参政等职务。袁世凯死后,他于 1916 年 8 月 1 日辞去议员之职,全力投入他熟悉的新闻事业,于同年 9 月创办《公言报》。1921 年 3 月又与胡政之一起在北京创办《新社会报》,以白水为笔名,发表政论文章,言辞辛辣凌厉,揭露军阀政客的黑幕丑闻。翌年,该报因披露军阀吴佩孚的丑闻被查封,林白水入狱。出狱后,5 月 1 日《新社会报》改名为《社会日报》再出刊。1923 年,因揭露曹锟贿选总统的黑幕,报馆再度被封,林白水再次入狱。出狱的林白水依然不为权势所屈服,以笔墨代斧钺,与军阀恶势力进行坚决的斗争。1926 年 8 月 5 日,他在《社会日报》上刊登了《官僚之运气》,揭露潘复与军阀张宗昌相互勾结、狼狈为奸的事实,当晚被捕,次日清晨被杀害于北京天桥,终年 52 岁。

他是继邵飘萍之后,又一位因敢于同封建军阀斗争而牺牲的著名记者。1986 年,民政部追认他为革命烈士。林白水的办报经历明显分为晚清和民国两个时期,而后期的成就、贡献与影响远远超过前期。因此,将他放在这个时期来介绍较为合适。林白水一生撰写了大量的时评、通讯和言论,这些文章直接或间接地反映了他的新闻伦理思想。

(一) 为百姓办报、做革命宣传的办报动机

林白水的办报活动起始于 1901 年 6 月。这一年,杭州名士项藻馨创办《杭州白话报》,邀请林白水主持笔政,林白水欣然前往,并亲自撰写了发刊词和创刊启事。他在《杭州白话报》创刊启事里说:"这个报纸是属于普通一般老百姓的,因为我是一个平民,所以我说的话,是一般老百姓的语言,而不是一般士大夫阶级的咬文嚼字或八股式的文章,……我只是把国内国外发生的大事小事,报告给

---

① 方汉奇:《纪念徐宝璜先生》,《新闻春秋》1994 年第 2 期。

一般老百姓,同时把我自己对这些事的意见,表达出来。"①林白水把自己定位为"平民",把《杭州白话报》定位为"普通老百姓"看的,是为老百姓服务的。其服务的主要内容就是"广开民智";服务的方式是用白话文办报,"所以我朋友们商量想开报馆,又怕那文绉绉的笔墨,人家不大耐烦看。并且孔夫子也说道,动到笔墨的事情,只要明明白白,大家都看得懂就是"②。这些朴素的话语,反映了他代民立言、为百姓办报的思想。

1903年12月,林白水在上海创办了《中国白话报》,以"白话道人"的笔名撰写文章,发表了大量反清革命的言论。林白水曾经回忆说,他在晚清时期主持的两份白话报刊是他记者生涯的骄傲。他说:"说到《杭州白话报》,算是白话的老祖宗。我从杭州到上海,又做了《中国白话报》的总编辑,与刘申培两人共同担任。中国数十年来,用语体的报纸来做革命的宣传,恐怕我是第一人了。"③在中国新闻史上,最早办白话报的当然不是林白水,1897—1898年之间,维新派报人就创办了《俗话报》《演义白话报》《蒙学报》《无锡白话报》等宣传改良的报刊,但林白水说他是用白话文的报纸来做革命宣传的第一人,还是比较客观的。

我们选几篇文章来看林白水在新闻实践中是如何为普通百姓办报和宣传革命的。

在《中国白话报》中,他分别撰写了《做百姓的身份》《做百姓的责任》《做百姓的事业》《做百姓的思想及精神》。这是他为开民智而撰写的系列文章。他告诉读者:"做人顶要紧的是自己不要看自己太轻,若把自己看太轻了,再到后来便一些儿体面都没有。"④做百姓的身份,最重要的一是伶俐,二是在行。所谓在行,就是要知道,"天下是我们百姓的天下,那些事体全是我们百姓的事体,可是办起事来不能够没有钱,所以纳税完粮是我们百姓该应担承的责任。不过我们出了钱,到底后来那笔钱做什么用账,到底还剩多少还差多少,用的正经不正经,有人侵吞去没有,我们百姓照理应该去查一查"⑤。林白水提出的纳税人义务与权利的问题,是现代民主政治的重要内容之一。林白水在1903年就教导民众不能只知道纳税完粮的义务,也要知道争取自己的权利。"凡国民有出租税的,都应该享各项权利。这权利叫自由权,如思想自由、言论自由、出版自由。"这些话出现在一百多年前,的确是很先进的,对民众有民主思想的启蒙作用。在《做百姓的

---

① 张枬、王忍之编:《辛亥革命前十年间时论选集》第一卷下册,北京:生活·读书·新知三联书店1960年版,第605页。

② 《林白水文集》上,福州:福州市新闻出版局,2006年,第4页。

③ 转引自蔡晓滨:《中国报人》,北京:新星出版社2010年版,第95页。

④ 《林白水文集》上,福州:福州市新闻出版局,2006年,第35页。

⑤ 同上。

思想及精神》一文中,他教导百姓要树立"国家的思想""尚武的精神"和"冒险的精神",并以此来维护国家民族及个人的尊严。

林白水不仅从正面积极提倡百姓应有的品性,而且从反面告诫民众,要禁止裹脚、迷信、赌博、嫖娼、懒惰、吸食鸦片等恶习。如在《告当兵的兄弟们》《再告当兵的兄弟们》等文章里,对当时士兵中存在的讹诈、打架、吸食鸦片、吊膀子等现象进行批评,告诫他们要读书识字,要看报,要肩负起保护自己国家的责任。在《〈中国白话报〉发刊词》中,他自信地说:"倘使这报馆一直开下去,不上三年包管各位种田的、做手艺的、做买卖的、当兵的,以及孩子们、妇女们,个个明白,个个增进学问,增进识见,那中国自强就着实有望了。"①林白水在办报动机上,抱着开启民智的愿望,从内容到语言都尽量适应普通百姓的需要。为了让老百姓能看得懂或者听得懂,他有意将新闻和评论写得十分的口语化,就连标题也特别讲究通俗有趣。如"养蚕发大财""小孩子的教育""论开风气的法子""好帮侣不怕人欺负"等。

林白水在办《中国白话报》的时候还有一个重要的传播内容就是宣传排满革命。"他早年实是一位勇敢爱国、百折不挠的革命志士。他与蔡元培、章炳麟先生等,同时参加革命,……他自己并曾与万福华、刘光汉,亲自参与刺杀清吏王之春的工作。"②他虽然是一个报人,却做过激烈的革命党。1903 年 7 月,刘师培发表《黄帝纪年论》,倡行黄帝纪年以取代光绪纪年和耶稣纪元。宋教仁也主张以黄帝即位之年为纪元,为汉族开国的一大纪念。资产阶级革命派把黄帝作为汉族的祖先,突出"黄帝"、认同"汉族"的目的是为了"排满"。革命派主张,"中国者中国人之中国也……有染指于我中国,侵占我皇汉民族之一切权利者,吾同胞当不惜生命,共逐之,以复我权利"③。

《中国白话报》对中国的历史作了通俗的介绍,对民众进行历史文化的教育。他说:"我国有四千年的历史,从前创业的艰难,历代人群的进化,种族如何竞争,风俗如何沿革,一民族的特质怎样可贵,必须详详细细,把旧书看得清楚,然后才晓得我这中国着实可爱的地方。"④他在《历史》第一章"人种"中指出:"我们中国人叫做汉种……我今先把我们汉族的事情,对列位说说……"⑤在《黄帝传》中把黄帝的来历、本领、德政、用人及爱民等事情,一一说给读者听。在《盘古以来种

---

①　张之华:《中国新闻事业史文选》,北京:中国人民大学出版社 1999 年版,第 111 页。

②　刘家林等编:《成舍我新闻学术论集》,广州:暨南大学出版社 2012 年版,第 299 页。

③　邹容:《革命军》,转引自张枬、王忍之编:《辛亥革命前十年间时论选集》第一卷下册,北京:生活·读书·新知三联书店 1960 年版,第 667 页。

④　《林白水文集》上,福州:福州市新闻出版局,2006 年,第 156 页。

⑤　同上书,第 37 页。

族竞争的大势》《大禹传》中,林白水对大禹治水的功德、大禹的仁政爱民给予热情的赞颂,其目的是为了激发汉民族的自豪感,增进民众反清的激情。

值得一提的是,1904年慈禧太后70寿辰的时候,清廷大肆筹办庆典活动,林白水写下了这样一副对联:"今日幸西苑,明日幸颐和,何日再幸圆明园! 四百兆骨髓全枯,只剩一人有何幸;五十失琉球,六十失台海,七十又失东三省! 五万里版图弥蹙,每逢万寿必无疆。"这副对联在蔡元培主持的《警钟日报》上发表后,全国各地报纸争相转载,令人拍案叫绝。在封建专制时代,一个记者为了国家民族的利益,敢于对最高统治者的错误与无能进行尖锐的批评与辛辣的讽刺,没有过人的勇气和强烈的社会责任意识,是无法做到的。林白水说,他平时发表的意见观点并不是他个人的,而是民意的代表。他说:"吾国主权在于人民,而代表人民之意见则在舆论。今报纸林立,即京师一隅已达数十家可谓盛矣。然其中不作响言、不狃私见、能力持公平正大之主张以号召当世者,殆几绝也。"①正因为许多报纸不能代表老百姓说话,也不敢代表百姓说话,因此,林白水表示,他要用自己的行动来改变报界的这种风气。在林白水看来,报纸和报人本就肩负着反映民意、代表民意的职责,这也是新闻伦理的内在要求。

(二)"说人话、说真话"的专业主义品格

辛亥革命之后,林白水在袁世凯政府做过几年议员之类的官,后又加入杨度、刘师培、严复、李燮和等人发起的"筹安会",为袁世凯复辟帝制起过推波助澜的作用。袁世凯死后,他幡然醒悟,毅然脱离官场,于1916年创办《公言报》,开始以"白水"的笔名发表文章。他在《公言报》创刊词中说:"新闻记者应该说人话,不说鬼话;应该说真话,不说假话!"②这是他新闻伦理思想中最有影响的话语,受到后人的赞许。

从新闻专业角度说,新闻工作者的伦理道德应以"说真话"为核心,其他所有道德都在"说真话"的前提下才能成立,才有价值。这如同军人要以不怕死为前提、医生要以救死扶伤为前提一样。一个习惯于"说鬼话"和说假话的记者,如同一个怕死的军人一样,根本没有谈道德的资格。林白水提出的"说人话,说真话"的观点,比过去所有人的提法都来得简单直接、通俗易懂。

林白水认为,说真话首先体现在"奋其笔舌为正义战"上③,"于政府之过失每不惮据事直书,窃以为记者天职固应尔尔"④。在批评和监督政府官员方面,林

---

① 《林白水文集》上,福州:福州市新闻出版局,2006年,第279页。
② 转引自徐百柯:《民国那些人》,北京:中央编译出版社2007年版,第152页。
③ 《林白水文集》下,福州:福州市新闻出版局,2006年,第727页。
④ 《林白水文集》上,福州:福州市新闻出版局,2006年,第279页。

白水是当时记者中表现最为出色的。有人评价说，林白水办报，最突出的特点是敢于直言，能说出别人不敢说的话，能做出别人想做而不敢做的事。

林白水在《公言报》上曾揭露了不少官僚黑幕。他发表的时评《青山漫漫七闽路》《罪恶滔天》《时局无望已极》等文章，将财政总长陈锦涛、交通总长许世英贪赃舞弊案公之于众，舆论界一片哗然。结果，这些政客或被革职入狱，或引咎辞职。1925 年 12 月 24 日，他在《社会日报》回忆道："公言报出版一年之间，颠覆三阁员，举发二赃案，一时有刽子手之称，可谓盛矣。"①

1921 年 3 月，林白水和胡政之一起创办了《新社会报》。这份报纸以改造报业风气、革新社会为目标，"每发端于苍蝇臭虫之微，而归结于政局，针针见血，物无遁形"②，屡屡戳及当权者的痛处。1922 年，因披露吴佩孚挪用飞机炸弹和盐余公债的黑幕，被勒令停刊。两个月后，《社会日报》面世，林白水在该报刊发的一篇篇时评如同一根根芒刺扎在军阀的背上。曹锟贿选总统期间，林白水揭穿了他给每个议员每月津贴 600 元、每张选票 5000 元大洋等内幕，结果报馆被封，林白水也被囚禁了 3 个多月，直至曹锟坐稳了大总统的宝座，才被放出来。

林白水不是不知道敢于直言的后果，但作为一名以援助民众、反对官僚、主持公道为职志的报人，眼里容不得沙子，看不惯官场的污秽之事，只要发现谁做了坏事，不管是皇亲国戚还是高官权贵，都毫不留情地加以揭露和抨击。1926 年5 月 12 日，他在《社会日报》头版发表《敬告奉直当局》："吾人敢断定讨赤事业必无结果，徒使人民涂炭，斫丧国家元气，糜费无限国帑，牺牲战士生命，甚为不值。"③6 月 5 日，他发表时评《本报一千号纪念》，批评炙手可热的军阀以及嗜利、逐臭的趋炎附势之徒。在林白水看来，"讲真话"就不要怕得罪人，做到"事前事后，无所悔惧。"④

其次，对外事宣传，林白水认为要"慎乃出话，谨尔话言"。1917 年 2 月 14日，林白水在《公言报》发表了题为《同业其注意》的文章。他告诫同业诸君，"国家将有大事，其事为对外之事。吾辈为新闻记者，欲仗此寸管以求力副其国民应尽之职责，则事无他长，惟有'慎乃出话，谨尔话言'八字而已"⑤。当时正值第一次世界大战的第 4 个年头，中国是中立国。德国以武力相威胁，通牒各中立国，禁止与协约国通商。中国对此提出了抗议，并设法沟通与其他协约国和中立国之间的关系。有些报纸"贸然登载无稽之新闻，曰某督军长电反对矣，某要人亦

---

① 《林白水文集》下，福州：福州市新闻出版局，2006 年，第 1037 页。
② 转引自许一鸣：《林白水文集·序》，同上书，上，第 4 页。
③ 同上书，上，第 1129 页。
④ 同上书，上，第 727 页。
⑤ 同上书，上，第 254 页。

有不赞成此举之表示矣"。林白水认为这是报纸极不负责的行为,一是消息不一定准确,某领袖某要人也许没有说过这样的话;二是即使说过,也许是陈述一己之见供上级参考。报纸贸然刊载,会给国家外交带来不必要的麻烦。因此,林白水劝告同业者说:

> 往常报纸造谣或挑拨或攻击,吾胥无责焉。以其自家人闹自家事,无论至何程度均无妨也。今兹则对外发生重大关系矣,而所对之外不止一国,将无数国焉,成败存亡生死荣辱视于此举。吾望吾同业稍稍留意,及之报馆口头所谓"有闻必录"此四字特限,于兹事不能适用也。①

林白水的意思是,在对外传播中,"说真话"有更高的要求。在新闻报道中,不仅事实要准确,还要考虑国家大局的需要。新闻界所谓"有闻必录"的口头禅是绝对不适合对外传播的。由此我们发现,"有闻必录"这个流行于晚清的与新闻真实相背离的新闻观念,虽然在民国初期已经受到了质疑与批评,但其恶劣的影响还没有完全被清除。

再次,新闻记者不要做谣言的传播者。1924年8月中旬,因为公债陡跌,北京的报纸便刊登了一些没有事实依据的新闻,什么多少人会破产、金融界会受影响、商业不免凋敝、物价不免暴涨、平民的生活更加逼迫等,给民众造成一定的恐慌。林白水认为,造谣的有两种人:一种是某国别有用心的人,想借此激起风潮;一种是中国的投机家,想从中牟取私利。他指出,这些谣言之所以能够传播,新闻记者有不可推卸的责任。

> 不幸开报馆的不能辨别真伪,不肯慎重纪载,见着新闻就登,拿着通信社的烂稿就抄,因此,愈传布愈广。要是新闻记者有点责任心,具些眼力,能够指斥他们,不受他的利用,那些谣言那有什么效用呢?所以谣言的传布不传布?全是新闻记者的责任。我们奉劝同业,要是缺乏材料,宁可拿不相干的旧闻来充塞篇幅,不可因为新闻夺目,能博阅者注意,就随便乱登。在你们以为大家登载,不在乎我们一家。不知大家都抱着慎重的态度、冷静的头脑来选择材料,这些谣言就不容易传布了。谣言不容易传布,社会就少受他的恶影响。这就是新闻记者无形的功德啊。②

这一段话深刻阐明了记者应如何对待谣言的问题。谣言如果没有借助大众媒介的传播,它对社会和他人所造成的影响与伤害是相当有限的。从这个角度说,传

---

① 《林白水文集》上,福州:福州市新闻出版局,2006年,第254页。
② 同上书,下,第764—765页。

播谣言的媒体比制造谣言的人应承担更多的责任。而记者要做到不成为谣言传播的帮凶，就要"抱着慎重的态度、冷静的头脑来选择材料"。在没有弄清事实的情况下，宁可不登，也不能因为自己的过失而助纣为虐。如何识别和对待谣言，往往是考验记者的眼力与责任心的重要标尺之一。林白水的观点对于记者和媒体防止谣言传播、维护新闻真实有重要的参考价值。

（三）记者要有敢于斗争的硬骨头精神

1919年3月22日，林白水在《平和日刊》发表的《答客问》中说："夫报纸为舆论之代表，而非一党一系之机关，此吾所知者也。惟操笔为文者，既须有独立不羁之精神，尤须有鉴空衡平之器识。"同时他向读者承诺："记者不敏，甚愿执此三寸之笔，不烂之舌，而与彼文武名角相周旋，而无所于慑。"①林白水在他数十年的新闻生涯中，都在实践着他所崇尚的独立不羁、不畏豪强的伦理精神。

1922年2月10日，林白水主办的《新社会报》因抨击反动军阀的丑行，被北京警察厅勒令停刊，林白水也因此入狱。出狱后，他于1922年5月1日将《新社会报》改名为《社会日报》再行出刊。林白水在复刊词中说："等到我这社会日报重行出世的时候，刚刚碰着炮火连天、两边十万人马，正在大杀特杀的当口。所以我自己闻着，觉得我这张社会日报，出世伊始，就带着一点硝磺气味，及血腥。咳，眼见他又是个惹祸招灾、不祥的尤物了。"②面对这样的时局，林白水说他绝不会向恶势力低头，该说的话还得照样说，该做的事情还得照样做。他向读者表示：

> 如今要是投机押宝，干那滑头勾当，希望讨好军阀，那岂不是大大辜负了一般人期许的美意吗？所以这杀气腾腾有枪阶级鼎盛的时代出报，固然是有不可避免的灾难，但是为着我自己人格，以及朋友们、阅报诸君等等期许的好意起见，也祇得挺着脖子称硬汉。顾不得上了年纪，有没有大胆，还是一仍旧贯，照着本色行事。③

独立不羁、无所畏惧、挺着脖子称硬汉，既是林白水重要的新闻伦理思想，也是他个人刚毅性格的体现。他一生中疾恶如仇，不惧权威，以新闻舆论为武器，凭着"三寸之笔，不烂之舌，而与彼文武名角相周旋，而无所于慑"，充分表现了新闻记者敢于同恶势力斗争的硬骨头精神。他说他办的《公言报》"无日不受恶势力之摧残，而再仆再起，亦无日不与恶势力相奋斗"④。他在清末办报，勇敢地抨击朝

---

① 《林白水文集》上，福州：福州市新闻出版局，2006年，第421—422页。
② 同上书，第485页。
③ 同上书，第486页。
④ 同上书，下，第727页。

政腐败、官员堕落,鼓吹反清排满;民国以后,则专以揭露军阀政客祸国殃民的罪恶为己任。

1923 年 2 月,林白水发表时评《缓急倒置》,称"今之北京政府,可谓完全不懂事家伙凑在一堆,自名曰政府,自号曰中央,犹复不知羞耻。自谥曰合法,其实此等政府,此等中央,此等合法。直不值一顾,不值一嚎者也"①。他大胆揭露议会、政府钱权交易和明目张胆地卖官鬻爵的丑恶行为。同年 6 月,《社会日报》刊出曹锟贿选总统这一爆炸性丑闻,并将受贿者斥为"猪仔",肆意嘲弄,当权者气急败坏,派人将报馆查封,并将林白水抓入大牢。1923 年 10 月,出狱后的林白水仍撰文披露曹锟贿选总统的丑行,报社再遭封闭,林白水又被拘留三个月。

1924 年 11 月 12 日,冯玉祥发动北京政变,上任仅一年零二十多天的总统曹锟狼狈下台,沦为阶下囚。11 月 14 日,林白水发表时评《哭与笑》,将那些军阀政客的丑行奚落了一番。11 月 10 日,在时评《请大家回忆今年双十节》中,林白水将吴佩孚、曹锟与孙中山作为正反例子进行评说:一方面从吴佩孚、曹锟多行不义必自毙的事实出发,指出"武力之靠不住,骄横乱暴贪黩之可危",同时警告"继曹、吴而起的军事当局",应该要"尽可以就拿曹、吴这一幕电影写真,来当教科书念罢了";另一方面指出,"孙中山所以敢于单身北来……就是他抱个三民的主义,能得一部分的信仰罢了……要是没有主义,单靠兵多,地盘广。那末曹、吴的兵,曹吴的地盘,何曾不多不广,为什么不及三礼拜,会弄得这样一塌糊涂"。②这篇文章颇有识见,义正词严,发人深思。

1925 年 12 月 1 日,林白水收到威胁信,随即他在《社会日报》登出《白水启事》说:"鄙人办报三十年,从来援助民众,反对官僚军阀,以主持公道之故,牺牲功名利禄,不稍顾惜,下狱数次,终不变其节操。"③亲友们劝他不要再因言论招祸,林白水也宣布不再执笔为文。当天,时评栏作者的署名即由"白水"改为"记者"。仅五天时间,报社就收到两百多封读者来信。其中有一封青年学生的来信令人感动:"我们每日拿出脑血换来八枚铜元,买一张《社会日报》,只要读一段半段的时评,因为他有益于我们知识的能力。"④这正是林白水所要获得的效果。从1925 年 12 月 6 日到 27 日总共 22 天,他在《社会日报》上接连刊登了 57 封读者来信,以见舆情之所系、民意之所向。⑤ 热情的读者给了林白水勇气和力量,他以

---

① 《林白水文集》下,福州:福州市新闻出版局,2006 年,第 592 页。

② 同上书,第 790 页。

③ 同上书,第 1018 页。

④ 转引自方汉奇、林溪声:《林白水:以身殉报的报界先驱》,《新闻与写作》2006 年第 9 期。

⑤ 王开林:《千秋白水文章》,《书屋》2005 年第 8 期,第 49 页。

笔墨为刀剑继续与黑暗势力作斗争。

1925 年 12 月 20 日,他再刊出《白水启事》:"这半个月之内,所接到的投书,大多数是青年学生。都是劝我放大胆子,撑开喉咙,照旧的说话,我实在感激得很,惭愧得很。世间还有公道,读报的,还能辨别黑白是非。我就是因文字贾祸,也很值得,一不做,二不休,咱们再干起来罢。"①其实,他除了改白水为记者的名字之外,从来就没有停止过与恶势力的斗争。

1926 年 4 月 24 日,《京报》社长邵飘萍因"宣传赤化"的罪名被捕遇害,林白水毫不退缩,反而于 5 月 12 日在《社会日报》发表《敬告奉直当局》:"依现时情势而观,奉直当局似于政府成立之后,仍专力于讨赤之事业。吾人敢断定讨赤事业必无结果,徒使人民涂炭,斫丧国家元气,糜费无限国帑,牺牲战士生命,甚为不值。"②5 月 17 日,他在《代小百姓告哀》中又直接批判直奉联军讨赤给人民带来的痛苦:"直奉联各军开到近畿以来,近畿之民,庐舍为墟,田园尽芜,室中鸡犬不留,妇女老弱流离颠沛。彼身受兵祸之愚民,固不知讨赤有许多好处在后,而但觉目前所遭之惨祸,虽不赤亦何可乐也。"③很明显,林白水坚定不移地站在军阀讨赤的对立面,是在为邵飘萍鸣不平。

1926 年 4 月,针对奉系和鲁系军阀疯狂镇压爱国运动、屠杀进步人士,新闻界人人自危的状况,林白水撰文说:

> 军既成阀,多半不利于民,有害于国。除是死不要脸,愿作走狗,乐为虎伥的报馆,背着良心,替他宣传之外,要是稍知廉耻、略具天良的记者,哪有不替百姓说话,转去献媚军人的道理。④

血色恐怖下的北京,记者人人自危,惟林白水不畏强权敢于抒发己见,这种勇气令人佩服。1926 年 8 月 5 日,林白水在《社会日报》上发表时评《官僚之运气》,得罪了潘复,直接招致杀身之祸。林白水与张宗昌、潘复结怨已久,他曾经讥讽张宗昌是"长腿将军"(影射张的部队毫无战斗力,遇到对方就望风而逃),令张宗昌忌恨不已。早在 1923 年 1 月 25 日,林白水在《社会日报》上发表时评《山东全省好矿都要发现了,矿师潘大少爷恭喜山东人发财》,揭露潘复贪污受贿,阻碍了他的官运。《官僚之运气》对潘复的嘲骂更进一步,骂声铿锵有力:

> 狗有狗运,猪有猪运,督办亦有督办运,苟运气未到,不怕你有大来头,终难如愿也。某君者,人皆号为某军阀之肾囊,因其终日系在某军

---

① 《林白水文集》下,福州:福州市新闻出版局,2006 年,第 1033 页。
② 同上书,第 1129 页。
③ 同上书,第 1132 页。
④ 同上书,第 1124 页。

阀之袴下,亦步亦趋,不离晷刻,有类于肾囊之累赘,终日悬于袴间也。

此君热心做官,热心刮地皮,固是有口皆碑,而此次既不能得优缺总长,

乃并一优缺督办亦不能得,……甚矣! 运气之不能不讲也。①

正是这篇文章,激化了他与反动军阀和政客之间长期积累的矛盾,招来杀身之祸。张宗昌和潘复恼羞成怒,当晚即逮捕林白水。1926 年 8 月 6 日,以"通敌有证"的罪名将其杀害于北京天桥。这离同样被军阀杀害的著名记者邵飘萍被害之日仅相距一百天,后人感叹地称之为"萍水相逢百日间"。

林白水在他长期的新闻实践中体现了一贯的硬骨头精神,敌人的恐吓,同行的牺牲,数次入狱的经历,并没有使他心生畏惧和改变节操。相反,他是冒着"因言贾祸"的决心与勇气,提着脑袋与军阀作斗争,表现了那个时代记者特有的侠肝义胆和铮铮铁骨。近代以来,中国许多报人都把监督豪强、揭露罪恶、保护弱者看成是记者的天职,认为记者如果对权贵的腐败不敢揭露和斗争,对民众的冤屈不敢声张,那么,就愧对了记者的称号。这种不畏强权、敢于担当的精神品质,是中国新闻记者宝贵的精神遗产,值得永远继承和发扬。

(四)林白水新闻活动中的道德瑕疵

林白水的新闻伦理思想及其新闻道德实践有其光彩夺目的一面,也有不足之处。对他的道德评价,总体上应当给予肯定,但也不必避讳他身上的道德瑕疵。他在新闻活动中,常常受到后人诟病的就是收受津贴、公开利用报纸卖文和常常侮辱、谩骂他人。这些行为与一般的社会公德和新闻职业道德都是不相符的。

北洋政府时期由于社会经济的落后和报业经营的艰难,许多报纸仅靠自己的收入很难维持出版,"进退维谷之时,不得不仰给于外界"②。于是接受各种津贴就成了当时报界普遍存在的问题。其津贴有来自政府部门的,有来自政党的,也有来自政客个人的。据 1925 年 11 月 19 日《晨报》报道,接受津贴的报馆分为四级:(1)超等的 6 家,每家 300 元。有参政院支持的《顺天时报》《益世报》《京报》;财政支持的《东方时报》;国政支持的《黄报》;国宪支持的《社会日报》(林白水主办的报纸)。(2)最要者 39 家,每家 200 元。主要包括《世界日报》《北京日报》《津京时报》《交通日报》、天津《益世报》《大公报》《泰晤士报》、国闻通讯社、新闻编译社等。(3)次要者 38 家,每家 100 元。主要包括《北京时报》《群强报》《中央日报》等。(4)普通者 42 家,每家 50 元。包括《民国公报》《实事白话报》《正义报》、中俄通讯社等。总计 14500 元,125 家媒体。其中日报 47 家,晚报 17

---

① 《林白水文集》下,福州:福州市新闻出版局,2006 年,第 1179 页。

② 王润泽:《北洋政府时期的新闻业及其现代化》,北京:中国人民大学出版社 2010 年版,第 269 页。

家,通讯社 61 家。①

林白水是名人,他办的《社会日报》是名报,因此,他不仅接受津贴,而且数目比别人还多。在每月享受 300 元津贴的 6 家报纸中,就有他的一份。同邵飘萍一样,"林白水也是生活阔绰,在他的宅子中佣人最多时有十几个,孩子的家庭教师也有 5 个,此外他还酷爱收藏金石和砚台,藏品闻名于世。其卖文、收受津贴和贿赂在报界也并不是秘密"②。例如,他创办《公言报》的资金就是段祺瑞的心腹徐树铮提供的。"林白水还是偶尔利用舆论监督搞创收,是个敲竹杠的老手。他秉承的工作理念是:给钱就不骂,绝不恭维。"③

记者拿津贴的最大危害,是损害了新闻工作客观公正的原则和记者的职业信誉。"受人豢养,立言必多袒庇,甚至颠倒黑白,淆乱听闻。"④当时就有报人这样断定:"今敢下一断语曰,报纸直接或间接受党派经济上的补助者,绝不能有光明磊落之气象。"⑤其实,林白水自己在 1917 年 6 月撰写的《敬告本报读者》中也说过:"若其立一言论机关,专为他人效鹰犬之用,津贴到手,摇笔骂人,忠则忠矣,如吾侪之不理何。"⑥可见,他本人对拿津贴的行为也是否定的。"津贴到手,摇笔骂人"(不管是替出津贴者骂别人,还是反过来骂出津贴的人),自然都是错误的,那么,收了钱就不骂,但绝不恭维,就正确吗?只要是拿了津贴,骂与不骂,只是表现形式的不同,其本质是一样的。

敢于揭丑是提高新闻战斗力与影响力的重要手段,也是报纸应尽的职责。但是,揭丑不等于谩骂和攻击。而林白水在新闻实践中恰恰以骂人见长,以伤人为荣。我们翻阅林白水的社论时评,一个明显的印象就是辛辣尖利中带有几分刻薄与辱骂,尤其是以外号和不雅的文辞对批判对象进行人身攻击,背离了新闻让事实说话的基本伦理准则。尽管他自己曾经说他的言论"记载及其主张咸以公平为主,以偏激为戒"⑦,但事实上,他并没有真正做到。这里选几则实例看他是如何攻击挖苦别人的。

1923 年 3 月 4 日《社会日报》时评《我们只得恭维彭允彝》说:"而且这一种似人非人的东西,我们要是劝他说,臭骂他,实际上也很危险。……而在彭允彝这样一身都是屎的人,究竟容易叫人动目。那岂不是反足以巩固他的地位,延长

---

① 王润泽:《北洋政府时期的新闻业及其现代化》,北京:中国人民大学出版社 2010 年版,第 265—266 页。

② 同上书,第 268 页。

③ 陈龙:《书生报国》,武汉:湖北人民出版社 2011 年版,第 84 页。

④ 王润泽:《北洋政府时期的新闻业及其现代化》,北京:中国人民大学出版社 2010 年版,第 269 页。

⑤ 同上书,第 268 页。

⑥ 《林白水文集》上,福州:福州市新闻出版局,2006 年,第 309 页。

⑦ 同上书,第 307 页。

他的寿命么。我们敢相信这种千夫所指的败类,万万不能延续存在于人类社会、政治舞台。"①这哪里是正当的揭露和批评,完全是凭一己之意气,肆意骂人了。时评中出现"似人非人的东西""一身都是屎的人""千夫所指的败类"这样的评价,无论被评论的对象犯有多大的罪行,也显示出评论者本身的偏激和人身攻击的恶意。

他骂国务院秘书万兆芝"因招摇撞骗,泄露秘密,为张揆所发觉,遽行免职,逐出国务院。万为遮羞计,暗中嗾令其心腹涂逢福上书总理,藉口于忠良见嫉,公道不彰,声明愿与万某同其进退云云。真可谓一摊狗屎,越搅越臭,可以已矣"②。他骂当时的国务院"居然变成皇城根一带的大粪圈、大茅坑。每天吹送几阵的恶气味触在鼻观子里,妨害我们的卫生。这是顶难过的啊!"③1923年6月18日,《法在哪里》是这样骂黎元洪及其政府的:"去汝的小姑爷罢,(北京土语)黄陂十三以后之命令,为放狗屁。国务院擅窃大权,自命为有效之阁议,为狗放屁。若夫两院会合会昨日过半数之表决,乃是放屁狗。盖彼等除放屁外,固不知其他者也。"④用"狗屎""茅坑""放屁""狗屁"之类的语言在报纸上点名道姓地谩骂他人,实在是太粗俗,太不文雅。这既伤害了被骂者,也伤害了报纸和记者自身的形象。

不仅如此,他还喜欢给对手起外号,有意侮辱批判对象。例如:他骂国会议员是"猪仔",将国会称为"猪仔国会"。他说:"我们问问汝猪:打当选起,扣算到如今,十二年的时间,不可谓不长。汝猪的成绩究竟在那里?这次北方军阀把猪当祖宗敬奉。不能说是蹂躏议会,威迫议员吧。汝猪除了敲竹杠,以立法干涉行政以外,所做何事?"⑤又说:"且以众议院之机关言之,乃国家立法之最高机关。其机关之威信与名誉,本为神圣不可侵犯。今不幸以一群渎职受贿之猪仔,充该机关之份子。"⑥当时的众议院院长叫吴景濂,因为脑袋生得比较大,林白水就给他取个绰号——"吴大头"。又因为他是吴三桂的后代,林白水就骂他是"塞外的流氓,关东的蛮种"。许世英个子不高,林白水称他为"许矮子"。有一篇时评的标题就是《许矮子天良何在》⑦。他最后写的那篇引来杀身之祸的《官僚之运气》把山东军阀张宗昌的心腹潘复比作"肾囊"(男性的睾丸)。潘复看到文章后,恨得咬牙切齿。

① 《林白水文集》下,福州:福州市新闻出版局,2006年,第594页。
② 同上书,第604页。
③ 同上书,第606页。
④ 同上书,第631页。
⑤ 同上书,第657页。
⑥ 同上书,第663页。
⑦ 同上书,第1059页。

林白水因文字死于奉系军阀的屠刀之下,一方面说明奉系军阀没有容人的度量。文章写得再刻薄,也只是名誉损失,不会造成人身伤害。潘复一伙不经过法律程序,擅自处决林白水,完全是违法犯罪行为。另一方面,也说明在没有健全法制的社会里,记者想用笔杆子与当权者的枪杆子进行较量,是注定要吃亏的。当然,林白水历来喜欢用人身攻击的方法揭露丑恶,也不可取。他说《公言报》出版之初,"首于政府、国会及舆论界尽其忠告之义"①,而在实际行为中,他的有些言论恐怕与"忠告"还是有一定距离的,至少在"忠告"的方式上不能以"猪仔国会"、国务院是个"大茅坑"的谩骂方式来"忠告"。

成舍我曾评价说:"人非圣贤,无论世间对白水先生,纵有任何评议,终无法否认,他是中国新闻自由斗争史上,以身殉报,罕有的报业烈士之一。"②在中国近现代新闻记者中,林白水的确是一个特立独行、毁誉兼备的人。我们很少看到像他这样长期揭丑和敢于骂人的记者。他既有触忌讳、冒艰险、在所不辞的铮铮铁骨,又有接受津贴和贿赂的不良行为;既有令污吏寒心、贪官切齿的新闻"刽子手"的美誉,又有拥护袁世凯称帝的历史污点;既有透骨见血、义正词严的健笔,又有偏激夸饰、刻薄伤人的文辞;既有清高傲世的名士风度,又有以新闻换钱的贪利俗气。这就是真实多元的名记者林白水。从他身上,我们不仅可以看到那个时期新闻记者特有的风采,而且可以从他身上汲取新闻伦理思想的精华和做人的教训。

五、李大钊新闻伦理思想

李大钊(1889—1927),字守常,河北乐亭县人。他是中国共产主义运动的先驱,中国共产党和党的新闻事业的缔造者,杰出的政论家。从 1913 年到 1927 年,由他主编及参与编辑的报刊达 15 种,其中较有影响的报刊有《晨钟报》《甲寅》《新青年》《每周评论》《劳动者》《工人周刊》等。他以守常、明明、孤松等 15 个笔名先后为 57 家报刊撰写稿件 400 余篇,近百万字。他虽然不是一个纯粹的报人或记者,但在短暂的一生中,大部分时间都以笔墨为武器,以报刊为阵地,坚持不懈地反对帝国主义与封建专制,宣传马克思列宁主义,为中国共产党的新闻事业做出了开拓性贡献。

李大钊在新闻实践中发表了许多新闻学论文,如《〈晨钟报〉发刊词》《晨钟之使命——青春中华之创造》《〈甲寅〉之新生命》《在北大新闻记者同志会成立会上的演说》《新闻的侵略》《报与史》等。这些论文以及他撰写的政论时评为我

---

① 《林白水文集》上,福州:福州市新闻出版局,2006 年,第 279 页。
② 刘家林等编:《成舍我新闻学术论集》,广州:暨南大学出版社 2012 年版,第 297 页。

们了解其新闻伦理思想提供了可靠的依据。

（一）记者要以促进国民精神解放为己任

李大钊的新闻宣传活动与同时期的邵飘萍、林白水在动机目的上是有一定差异的。邵飘萍、林白水作为职业记者，他们的新闻活动以报道新闻、揭露当时军阀的丑行为主要内容，而李大钊作为一个革命家、思想家和学者，他的新闻宣传活动则以改造社会、振奋民众精神为己任。还在北洋法政专门学校读书时期，李大钊在他主编的北洋政法学会《言治》月刊上就发表文章说，中国虽然推翻了几千年的封建专制制度，但国家依然处在严重的内忧外患之中。"环顾神州，危机万状"①，"吾人不幸，沉郁于专制陋运，""叹悼吾民德之衰、民力之薄耳！"②面对国家危亡的局势和社会黑暗的现状，他立志要为苦难的中国寻求出路，"把这种扶持国家民族的免于危亡的大任放在自己的肩头"③。他说："所望仁人君子，奋其奔走革命之精神，出其争夺政权之魄力，以从事于国民教育，十年而后，其效可观。民力既厚，权自归焉，不劳尔辈先觉君子，拔剑击柱，为吾民争权于今日。"④因此，他在10余年的时间里，所撰写的政论时评都凸显了一个主题：为振奋民众精神服务。他相信：

文字感化之伟，充其量可以化魔于道，化俗于雅，化厉于和，化凄切为幽闲，化狞恶为壮伟。三寸毛锥力，能造光明世界于人生陋运之中。⑤

李大钊怀着美好的愿望与憧憬，以坚忍不拔的毅力，决心用自己办的报刊和文章"唤醒众生于罪恶迷梦之中"⑥。在其前期的代表作《民彝与政治》一文中，他提出了"民彝"这个独特的概念，认为民彝是民众不断改善生存状态的一种生存原理，是民众固有的衡量事理的价值标准。以政治意识为例，我国民众在民权自由方面，虽然"校先进国民为微弱，此种政治意识觉醒之范围，亦校为狭小，"但是，"观于革命之风云，蓬勃飞腾之象，轩然方兴而未有艾。则此民权自由之华，实已苞蕾于神州之陆。吾民宜固其秉彝之心田，冒万难以排去其摧凌，而后以渐渍之工夫，熏陶昌大其光采，乃吾民唯一之天职，吾侪唯一之主张矣。"⑦就是说，中国人民在长期的封建专制压迫下，民主自由权利的思想比较薄弱，但是，这种思想意识的种子却深藏于民众的心底，革命者的任务之一，就是要利用各种手段唤醒

① 《李大钊文集》上卷，北京：人民出版社1984年版，第3页。
② 同上书，第40—41页。
③ 《李大钊文集》下卷，北京：人民出版社1984年版，第644页。
④ 《李大钊文集》上卷，第43页。
⑤ 同上书，第70页。
⑥ 同上书，第73页。
⑦ 同上书，第158页。

民众的这些潜在的意识,促进其精神的解放。

1916 年,反袁斗争虽然取得了胜利,但是,面对衰微的国势和腐败的政治,国人对民族的前途悲观失望,青年中厌世思想盛行。李大钊为了打破人们的这种悲观的情绪,振奋人们的自信和勇气,撰写了《晨钟之使命——青春中华之创造》《青春》等文章,阐发了他的青春宇宙观和人生观。他认为,宇宙是无始无终的、循自然法则的、机械的、渐次进化的大实在。宇宙万象无时不在运动变化之中,其正反两面的矛盾与斗争不是无休止的循环往复,而是新陈代谢,构成了"无尽之青春"。人是宇宙的一部分,人生的规律也是这样,也有无尽的青春。人自觉"青春无尽"才是人生的基本精神。所谓有无青春,"非由年龄而言,乃由精神而言;非由个人而言,乃由社会而言。有老人而青年者,有青年而老人者。老当益壮者,固在吾人敬服之列,少年颓丧者,乃在吾人诟病之伦矣"①。李大钊提出的青春无尽的思想,代表的是一种昂扬奋发、乐观进取的精神,它要求人的一生都要保持奋斗不止的青春活力与冲决罗网的创造能力。他说:

> 青年之文明,奋斗之文明也,与境遇奋斗,与时代奋斗,与经验奋斗。故青年者,人生之王,人生之春,人生之华也。青年之字典,无"困难"之字,青年之口头,无"障碍"之语;惟知跃进,惟知雄飞,惟知本其自由之精神,奇僻之思想,锐敏之直觉,活泼之生命,以创造环境,征服历史。②

李大钊是一个富于理想与激情的人,他继承了中国传统文化中"天行健,君子以自强不息"的精神品格,对人生、对国家都充满着乐观的希望与美好的期待。他总是鼓励人们要具备"奋兴鼓舞的历史观,乐天努力的人生观"③,要"把这种扶持国家民族的免于危亡的大任放在自己的肩头"④。我们读他的文章,总会感到一股乐观迈进、奋发有为的力量在向外喷涌,使你绝不会有半点懒惰、认命、悲观、灰心的气象。请看他在《艰难的国运与雄健的国民》中的一段文字:

> 中华民族现在所逢的史路,是一段崎岖险阻的道路。在这一段道路上,实在亦有一种奇绝壮绝的景致,使我们经过此段道路的人,感得一种壮美的趣味。但这种壮美的趣味,是非有雄健的精神的,不能够感觉到的。……目前的艰难境界,哪能阻抑我们民族生命的前进。我们应该拿出雄健的精神,高唱着进行的曲调,在这悲壮歌声中,走过这崎

---

① 《李大钊文集》上卷,北京:人民出版社 1984 年版,第 182 页。
② 同上书,第 179 页。
③ 《李大钊文集》下卷,北京:人民出版社 1984 年版,第 668 页。
④ 同上书,第 644 页。

岖险阻的道路。要知在艰难的国运中建造国家,亦是人生最有趣的事……①

读了这样的文字,不得不让人心魄震荡,血沸神销,一种昂扬奋起的精神油然而生。我们翻检李大钊为几种报刊撰写的发刊词,就更加清楚地看到,他的报刊活动,一以贯之的目的就是改造国民精神以挽救民族、振奋国群。1916 年,《晨钟报》创刊时,他对外宣称:"盖青年者,国家之魂,《晨钟》者,青年之友。青年当努力为国家自重,《晨钟》当努力为青年自勉,而各以青春中华之创造为唯一之使命,此则《晨钟》出世之始,所当昭告于吾同胞之前者矣。"②1917 年,他在《〈甲寅〉之新生命》中说:"《甲寅》之进化也,由是更进而谋以其自身之努力,奋发我国民使之努力,以其自身之进化,开导我国民使之进化,此又《甲寅》之唯一责任。所愿自勉,以与我国民共勉者矣!"③1919 年,他为《少年中国》写的《"少年中国"的"少年运动"》一文中说:"精神改造的运动,就是本着人道主义的精神,宣传'互助''博爱'的道理,改造现代堕落的人心,使人人都把'人'的面目拿出来对他的同胞;把那占据的冲动,变为创造的冲动;把那残杀的生活,变为友爱的生活;把那侵夺的习惯,变为同劳的习惯;把那私营的心理,变为公善的心理。"④

由此可见,李大钊的新闻活动就是围绕着改造国民素质、促进人们的精神解放而展开。他说:"我以为一切解放的基础,都在精神解放。""所以我们的解放运动第一声,就是'精神解放'!"因此,他自觉地将国家的前途命运、国民的精神觉醒与报刊的职责使命紧密地联系在一起。俄国十月革命的胜利,更是强化了他心中那个民族自救、自强的梦想,他自觉地以报刊为阵地,宣传新思想,传播马克思主义,反映了他对报刊宣传和喉舌功能的深刻认识。在第一次国共合作之后,他告诫共产党员:"我们在国民党内部工作的主要目的,在于唤起群众的革命精神,引导他们反对国际帝国主义者和国内的军阀。"⑤

李大钊在其报刊活动中,始终坚持"精神改造"和"精神解放"的宗旨,积极利用各种报刊引导国民抛弃陈腐落后的观念,树立积极进取的人生观,为再造青春中华而努力。他的新闻实践为中国共产党在新民主主义阶段的宣传鼓动工作树立了直接的榜样。

(二)对言论自由的向往与坚持

李大钊受西方自由主义政治学说的影响,对"言论自由"充满向往。在《民

---

① 《李大钊文集》下卷,北京:人民出版社 1984 年版,第 691 页。
② 《李大钊文集》上卷,北京:人民出版社 1984 年版,第 182 页。
③ 同上书,第 256 页。
④ 《李大钊文集》下卷,第 43 页。
⑤ 同上书,第 780 页。

彝》发刊辞《民彝与政治》中,李大钊将"宗彝"与"民彝"对举,用民主自由精神来阐述"民彝"政治的含义:"则惟民主义为其精神,代议制度为其形质之政治,易辞表之,即国法与民彝间之连络愈易疏通之政治也。"①在民彝政治的框架下,"顾自由之保障,不仅系于法制之精神,而尤需乎舆论之价值。故凡立宪国民,对于思想言论自由之要求,固在得法制之保障,然其言论本身之涵养,尤为运用自由所必需"②。

李大钊认为,中国是"世界出版最不自由之国"③。从秦始皇焚书坑儒到历代统治者的文字狱,再到袁世凯的北洋政府"左手持利刃、右手持金钱",破坏《临时约法》,压制异己,一部中国的历史就是只有当权者的自由而没有民众自由的历史。五四时期,北洋政府虽然在颁布的《中华民国约法》中明文规定人民有言论出版自由的权利,但是,事实上这些权利被军阀们恣意践踏。他对军阀压制言论出版自由的行径抨击道:

> "约法"上明明有言论自由,可是记者可以随便被捕,报馆可以随便被封。"约法"上明明有出版自由,可是印刷局可以随便被干涉,背反"约法"的管理印刷法可以随便颁布,邮局收下的印刷物可以随便扣留。"约法"上明明有书信秘密的自由,可是邮电可以随时随意派人检查。可怜中国人呵!你哪里还有"约法"!哪里还有自由!④

军阀们肆意践踏法律,压制舆论,记者可以随便被捕,报馆可以随便被封,以致"约法"中言论、出版自由成了一纸空文。为此,李大钊、蒋梦麟等联名在《晨报》上发表《争自由宣言》,呼吁废止有悖约法的各种法规,强烈要求保障人民的言论出版自由。他在《新生命延孕之努力》一文中说:"《晨钟》创刊,缔造经营,竭尽绵薄,犹虑弗胜,此本报新生命诞孕之辛苦也。而本报不敢辞其辛苦,瘅精瘁力以成之者,则亦本报欲得自由之努力矣。"⑤这显示出对自由的向往和为此甘冒艰难险阻的决心。李大钊言论自由思想的基本内容是:

1. 言论自由是公民的基本权利,也是立宪国家民主制度的基础。对个体而言,"思想自由与言论自由,都是为保障人生达于光明与真实的境界而设的。无论什么思想言论,只要能够容他的真实没有矫揉造作的尽量发露出来,都是于人生有益,绝无一点害处"⑥;对国家而言,"立宪国之有言论,如人身之有血脉也。

---

① 《李大钊文集》上卷,北京:人民出版社 1984 年版,第 157—158 页。
② 同上书,第 169 页。
③ 同上书,第 247 页。
④ 《李大钊文集》下卷,北京:人民出版社 1984 年版,第 127 页。
⑤ 《李大钊文集》上卷,北京:人民出版社 1984 年版,第 183 页。
⑥ 《李大钊文集》下卷,北京:人民出版社 1984 年版,第 8 页。

人身之血脉有所停滞,则其人之精神必呈麻木不仁之象。社会之言论有所阻塞,则其国之政治必呈销沉不进之观"①。也正是在这个意义上,他认为当时的《天坛宪法草案》第十条"中华民国人民有言论著作及刊行之自由,非依法律不受限制"的语意模糊,主张"关于出版,绝不可施行检阅制度,除犯诽毁罪及泄漏秘密罪律有明条外,概不受法律之限制,仿各国以严禁检阅制度揭于宪法明文中为宜也"②。在宪法制定中,"其他皆有商榷之余地,独于思想自由之保障,则为绝对之主张"。他反对定孔教为"国教"和列入宪法,认为这是取消了教授自由、言论自由、出版自由、信仰自由。③

2. 言论自由是"法制保障之自由"。李大钊指出,自由不是无政府主义,不是天马行空毫无约束,而是与"法制""秩序"有着密切的关系。"真实的自由,不是扫除一切的关系,是在种种不同的安排整列中保有宽裕的选择机会;不是完成的终极境界,是进展的向上行程。真实的秩序,不是压服一切个性的活动,是包蓄种种不同的机会使其中的各个份子可以自由选择的安排;不是死的状态,是活的机体。我们所要求的自由,是秩序中的自由;我们所顾全的秩序,是自由间的秩序。只有从秩序中得来的是自由,只有在自由上建设的是秩序。个人与社会、自由与秩序,原是不可分的东西。"④"凡立宪国民,对于思想言论自由之要求,固在得法制之保障,然其言论本身之涵养,尤为运用自由所必需。"⑤李大钊的观点对人们真正了解和认识自由的条件与范围,有极其重要的意义。在专制国家里,没有法律保障的自由,纯粹就是恃强凌弱、坏人当道的自由,自由与专制不能并存。

3. 言论自由是允许各种意见发表,防止"众同而禁一"现象的发生。李大钊主张多数意见宽容少数意见,充分尊重公民的言论权利,要警惕"暴民政治",防止出现民主政治建设过程中的"众同而禁一"现象的出现。这种现象的本质是以多数意见压制少数意见,是多数人对持不同意见的少数人的言论暴政。因为自由的言论不一定代表真理,报刊应同时反映对立双方的言论,谁是谁非,在相互斗争中才见分晓,健全的舆论才能够形成。李大钊说:

> 禁止人研究一种学说的,犯了使人愚暗的罪恶。禁止人信仰一种
> 学说的,犯了教人虚伪的罪恶。世间本来没有"天经地义"与"异端邪
> 说"这样东西。就说是有,也要听人去自由知识,自由信仰。就是错知
> 识了、错信仰了所谓邪说异端,只要他的知识与信仰,是本于他思想的

---

① 《李大钊文集》上卷,北京:人民出版社1984年版,第315页。
② 同上书,第248页。
③ 同上书,第247页。
④ 《李大钊文集》下卷,北京:人民出版社1984年版,第438页。
⑤ 《李大钊文集》上卷,北京:人民出版社1984年版,第169页。

自由、知念的真实，一则得了自信，二则免了欺人，都是有益于人生的，
都比那无知的排斥、自欺的顺从远好得多。①

就是说，从政府层面说，禁止思想自由、信仰自由、言论自由都是一种罪恶；从社会层面说，无论什么思想言论都应该让其发表出来，才是正确的。李大钊坚定地主张，"思想是绝对的自由，是不能禁止的自由，禁止思想自由的，断断没有一点的效果。你要禁止他，他的力量便跟着你的禁止越发强大"②。因此，他"奉劝禁遏言论、思想自由的注意，要利用言论自由来破坏危险思想，不要借口危险思想来禁止言论自由"③。

李大钊在接受马克思主义之后，清醒地认识到，在阶级社会里，言论自由是有阶级性的，在资本主义制度下，只有少数资本家才有新闻自由。苏俄革命的成功就是剥夺了压迫阶级的言论出版权。劳动人民要想得自由就必须推翻资本主义制度，建立社会主义制度。他相信，在社会主义制度下，"少数资本主义者之自由当然受束缚，不过对于大多数人的自由确是增加。故社会主义是保护自由、增加自由者，使农工等人均多得自由"④。简言之，社会主义只是对自由总量的增加，而不是一般地取消自由。

值得注意的是，自由究竟是一种道德，还是一种权利？这是从晚清以来一直有争论的问题。例如，严复认为："民之自由，天之所畀也。"⑤就是说，自由是人与生俱来的权利。梁启超则认为："自由者，奴隶之对待也。""若有欲求真自由者乎，其必自除心中之奴隶始。"⑥梁启超把自由看成是与奴隶性相反的独立人格，包括行动自由与精神自由。他在《十种德性相反相成议》中，也是将"自由"当作一种道德来论述的。

其实，在严复和梁启超的文章中，自由有时被看成是政治权利，有时又被看成是一种道德观念。在李大钊的文章里，也是这样。例如，李大钊在《自由与秩序》中说："极端主张发展个性权能者，尽量要求自由，减少社会及于个人的限制；极端主张扩张社会权能者，极力重视秩序，限制个人在社会中的自由。""我们所要求的自由，是秩序中的自由；我们所顾全的秩序，是自由间的秩序。"⑦又说："宪法上之自由，为立宪国民生存必需之要求；无宪法上之自由，则无立宪国民生存

---

① 《李大钊文集》下卷，北京：人民出版社 1984 年版，第 8—9 页。
② 同上书，第 9 页。
③ 同上。
④ 同上书，第 375 页。
⑤ 王栻主编：《严复集》第 1 册，北京：中华书局 1986 年版，第 35 页。
⑥ 张品兴主编：《梁启超全集》第 2 册，北京：北京出版社 1999 年版，第 675、679 页。
⑦ 《李大钊文集》下卷，北京：人民出版社 1984 年版，第 437—438 页。

之价值。"而人的自由权利,包括身体自由,财产自由,家宅自由,书信秘密自由,出版自由,教授自由,集会结社自由,信仰自由等。① 这里所说的自由,显然是一种政治权利。

但是,李大钊在其他一些文章中又把自由看成是一种道德。例如,他在《民彝与政治》中说:"欧西自由之说,虽经东渐,神州共和之帜,亦既飘然高树。而社会言论武断之力,且与其庞杂喧阗之度而俱增,而是非乱,而真伪淆,公理正义乃更无由白于天下,自由之精神,转以言论自由愈湮没而不彰。"②在《立宪国民之修养》中说:"立宪国民之仪度,当以自由、博爱、平等为持身接物之信条。此等信条入人既深,则其气质之慈祥恺悌、中正和平,必能相为感召,以成循礼守法之风习。"③这里所说的"自由之精神"和自由"为持身接物之信条",显然是一种道德。

其实,在中西方政治和哲学史上,自由从来就具有政治角度和伦理角度等多重含义。正如严复所说:"盖政界自由,其义与伦学中个人自由不同。"④因此,自由既是一种政治权利,又是一种道德观念,两者既有区别又有着内在的联系。试想,一个民族或者某一个人压根就没有自由的精神与自由的信条,又怎么可能去勇敢地争取政治上、法律上各种自由的权利呢? 因此,我们在论述中国新闻伦理思想的过程中,不得不关注历代报人对言论自由、出版自由、思想自由的认识与主张。

（三）新闻记者的社会责任与职业素养

1922 年 2 月 12 日,李大钊在《晨报》上发表了《在北大新闻记者同志会成立会上的演说》,从理论上概括了一个早期马克思主义者对于新闻事业的基本观点。这篇演讲贯穿了唯物史观的精神,被认为是"我国第一篇用马克思主义观点阐述新闻现象的讲话"⑤。在这个讲话中,他对"新闻事业"和"新闻"这两个概念进行了解释:认为"新闻事业是一种活的社会事业","新闻是现在新的、活的社会情况的写真。"基于这样的认识,他提出了新闻记者的两大责任:

第一是全面记述社会每天所发生的事实的责任。他说:"我现在更希望诸位对于新闻事业,是社会的事业,这一点也特别注意。因为社会是复杂的、多方面的关系,要想把这不断的、发生的、多方面的社会现象描写出来,而加了批评或指导,非有相当的学问和知识不可。以前新闻界,所以有很多缺点,就是因为从事

① 《李大钊文集》上卷,北京:人民出版社 1984 年版,第 244 页。
② 同上书,第 170 页。
③ 同上书,第 332 页。
④ 王栻主编:《严复集》第 5 册,北京:中华书局 1986 年版,第 1282 页。
⑤ 徐培汀、裘正义:《中国新闻传播学术史》,重庆:重庆出版社 1998 年版,第 299 页。

新闻业者的,眼光不能映注到全社会的生活上的缘故。"①李大钊所强调的是,新闻记者要学会全面地看问题,眼界要宽,要认识到社会复杂的、多方面的关系,从而全面描写出社会生活的整体面貌,不要专记一方面的事情。"历史不应是专给一姓一家作起居注,或专记一方面的事情,应当是注重社会上多方面的记载,新闻纸更应当如此。"②他批评当时的报纸,对于"督军的举动",或"阔人的一言一行",都用大字,排在前几版,而对于穷人的悲惨境遇,反用小字,排在报的末几版不注意的地方。要纠正新闻界的这个缺点,就需要记者把眼光能映注到全社会的生活上。

第二是向国民输入知识的责任。他说:"新闻记者的责任,于纪述事实以外,还应该利用活的问题,输入些知识。"③例如,在达尔文的诞辰纪念日,将达尔文的生平经历和理论学说概要地介绍出来;发生地震就去拜访地质学家,刊载有关地震的知识;太阳忽然出现红光,就去访问天文学家,为民众释疑解惑。这样,"死的材料若是随着活的事实表现出来,便是活的、有趣味的材料"④。他在《报与史》一文中也陈述了同样的观点:"就报纸的普通,而且重要的主旨,乃在尽力把日日发生的事实,迅捷的而且精确的报告出来,俾读报纸的人们,得些娱乐、教益与知识。今日报纸的需要,几乎成了一种人生必需品的原故,就在他能把日日新发生的事件,用有系统、有趣味的笔法,描写出来,以传布于读者,使人事发展、社会进化的现象,——呈露于读者的眼前。"⑤李大钊的观点对于记者如何将报道写得生动活泼、将报纸办得丰富多彩具有实际的指导意义。他希望新闻记者用出色的劳动和实际的业绩,提高新闻界在社会上的地位,给新闻界开创一个新纪元。

李大钊认为,在分析社会现象、评论时事与指导国民方面,记者需要更高的修养和更多的努力,才能担负起这个责任。他在《政论家与政治家》一文中提出,无论是政论家还是政治家,都要具备三种修养:一是知识,二是诚笃,三是勇气。虽然他这篇文章不是针对记者的职业而言的,但是,从工作性质上说,记者也属于政论家之列,历史上的许多名记者如王韬、梁启超等人,就是著名的政论家。因此,这也可以看作是对记者的要求。从李大钊的有关论述中可知,关于记者的职业素养,李大钊着重提出了如下观点。

1. 记者要有渊博深厚的知识。新闻事业是"活的社会事业",记者"要想把这

① 《李大钊文集》下卷,北京:人民出版社 1984 年版,第 537 页。
② 同上书,第 538 页。
③ 同上书,第 537 页。
④ 同上书,第 538 页。
⑤ 李大钊:《报与史》,《新华文摘》1997 年第 8 期。

不断的、发生的、多方面的社会现象描写出来,而加了批评或指导,非有相当的学问和知识不可"①。"国家政治,丛杂万端,而社会上之生活现象,尤为变动不居,靡所轨范,倘知识不足以济其变,则凡一举手一投足,皆有穷于应付之感,勉强为之,不邻于鲁莽灭裂,则归于扞格难行而已。"②就是说,记者的工作所面对的是不断变化的、十分复杂的国家政治和社会生活,如果没有广博的知识,就难以驾驭纷繁复杂的社会问题,更谈不上加以批评和指导。

2. 记者要有诚笃的品德。李大钊说:"知识充矣,苟临事接物之际,无诚笃之精神以贯注之,或权谋数术以试其诈,或虚与委蛇以从其惰,若而人者,虽能欺饰于一时,不能信孚于有众;虽可敷衍于俄顷,不能贯彻乎初终,此亦政家之所忌也。"③在这里,李大钊所谓的"诚笃",就是强调政论家态度要诚实,动机要纯正。记者在办报中也要恪守诚笃的品性,不能将办报视为谋私利的工具,对大众不能有任何欺骗的手段,不然,就不能得到大众的信任。"明明是相杀的世界,偏要说什么'互助'。明明是黑暗的世界,偏要说什么'光明'。明明是压缚的世界,偏要说什么'解放'。明明是兽行的世界,偏要说什么'人道'。明明是强权的世界,偏要说什么'正义'。这正是我们的大罪。"④站在客观公正的立场,真实地记录纷繁复杂的世界,及时反映流变不止的社会,永远是记者第一位的职责。

3. 记者要有追求真理的勇气。李大钊说,"人生最高之理想,在求达于真理。""苟其言之确背于真理,虽一时之社会不听吾说,且至不容吾身,吾为爱真理之故,而不敢有所逡巡嗫嚅以迎附此社会;苟其言之确背乎真理,虽一时之社会欢迎吾说,而并重视吾身,吾为爱真理之故,而不敢有所附和唯阿,以趋承此社会。"⑤追求真理、坚持真理是需要勇气的,"无百折不挠、独立不倚之勇气,以与艰难、诱惑相抗战,则亦终归于沮丧、堕落之途,不为境遇所征服而作艰难之俘虏,则为利害所迫诱而作势力之囚奴耳。此又涉乎节操问题矣,而此修养又当储备于平日,非可卒得于临时"⑥。

4. 记者要有团结合作的精神。1919年2月,北京大学学生张厚载在《神州日报》上发表《半谷通信》,对陈独秀、胡适等人进行攻击。对此,李大钊从另一个意义上对此事件进行了解读,认为这是《新青年》同人合作团结精神的胜利,"我们愈该结合起来向前猛进"。在这个团体里,大家尽管观点各不相同,"可是都要向

---

① 《李大钊文集》下卷,北京:人民出版社1984年版,第537页。

② 《李大钊文集》上卷,北京:人民出版社1984年版,第323页。

③ 同上书,第323—324页。

④ 《李大钊文集》下卷,北京:人民出版社1984年版,第11页。

⑤ 《李大钊文集》上卷,北京:人民出版社1984年版,第445—446页。

⑥ 同上书,第324页。

光明一方面走是相同的",并规劝胡适,不要另办刊物,"《新青年》的团结,千万不可不顾"①。中国共产党成立后,他更加强调记者的团结协作和集体观念,强调要发挥集体的力量,以指导国民运动。在北京大学新闻记者同志会上,他高兴地表达了对该会成立的希望:"胡先生说,不希望主张必定一致,希望人人能发挥个性固然不错。但是有了这个团体,总可以借此情谊,立在同一的、知识的水平线上,常有机会来交换各人不同的意见。遇有国民的运动发生时,我们总可以定一大目标,共同进行,以尽指导群众,而为国民的宣传的责任。"②人们在生活和工作中,常常遇见这样的现象:本来是同一个团队的成员,有着共同的目标和利益,只是因为个性不同、意见不一而互不相让,甚至反目成仇。其根本原因是缺乏求同存异的胸怀与着眼大局的识见,结果必然是两败俱伤、集体和个人利益受损。李大钊的观点对于人们正确处理团队内部矛盾和培养团结合作的精神具有很强的指导性。

（四）新闻记者要有历史研究者的修养

李大钊在《史学要论》中说:"现代的报纸,其性质亦与史相近。有人说在某种意义,历史可以说是过去的报章,报章可以说是现在的历史。这话亦有些道理。作报的人要有文学的天才,亦要有史学的知识。这样子做报,那作出的报章,才是未来史家的绝好材料。"③在《报与史》中,李大钊从"史"字的原始意义入手,考察了报与史的密切关系,认为"史"的本义有掌司记事者之义,而且"作史的要义,与作报的要义,亦当有合"。他提出:"报是现在的史,史是过去的报","新闻记者的职分,亦与历史研究者极相近似。"因此,"新闻记者要有历史研究者的修养"④。

为什么说作报的要义与作史的要义相同呢?李大钊从三个方面考察了它们之间的关系。

首先是"察其变"。"社会的进展不已,人事的变迁无常,治史者必须即其进展变易之象,而察其程迹,始能得人类社会之真象。"⑤研究历史就在于明白人类社会的变化,治史所以明变;新闻也是对变动不居的社会现象的记录,也要用发展变化的眼光来认识世界,如此方能了解社会的真相。

其次是"搜其实"。"欲求人类进变之迹,苟于个个现实发生的事件,未得真

---

①　《李大钊文集》下卷,北京:人民出版社 1984 年版,第 936 页。

②　同上书,第 539 页。

③　同上书,第 751 页。

④　李大钊:《报与史》,《新华文摘》1997 年第 8 期。

⑤　同上。

确之证据,则难免驰空武断之弊。"①历史研究以史料真实确凿为基点,如果没有掌握确切的事实,研究就无法进行,也失去了意义。同样,作为"现在的史"的新闻,也必须以新闻真实为基础,没有对事实的全面清楚的了解,任何记录与分析都是没有价值的。

再次是"会其通"。"今日史学进步的程途,已达于不仅以考证精核片段的事实,即为毕史之能事了,必须认人事为互有连琐、互有因果关系者,而施以考察,以期于事实与事实之间,发见相互的影响与感应,而后得观人事之会通。"②治史以寻求现象背后的历史规律为目标,讲究事实与事实之间纵横的历史联系,并从诸多联系的考察中探寻真相与规律。新闻以记录事实真相、揭示新闻价值为目标,也要讲究从事实的联系与发展中记载新闻。

李大钊还认为,"惟作报与作史最有不同之点,就是作报大率多致于力求其报告的迅捷,求讯之念切,则与搜实之义不能两全,而新闻记者之纪事,又每易为目前发生的零碎事象所迷鹜。因之于察变会通之义,常易纷失其因果联贯之系统,这是新闻记者应该特加注意的事。"③就是说,作史与办报的时效性不同,作史可以慢一点,而报道必须快速,所以记者在察变、会通两方面比不上历史研究者,这是工作性质造成的客观存在。但是,新闻记者不能因此而放弃了历史的责任与历史研究者的修养。李大钊提出:

> 为免此弊,新闻记者要有历史研究者的修养,要有历史的知识,要具有与史学者一样的冷静的头脑,透澈的观察,用研究历史的方法,鉴别取拾关于每日新生事实的种种材料,这样子才可以作成一种好报纸,同时亦能为未来的史家预备些好史料④。

李大钊所说的关于记者要具备史学家的修养,主要内容是指丰富的知识、冷静的头脑、透彻的观察、研究历史的方法几个方面。他认为,这几个方面的修养与办报有着密切的关系,只有具备这些修养,才能办出好的报纸。我们知道,关于史家与记者的关系问题,并不是李大钊最先提出的,早在晚清时期国人办报之初,何启、胡礼垣、郑观应、梁启超等人都提出过自己的主张,并形成了记者要具有"史家精神"的理念。但在李大钊之前,谁也没有写过《报与史》的专论来探讨这个问题。他们的看法都在零星的语录中表达,缺乏完整性。李大钊对报与史、记者与史家关系问题的论述较前人更为充分与深刻。

---

① 李大钊:《报与史》,《新华文摘》1997 年第 8 期。
② 同上。
③ 同上。
④ 同上。

六、陈独秀新闻伦理思想

陈独秀(1879—1942),字仲甫,安徽安庆人。他是五四新文化运动的旗手、中国共产党的创始人和早期领导人之一,中国近现代著名报刊活动家。他一生的活动都与新闻工作密切相关。1904年3月在芜湖创办《安徽俗话报》,是中国早期白话报之一;1915年创办《青年杂志》(后改名《新青年》),提倡民主与科学;1918年与李大钊等创办《每周评论》,倡导新文化,成为五四新文化运动的主要组织者和领导者;1920年在上海成立第一个共产党早期组织,并发起成立中国共产党。从1921年到1927年,他连续5届担任中国共产党中央局书记、中央局执行委员会委员长、中央委员会总书记。1922年9月在上海创办中共中央第一份机关报《向导》周报。1927年大革命失败后,在八七会议上被撤销总书记职务。1932年10月遭国民党政府逮捕判刑,1937年8月因抗战爆发,陈独秀被提前释放出狱。1942年5月病逝于四川江津。作为中国共产党早期领导人和马克思主义宣传家,陈独秀以他卓越的办报实践和对新闻事业的思考,为中国共产党早期新闻伦理思想做出了独特的贡献。

(一)记者的角色定位与办报的责任

关于记者的角色定位,陈独秀在他的文章中有过不同的论述。1904年3月创办《安徽俗话报》时,他在《开办〈安徽俗话报〉的缘故》中说:"我开办这报,是有两个主义。""第一是要把各处的事体,说给我们安徽人听听,免得大家躲在鼓里,外边事体一件都不知道。""我们做报的人,就算是大家打听信息的人,这话不好吗? 第二是要把各项浅近的学问,用通行的俗话演出来,好教我们安徽人无钱多读书的,看了这俗话报,也可以长点见识。"①这里所说的"我们做报的人,就算是大家打听信息的人"是陈独秀对记者社会角色定位最早的表述。这一认识在晚清报人中就已经流行,清末时期的报人就有"包打听"的称呼。称呼虽然并不中听,但内涵是符合记者工作的本质特征的。记者工作最主要的职责就是尽快采集和发布社会和自然界最新变动的各种信息给广大民众。

1918年4月15日,陈独秀在《新青年》的"随感录"中发表文章说"新闻记者,乃国民之导师"②,指的是记者的地位与责任非常重要。记者既然是"国民之导师",就要具备导师的水平与见识。

陈独秀前后两种不同的表述,一方面表明了他对记者社会身份和角色的看法,另一方面,也反映了他思想观点的变化。"打听信息"和"国民导师",两者虽

① 《陈独秀文集》第1卷,北京:人民出版社2013年版,第6页。
② 同上书,第301页。

然都切合记者工作的特点,但所担负的任务与责任是完全不同的。在陈独秀的观念中,民众的觉悟不是自发形成的,得有先知先觉者为其引导。1915 年 11 月他在《青年杂志》上发表的《抵抗力》中说:"群众意识,每喜从同;恶德污流,惰力甚大;往往滔天罪恶,视为其群道德之精华。非有先觉哲人,力抗群言,独标异见,则社会莫由进化。"①就是说,先觉悟起来的有智慧的人,应当自觉担负起影响和引导后觉者的责任。

1916 年 12 月,他在另一篇文章中又说:"社会进化,因果万端,究以有敢与社会宣战之伟大个人为至要。自来进化之社会,皆有此伟大个人为之中枢,为之模范也。"②陈独秀按照进化论观点,把人分为先进和后进,而先进的往往是少数。他提倡先知先觉的少数应该担负起向导多数的责任。陈独秀还说过:"休谟的一生差不多是消耗在文字生涯中,我的一生差不多是消耗在政治生涯中。"③我们从陈独秀的办报历程中可知,作为一个政治家,他所创办的报刊及其所起的作用,无一不与他的政治活动有着密切的关系,也就是说,陈独秀主持的报刊更多的不是发布信息的新闻纸,而是充当"国民导师"、启发大众觉悟的指南针。

1904 年他在《安徽俗话报》发刊词和该报章程中明确提出,该报的出版是要贯彻两个主义:"通达学问,明白时事。"④为了达到这个目的,他除了及时报道国内外时事变化的信息之外,还亲自撰写了大量介绍科学知识和让人增加见识的文章。例如他撰写的"恶俗篇"和"亡国篇"等系列文章,用浅近的白话批判了人们婚姻生活中的陈规陋习,分析了亡国的原因,以此来提高读者的思想觉悟。在《敬菩萨》一文中,他告诫读者:"我们中国人,专欢喜烧香敬菩萨,菩萨并不保佑,我们中国人,还是人人倒运,国家衰弱,受西洋人种种的凌辱。那西洋人不信有什么菩萨,像那烧香打醮做会做斋的事,一概不做,他反来国势富强,专欺负我们敬菩萨的人。照这样看起来,菩萨是断断敬不得的了,不如将那烧香打醮做会做斋的钱,多办些学堂,教育出人才来整顿国家,或是办些开垦、工艺、矿务诸样有益于国,有利于己的事,都比敬菩萨有效验多了。"⑤像这样对大众进行思想启蒙、提高大多数国民觉悟的宣传贯穿于陈独秀办报活动的始终。1918 年他在《新青年》发表的《有鬼质疑论》《偶像破坏论》《随感录·科学与神圣》《随感录·基督教与迷信鬼神》等文章都是他关于记者要做"国民导师"办报思想的体现。

从 1915 年创办《青年杂志》算起,陈独秀在此后 20 多年里所创办和主持的

---

① 《陈独秀文集》第 1 卷,北京:人民出版社 2013 年版,第 114 页。
② 同上书,第 196 页。
③ 《陈独秀文集》第 4 卷,北京:人民出版社 2013 年版,第 532 页。
④ 《陈独秀文集》第 1 卷,北京:人民出版社 2013 年版,第 7 页。
⑤ 同上书,第 31 页。

报刊都是政治类刊物。政治类刊物往往把主持者的政治主张作为宣传报道的核心,其目的就是要让读者认同和接受自己的政治主张。1916 年 9 月,陈独秀在《答汪叔潜(政党政治)》中说:"以青年教育为的,每期国人以根本之觉悟。"[①]1919 年 10 月 12 日,他在《在〈国民〉杂志成立周年大会上的致词》中又说:"希望贵社以后对于国民觉悟之程度务使其增高,一方面使具此种觉悟者之人数增加,则尽美尽善矣。"[②]1920 年 1 月,他在《随感录·新出版物》中说:

> 凡是一种杂志,必须是一个人一团体有一种主张不得不发表,才有发行底必要。若是没有一定的个人或团体负责任,东拉人做文章,西请人投稿,像这"百衲"杂志,实在是没有办的必要,不如拿这人力财力办别的急于要办的事。[③]

用先进的新思想来引导国民,促进其觉悟的提高,围绕个人和团体的主张进行不懈的宣传是陈独秀办报刊的根本动机,这也是政党报刊与商业报刊的根本区别。陈独秀还说:"鼓吹新思潮的报,自然没有人能够专利。容人悔过,也算是一种伟大的精神。但是没有觉悟的人,仍然是拿投机射利的动机来办鼓吹新思潮的报,所以不得不替新思潮捏一把冷汗。"[④]就是说,在介绍和宣传新思潮成为时代潮流的历史背景下,新闻界万不可借宣传新思潮之名,行"投机射利"之实。

在陈独秀看来,提高国民觉悟、宣传政治主张是记者固有的职责,但报刊启发大众觉悟的内容要依据时代的变化与大众需要的变化而变化。以 1920 年为界,前期的陈独秀作为一名激进的革命民主主义者,其向导国民的主题是"新民救国"。在声势浩大的新文化运动中,他撰写了大量论文对公众进行思想启蒙,如《敬告青年》《法兰西人与近代文明》《今日之教育方针》《抵抗力》《东西民族根本思想之差异》《吾人最后之觉悟》《我之爱国主义》《文学革命论》《复辟与尊孔》《人生真义》等,这些文章以破除封建旧观念、树立现代新思想为主调,激情洋溢,以理服人,显耀出震撼人心的思想光芒。

1920 年 9 月,陈独秀发表了《谈政治》一文,标志着他由民主主义者向马克思主义者的转变。作为一名马克思主义者,他此后的文章更多的是宣传马克思主义学说和社会主义思想。如《关于社会主义的讨论》《社会主义批评》《妇女问题与社会主义》《我的妇女解放观》《马克思学说》《马克思的两大精神》等。在中国

---

① 《陈独秀文集》第 1 卷,北京:人民出版社 2013 年版,第 160 页。
② 同上书,第 492—493 页
③ 同上书,第 542 页。
④ 吴晓明选编:《德赛二先生与社会主义——陈独秀文选》,上海:上海远东出版社 1994 年版,第134 页。

共产党的历史上，陈独秀是最早研究马克思及其辩证唯物论的，是"二十年代最有影响的马克思主义宣传家"①。他用马克思主义的理论和阶级斗争学说分析研究中国社会问题，指出了中国革命未来发展的方向。1920 年 11 月他在《共产党〈月刊〉短言》中说："我们只有用阶级战争的手段，打倒一切资本阶级，从他们手中抢夺来政权；并且用劳动专政的制度，拥护劳动者底政权，建设劳动者的国家以至于无国家，使资本阶级永远不至发生。"②1922 年 9 月，中国共产党第一份中央机关报《向导》创刊，陈独秀在《发刊词》中向读者宣布："现在，本报同人依据以上全国真正的民意及政治经济的事实所要求，谨以统一、和平、自由、独立四个标语呼号于国民之前！"③我们从陈独秀一生的报刊活动中，可以清晰地看到，他作为一位政治家是如何利用报刊发挥"国民导师"和"自觉觉人"之作用的。

（二）对旧道德的批判与新道德的提倡

在陈独秀的论文中，我们较少看到他专门论及新闻记者道德的文章。但是，他撰写的有关伦理道德的论文在同时期的文人中是比较多的，因为他"深信道德为人类之最高精神作用，维持群益之最大利器"④。仅五四新文化运动时期，他撰写的论文就有数十篇，例如《吾人最后之觉悟》《孔子之道与现代生活》《一九一六年》《人生真义》《答淮山逸民（道德）》《道德之概念及其学说之派别》《随感录·调和论与旧道德》等。在这些论文中，陈独秀一方面对中国传统的旧道德进行了激烈而深入的批判，另一方面又提出了建设新道德的诸多主张。虽然他的观点是针对全体国民而言的，但是新闻记者首先是公民，然后才是记者。从一定意义上说，新闻道德就是公共道德在职业活动中的运用。因此，陈独秀提出的道德观有许多内容也可以看成是记者应具有的道德。

陈独秀的道德主张是在批判旧道德的过程中建立起来的。所谓旧道德，在陈独秀看来，就是中国人在以孔子为代表的儒家思想影响下逐步形成的道德观念。在五四新文化运动中，陈独秀高举"反对旧道德提倡新道德，反对旧文学提倡新文学"两大旗帜，以勇猛进攻的姿态向孔子学说和三纲五常的伦理道德发起了猛烈攻击。诚如郭湛波先生在 1936 年出版的《近五十年中国思想史》中所说："陈先生在近五十年思想史的贡献，不在西洋新思想的介绍，而在笼罩中国二千余年思想之破坏。"⑤例如，陈独秀在《一九一六年》这篇文章中说：

---

①　许全兴等：《中国现代哲学史》，北京：北京大学出版社 1998 年版，第 223 页。
②　《陈独秀文集》第 2 卷，北京：人民出版社 2013 年版，第 77 页。
③　同上书，第 280 页。
④　《陈独秀文集》第 1 卷，北京：人民出版社 2013 年版，第 215 页。
⑤　郭湛波：《近五十年中国思想史》，济南：山东人民出版社 1997 年版，第 102 页。

　　儒者三纲之说，为一切道德政治之大原：君为臣纲，则民于君为附属品，而无独立自主之人格矣；父为子纲，则子于父为附属品，而无独立自主之人格矣；夫为妻纲，则妻于夫为附属品，而无独立自主之人格矣。率天下之男女，为臣，为子，为妻，而不见有一独立自主之人者，三纲之说为之也。缘此而生金科玉律之道德名词——曰忠，曰孝，曰节——皆非推己及人之主人道德，而为以己属人之奴隶道德也。①

陈独秀认为，中国人受儒家纲常伦理影响太久太深，以至于完全丧失了独立自主的人格。在世界竞争愈来愈激烈、西方列强越来越凶恶的历史条件下，国人如果还像三纲伦理要求的那样柔媚无骨，不恢复独立自主的人格，就绝对没有国家和民族的未来。1917 年 4 月，他在《答 I. T. M》中说："旧社会之道德不适今世者，莫如尊上抑下，尊长抑幼，尊男抑女。"②1919 年 12 月在《随感录》中又说："忠、孝、贞节三样，却是中国固有的旧道德，中国的礼教（祭祀教孝、男女防闲，是礼教的大精神）、纲常、风俗、政治、法律，都是从这三样道德演绎出来的；中国人的虚伪（丧礼最甚）、利己、缺乏公共心、平等观，就是这三样旧道德助长成功的。"③因此，他呼吁国民要转变思想观念，来一场道德革命以实现伦理的觉悟："伦理思想，影响于政治，各国皆然，吾华尤甚。儒者三纲之说，为吾伦理政治之大原，共贯同条，莫可偏废。三纲之根本义，阶级制度是也。所谓名教，所谓礼教，皆以拥护此别尊卑明贵贱之制度者也。近世西洋之道德政治，乃以自由平等独立之说为大原，与阶级制度极端相反。""吾敢断言曰：伦理的觉悟，为吾人最后觉悟之最后觉悟。"④

　　陈独秀把民众的伦理觉悟看成是最根本的问题，呼吁人们努力追求道德的进步，抛弃旧道德，开发新道德。陈独秀还告诫国人，道德具有时代性与进步性的特点，万不可固守过时的旧道德。他指出："吾国儒生往往以道德为不可变异之物，故有天不变道亦不变之言而不知道德与良知不同。"⑤"盖道德之为物，应随社会为变迁，随时代为新旧，乃进化的而非一成不变的，此古代道德所以不适于今之世也。"⑥正因为时代变了，道德也必须改变。因此，陈独秀撰写了大量文章阐述对新道德的提倡。在陈独秀看来，包括记者在内的国民最应该提倡与树立的道德观念有如下几点。

---

①　《陈独秀文集》第 1 卷，北京：人民出版社 2013 年版，第 133—134 页。

②　同上书，第 230 页。

③　同上书，第 513 页。

④　同上书，第 140 页。

⑤　常乃德：《记陈独秀君演讲辞》，《新青年》1917 年 5 月第 3 卷第 3 号。

⑥　《陈独秀文集》第 1 卷，北京：人民出版社 2013 年版，第 215 页。

第一，培养独立自主的人格。独立自主是人们摆脱神权与封建王权的束缚之后才有的道德意识。陈独秀说："解放云者，脱离夫奴隶之羁绊，以完其自主自由之人格之谓也。我有手足，自谋温饱；我有口舌，自陈好恶；我有心思，自崇所信；绝不认他人之越俎，亦不应主我而奴他人：盖自认为独立自主之人格以上，一切操行，一切权利，一切信仰，唯有听命各自固有之智能，断无盲从隶属他人之理。"①马克思曾经说过，"轻视人类，使人不成其为人"②是封建专制制度的唯一原则。在中国虽然辛亥革命结束了二千多年的封建制度，但是，中国人独立自主的人格意识和平等自由的人权观念还相当淡薄。

为了唤起人们的伦理觉悟和人格独立的思想，陈独秀以《新青年》杂志为阵地，高举民主与科学的大旗，联合当时先进的知识分子在中国掀起了一场轰轰烈烈的关于人的现代化运动，有力地增强了人们对人的尊严与价值的认识。他在《一九一六年》一文中指出："尊重个人独立自主之人格，勿为他人之附属品。以一物附属一物，或以一物附属一人而为其所有，其物为无意识者也。若有意识之人间，各有其意识，斯各有其独立自主之权。若以一人而附属一人，即丧其自由自尊之人格，立沦于被征服之女子奴隶捕虏家畜之地位。此白皙人种所以兢兢于独立自主之人格、平等自由之人权也。"陈独秀进一步指出，独立自主的人格不仅是衡量个人成其为人的重要标尺，还是衡量一个国家是否具有国格的标志："集人成国，个人之人格高，斯国家之人格亦高；个人之权巩固，斯国家之权亦巩固。"③由此可见，独立自主的人格思想在陈独秀的道德思想中具有特殊的重要地位。

值得注意的是，陈独秀把他创办的杂志命名为《青年杂志》，第二期改为《新青年》，其用意不仅是给所办的杂志定个名称，而且表达了他的人格理想。我们知道，自古以来，中国杰出的知识分子都把人格理想作为道德追求的目标之一。先秦的孔子提倡的是温、良、恭、俭、让的"君子"人格；孟子推崇的是具有浩然之气的"大丈夫"人格。近代的梁启超希望国民能成为具有现代思想观念的"新民"，而陈独秀所期望的则是"新青年"。他在1915年9月发表的《敬告青年》中充满激情地说：

> 青年如初春，如朝日，如百卉之萌动，如利刃之新发于硎，人生最可宝贵之时期也。青年之于社会，犹新鲜活泼细胞之在人身。新陈代谢，陈腐朽败者无时不在天然淘汰之途，与新鲜活泼者以空间之位置及时

---

① 《陈独秀文集》第1卷，北京：人民出版社2013年版，第90—91页。

② 《马克思恩格斯全集》第1卷，北京：人民出版社1956年版，第411页。

③ 《陈独秀文集》第1卷，北京：人民出版社2013年版，第133页。

间之生命。人身遵新陈代谢之道则健康,陈腐朽败之细胞充塞人身则人身死;社会遵新陈代谢之道则隆盛,陈腐朽败之分子充塞社会则社会亡。①

读了陈独秀的这一段话,我们会自然联想到梁启超在《少年中国说》中说的:"老年人如夕照,少年人如朝阳;老年人如瘠牛,少年人如乳虎;……老年人如秋后之柳,少年人如春前之草;老年人如死海之潴为泽,少年人如长江之初发源。"②从行文风格上看,两者十分相似,句式排比,感情喷涌,读后令人热血沸腾、荡气回肠;从表达的观点上看,都是进化论思想的产物,强调的是勇于进取、不断超越的精神。但是,陈独秀的"新青年"人格思想比梁启超的"少年"人格及其"新民"人格有着更为现代的具体的思想内涵。陈独秀对"新青年"人格提出了六条新的要求:自主的而非奴隶的,进步的而非保守的,进取的而非退隐的,世界的而非锁国的,实利的而非虚文的,科学的而非想象的。

1916年9月《青年杂志》改名为《新青年》,陈独秀又撰写了《新青年》一文继续阐述他的"新青年"人格理想:"新青年与旧青年,固有绝对之鸿沟","二十世纪之新青年,头脑中必斩尽涤绝彼老者壮者及比诸老者壮者腐败堕落诸青年之做官发财思想,精神上别搆真实新鲜之信仰。"这新的信仰就是在"人生归宿"问题上,要树立"内图个性之发展,外图贡献于其群"的人生理想。在人生幸福问题上,要确立五种正确的幸福观:(1)毕生幸福源于青年时代的作为;(2)强健的身体、正当的职业和称实的名誉是幸福的核心内容;(3)个人幸福不能损害国家和社会;(4)幸福要靠自己创造,不能依赖他人;(5)不能追求暂时的幸福而带来永久的痛苦。③

陈独秀曾对那些不具备现代思想观念的"旧青年"表示过深深的担心:"吾国曾受教育之青年,手无缚鸡之力,心无一夫之雄;白面纤腰,妩媚若处子;畏寒怯热,柔弱若病夫:以如此心身薄弱之国民,将何以任重而致远乎? 他日而为政治家,焉能百折不回,冀其主张之贯彻也? 他日而为军人,焉能戮力疆场,百战不屈也? 他日而为宗教家,焉能投迹穷荒,守死善道也? 他日而为实业家,焉能思穷百艺,排万难,冒万险,乘风破浪,制胜万里外也?"④陈独秀的担心并不是没有理由的。他认为,在万国竞争越来越激烈的时局下,只有改变旧青年的面貌、养成"新青年"的人格才有资格加入国际竞争的洪流。

陈独秀的这些思想观念唤醒了辛亥革命之后许多迷惘中的青年。有人评价

① 《陈独秀文集》第1卷,人民出版社2013年版,第89页。
② 张品兴主编:《梁启超全集》第1册,北京:北京出版社1999年版,第409页。
③ 《陈独秀文集》第1卷,北京:人民出版社2013年版,第141—143页。
④ 同上书,第109页。

说,陈独秀宣扬的"新青年"人格思想"象春雷初动一般……惊醒了整个时代的青年",激励着一代人萌生出"叛逆的种子……歌唱着冲出了封建的堡垒"①。

第二,树立正确的人生价值观。1916年9月,陈独秀在《新青年》一文中指出,对人生归宿和人生幸福问题的认识是人生观的核心内容。在人生归宿问题上,绝不可以做官求荣为归宿,而要以"内图个性之发展,外图贡献于其群"为归宿。② 而在人生幸福问题上,他以英国功利主义道德哲学为其思想资源,认为追求幸福、避免痛苦是人的本性,人人都有追求幸福的权利。他说,"人之生也,求幸福而避痛苦,乃当然之天则"③,肯定了人们追求个人幸福的正当性与合理性。但是,什么是幸福? 不同的人会有不同的答案。陈独秀认为,幸福不等于财富,也不等于做官。在中国传统的幸福观中,把"做官以张其威,发财以逞其欲"作为幸福的标尺是害己祸国的思想。他说:"幸福之为物,既必准快乐与痛苦以为度,又必兼个人与社会以为量。以个人发财主义为幸福主义者,是不知幸福之为何物也。"④就是说,既能给个人带来快乐又能为社会和他人给予奉献的,才是真正的长久的幸福。

这种幸福用什么途径方能获得,用什么方式才能实现? 陈独秀在另外几篇文章中给予了明确的解答。他说:"盖以人生幸福之大小,视其奋发之精力以为衡。欲享受幸福之一日,不可不一日尽力以劳动;欲享受一生之幸福,不可不尽力劳动以终其生。劳动者,获得幸福之唯一法门也。故无论何人何时,应竭精力之限度,以送其努力奋斗之生涯。""夫节精力,避痛苦,乃云山隐者之生活,非有为青年之所宜。"⑤就是说,幸福来自劳动,来自奋斗,来自不怕吃苦,它与节约精力不愿付出者无缘。1919年12月,他在《本志宣言》中又说:"我们新社会的新青年,当然尊重劳动;但应该随个人的才能兴趣,把劳动放在自由愉快艺术美化的地位,不应该把一件神圣的东西当做维持衣食的条件。"⑥因此,陈独秀主张,无论是为了个人的幸福还是谋求国家的富强,都必须付出艰辛的劳动,树立劳动神圣的观念。"人生幸福,是人生自身出力造成的,非是上帝所赐,也不是听其自然所能成就的。""要享幸福,莫怕痛苦。现在个人的痛苦,有时可以造成未来个人的幸福。"陈独秀告诫人们:"个人生存的时候,当努力造成幸福,享受幸福;并且留在社会上,后来的个人也能够享受。递相授受,以至无穷。"⑦他的这些观点对

---

① 转引自金焕玲:《陈独秀伦理思想研究》,北京:中国社会出版社2009年版,第94页。
② 《陈独秀文集》第1卷,北京:人民出版社2013年版,第143页。
③ 同上。
④ 同上。
⑤ 同上书,第153页。
⑥ 同上书,第507页。
⑦ 同上书,第273—274页。

于纠正人们幸福观的偏差和对于包括记者在内的青年人树立正确的人生观具有实际的指导意义。

第三,树立正确的爱国思想。陈独秀在主持《安徽俗话报》和《新青年》等报刊的过程中,撰写了许多论文阐述爱国主义的内涵及爱国精神的培养问题。如1904 年写的《说国家》、1914 年写的《爱国心与自觉心》、1916 年写的《我之爱国主义》、1919 年写的《我们究竟应当不应当爱国》等。

在这些论文中,陈独秀提出了一些颇为新颖的观点,主要有:(1)国家的盛衰荣辱与个人密切关联。1904 年,青年陈独秀在《说国家》一文中说:"一国的盛衰荣辱,全国的人都是一样消受,我一个人如何能逃脱得出呢。……我从前只知道,一身快乐,一家荣耀,国家大事,与我无干。那晓得全树将枯,岂可一枝独活;全巢将覆,焉能一卵独完。自古道国亡家破,四字相连。"①他呼吁国人一定要懂得国家与个人利害的密切关系,树立爱国思想。

(2)国家是怎样构成的。他按照西方的国家理论,阐述了国家的构成要素:"土地、人民、主权者,成立国家之形式耳。人民何故必建设国家,其目的在保障权利,共谋幸福,斯为成立国家之精神。"②就是说,国家的构成在形式上有土地、人民和主权三个基本要素;国家的本质作用是"保障人民之权利,谋益人民之幸福"。随着学术的发展,关于"国家"的概念,人们的认识越来越深入和明确。国家包含多重含义,既有土地概念的国家,指一定空间范围的疆土;也有民族概念的国家,即祖国,指民族在这片土地上长期生活所形成的共同文化和生活习性;还有政治意义的国家,指政治共同体,包括政府权力、政治制度等。国家不等于政府,更不等于政党。陈独秀的《说国家》一文对"国家"的论述虽然不够全面和深入,但在当时对人们认识"国家"的含义与本质是有帮助的。

(3)恶国家甚于无国家,爱国要爱值得爱的国家。陈独秀在 1914 年写的《爱国心与自觉心》和 1919 年写的《我们究竟应当不应当爱国?》等文章中提出了与过去完全不同的观点。他不再笼统地提爱国的问题,而是提出爱国要有一定的前提。在他看来,一个国家如果"外无以御辱,内无以保民,不独无以保民,且适以残民,朝野同科,人民绝望",那么,这样的国家比没有国家更糟糕,是不值得爱的。"国家者,保障人民之权利,谋益人民之幸福者也。不此之务,其国也存之无所荣,亡之无所惜。"因此,"盖保民之国家,爱之宜也;残民之国家,爱之也何居"③。就是说,爱国的前提是判断这个国家值不值得你爱,而标准是它能否对外抵御侵略,对内造福人民,如果做不到这两点,这样的国家是不值得爱的,甚至灭

---

① 《陈独秀文集》第 1 卷,北京:人民出版社 2013 年版,第 37 页。
② 同上书,第 83 页。
③ 同上书,第 87 页。

亡了也不必可惜与痛心。他说："若有人问：我们究竟应当不应当爱国？我们便大声答道：我们爱的是人民拿出爱国心抵抗被人压迫的国家，不是政府利用人民爱国心压迫别人的国家。我们爱的是国家为人谋幸福的国家，不是人民为国家做牺牲的国家。"①这一论断不是鼓励人们不爱国，而是告诉人们不要盲目爱国，也告诫掌握国家权力的政府如何才能赢得人民真正的爱国心。陈独秀的这一观点是在民族危亡关头的五四之前提出的，对民众与政府都有重要的警醒作用。

（4）怎样爱国才算是真爱国。陈独秀提出了两个观点：一是要理性爱国，不要盲目爱国。他说："国人无爱国心者，其国恒亡。国人无自觉心者，其国亦殆。"②"爱国心，情之属也。自觉心，智之属也。"爱国心属于情感范畴，如何爱国属于理智范畴，爱国心需要"自觉心"作指导，理智地爱国才是真爱国。"过眤感情，侈言爱国，而其智识首不足理解国家为何物者，其爱之也愈殷，其愚也益甚。"③所谓自觉心，就是能够认识和判断这个国家的目的与情势，知道它是否值得爱。"爱国大部分是感情的产物，理性不过占一小部分，有时竟全然不合乎理性。"爱国"若不加以理性的讨论，社会上盲从欢呼的爱国，做官的用强力禁止我们爱国，或是下命令劝我们爱国，都不能做我们始终坚持有信仰的行为之动机"④。二是持续的治本的爱国主义是改善国民的性质与行为。他说："我之爱国主义，不在为国捐躯，而在笃行自好之士，为国家惜名誉，为国家弭乱源，为国家增实力。"他主张，只要国民具备勤、俭、廉、洁、诚、信诸种道德，就是真正的爱国者了。"欲图根本之救亡，所需乎国民性质行为之改善，视所需乎为国献身之烈士，其量尤广，其势尤迫。"⑤就是说，只有整个国民素质提高了，民众在道德和能力上达到了相当的水平，爱国精神才有了源头活水，永不枯竭。

五四时期正是中华民族面临危亡、民族爱国热情十分高涨的时期，作为思想家和宣传家的陈独秀这个时期着力宣传爱国主义，尤其是对理性爱国思想的提倡，不仅切合了时代的需要，而且对于人们培育正确的爱国思想、对于记者正确地宣传报道爱国主义都具有积极的指导作用。

（三）对新闻自由的认识与追求

陈独秀生活在没有新闻自由的时代，无论是在晚清时期创办《安徽俗话报》，还是民国时期创办《新青年》《每周评论》等杂志，都面临着封建专制政府与军阀政府对新闻业的严格管控。他认为军阀统治时代，"封禁报馆，监禁主笔"比光绪

---

① 《陈独秀文集》第1卷，北京：人民出版社2013年版，第491页。
② 同上书，第82页。
③ 同上书，第83页。
④ 同上书，第489—490页。
⑤ 同上书，第163页。

皇帝、宣统皇帝还要厉害。① 他常常将中国的言论自由状况与西方国家进行比较,撰写了许多文章阐述他对新闻自由的认识与渴望。他希望国民运用自由这一新的思想武器破除传统道德的束缚,抵制专制统治对人们思想的禁锢。

1915 年 12 月,陈独秀在《东西民族根本思想之差异》中认为:西洋民族"举一切伦理,道德,政治,法律,社会之所向往,国家之祈求,拥护个人之自由权利与幸福而已。思想言论之自由,谋个性之发展也。法律之前,个人平等也。个人之自由权利,载诸宪章,国法不得而剥夺之,所谓人权是也"。而东方社会长期受宗法制度的制约,造出了四种恶果:"一曰损坏个人独立自尊之人格;一曰窒碍个人意思之自由;一曰剥夺个人法律上平等之权利(如尊长卑幼同罪异罚之类);一曰养成依赖性戕贼个人之生产力。"②面对这种巨大的差异,陈独秀不惜笔墨,在许多文章中反复提出了自己的观点,希望国人真正认识到言论自由、思想自由与国家进步的关系。在他五四前后所写的文章中,西方的"自由""平等""独立"几个词成了出现频率最高的词汇。在这些文章中,他提出了如下一些主要观点:

第一,言论自由是文明进化的第一条件,是创造人类将来文明的基础。他说:"共和立宪制,以独立平等自由为原则,与纲常阶级制为绝对不可相容之物,存其一必废其一。"③"法律上之平等人权,伦理上之独立人格,学术上之破除迷信、思想自由:此三者为欧美文明进化之根本原因。"④"言论思想自由,是文明进化的第一重要条件。无论新旧何种思想,他自身本没有什么罪恶。但若利用政府权势,来压迫异己的新思潮,这乃是古今中外旧思想家的罪恶,这也就是他们历来失败的根原。"⑤"言论自由是为创造将来的文明。"⑥

在陈独秀看来,欧洲的文明程度和现代化水平之所以要高于中国,其原因之一就是欧洲有言论自由,而中国不允许言论自由。从人类文明的进化史来看,凡有创造力的时代都是言论比较宽松或者相对宽松的时代,而禁锢人们言论思想自由的时代绝不可能有任何积极的新的创造。陈独秀指出:"人类的智慧必须不受束缚,才能自由发展。换言之,人类智慧之发展,和所获得的自由程度成为正比例。"⑦他认为:任何民族与个人,只有言论自由,思想自由,探索自由,才会有发现未知领域的快乐与冲动,才会有创造人类文明的能力,因此,无论何时何地,自

①　《陈独秀文集》第 1 卷,北京:人民出版社 2013 年版,第 553 页。
②　同上书,第 127—128 页。
③　同上书,第 140 页。
④　同上书,第 194 页。
⑤　同上书,第 411 页。
⑥　陈独秀:《法律与言论自由》,《新青年》第七卷一号,北京:人民出版社 1954 年版,第 115 页。
⑦　《陈独秀文集》第 4 卷,北京:人民出版社 2013 年版,第 563 页。

由的程度始终与人的创造力成正比;捍卫言论自由就是捍卫人类自身的创造能力及从创造中获得快乐的权利。

第二,法律只应拘束人民的行为,不应拘束人民的言论。陈独秀从法律与文明的关系上论证了法律保护人民言论自由的重要性。他认为,法律与言论的关系犹如父亲与儿子的关系。人类一切法律文明都是言论自由创造出来的,将来的文明也得靠言论自由来创造。1919 年 12 月,他在《法律与言论自由》中说:

> 法律是为保守现在的文明,言论自由是为创造将来的文明;现在的文明现在的法律,也都是从前的言论自由,对于他同时的法律文明批评反抗创造出来的;言论自由是父母,法律文明是儿子,历代相传,好像祖孙父子一样;最奇怪的是旧言论自由造成了现在的法律文明,每每不喜欢想创造将来法律文明的新言论自由出现。①

为了强调言论自由的重要性,他甚至提出了言论可以有"违背法律的自由"的观点。他说:"政府一方面自己应该遵守法律,一方面不但要尊重人民法律以内的言论自由,并且不宜压迫人民'法律以外的言论自由。'法律只应拘束人民的行为,不应拘束人民的言论;因为言论要有逾越现行法律以外的绝对自由,才能够发见现在文明的弊端,现在法律的缺点。言论自由若要受法律的限制,那便不自由了;言论若是不自由,言论若是没有'违背法律的自由',那便只能保守现在的文明,现在的法律,决不能够创造比现在更好的文明,比现在更好的法律。"②显然,陈独秀在这里提出的观点存在矫枉过正的缺陷。如果法律只控制人们的行为,不控制人们的言论,那么法律的控制力必然会大打折扣。从社会管理角度看,只要你不做,怎么说都行,事实上是行不通的。言论往往是人的内心与思想的外在表现,必然会影响自己和他人的行为,而且言论本身也是一种行为。至于言论可以有违背法律的自由,显然是过分夸大了言论自由的好处,而忽略了言论自由的必要限制。陈独秀之所以提出这样过激的观点,一方面是为了突出言论自由的重要性,另一方面也是对北洋军阀政府限制人们言论自由的反抗与否定。

第三,讨论学理之自由,意在求真理去妄言。五四时期是中国言论界最为活跃的历史时期,各种新旧思潮的交锋碰撞,各种学术观点的相互诘难,形成了当时报纸杂志学术争鸣的繁荣景象。但是,在学术争鸣中如何体现个体或团体的言论自由权,陈独秀提出了自己的观点。1918 年 6 月,他在《答崇拜王敬轩者(讨论学理之自由权)》中说:

---

① 《陈独秀文集》第 1 卷,北京:人民出版社 2013 年版,第 509 页。
② 同上书,第 509—510 页。

　　本志自发刊以来，对于反对之言论，非不欢迎；而答词之敬慢，略分三等：立论精到，足以正社论之失者，记者理应虚心受教。其次则是非未定者，苟反对者言之成理，记者虽未敢苟同，亦必尊重讨论学理之自由虚心请益。其不屑与辩者，则为世界学者业已公同辩明之常识，妄人尚复闭眼胡说，则唯有痛骂之一法。讨论学理之自由，乃神圣自由也；倘对于毫无学理毫无常识之妄言，而滥用此神圣自由，致是非不明，真理隐晦，是曰"学愿"；"学愿"者，真理之贼也。①

在这里，陈独秀明确提出了对待学术讨论的三种态度：对精到的观点，虚心接受；对有争议的观点，继续讨论；对毫无学理的妄言，给予痛骂。他一方面主张，学术讨论应当做到百家平等，不苟一尊。早在 1917 年 1 月他就提出："窃以无论何种学派，均不能定为一尊，以阻碍思想文化之自由发展。况儒术孔道，非无优点，而缺点则正多。尤与近世文明社会绝不相容者，其一贯伦理政治之纲常阶级说也。此不攻破，吾国之政治、法律、社会道德，俱无由出黑暗而入光明。"②另一方面，他又提出，对于错误的观点绝不能容忍其自由讨论，直接批判与痛骂就是了。1917 年 5 月，他在《再答胡适之》中说："改良文学之声，已起于国中，赞成反对者各居其半。鄙意容纳异议，自由讨论，固为学术发达之原则，独至改良中国文学，当以白话为文学正宗之说，其是非甚明，必不容反对者有讨论之余地，必以吾辈所主张者为绝对之是，而不容他人之匡正也。"③

　　有人认为，陈独秀对言论自由的认识是矛盾的，言论自由的本义仅在于言论的自由表达，而不在言论的是非，而陈独秀的言论自由观已经预设了只有正确的言论才能在传媒上"自由"地出现，而错误的言论必须与之斗争，进行批判。这深刻地影响到中国共产党党报事业的发展。这种陈述和评价与陈独秀的原意并不相符。陈独秀的意思并不是要禁止和限制错误的言论"自由地出现"。意见不发表出来，谁知道其正误呢？陈独秀是说对待错误的言论与观点，没有必要与其讨论，与"毫无学理毫无常识之妄言"去讨论，就会导致"是非不明，真理隐晦"。因此，对于是非甚明的问题，"必不容反对者有讨论的余地"。就是说，你有发表错误言论的自由，我也有不同你讨论的自由；不同你讨论，置之不理，或者加以痛骂，不是不允许你自由发表意见，两者是有明显区别的。常识告诉我们，错误言论不同于违法言论，法律明文禁止的煽动危害公共安全，公开侮辱、毁谤他人，泄露国家机密，散布歧视与仇恨某一民族的言论属于违法言论，对违法言论必须加

---

① 《陈独秀著作选》第 1 卷，上海：上海人民出版社 1984 年版，第 382 页。
② 《陈独秀文集》第 1 卷，北京：人民出版社 2013 年版，第 201 页。
③ 同上书，第 236 页。

以禁止。而错误言论是指违背事实、逻辑混乱的言论,或者为了达到个人目的而故意伤害他人的言论等。错误的言论可以有发表的自由,但别人也有选择批驳或置之不理的自由。

第四,自由如何才能实现。1919年11月,陈独秀在《实行民治的基础》中说:"我们既然是个'自由民'不是奴隶,言论、出版、信仰、居住、集会这几种自由权,不用说都是生活必须品;宪法我们也是要的,代议制也不能尽废;但是单靠'宪法保障权限','用代议制表现民意',恐怕我们生活必须的几种自由权,还是握在人家手里,不算归我们所有。"①那么,民众自由的权利如何才能真正实现呢?陈独秀认为:实现真正的民治是自由权实现的基础,即"由人民直接议定宪法,用宪法规定权限,用代表制照宪法的规定执行民意"②。在陈独秀的眼里,当时世界上实现了真民治的国家就是英国和美国,因为它们实行的是地方自治和同业联合。因此,"我们现在要实行民治主义,是应当拿英、美做榜样"③。

这是陈独秀处于激进民主主义时期的观点,他转变为马克思主义者之后,认为广大劳动人民的自由权必须用阶级斗争的手段方能获得。1920年9月,他在《谈政治》一文中说:"若是不主张用强力,不主张阶级战争,天天不要国家、政治、法律,天天空想自由组织的社会出现;那班资产阶级仍旧天天站在国家地位,天天利用政治、法律。如此梦想自由,便再过一万年,那被压迫的劳动阶级也没有翻身的机会。"④他在许多文章中都运用马克思主义阶级斗争的学说对过去的自由观进行了修正与否定。如在1920年11月的《〈共产党月刊〉短言》中说:"要想把我们的同胞从奴隶境遇中完全救出,非由生产劳动者全体结合起来,用革命的手段打倒本国外国一切资本阶级,跟着俄国的共产党一同试验新的生产方法不可。什么民主政治,什么代议政治,都是些资本家为自己阶级设立的,与劳动阶级无关。"⑤从陈独秀的有关论述中可见,在实现自由包括言论自由的途径问题上,他的思想经历了由激进民主主义者向马克思主义者的转变,认为劳动者只有从资本家手中夺过政权才能真正实现自己的自由,也就是说谁拥有政权谁就拥有自由,自由的权利从来都属于拥有政权的统治者。

(四)对新闻界道德缺失现象的批判

陈独秀在其报刊活动中,对当时新闻界出现的违背职业道德的现象常常及时地指出与批评,不仅明确地表达了自己的新闻伦理思想,而且一定程度上提高

---

① 《陈独秀文集》第1卷,北京:人民出版社2013年版,第495—496页。
② 同上书,第496页。
③ 同上书,第498页。
④ 《陈独秀文集》第2卷,北京:人民出版社2013年版,第33页。
⑤ 同上书,第76页。

了当时新闻从业人员对职业道德的认识水平。

1. 新闻报道不能违背常识与科学。1918年春,上海某报著文攻击北京大学开设"元曲"科目,认为元曲为亡国之音,大学应该研求精深有用之学。陈独秀认为这是记者缺乏常识的表现,不知欧、美、日本各大学,莫不有戏曲科目,元曲也不等于亡国之音。另外,当时,北京流行一种传染病,西医曾以科学实验之法,收集传染病菌进行培植研究,证明这种病菌喜寒畏热。但"无识汉医,玄想以为北方热症,且推原于火坑煤炉之故,不信有细菌传染之说,妄立方剂"。陈独秀感叹说:"北京各日报,往往传载此种妖言,殊可骇怪!①这些报道的出现,是记者常识的缺乏和报道态度的马虎造成的。陈独秀希望记者:"就以办报而论,也要注重精密的研究,深厚的感情,才配说是神圣的新文化运动。"②

2. 记者和报纸不能倚靠权势,暗地传播谣言。1919年,随着民主、科学思想的日益深入人心,新文化运动的领导者也遭到守旧派的诘难与攻击。有一个北大学生叫张厚载,他在《神州日报》上发表文章,说陈独秀、胡适等人因思想激烈,受政府干涉,陈独秀已去天津,态度消极云云。还造谣说"北大文科学长近有辞职之说,记者往访蔡校长,询以此事,蔡校长对于陈学长辞职一说,并无否认之表示"③。这个谣言被上海的《时事新报》《中华新报》、北京的《国民公报》《北京晨报》等报纸转载,流传很广,影响极坏。陈独秀痛斥道:"身为大学学生,对于本校的新闻,还要闭着眼睛说梦话,做着'无聊的通信'……岂不失了新闻记者的资格吗? 若说是有心传播,更要发生人格问题了!"④因此,他希望记者只可据理争辩,不用那"倚靠权势""暗地造谣"两种武器才好。⑤

3. 不要将办报作为盈利的手段,而要有更高的追求。1904年,陈独秀在创办《安徽俗话报》时,就开宗明义地宣布:"这报的主义,是要用顶浅俗的话,告诉我们安徽人,教大家好通达学问,明白时事。"⑥后来在主编《新青年》时说:"予所欲涕泣陈词者,惟属望于新鲜活泼之青年,有以自觉而奋斗耳!"⑦在《〈共产党〉短言》中提出,要用阶级战争的手段推翻资产阶级政权,建立劳动大众的政权。毛泽东称赞其"颇不愧旗帜鲜明"⑧。

---

① 《陈独秀文集》第1卷,北京:人民出版社2013年版,第301页。
② 吴晓明选编:《德赛二先生与社会主义——陈独秀文选》,上海:上海远东出版社1994年版,第134页。
③ 朱洪:《陈独秀与中国名人》,北京:中央编译出版社1997年版,第66页。
④ 《陈独秀文集》第1卷,北京:人民出版社2013年版,第423页。
⑤ 同上书,第423—424页。
⑥ 《陈独秀文章选编》上册,北京:生活·读书·新知三联书店1984年版,第17页。
⑦ 《陈独秀文集》第1册,北京:人民出版社2013年版,第89页。
⑧ 《毛泽东书信选集》,北京:人民出版社1983年版,第15页。

五四运动以后，传播新思潮的报刊受到社会的普遍认可与重视，销路看好。上海有一些原来做黑幕小说、香艳小说的文人，也打起办报的主意来。陈独秀指出，这种动机不纯的人到报刊队伍中来，是在糟蹋新文化，是黑心的商贾行为。他说："鼓吹新思潮的报，自然没有人能够专利。容人悔过，也算是一种伟大的精神。但是没有觉悟的人，仍然是拿投机射利的动机来办鼓吹新思潮的报，所以不得不替新思潮捏一把冷汗。"①

4. 不可用骂人代替平心静气的讨论。1919年2月，陈独秀在《随感录·不准百姓点灯》中对报刊时常用极轻薄的图画等方式骂人的现象提出了严厉的批评，他说：

> 上海某报记者，曾经批评别的报不应该骂人，自己却时常大骂人而特骂人，并且时常用极轻薄的图画骂人。他又曾骂人独断，不懂得多方面的研究。而见了和自己意见不同的言论，便拿出独断的排斥的态度，怒目张筋、面红耳赤的大骂。却不守着多方面研究的方法，和反对派平心静气的讨论。这就是常言所道："只准官家放火，不准百姓点灯。"②

北洋政府时期，新闻界的确存在一种很不好的现象，即媒介之间相互攻击谩骂。我在"林白水新闻伦理思想"一节里论述过林白水骂人的相关言论。其实，这种现象并不是个别的。按理说，由于立场、利益和识见的不同，媒介之间发生争论甚至展开论战，都是正常的。但是，由论战演变为骂战，不仅不利于问题的解决，而且损害了报刊与记者自身的形象。因此，陈独秀对报界这一恶劣的风气进行了尖锐的批评，他自己虽然也承认"为世界学者业已公同辨明之常识，妄人尚复闭眼胡说，则唯有痛骂之一法"，但是，他在新闻活动中秉持的伦理法则主要是"和反对派平心静气地讨论"。例如，1916年写的《驳康有为致总统总理书》《答胡适之（文学革命）》；1917年写的《答淮山逸民》《答俞颂华》；1918年写的《对易乙玄的答复（有鬼论）》《质问〈东方杂志〉记者》；等等。特别是在《质问〈东方杂志〉记者》一文中，他针对反对派的观点，以质疑的方式一口气提出了16个问题，"乞《东方》记者一一赐以详明之解答"③，体现了平心静气讨论问题的作风。毫无疑问，在媒体上骂人还是讨论，方式不同，反映的却是论者的胸怀、底气与学养的差异。

---

① 吴晓明选编：《德赛二先生与社会主义——陈独秀文选》，上海：上海远东出版社1994年版，第134页。
② 《陈独秀文集》第1卷，北京：人民出版社2013年版，第409—410页。
③ 同上书，第329页。

七、瞿秋白新闻伦理思想

瞿秋白（1899—1935），江苏常州人。他是中国共产党早期领导人之一，无产阶级革命家、理论家和宣传家。五四时期他在北京俄文专修馆学习，由于受《新青年》《新潮》等新文化刊物的影响，1919 年 11 月，他与郑振铎等人创办了《新社会》旬刊，开始了他的新闻生涯。1920 年 8 月，他受北京《晨报》和上海《时事新报》的聘请担任驻莫斯科的特派记者，最早向中国人民报道苏俄的真实情况。1922 年 2 月在苏联加入中国共产党，随即与《晨报》和《时事新报》脱离关系。在苏俄的两年中，采写了数十篇新闻作品并撰写了《饿乡纪程》《赤都心史》两本纪实散文和《俄国文学史》等著作。1923 年 1 月回国，先后担任中共中央机关刊物《新青年》和《前锋》月刊主编及《向导》编辑。1925 年参与领导五卅运动，并任中共第一张日报《热血日报》主编。1927 年在中共"八七"会议上，28 岁的瞿秋白当选为中共中央负责人。1931 年 1 月被解除中央领导职务。1934 年 2 月到中央苏区，任苏区政府教育人民委员，兼任红中社社长，主编《红色中华》报。1934 年 10 月，红军长征时，体弱多病的瞿秋白被错误地安排留在苏区。1935 年 2 月在福建长汀被国民党军队逮捕，6 月 18 日，他唱着自己翻译的《国际歌》慷慨就义，时年 36 岁。

瞿秋白在十余年的新闻活动中，"几乎参加了中国共产党 1935 年以前创办的所有重要报刊的工作，在报刊上发表译著和其他文章近六百篇，达三百万字。从五四运动开始，直到他 1935 年就义的十几年时间里，始终与报刊工作直接打交道，这在中国近现代新闻传播史上是极为少见的"①。毛泽东 1950 年 12 月对瞿秋白作过这样评价："他在革命困难的年月里坚持了英雄的立场，宁愿向刽子手的屠刀走去，不愿屈服。他的这种为人民工作的精神，这种临难不屈的意志和他在文字中保存下来的思想，将永远活着，不会死去。瞿秋白同志是肯用脑子想问题的，他是有思想的。"②瞿秋白在十多年的新闻实践中，尤其是在较长时间的党报活动中，不断地总结办党报的经验，对党的新闻事业进行了认真的思考和总结，提出了许多新颖、深刻的见解，特别对党报伦理和党报工作者的道德修养提出了自己的观点和主张，为中国共产党党报伦理提供了最初的思想资源。

（一）党报和党报工作者的职责：要成为无产阶级革命的"罗针"

中国共产党成立之后的第一个决议，就明确规定了党报及党报记者与党组织的伦理关系："任何中央地方的出版物均不能刊载违背的方针、政策和决

---

① 曾宪明：《中国百年报人之路》，呼和浩特：远方出版社 2003 年版，第 204 页。
② 《瞿秋白选集》，北京：人民出版社 1985 年版，毛泽东手稿影印件。

定的文章。"①1922年,中共中央颁发的《教育宣传问题议决案》又明确要求"共产党员人人都应是一个宣传者"②。1923年发布的《党内组织及宣传教育问题决议案》说:"必须使我们的党,不但是工人的阶级斗争的指导者,而且是工人最初觉悟时取得自己的政治训练的唯一组织。""中央机关报编辑委员会应当是真正工作的集合体,指导并训练政治及策略问题的全党思想。"③从这些文件规定与要求中可以看出,中国共产党成立之后,最先重视的是宣传工作,而不是武装斗争;对所属的党报与记者提出了明确和具体的伦理要求。作为党报党刊负责人,瞿秋白同陈独秀一样,从主持党报工作那一天起,就自觉地将党中央对宣传工作的要求,贯彻落实在党报的实践之中,而且不断总结党报工作的经验,对党报理论与伦理进行不断的探索。

与陈独秀提出的报纸和记者要做"国民导师"的提法不同,瞿秋白提出了党报要做"中国无产阶级革命的罗针"的口号。1923年6月,他在《新青年》季刊第一号上发表了《〈新青年〉之新宣言》一文。他说:"真正的解放中国,终究是劳动阶级的事业;所以《新青年》的职志,要与中国社会思想以正确的指导,要与中国劳动平民以知识的武器。《新青年》乃不得不成为中国无产阶级革命的罗针。"④这是瞿秋白"罗针论"的首次提出,在后来的有关论文中,他也提出过相同的概念,如"指针""指导作用"等。"罗针""指针"的核心思想就是,党报要成为平民劳动界进行革命的行动指南。他说《新青年》自诞生以来"早已成为无产阶级的思想机关,不但对于宗法社会的思想进行剧激的争斗,并且对于资产阶级的思想同时攻击。""《新青年》既为中国社会思想的先驱,如今更切实于社会的研究,以求知识上的武器,助平民劳动界实际运动之进行。"⑤

国民革命失败后,中共中央于1927年8月7日在汉口召开了紧急会议,即著名的"八七会议"。在会上瞿秋白当选为中共中央负责人。10月22日,中共中央常委会决定出版中央机关报,定名《布尔塞维克》,瞿秋白任主编。《中央常委决议》明确要求:"布尔塞维克报当为建立中国无产阶级的革命的思想之机关,当为反对资产阶级思想及一切反动妥协思想之战斗机关。布尔塞维克报并且要是中国革命新道路的指针——反对帝国主义军阀豪绅资产阶级的革命斗争的领导者,他应当做工农群众革命行动的前锋。"⑥2天后的10月24日,《布尔塞维克》

---

① 中国社会科学院新闻研究所编:《中国共产党新闻工作文件汇编》上,北京:新华出版社1980年版,第1页。

② 同上书,第4页。

③ 同上书,第13—14页。

④ 《瞿秋白选集》,北京:人民出版社1985年版,第3页。

⑤ 张之华主编:《中国新闻事业史文选》,北京:中国人民大学出版社1999年版,第373、377页。

⑥ 中国社会科学院新闻研究所编:《中国共产党新闻工作文件汇编》上,北京:新华出版社1980年版,第25页。

正式创刊。瞿秋白主持了《布尔塞维克》初期的工作,直到 1928 年 7 月蔡和森继任。该报在大革命失败的危急关头,传达了共产国际和中共中央的声音,阐述了中国革命的性质、对象、任务与策略,积极宣传开展武装斗争、土地革命和建立工农政权的理论,真正起到了无产阶级革命"罗针"的作用。

我在《中国共产党新闻思想史》中曾对瞿秋白的"罗针论"做过这样的分析:"在瞿秋白撰写的几篇新闻学论文中,多次使用'罗针'、'指针'、'指导作用'、'领导者'等词汇,而没有'喉舌'、'耳目'的提法。……主要是因为五四运动之后的 10 余年里,既是中国共产党的幼年时期,又是中国现代历史上变动最剧烈、最复杂的历史时期。当时,国内外各种关系之间错综复杂,矛盾重重,光明与黑暗,进步与倒退,刀光剑影,斗争激烈。国共两党由联合到分裂,无产阶级革命面临艰难曲折的形势。在思想文化方面,各种政治学说和社会思潮风起云涌,党内对于中国革命许多问题的认识也存在着分歧。在这种剧烈震荡、变幻多端的形势面前,党的报刊,除了反映党的声音、做党的代言人之外,更重要的是指导广大党员和工农群众在复杂多变的形势面前,在失败和挫折面前,看清形势,辨明方向,坚定革命的信念,看清革命的前途。从这个意义上讲,当时的党报,最重要的功能就是对党内外人士在认识中国社会的特点,中国革命的前途和命运,无产阶级革命的性质、纲领、策略、路线和方法等方面,都要起到引路导航的作用。"① 1925 年 12 月 13 日,中共中央发布的《中共中央通告第二十二号》说:"我们在这反动势力统治下的环境里,惟有扩大我们的宣传,才能获得广大群众来参加伟大的斗争。如其不然,我们在群众斗争中在政治生命上,都不离发生很坏的影响;尤其在一班彷徨歧路的革命群众,假使我们没有指示他们一条出路,更易有意无意的走入反动的道路上去。"②中共中央通告的这段话正好说明了瞿秋白"罗针论"的历史背景、现实依据和实际意义。

(二)党报工作者要坚持新闻客观性与立场性的统一

新闻的客观性是中外新闻界普遍认同的伦理原则和写作方法之一。它要求新闻工作者在报道新闻事实的过程中始终坚持按照事实的本来面目报道新闻,在评论新闻事件时做到公平公正;写作上,要采用"直笔"的写法,避免添油加醋、夸张粉饰。在中国共产党新闻事业史上,最早关注和论述新闻客观性与立场性问题的是瞿秋白。早在赴苏采访途中,他就立下了"密切依傍于'实际',由客观

---

① 郑保卫主编:《中国共产党新闻思想史》,福州:福建人民出版社 2004 年版,第 107—108 页。

② 中国社会科学院新闻研究所编:《中国共产党新闻工作文件汇编》上,北京:新华出版社 1980 年版,第 27 页。

立论"，"向中国人民如实报道俄国人民的真实情况"的宏愿①，他要用真实客观的报道打破资本主义国家对苏俄的造谣攻击和各种诽谤性报道。在后来的苏俄通讯中，瞿秋白贯彻了自己的新闻理念，以严肃认真的态度观察、思考和报道十月革命之后苏俄的真实情况，既向读者报道了苏俄的建设成就，同时也指出了苏俄革命中出现的各种困难和弊端。1923年1月回国以后，瞿秋白主持了多种党报党刊，他始终坚持着客观公正的伦理原则。1923年5月，他在《〈新青年〉之新宣言》中说："《新青年》当研究中国现实的政治经济状况。研究社会科学，本是为解释现实的社会现状，解决现实的社会问题，分析现实的社会运动；真正的科学，决不是玄虚的理想。"②1932年3月，他在《谈谈工厂小报和群众报纸》中说，党报所登载的理论论文"有了具体的事实记载之后，这些论文的力量将要增加十倍二十倍"③。

但是，客观性不等于"客观主义"。瞿秋白对"客观性"和"客观主义"进行了区分，他反对纯粹"客观主义"的报道新闻。他说："人既生于社会之中，人的思想就不能没有反映社会中阶级利益的痕迹；于是，社会科学中之各流派，往往各具阶级性，比自然科学中更加显著。"④他告诫党报工作者，要牢记自己的政治责任和社会责任，"首先要有点儿分辨'伟大'和'卑劣'、'理智'和'兽性'的能力"。只有"庸俗的新闻记者"才会满足于"仿佛只要把现实的事情写下来，或者'纯粹客观地'分析事实的原因和结果"。他一针见血地指出：那种所谓的客观，"其实至多也不过是自欺欺人的'客观主义'，或者还是明知故犯的假装的客观主义"罢了⑤，究其实是企图用"纯客观"的口号，制造超阶级、超党派的幻象。瞿秋白认为，在阶级社会中，隶属于某一阶级或政治集团的艺术，"必定是在组织着自己的情绪、自己的意志，而表现一定的宇宙观和社会观"⑥。意识形态领域的报刊自然也是如此。无产阶级由于代表了广大人民群众的根本利益，"他们不怕承认自己的意识形态是阶级性的，是党派性的"⑦。因此，他要求党报新闻工作者努力把新闻的客观性和倾向性有机地结合起来，要学会通过"正确的记载客观的具体事实，去鼓动群众起来斗争"⑧。

关于新闻的客观性与立场性的关系问题，历来是有争论的。在这之前，如徐

---

① 《瞿秋白文集》第1卷，北京：人民文学出版社1953年版，第44页。
② 《瞿秋白选集》，北京：人民出版社1985年版，第5页。
③ 同上书，第484页。
④ 同上书，第6页。
⑤ 《瞿秋白文集》第4卷，北京：人民文学出版社1954年版，第1721页。
⑥ 《瞿秋白选集》，北京：人民出版社1985年版，第520页。
⑦ 同上书，第522页。
⑧ 《瞿秋白选集》，北京：人民出版社1985年版，第484页。

宝璜、黄天鹏等人,由于受西方资产阶级早期新闻理论的影响,强调的是记者的"第三者"立场。他们认为记者要做到客观就必须超然物外,不然,就不是真正的客观公正。但是,他们并没有深入地论述这种超阶级、超党派的"第三者"立场如何才能实现。其实,纯客观的新闻伦理主张,在当代西方学者中也是被怀疑的。如美国的杰克·富勒在他的《信息时代的新闻价值观》中说:

> 在其最纯正的意义上,这一术语指的是新闻必须超然物外,清澈如水。报道一如事物本身,不能经由记者大脑的折射。显然,这种想法一开始就是幼稚可笑的。无论哪个记者,只要他写过报道,他肯定明了这一点。
>
> 没有人达致客观性新闻的境界,也没有人能够做到。观察者的偏向性总会进入画面。这种偏向性即使不会让细节失真,至少也会影响对细节的取舍。[1]

事实的确如此。记者因国家、民族、阶级、党派、团体、阶层等利益的影响和特定文化价值观的熏染,在新闻报道中不持立场是不可能的。问题的关键在于,是用事实来表达立场,还是为了立场而收集、罗列甚至编造事实,有着本质上的区别。瞿秋白明确提出,中国共产党的党报记者,应该在正确记载客观事实的前提下,体现新闻的阶级性和党派性。他说:"根据工厂里工人读者所知道的事实,去解释党的口号,……所有这些,都是经济斗争和政治斗争里面所必须的宣传方法。"[2]即用事实阐释主张,将观点蕴含于事实的报道之中,这是新闻报道的客观性与立场性统一的最好方法。

（三）党报与党报记者要"脸向着群众"

中国共产党领导的无产阶级革命,其目的是要动员广大工农群众武装夺取政权,实行人民民主专政。而要达到这个目的就必须宣传和鼓动广大工农群众积极投身到革命洪流中来,为实现这个目标而奋斗。而当时的实际情况是,中国的工人农民的文化教育程度普遍偏低,识字的只是少数。面对这一现实,中国共产党在成立之后就提出了党的报刊新闻宣传要"求其通俗化"的要求。1922 年中央制定的《教育宣传问题议决案》说:"劳动群众中,除上述的政治外交问题当以极浅近的口号宣传外,……已有的《工人周刊》及《劳动周报》当尽力推销于工人及党员之间。凡能与工人接触之党员当尽力运用《前锋》《新青年》《向导》《社会科学讲义》等之材料,使用口语,求其通俗化。当尽力编著通俗的、问答的、歌

---

① 〔美〕杰克·富勒:《信息时代的新闻价值观》,展江译,北京:新华出版社 1999 年版,第 16 页。
② 《瞿秋白选集》,北京:人民出版社 1985 年版,第 484 页。

谣的小册子。"①

中共中央对报刊通俗化的要求，从党报伦理角度看，就是如何处理党报与受众的关系问题。共产党的高明之处就在于：党报党刊一开始创办就摆正了在群众面前的位置，确定了与广大群众的关系——党报和党报记者不是高高在上的发号施令者，而是组织、指导、动员群众的服务员。瞿秋白在如何服务大众的问题上，提出了"脸向着群众"和"普罗新闻学运动"的口号。1932年3月，他在《谈谈工厂小报和群众报纸》中说："党的宣传，首先是要'脸向着群众'。工厂小报和群众报纸是在真正广泛的群众之中的宣传武器，这不是给少数革命的青年学生和工人之中千分之一的知识程度较高的人看的，这是给真正广大的工人劳动者读的，甚至于不识字的人听的。所以一般同志都要切实的注意这个问题。"②

党报记者如何"面向着群众"？瞿秋白认为：首先在宣传报道的内容上要切实关注群众"本身的日常生活"和"最切身的政治问题"。他主张党报工作者要深入群众，了解和熟悉党报的受众——人民群众的喜怒哀乐。他主编《热血日报》时，为了掌握工人们的思想情绪，就时常化装深入工人居住区，倾听他们的意见和要求。1933年8月，他批评《红色中华》报上的一些文章对"苏区一般的社会改革，从政治经济的大问题直到种种人情风俗、日常生活上的问题，却只有笼统的叙述"，要求报刊"关于优点和胜利的记载要更具体些"③。瞿秋白一贯主张，宣传的力量来自于具体的事实，而不是空洞的说教。他说：

> 单有口号的宣传，尤其是一般口号的宣传是不够的，必须把这一工厂里的"新闻"，关于每个工人的"事件"，例如扣工钱，罚金，挨打，挨骂……关于工厂的消息，例如减少工钱，增加夜班时间，扣除工房的房钱，……总之工厂管理处的每一个举动，都要正确的迅速的记载到工厂小报上去。不但如此，关于政治的消息，也要简明清楚的叙述。④

在这里，瞿秋白对党组织主办的工厂小报怎样反映工人群众的日常生活提出了非常具体的意见。同时，他还指出，要动员群众参加革命斗争，仅仅刊载工人生活的消息还不够，还要登载简单明了的论文。只有消息与评论相互配合，才能收到更好的宣传效果。例如，"昨天晚上某一个工人或者女工受着了打骂或者侮辱，那么，今天就要有这个消息揭露，今天就要有评论的文章，具体的而不是笼统

---

①　中国社会科学院新闻研究所编：《中国共产党新闻工作文件汇编》上，北京：新华出版社1980年版，第3页。

②　《瞿秋白选集》，北京：人民出版社1985年版，第487页。

③　同上书，第565页。

④　同上书，第483页。

的指示全厂工人应当干些什么,应当怎样保护自己的权利,这样去动员群众的斗争"①。

其次,在宣传报道的语言上要力求通俗易懂。抛弃只可以看而不可以听的语言,改用工农群众自己的语言来写文章,是瞿秋白一贯的主张。1931年10月,他在著名的《普罗大众文艺的现实问题》一文中说过:"普罗大众文艺要用现代话来写,要用读出来可以听得的话来写。这是普罗大众文艺的一切问题的先决问题。"在宣传报道上,他也是这么看的。他说:"工厂小报用什么话来写呢? 用群众日常口头上讲的普通话来写呢,还是用知识分子的新式'白话'——不成其为白话的白话来写呢?"他告诫党报工作者:"一定要用口头读出来普通工人可以懂得的话来写。工人之中有很多是不识字的,识字的也很不容易懂得那种封建余孽的半文不白的白话。"②可在当时,有一些革命报刊在这方面做得不是太好。他举例说:"不久以前,有一种革命报纸,准备给群众看的,而且是每天出版的'号外'。可是,这个报上,居然会发现'某某借途灭虢'的标题。这种《左传》典故,现在连年轻的一辈知识分子都不懂得的了,但是,出现在群众的报纸上——这不客气的说,实在是对于革命的一种罪恶。"③瞿秋白对革命报纸在语言文字上故作高深、晦涩难懂的做法提出了严厉的批评,因为这样的文字,群众看不懂、听不懂,就不可能收到应有的宣传效果。他要求党领导的工厂小报和群众报纸,"必须用真正的白话,而且是浅近的白话,每一次用到新名词一定要顺便的解释;句法要简明、明了、短俏,代名词要确切、清楚,如果不能够,那么,宁可多用几次名词;缩短语越少用越好等等……这虽然不是最重要的问题,却是第一个问题,是先决问题"。瞿秋白在办报的过程中,不但在理论上提倡语言大众化,而且在实际的新闻工作中身体力行,为党报工作者树立了如何面向群众、服务群众的榜样。

最后,建立自己的通讯员队伍和组织读报会。通讯员是党报联系群众的桥梁,是党报记者队伍的延伸。瞿秋白在1931年写的《苏维埃的文化革命》中提出,"要建立广大的工农兵通讯运动","要发展工人报纸和劳动民众的报纸(普罗新闻运动)"。在1932年写的《谈谈工厂小报和群众报纸》中更加详细地论述了通讯员队伍建设问题。他说:"工厂小报要组织自己的访员,自己的通信员。……工厂里的通信员就要能够学习着自己写消息,写简短的文章。工厂小报的编辑委员会要在自己的访员、通信之中做有系统的教育工作,逐渐的扩大他们的组织。""群众报纸和工厂小报都需要发展工人通信员运动。这种工作,应

①　《瞿秋白选集》,北京:人民出版社1985年版,第484页。

②　同上书,第482页。

③　同上书,第485—486页。

当是党的、工会的一种重要工作。"①他说,工人通讯员的职责一方面是为报纸写稿,另一方面就是组织读者的读报会,把共产党的口号政策广泛地传播到不识字的劳动群众中去。"报纸的访员,尤其是通讯员是开始组织读报会的最方便的枢纽。"在工农群众中发展通讯员是中国共产党群众办报思想的重要内容与举措。早在1929年6月中央制定的《中共六届二中全会宣传工作决议案》中就明确要求:"建立与训练工农通信员,是地方党部与支部共同应负的责任。……党必须责成每个支部选定至少一个工农通信员,使与党报发生直接的关系,负供给新闻材料的责任而受党报的指导。"②瞿秋白既是中国共产党群众办报思想的创立者,也是这一思想的实践者。他提出的"脸向着群众"的观点,不仅有力地指导了当时的党报实践,而且对于党报记者如何处理好与受众的关系,更好地发挥党报在群众中的作用与影响,具有长期的指导价值。

（四）党报工作者应有的品性与修养

我在"陈独秀新闻伦理思想"一节中说过:陈独秀"把他创办的杂志命名为《青年杂志》,第二期改为《新青年》,其用意不仅是给所办的杂志定个名称,而且表达了他的人格理想"。陈独秀认为,"新青年"人格的主要特征是:自主的而非奴隶的,进步的而非保守的,进取的而非退隐的,世界的而非锁国的,实利的而非虚文的,科学的而非想象的。"新青年"的人生追求,不在于升官发财,而在于人生的幸福和对社会的贡献。

1923年5月,瞿秋白在陈独秀及中央的安排下接任《新青年》主编,并撰写了《〈新青年〉之新宣言》。这篇文章的主要内容是向社会宣告《新青年》杂志今后的办刊原则及其努力的方向,但是,也可以将其看成瞿秋白对党报记者人格修养的阐述。因为任何一种杂志,从内容到形式,无不体现着记者的观念、意志与追求。报格是由人格决定的。从党报记者人格角度看,瞿秋白在这篇文章里,着重提出了以下几点主张与期望。

一是继承了陈独秀提出的"新青年"人格思想。瞿秋白曾经说过:"只有陈独秀同志在革命的实践方面,密切的与群众的社会运动相联结,秋白等追随其后,得在日常斗争中间,力求应用马克思主义于中国的所谓国情。"③就是说,他对陈独秀不仅非常尊重,而且在思想和行动上都"追随其后"。在"新青年"人格思想方面就是如此。瞿秋白说:"当时社会思想处于如此畸形的状态之中,独有《新青

① 《瞿秋白选集》,北京:人民出版社1985年版,第484—485、486页。

② 中国社会科学院新闻研究所编:《中国共产党新闻工作文件汇编》上,北京:新华出版社1980年版,第53页。

③ 《瞿秋白选集》,北京:人民出版社1985年版,第310页。

年》首先大声疾呼,反对孔教,反对伦常,反对男女尊卑的谬论,反对矫揉做作的文言,反对一切宗法社会的思想,才为'革命的中国'露出真面目,为中国的社会思想放出有史以来绝未曾有的奇彩。"①这段话不仅是对《新青年》杂志过去几年所作贡献的肯定,还是继陈独秀之后对"新青年"人格内涵的再次阐述。

二是为了实现革命的目标,"决不畏难而退,决不遇威而屈"。瞿秋白说,《新青年》的职志是要与中国社会思想以正确的指导,与中国劳动平民以知识的武器,引导和帮助无产阶级革命的实际运动,消灭一切精神上物质上的奴隶制度,实现共产大同。在这个过程中已经和必将遇到各种困难与障碍。"《新青年》孤军独战,势不均力不敌,军阀的统治,世界帝国主义的统治,如此之残酷,学术思想都在其垄断、贿买、威迫、利诱之下,无产阶级的思想机关既不得充分积聚人才能力之可能,又内受军阀的摧残,外受'文明西洋人'的压迫,所以困顿竭蹶,每月不能如期出世,出世的又不能每期材料丰富。然而凡是中国社会思想的先进代表必定对于《新青年》表无限的同情,必定尽力赞助;《新青年》亦决不畏难而退,决不遇威而屈。"②在这里,瞿秋白分析了《新青年》肩负的重大责任和面临的恶劣形势,表达了党报和党报记者为追求革命理想和完成光荣使命而具有的坚强意志。

三是要有求真务实的精神。瞿秋白认为,无产阶级革命具有艰巨性、复杂性与长期性的特点,因此,要想取得革命的成功必须具有求真务实的精神。"凡是中国社会之新活力,真为劳动平民自由正义而奋斗的青年,不宜猥猥琐琐泥滞于目前零碎的乱象,或者因此而灰心丧志,或者因此而敷衍涂砌,自以为高洁,或自夸为解决问题;更不宜好高骛远,盲目的爱新奇,只知求所谓高深邃远的学问,以至于厌恶实际运动。"③在 10 余年的党报活动中,瞿秋白正是按照这样的伦理精神在实践着自己的宣传工作。1927 年 2 月,他在《〈瞿秋白论文集〉自序》中的第一句话就是"革命的理论永不能和革命的实践相离"④。1932 年 3 月,他在《谈谈工厂小报和群众报纸》中,再一次强调了这一思想:"工厂小报要会经过正确的记载客观的具体事实,去鼓动群众起来斗争。"

四是要有开阔的眼光,善于借鉴世界各国无产阶级革命运动的经验。他说:"中国受文化上的封锁三千多年,如今正是跨入国际舞台的时候,非亟亟开豁世界观不可。况且无产阶级的斗争本来就是国际的,尤其不可以不知道各国劳工革命运动的经验。因此,《新青年》当注意于社会科学之世界范围中的材料,研究

---

①　《瞿秋白选集》,北京:人民出版社 1985 年版,第 2 页。
②　同上书,第 3 页。
③　同上书,第 4 页。
④　同上书,第 310 页。

各国无产阶级运动之过去与现在,使中国得有所借鉴。"①这是瞿秋白对《新青年》和党报工作者的要求与期望。在他看来,党报记者作为革命运动的报道者和指导者,如果没有广阔的视野和开豁的世界观,就不能将世界各国劳工革命运动的经验和社会科学之世界范围中的材料介绍给中国,也会影响中国革命的发展。

此后,瞿秋白在其他论述新闻工作的文章中,对于党报和党报工作者的职业道德问题也有所论及。如在《谈谈工厂小报和群众报纸》中提出,工人小报必须向读者提供"具体的、切实的、绝对不夸大不吹牛的消息"②。在《关于〈红色中华〉报的意见》中提出,党报和党报工作者要有"自我批评"的精神。在这篇文章里,他肯定了《红色中华》"自我批评""已经有相当的发展",特别是"铁锤"专栏,对一些坏现象和缺点进行了批评与揭露,有力地促进了苏区的各项工作。但是,报上的"自我批评"做得还不够好。主要表现在"苏区一般的社会改革,从政治经济的大问题直到种种人情风俗、日常生活上的问题,却只有笼统的叙述"。"例如读到'乡苏维埃主席剥削民众'的标题之后,找不到当地党部对于这个主席怎样处置的消息。"③瞿秋白的意思是说,利用党报进行工作中的自我批评不仅是非常必要的,而且要不断总结经验、改进自我批评的方法,除了指出和披露工作中的坏现象之外,还要追踪报道对坏人坏事的处理结果。这样的自我批评才有更好的效果。

第四节　威廉新闻伦理思想及其对中国的影响

沃尔特·威廉(1864—1935)是美国著名的新闻教育家,"近世新闻学之先驱"④。1908 年,美国密苏里大学创办新闻学院,他担任首任院长,实现了新闻教育由作坊式教育向学院式教育的转变。1930 年被公举为密苏里大学校长。威廉在其新闻教育生涯中,还先后担任过美国报纸编辑人协会主席,世界报界大会会长,是世界公认的新闻教育的开创者之一。他是中国人民的好朋友,从 1914 年到 1928 年期间,先后多次来华访问,对中国的新闻教育事业和新闻理论建设提供过有益的帮助。中国的新闻学者称赞他是"吾人师表""世人模范","与之交际者,莫不佩其人格与学识。"⑤他的夫人在他逝世后,于 1938 年 1 月起还担任密

---

① 《瞿秋白选集》,北京:人民出版社 1985 年版,第 6 页。
② 同上书,第 483 页。
③ 同上书,第 565 页。
④ 《威廉博士之历史》,《申报》1921 年 12 月 10 日。
⑤ 鲍振青:《威廉博士之一生》,《新闻学刊全集》(《民国丛书》第二编第 48 册),上海:上海书店出版社 1990 年版,第 342 页。

苏里大学派往中国燕京大学的客座教授。

一、威廉与中国新闻界的交往

中国新闻界的对外交流活动始于晚清。1910年7月,世界新闻记者公会在比利时首都布鲁塞尔召开大会,王侃叔因远东通讯社的关系被邀请参加会议,并被接纳为会员。王侃叔还介绍汪康年、朱淇、黄远生、陈景韩四人与会。这是中国报界参加世界性新闻组织的最早的记录,也是中国报界走向世界与海外同行学习切磋的第一步。[①] 但是,中国新闻界真正加入世界新闻组织并产生实际性的交流,还是在辛亥革命之后的北洋政府时期。1915年7月,第一届世界报界大会在美国旧金山召开成立大会,各国记者到会500余人。中国报界由北京报界公会代表、广州《时敏报》代表、《香港华字日报》代表、《循环日报》代表和英文《北京日报》代表5人组成代表团参加了会议。而这一次中国代表团能够在世界报界大会上展露风采,就得力于威廉的帮助。

1914年,威廉博士环游各国,考察新闻事业,于3月27日抵达北京。北京报界同人为他举行了隆重的欢迎会。在这次访华中,威廉通告北京报界,将在1915年召开第一届世界报界大会,并邀请中国派代表参加,中国报界欣然接受了邀请。威廉首次来华,不仅提供了第一届世界报界大会召开的信息和邀请,而且对中国的新闻教育和新闻工作提出了诚恳的建议。他希望中国的新闻业也像美国一样,"于经验外,并设法办理此项学校,以造就由学问中出之报界人材,与经验相辅而行。就鄙人观之,目下中国报界气象颇好,当不难办到"。中国的汪怡安在致辞中回应说:"中国报界现均幼稚,新闻学校之举办,尤属当务之急,今承友邦同业良友威廉博士之谆谆诲导,同人钦佩,无似感何可言。同人虽驽钝,不敢不各尽绵薄,努力进行,以答雅意也。"[②]这是中国人在威廉的影响之下,第一次认识到"新闻学校之举办,尤属当务之急"。

威廉在欢迎会的演说中,还对中国的新闻事业提出了很好的建议。他说:

> 中国现尚贫弱,正在欲由贫弱而进于富强之时代,所须于报界者至大且重。鄙人在美国开办新闻大学校,有二中国人入学,已经毕业,鄙人即劝之回国,尽其天职。中国此刻报界,欲尽其天职,须认定以公众之利益为目的。……凡报界中人应加注意,报界贵有高尚之人格,并须知新闻事业为事实的,而非理想的。故宜求实际,勿偏于理想也。

---

① 赵建国:《分解与重构:清季民初的报界团体》,北京:生活·读书·新知三联书店2008年版,第223页。

② 《京报界之公宴》,《申报》1914年4月3日。

今日中国所最要者，为恢复经济，其道在兴办实业。苟报界诸君，于此特别注意，则今日报纸上之主张，明日即可印入四万万人之脑海矣。中国报纸新闻论说，恒偏重于政治一方面，而对于实业一方面则淡焉若忘。此种现象足以养成全国人之官僚思想，岂国家之福乎？以后宜减政论而趋重于计划实业，以除此弊。否则，实业一端将来无人过问，各种利权必致悉入外人掌握矣。鄙人深望诸君于报纸上，日日著一有价值之论说，专为实业问题之研究。风声所树，于实业前途裨益甚大，数年而后可见富强之效。中国报界值此难得之机会，负此重大之责任，鄙人且羡且妒。而今日能来此与诸君共研究此伟大之事业，其荣幸为何如乎！①

威廉的演讲没有半点虚华与客套，完全是推心置腹、情真意切的忠告。他说报界贵有高尚的人格，宜讲求实际，是针对报业的特性而言的；他批评"中国报纸新闻论说，恒偏重于政治一方面，而对于实业一方面则淡焉若忘。此种现象足以养成全国人之官僚思想"，真是一针见血、当头棒喝。长期以来，中国在专制皇权的支配下所形成的官本位思想根深蒂固，严重影响了中国的进步与发展。时至今日，阴霾未散。近几年来，国家公务员考试出现了"一个岗位数千人报考"的怪现象。愿意从事实业和艰苦创业的大学生人数远远少于愿意进入公务员队伍的人数，这足以反映年轻人的职业价值取向。为什么威廉在1914年就批判的"全国人之官僚思想"至今依然如故呢？这不得不引起真正关心民族前途和国家命运的人忧虑与深思。威廉希望中国报界"以后宜减政论，而趋重于计划实业，以除此弊。否则，实业一端，将来无人过问，各种利权必致悉外人掌握矣"，这可谓送给中国人的一剂苦口良药。当然，要改变这种世界少有的奇怪现象，只靠媒介的努力是远远不够的，但媒介的作为也不可小视。媒体有责任让全体国民都明白：一个国家的兴旺靠的是科学技术的发展，靠的是实业的发达，靠的是民主政治与法制的健全，而绝不是政府机构多么庞大，行政权力多么强势，行政官员多么高人一等。在中国这块浸透了封建皇权意识的土地上，特权思想不除，万没有中华振兴和持续发展的希望。

1919年2月7日，威廉在日本《东京广告报》经理法阑休的陪同下，第二次来华访问，到了中国报业中心——上海。访问期间，他拜访了中国政要唐绍仪，参观了《申报》馆，并邀请中国报界出席第二次世界报界大会。上海的《申报》和《民国日报》等报纸对威廉的访问发过多篇报道。他在参观上海《申报》馆后，称

---

① 《北京报界欢迎美国新闻家纪事》，《申报》1914年4月1日。

赞《申报》"不独可称中国第一大报，即在世界大报中亦占一位置矣"①。2 月 11 日，他结束了在上海的访问启程北上，到达北京后，受到北京报界联合会的热情欢迎。杜竹宣在欢迎会上说："敝会同人得与威廉博士欢叙一堂，曷胜荣幸。敝国报界虽属幼稚，不足与欧美报界并驱齐驾，惟对于世界平和及威总统国际联盟之主张，望其得有成功之心，不让欧美报界。今日幸得与威廉博士交换意见，深望以此旨介绍诸万国报界联合会。"②威廉此次访华，与上海和北京的报人进行了广泛的接触，受到了热烈的欢迎。1919 年 2 月 12 日，上海报纸《民国日报》以《威廉博士之名言为题》刊载了《记者信条》（又译《报人守则》）全文。可见，威廉手订的《记者信条》是 1919 年威廉访华时传入中国的。

威廉的第三次访华是在世界报界大会结束之后的 1921 年 12 月。对于威廉的到来，全国报界联合会、北京万国报界俱乐部、上海日报公会、上海新闻记者联欢会、北京大学等组织和单位，都召开了欢迎会。威廉也兴致勃勃地进行了多场演讲。在北京大学，他发表了《世界的新闻学》的演讲，说"中国是印刷术最先发明的国家，世界上若没有印刷术，新闻学绝不能产出。所以我现在中国谈新闻事业，好比似小儿女向他的母亲报告他的经验一般，是件很有趣的事情。"③他的演讲词被当时的报刊很快发表。《晨报》12 月 5 日以《维廉士在北大之演讲》为题予以刊发。《北京大学日刊》于 12 月 6 日和 7 日以《卫廉士博士新闻学演讲》为题连载。12 月 8 日，上海的《民国日报》的"觉悟"副刊，以《世界的新闻事业》为题发表了这篇演讲④。还有一些报纸对威廉本人和他的演讲进行了介绍。如《申报》于 12 月 10 日发表了《威廉博士之历史》，称赞他为"近世新闻学之先驱。"12 月 11 日的《申报》还刊发了威廉手订的《记者信条》。威廉在中国新闻界的影响，随着他访华次数的增多也在不断地扩大，一时成了中国记者心目中的学术偶像。

二、威廉新闻伦理思想及其对中国的影响

威廉不仅是美国新闻教育的开山祖，而且是一位具有世界影响的新闻理论家和新闻伦理思想家。他在新闻教育中最早重视新闻道德教育，开创了新闻教育首重学生思想品德培养的先河。他亲手制定的《记者信条》是世界上较早成文的新闻职业道德规范之一，被译成 50 多种文字，广为流传，在世界新闻史上具有重要的地位和深远的影响。当时，留美学习新闻专业并回国从事新闻工作的人

① 《世界新闻协会会长参观本报记》，《申报》1919 年 2 月 11 日。
② 《纪京报界十五日之两盛会》，《申报》1919 年 2 月 19 日。
③ 任白涛：《应用新闻学》，上海：亚东图书馆 1937 年版，第 202 页。
④ 邓绍根：《密苏里新闻学院首任院长沃尔特·威廉访问北大纪实考》，《国际新闻界》2008 年第 10 期。

都受过他的思想的熏染,其新闻学说和道德思想深为中国报人推崇和接受。

威廉的新闻道德思想集中反映在他手订的《报人守则》之中。关于这份新闻道德规范诞生的时间,我国台湾学者李瞻在 1969 年出版的《新闻道德》一书中说是 1911 年。① 国内出版的几部新闻伦理学著作,如周鸿书的《新闻伦理学论纲》、蓝鸿文主编的《新闻伦理学简明教程》等,都沿用了李瞻的说法。但是,密苏里新闻学院网站提供的信息则是 1914 年。《报人守则》被写进 1914 年版的《新闻学院手册》中,并要求所有的学生熟记于心。本科低年级学生还要进行考试。② 这份新闻职业道德规范,是在西方自由主义新闻理念支配下产生的,它集中反映了20 世纪初叶美国新闻学界和报界的职业道德要求。其内容如下:

(一)我们相信,新闻事业为神圣的职业。

(二)我们相信,公众信赖报纸上所刊载的文章,凡与报纸所刊载文章有关的人,就其全部职责而言,均为公众所信赖的人,因此,不为公众服务而仅为私利驱使者,均为背信弃义之徒。

(三)我们相信,思想清晰,说理明白,正确而公允,是优良新闻事业的基础。

(四)我们相信,新闻记者,只须写出心目中认为真实的事物。

(五)我们相信,对新闻压制均属错误,除非为国家社会幸福而设想者。

(六)我们相信,出言不逊者,不适宜从事于新闻之写作。受本身偏见所左右及他人偏见之笼络,都应该避免,绝不能因威逼利诱而逃避本身之责任。

(七)我们相信,广告、新闻与评论,均应为读者的最高利益服务。因此,一种有益的求真求实的观念高于一切,是唯一的标准。新闻事业的良莠,视其对社会服务的多寡决定。

(八)我们相信,新闻事业的最大成功者,也就是最应该获得成功者,必使上苍与人间有所敬畏。它独立不挠,傲慢、权势,均不能使其动摇。重视建设性、宽容性,而不取粗率性。

自制而忍耐,经常尊重读者,而始终无所恐惧。勇于打抱不平,但不为特权者的要求或群众的吵闹所惑。在法律、忠诚及互助的认识下,尽量给予人平等的机会。

---

① 李瞻:《新闻道德》,台湾:三民书局 1987 年版,第 24 页。

② Ronald T. Farrar, *A Creed for My Profession*: *Walter Williams*, *Journalist to the World*, Columbia: University of Missouri Press, 1998, p. 203.

深爱我们的国家,又诚心促进国际善意,加强世界友谊。这样的全人类的新闻事业,为今日世界所共有,亦为今日世界所共享。①

从这份较早的《报人守则》中可以看出,虽然它不及后来的新闻道德规范那样详细和全面,却体现了美国新闻职业最基本的伦理精神和道德追求。如:对新闻职业的认同与尊重、为公众服务的目的、正确公平的态度、求真求实的观念、超然独立的地位和廉洁不贪的作风等。这些要求,确立了新闻人的职业追求,奠定了西方新闻职业道德规范的基础。后来西方各国所制定的记者道德准则,虽然因各国的情况不同而在内容上有所差异,但威廉提倡的新闻伦理基本规范和精神,则是西方资本主义国家所共同认可的。

我国台湾学者马骥伸在《新闻伦理》中认为:"学者探讨新闻伦理,应以创立美国第一所新闻学院——密苏里大学新闻学院的华特·威廉斯博士为始。……威廉斯博士并针对当时美国报业的实况,于 1911 年提出了《报人守则》8 条,对新闻伦理揭橥了具体的指标。"②如果说威廉是美国新闻学界探讨新闻伦理第一人的话,那么,在美国新闻业界,早于威廉探讨新闻伦理的人则大有人在。如著名报人查尔斯·达纳和约瑟夫·普利策等,都对新闻伦理提出过非常精辟的观点。威廉制定的《记者信条》正是对美国新闻业界与学界新闻伦理观念的总结与升华。

如前所述,威廉于 1921 年 12 月第三次来中国访问时,在北京大学作了题为《世界的新闻学》专题演讲,胡适替他做翻译。这篇演讲,与其说他在阐述"世界新闻学",还不如说他在宣传自己的新闻伦理思想。在演讲中,他提出研究新闻学的人和创办报纸需要 5 个最重要的条件:

第一,独立。报纸是代表舆论的机关,应当取公正人的态度,不应当承某人某党派的关注,仰某人某党的鼻息或受他的津贴而拿真正的意见作植党营私的奴隶,所以要保持独立的精神,以纯洁的我的意见我的理论去替全社会做事,主持公道,便是第一个要义。

第二,办报要大胆有勇气。不怕外来的压力、胁迫、诱惑,不受一切的制裁。所谓勇气,不但物质上的勇气,……并且要道德上的——精神上的——勇气,无论如何,不为外力所胁迫、引诱而变更志向,才能算是真有勇气有毅力的新闻记者。懦弱的和意志薄弱的人,决没有做新闻记者的资格。

第三,新闻要真确老实,不应伪饰或捏造以丧失信用、自贬价值。

---

① 译文见蓝鸿文主编:《新闻伦理学简明教程》,北京:中国人民大学出版社 2001 年版,第 249—250 页。
② 马骥伸:《新闻伦理》,台湾:三民书局 1997 年版,第 52 页。

新闻采访的时候，要审慎，将要传播的时候，要注意他的来源是否正确。不正确的和影响模糊的新闻消息，决不能传播。若勇于说谎，决不配当新闻记者。新闻记者唯一的格言，也可以说是唯一的要义，是"说老实话"。

第四，新闻记载的要有兴趣，因为报纸是要人看的，倘若干燥无味，人家岂愿意看呢？不愿意看，销路便不广，报纸便无用了。……

第五，可以总括以前四项的，便是要干净、纯洁而且有用处。所谓干净，是要免除卑鄙恶浊的新闻；纯洁是一秉至公、不偏不党；至于有用，便无须解说了。……所以既办报纸，必须办干净、纯洁的、寿命能长久的、有益于社会的，才算得是个新闻纸。①

威廉的演讲在内容上，基本上是他手订的《报人守则》中新闻道德思想的进一步阐发。同时，我们也可以认识到，威廉所提倡的新闻道德原则和规范，主要是在独立的人格、超然的地位、大胆的勇气、老实的态度等几个方面。这些反映了美国新闻价值观的道德主张，对刚刚诞生不久的中国新闻教育和新闻学产生了巨大的影响。在20世纪二三十年代出版的新闻学著作和论文中，不仅威廉的名字常常被提到，而且，他的论点常常被人当作经典在引用。可以说，他的新闻伦理思想完全融入了20世纪中国资产阶级新闻伦理学的血液。

1927年1月，北京新闻界人士在黄天鹏的倡议下成立了"北京新闻学会"，并出版了新闻学刊物《新闻学刊》。在这个刊物上，不仅有关于威廉生平事迹的介绍，如鲍振青的《威廉博士之一生》，而且有介绍威廉新闻学说的专文，如吴天放写的《威廉论新闻学》。后一篇文章，精要地介绍了威廉在北京大学演讲的内容，并说介绍威廉新闻伦理思想就是因为国人自己经营新闻事业太落后，如果用威廉的观点来"加以检衡，则中国新闻界之当引为奇大之羞耻与歉悔者"，所以，作者要介绍威廉的新闻伦理学说，"以资棒喝"②。

翻阅《新闻学刊》上的一些论文，我们不难发现，威廉的新闻观点及其言论常常被学者们作为立论的依据。例如，王小隐在《新闻事业浅论》一文中说："新闻记者亦应自知其地位之重要，修养其品格才能，同为文化上之宣力者。吾闻美国新闻学家威廉博士：'古人每称有笔如刀，但此笔须在伟大人格之手。'其言殆谓倘非其人，则蒙其害者多矣。"③威廉这句话就是他在北京大学演讲时说的。可见

---

① 任白涛：《应用新闻学》，上海：亚东图书馆1937年版，第204—205页。

② 黄天鹏编：《新闻学刊全集　新闻学名论集》（《民国丛书》第二编第48册），上海：上海书店出版社1990年版，第20—23页。

③ 黄天鹏编：《新闻学刊全集　新闻学名论集》（《民国丛书》第二编第48册），上海：上海书店出版社1990年版，第55页。

威廉的演讲成了当时中国新闻学者乐于引用的经典名言。

五四以后,中国陆续出版了一批新闻学著作。它标志着新闻学作为一门独立的学科在中国已开始步入学术的殿堂。当时出版的著作,有代表性的有徐宝璜的《新闻学》、邵飘萍的《实际应用新闻学》等。从这些著作中,我们可以明显地看出威廉新闻学术思想的影子。还有些著作,更是直接将威廉的《报人守则》和在北大的演讲作为论述新闻伦理问题的重要依据。如 1925 年,伍超在其著作《新闻学大纲》中论述"访事员"时说:"今更申其义,将威廉氏所论之新闻记者之信条录于后,以供为记者之规范焉。"①任白涛在《应用新闻学》中将威廉在北京大学的演讲《世界的新闻学》作为余录附在书尾,认为这篇演讲"实本书之天然绝妙之结论也"②。1929 年,报人张静庐在其著作《中国的新闻纸》中说:"末了,我们要借重世界的著名新闻学家、美国密梭里大学新闻学部长、全美新闻主笔协会会长威廉博士的名论作为本篇的结论。我愿我中国从事新闻事业的同志们都铭诸座右,时时读之,时时加以努力,使中国的新闻纸得有'日日新又日新'的进步。"③

那么,从新闻伦理角度看,威廉的新闻职业道德观对中国资产阶级新闻学的影响主要体现在哪些方面呢?

第一,视道德人格为新闻学人与报人最重要的条件。

作为杰出的新闻教育家,威廉把品德教育、人格培养当作新闻人才培养的首要目标,认为一个人"想藉新闻为社会服务,都应当知道有三种预备的工夫,便是知识、技能、人格",而三种工夫中,道德人格最为重要。威廉说:"有了智识了,又有了技术了,假使无道德,格外危险,因为他容易颠倒黑白和淆惑是非的,足以能为社会大害。所以必须道德高尚,必须有独立的人格。"④这种符合新闻职业自身特点的道德认识,被当时中国的新闻教育工作者和报人所认同。从徐宝璜的《新闻学》开始,每一种新闻学著作都列出"访员之资格"或者"记者之资格与准备""新闻记者之资格及修养"等专节,来论述记者的道德品质与新闻事业的密切关系。最具代表性的是邵飘萍在《实际应用新闻学》中,提出了"品性为第一要素"的著名命题。邵氏认为:新闻记者"盖因其握有莫大之权威,则种种利欲之诱惑,环伺于左右,稍有疏虞,一失足成千古恨矣。故外交记者精神上之要素,以品性为第一"⑤。徐宝璜、任白涛等新闻学者也有同样的论述。由此可见,视品德为记

① 伍超:《新闻学大纲》,上海:商务印书馆 1925 年版,第 38 页。
② 任白涛:《应用新闻学》,上海:亚东图书馆 1937 年版,第 201 页。
③ 张静庐:《中国的新闻纸》,上海:光华书局 1929 年版,第 83 页。
④ 任白涛:《应用新闻学》,上海:亚东图书馆 1937 年版,第 206 页。
⑤ 肖东发、邓绍根编:《邵飘萍新闻学论集》,北京:北京大学出版社 2008 年版,第 18 页。

者的第一条件,是中国 20 世纪 20 年代新闻学家的共识。这一共识的形成,当然与中国传统文化的影响有关,但对于或在美国留过学或对威廉极为推崇的徐宝璜、邵飘萍、任白涛们来说,以威廉为代表的西方新闻伦理思想显然与之有着密切的关系。

第二,独立的精神、客观的态度和不偏不倚的立场。

威廉的新闻伦理思想是在自由主义新闻理念的支配下形成的。他的新闻道德观有一个突出的特点,就是认为新闻是社会公共舆论机关,记者应本独立之精神,持超然物外之态度,站在第三者的立场,作客观公正之报道。在《记者信条》中,他提倡记者要"独立不挠,傲慢、权势均不能使其动摇"。"新闻记者,只须写出心目中认为真实的事物。"在《世界的新闻学》的演讲中,他提出的第一条道德要求,便是"独立"。他说:"报纸是代表舆论的机关,应当取公正人的态度,不应当承某人某党派的关注,仰某人某党派的鼻息或受他的津贴而拿真正的意见作植党营私的奴隶。所以要保持独立的精神,以纯洁的我的意见我的理论去替全社会做事、主持公道,便是第一个要义。"

这种超党派、超阶级的新闻道德观是西方资产阶级新闻理论中影响最大的观点,是西方最崇尚的道德信条。在 20 世纪初叶,中国的新闻学者和职业报人对此是极力推崇和全盘接受的。在二三十年代出版的论文和著作中,提倡报纸独立的言论,可谓屡见迭出,随处可见。徐宝璜在《新闻纸与社会之需要》一文中说:"新闻纸既为社会之公共机关,故其记者亦为社会之公人,责任匪轻,处之宜慎,遇事当求其真,发言应本乎正,本独立之精神,作神圣之事业,信仰取得,权威自立,尊严立见。"[①]邵飘萍说:"外交记者心目中绝无阶级之观念,惟以如何乃可尽其职务为交际活动之目的,故其品性为完全独立,不受社会恶风之熏染,不为虚荣利禄所羁勒,是为养成外交记者资格之先决问题。"[②]任白涛说:"新闻记者更有一最要之自觉,则社会之第三者是也。……彼之眼中,不许有敌我之区别;彼之心底,不许怀某种之成见。不问如何之时际、场所,其地位、态度,常为超越的、独立的、客观的。"[③]这些论点表明,徐宝璜等的思想认识与威廉的新闻伦理观如出一辙。他们都认为新闻记者是社会的裁判者,是超党派、超阶级的观察员和记录员,因此,必须具备独立不移、客观公正的品质。当时他们认为,记者最大的乐

---

① 肖东发、邓绍根编:《徐宝璜新闻学论集》,北京:北京大学出版社 2008 年版,第 150 页。
② 肖东发、邓绍根编:《邵飘萍新闻学论集》,北京:北京大学出版社 2008 年版,第 18 页。
③ 任白涛:《应用新闻学》,上海:亚东图书馆 1937 年版,第 11 页。

趣就在于："身无党派之圈,得说公平之话,完全以新闻记者身份,自由发挥意见。"①

第三,要有道德精神上的勇气,不屈服于任何外来压力。

威廉认为,"办报要大胆有勇气,不怕外来的压力、胁迫、诱惑,不受一切的制裁,……懦弱的和意志薄弱的人,决没有做新闻记者的资格。"②这一道德主张与"第三者立场"是密切相关的。新闻记者要做到超党派、超阶级、客观公正地报道事实和发表评论,就必须有大胆的勇气作支撑,不然就会屈服于外来压力,变更志向。

在我国五四以后的新闻理论著作中,有关记者勇敢坚强品德的论述可谓比比皆是。例如,任白涛《应用新闻学》中的有关论述与威廉的观点可谓毫无二致:"意志力薄弱之记者,不知精神的报酬为可贵,徒津津焉惟物质的报酬之是求。于是资本家、野心家伺其弱点而饵以所欲者,以买其欢心,使曲其笔,作一己之企图,是为新闻记者通有之怪状也。此种怪状,纵于法律上幸免构成其罪名,而于道德审判之前,则决不容赦。"③因此,记者必须具备坚毅刚健的意志。

我们知道,中国资产阶级新闻伦理观念是在西方,尤其是在美国新闻道德学说的影响下产生的,染有明显的西方自由主义新闻理论的色彩。这些道德观念对当时处于半殖民地半封建社会的中国来说,面对"久处军阀铁蹄之下,摧残舆论不遗余力"的社会现实,在一定意义上具有反封建专制、反军阀黑暗统治的作用,同时也反映了 20 世纪二三十年代中国的新闻学者对西方新闻自由的向往和对独立人格的追求,具有一定的进步意义。但是,当时中国的新闻学者在接受以威廉为代表的西方资产阶级新闻伦理观的时候,似乎并没有进一步追问和深究:记者的第三者立场和独立精神如何才能做到和保持? 西方资本主义国家的报人在提倡这些道德主张的时候,他们自己在具体的新闻实践中是否能真正做到超政治、超阶级和超党派等。这些问题,只有到了以马克思列宁主义为指导的无产阶级新闻学诞生之后,才得到了科学的解释。

第五节　北洋政府时期新闻伦理思想小结

北洋政府时期是中国由传统社会向现代社会演变的转型期,在历史上起着

---

① 黄天鹏编:《新闻学刊全集　新闻学者论集》(《民国丛书》第二编第 48 册),上海:上海书店出版社 1990 年版,第 249 页。

② 任白涛:《应用新闻学》,上海:亚东图书馆 1937 年版,第 204 页。

③ 同上书,第 16 页。

承先启后的重要作用。这一时期也是中国新闻事业成长迅速、最具变化的时期。各种学术思想的交汇、报纸数量的增加、报业集团的出现、最早的新闻学团体和新闻教育的产生以及对外交流的增多,都为这一时期新闻伦理思想的产生提供了客观的条件。可以说,此前的中国新闻媒体还没有像这个时期一样深刻地审视自己,也没有像这个时期一样真正按照新闻业自身的规律与特点来思考媒介伦理问题。因此,北洋政府时期的新闻伦理思想在继承晚清新闻伦理思想的基础上,给中国新闻伦理思想注入了新的血液,形成了新的思想景观。

一、从新闻专业角度论证记者道德修养的重要性

我们知道,晚清时期新闻伦理思想的突出特点,是强调记者个体道德的培育和陶冶,对于记者应具的种种道德品质的内容也进行了具体的阐释。但是,他们大多是从记者"监督政府、向导国民"的政治责任的角度来展开论证的。而北洋政府时期的新闻伦理思想除了继续强调记者的政治与社会责任之外,更多的是从新闻专业的角度来探讨记者应当具备的优良品质的。

例如,林白水在《公言报》创刊词中说:"新闻记者应该说人话,不说鬼话;应该说真话,不说假话!"①这就是从记者的专业责任角度来论述的。徐宝璜在阐述记者应守之道德的时候,总是扣住新闻纸的六大职能(供给新闻、代表舆论、创造舆论、输灌知识、提供道德、振兴商业)来论述。② 因为记者"代表舆论",所以不得不"应有大无畏之精神,见义勇为,宁牺牲一身以为民请命,不愿屈于威武而噤若寒蝉"③。因为记者负有"灌输知识""补助教育"的责任,所以不得不要"慎选材料",做到"秉笔如董狐,褒贬如春秋,美刺如国风。对于合理之事,公益之举,助之张目;不合理之事,自私自利之举,抨击无余,人有善行,则尽量表彰之,使其受舆论之赞扬;人有恶行,亦振笔直书,如禹鼎铸奸,魑魅魍魉,无或遁形,使其受舆论之制裁"④。

又如邵飘萍在《实际应用新闻学》中说:

> 外交记者发挥其社交之手腕,与各方重要人物相周旋,最易得一般社会之信仰,亦最易流于堕落不自知而不及防,盖因其握有莫大之权威,则种种利欲之诱惑,环伺于左右,稍有疏虞,一失足而成千古恨矣。

---

① 转引自徐百柯:《民国那些人》,北京:中央编译出版社 2007 年版,第 152 页。
② 肖东发、邓绍根编:《徐宝璜新闻学论集》,北京:北京大学出版社 2008 年版,第 48 页。
③ 同上书,第 147 页。
④ 同上书,第 149 页。

故外交记者精神上之要素，以品性为第一。①

邵飘萍提出记者"以品性为第一"的观点是建立在记者工作特性基础之上的。记者因为交际宽，要与各方重要人物相周旋；因为握有莫大之权威，容易受利欲的诱惑，所以，不得不把品性放在最优先的位置。又如，他说："报纸为社会之教师，其感化力之大，殆过于电影戏剧，故凡有害社会风俗之事，不可作为新闻而任意披露之。所谓有害社会风俗者，最当注意之点，为秽亵与残忍，淫书淫画淫戏之禁止。"②他从报纸影响感化力角度论证了新闻道德的必要性，使读者更清醒地认识到职业伦理在新闻职业活动中的重要地位。

还有陈独秀、李大钊、瞿秋白等共产党人在阐述自己的新闻伦理观时，也多从新闻业的专业需要和宣传效果角度来阐述记者敢于斗争、忠于事实、向着群众的重要性与必要性。这一历史时期的新闻工作者对新闻事业的地位、作用、工作特点等有了更为全面和深刻的认识，因此，在阐述新闻伦理思想的时候，能够从更加广阔的视野和新闻专业的角度看待和观照现实问题，使得此期的新闻伦理思想有了更加明确的职业针对性和理论说服力。

二、肃清"有闻必录"的流毒，对新闻真实性的认识更加深入

"有闻必录"是晚清时期颇为流行的处理新闻真实问题的一条原则，在当时的新闻界有很大的影响。许多记者在其新闻活动中动辄引用这个原则为自己的失实报道做辩护。"有闻必录"成了虚假新闻的挡箭牌和保护伞。奇怪的是，对这一荒谬的观念，晚清时期很少有人提出质疑与否定，就连汪康年、英敛之这样杰出的报人，也不置一喙。直到五四时期中国新闻教育兴起之后，"有闻必录"的荒谬性才得到新闻学界的批判与纠正。徐宝璜在《新闻学》一书中有一段这样的评述：

> "报纸有闻必录"，此吾国报纸之一极普通之口头禅，且常引为护身符者也。其实绝无意义。因若信一二人之传说，而不详加调查，证其确否，径视为事实而登载之，将致常登以讹传讹之消息，且有时于不知不觉成为他人播谣之机械，此亦为以伪乱真，又乌乎可。即假定所闻者全为事实，亦不能尽行登载，因事实之非新鲜或非阅者所注意者，仍无新闻之价值。若"必录"新闻，则报纸之新闻，与街谈巷议无别矣。况新闻纸之篇幅有限，又安能"必录"新闻之全部耶？然吾国报纸，则恒引此不

---

①　肖东发、邓绍根编：《邵飘萍新闻学论集》，北京：北京大学出版社 2008 年版，第 18 页。

②　同上书，第 69 页。

通之六字以为护身符,对于所登之新闻,纵使错误,亦不负责任,因按"有闻必录"之原则,本无调查所闻确否之必要也。甚有于此六字之下,为达不正当之目的起见,登载消息,攻击他人之私德,不留余地者。此为吾国新闻界幼稚之明证,亦一亟应纠正之事也。①

徐宝璜对"有闻必录"的批判是较为深刻的。新闻界之所以把"有闻必录"当作一条原则,就是为了便于逃脱自己的责任。殊不知,这不仅有背新闻真实的原则,而且"有时于不知不觉成为他人播谣之机械"。为此,他进一步提出,新闻记者不能"有闻必录",而要"有闻必查"。"渠所信者乃为'有闻必查',查其属实,然后录之。"②徐宝璜提出的"有闻必查"的观点不仅是对传统的"有闻必录"的否定,还是对新闻真实实现途径的深刻揭示。

邵飘萍在《实际应用新闻学》中说:"曩在北京大学及平民大学讲演新闻之学,曾对于'有闻必录'一语再三攻击,愿有志于新闻事业者,振起其责任心,凡事必力求实际真相,以'探究事实不欺阅者'为第一信条,此愚所不惜叮咛反复,冀学者能始终自尊其职务,庶可以引起社会信赖之心。"③邵飘萍从报业自身生存的高度批判了"有闻必录"的错误与危害,提出了"以'探究事实不欺阅者'为第一信条"的著名论点,标志着中国的新闻界在新闻真实性问题的认识上,超越过往,达到了一个新的高度。经过徐宝璜、邵飘萍等人的批判,"有闻必录"这一在我国新闻界流行和影响了数十年的错误观念,逐步退出了历史舞台。

三、在记者应守之道德中,特别强调刚毅不屈的"大丈夫"品格

所谓刚毅不屈的品格,就是能顶得住强权的压力,能经得起金钱、财物、美色等种种外来的诱惑。这个时期的许多报人在论述新闻道德的时候,常常引用孟子有关"大丈夫"品格的名言来阐释自己的观点。黄远生认为:"一国之士气发达,必先有独立自尊,以为匪我其谁之意,决不能一切万事归过于社会。孟子曰:万物皆备于我。又曰:豪杰之士,虽无文王犹兴。又曰:我无他,我善养吾浩然之气。又曰:其自反而缩者,虽千万人吾往。一国中之赖有志士仁人者,赖有此耳。"④邵飘萍说:"贫贱不能移,富贵不能淫,威武不能屈,泰山崩于前,麋鹿兴于左而志不乱,此外交记者之训练修养所最不可缺者。"⑤徐宝璜说:"惟报纸代表舆论,固博民众之欢迎,亦常触当局之忌怒,而有报馆被封记者被捕被杀之虞。此

---

① 肖东发、邓绍根编:《徐宝璜新闻学论集》,北京:北京大学出版社 2008 年版,第 52 页。
② 同上书,第 153 页。
③ 肖东发、邓绍根编:《邵飘萍新闻学论集》,北京:北京大学出版社 2008 年版,第 16 页。
④ 《远生遗著》卷一,上海:中国科学公司 1938 年版,第 11 页。
⑤ 肖东发、邓绍根编:《邵飘萍新闻学论集》,北京:北京大学出版社 2008 年版,第 18 页。

在我国尤然。……盖当局压迫报界之时,每为舆论急待倾吐之日也。故伟大之记者,应有大无畏之精神,见义勇为,宁牺牲一身以为民请命,不愿屈于威武而噤若寒蝉。"[1]任白涛说:"新闻记者因其职务之尊严,地位之崇高,故当具富贵不淫、贫贱不移、威武不屈之精神。……若此浩然精神所赖以培养而保持者,刚健之意志力也。"[2]由此可见,孟子提倡的"大丈夫"精神,成了当时报人和学者共同的新闻伦理思想资源。

他们之所以要特别提倡"浩然精神",是因为当时的记者身处军阀统治的铁蹄之下。在政治黑暗的时代,记者要想尽自己的天职,就必须具备敢于为民请命的思想和不屈不挠的精神,不然就不可能代表舆论,反映民意。邵飘萍、林白水等人,都因新闻宣传而丧命于封建军阀的屠刀之下,不仅反映了当时记者生存的政治环境之恶劣,而且证明了孟子提倡的"大丈夫"精神对那个时代记者的深刻影响。他们用自己的行为践履了他们所提倡的伦理精神。可以肯定,这种贫贱不能移、富贵不能淫、威武不能屈的浩然正气在任何历史时期,都是记者所必具的品质。

四、"史家精神"的进一步阐扬

史家与记者的关系问题,在晚清时期就引起了很多报人的关注。何启、胡礼垣、郑观应、梁启超等人对于这个命题,都有过或多或少的论述。他们的共同观点是,记者同史家一样,都肩负着记录历史的重任,因此,必须像史官那样具备忠于事实、敢讲真话的精神。但是,他们的论述多从两者相同的角度进行,较少从记者与史家的差异方面展开。而北洋政府时期的新闻伦理观,不仅继承了梁启超等人的观点,而且对史家精神的阐释较前人有了新的进步。

蔡元培 1919 年在为徐宝璜的《新闻学》所作的序言中说:

余惟新闻者,史之流裔耳。古之人君,左史记言,右史记事,非犹今之新闻中记某某之谈话若行动乎?"不修春秋",录各国报告,非犹今闻中有专电通信若译件乎? 由是观之,虽谓新闻之内容,无异于史可也。然则我国固早有史学矣,何需乎特别之新闻学?

虽然,新闻之与史又有异点:两者虽同记以往之事,史所记不嫌其旧,而新闻所记则愈新愈善,其异一;作史者可穷年累月以成之,而新闻则成之于俄顷,其异二;史者纯粹著述之业,而新闻则有营业性质,其异

---

①　肖东发、邓绍根编:《徐宝璜新闻学论集》,北京:北京大学出版社 2008 年版,第 147 页。
②　任白涛:《应用新闻学》,上海:亚东图书馆 1937 年版,第 15 页。

三,是以我国虽有史学,而不足以包新闻学。①

蔡元培在这段论述中,着重谈了新闻与历史的异同,落脚点是说明研究新闻学的必要性,没有谈到新闻伦理的问题,但是为读者了解两者各自的特点提供了有益的帮助。同一时期,李大钊撰写了一篇题为《报与史》的专论,不仅深刻论述了新闻与历史的亲近关系,提出了"报是现在的史,史是过去的报"的著名观点,而且根据新闻事业的特性,提出了记者要"有历史研究者的修养"的主张。他认为,新闻记者的责任,一方面要"尽力把日日发生的事实,迅捷而且精确的报告出来,俾读报纸的人们,得些娱乐、教益与知识";另一方面,"所整理所纪述的材料,即为他日历史研究者所当搜集的一种重要史料"。因此,他提倡:

> 新闻记者要有历史研究者的修养,要有历史的知识,要具有与史学者一样的冷静的头脑,透澈的观察,用研究历史的方法,鉴别取拾关于每日新生事实的种种材料。这样子才可以作成一种好报纸,同时亦能为未来的史家预备些好史料。②

李大钊的观点较之于梁启超等人论述的"史家精神",在忠实地记录事实方面是一致的,但在如何才能做到忠于事实的问题上,比梁启超等人的论述更为全面和具体。他提出,记者要学习历史研究者的长处:善于"察其变","搜其实","会其通","要具有与史学者一样的冷静的头脑,透澈的观察,用研究历史的方法,鉴别取拾关于每日新生事实的种种材料"。李大钊的论述,为新闻记者培养"史家精神",提供了具体的路径。

五、中国共产党党报伦理观的阶级性和立场性

与记者须持"第三者立场"的观点不同,中国共产党的报刊一开始出现,就十分明确地提出了记者要站在党派和阶级的立场上说话的新闻伦理观。关于报纸的属性问题,当时最为流行的观点是"社会公器"论。如徐宝璜说:"新闻纸既为社会之公共机关,故其记者亦为社会之公人,责任匪轻,处之宜慎。"③邵飘萍也认为:"新闻记者第一层之觉悟,即知自身无论处于何种境遇,皆当确守第三者之高垒而勿失。故惟以真理与事实为标准,不知有友亦不知有敌。……换言之,彼不问何时何地,皆常保其超越的与独立的透明无色之精神。"④这种观点与西方自由主义新闻理论中的"第三者立场"和"社会公器"说,并无二致。

① 肖东发、邓绍根编:《徐宝璜新闻学论集》,北京:北京大学出版社 2008 年版,第 41 页。
② 李大钊:《报与史》,《新华文摘》1997 年第 8 期。
③ 徐宝璜:《新闻学》,北京:时代文艺出版社 2009 年版,第 125 页。
④ 肖东发、邓绍根编:《邵飘萍新闻学论集》,北京:北京大学出版社 2008 年版,第 116—117 页。

但是,来源于马克思列宁主义的中国共产党的新闻伦理思想则与此不同,明确宣称新闻的阶级性与立场性,认为记者的"第三者立场"是不存在的,也是做不到的。记者由于受到国家、民族、党派、集团利益的制约和传统文化的影响,立场性在新闻活动中是天然存在的。1921年中国共产党"一大"通过的《中国共产党的第一个决议》有关宣传部分就规定:"任何中央地方的出版物均不能刊载违背的方针、政策和决定的文章。"①强调出版物刊载的文章必须与中央的方针、政策和决议保持一致,就是宣传工作立场性的体现。1925年12月13日发布的《中共中央通告第二十二号》更为明确地指出:

> 在现在反动势力严重压迫之下,同时在目下广大的工农群众革命高涨之中,我们党最重要的工作,就是一方坚决的去领导广大工农群众作英勇的斗争,但是一方尤应努力的作普遍和深入的盛大宣传工作,使一切工农民众明白了解国民党和一切反动势力之反革命行动,同时显示我们党对政治的立场,和一切斗争的意义。②

中共中央的文件从来就强调党报党刊的重要性,并明确要求共产党的报刊应该旗帜鲜明地站在党的立场上说话。即使为了适应恶劣环境的需要,从斗争策略上考虑创办一些灰色刊物,这样的刊物可以"作为第三种人的口气"说话,但也要"在反帝宣传中应有我党主张的独立宣传工作"③。中国共产党的报刊在其发刊词中常常会直言不讳地公开宣称自己的办报宗旨与立场。如《劳动周刊》发刊词说:"我们这个周刊是不比得有产阶级的报纸,有产阶级的报纸,是只记得金钱,哪里记得什么公道正义呢!我们的周刊不是营业的性质,是专门本着中国劳动组合书记部的宗旨为劳动者说话,并鼓吹劳动组合主义。"④瞿秋白在《新青年之新宣言》中说:"真正的解放中国,终究是劳动阶级的事业,所以《新青年》的职志,要与中国社会以正确的指导,要与中国平民以智识的武器。《新青年》乃不得不成为中国无产阶级革命的罗针。"⑤自从中国共产党的报刊产生之后,媒体的"第三者立场"和"社会公器"论便受到严重的挑战。时至今日,"第三者立场"论与"党派立场"论依然处在激烈的争论之中。

究竟哪一种观点是科学的呢?我认为,第一,媒介的立场总是客观存在的,"党派立场"和"第三者立场"本身就说明立场在新闻报道中无法回避。在一党

---

① 中国社会科学院新闻研究所编:《中国共产党新闻工作文件汇编》上,北京:新华出版社1980年版,第1页。

② 同上书,第27页。

③ 同上书,第39页。

④ 张之华主编:《中国新闻事业史文选》,北京:中国人民大学出版社1999年版,第369页。

⑤ 同上书,第373页。

执政或多党执政的国家里,政党媒体和非政党媒体,只要发表与政治相关的报道和意见,就自然会体现报道主体的立场。第二,"第三者立场"论所期望的是媒体和记者公正无私,不偏不倚,努力克服私心与私利对客观报道的干扰;"党派立场"论所宣扬的是党派利益与民众利益的一致性,宣称本党就是大多数民众利益的代表。两者的目标与追求,都有其合理性和正确性,任何党派都不会说本党的主张与民意相违背。从这个意义上说,两种提法都有存在的理由。第三,问题的关键在于"第三者立场"是否真正公正无私,党派立场是否真正与大多数民众的利益相一致。如果是,就都有道理;如若不是,就都是宣传口号而已。第四,由谁来检验"第三者立场"的公正性和"党派立场"的代表性?绝不是宣扬者自身说了算,而是大多数民众说了算。只有民众真正感受到了媒体的公正性或者代表性,才能证明某种主张是正确的。因此,检验某一思想观点正确与否的唯一标准,是说的与做的是否名实相符。

第三章 国民政府时期新闻伦理思想
（1927—1949 年）

在中国历史研究中，一般将 1927 年 4 月南京国民政府成立到 1949 年 10 月国民党统治在大陆覆亡这一历史时期称为国民政府时期。这一时期，中国社会急剧动荡，各种矛盾交替出现，不同的政治力量大起大落，中华民族经历了前所未有的内忧外患的大考验。1927 年，统治中国十多年的北洋军阀政府被推翻，国民党与共产党的合作破裂，大革命走向失败。自此，中国出现了共产党和国民党两种对立的政治势力，这两种势力都建立了自己的政权，都十分重视发展自己的新闻事业。与此同时，民营新闻业也有了新的发展。可以说，国民政府时期中国的新闻业呈现的是国民党新闻事业、共产党新闻事业和民营新闻事业三足鼎立的局面，而且不同系列的新闻业在这一特殊的历史时期都展露出了自己特有的面貌。

第一节 国民政府时期新闻业的新变化

国民政府时期中国的新闻业，无论是国民党领导的，还是共产党领导的，抑或是无党无派的民营新闻业，相对于北洋政府时期的新闻业，都发生了巨大的变化。

一、国民党新闻事业

1927 年，蒋介石叛变革命，国共合作宣告破裂。为了巩固政权，国民党立即着手建立起自己的新闻事业，包括报纸、广播等，其中，处于核心地位的是一报、一社、一台，即《中央日报》、中央通讯社和中央广播电台，它们构成了国民党的主流媒体，是国民党政府对内对外宣传的主要阵地。

《中央日报》于1928年2月在上海创刊,当时国民党中央宣传部部长丁惟汾任社长,潘宜之任经理,彭学沛任总编辑。1929年2月1日,《中央日报》迁至南京出版,由国民党中央宣传部党报委员会领导,中宣部部长叶楚伦兼任党报委员会主席,总编辑为严慎予,后来鲁荡平、赖琏相继接任。《中央日报》"除了一般的'阐明党义,宣扬国策'而外,更着重提出以'拥护中央、消除反侧、巩固党基、维护国本'为职责"①。这表明《中央日报》就是蒋介石集团的喉舌,是为维护国民党反动政府的统治服务的。1949年4月23日,《中央日报》在大陆停刊。

除《中央日报》外,1931年5月在南昌创刊的《扫荡报》(原名《扫荡三日刊》)也是出版时间较长、影响较大的国民党军方报纸。这是一张几乎可以与《中央日报》并驾齐驱的大报,是蒋介石忠实的宣传工具。按照创办人贺衷寒的解释,"扫就是扫荡匪贼,荡就是荡平匪巢"②。《扫荡报》的发刊词公开宣称,以"'攘外必先安内,抗日必先剿共'为宗旨,并且高唱'一个领袖''一个主义''一个政府'的口号"③。可见,拥蒋反共就是这份报纸的办报目的。

中央通讯社于1924年创建于广州,1927年5月迁到南京,直属国民党中央党部管辖。创建之初的中央通讯社规模很小,设备简陋,宣传效率低下。1932年5月,萧同兹走马上任,成为中央通讯社社长,提出"工作专业化""业务社会化""经营企业化"三条办社方针,从而使中央通讯社的业务获得迅速发展,到1936年,中央通讯社已经在全国建立了11个分社,另有20多处通讯员办事处,并在日本、印度、瑞士等地设有国外通讯员办事处。到1937年抗战全面爆发前夕,中央社直接对全国250家报社发稿,每天发出中文电讯稿8000字至12000字,基本上垄断了国内的新闻通讯事业。④

中央广播电台的全称是"国民党中央执行委员会广播无线电台",1928年8月1日在南京开播,每天播出两小时,主要传达国民党统治集团的政令党义。1932年5月,中央广播电台在南京江东门外建成新台,发射功率由最先的500瓦扩大到75千瓦,成为当时亚洲发射功率最大的广播电台。

在兴办中央新闻事业的同时,国民党还在全国各地相继建立起一批地方新闻机构,以加强、统一宣传工作,巩固自己的政权。报纸方面,一类是由国民党中央宣传部直接管辖的地区性报纸,如《天津民国日报》,北平《华北日报》《武汉日报》,英文《北平导报》等;一类是由地方党部管辖的报纸,这一类报纸多由国民党

---

① 方汉奇主编:《中国新闻事业通史》第2卷,北京:中国人民大学出版社1996年版,第355—356页。

② 蔡铭泽:《中国国民党党报历史研究》,北京:团结出版社1998年版,第87页。

③ 同上书,第88—89页。

④ 黄瑚:《中国新闻事业发展史》,上海:复旦大学出版社2001年版,第189页。

省、市、县各级党部所办,报纸命名一般采取在"民国日报"统一名称前加上地方名的方法,如《山东民国日报》《河南民国日报》《绥远民国日报》等。地方党报的数量非常庞大,据 1936 年上海龙文书店出版的、由许晚成编著的《全国报刊社调查录》一书统计,国民党党报总数在 600 家以上,占全国报刊总数的 40%,而地方党报有 590 多家,占国民党党报总数的 98%。①广播电台方面主要有福州台、河北台、西安台、南昌台、长沙台、南京台等。据统计,国民党统治区共有官办广播电台 23 座,其中江苏省最多(包括南京、上海),有 6 座,浙江、四川各 2 座,其余均为 1 座。②

国民党的新闻机构,以一报、一社、一台为中心,形成了中央直属党报和地方党报犬牙交错、互为掎角之势,在中国现代波谲云诡的政治环境及军事斗争中,直接充当了国民党的喉舌和"反共剿赤"的工具。1937 年抗日战争全面爆发,随着日本侵华势力的扩张,国民党政治中心转向重庆,《中央日报》《扫荡报》、中央通讯社、中央广播电台等新闻机构也随之内迁。这样,国民党就在重庆建立了它的新闻宣传中心。同时,国民党还在国统区的其他地方,采取地方版、地方台的方式扩大自己的新闻事业。据统计,国民党党报到 1944 年已经达到 600 家左右,占全国报纸总数的 53.9%,大大高于抗战前 40.5% 的比例。③

虽然国民党的新闻机构在数量上有所增加,但是由于战时物资匮乏、人才短缺和内地经济文化相对落后,国民党新闻事业的总体实力不如战前,表现为规模的缩减和质量的下降。"通常,在战时,人民关心时事,报纸应该扩充篇幅,以适应读者的需要,但是战时中国的报业却正相反。"报纸"不仅印刷质量差,而且内容匮乏,各报没有特色。因为规模小,全国性的报纸变成了地方性报纸,但是又没有地方新闻,除了战时新闻和国际新闻,一张报纸上简直就没有可看的东西。并且,要闻版十之八九是由中央社发布,各报都是一样,没有什么特色"④。并且,国民党的新闻媒体在宣传抗日的同时,又都极力宣扬"一个党、一个主义、一个领袖"的谬论,以此来达到拥蒋反共的目的。

1945 年抗战胜利后,国民党将新闻事业的中心转移到上海、南京一带,凭借其手中掌握的政权,抢先接收了大量敌伪新闻机构。敌伪新闻机构主要是日寇及其扶持的伪政权和汉奸组织在沦陷区创办的大批报刊、通讯社和广播电台。主要有伪满洲国通讯社、《满洲新闻》《新民报》《新申报》《大楚报》《平报》《迅报》《新中国报》;汉奸报纸电台主要有《庸报》和《时报》、北京中央广播电台、大

---

① 蔡铭泽:《中国国民党党报历史研究》,北京:团结出版社 1998 年版,第 77—78 页。
② 方汉奇主编:《中国新闻事业通史》第 2 卷,北京:中国人民大学出版社 1996 年版,第 362 页。
③ 蔡铭泽:《中国国民党党报历史研究》,北京:团结出版社 1998 年版,第 204 页。
④ 吴廷俊:《中国新闻史新修》,上海:复旦大学出版社 2008 年版,第 303 页。

上海广播电台等。这些新闻媒体大肆宣传"东亚圣战""建立东亚新秩序""中日提携""反共救国",是为日本帝国主义灭亡中国和奴化中国人民的法西斯政治服务的舆论工具。

对于《申报》《新闻报》这两家有影响的民营报纸,国民党则以"战时附逆"的理由攫取了它们的部分股权,任命潘公展为《申报》报务管理委员会主任并兼任社长,萧同兹为《新闻报》报务管理委员会主任,程沧波为社长。这样,《申报》和《新闻报》实际上成为国民党控制下的新闻机构。

除了接收收复区的敌伪新闻事业和民营新闻事业,国民党统治集团还重新制定了党报企业化发展方针,实施企业化政策。例如,《中央日报》等新闻机构被改组为企业组织,在战后发展成一个拥有 12 家分社的报业集团。国民党军报《扫荡报》改为《和平日报》后,发展为一个拥有 9 个分版的全国性大报。报团组织的出现,是抗战胜利后国民党新闻事业迅速壮大的一个重要现象。同时,国民党的新闻通讯事业在这一时期也有了较大的发展。如中央通讯社国内分社由战时的 18 家发展到 43 家,另有分社下设的办事处 9 家;国外分社和特派员办事处则从战时的 12 家发展到 25 家;全社工作人员人数为 2653 人,较战前增加一倍。国民党系统的广播电台在战后发展到 100 多家,其中国民党中央广播事业管理处直辖的电台有 41 家。① 国民党的新闻事业在这一时期已经发展到了鼎盛阶段。

到了 1947 年下半年,人民解放战争转入反攻阶段,共产党的队伍迅速扩大,国民党在政治军事上节节败退,其在大陆的统治趋于全面崩溃。在这个背景下,刚刚发展到顶峰的国民党的新闻事业在大陆的发展显得举步维艰,于是,《中央日报》、中央通讯社、中央广播电台等国民党的新闻机构在国民党中央的指示下,先后迁往台湾。随着国民党政权在大陆的垮台,国民党的新闻事业也随之在大陆消失。

二、共产党新闻事业

1927 年"四一二"反革命政变之后,国民党打着"清共"的旗号,实行反共屠杀政策,迫害倾向共产党的进步人士,中国革命转入低潮。共产党的报刊随即转入地下秘密出版,继续进行革命宣传。中共中央先后在上海创办了《布尔塞维克》《红旗》《上海报》《红旗日报》《无产青年》《中国工人》等报刊。其中影响最大的是《布尔塞维克》《上海报》和《红旗日报》。

《布尔塞维克》是大革命失败后,中国共产党创办的第一份中央机关理论刊物。1927 年 10 月创刊,1932 年 7 月停刊,共出版 52 期,由瞿秋白任主编。该刊

---

① 黄瑚:《中国新闻事业发展史》,上海:复旦大学出版社 2001 年版,第 196 页。

以评述国内外形势和政治经济问题为主要内容，并且创刊之始就全力揭露国民党叛变革命的罪行。当时正处于白色恐怖最严重的时候，为了躲开国民党的新闻统制，《布尔塞维克》采取伪装封面的方法，曾先后采用《少女怀春》《中央半日刊》《新时代国语教授书》等化名出版。

《上海报》创刊于1929年4月17日，是中共在上海出版发行的通俗报纸。该刊大量报道工人的劳动、生活和斗争情况，揭露国民党破坏工运的阴谋，并介绍了苏区根据地和红军的情况。1930年8月14日停刊，与《红旗》合并，次日《红旗日报》发刊。

除上海之外，共产党还在国统区各地秘密出版了一批报刊。如武汉出版的《大江报》、天津出版的《天津报》、哈尔滨出版的《白话报》、广东出版的《南方红旗》等。土地革命战争期间，共产党还在国统区陆续创办了一些通讯社，其中较为著名的是于1931年成立于上海的中国工农通讯社。它介绍共产党的政策，报道工人运动的消息，揭露国民党的黑暗统治，对中国革命宣传做出了重要贡献。

但是，由于共产党内部"左"倾错误，特别是1931年1月开始的王明"左"倾教条主义错误，共产党创办的地下报刊先后被国民党查禁、破坏，最后丧失殆尽。在艰难的历史时期，共产党所领导的左翼文化运动却并未停止。这些活动以《文艺新闻》《集纳批判》等报刊为主要阵地，通过组织成立中国新闻学研究会、中国左翼新闻记者联盟等新闻记者团体来团结、影响新闻界人士，与国民党的文化"围剿"进行顽强的斗争。

中国共产党还深入农村开展武装斗争和土地革命，在国民党反动派势力薄弱地区创建红色革命根据地，建立起人民自己的政权，开展新闻宣传活动。中华苏维埃共和国临时中央政府成立后，中央革命根据地的新闻事业出现了繁荣的景象。据不完全统计，从1931年年底至1934年10月中央红军开始长征，中央革命根据地出版的报刊有160多种（包括油印的、传单式的小报）。[1] 革命根据地影响较大的报刊和通讯社有红色中华通讯社、《红色中华》报、《红星报》及《青年实话》等。

抗日战争时期，中国共产党继续坚持在国统区开展新闻宣传活动，以巩固和加强抗日民族统一战线。这一时期最重要的报刊当属1937年12月11日在汉口创刊的《群众》周刊和1938年1月11日在汉口创刊的《新华日报》。但中国共产党新闻事业的主阵地是延安和其他革命根据地。共产党在延安创办了一批重要报刊，主要有《八路军军政杂志》《中国青年》《中国妇女》月刊、《共产党人》《中国文化》《边区群众报》等。在其他敌后抗日根据地，中国共产党也相继出版了一批

---

① 黄瑚：《中国新闻事业发展史》，上海：复旦大学出版社2001年版，第239页。

抗日报刊,如晋察冀根据地的《抗敌报》(后改名为《晋察冀日报》)、晋绥根据地的《抗战日报》(后改名为《晋绥日报》)、山东根据地的《大众日报》、华中根据地的《拂晓报》等。这些报刊在抗日宣传中起到了十分重要的作用。

1941 年,中共中央将《新中华报》和新华社编发的《今日新闻》合并,于 5 月 16 日在延安正式出版《解放日报》,由博古担任社长,杨松担任总编辑。该报是在革命根据地出版的第一个大型的、每日出版的中共中央机关报,也是抗日战争时期和解放战争初期影响最大的报纸。然而,《解放日报》在最初 10 个月的办报实践中,由于党内以教条主义为特征的王明路线尚未从思想上彻底肃清,主观主义、形式主义、党八股不可避免地表现在宣传报道上,党性不强、脱离群众、脱离实际成为该报存在的主要问题。

1942 年,毛泽东在延安先后作了《整顿党的作风》《反对党八股》重要报告,揭开了中国共产党在全党范围内开展整风运动的序幕。这次整风运动以批判和纠正主观主义、宗派主义和党八股,清算中国共产党成立以来党内发生的历次"左"、右倾错误路线及其流毒,树立和发扬联系实际、联系群众、批评与自我批评的思想作风为主要任务。3 月 16 日,中共中央宣传部发出了《为改造党报的通知》,要求各地根据整风精神来检查和改造报纸。1942 年 4 月 1 日,《解放日报》在中共中央的指导下实行改版。改版后的报纸面貌焕然一新。

《解放日报》整风改版后,《新华日报》华北版、《抗战日报》等报刊也纷纷进行了类似改版,加强了报纸与革命根据地的斗争实际、人民群众的联系和党对报纸的领导。新闻界的这一次整风改革运动不仅促进了中国共产党新闻事业的发展,还使无产阶级的党报理论得以发展与确立。

1940 年 12 月 30 日,延安新华广播电台建成并开播,这是中国共产党广播事业的开端。从此,中国共产党的新闻事业中,不但有了报纸、通讯社,还有了无线电口语广播这种新型的现代化宣传工具。延安新华广播电台建成后,在揭露皖南事变真相、反击国民党第二次反共高潮、宣传抗日民族统一战线政策、推动抗日战争的胜利等方面起过重要作用,并且在实践中培训了人民广播的第一批编播技术人员,奠定了人民广播事业的基础。

抗日战争胜利后,中国共产党充分利用国共合作在形式上仍然存在的条件,迅速在上海等地创办起自己的报刊,将党和人民的新闻事业扩展到收复区。如:在上海,《新生活报》《联合日报》《文萃》周刊创刊;在北平,《解放》报创刊、新华社北平分社宣告成立;在广州,《正报》创刊等。

人民的广播事业也有了新的发展。1945 年 9 月,延安新华广播电台恢复播音;8 月 24 日,张家口新华广播电台建成并开始播音。在东北地区,随着我军胜利收复失地,哈尔滨、通化、长春、抚顺等地纷纷建立起广播电台。据统计,到

1946 年 9 月,各地已建立起人民广播电台 11 座。①

新华社也进入了一个新的发展阶段。在业务建设方面,新华社总社提出了提高报道水平、改进新闻写作、加紧业务学习等新的任务与要求。在组织建设方面,新华社总社的工作机构扩大,分为国内新闻、国际新闻、英文广播、口语广播 4个编辑部门。各解放区的总分社,新的解放区和重庆、北平、南京 3 个大城市的分社也先后建立。至 1946 年 4 月,新华社在国内已建成总分社 9 个,分社 40多个。②

1949 年,共产党取得解放战争的胜利,新闻事业开始遍布全国。3 月 15 日,华北《人民日报》迁入北平出版,成为中共中央机关报,胡乔木、范长江先后担任社长。3 月 25 日,新华社迁入北平,并在各省、自治区、市建立起分社。同日,陕北新华广播电台(原名"延安新华广播电台")也迁入北平,于 9 月 27 日改名为北京新华广播电台,向全国播音。接着,各省委机关报如济南《大众日报》、南京《新华日报》、武汉《长江日报》、上海《解放日报》、西安《群众日报》、沈阳《东北日报》等纷纷出版,到新中国成立时,共产党领导的报刊、通讯社、广播电台在全国迅速创立,形成了全国统一的人民新闻事业网。

三、民营新闻事业

1925 年 7 月广州国民政府建立后,中国的民营新闻事业有了一定程度的发展,报刊、通讯社和电台的数量有了较大的增加,设备和业务有了一些改进。从1926 年到 1937 年,民营报纸的数量由 628 家增加到 1077 家;上海《新闻报》在1928 年至 1930 年间不惜重资,从美国购进当时最先进的新型高速轮转机两架,每架每小时可印 4 大张的报纸 36000 份。与此配套,还购置了自动换报机和自动折报机;《新闻报》《时报》等不少报馆还新建了报馆大楼。

与此同时,一报多馆、报业联合与兼并等报业托拉斯现象也开始出现,这表明我国民营新闻业已发展到一个新的水平。在天津,吴鼎昌、胡政之、张季鸾接办的新记大公报公司迅速崛起。在上海,史量才主持的《申报》成为旧中国发行量最大的报纸。1932 年,在《申报》成立六十周年时,史量才领导报社同人对《申报》进行了一系列改革。改革之后的《申报》扩大业务范围,创办了《申报月刊》、《申报》流动图书馆、《申报》新闻函授学校、《申报》业余补习学校、《申报》读者服务部、《申报年鉴》《申报丛书》等,《申报》发展成为一报多刊、多种文化事业的庞大产业。

---

① 吴廷俊:《中国新闻史新修》,上海:复旦大学出版社 2008 年版,第 359 页。
② 黄瑚:《中国新闻事业发展史》,上海:复旦大学出版社 2001 年版,第 268 页。

在上海,还有张竹平也雄心勃勃地试图建立报业托拉斯。1932年,他组成了拥有《时事新报》《大陆报》《大晚报》和申时电讯社的"四社"联合办事处,俨然一个报业托拉斯组织。1935年,由于受到国民党当局的查禁和大财阀孔祥熙的压力,张竹平出卖了四社全部产业,其报业托拉斯理想破灭。在北平,成舍我也开始探索报业托拉斯之路。他在创办《世界晚报》《世界日报》《世界画报》后并不满足,于1927年转至南京采取"小报大办""精选精编"的方针创办《民生报》,1935年又到上海与人合办《立报》,形成了以成舍我为中心的《世界日报》报系。

大批民营通讯社纷纷建立,从1926年到1937年,全国民营通讯社的总数从155家增至520家(在官方登记的是520家,据1936年的数据统计是759家)。[1]其中稍具规模且在现代通讯事业上有一定成绩的当属胡政之创办的国闻通讯社和张竹平创办的申时电讯社。其他比较知名的还有上海的中华电讯社、新声通讯社等。

20世纪20年代末30年代初,我国还出现了一批民营广播电台,其中半数以上集中在上海等地。这些民营广播电台大致可以分为以江苏教育学院广播电台、齐鲁大学广播电台等为代表的教育性广播电台,以佛音广播电台和福音广播电台为代表的宗教性广播电台和以亚美广播电台、大中华广播电台为代表的商业性广播电台三大类。其中,商业性广播电台的数量最多,分布最广。除亚美台等少数商业台的节目偏重于科学知识的传播外,大多数商业台依靠广告收入维持,多播发娱乐节目。

民营新闻事业在国民政府建立之初,对国民党的内政外交多持"事不关己,高高挂起"的观望态度,其新闻报道言论也较为"老成持重"。但是随着国民党政权的不断巩固和新闻统制的加强以及共产党政治影响的扩大,特别是1931年"九一八"事变后国内外形势的急剧变化,民营新闻事业的政治立场开始动摇,出现了不同的分野。一部分民营新闻机构开始改变保守的政治态度,顺应进步潮流,反映民众呼声,批评国民党的妥协退让政策,最具代表性的是《申报》,它的进步的政治倾向达到了资产阶级民营报纸所能达到的高度。"九一八"事变发生的第二天,《申报》就以醒目标题刊出《日军大举侵略东省——蔑弃国际公法,破坏东亚和平》,并以大量篇幅登载了87条消息,积极报道事变的真相,责问国民党军队要妥协退让到何时。1931年12月15日,内外交困的蒋介石暂时下野,《申报》竟发表时评《欢送》。1932年淞沪抗战期间,《申报》不仅在言论上积极支援抗战,还号召海内外人民"认定十九路军是国民的军队,对它负起完全责任来,供

---

① 方汉奇主编:《中国新闻事业通史》第2卷,北京:中国人民大学出版社1996年版,第417页。

给它军械、药品、粮食及一切物质上之需要"①。1932年夏天，蒋介石对中共发起第四次反革命围剿，《申报》对此连续发表《"剿匪"与"造匪"》等三篇时评，表示反对。史量才领导的《申报》的这一系列报道遭到了国民党反动派的嫉恨，他们不是对史量才进行收买，就是对《申报》停止邮递，最终派特务于1934年11月13日枪杀了史量才。

　　"九一八"事变后，邹韬奋在其主编的《生活》周刊上也开始宣传抗日救亡运动，抨击国民党当局"攘外必先安内"等卖国谬论，遭到国民党反动当局的禁邮。《生活》周刊被封后，邹韬奋的好友杜重远挺身而出，于1934年2月创办起《新生》周刊，主张坚决抵抗日本帝国主义的侵略，揭露国民党的不抵抗政策和黑暗统治。国民党当局在1935年6月查封了《新生》周刊，并判处杜重远有期徒刑一年零两个月。全国的救亡团体，也办了不少报刊鼓吹抗日救亡。如北平的《华北呼声》《北平妇女》，上海的《救亡情报》《永生》周刊、《世界知识》《国难新闻》等。

　　1937年全面抗日战争爆发后，《大公报》从天津转到上海、武汉、重庆、香港、桂林，在敌寇的步步紧逼摧残下，不惜毁掉一个又一个辛苦建成的基业，坚持抗日救亡。抗战期间，《大公报》发表了大量揭露和控诉日本帝国主义血腥罪行的文章，在国内外产生了重大影响，并获得了美国密苏里新闻学院授予的1940年度外国报纸荣誉奖章，这是现代中国报界第一次荣获国际新闻奖。

　　1929年陈铭德、邓季惺夫妇创办的《新民报》在抗战时期也表现出了可贵的战斗精神和民族气节。它不仅积极发表文章揭露日本帝国主义的侵华罪行，还于1938年举办报纸义卖活动支持抗日前线。1938年创办于孤岛上海的《文汇报》也是一张坚持民族大义、坚持抗日宣传的民营报纸。它在政治上积极拥护中国共产党有关抗日民族统一战线的政策，大力报道中国军民抗战业绩，注重爱国主义宣传教育，遭到日伪的仇恨。总编辑徐铸成曾经两次收到敌人的"礼物"：一次是一只血淋淋的手臂，意思是"若再写社论，有如此手"；一次是一篮馨香扑鼻的水果，仔细检查后发现，每个水果上都打了毒针。不过，《文汇报》并没有被敌人的威胁所吓倒，而是继续坚持抗日宣传。但是，《申报》和《新闻报》这两家大牌的报纸在上海沦陷后落入日军手中。它们大肆鼓吹中日"共存共荣"、建设"大东亚共荣圈"等反动内容，对日本帝国主义大力吹捧，沦为汉奸报纸。

　　抗日战争时期爱国进步的民营报刊还有邹韬奋在1938年7月创办的《全民抗战》、上海市文化界救亡协会在1937年8月创办的《救亡日报》、张稚琴在1940年3月创办的《力报》以及南京的《朝报》，西安的《秦风日报》《工商日报》，天津的《益世报》《高仲明纪事报》《炼铁工》《前哨》月刊等。

---

① 方汉奇主编：《中国新闻事业通史》第2卷，北京：中国人民大学出版社1996年版，第431页。

抗战胜利后,《大公报》上海版和天津版及《文汇报》《益世报》《世界日报》等纷纷复刊,一批新的民营报刊也创办起来。比较具有代表性的有储安平创办的《客观》和《观察》、上海《联合日报》、重庆《民主报》、南京《世纪评论》、北平《新路》等。这些报刊的一大特色是比较注重时政报道,努力宣传和争取民主自由。

总之,国民政府时期中国新闻事业的情况是比较复杂的。十年内战期间,受"敌强我弱"的政治军事力量的影响,国民党的新闻事业顺利发展,而共产党新闻事业艰难生存,民营新闻事业得到了较快的发展,并且出现了报业托拉斯的雏形。抗日战争全面爆发之后,在民族危亡的大局面前,国共两党第二次合作,形成抗日民族统一战线。这一时期,中国的新闻事业凭借着坚忍不拔的精神,在异常艰难的条件下取得了一定程度的发展。抗战胜利后,国内阶级矛盾再一次上升为主要矛盾,中国进入解放战争时期。各类新闻媒介随着国共两党政治军事力量的变化而此消彼长:战略防御阶段,国民党的新闻事业达到顶峰,共产党的新闻事业在艰难中收缩;战略反攻阶段,国民党的新闻事业由盛转衰,继而土崩瓦解,共产党的新闻事业则进入蓬勃发展的新阶段。

第二节　国民政府时期新闻道德问题种种

如上所述,从1927年到1949年的20多年时间里,中国经历了两次国共内战和抗日战争的苦难岁月。中国新闻事业也在非常特殊的历史条件下,经历了艰难曲折的发展历程和前所未有的考验。各种不同性质的媒体,在无法选择的历史大舞台上,扮演了各种不同的角色。无论是党派媒体还是民营报刊,在其发展的过程中都经受了种种道德的考验。

一、失实新闻与虚假新闻

美国著名报人、专栏作家李普曼曾经说过:"新闻事业的最高准则莫过于阐明真相而使魔鬼感到羞愧。"[①]古今中外,凡论新闻的,无不把报道的客观真实当作新闻业的最高准则。然而,任何时代的新闻业都存在着虚假新闻,只是表现的形式不同而已。国民政府时期的新闻界,无论是党派报纸还是民营报纸,都存在新闻失实和虚假新闻现象,从当时一些报刊的报道和有关人物的记载来看,虚假新闻不仅严重地存在着,而且表现出多种多样的形态。

（一）歪曲事实,公开造谣

这一类虚假新闻多存在于党营新闻媒体之中。国民政府时期,国民党和共

---

① 转引自杨保军:《新闻真实论》,北京:中国人民大学出版社2006年版,第212页。

产党两种政治势力根本对立,力量悬殊。作为执政党的国民党政府为了维护自身的政治利益,常常把自己的媒体当作反共的宣传工具,在新闻报道中往往夸大其词、歪曲事实,甚至公开造谣以达到其政治目的。

例如,1931 年 8 月 23 日,《中央日报》刊登的《赣省匪首被歼志》中写道:"朱毛两匪前逃宁都以北黄陂小布一带,因被左翼军迎头痛击,打得落花流水,乃东向竹坑逃命,则此次被炸毙之匪首为朱毛,必可无疑也。"然而,12 月 16 日,《中央日报》发表的《赣军剿匪节节胜利》中又做了这样的报道:"自蒋总司令率大军灌赣督剿以后,黄匪公略确已因伤毙命,朱毛主方,亦大受打击,虽未能完全消灭,然狼狈溃窜,已不复能如前此之猖獗矣。"既然 8 月 23 日"被炸毙之匪首为朱毛必可无疑也",为什么 12 月 16 日又出现了朱毛"未能完全消灭"呢?这两则前后矛盾的新闻报道,说明国民党的《中央日报》是在有意造谣,蛊惑人心。1932 年 4 月 13 日,《中央日报》的消息《彭匪德怀被毙,赣赤匪士兵多逃亡》称:"江西万安第二十八军代师长王德昨电京称:彭匪德怀被击毙,处(7 日)死均村,于死前告诫所部,回乡归农。……赤匪士兵多逃亡。"这纯粹是一则无中生有的谣言,是经不起验证与核查的。早在辛亥革命时期,许多革命派报纸就以报道假新闻而被诟病,还美其名曰"革命造谣"。但是,既然是无中生有的"造谣",无论如何美化,也改变不了造谣的本质。

1941 年 1 月 4 日,新四军军部及其在皖南的部队 9000 余人,从泾县云岭出发北移;6 日行至皖南泾县茂林时,遭到国民党军 8 万多人的伏击。新四军奋战七昼夜后,弹尽粮绝,除约 2000 人突围外,大部分壮烈牺牲。叶挺在与国民党军队谈判时被扣押,项英被叛徒杀害。17 日,蒋介石宣布新四军为"叛军",取消新四军番号,将叶挺交付"军法审判"。次日,《中央日报》刊登中央社消息《新四军抗命叛变,全部解散,番号撤销》,不仅没对国民党有意制造事端、破坏抗日民族统一战线的事实进行报道,反而颠倒是非,污蔑新四军"在江南地区,集中全军,蓄意扰乱战局,破坏抗日阵线,阴谋不轨,已非一日。本月初,自泾县潜向南移,竟于四日,胆敢明白进攻我前方抗日军队阵地,危害民族,为敌作伥,丧心病狂,莫此为甚"。在社论《抗战的纪律》中,说对新四军的处置完全是为了"维持抗战的纪律","不但与政治问题无关,而且与其他部队也风马牛不相及,责任完全在叶挺、项英几个人身上"。同时,《中央日报》还不忘为国民党辩护:"我们相信这次军委处理这事变,一定比我们更痛心,更惋惜。其心理与诸葛孔明挥泪斩马谡,正复相同。"《中央日报》的报道与评论是完全错误的,充分反映了国民党报纸为了履行"本党主义之辩护人"[①]的职责,不惜颠倒黑白,歪曲事实,以混淆视听。

---

① 吴廷俊:《中国新闻史新修》,上海:复旦大学出版社 2008 年版,第 238 页。

当时一些民营报纸因屈服于国民党的压力,也刊登了中央社的消息,并配发评论。"在这类报纸中以《益世报》最为猖狂,它一面用'中号'加'半个出'那样斗大的字号作标题刊出;另一方面又发表《处置抗令叛变之新四军》的社论,为国民党当局帮腔。其他各报则是被迫应付,空发'屈服于刺刀尖下的违心之论'。"① 国民党及其帮凶的报刊为了自己党派的政治利益而颠倒是非、信口雌黄的做法,是对新闻职业道德的肆意践踏。

18 日,《新华日报》刊登了周恩来两幅手书大字:"为江南死国难者志哀"和"千古奇冤,江南一叶;同室操戈,相煎何急!"并刊登了其所写的《新四军皖南部队惨被围歼真相》一文,用铁的事实驳斥了国民党报刊对事实的歪曲和对共产党的种种污蔑。全国人民以及苏联、英美等国对国民党的可耻行为也进行了谴责。

国民党新闻媒体在"革命造谣"方面的实例还有很多。如 1946 年 2 月 10 日发生的较场口事件,据中共重庆市委党史工作委员会编辑出版的《较场口事件》记载,这是国民党有计划有预谋的武力镇压国统区各民主党派和无党派人士,以达到破坏政协决议之目的的阴谋。但是,中央社、《中央日报》等新闻媒体却把肇事的凶犯反说成被害者,把特务行凶说成是"群众斗殴""共产党分子捣乱"。又如,抗日战争胜利后,蒋介石集团发动内战,《中央日报》却污蔑"共军放第一炮"②。针对蒋军的进攻,中共中央领导解放区的人民军队进行自卫反击战,《中央日报》却说"'解放'乃是蹂躏人民,'自卫'实为阻挠接收"③。并谩骂共军在解放区"抽丁,押人,拖尸,坐台筐","'土八路'逼迫 30 余万人逃难","其罪行之残暴,直难想象"④。这些谣言都是国民党出于政治的需要有意捏造的。然而,谣言毕竟是谣言,是经不起事实检验的。

美国学者阿特休尔在其所著的《权力的媒介》中说:"在所有的新闻体系中,新闻媒介都是掌握着政治和经济权利者的代言人","不论过去和现在,新闻媒介都没有展现独立行动的图景,而是为那些所有者和经营者的利益服务","媒体一贯都是某些权势的'吹鼓手'"⑤。利用新闻媒体制造虚假新闻,早已成为政客们的常用手段,但是"歪曲事实和捏造事实,都是要不得的。至于关起门来造谣或轻信谣言,就更非所取了","作这种不真实的报道,就是对人民不负责任的态度。"⑥在全国人民面前,国民党的几大新闻媒体一而再,再而三地颠倒是非,公开

---

① 蔡铭泽:《中国国民党党报历史研究》,北京:团结出版社 1998 年版,第 227 页。
② 《共军放第一炮》,《中央日报》1945 年 11 月 4 日。
③ 《"解放"乃是蹂躏人民,"自卫"实为阻挠接收》,《中央日报》1945 年 11 月 26 日。
④ 《停战令颁到鲁省后,共军仍蹂躏人权》,《中央日报》1946 年 2 月 9 日。
⑤ 转引自杨保军:《新闻真实论》,北京:中国人民大学出版社 2006 年版,第 228 页。
⑥ 《新闻界的责任》,《新华日报》1946 年 2 月 10 日。

造谣,是对新闻职业道德的极大破坏。

(二)宣传战绩,模糊夸大

舆论战从来都是敌对双方重要的战场,新闻媒体因其特有的功能成为交战双方一个重要的方面军。但是,为了鼓舞士气而在新闻报道中故意夸大战绩,就违背和破坏新闻原则和职业道德了。在土地革命战争时期,国共两党的报纸对于战绩的报道都存在夸大、不实的问题。

如1933年3月6日《红色中华》的头版头条消息《我红军空前光荣伟大的胜利》开头写道:"前方来电:我红军之一部,二月二十八日在乐安宜黄之间,东陂黄陂地方,将敌五十二师全部消灭,五十九师大部消灭,缴获步枪万余支,迫击炮四五十门,短枪五六百支,子弹数百万发,轻重机关枪自动步枪三四百支。"这里所提及的数据都是概数,缴获的迫击炮到底是四十门,还是五十门? 缴获的短枪到底是五百支,还是六百支? 这样模糊的数据影响了新闻的真实性。

张闻天也曾发表文章谈到《红色中华》报道失实的问题。"具体的例子,是关于江西省扩大红军的突击运动。江西省委在十月革命节前,曾经决定扩大红军三万五千。后来把这一计划的完成推迟到广暴节。然而依照最近我们得到军委的报告,在十一月十五号以前,江西集中的新战士,不到五千。广暴节前扩大红军三万五千的计划的流产的危险,已经在我们的前面。但是这种危险在我们的报纸上是看不到的。在我们的报纸上照例还到处是'光荣的模范动员'。比如在十月六日《红色中华》一百十六期上,我们看到关于博生九月底十天内扩大红军一千八百名的记载。在《红中》一百二十四期上又说到'博生县的广泛动员',从十月十一号起至十七号止,在梅江流南等五区'七天动员了一千五百八十三人'。只依照《红中》这两次关于博生的记载,那它单在十七天内就扩大了红军三千三百八十三人。这不但在十七天内完成了博生县原定计划,而且超过了计划。关于江西其它各县也是如此,所以依照《红中》的记载,我们可以得出非常乐观的结论,就是我们不但完成了我们的计划,而且可以超过我们的计划。然而实际上却完全不是这么一回事。实际同《红中》所描写的动人的图画,是不相符合的。实际给了《红中》的乐观的记者以冷酷的嘲弄。"[①]

1943年9月,陆定一在《我们对于新闻学的基本观点》中说:"解放日报上曾经登载过一篇叫做'鄜县城内家家户户纺织声'的新闻,后来查起来,那时鄜县城内原来还一架纺织机都没有。去年征粮时,报上又曾登过一条消息,说延安乌阳区首先完成入仓任务。后来查明,乌阳区在延安征粮中是最落后的一个区。记

---

① 张闻天选集编辑组编:《张闻天文集》第1卷,北京:中共党史资料出版社1990年版,第420页。

者写那个消息时,入仓工作还未开始呢!"①像这样有意夸大成绩,甚至是故意杜撰的新闻,不仅不能真正起到宣传的作用,反而给革命工作以及报社自身带来不良的影响。

国民党的新闻媒体对战绩的报道更是到了荒唐离奇的地步。范长江在1946年曾这样谈到国民党的报纸,他说:"抗战发生时,国民党报纸用两版以上篇幅登载战报,开始时大家争着看,到后来,没有人看了。有人统计,国民党对日作战,所杀伤的日军人数,已超过日本全人口二三倍以上了。中国十年内战的时候,国民党发表打死的人数超过全苏区二三倍;那么到了现在,他们所发表的数字几乎已超过了四万万五千万,连国民党自己也打死了。"②陆定一曾经指出,国民党的报纸不仅对军委会发布的战况通报不加核实原封不动地照登,而且有意文过饰非,欺骗民众。如1944年"军委会六月三日发表一个战况时说:'豫中战事,赖我忠勇将士之不顾牺牲,拼死奋斗,终使平汉路南北长达一百二十公里距离,复归我军控制,敌寇未能遂其所愿。'当面扯谎替豫战的败绩作掩饰,更不会去追究责任和研究任何经验教训了。六月十日又发表一个战况,把湘战初期日蹙国土百里的败退描写为'我军节节阻击,虽尺寸土地,敌无不付予严重之代价'"③。把国民党军队的战场败退说成是节节阻击,让敌人付出了沉重的代价,可谓是挖空心思的自欺欺人的伎俩。

在特殊的战争年代,宣传和报道战绩时有意夸大或模糊事实,从主观动机上说也许是为了鼓舞士气,但事实就是事实,把希望当作存在,把失败说成胜利,不仅不能起到正面鼓励的作用,相反还会误导受众对客观形势的分析与判断,最终是骗了受众,也害了自己。新闻媒体的天职,任何时候都是忠实地记录历史和报道事实真相,不然就失去了其存在的理由。

(三)典型报道,任意拔高

典型报道是共产党报刊在延安时期创造的一条重要的宣传工作经验,对于发动和鼓励群众参加革命和生产建设起过重要的鼓舞作用。典型引路也就成了中国共产党宣传工作的光荣传统。但是,延安时期的典型报道也存在拔高和夸大的问题。1945年3月23日,延安《解放日报》社论《新闻必须完全真实》就指出了当时典型报道中的一些问题:"例如报道有一技之长的某一劳动英雄,把他写成十全十美的圣人,这是分寸上的夸大。又例如为了形容一个大会的热烈,用写小说的、'集中典型的'手法,把许多人做的许多有声有色的事情,集中到一个

---

① 《陆定一新闻文选》,北京:新华出版社1987年版,第7页。
② 沈谱编:《范长江新闻文集》下卷,北京:中国新闻出版社1989年版,第1044页。
③ 《陆定一新闻文选》,北京:新华出版社1987年版,第104页。

人的身上去,把别的大会上的情景搬到这个大会上去,这是不了解文艺作品与新闻的区别(文艺的典型是可以由作者根据事实材料想象创造,而新闻中的人物必须完全符合当时当地的事实)。"

又如,《晋绥日报》1944年11月5日发表的《温向栓同志埋地雷毙敌伪四名,领导民兵追击敌人夺回牛驴九头》,11月9日和11日发表的《劳武结合的典范温向栓率民兵击退敌寇》和《温向栓的连环地雷》三篇新闻稿,写温向栓如何召集开会,如何指挥民兵战斗,埋地雷。事实上,率领民兵埋雷炸敌人的并不是温向栓,而是村干部温国柱。温向栓只不过看了一下地雷,即带领妇女儿童转移了。写稿的人不加核实,把功劳加在温向栓身上,对温国柱则一字未提。这种张冠李戴、不负责任的报道在群众中产生了不良的影响。

再如,报道"英雄模范村"时,新闻媒体也只刻意突出其好的方面。1945年1月20日,《晋绥日报》发表《公粮中的两个问题》,报道杨家坡村献公粮、减租查租的经过。报道说:"在杨家坡行政村召开农会,发动群众减租查租时,佃户们认为去年已减租了,虽然今年的豇豆收成不如去年好,但也不敢提出向地主减租。"可是,新闻见报后,作者自己又觉得:"这样批评杨家坡村的工作不好,因为杨家坡村是边区模范村,群众斗争性很强,觉悟程度很高,不能说群众不敢提出向地主减租,群众是不怕地主的。这是没有群众观点。"于是,《晋绥日报》在2月2日作了如下更正:《公粮中的两个问题》一文中"但也不敢向地主提出减租"一语,应改为"有个别农民还没有向地主提出减租。"[①]显然,之前的报道和改后的报道都不符合这个村召开农会时的实际情况。

为了强调典型报道的思想性与指导性,用固有的模式和事先确定好的标准来进行报道,或将典型人物的成绩任意拔高,或对其存在的问题有意回避,甚至是凭经验套用素材,以达到典型的高大完美,这种做法不仅违背了新闻职业道德的要求,而且所宣传的典型也不可能真正起到引路与示范的作用。

(四)新闻报道中的"客里空"现象

"客里空"是苏联剧本《前线》中一个惯于造假的记者。1947年6月25日、26日,《晋绥日报》发表编辑部文章《不真实新闻与"客里空"之揭露》,公开曝光了13条失实新闻,掀起了解放区各报和通讯社的反"客里空"运动。这场从1947年一直延续到1948年春的大规模的新闻运动在中国共产党的新闻史上是前所未有的。这场运动有力地纠正了新闻界存在的新闻失实等不正之风,重新确立了新闻真实原则,其影响十分深远。新华总社把反"客里空"运动中揭露的失实新闻分为四种类型:(1)新闻工作中的阶级立场问题;(2)写作上凭空制造"英雄

---

① 蒋亚平、官健文、林荣强:《新闻失实论》上册,北京:中国新闻出版社1986年版,第58页。

模范";(3)采访上的道听途说,捕风捉影;(4)编辑工作中毫无根据的任意删改,译电、校对等工作中马马虎虎的作风①。例如,属于立场问题造成新闻失实的有《临县张家湾抢收》,作者因看上地主家女儿,便说该地主是个"中农";属于凭空制造和采访作风问题,以致新闻完全失实的有《女游击队长李桂芬——绥远人民抗战故事》,把一个"拆烂污"的女子报道为女游击队长;属于采访作风问题造成部分失实的有《地主杀人要偿命》,文中所说的被枪毙了的人,其实还活着,而说放回去了的人,其实已经死了等。

新华社吕梁分社在进行反"客里空"运动时,对社内新闻失实的现象进行了认真的检查与反思。如有的记者把一个曾经当过日寇警察、便衣特务的杀人凶手,写成了杀敌有功的人民英雄;有一位同志采写解放文水城的消息,为了写出"速战速决"的特点,竟把三十分钟结束攻城战斗的情况,写成"守敌于五分钟全部投降"。有位记者在采写《汾阳县敖坡村群众凿井抗旱》时,为了渲染凿井艰难的气氛,竟任意抬高敖坡村的地势,把敖坡村写成高出平川一千五百公尺。这个数字毫无事实根据,完全是记者主观臆造的;至于把剧社排练《逼上梁山》写成《三打祝家庄》之类的粗枝大叶的错误,就更时有发生了。②

虚假新闻和"客里空"现象产生的根源是新闻记者的职业道德和工作作风问题,正如杨保军在《新闻真实论》中所说:"对一个职业传播者来说,能否保证新闻的真实性,最为重要的因素乃是他的职业道德品质,这是新闻真实得以实现的人性或德性保证,也是新闻真实得以实现的最后底线。"③

二、新闻评论中的谩骂攻击

新闻评论主要是用来表达与传播意见和观点的。优秀的新闻评论之所以受到读者的欢迎与喜爱,是因为它蕴含着新颖深刻的思想,对受众具有启发性和指导性。评论中所呈现的观点是正确还是错误、思想是深刻还是浅薄,不是由作者权力的大小、职务的高低等外在因素所决定,而在于评论本身。凡是有助于读者理解问题、思考问题,能提高公众讨论质量的评论,都是用事实说话、以理服人的。但是,国民政府时期的一些新闻媒体因党派政见的不同和集团利益争夺,常常出现恶意谩骂和人身攻击的现象,背离了新闻伦理的要求和评论写作的规范。

例如,1936年12月,《中央日报》连续多日对西安事变进行了报道和评论,对张学良逼蒋抗日的行为表现出强烈的愤慨,并对张学良进行谩骂与攻击。报纸

---

① 蒋亚平、官健文、林荣强:《新闻失实论》上册,北京:中国新闻出版社1986年版,第60页。

② 新华社新闻研究所编:《新华社回忆录》,北京:新华出版社1986年版,第209—210页。

③ 杨保军:《新闻真实论》,北京:中国人民大学出版社2006年版,第209页。

不仅指责张学良"犯上作乱""罪大恶极""不容于诛戮"①,还直呼张学良为"张贼"。如《论张贼叛变》的评论说,"第一,他是个贼种,所以有这么多的贼心贼行。从小看惯了这手段,所以才一次用之于弑其亚父,'自坠长城',现在又是这回的大作乱了。第二,他是一个环境毁坏了的人,自负聪明,而听他说话,最聪明也不过像一个高级中学学生,不能长时间集中精神于一事,其心意中之世界,全不是一个实际的。第三,他养成好在一切人上,好人恭维的习惯,偏偏近年来成了全国唾骂世界嘲笑的对象! 以他的志愿,要发泄他的郁闷,于是奸人之言乘隙而入,再凭他的梦中观察,施行他的贼种手段,乃有此日之事"②。

与此同时,《中央日报》还发表多篇文章,骂张学良是"纨绔小儿,军阀余孽""人群败类""恶贯满盈""贼子狼心""怙恶不悛"③;《中央日报》在谩骂张学良的时候,甚至连他的祖宗也连根拔起,痛加鞭笞:"西安的贼首张学良,他是绑匪,他是草寇,祖宗是马贼,子孙还是马贼。今天西安一套把戏,是绑匪马贼的合串。什么行动,什么主意,完全是贼心贼眼,匪寇的行径。"这俨然一副泼妇骂街的模样。对这些谩骂攻击性言论,就连以残酷无情著称、号称"蒋介石的佩剑"的戴笠也曾当面向《中央日报》社社长程沧波抱怨说:"今天《中央日报》的社论是谁写的,这个乱子闹大了,怎么得了。"④

共产党主办的报纸在对敌斗争中也存在骂人的现象。如 1930 年 8 月,《红旗日报》刊发了多篇以"狗"为标题的文章:《狗窝的狗慌狗跳》《狗窝里的"自由"》《"狗化新闻"的检查条例》《新狗的投效》等。这些文章的主要内容是对国民党和以陈独秀为首的取消派进行攻击。其中,《狗窝的狗慌狗跳》是这样写的:"老板:现在告诉你一点'新都'——就是狗党,狗政府的狗窝——的消息。昨天据中央大学的某教授说:自两湖,江西三省红军突飞发展后,南京走狗窝即呈很不安的现象。加之,有些党狗,官虽升了,财却还没有发够,欠薪起码的也有三个月未发;因是大都垂狗头、夹狗尾而三叹狗气,怨恨忠义堂——狗中央之各头领只顾个人腰包不管部下死活。"文章将国民党称为"狗党",将国民政府称为"狗政府""狗窝""狗中央",短短三句话中就出现了 9 个"狗"字。这样的行文方式,虽然能够旗帜鲜明地表达报纸的倾向和立场,但是,无论从新闻职业道德的要求看,还是从对敌斗争的艺术看,都是不可取的。毛泽东说过,反攻敌人最好的方法是"请看事实";鲁迅也说过,"辱骂与恐吓决不是战斗"。"当时的党报工作者

---

① 《昨日西安之叛变》,《中央日报》1936 年 12 月 13 日。
② 《论张贼叛变》,《中央日报》1936 年 12 月 16 日。
③ 《全国一致声讨张逆》,《中央日报》1936 年 12 月 17 日。
④ 蔡铭泽:《中国国民党党报历史研究》,北京:团结出版社 1998 年版,第 164 页。

在李立三'左'倾冒险错误的影响下,的确多了几分激情,少了几分冷静。"①

谩骂攻击性的语言也同样出现在了《大公报》与《新华日报》的"笔战"中。1946年4月16日的重庆《大公报》和17日的上海《大公报》刊登了王芸生写的《可耻的长春之战》,借长春战争的名义,含沙射影,将东北的内政问题和国内局势的动荡不安归罪于中国共产党,并污蔑共产党为了还击国民党而进行的长春之战是"可耻的"。《大公报》还指责东北民主联军进攻长春的战术"常是用徒手的老百姓打先锋,以机枪迫击炮在后面督战。徒手的先锋队成堆成堆的倒了,消耗了对方火力之后,才正式作战"。这种战术简直"残忍到极点,也可耻到极点"②。

对此,《新华日报》于4月18日发表了陆定一写的《可耻的大公报社论》一文,对王芸生的文章做出了针锋相对的回应。除了揭露《大公报》社论罔顾事实、污蔑造谣的错误之外,还毫不留情地说王芸生是"这样一个法西斯的有力帮凶,在平时假装自由主义,一到紧要关头,一到法西斯要有所行动时,就出来尽力效劳,不但效劳,而且替法西斯当开路先锋,替吃人的老虎当虎伥,替刽子手当走狗,以便从法西斯和刽子手那里,讨得一点恩惠,舔一点喝剩的血,嚼一点吃剩的骨头"。

王芸生撰写的《大公报》社论污蔑共产党领导的东北民主联军发动长春之战是"可耻的",显然是极端错误的言论,是缺乏事实依据的谣言,因此,《新华日报》这篇社论发表之后,《大公报》始终不敢反驳,正说明其理亏。但《可耻的大公报社论》一文将王芸生骂作"法西斯的有力帮凶"和"走狗"也属于人身攻击的言辞。人所共知,新闻的力量在于用事实说话,记者的责任在于将事实客观真实地呈现在读者面前,让受众自己对事实作出评判;评论在阐述自己的意见时,也要以事实为依据,以理服人。如果媒体因自身的利益与立场而刊发侮辱、谩骂、具有人身攻击的言论,客观上不仅伤害了对手,无疑也损害了自己。

三、低级趣味的新闻和广播节目

有人认为,受众的好奇心、窥私欲等"原始兴趣"总是客观存在的。媒体要想吸引受众,就要关注犯罪、丑闻、性、娱乐等新闻。国民政府时期就有这样的新闻媒体,特别是民营性质的报纸和广播为了吸引受众,刊播了不少低级趣味的新闻和节目。

热衷于打探名人的隐私和绯闻,最轰动的要算是对阮玲玉的报道了。20世

---

① 郑保卫主编:《中国共产党新闻思想史》,福州:福建人民出版社2004年版,第102页。

② 《陆定一新闻文选》,北京:新华出版社1987年版,第124页。

纪 30 年代,电影演员阮玲玉因演技超群而声名鹊起,其不幸的身世、成名的艰辛一再被当时的报纸报道。同时,她的未婚同居、私生女儿、移情别恋、跳舞的嗜好等个人隐私也被《晶报》《罗宾汉》等小报真真假假地一一披露。1935 年,阮玲玉和与她同居过的张达民和唐季珊打官司,当时的记者在报道这一事件时,只是以大号标题着力突出阮玲玉和这两个男人的情史:《张达民将控阮玲玉通奸》《阮玲玉通奸案发》《背张嫁唐都是为了财产 三角恋爱纠纷未已 继以通奸罪起诉》……就连《申报》这样的大报也在 1935 年 1 月 11 日以《阮玲玉小史一页》为题来报道这场讼事。文章在叙述阮玲玉早年与张达民同居的事情时,作了许多不负责任的描述。报纸对阮玲玉隐私、绯闻的连篇累牍的低俗化报道,直接导致阮玲玉"遂殉了那所谓可畏的人言,竟抛其伟大的艺术生涯,别母遗孤投绝路"[①]的悲剧。当时及后来的许多分析人士说,阮玲玉之死,媒体负有不可推卸的责任。

　　黄色新闻、凶杀事件的报道也经常见于这一时期的报纸。如《申报》1936 年 12 月 1 日至 4 日以"奸"为标题来吸引读者的新闻就有《沈林妹连续被奸宿》《李明德结合舞女一再起波澜 夫妇控通奸于前 舞女诉诱奸在后》《新新职员马有才诉妻通奸》等。像这样以"被奸""通奸""诱奸"为内容的新闻,连篇累牍。又如,《文汇报》1938 年 2 月不仅报道了多起凶杀事件,而且对事件的恐怖细节进行了具体的描写。《薛华立路发现之人头 傅蔡钓徒突遭暗杀》一文,对巡捕所发现的人头进行了这样的描写:"头项间似于被害时,曾被斩二三刀之多,因头后尚有一大块皮肉,摇摇欲坠也。"23 日在报道《巨福路又发现人头》时,对被害者的尸体进行了细致描写:"至于该手系从脉腕间截下,呈蜡黄色,血已凝成紫黑,似已历有数日。"报纸对凶杀细节的刻画,除了给读者带来恐惧和恶心的感觉之外,没有任何正面的效果。

　　除了报纸,一些商业性的广播电台为了吸引听众,增加广告收入,也播发了许多低级庸俗的娱乐节目。茅盾主编的《中国的一日》书末附录 1936 年 5 月 21 日上午民营广播台播出的歌曲、戏曲节目,颇能反映当时娱乐广播的情形。该书记载这一天播出的节目有:《爱往何处寻》《爱如花月》《粉红色的梦》《双料情人》《爱情是什么》《小野猫》《定情歌》等;戏曲节目有:《火烧红莲寺》《劈三棺》《济公传》《英雄难过美人关》等。商业性广播电台播出的迎合听众低级趣味的节目,当时就受到进步舆论的抨击。如,1936 年 8 月 14 日的《时事新报》就指出:"广播电台的使用,在于用迅速的方法,来传递重要的新闻。可是中国的广播电台已商业化了。它以宣扬货物为主要任务,而把原来的使命——传递重要新闻——成为附属品了,各电台为了替各商号作广告,不得不利用娱乐节目来吸引听众。所

---

　　① 《再挽一代名演艺家阮玲玉女士》,《申报》1935 年 3 月 17 日。

以他们所广播的节目,都是迎合小市民的低级趣味的污秽俚俗的滩黄、滑稽、宣卷之类的节目。这种靡靡之音,对于市民的思想行动,都有妨碍。"①

媒体在刊播新闻时如果只根据受众的趣味和自身的效益来取舍,而不是根据社会责任和社会影响来选择,那么,这样的媒体对社会大众是有害的。正如英国的卡瑞·桑德斯所说:"认为记者仅仅是在做报纸的生意,像卖某品牌的肥皂一样要竭力提高销售量,从而将新闻工作和道德实质性地隔离开来的企图是行不通的。记者所从事的事业对人类生活有着直接的影响,即使卖肥皂也是如此,否定这点就会在是非问题上引发争论。"②

四、形形色色的广告乱象

广告在传递商品信息、引导受众消费的同时,总是或隐或显地传播着一种价值观念,倡导着一种生活方式,传达出一种审美情趣。媒体刊载诚实、健康的广告,不仅可以为自身带来经济效益,还能对受众的消费观和价值观起到积极的引导作用。但如果刊载虚假、低俗的广告,则会降低媒体的信誉,使读者蒙受财产损失。国民政府时期的报纸广告,主要存在以下问题。

一是夸大吹牛的医药广告。翻阅此期的报纸,出现最多的是医药广告,什么"梅浊克星""寿而康壮阳药""耐而斯遗精片""花柳专科""痔疮救星"等广告应有尽有。有些药房还专门靠广告来骗人,他们在报上将自己的药品功效吹得天花乱坠。如《文汇报》1938年2月15日刊登的"咳呛肺痨补肺露""痔疮仙丹""白浊奇效草"广告就都标榜"乃祖传秘方,采取深山草药,提其天然精华炼制而成",其"功效伟大灵验如神","立保痊愈,确保永远断根"。如果真如广告所说,这些药品能"永远断根""百发百中"的话,那么现代医学在治疗肺痨、痔疮、白浊方面也不用研制各种药品和做各种手术了。

这种夸大吹牛的广告常常采用多种多样的包装方式来掩盖其虚假本色。例如,1928年11月1日,《申报》一则"生殖灵"的补品广告采用了新闻专电的形式:"波兰京城瓦萨电云,凡人之产儿,何以有时生男,有时生女。今日医学尚称长足进步,而至于此理,仍付之于未知数。最近波兰国著名医学家克伦斯特思博士发明生男之方法,阐明生男生女之奥理,欧洲医学界为之惊动,此种发明为现代医学上最大发明。克氏发明生男术后,为证明其术之正确起见,业向波兰政府请求就一般结婚者实验其术。克氏声言其术百发百中,放诸四海而皆准,而至其内容,守秘不宣,只发表其概要,云其术即系德国返老还童'生殖灵'新药之发明

---

① 赵玉明主编:《中国广播电视通史》,北京:北京广播学院出版社2004年版,第30—31页。
② 〔英〕卡瑞·桑德斯:《道德与新闻》,洪伟等译,上海:复旦大学出版社2007年版,第17页。

者史坦那博士之青春腺原理,实施其术者,须服返老还童'生殖灵'补品云。"这类广告没有明显的广告标识,具有新闻形式,更容易欺骗消费者。

再如,1936 年 10 月 6 日,《中央日报》刊登了一则假冒读者写给医院的感谢信式的广告:"感谢约翰医院,本人患痔廿余年,曾经割针拔等手术未能见效,现蒙约翰医院以中药西法包诊痊愈,特此鸣谢并告同病诸君。"这种"现身说法"式的广告,以治愈患者的口气来吹捧其产品,更具有一定的迷惑性。

二是暴力、情色的低俗广告。这一时期报纸上的暴力色情广告也屡见不鲜。例如:1938 年 1 月 27 日《文汇报》第四版上刊登的"肺活"广告中出现了一个巨型骷髅头的画像,占到该版面近五分之一的面积。《申报》1948 年 5 月 1 日第 6版的"阿墨林"药膏广告,为了给读者带来视觉刺激,刊登了一幅全裸女子的画像。

三是低俗的电影广告。为了吸引读者眼球,很多电影广告都打出了"情色"和"凶杀"牌。如 1948 年 4 月 25 日《申报》第八版上的一些电影广告:《武则天》的广告宣传语是"香艳巨制,污乱宫廷";《十三号凶宅》的广告是"连绵五十年的古宅奇闻,祸延四世代的凶杀惨史";《红楼残梦》的广告是:"空前哀感,无比凄怨,摧肝裂肠,血泪交迸";《梦里情郎》的广告是"销魂蚀骨肉麻有趣无上喜剧""私闯香闺,潜登绣榻,赶不走,骂不怕,大胆厚皮的自命情郎""请吃夜饭,喂送樱唇,买不来,引不到,强头摆耳的前世冤家";《神经战》的广告是"爱小姨一箭双雕,杀娇妻毁尸灭迹";《凶手》的广告是"拖好人落水,毁女人名节"……一眼看去,全是"性、腥、膻"的字眼。广告主在设计这些广告时,有意突出了色情元素,以引起观众的注意。

为了尽可能增加广告收入,这一时期的报纸还在广告的版次和篇幅安排上喧宾夺主。例如,报纸最重要的版面通常是头版和末版,可是当时许多报纸的这两个版面却是通版的广告。有些报纸则把新闻当作广告的附属品:或在版面中央登一大块广告,四角补上新闻;或在几条广告空隙之间,填充一两条新闻。不仅如此,广告主有时还可以影响和干预新闻的刊发。例如,"《文汇报》总编辑曾派一位记者去采访上海赌窟情况,写完了却没给登,追问《本市新闻》的编辑,说是某广告社电话打过来不让登。赌窟后面有黑社会背景,跟广告社有联系,而广告社是按月致送编辑 50 元'辛苦费'的。这件事在报社主编的干预下,虽以退款解决,但也可见广告代理商势力的膨胀"①。

对民国时期的广告乱象,王拱璧曾一针见血地指出:"广告的势力,差不多是

---

① 方汉奇、李彬主编:《出奇制胜——旧中国的民间报业经营》,福州:福建人民出版社 1999 年版,第182 页。

与新闻记事并驾齐驱的。有少数的中国报纸，对于新闻记事，还知道负点责任。而对于广告能负责任的，不但没有一家，而且明明是毒物，是危险物，明明是欺骗的，诱惑的，明明是丑恶的，污秽的，明明是违反群众心理的，只要拿钱来，就替它登载，替它宣传；至于那广告登载后的影响如何，自然是不必管它了。"①国民政府时期，像任白涛这样对新闻界中存在的道德问题提出批判的还有其他许多报人、记者、政治家等。他们根据当时的现实和自己对新闻业的期望，提出了一系列新闻伦理思想。

第三节　共产党人新闻伦理思想

中国共产党的新闻事业同革命事业一样，在经历了国民党的政治"围剿"、军事"围剿"和文化"围剿"之后，一度处于严重的困难与低迷的状态。但是，随着红军长征的胜利，共产党人克服了种种艰难困苦，在陕甘宁等地重新建立了革命根据地，重新开创了局部执政的新局面。为了适应革命事业的需要，共产党的新闻事业在延安和其他革命根据地很快恢复和发展起来。共产党有着重视新闻宣传和艰苦奋斗的优良传统，无论客观物质条件如何艰苦，宣传工作是万不可缺的，报纸是不能不办的。在办报的过程中，共产党的领导人和党报工作者十分重视新闻事业的经验总结。因此，在国民政府时期，中国共产党新闻伦理思想取得了前所未有的新成果。

一、毛泽东新闻伦理思想

毛泽东(1893—1976)是伟大的马克思主义者和无产阶级革命导师，中华人民共和国的缔造者。在其革命生涯中，他始终将"枪杆子"与"笔杆子"看成是革命成功的两大法宝。1939年2月，他为陕甘宁边区政府机关报《新中华报》的题词就是"把新中华报造成抗战的一支生力军"②。在毛泽东的思想里，军队和宣传都是斗争的生力军。因此，他从早年主编《湘江评论》《新湖南》《政治周报》等报刊，到延安时期成为中国共产党的领袖之后，都特别重视报纸和新闻宣传。特别是延安整风运动中，他亲自发动和主持了《解放日报》的改版工作，将这张"不完全的党报"改造成了"完全的党报"，由此奠定了中国共产党的党报理论的基础，"创立了中国新闻史和党报史上一种独特的报刊类型和操作模式——以组织喉舌为性质，以党的一元化领导为体制，以四性一统（党性、群众性、战斗性、指导

---

① 王拱璧：《写在任著新闻学的上头》，任白涛：《应用新闻学》，上海：亚东图书馆1937年版，第4—5页。

② 《毛泽东新闻工作文选》，北京：新华出版社2014年版，第53页。

性,统一在党性之下)为理论框架的延安范式"①。这种办报模式对中国新闻事业产生了巨大影响,深刻地改变了中国新闻事业的面貌。他的新闻思想也成了 20世纪 40 年代以来中国共产党新闻工作的指导思想。在新中国成立以前,他的新闻伦理思想主要有如下一些内容。

（一）办报的目的与任务：从宣传革命到宣传党的路线、方针与政策

自近代报刊产生以来,不同的办报主体对于为什么要办报的问题有着不同的认识,而办报目的又直接影响着记者在新闻活动中的道德行为。书生办报、企业家办报与政治家办报,其目的与任务是截然不同的。毛泽东作为职业革命家和政治家,其报刊活动从一开始就有明确的政治目的,只是不同时期因其地位的变化和共产党所面临的任务不同而有所变化而已。毛泽东的办报活动始于 1919年 7 月在湖南创办《湘江评论》周报。这份报纸是他发起创办和主编的第一份政治报纸,共出 4 期,是湖南省学生联合会刊物,同年 8 月中旬被湖南军阀张敬尧查封。之后,毛泽东又接编了湖南湘雅医学专门学校校刊《新湖南》。1923 年还以"湖南自修大学校刊"的名义创办了《新时代》。

毛泽东青年时代在主持这些刊物时,提出的办报目的与报刊责任就是为了宣传革命。1919 年 7 月,毛泽东在《湘江评论》的《创刊宣言》中开宗明义地说:"自'世界革命'的呼声大倡,'人类解放'的运动猛进,从前吾人所不置疑的问题,所不遽取的方法,多所畏缩的说话,于今都要一改旧观,不疑者疑,不取者取,多畏缩者不畏缩了。这种潮流,任是什么力量,不能阻住。任是什么人物,不能不受他的软化。"②非常明确,毛泽东说他创办和主持的《湘江评论》,就是为了在"世界革命"和"人类解放"的大潮中,积极传播革命的理论,唤起人们勇敢投身到革命的洪流中去。

在第一次国共合作时期,毛泽东担任国民党中央宣传部代理部长,并兼任国民党中央宣传部机关刊物《政治周报》主编。1925 年 12 月 5 日,他在该报的发刊词中开篇就阐述了出版《政治周报》的理由与目的:"为什么出版《政治周报》?为了革命。为什么要革命?为了使中华民族得到解放,为了实现人民的统治,为了使人民得到经济的幸福。"③发刊词的开头接连用了 4 个"为了"阐述办报的目的,说明政治家办报与企业家办报在办报动机上是根本不同的。毛泽东认为,人民要想获得解放,实现自己的权利,就必须投身到革命的洪流中去,通过革命手

---

① 黄旦:《从"不完全党报"到"完全党报"——延安〈解放日报〉改版再审视》,李金铨:《文人论政:知识分子与报刊》,桂林:广西师范大学出版社 2008 年版,第 279 页。

② 张之华主编:《中国新闻事业史文选》,北京:中国人民大学出版社 1999 年版,第 360 页。

③ 《毛泽东新闻工作文选》,北京:新华出版社 1983 年版,第 3 页。

段推翻封建专制的旧政权,建立民主、自由的共和国。《政治周报》就是为实现这个目标而创办的。与此同时,《政治周报》还有一个重要的职责是:"向反革命宣传反攻,以打破反革命宣传。"①毛泽东后来回忆说:"我在广州担任《政治周报》的主编……它在抨击和揭露以戴季陶为首的国民党右派时,起了非常积极的作用。"②

在毛泽东早期论述报刊的文章中,使用得最多的是"宣传",几乎不用"新闻"一词。一般说来,书生办报主要是为了传播新闻与思想文化,企业家办报是为了通过新闻和宣传而赢得利润,而政治家办报往往是以宣传政治主张和传播政治理想为鹄的。毛泽东在中国共产党建党时期形成的新闻思想就是为了革命而办报。

1929年12月,毛泽东在井冈山根据地为红军第四军第九次党的代表大会写了一份《中国共产党红军第四军第九次代表大会决议案》,即古田会议决议。其中第四部分"革命红军宣传工作问题"是毛泽东在井冈山时期对宣传目的的认识。他说:

> 红军宣传工作的任务,就是扩大政治影响,争取广大群众。由这个宣传任务之实现,才可以实现组织群众,武装群众,建立政权,消灭反动势力,促进革命高潮等红军的总任务。所以红军的宣传工作是红军第一个重大的工作。若忽视了这个工作,就是放弃了红军的主要任务,实际上就等于帮助统治阶级削弱红军的势力。③

毛泽东把宣传看成是红军"第一重大的工作"和"主要任务",甚至说,如果忽视这个工作,就等于帮助统治阶级削弱红军的势力,可见他对宣传工作的重视。但是,这一时期,他强调的宣传工作的重心主要是争取群众投身到革命的潮流之中。当时,党中央发布的文件强调的也是动员和鼓舞广大群众在党的口号之下,形成伟大的争斗的力量。如1929年6月,《中共六届二中全会宣传工作决议案》提出:"只有动员自己的全体党员,以正确的策略领导群众,以宣传工作说服群众,征取广大群众到自己的政治影响之下,使自己的口号成为群众争斗的目标。"④

遵义会议之后,毛泽东的领袖地位在全党全军得到了确立。作为党和红军

① 《毛泽东新闻工作文选》,北京:新华出版社1983年版,第5页。
② 〔美〕埃德加·斯诺:《西行漫记》,胡愈之、林淡秋、梅益、董乐山等译,北京:生活·读书·新知三联书店1979年版,第135页。
③ 《毛泽东新闻工作文选》,北京:新华出版社1983年版,第15页。
④ 中国社会科学院新闻研究所编:《中国共产党新闻工作文件汇编》上,北京:新华出版社1980年版,第41页。

最高领导人之一,他担负的责任更大,对报刊作用与任务的要求也发生了一些变化。特别是共产党在延安建立红色政权以后,党中央对党报的任务给予了新的界定,即除了继续宣传和鼓动群众参加革命斗争之外,还要成为宣传党的路线方针政策的主阵地。1938 年 4 月,《中共中央关于党报问题给地方党的指示》中说:"在今天新的条件之下,党已建立全国性的党报和杂志,因此必须纠正过去那种观念,使每个同志应当重视党报,读党报,讨论党报上的重要论文。党报正是反映党的一切政策,今后地方党部必须根据党报、杂志上重要负责同志的论文当作是党的政策和党的工作方针来研究。"①1941 年 6 月,《中宣部关于党的宣传鼓动工作提纲》第一条"宣传鼓动工作的任务与范围"明确规定:"我们党的宣传鼓动工作的任务,是在宣传党的马列主义的理论,党的纲领与主张,党的战略与策略,在思想意识上动员全民族与全国人民为革命在一定阶段内的彻底胜利而奋斗。这种宣传与鼓动,同时包含有对共同思想进行联合,对敌对思想进行斗争的两个方面。"②这个文件的精神与毛泽东的党报思想是一致的。1942 年 1 月 24 日,《中共中央政治局关于给〈解放日报〉写稿与供给党务广播材料的决议》中说:"同意毛主席指出今后《解放日报》应从社论、专论、新闻及广播等方面贯彻党的路线与党的政策,文字须坚决废除党八股。"③由此可见,从延安时期开始,毛泽东对党报的目的与任务提出了新的要求,即鼓动群众积极投入革命斗争与宣传党的路线方针政策并重。

1941 年 5 月 15 日,毛泽东在《关于出版〈解放日报〉和改进新华社工作的通知》中说:"一切党的政策,将通过《解放日报》与新华社向全国宣达。"④5 月 16 日,他在《延安〈解放日报〉发刊词》中说:"中国共产党的使命,就是本报的使命。"⑤按照毛泽东的指示,中央发布的关于党报工作的文件多次强调:报纸的主要任务就是要宣传党的路线、方针和政策。从这一时期开始,毛泽东对党报目的与使命的论述较过去有了新的内涵。

1948 年 4 月 2 日,毛泽东在晋绥边区首府兴县蔡家崖对《晋绥日报》编辑人员发表了重要谈话。在谈话中,他从全局和战略的高度对党的新闻事业进行了全面的论述,其中特别强调了党报的使命任务和功能作用。他说:"报纸的作用和力量,就在它能使党的纲领路线,方针政策,工作任务和工作方法,最迅速最广

---

① 中国社会科学院新闻研究所编:《中国共产党新闻工作文件汇编》上,北京:新华出版社 1980 年版,第 86 页。

② 同上书,第 103 页。

③ 同上书,第 118 页。

④ 《毛泽东新闻工作文选》,北京:新华出版社 2014 年版,第 72 页。

⑤ 同上书,第 74 页。

泛地同群众见面。""办好报纸,把报纸办得引人入胜,在报纸上正确地宣传党的方针政策,通过报纸加强党和群众的联系,这是党的工作中的一项不可小看的、有重大原则意义的问题。"①毛泽东的这一思想一直延续到新中国成立之后,成为中国共产党党报工作一以贯之的指导思想。党报工作者只有明确了自己工作的性质与任务,才会在实践中充分发挥主观能动性与创造性。

（二）党报工作者的"党性"修养

"党性"概念是列宁在 1904 年针对《火星报》的小组活动习气提出来的。他要求党报要有全党的意识,克服记者立场的独立性和分散性。1905 年,列宁在《党的组织和出版物》中又全面阐述了党性的内涵:报纸是党的事业的一部分,应当成为各个党组织的机关报,党的报刊必须坚持党的观点,服从党的领导。这是中国共产党新闻工作党性原则的理论来源。

1942 年 3 月 16 日,中共中央宣传部按照毛泽东的指示发出了《中宣部为改造党报的通知》。通知指出:"报纸的主要任务就是要宣传党的政策,贯彻党的政策,反映党的工作,反映群众生活。要这样做,才是名符其实的党报。如果报纸只是或者以极大篇幅为国内外通讯社登载消息,那末这样的报纸是党性不强,不过为别人的通讯社充当义务的宣传员而已,这样的报纸是不能完成党的任务的。"②这是"党性"一词首次出现在中国共产党的文件中。在此之前的 1942 年 1 月 26 日,毛泽东在《中宣部宣传要点》中就说过:"故在去年内,中央政治局多次地着重地讨论了这个问题,发表了关于增强党性的决定,关于开展调查研究的决定,关于干部学校的决定与关于高级学习组的决定。"③这说明,新闻宣传工作的"党性"是延安时期中国共产党着重讨论与解决的一个重要问题。

党报和党报工作者如何落实"党性"要求?《解放日报》发表过许多论文进行阐释。如 1942 年 4 月 1 日,《解放日报》刊发的由博古执笔、经过毛泽东修改的社论《致读者》中说:贯彻着坚强的党性,"不仅要在自己一切篇幅上,在每篇论文、每条通讯、每个消息……中都能贯彻党的观点、党的见解,而且更其重要的是报纸必须与整个党的方针、党的政策、党的动向密切相联,呼吸相通,使报纸应该成为实现党的一切政策、一切号召的尖兵、倡导者"④。这里阐明的最重要的观点是党报和党报工作者要与党中央保持高度一致,与党组织密切相联,呼吸相通。

① 《毛泽东新闻工作文选》,北京:新华出版社 2014 年版,第 188—189 页。
② 中国社会科学院新闻研究所编:《中国共产党新闻工作文件汇编》上,北京:新华出版社 1980 年版,第 126 页。
③ 《毛泽东新闻工作文选》,北京:新华出版社 2014 年版,第 90 页。
④ 《致读者》,《解放日报》1942 年 4 月 1 日。

1942 年 9 月 15 日,毛泽东在给中宣部副部长凯丰的信中说:"今日与博古谈了半天,报馆工作有进步,可以希望由不完全的党报变成完全的党报。"①将不完全的党报变成完全的党报,是延安整风时期党报改革的主要目标。

1942 年 10 月 28 日,毛泽东在给中央晋绥分局书记林枫的电报里说:"整个通讯社及报社的新闻政策及社论方针,分局必须经常注意,加以掌握,使我们的宣传完全符合于党的政策。"②众所周知,党的方针政策并不是一成不变的,而是根据当时形势与任务的变化而有所改变。例如,国共合作时期与国共分裂时期,国内革命战争时期与抗日战争时期,党的政策会有重大的改变。党报的宣传报道应该随着党的政策的变化而变化,这才算是我们的宣传完全符合于党的政策。到解放战争时期的 1948 年 8 月,毛泽东在一份文件的修改中加了这样一段话:"各地党报必须无条件地宣传中央的路线和政策,并不得在宣传中将中央和受中央委托执行中央的路线、政策和任务的机关(即各中央局、分局、军委分会和前委会)处于平列的地位。"③

毛泽东的这两段话,一方面强调了一份完全的党报应该是什么样子的(是完全符合党的政策,无条件地宣传党的政策),另一方面明确了党报与党中央的关系是领导与被领导的关系,而不是平起平坐的关系。有人质疑,"党性原则"为什么属于新闻伦理范畴,我认为,这是政治要求伦理化和伦理要求政治化的体现,党性原则既是政治要求,也是伦理要求,两者合二为一。另外,从本质上看,党性原则所要解决的主要问题是党报工作者与上级党委的关系问题(双方不是平起平坐的关系,而是领导与被领导的关系)。从道德哲学角度看,凡是用来处理主体与客体权责关系的原则与规范都属于伦理范畴。

毛泽东认为,党报工作者的"党性"修养不仅体现在与党中央保持一致、自觉接受党组织的领导,还体现在不搞"同人办报",克服闹独立的倾向。1942 年 10 月,毛泽东为中共中央书记处起草了给中央局和中央分局的指示《克服宣传人员中闹独立的倾向》。指示中说:"西北中央局已经发表了一个关于报纸工作的决定,各地亦应仿此办理,改正过去不讨论新闻政策及社论方针的习惯,抓紧对通讯社及报纸的领导,务使通讯社及报纸的宣传完全符合于党的政策,务使我们的宣传增强党性,拿《解放日报》所发表的关于如何使报纸增强党性的许多文件去教育我们的宣传人员,克服宣传人员中闹独立性的错误倾向。"④

所谓"同人办报",就是报馆同人按照自己的好恶、兴趣选择稿件,按照自己

---

① 《毛泽东新闻工作文选》,北京:新华出版社 2014 年版,第 142 页。
② 同上书,第 140 页。
③ 同上书,第 194 页。
④ 《毛泽东新闻工作文选》,北京:新华出版社 1983 年版,第 97 页。

的意见采写评论,不接受党组织的领导,标榜言论自由。1942 年 9 月 22 日《解放日报》社论《党与党报》明确指出:"一切依照报馆同人或工作人员个人办事,不必顾及党的意志,一切依照自己的高兴不高兴办事,不必顾及党的影响。办报办到这样,那就一定党性不强,一定闹独立性,出乱子,对于党的事业,不但无益而且有害。"①社论按照毛泽东的主张和要求,对"同人办报"提出了尖锐的批评,深刻阐释了党报的性质就是全党的喉舌,是这个巨大集体的喉舌;要求党报工作者一切要依照党的意志办事。延安时期在毛泽东领导下确立的新闻工作的党性原则是中国共产党人办报的核心理念和党报思想的基石,也是党报工作者应该牢固树立的新闻伦理原则。

(三)讲真话、重调查的工作作风

讲真话、重调查是毛泽东新闻伦理思想的重要内容。1925 年 12 月,为了反击帝国主义、军阀和政客的报纸对广东国民政府的种种污蔑,毛泽东在《〈政治周报〉发刊理由》中说:"我们反攻敌人的方法,并不多用辩论,只是忠实地报告我们革命工作的事实。敌人说:'广东共产',我们说:'请看事实'。敌人说:'广东内哄',我们说:'请看事实'。敌人说:'广州政府勾联俄国丧权辱国',我们说:'请看事实'。敌人说:'广州政府治下水深火热民不聊生',我们说:'请看事实'。"这是毛泽东早期办报思想的准确表达。在他看来,既然是办报,就要以事实作为报刊的核心内容;作为政党报纸,只有事实才是反驳敌人的有力武器。因此,他说,"《政治周报》的体裁,十分之九是实际事实之叙述,只有十分之一是对于反革命派宣传的辩论"②。

在长期的革命斗争活动中,毛泽东始终把重事实、讲真话作为新闻宣传最基本的伦理原则。1931 年 3 月,他在《遍地举办〈时事简报〉》中指出:《时事简报》"文字和材料都要是鼓动性的","但严禁扯谎,例如,红军缴枪一千说有一万,白军本有一万说只一千。这种离事实太远的说法,是有害的。《时事简报》不靠扯谎吃饭"③。他要求红军报刊不能为了宣传的需要故意歪曲事实,吹牛扯谎。直到延安时期,毛泽东对《时事简报》这种报道战绩有意夸大或缩小的做法,还提出了批评。1945 年 4 月 24 日,毛泽东在党的七大报告《论联合政府》中指出:

> 今天再说这样一点:要讲真话,不偷、不装、不吹。偷就是偷东西,装就是装样子,"猪鼻子里插葱——装象",吹就是吹牛皮。讲真话,每个普通的人应该如此,每个共产党人更应该如此。

① 《党与党报》,《解放日报》1942 年 9 月 22 日。
② 《毛泽东新闻工作文选》,北京:新华出版社 1983 年版,第 5 页。
③ 同上书,第 29 页。

关于要讲真话,我们现在发了一个通令,要各地打仗缴枪,缴一支讲一支,不报虚数。我们曾经有个时期分对内对外,内报一支是一支,外报一支是两支。现在我们专门发了这个通令,知之为知之,不知为不知,一支为一支,两支为两支,是知也。这些问题解决了,我们党的作风就可以更切实了。①

新闻宣传要讲真话是毛泽东新闻伦理思想的精华。从井冈山到延安,毛泽东在许多场合都强调了这一观点,并充分论述了讲真话与党的整个事业的密切关系,讲真话与党的作风建设的密切关系。1942 年 3 月 8 日,他为《解放日报》"三八"国际妇女节特刊的题词就是:"深入群众,不尚空谈。"②

在毛泽东看来,新闻宣传的真实正确关乎党的事业的成败,而要做到真实正确,就离不开调查研究,离不开"没有调查就没有发言权"这一真理。早在 1930 年 5 月,他在《反对本本主义》一文中,为了反对当时红军中存在的教条主义(本本主义)就提出了"没有调查,没有发言权"的著名论点。他说:"你对于那个问题不能解决么?那末,你就去调查那个问题的现状和它的历史吧!你完完全全调查明白了,你对那个问题就有解决的办法了。一切结论产生于调查情况的末尾,而不是在它的先头。只有蠢人,才是他一个人,或者邀集一堆人,不作调查,而只是冥思苦索地'想办法','打主意'。须知这是一定不能想出什么好办法,打出什么好主意的。"③

20 世纪 30 年代初期是中国共产党领导工农红军在中央革命根据地进行革命斗争的艰难时期。毛泽东说,红军当时要面临敌人的两个围剿:"军事围剿"与"文化围剿"。在这样艰苦卓绝的条件下,毛泽东还利用机会进行调查工作。他在《〈兴国调查〉前言》中说:"一九三〇年九月,红军第一方面军从打长沙回到江西,十月初打开吉安,进到袁水流域,兴国送了许多农民来当红军,我趁此机会做了一个兴国地十区即永丰区的调查。"毛泽东为什么要做这样的调查呢?他说:"实际政策的决定,一定要根据具体情况,坐在房子里面想象的东西和看到的粗枝大叶的书面报告上写着的东西,决不是具体的情况。倘若根据'想当然'或不合实际的报告来决定政策,那是危险的。""所以详细的科学的实际调查,乃非常之必需。"④

毛泽东根据亲身调查研究的经历、体会和党的事业的需要,在不同历史时期

---

① 《毛泽东新闻工作文选》,北京:新华出版社 1983 年版,第 125、128 页。

② 《毛泽东新闻工作文选》,北京:新华出版社 2014 年版,第 108 页。

③ 《毛泽东著作选读》上册,北京:人民出版社 1986 年版,第 49 页。

④ 《毛泽东新闻工作文选》,北京:新华出版社 1983 年版,第 24—25 页。

对调查研究的重要作用与方法都发表了精辟的观点。1931 年 4 月,毛泽东在《总政治部关于调查人口和土地状况的通知》中提出了这样的口号:"一,不做调查没有发言权。二,不做正确的调查同样没有发言权。"①1939 年 10 月,他在《研究沦陷区》中说:"这样系统地研究时事问题,并为一切抗战干部们供给材料,实在是必要与重要的了。'瞎子摸鱼',闭起眼睛瞎说一顿,这种作风,是应该废弃的了。"②1941 年 5 月,他在《改造我们的学习》中把调查研究和实事求是提高到党性的高度,要求党员干部运用马列主义理论和方法对周围环境作系统的、周密的调查和研究,认为"有实事求是之意,无哗众取宠之心。这种态度,就是党性的表现,就是理论和实际统一的马克思列宁主义的作风。"③为了在全党树立这种新的风气,消灭党内存在的主观主义和形式主义的作风,1941 年 8 月 1 日,他起草了《中共中央关于调查研究的决定》。该《决定》指出,"党内许多同志,还不了解没有调查就没有发言权这一真理"。"还不知道,粗枝大叶、自以为是的主观主义作风,就是党性不纯的第一个表现;而实事求是,理论与实际密切联系,则是一个党性坚强的党员的起码态度。"④

由此可见,强调实事求是和调查研究是毛泽东一贯的思想。这一思想也是中国共产党党报党刊的指导思想。1942 年 3 月,中共中央宣传部发布的《中宣部为改造党报的通知》就明确规定:"把报纸办好,是党的一个中心工作,各地方党部应当对自己的报纸加以极大注意,尤应根据毛泽东同志整顿三风的号召,来检查和改造报纸。"⑤整顿三风是毛泽东 1942 年 2 月 1 日在中共中央党校开学典礼上的演说《整顿党的作风》中提出的,即"反对主观主义以整顿学风,反对宗派主义以整顿党风,反对党八股以整顿文风"⑥。新闻战线整顿三风,主要表现在:重视调查研究,克服主观主义;反对同人办报,消除宗派主义;讲究文字通俗化,创造生动活泼的文风。毛泽东说:"党报工作者必须学会善于吸引党外人员在党报上写文章、写通讯的方式和方法。某些党报工作者的主观主义与宗派主义态度,须受到批评。"⑦他在《〈中国工人〉发刊词》中又说:"我希望这个报纸好好地办下去,多载些生动的文字,切忌死板、老套,令人看不懂,没味道,不起劲。"⑧

---

① 《毛泽东新闻工作文选》,北京:新华出版社 2014 年版,第 36 页。

② 同上书,第 56 页。

③ 同上书,第 77 页。

④ 同上书,第 78 页。

⑤ 中国社会科学院新闻研究所编:《中国共产党新闻工作文件汇编》上,北京:新华出版社 1980 年版,第 126 页。

⑥ 《毛泽东著作选读》下册,北京:人民出版社 1986 年版,第 488 页。

⑦ 《毛泽东新闻工作文选》,北京:新华出版社 2014 年版,第 112 页。

⑧ 同上书,第 67 页。

总之,毛泽东提出的新闻宣传"要讲真话"和"没有调查,没有发言权"以及整顿党报作风的思想,对于党报工作者培养实事求是的工作作风和努力维护新闻真实的道德自觉具有深远的影响。

（四）党报工作者要加强思想改造

毛泽东对新闻宣传一直是非常重视的,对新闻记者也有过许多赞许和褒扬。这从他有关知识分子的论述中可以看出。1934 年,毛泽东就说过:"为了造就革命的知识分子,为了发展文化教育,利用地主资产阶级出身的知识分子为苏维埃服务,这也是苏维埃文化政策中不能忽视的一点。"①1939 年 12 月,他为中共中央起草了一个决定——《大量吸收知识分子》。在这个文件中,他说:"没有知识分子的参加,革命的胜利是不可能的 。""一切战区的党和一切党的军队,应该大量吸收知识分子加入我们的军队,加入我们的学校,加入政府工作。只要是愿意抗日的比较忠实的比较能吃苦耐劳的知识分子,都应该多方吸收,加以教育,使他们在战争中在工作中去磨练,使他们为军队、为政府、为群众服务,并按照具体情况将具备了入党条件的一部分知识分子吸收入党。"②1942 年 2 月,他在《反对党八股》一文中说:"不但教员是宣传家,新闻记者是宣传家,文艺作者是宣传家,我们的一切工作干部也都是宣传家。"③这些材料说明,毛泽东对包括新闻记者在内的知识分子的地位与作用是充分肯定的。但从总体上看,他对待知识分子的态度:一是重视利用;二是教育改造。

对知识分子为什么要重视利用,他已说得十分明白:没有知识分子的参加,革命的胜利是不可能的。为什么要对知识分子进行教育改造？我们先看毛泽东在不同时期评价知识分子的几段话。

1930 年 5 月,毛泽东在《反对本本主义》中说:

> 我们的斗争需要马克思主义。我们欢迎这个理论,丝毫不存什么"先哲"一类的形式的甚至神秘的念头在里面。读过马克思主义"本本"的许多人,成了革命叛徒,那些不识字的工人常常能够很好地掌握马克思主义。④

1942 年 2 月 1 日,他在中共中央党校开学典礼上的演说《整顿党的作风》中说:

> 我们尊重知识分子是完全应该的,没有革命知识分子,革命就不会胜利。但是我们晓得,有许多知识分子,他们自以为很有知识,大摆其

---

① 《毛泽东新闻工作文选》,北京:新华出版社 1983 年版,第 35 页。
② 《毛泽东著作选读》上册,北京:人民出版社 1986 年版,第 319、320 页。
③ 《毛泽东著作选读》下册,北京:人民出版社 1986 年版,第 514—515 页。
④ 《毛泽东著作选读》上册,北京:人民出版社 1986 年版,第 51 页。

知识架子,而不知道这种架子是不好的,是有害的,是阻碍他们前进的。他们应该知道一个真理,就是许多所谓知识分子,其实是比较地最无知识的,工农分子的知识有时倒比他们多一点。①

1948年4月2日,毛泽东在《对晋绥日报编辑人员的谈话》中说:

> 报纸工作人员为了教育群众,首先要向群众学习。同志们都是知识分子。知识分子往往不懂事,对于实际事物往往没有经历,或者经历很少。你们对于一九三三年制定的《怎样分析农村阶级》的小册子,就看不大懂;这一点,农民比你们强,只要给他们一说就都懂得了。②

从以上的评价中不难看出:第一,毛泽东认为,"许多所谓知识分子,其实是比较地最无知识的"。第二,毛泽东习惯将知识分子与工农分子进行比较,而比较的结论常常是,知识分子不如工农,"知识分子往往不懂事"。依据是知识分子只有理论知识,缺乏实际事物的经历,理论脱离实际就是无知识。第三,知识分子并不懂马克思主义,而"那些不识字的工人常常能够很好地掌握马克思主义"。知识分子对理论的理解力比不上工农。因此,必须对知识分子进行教育改造。在延安整风运动乃至后来很长的时期里,毛泽东对包括党报工作者在内的知识分子提出了必须进行教育改造的要求。他在一些讲话和文章里,提出了教育改造知识分子的方法与途径。主要是新闻记者同文艺工作者一样,在思想感情和态度立场上来一个根本的转变,要站在工农大众的立场上报道新闻;新闻工作者同文艺工作者一样,要自觉向工农学习,以工农为师,走新闻大众化道路。

1942年,毛泽东在《反对党八股》和《在延安文艺座谈会上的讲话》中,重点阐述了文艺为人民群众,首先是为工农兵服务的根本方向。他认为"大众化"的核心问题是感情和立场问题,只有思想感情上与工农兵大众打成一片,站在工农大众的立场上运用群众的语言来反映现实生活,才是真正的大众化。他说:"现在许多人在提倡民族化、科学化、大众化了,这很好。但是'化'者,彻头彻尾彻里彻外之谓也;有些人则连'少许'还没有实行,却在那里提倡'化'呢!""如果是不但口头上提倡提倡而且自己真想实行大众化的人,那就要实地跟老百姓去学,否则仍然'化'不了的。有些天天喊大众化的人,连三句老百姓的话都讲不来,可见他就没有下过决心跟老百姓学,实在他的意思仍是小众化。"③在中国文艺和新闻史上,毛泽东对"大众化"的解释是最为透彻和科学的,从理论和实践上解决了长期以来争论不休的"大众化"问题,为文艺和新闻工作者指明了正确的方向。

---

① 《毛泽东著作选读》下册,北京:人民出版社1986年版,第491—492页。
② 《毛泽东选集》第4卷,北京:人民出版社1991年版,第1320页。
③ 《毛泽东著作选读》下册,北京:人民出版社1986年版,第518页。

在推行"大众化"新闻理念的过程中,毛泽东特别强调党报工作者要以敢当小学生的精神,向被教育者——工农兵大众学习。他说:"我们知识分子出身的文艺工作者,要使自己的作品为群众所欢迎,就得把自己的思想感情来一个变化,来一番改造。没有这个变化,没有这个改造,什么事情都是做不好的,都是格格不入的。"①同样,从事新闻工作的人也要有一番变化和改造。"报纸工作人员为了教育群众,首先要向群众学习。""报社的同志也要经常向下边反映上来的材料学习,慢慢地使自己的实际知识丰富起来,使自己成为有经验的人。这样,你们的工作才能够做好,你们才能担负起教育群众的任务。"②

毛泽东提倡的"报纸工作人员为了教育群众,首先要向群众学习"的观点,其正确的一面在于办报的知识分子要多接触实际,多接触基层,多接触群众,"慢慢地使自己的实际知识丰富起来,使自己成为有经验的人"。这就回答了新闻传播中传者与受者相互学习和相互促进的问题。深入实际,深入群众,永远是记者提高自身水平和报道质量的重要途径。但是,我们也应该看到,在知识分子与工农群众、传者与受众的关系中,毛泽东总是向工人农民倾斜,表示对他们的赞许与欣赏。他说,"最干净的还是工人农民,尽管他们手是黑的,脚上有牛屎,还是比资产阶级和小资产阶级知识分子都干净。"③因此,知识分子只有走向群众,"'以工农的思想为思想,以工农的习惯为习惯',如此才能写好工农,教育工农"④,才能真正摆脱"无冕之王"的负累,成为站在大众立场、反映大众生活的"公仆"。

中国自晚清以来,梁启超、孙中山等人都奉记者为"先知先觉",期望他们承担起"先觉觉后觉"的社会责任,新闻记者也常常以"先知先觉"者自许,并乐意承担"牖民智"和"开官智"的责任。但是,在延安时期,在毛泽东的"转变""改造"的要求面前,大多数报人的知识自豪感和专业优势感大大削减。因此,毛泽东"改造""转变"党报报人的思想与说法在一定程度上影响了党报记者的专业自信和独立精神的培养。党报工作者如何将坚持党性原则与个人的独立思考有机地结合起来,如何将发挥专业优势、树立专业自信与虚心向群众学习结合起来,是现今乃至将来都应该继续研究的课题。

二、张闻天新闻伦理思想

张闻天(1900—1976),江苏南汇县(今上海浦东新区)人,杰出的无产阶级革命家、理论家和宣传家,忠诚的马克思主义者,中国共产党在一个较长时期的重

---

① 《毛泽东著作选读》下册,北京:人民出版社 1986 年版,第 528 页。
② 同上书,第 646—647 页。
③ 《毛泽东选集》第 3 卷,北京:人民出版社 1991 年版,第 851 页。
④ 《胡乔木回忆毛泽东》,北京:人民出版社 1994 年版,第 261 页。

要领导人。1931 年至 1935 年,他担任过中共中央宣传部部长、中央党报委员会书记、中央政治局委员。1935 年 1 月遵义会议后,他被推举为党中央书记,代替博古负总责,直到 1940 年转为负责党的宣传教育工作。他主编过中共中央机关报《红旗周报》《斗争》《解放》《共产党人》《中国通讯》等党报党刊。作为党中央领导人和党的宣传工作的领导人及党报主编,张闻天不仅亲自起草和主持制定了党中央许多重要的文件,而且撰写了许多有关报刊宣传的理论文章,对党的新闻宣传事业进行了理论分析和总结,如《论我们的宣传鼓动工作》(1932 年)、《学习领导群众的艺术》(1933 年)、《关于我们的报纸》(1933 年)、《谈通讯员的工作》(1939 年)、《抗战以来中华民族的新文化运动与今后任务》(1940 年)、《党的宣传鼓动工作提纲》(1941 年)等。在这些文章中,他提出的许多卓有见地的观点和主张,是中国共产党新闻伦理思想的重要来源。

(一)党报的性质与党报工作者的使命

对报刊性质的认识及其功能的定位,直接关系到报人在职业活动中的伦理行为。中国共产党成立之后,一直把报纸看成是政治宣传的机器和阶级斗争的工具。1930 年 8 月 15 日,中共中央机关报《红旗日报》在其发刊词《我们的任务》中明确提出"在现在阶级社会里,报纸是一种阶级斗争的工具",并宣称"《红旗日报》将要高举着自己之红色的大旗,与全国工农劳苦群众共同的热烈的冲向前去"①。强调报纸的阶级性是中国共产党人的共识,是他们在报刊实践中的指导思想和确立党报伦理的理论基础。张闻天在成为共产党人之前,就接受了马列主义的阶级斗争学说。1925 年 3 月 12 日,孙中山先生逝世,4 月 6 日张闻天撰写了《追悼孙中山先生》一文。他说:"凡是替一般的民众谋利益,替全世界被压迫阶级喊出不平的声音的人们,都要受到代表资产阶级的利益的通讯社、政客与新闻记者的反对,这是当然的。这不但在俄国的李(列)宁为然,在我国的孙中山先生也是如此。"②在这里,张闻天运用阶级观点分析了新闻媒体的属性,认为记者与政客一样都会有明的阶级立场。张闻天在回忆自己的经历时说:"一九二五年'五卅'运动之前,我最后下决心加入中国共产党。在苏州担任了一些支部工作之后,即于一九二五年冬被派往莫斯科中山大学学习。这样整整的学习了五年。这是一个学习马列主义理论及苏联社会主义建设的实际的时期。"③这一经历使他更加坚定地信奉马克思主义的阶级斗争学说。1933 年 1 月,他从上海来到江西苏区,担任中央常委兼宣传部部长,做的第一件事就是将苏区中央局原

---

① 《我们的任务——〈红旗日报〉发刊词》,张之华编:《中国新闻事业史文选》,北京:中国人民大学出版社 1998 年版,第 388 页。

② 《张闻天文集》第 1 卷,北京:中共党史资料出版社 1990 年版,第 114 页。

③ 《张闻天文集》第 3 卷,北京:中共党史出版社 1994 年版,第 123 页。

来出版的《实话》与《党的建设》两种刊物合并,改名为《斗争》出版。《斗争》这个刊名,正是共产党人把报刊看成是阶级斗争工具思想的体现。

1933 年 12 月,张闻天撰写了《关于我们的报纸》一文,论述了媒介的阶级属性:"我们的报纸是革命的报纸,是工农民主专政的报纸,是阶级斗争的有力的武器"①;党报不但是"集体的宣传者",也要成为"群众运动的组织者"②,要为实现党与苏维埃的任务而努力斗争。1941 年 6 月,他在《党的宣传鼓动工作提纲》中,进一步指出:"报纸、刊物、书籍是党的宣传鼓动工作最锐利的武器。党应当善于充分的利用这些武器。办报、办刊物、出书籍应当成为党的宣传鼓动工作中的最重要的任务。"③张闻天从阶级斗争理论出发,强调新闻的意识形态属性,认为党报工作者的职责与使命就是共产党的责任与使命,两者是完全一致的。

1932 年 11 月,张闻天在《论我们的宣传鼓动工作》中说:"争取广大的工农群众到我们的领导之下,是同我们的群众的宣传鼓动的工作不能分开的。"④1941年 6 月,他在《党的宣传鼓动工作提纲》中又指出:"我们党的宣传鼓动工作的任务,是在宣传党的马列主义的理论、党的纲领与主张、党的战略与策略,在思想意识上动员全民族与全国人民为革命在一定阶段内的彻底胜利而奋斗。"⑤

众所周知,在中国共产党历史上,党的报刊历来被看成是党的事业的一部分,每一种党报党刊都是为了配合党的中心工作的需要而创办的。因此,党报与党报工作者的使命就是如何宣传好一定时期党中央的路线、方针、政策。例如1926 年 2 月创刊、张太雷任主编的广东省委机关刊物《人民周刊》第一期宣言说:"本报的使命是要给反帝国主义运动——民族运动——以理论上与策略上的指导。""唤起民众——特别是工农群众参加民族运动。""要对于巩固革命基础的广东,以及扩大革命基础之意见,诚意的贡献于民众与国民政府之前。"⑥发刊辞中提出的"使命"可以说是对 1925 年 1 月中国共产党第四次全国代表大会决议案有关宣传工作精神的贯彻落实。该决议案要求:"今后本党宣传工作的主要目标,必须根据大会关于中国民族革命运动的新审定,努力宣传民族革命运动与世界革命运动之关联和无产阶级在其中的真实力量及其特性——世界性与阶级性,以端正党的理论方向。"⑦

---

① 《张闻天文集》第 1 卷,北京:中共党史资料出版社 1990 年版,第 424 页。
② 同上书,第 428 页。
③ 《张闻天文集》第 3 卷,北京:中共党史出版社 1994 年版,第 158 页。
④ 《张闻天文集》第 1 卷,北京:中共党史资料出版社 1990 年版,第 315 页。
⑤ 《张闻天文集》第 3 卷,北京:中共党史出版社 1994 年版,第 150 页。
⑥ 转引自郜卫东:《解放前珍贵红色报刊发刊词》,北京:中央编译出版社 2011 年版,第 118 页。
⑦ 中国社会科学院新闻研究所编:《中国共产党新闻工作文件汇编》上,北京:新华出版社 1980 年版,第 19 页。

从瑞金到延安,张闻天在主管中央宣传工作期间,一直强调党报和党报工作者的阶级立场意识和政治使命意识,较好地指导和把握了党报宣传工作的方向,为党的宣传事业做出了重要的贡献。

(二)深入群众、深入实际的工作作风

1929 年 6 月,中共中央发布了《中共六届二中全会宣传工作决议案》,文件规定:"日报一定要严正的代表党的意见,不能违背修改或掩盖一部分党的主张以迁就工作上的便利。但日报要用群众自己的态度,从叙述新闻中宣传的主张,这样才可以使日报更加适合于群众的需要与兴趣,使日报的影响能深入广大群众。"①就是说党报党刊不仅要与党中央保持一致,而且要在适应群众的需要与兴趣上比以往做得更好,使日报的影响深入广大群众。1931 年,张闻天负责宣传工作后,为了更好地宣传党的意见与主张,对党报工作者提出了深入群众、深入实际的新要求。

从 1933 年到 1939 年,张闻天分别撰写了《学习领导群众的艺术》《关于我们的报纸》《谈通讯员工作》等重要文章。在这些文章中,他特别强调了联系群众、深入实际的重要性,认为"在任何情形之下,党决不能脱离群众,党必须同群众在一起,依靠在群众的身上,去完成党所提出的正确的任务"②。他及时地指出和批评了宣传工作中存在的严重脱离群众的现象,即新闻报道的不具体和停留于数据或表面。"我们所登载的新闻,常常是一些当地组织所要完成的赤裸裸的数目字,或者是它们的计划与工作布置。""下级党部宣传工作的报告上,也是拿这些数目字来表示他们工作的优劣,而上级党部也拿这些数目字来决定下级党部工作的优劣。大家这样习惯了,至于在这些数目字下到底有什么内容,如何改善它们的内容,那是大家所不管的。"③张闻天说,如果"我们报纸上的新闻,都是空洞的浮面的记载,在我们报纸上不容易找到关于一个村,一个乡,一个机关,一个企业某一部分工作的比较有始有终的记载"④,"在我们的报纸上却天天是模范,然而模范的实际内容,却是谁也不知道"⑤,那么,这样的新闻报道就不可能发挥实际的作用。因此,张闻天提出,"我们所需要的是真实,我们不需要在我们的真实上加以什么粉饰";"我们需要我们的报纸,如实的反映出苏维埃的实际,真正为

---

① 中国社会科学院新闻研究所编:《中国共产党新闻工作文件汇编》上,北京:新华出版社 1980 年版,第 54—55 页。

② 《张闻天文集》第 1 卷,北京:中共党史资料出版社 1990 年版,第 376 页。

③ 同上书,第 419、380 页。

④ 同上书,第 420 页。

⑤ 同上书,第 425 页。

党与苏维埃政府所提出的具体任务而斗争"①。张闻天的要求为党报党刊的健康发展指明了正确的方向。

党报工作者如何做到少一些"空洞的议论与叫喊"，多一些"具体的材料"？张闻天认为只有接近群众，深入实际。他说："搜集材料就要接近群众，与群众打成一片，同他们生活在一起，这样才能得到真实的材料。""要到实际斗争中去体验，去实践。如在前线，在部队里，在机关里，要在实际工作、实际斗争中去找材料写通讯，才能成功。"②他在《关于我们的报纸》这篇文章里告诫党报工作者，要"真正的去了解下面的实际情形，检查我们的实际工作，揭发在我们实际工作中所发生的一切严重问题所必然产生的结果"③，"我们需要我们的报纸，如实的反映出苏维埃的实际，真正为党与苏维埃政府所提出的具体任务而斗争。我们不是沉醉于自己的美梦的空想家，我们也不是由于我们自己工作的缺点与错误而陷于悲观失望的无气节分子"④。1939 年 10 月在延安新华社召开的第一次通讯员大会上，张闻天发表了重要讲话，提出"使通讯达到具体、真实和生动的标准"⑤。

范敬宜曾说："说到'三贴近'需要讲点历史。新闻宣传要贴近实际、贴近生活、贴近群众，一向是我们党的新闻工作的优良传统。"⑥回顾中国共产党新闻事业的发展历史，在党的新闻宣传工作群众路线的表述中，经历了"切合群众"——"联系群众"——"深入群众"——"贴近群众"的变化。这些语言表达的变化反映了党与人民群众的关系越来越密切，党对新闻工作者的要求也越来越高。⑦ 在"三贴近"优良传统的发展过程中，张闻天新闻伦理思想无疑是其重要的一环。

（三）党报应发挥舆论监督作用，提高战斗性

张闻天在领导宣传工作期间，还特别强调党报的舆论监督作用。他批评江西苏区的报纸在批评报道方面做得很不够："到处都在喊打倒官僚主义，但官僚主义的具体事实在我们的报纸上却很难找到。在反对浪费，反对贪污腐化，反对开小差，反对反革命活动，以及反对机会主义的斗争中，我们常常看到空喊多于具体事实的揭发。这种空喊不但不能打击罪恶的负责者，不但不能改善实际工

---

① 《张闻天文集》第 1 卷，北京：中共党史资料出版社 1990 年版，第 426 页。

② 《张闻天文集》第 3 卷，北京：中共党史出版社 1994 年版，第 26 页。

③ 《张闻天文集》第 1 卷，第 420 页。

④ 同上书，第 426 页。

⑤ 《张闻天文集》第 3 卷，第 26 页。

⑥ 范敬宜：《范敬宜谈新闻工作者的社会责任》，见人民网 www.people.com.cn，2004 年 7 月 29 日。

⑦ 徐新平：《"三贴近"传统的历史演进》，《湖南大学学报》2008 年第 2 期。

作,而且也不能教育群众。"①他认为,不敢于揭露罪恶、缺乏斗争性的报纸,就不是革命的报纸。他说:

> 我们的报纸是革命的报纸,是工农民主专政的报纸,是阶级斗争的有力的武器,我们对于一切损害革命利益,损害苏维埃政权的官僚主义者,贪污腐化分子,浪费者,反革命异己分子,破坏国家生产的怠工工人等,必须给以最无情的揭发与打击,使他们在全苏区工农劳苦群众的前面受到唾骂、讥笑与侮辱,使他们不能在苏维埃政权下继续生存下去,这样来改善我们各方面的工作。②

在当时,张闻天要求党报进行舆论监督的重点对象是党员干部中的官僚主义者。官僚主义者"一方面不了解群众的实际情形,同群众脱离关系,而在另外一方面对于群众则采取强迫命令的办法"③。因此,"反对官僚主义斗争的开展,在转变苏维埃政府的工作方面,是极端重要的"④。"反对官僚主义,必须把那些官僚主义者从他们的安乐窝里拖到苏维埃的舆论的前面,在全苏区的群众前面,具体的指出他们的一切罪恶,号召群众起来同这些官僚主义者作斗争。"⑤此外,报纸还应该对"浪费""贪污腐化""反革命活动""机会主义"等进行揭露批判和斗争。

1940年6月,张闻天在《更多的关心群众的切身问题》中又提出了反对官僚主义的问题。他尖锐地指出:"在某些党部与某些同志中产生了脱离群众、同群众对立、把党所领导的组织当作凌驾群众的'办差机关'、'官僚机关',而党员变成了站在群众头顶上的'党老爷'、'党官'的严重现象。这对于党、对于革命实是一个最大的危险。""党必须最严重的提出这个问题,同那种脱离群众、同群众对立的官僚主义与军阀主义倾向进行坚决无情的斗争。"⑥

党与党报如何进行舆论监督呢?从张闻天的文章中,大致可以归纳出如下几点:一是态度上要坚决。对于"每一件违反群众利益的举动,都必须给以最大的警觉与注意。对于那些鱼肉民众、压迫民众、欺侮民众的官僚、老爷们,必须给以严厉的革命纪律的制裁。对于他们的任何放任与姑息的态度,对党、对革命均会造成莫大的损失"⑦。二是批评揭露报道常态化。他说,《红色中华》报从106

---

① 《张闻天文集》第1卷,北京:中共党史资料出版社1990年版,第422页。
② 同上书,第424页。
③ 同上书,第395页。
④ 同上书,第396页。
⑤ 同上书,第423页。
⑥ 《张闻天文集》第3卷,北京:中共党史出版社1994年版,第80页。
⑦ 同上书,第80页。

期到128期,只有两个关于官僚主义事实的新闻;《红星》从第1期到16期,只有第9期说了博生第九兵站的官僚主义;在《青年实话》最近十期上没有一个官僚主义的事实报道。报道太少对官僚主义就没有震慑的力量。三是新闻报道要具体。张闻天指出,在我们的报纸上"除了空喊反对官僚主义而外,我们很难找到真正的有名有姓的官僚主义者,他的官僚主义的具体表现与他的官僚主义在群众中所发生的恶果的记载。如若这样去空洞的反对官僚主义,那不但官僚主义不会受到丝毫的损失,而且官僚主义者也会双手赞成反对官僚主义,因为这种反对决不会影响到他自己的官僚主义"①。因此,党报的舆论监督应该是具体的、以事实为依据的,只有这样,舆论才有力量。四是批评与赞扬相结合。模范与光荣的例子"这类好的现象,在我们苏区是数不尽的。我们要尽量的散布每一新的经验、新的模范,赞扬在军事,政治,经济,劳动的各个战线上的英雄"②。

张闻天的舆论监督思想对于提高党报质量,尤其是提高党报的战斗力具有积极的促进作用。井冈山时期和延安时期,共产党还只是局部执政的党,掌握的权力与拥有的资源都很有限,贪污腐败的现象其实并不严重。在这样的历史条件下,张闻天就强调党报要积极开展舆论监督,对官僚主义与军阀主义倾向"进行坚决无情的斗争",可谓一种远见卓识。党报如果对于党内的官僚主义和腐败行为不敢揭露和批判,只会唱赞歌,那么,这样的媒体对党的整个事业其实是不利的。同时我们也要看到,20世纪30年代初期,正是王明"左"倾教条主义路线在党内横行的时候,张闻天作为党的重要领导人之一,也不能不受到一定的影响。因此,他在论述党报舆论监督的时候,明显存在阶级斗争扩大化的错误。例如,他在文章中把浪费者和怠工的工人与贪污腐化分子、阶级异己分子、官僚主义者一视同仁,主张要给以最无情的打击,让他们在工农劳苦群众的面前受到唾骂、讥笑与侮辱。这显然是王明的"残酷斗争,无情打击"的极"左"路线的体现。红军长征到达陕北之后,张闻天对过去的"左"倾思想与做法进行了认真的反思与检讨,很快回到了实事求是的正确路线上来。

(四)克服"党八股"的文风

文风问题不仅关乎新闻宣传的质量与效果,而且体现了宣传者对待群众的态度与传授关系处理。1932年11月,张闻天在中共中央机关报《斗争》第31期上发表的《论我们的宣传鼓动工作》,针对党的宣传鼓动工作中存在的"左"的倾向,在中国共产党的历史上第一次提出了反对"党八股"的口号。他说:

> 我们同志在这一方面的特点,就是"党八股"(又名"十八套")。无

---

① 《张闻天文集》第1卷,北京:中共党史资料出版社1990年版,第422页。
② 同上书,第425页。

论什么问题来的时候，我们就有那么一套话来应付，从拥护苏联、拥护苏维埃与红军起，一直到加紧两条战线的斗争止。我们不管群众是否接受我们的主张，我们却必须把所有的"十八套"完全吐露出来，方才痛快。像这样的宣传鼓动，当然没有法子动员广大的群众到我们的领导之下。①

张闻天分析了"党八股"的表现形式、具体内容、产生的原因及其危害。他指出，"党八股"，在宣传鼓动的形式上"大都不外是传单与标语"，"大都是限制于死的文字"，而所发传单的文字"也大都是不通俗的、缺乏煽动性与群众性的，……至于传单如何写法才能动人，那是很少为他们所注意的"②；在宣传鼓动的内容上"往往是死板的、千篇一律的、笼统武断的。我们在这一方面缺乏具体性、时间性，缺乏忍耐的解释与具体的证明的工作"③。显然，"党八股"的特征是以传者为中心，无视广大群众的阅读兴趣与实际需要。

张闻天认为，"党八股"产生的原因主要是宣传工作者脱离了群众，存在官僚主义和教条主义。他指出："这种'党八股'式的宣传鼓动，实际上是由于脱离了群众，由于不知道宣传鼓动的对象是什么。这样的宣传鼓动，自然只能是死板的、千篇一律的了。这样的宣传鼓动，自然会变成学院式的、没有生命的、缺乏群众性与煽动性的了。"④宣传工作者为什么会脱离群众呢？张闻天在《学习领导群众的艺术》中进一步指出，"官僚主义的旧的领导方法是脱离群众的，命令群众的"。"只有官僚主义者才会自高自大，以为他所决定的办法是天下最完满的办法，群众只要依照他的命令做去，那就是什么事都会好起来。"而事实恰恰相反，"如若我们党想用强迫命令的方法，使群众执行我们党的每一决定与每一口号，那我们党决不会在群众中得到任何信仰"⑤。

张闻天联系苏区宣传鼓动工作的实际，用大量事实论证了"党八股"文风给党的事业带来的危害。例如，江西《省委通讯》第二十七期所发表的《八一宣传工作的总结》，"我们看到许多关于'木标语'，'竹标语'，'壁标语'，'纸标语'等等赤裸裸的数目字，但是对于群众的宣传鼓动工作的内容，那我们还是没有法子知道的"⑥。他明确指出："象这样的宣传鼓动，当然没有法子动员广大的群众到我们的领导之下。"更为严重的是，笼统的、不看对象的宣传"不但不能使群众相信

① 《张闻天文集》第1卷，北京：中共党史资料出版社1990年版，第317页。
② 同上书，第315—316页。
③ 同上书，第317页。
④ 同上书，第318页。
⑤ 同上书，第373、378、374页。
⑥ 同上书，第380页。

244

我们的正确,而且会使群众对于我们发生反感"①。

针对新闻宣传中的"党八股"问题,张闻天提出了具体的解决对策,希望党的宣传鼓动工作得到彻底的改变。

第一,要具体了解宣传鼓动对象的生活、情绪、兴趣与要求,根据传播对象的特点进行宣传。他说,"把所有人都看作一模型里制造出来的东西,我们对于他们说同样的话,要求他们同样的接受我们的主张"的做法是完全错误的,在实际工作中必然徒劳无益。他告诫党的宣传工作者在开始宣传鼓动时,"我们首先必须具体了解我们宣传鼓动的对象。我们在开始宣传鼓动时,必须知道听我们讲话的是工人,农民,红色战士,或是城市贫民,而且也应该知道他们的文化水平与思想上准备的程度。同工人讲话我们是一个样子,同农民讲话,我们应该又是一个样子。而且在工人中还有各种各样的工人,在农民中也有不同的阶层。因此对这种工人或农民讲话是这样,对别种工人或农民讲话又是另一个样子"②。

第二,在宣传内容上,要善于将党的宣传口号与群众的切身利益联系起来。张闻天指出,"党八股"的宣传内容"往往是死板的、千篇一律的、笼统武断的","无论什么问题来的时候,我们就有那么一套话来应付。"这种"党八股"的宣传家,虽然主观动机是为了宣传党的政治主张,但实际效果"只会使群众离开我们"。他说:"要能动员广大的群众到我们的领导之下,我们首先必须提出群众在某一具体问题上的迫切要求,抓住这些具体要求来动员群众参加斗争。""只有带有时间性、具体性的、适合于群众目前斗争的要求的宣传鼓动,才能把最大多数的群众,不管他们的政治倾向如何的不同,团结在统一的战线之下。"③他明确提出党的宣传鼓动工作必须遵循一条基本原则:"把群众的切身的问题,同党的基本口号密切联系起来。"④为了实现这个目标,他要求党的宣传工作者要学会"考察,研究,探索,猜摩和熟知各种人群的生活与要求的特点,把我们的总的政治口号与路线同群众这些日常的甚至细小的生活问题密切联系起来",从而"使我们的宣传鼓动变为真正群众的宣传鼓动,变为能够说服群众的宣传鼓动"⑤。

第三,在宣传形式与方法上,"要采取与创造新的宣传鼓动的方式"⑥,要利用一切活泼的、适合群众实际水平的形式进行宣传。张闻天说:"由于中国一般文化程度的落后,中国工人识字的百分数是非常低的。因此,这种宣传鼓动的方

---

① 《张闻天文集》第1卷,北京:中共党史资料出版社1990年版,第317、318页。
② 同上书,第381页。
③ 同上书,第317页。
④ 同上书,第382页。
⑤ 同上书,第383页。
⑥ 同上书,第316页。

式,也就不能变为群众的,而常常是限制于少数人的。"①为了宣传鼓动工作能够更顺利地进行和收到更大的效果,他号召宣传工作者要利用生动活泼、通俗易懂、多种多样的形式开展宣传,"利用图画,利用唱歌,利用戏剧等许多群众的宣传鼓动方法,向广大的群众进行宣传鼓动的工作"②。特别值得注意的是,张闻天在《论我们的宣传鼓动工作》中提出的"用许多具体的事实来说出我们所要说的话"的观点,与今天倡导的"用事实说话"的新闻原理是完全一致的。

1941年6月,张闻天为中共中央宣传部起草了《中宣部关于党的宣传鼓动工作提纲》。在这份文件里,关于宣传鼓动工作的方法,他提出了七条具体意见:一是讲什么,要充分准备好。二是对什么人讲,要预先弄清楚。三是明确要达到什么目的。四是怎样讲才能把意思讲清楚。五是随时留心群众的反应。六是宣传工作要做到内容充实;语句简单、明了、清楚、透彻;事实真实生动,恳切而带有说服性;由具体到抽象,由近到远,由中国到外国。七是鼓动工作要做到抓住广大群众所熟悉的事实;要抓住广大群众最切身的、最迫切的、最易感动的事实;讲话要生动、富于情感、富于煽动性;时间要短。③

张闻天对"党八股"的批判以及克服"党八股"文风的主张,具有很强的现实针对性、工作的指导性和思想的深刻性,在当时产生了很大的影响,对中国共产党的宣传工作和党报工作起到了实际的指导作用。特别是他关于创新宣传鼓动方式的主张,对于我国新闻传播事业在不同历史条件下创新话语体系和传播方式具有恒久的参考价值。1942年2月,毛泽东在《反对党八股》一文中说:"党八股在我们党内已经有了一个长久的历史,特别是在土地革命时期,有时竟闹得很严重。"而最早敏锐地看到和指出"党八股"的危害,并撰文进行具体批判与纠正的是当时主管宣传工作的张闻天。

（五）宣传鼓动工作者应有的品质和修养

张闻天在《党的宣传鼓动工作提纲》中还专门论述了宣传鼓动家的品质和素养的问题。他提出:"在高级党校内设立专门培养宣传鼓动工作者、报纸编辑及新闻记者的科系,是非常必要的。"他认为对宣传干部的培养不仅是业务上的,而且在道德品质上也要达到一定的标准。他说:

> 对一个布尔什维克的宣传家的要求:(1)忠实于无产阶级事业,通晓马列主义学说,深刻了解党的路线与政策;(2)有政治的眼光,善于揭破敌人的一切欺骗,有很高的革命警觉性;(3)有自我学习的精神;

① 《张闻天文集》第1卷,北京:中共党史资料出版社1990年版,第315—316页。
② 同上书,第316页。
③ 《张闻天文集》第3卷,北京:中共党史出版社1994年版,第154—155页。

（4）不是教条式的解说马列主义，而是创造性的解说马列主义。

对一个鼓动家的要求：（1）了解党的路线政策；（2）有鼓动的能力，不管是用激昂、比喻、幽默来鼓动都可以；（3）熟悉群众的语言；（4）与群众有密切的联系，了解群众的生活和心理。

我们党应该向着培养大批的有上述品质的宣传家和鼓动家的道路上走去。[①]

从土地革命战争时期到抗日战争时期，张闻天写过两篇专门论述党的宣传鼓动工作的论文，一篇是 1932 年 11 月写的《论我们的宣传鼓动工作》，一篇是 1941 年 6 月写的《党的宣传鼓动工作提纲》。两篇文章在时间上相差近 10 年。在内容上，前一篇着重批评宣传工作中的"党八股"现象，提倡宣传内容与形式都要切合群众的实际需要。后一篇是他为中共中央宣传部起草的一份文件，论述了 12 个问题，内容比前一篇更为详细和丰富。两篇文章最大的区别是，后者把宣传工作与鼓动工作进行了区分。他说："宣传工作是在于把一个问题从理论上解说得明白，使比较少数的人了解这个问题的原因、结果、前途和发展规律，给比较少数的人以许多观念。鼓动工作是在于从一个问题中抓住人人都知道的事实，给广大群众以一个观念，极力激起群众的感情。所以从任务上、内容上、对象上、方式上来说，宣传与鼓动都是有区别的。宣传工作主要是文字上的，并带更多的经常性，而鼓动工作则主要是口头上的，并多带临时性。"[②]张闻天认为，宣传偏重于理论解说，鼓动偏重于行为发动；宣传讲究说服力，鼓动讲究煽动性；宣传给少数人许多观念，鼓动给多数人一个观念；宣传是文字上的，鼓动是口头上的；宣传是经常性的，鼓动是临时性的。从工作效率上说，弄清宣传与鼓动的区别，对于更好地开展宣传鼓动工作无疑有着重要的作用。特别是对于按照不同任务与不同对象做好宣传鼓动工作有着重要的指导意义。

但是，张闻天对宣传与鼓动的区分也不是完全正确的。例如，他说宣传是文字上的，鼓动是口头上的。其实文字也可以鼓动，口头也可以宣传。又如把鼓动家与宣传家看成是不同的角色也不科学。很多时候，宣传家与鼓动家是合二为一的，并非两套人马。在很长一段时间里，中央关于宣传工作的文件和张闻天的论文中都是将宣传工作和鼓动工作以及宣传家和鼓动家相提并论的，即在《党的宣传鼓动工作提纲》这篇文章里也是如此。他说："宣传鼓动是思想意识方面的活动，举凡一切理论、政治、教育、文化、文艺等等均属于宣传鼓动活动的范围。"[③]

---

① 《张闻天文集》第 3 卷，北京：中共党史出版社 1994 年版，第 160 页。
② 同上书，第 152 页。
③ 同上书，第 150 页。

尤其在论述宣传鼓动工作的任务与范围、工作的特点、基本原则等问题时都是合并论述的。这说明宣传工作与鼓动工作的确既有联系又有区别,而联系又多于区别。从张闻天提出的对宣传家和鼓动家的品质和素养的要求看,宣传家的四条要求与鼓动家的四条要求,第一条"了解党的路线与政策"是完全一致的,后面的各自三条要求,虽说各有所侧重,但严格地说,无论是宣传家还是鼓动家,这些品质与素养都是应该具备的。从时代发展的角度看,宣传工作者的品质和素养必然会因为时代的新要求而有新的内涵。

三、博古新闻伦理思想

博古(1907—1946),又名秦邦宪,江苏无锡人。他是中国共产党在民主革命时期的重要领导人,十几岁时就投身于轰轰烈烈的中国大革命,曾任中共临时中央政治局书记和总负责人。在1935年的遵义会议上,他被解除中共最高领导职务,改任中央军委总政治部代理主任,主管宣传工作,负责中央军委总政治部《前进报》和《红星报》的编辑出版工作,后又兼任苏区中央局机关报《斗争》主编。红军长征到达陕北后,他参与创办《新华日报》,担任《解放日报》社社长和中共中央党报委员会主任。他在领导《解放日报》和新华社五年多的时间里,呕心沥血,克服各种困难,团结全体工作人员,把解放区的新闻事业建成为一个多层次的、统一的有机整体,为发展壮大党的新闻事业,做出了杰出的贡献。1946年8月因飞机失事遇难,年仅39岁。

博古在延安主持《解放日报》时,撰写了大量理论文章和有重大影响的社论,如《党报工作者对党报重要性的认识》《致读者》《用社论精神检查报纸工作》《党与党报》《本刊创刊一千期》《党报记者要注意些什么问题》《如何写好新闻》《从五个W说起》等,对如何办好党报和党报工作者的道德修养提出了自己的思想主张。

(一)党报工作者要看重自己的责任

不同性质的媒体及其记者所肩负的责任是不同的。中国共产党党报记者的责任是什么?博古在《解放日报》社论《党与党报》中明确提出:"党报的每一个工作人员,必须时时警惕,看重自己的责任。党报不但要求忠实于党的总路线、总方向,而且要与党的领导机关的意志呼吸相关、息息相通,要与整个党的集体呼吸相关、息息相通,这是党报工作人员的责任。这是办好党报的必要条件之一。这是报馆工作人员一方面的事情。"①就是说,党报工作者在指导思想上要忠实党的总路线、总方向;在具体工作中要体现党组织的意志,与党的领导机关的

---

① 无锡市史志办公室编:《秦邦宪(博古)文集》,北京:中共党史出版社2007年版,第472页。

意志保持一致。

博古的这一主张来自于列宁的"报纸不仅是集体宣传者和集体鼓动者,而且还是集体组织者"的思想。早在 1933 年 8 月《红色中华》报出版 100 期的时候,博古在撰写的纪念文章中就说,《红色中华》报虽只有百期的历史,"但是它在文化上、政治上、经济动员、战争动员上"都取得了功勋,"《红色中华》是苏区千百万群众的喉舌,是我们一切群众的集体宣传者与组织者",并对《红色中华》报寄予殷切的期望:"《红色中华》成为独立自由领土完整的苏维埃中华的最广大的群众的读物。"①

1942 年 4 月 1 日,《解放日报》改版,博古撰写了《致读者》一文,检讨了以前办报的错误,重申列宁的"报纸不仅是集体宣传者和集体鼓动者,而且还是集体组织者"等经典论述,要求《解放日报》要为此目标而努力。他提出,作为集体的宣传者、鼓动者和组织者的党报,必须做到:第一,"贯彻着坚强的党性"。报上的每篇文章都能贯彻党的观点、党的见解,报纸应该配合党的各项方针和政策,成为实现党的一切政策与号召的尖兵。第二,"密切地与群众联系"。党报要反映群众生活,记载群众事迹,表达群众呼声,启发群众觉悟,组织群众斗争。第三,"洋溢着战斗性"。党报在思想战线上坚持思想斗争,宣传党的先进思想,与各种反动腐朽思想做斗争,同时它也应为党内自我批评的武器,以促进党的健康成长。第四,党报要"根据党的方针倡导各种群众运动"。"党报决不能是一个有闻必录的消极的记载者,而应该是各种运动底积极的提倡者组织者。"②这是博古对党报和党报工作者应担负职责的一次全面的论述。

1942 年 9 月 9 日,西北局根据中央的指示,通过了《关于解放日报工作问题的决定》,明确了《解放日报》接受中央与中央西北局的双重领导。博古在《党与党报》一文中,就"报纸是集体的宣传者和组织者"这一重要问题,做了更深一步的分析。他说:"所谓报纸是集体的宣传者组织者,决不是指报馆同人那样的'集体',而是指整个党的组织而言的集体。""报纸是党的喉舌,是这一个巨大集体的喉舌。"因此,党报工作者要坚决破除"同人办报"观念。他指出,同人办报就是报馆同人可以依据自己的好恶、兴趣来选择稿件,依照自己的意见来写社论、专论,不必顾及党的意志和影响。这种思想与党报的要求是背道而驰的。为了使党报工作者明确自身的责任,博古提出:"在党报工作的同志,只是整个党的组织的一部分,一切要按照党的意志办事,一言一行,一字一句,都要顾到党的影响。""我们是党中央的机关报,是以党的立场来分析认识世界,这是方向。"③党报工作者

---

①　无锡市史志办公室编:《秦邦宪(博古)文集》,北京:中共党史出版社 2007 年版,第 221 页。
②　同上书,第 463—464 页。
③　同上书,第 450 页。

在新闻报道中,要熟悉党的路线、方针和政策,在办报过程中要准确地了解时局的动向,做到在政治上对党和人民负责,要时刻注意"一条新闻,一个标题,都应细心、负责,要代表党的立场"①,以"党的立场、党的观点去分析问题,每一则新闻评论、编排都围绕着它"②。

在党报工作者与党组织的关系上,博古提出"一切要按照党的意志办事"的口号,要求党报记者一言一行、一字一句、一条新闻、一个标题都要代表党的立场,顾到党的影响。这一要求一直支配着党报工作者的行为,对落实"报纸是党的喉舌"的要求,无疑有着特别重要的作用。尤其在阶级矛盾和民族矛盾十分激烈、两军对垒十分尖锐的时代,这种细心和负责的要求是十分必要的。博古关于党报和党报工作者责任的论述,对于中国共产党新闻工作党性原则的确立发挥了重要作用。但是,在和平时代,在社会的主要矛盾和国际国内形势都发生了巨大变化的历史条件下,党报记者对上级的绝对服从,是否容易养成盲从和迷信上级的惰性及害怕出错的心理呢?党报记者与党组织的关系,究竟应该无条件地服从,"一言一行,一字一句",都要与上级完全一致,还是应该在服从的同时,也要有自己的独立思考,做到服从而不盲从,这是值得我们深入思考的问题。

(二)党报记者应具有的品质

1942年4月1日,博古在《解放日报》社论《致读者》中,首次提出了"党报所必需的品质"这一命题。他检讨了他主持的《解放日报》在改版前"还没有具备党报所必需的品质——党性、群众性、战斗性和组织性"③,并对党报"四性"的内涵做了具体的论述。这篇社论是经过毛泽东修改的,可以说,党报"四性"也是共产党高层领导的共同思想。1944年2月16日,博古在《本报创刊一千期》中又说:"如果在两年以前,我们的问题是党性、群众性、战斗性的问题,那么,我们今天的问题还是这些问题,不过提法是略为不同了。"④由博古提出、毛泽东认可的党报"四性"品质,其实就是党报工作者的品质。因为报纸是人办出来的,报纸版面的安排和各种文章的刊发,都是报人思想观念和态度立场的直接或间接的反映,报品就是人品的体现。

1944年秋,博古在《解放日报》的一次谈话中,又一次阐释了党报"四性"的内涵。他说:

一、党性——党的立场、党的观点去分析问题,每一则新闻评论、编

---

① 无锡市史志办公室编:《秦邦宪(博古)文集》,北京:中共党史出版社2007年版,第474页。
② 同上书,第488页。
③ 同上书,第464页。
④ 同上书,第486页。

排都围绕着它。

二、群众性——我们是群众的报纸,要把群众的观点反映到我们的报纸上,我们的报纸要反映工农兵的生活与工作,我们要依靠广大的通讯员。……

三、组织性——不单反映现实,要指导现实,组织运动,指导一定工作。看到我们生活里新的东西来赞扬,看出旧的给批评,起组织领导作用,但所有这些都是在党的方针路线下的,配合党委去开展运动。

四、战斗性——要贯彻党的立场,要有斗争性,自己的力量怎样团结,反对的力量怎样去斗争。我们党的报纸很明显的是无产阶级性的,党性、群众性、组织性、斗争性要在不同的工作中来贯彻。[1]

博古所说的党报四种品质,实际上是延安《解放日报》改版后一直坚持的办报原则和努力的方向,也是党报记者自身修养的目标,充分反映了中共中央对党报和党报记者的期望。博古在这篇谈话中还说:"既是党报的新闻记者,除共产党员应有的品质外,还要有新闻记者的品质:(一)要能接近人,要和群众搞得来,谈得来话;(二)要有冷静批判的能力,作报告、作调查、写新闻、写通讯,目的在发现问题和解决问题。"[2]就是说,党报的新闻记者,在品质修养上,要同时具备共产党员和新闻记者的优秀品质。党报工作者,不是百分之百都是共产党员,为什么都要有共产党员应有的品质呢?因为你在党报工作,就应该有这种素养,不然干不好这份工作。如同 50 年代,毛泽东提出要"政治家办报"一样,并不是要求每一个党报记者都是政治家,而是要记者具备政治家的智慧和素养。

新中国成立之后,中国共产党对新闻工作提出过一些政治规范。如郑保卫在《当代新闻理论》中概括的"新闻工作的政治规范"分别是:党性原则、群众性原则、指导性原则、批评与监督的原则、自由与责任的原则。这几条今天依然坚持的规范,显然是对博古在延安时期提出的"党性、群众性、战斗性、组织性"的继承和发展。

(三)党报记者的角色定位

党报工作者不能"做'无冕之王',而应该做'公仆'",是博古在延安时期提出的关于党报记者社会角色定位的重要主张。它要解决的实质性问题是破除西方国家视记者为"无冕之王"和"第四权力"的观念,摆正党报与党组织的关系,正确认识党报工作者与人民群众的关系,对自己的角色定位有一个正确的把握。当时,毛泽东提出,知识分子要向工农学习,努力改造自己的思想。文艺界和新

---

① 无锡市史志办公室编:《秦邦宪(博古)文集》,北京:中共党史出版社 2007 年版,第 488 页。

② 同上书,第 489 页。

闻界都响应中央的号召,开展了学习与改造的运动。博古认为,党报记者思想改造的任务之一,就是要树立全心全意为人民服务的思想,在群众面前,"不可以自以为是,做'无冕之王',而应该去做'公仆',应该要有恭谨勤劳的态度"①。博古的这一思想与毛泽东的"报纸工作人员为了教育群众,首先要向群众学习"的观点和新闻工作群众性原则的要求是一致的。

记者做人民公仆的思想,其理论来源是共产党人所提倡的全心全意为人民服务的宗旨。按照列宁的观点,党报是党的事业的一部分,为人民服务是党员的基本职责,自然也是党报工作者的职责。照此逻辑,党报记者的职责既然是为人民服务的,那么在身份上就是人民的公仆,而不是"无冕之王"。有了这样的思想观念,党报记者才能消除在群众面前高高在上、自以为是的傲慢,密切与广大群众的联系。

记者在职业方面如何做人民的公仆呢?从博古的有关论述看,主要有如下观点:第一,在思想感情上,要真正与工农兵结合起来,不能站在小资产阶级立场上轻视工农兵、讨厌工农兵。博古说,在延安整风前,"他们中间有许多尚未真正在思想上与工农兵结合起来,有时则站在小资产阶级的立场上来讨厌工农兵,那时候许多知识分子的通讯员与工作人员,成了报纸与工农兵之间的障碍。但是现在情形不同了,他们中间有很大部分,经过了伟大的整风,教育过来了,在思想上与工农兵结合起来了,这时候,从前成为障碍的,现在要成为报纸与工农兵之间的良好的媒介了"②。第二,在办报动机上,要使党报"成为抗日人民大众的报纸,成为鼓吹抗战,鼓吹民主,鼓吹进步的号角"。"我们的记者,要为抗日的人民大众做事,首先为工农兵做事。"③第三,在报道内容上,要反映人民大众的生活和意见。"我们要把人民大众的生活,人民大众的抗战活动,人民大众的意见,在报纸上反映出来。"④报纸应以主要的篇幅去报道群众生活,记载群众事迹,表达群众呼声,使党报"成为千百万群众的喉舌",成为"最广大的群众的读物"⑤。

在延安整风运动中,博古将"群众性"作为检验党报质量的重要标准。1942年6月1日,博古在《解放日报》、新华社编委会会议上检讨了前段工作,认为"反映群众活动的报道还非常弱,应非常强调反映群众活动"⑥。1942年7月31日,他在《解放日报》、新华社编委会会议上又再次强调该问题:"过去报纸上官样文

---

① 无锡市史志办公室编:《秦邦宪(博古)文集》,北京:中共党史出版社2007年版,第472页。
② 同上书,第487页。
③ 同上书,第485页。
④ 同上书,第485页。
⑤ 同上书,第221页。
⑥ 同上书,第467页。

章太多,刻板的概念太多,群众活动与具体行动太少,发扬好的批评坏的做得不够。"①因此,党报必须深入基层,把立足点放在满足群众需要的基础上,倾听群众意见,并依据群众意见来改进报纸工作。延安时期提倡的党报记者的群众性原则,是中国共产党在中华人民共和国成立后一直提倡和坚持的新闻宣传的原则。

（四）如何维护新闻真实

在任何历史时期、任何国度和任何记者的眼里,维护新闻真实都是首要的新闻道德信条,从来没有人在口头上否定真实对于新闻事业的重要性。但是,对于新闻真实的论述与理解,却千差万别,深浅不一,在具体行为上就更加各不相同了。作为延安时期中共中央党报负责人的博古对于新闻真实的问题,是如何看待的呢? 我们从他的有关论述中,可以归纳出他的主要观点。

第一,新闻真实才有力量。1945 年 12 月 13 日,博古在《解放日报》上发表了《从五个 W 说起》的社论。社论中说:"世界上最有效的宣传,莫过于事实。'事实胜于雄辩',这是颠扑不破的真理。你说一百句一千句'反对国民党进攻解放区',他可以胡赖不认账,反诬你先放第一枪。但当你把《剿匪手本》介绍出来时,巧言善辩如吴国桢先生,也不能不噤若寒蝉。而要做好事实宣传,就要实事求是,注意绝对确实。""抽象的、笼统的话头,只能给人以模糊的概念,只有事实,具体确切的事实,才能予读者以经久不磨的印象,真正生动地教育读者。"②众所周知,革命导师马克思、列宁和毛泽东对新闻真实的力量,都有过精辟的论述。博古的这段话在思想内容上是革命导师关于新闻真实思想的继承与发扬,但是,他在如何维护新闻真实的问题上,则提出了更多切合当时实际和行之有效的主张。

第二,五个"W"是弄清事实真相的有效途径,是保证新闻精确翔实的基本条件。博古指出,新闻必须有五个 W（时间、地点、人物、事情、为什么）。党报记者必须克服农民和手工业者惯常的"差不多"习气,"我们要学的不是手艺匠的差不多,而是工程师科学的测量、考核和计算"③。他说的记者要从五个"W"做起,不只是要求在新闻写作的形式上具备"时间、地点、人物、事情和为什么"几个要素,而是要求记者尽力按照新闻"五要素"的标准弄清事实真相。有人说,五个"W"都具备的新闻,也不一定是真实的新闻,因为新闻五要素也可以编造作假。的确,许多假新闻在形式上也是五要素齐全的,但问题是,它的五个要素或者部分要素是经不起核查的。识别新闻的真假,不能只看新闻作品中是否五要素齐全,还要看这些要素是否与客观事实相符合,是否经得起核对。博古说:"记者通讯

---

① 无锡市史志办公室编:《秦邦宪（博古）文集》,北京:中共党史出版社 2007 年版,第 470 页。
② 同上书,第 493、492 页。
③ 同上书,第 492 页。

员们,在采访中要有穷根究底精神,不怕多费些血汗,一定把事情调查得明明白白。"①显然,这句话的精神实质,是希望记者和通讯员为了新闻真实,要具备穷根究底精神和深入调查的作风。

第三,编辑人员要抱定审核与鉴定的态度,当好把关人。一条新闻从记者获得信息到采访写作,再到报刊发表,要经过几道工序和众人的劳动。如果说记者是新闻产品的制造者的话,那么编辑则是新闻产品的质检员。在新闻生产的过程中,质检员的责任意识与专业水平直接关系到产品的质量。因此,博古说:"编辑工作同志,在编辑新闻时,要抱定审核与鉴定的态度,把新闻的每一细节,考校清楚,真正正确无误、事迹分明、无可非议,才发表出去。"②在中外新闻史上,许多假新闻之所以得以出笼,一定程度上是因为编辑把关不严造成的。如果编辑有强烈的职业责任感和一双识别伪劣产品的火眼金睛,那么,假新闻就会胎死腹中,不会造成社会危害了。博古将事实的审核与鉴定作为编辑的重要职责,而不提编辑的文字润色加工的职责,就是强调编辑在维护新闻真实方面应有的责任与担当。

第四,提倡真、好、快三者统一。1945 年 2 月 27 日,博古在《解放日报》、新华社编委会会议发言中提出了新闻报道要做到"真实、生动、迅速"三者并重的思想。他说:

> 写新闻:一要真实,实有其事,不然是造谣。二是要生动,光是真实不行,小学生的日记,零用伙食账,这不行,要写得生动,有人看。三生动还不行,还要迅速。假如有两家报纸,我们慢了就不行,人家管你生动不生动。某作家一礼拜后写的参议会开会的消息,我们再登就不行。要提倡真、好、快。③

博古提出的真、好、快三字要诀,真实是核心,好和快是为了使真实的新闻产生更好的传播效果和影响。前者是目标,后者是手段。他说:"我们办报、写文章要能引起广大人民的关注,有兴趣来看,必须在文字上特别注意。文字要生动,要让读者不感到枯燥无味,消息、通讯不能公式化。"④只有真、好、快都具备的作品,才是好作品。与此同时,新闻报道还要新颖,"要从别人认为平凡的事情中发现特殊的东西,……要用自己的意思来写,不用别人说过的,不写别人写过的"⑤。

---

① 无锡市史志办公室编:《秦邦宪(博古)文集》,北京:中共党史出版社 2007 年版,第 493 页。
② 同上书,第 493 页。
③ 同上书,第 490 页。
④ 同上书,第 450 页。
⑤ 同上书,第 470 页。

第五，真实性与立场性相结合。博古在许多文章和谈话中都反复强调党报必须讲真话，但讲真话，也要有立场，不是什么都说，报纸登载什么，不登载什么，要有所选择。1941 年 5 月 14 日，他在《党报工作者对党报重要性的认识》中说：

> 党报工作者对党报重要性要有认识。我们是党中央的机关报，是以党的立场来分析认识世界，这是方向。……因此我们首先要在政治上把握马列主义立场，以此来分析事变的演化。其次我们要有充分的国际国内知识。我们不管是写社论、通讯或文艺作品，都是一样要注意我们的立场。①

关于真实性与立场性的问题，博古的论述是较为透彻的。他认为，"真，首先是不编造，但要有取舍，有立场。我们不能有闻必录"②，而要做到"一条新闻，一个标题，都应细心、负责，要代表党的立场"③。就是说，真实性是前提，立场性是方针。不顾真实的立场性，是没有说服力和战斗力的，没有立场的真实性，是不负责任和没有价值的。党报的新闻，应该是真实、生动、迅速和立场的有机结合。

总之，博古是延安时期中国共产党新闻事业重要的领导人和实践者之一。他为党的新闻宣传事业作出了巨大贡献。尤其是在主持《解放日报》和新华社工作期间，他为党报理论的创立和党报业务水平的提高立下了汗马功劳。当时，党的新闻事业经验不多，党报理论也在逐步探索之中，他与陆定一、余光生等党报负责人，在党中央的领导下，对党报理论与实践进行了不懈的探索，取得了卓越的成绩，为中国共产党党报理论的建立贡献了自己的智慧。

四、陆定一新闻伦理思想

陆定一（1906—1996），我国老一辈无产阶级革命家，中国共产党宣传思想阵线的重要领导人之一。1925 年加入中国共产党，五卅运动期间，担任过上海学联《血潮日刊》的编辑。1926 年秋大学毕业后，任共青团中央宣传部干事和《中国青年》编辑。1928 年任共青团中央委员和宣传部部长，主编《中国青年》，年底赴莫斯科，任中国共青团驻少共国际代表，中共驻共产国际代表团成员。1930 年 7 月回上海，任共青团中央委员、宣传部部长。1931 年 1 月到瑞金，任共青团苏区中央局宣传部部长，编辑共青团机关刊物《青年实话》。1935 年 1 月任红军总政治部宣传部部长，主编《红星》报。

抗日战争时期，陆定一任八路军总政治部宣传部部长，曾领导《新华日报》华

---

① 无锡市史志办公室编：《秦邦宪（博古）文集》，北京：中共党史出版社 2007 年版，第 450 页。
② 同上书，第 490 页。
③ 同上书，第 474 页。

北版的工作。1942年4月编辑《解放日报》的《学习》副刊,利用报纸宣传延安整风运动,帮助各单位开展工作。1945年,他担任中央宣传部部长和《解放日报》总编辑,为《解放日报》由一张"不完全党报"改造成"完全党报"付出了努力,奠定了解放区办报的模式,影响深远。在抗日战争和解放战争期间,他发表了一些重要的新闻学论文和谈话,其中代表性的有《我们对于新闻学的基本观点》《人民的报纸》《在〈晋绥日报〉编辑部的谈话》《目前宣传工作中的四个问题》等,这些论文和谈话是中国共产党新闻思想史上的重要文献,也集中反映了他的新闻伦理思想。

(一) 尊重事实,做彻底的唯物主义新闻工作者

陆定一1943年9月写的《我们对于新闻学的基本观点》一文是延安整风运动的产物,是中国共产党在延安时期一篇非常重要的新闻学文献。在中国共产党新闻事业史上,具有里程碑的意义。其写作目的是要批判资产阶级的新闻观,建立一套适应中国共产党革命需求的新闻话语体系。陆定一在论文的开篇就指出:

> 抗战以后,参加党的新闻事业的知识分子,乃是来自旧社会的,他们之中,也就有人带来了旧社会的一套思想意识和一套新闻学理论。这套思想意识,这套新闻学理论,是很糊涂的,不大老老实实的,甚至是很不老老实实的,也就是不大科学的,甚至很不科学的。如果不加以改造,不加以教育,就会不但无益,而且有害,就无法把党的新闻事业做好。①

30多年以后,陆定一在回忆《我们对于新闻学的基本观点》一文的写作背景时说:"那时报纸的编辑记者都是二十多岁的青年,其中有些人受了点资产阶级新闻学的影响。当时新闻学里的资产阶级唯心主义观点,是所谓'性质论'。认为新闻就是某种性质的本身。这同调查研究、实事求是完全相反。自己的稿子,虽然不尽真实,也不许别人改,说'我写的稿子有趣味性,你得登,否则你就违背了新闻学原理。'我准备写一篇关于新闻学方面的文章,就是解决这个问题的。"②可见,这是一篇现实针对性很强的理论文章。

陆定一对当时流行于报界知识分子头脑中的"不大老老实实的新闻理论"要进行斗争和改造。他以马克思主义的辩证唯物论为指导,认为"新闻的本源乃是物质的东西,乃是事实,就是人类在与自然斗争中和在社会斗争中所发生的事

---

① 《陆定一新闻文选》,北京:新华出版社1987年版,第1—2页。
② 《在新闻研究所举办的座谈会上陆定一谈延安解放日报改版》,《新闻战线》1981年第4期。

实",并由此得出了新闻的定义,即新闻"是新近发生的事实的报道"①。这个定义在中国新闻学理论中影响是最大的,虽然在后来的学术争鸣中被指出了其中的一些不足之处,但至今依然被人们所熟记。陆定一解释说:

> 新闻的本源是事实,新闻是事实的报道,事实是第一性的,新闻是第二性的,事实在先,新闻(报道)在后。这是唯物论者的观点。②

因此,他提出,新闻工作者必须尊重事实,无论是在采访中还是在编辑中,都要力求尊重客观事实。而唯心论者否认新闻是事实的报道,把新闻解释为某种虚无缥缈的"性质",武断地强调离开各种性质就不是新闻。陆定一在新闻本源问题上,划清了唯物主义新闻观与唯心主义新闻观的界限,解决了新闻学上的一个根本性问题。

从唯物论的新闻真实观出发,陆定一认为,新闻的性质是由新闻所报道的事实来决定的,一切性质,"与事实比起来都是派生的、被决定的、第二性的"③。"事实完整了,写出来就成为完整的新闻,事实尚未完整,报道这个事实的新闻也只能不完整。事实很'文艺性',报道也自然会有'文艺性',否则就相反"④。唯心论的新闻观把新闻解释为某种抽象的"性质",结果"必致流入脱离事实,向壁虚造,无病呻吟,夸夸其谈"。陆定一以"新闻就是政治性本身"这个观点为例,指出这个观点把事实与政治性头足颠倒了过来,"立即就替造谣、曲解、吹牛等等开了大门",成为法西斯新闻事业的理论基础,德意日的法西斯新闻事业就可以堂而皇之地成为造谣的机器,国民党特务们就可以伪造民意、压制舆论。⑤ 在对新闻本源的认识上,陆定一始终坚持了唯物论的反映论,对"性质论"的批判是有力的。因此,有学者认为,"仅就陆鲜明地批判了'新闻就是政治本身',就值得好好地纪念他"⑥。

新闻报道如何才能真实? 新闻理论常识告诉我们,记者亲自到事件发生的现场去察看、采访、摄影、调查,新闻写作中做到五要素齐全,是保证新闻真实最基本的方法。但陆定一认为:"报道一件具体事实的新闻,必须要有此五要素,缺一不可,这是对的。但另一方面,有了这五要素的新闻,是否一定就是真实的呢?那就未必。"其原因是,有的新闻中五要素也是捏造的,虽然要素齐全,但仍然是

---

① 《陆定一新闻文选》,北京:新华出版社1987年版,第2页。
② 同上书,第2—3页。
③ 同上书,第5页。
④ 同上书,第3—4页。
⑤ 同上书,第5页。
⑥ 陈力丹:《陆定一〈我们对于新闻学的基本观点〉思维模式对后世的影响》,《湖南大众传媒职业技术学院学报》2004年第3期。

假的。到了现场亲自踏看，也未必能够得到真实的新闻。因为"第一，记者既非参与此事内幕的人，他即使亲自踏看，难免主观主义，更难免浮面肤浅；第二，有时亲自踏看的记者，为了某种原因，仍旧作不尽不实的报道；第三，每件事都要记者亲自去踏看，则势必没有办法，或是记者太少，或是时间不对"①。

陆定一的观点对于记者如何维护新闻真实具有深刻的启示。一是作为报纸的"把关人"，记者和编辑不能只看新闻报道是否具备"五要素"，更重要的是考察这些要素本身是否真实。二是到现场踏看，是获得真实新闻的有效方法，但到了现场也有可能被欺骗，得不到真实的事实。"只有为人民服务的报纸，与人民有密切联系的报纸，才能得到真实的新闻。"②因为这种报纸不但有专业记者，而且有与人民群众血肉相连的非专业记者。业余记者亲身参与了事件的过程，是事件的见证人，所以他们会报道真实的新闻。陆定一认为，只有坚持专业记者与非专业记者相结合的路线，坚持共产党的领导，才能得到真实的新闻。陆定一的观点与博古关于新闻"五要素"的看法，在本质上是一致的。但是，他说记者在采访中要防止消息提供者造假；记者除了自身的努力之外，还要依靠人民群众的力量来保证新闻真实，具有更强的工作指导性和思想的深刻性。

陆定一关于新闻本质的探讨在中国新闻史上具有划时代的意义，标志着中国共产党党报理论在一定程度上的成熟。特别是他提出的"只有把尊重事实与革命立场结合起来，才能做个彻底的唯物主义的新闻工作者"③的思想，对于党报记者的职业道德修养具有积极的指导意义。他告诫说："事实与新闻政治性，二者之间的关系，万万颠倒不得。一定要认识事实是第一性的，一切'性质'，包括'政治性'在内，与事实比起来都是派生的、被决定的、第二性的。一定要认识我们革命的新闻工作者必须尊重事实，而且尊重事实是与政治上的革命性密切结合不可分离的。"④新中国成立以后，在"大跃进"和"文化大革命"时期，我们党报的新闻报道之所以出现浮夸风和强调"以阶级斗争为纲"等违背新闻规律的现象，其原因之一就是颠倒了事实与新闻政治性的关系，教训是十分深刻的。

（二）培养为人民服务和力求真实的作风

1946年1月11日，陆定一在《新华日报》上发表了《人民的报纸——为〈新华日报〉八周年纪念作》一文。在这篇文章里，他认为："世界上为什么会产生现代的报纸？这是因为人民大众要求知道真实的消息。"⑤报纸是资本主义社会的

---

① 《陆定一新闻文选》，北京：新华出版社1987年版，第7页。
② 同上书，第8页。
③ 同上书，第6页。
④ 同上书，第5页。
⑤ 同上书，第71页。

产物,是与民主思想同时产生的;而专制主义者实行愚民政策,不欢迎现代报纸,如戈培尔等法西斯分子,以谣言代替真理,迷惑人民,使人民替法西斯分子卖命。因此,在世界上,有两种报纸:"一种是人民大众的报纸,告诉人民以真实的消息,启发人民民主的思想,叫人民聪明起来。另一种是新专制主义者的报纸,告诉人民以谣言,闭塞人民的思想,使人民变得愚蠢。"①与此相适应,记者也可以分为两种,一种是为人民服务的,一种是为专制主义者服务的。

陆定一对报纸和记者的分类是以阶级斗争理论为依据的,在当时特殊的历史条件下,无疑有一定的正确性。但是,这与世界及中国的报业实际情况并不完全相符,因为抗战前后的中国报纸和记者队伍,很难用这个非此即彼、非黑即白的标准来划分。陆定一的目的是在向党报工作者灌输一种道德观念:

> 我希望慢慢地在新闻界里创造出一种新的作风,就是为人民服务的作风,力求真实的作风。以此作风,来革除专制主义者不许人民说话和造谣欺骗人民的歪风。②

陆定一提出的新闻界要培养新作风的主张,对于党报工作者的党报伦理修养具有很强的针对性和指导性。他在许多文章和讲话中都论述和强调了这一观点,认为共产党领导的报纸和党报工作者,首先是要坚持为人民服务的办报目的。他说:"中国最早的现代报纸是帝国主义者办的,目的为了侵略;后来官报盛行,目的是为了便于统治人民;再后来民间起来办报,其中才有些代表人民说话的报纸才是革命的,但在反动统治之下,民间的报纸反动的也很多。"③他要求党报记者要以"告诉人民以真实的消息,启发人民民主思想,教人民聪明起来"为办报目的。"我们办党报的人,千万要有群众观点,不要有'报阀'观点。"④

其次是要力求真实,一丝不苟。他说:"人民,是记者们最尊贵的主人。如果为这样的尊贵的主人服务,当然应该自觉的'小心'。这种'小心'不是不许发表真实消息,恰恰相反,是要竭尽一切可能,使消息能够十分真实,使言论能够真正代表人民的意思。"⑤这样的记者,才是为人民服务的记者。1982年,陆定一在一篇回忆文章中说:"我们过去在延安办《解放日报》,就是这一条:要真实。文字上好一点差一点,比较不要紧。真实了,人家就相信。不单我们解放区的人相信,连国民党统治区的人也相信。他们不看国民党的《中央日报》,却千方百计收听

---

① 《陆定一新闻文选》,北京:新华出版社1987年版,第72页。
② 同上书,第73页。
③ 同上书,第9—10页。
④ 同上书,第11页。
⑤ 同上书,第73页。

延安的广播。我们报道战争,缴获敌人一支枪,就说一支,不讲两支;俘虏一个敌人,就说一个,不讲两个;退出什么地方,就说退出,不说向别的地方'转进';打下什么地方,就说打下什么地方,没有打下,是决不讲打下的。这样子,人家就信服。你吹牛皮,缴了两支枪,你说是四支,打了败仗说是打了胜仗,人家就不服。"因此,他得出结论说:"新闻工作搞来搞去还是个真实问题。新闻学千头万绪,根本性的还是这个问题。有了这一条,就有信用了。有信用,报纸就有人看了。"①这一看法,是对新闻规律的深刻揭示,值得新闻工作者终生铭记。

(三)记者要做人民的勤务员和公仆

在延安时期中国共产党新闻伦理思想中,记者与受众的关系是受到特别关注与重视的问题。党对知识分子,包括新闻记者在内,在思想政治上是不太信任、不太放心的。陆定一认为,其主要原因有两条:一是"抗战以后,参加党的新闻事业的知识分子,乃是来自旧社会的,他们之中,也就有人带来了旧社会的一套思想意识和一套新闻学理论"②。二是他们对于所报道的事实"没有感性知识,无论如何不会象亲身参加那个工作尤其是领导那个工作的人知道得那样透彻、了解得那样亲切的"③。就是说,抗战前后参加党的新闻事业的知识分子,在理论和实践上都存在明显的问题与不足,为了改变这种状况,记者就要与群众相结合,接受工农的再教育。这是延安时期党对知识分子的基本定位和政策依据。

在《我们对于新闻学的基本观点》这篇文章里,陆定一指出:党报工作者要有群众观点,不要做"报阀",不要以"无冕之王"和"先知先觉"自封,而国民党反动派则"企图对新闻工作者灌输一种反动的思想,使他们自己认为自己是与众不同的人,叫他们与人民远远的分裂开来",不给记者接触人民的机会,也不给他们替人民说话的权利,比袁世凯、曹锟还要变本加厉,"简直是要窒死全体新闻界,枪毙整个人民言论自由!"④我认为,这种用完全对立的思维对记者作出的判断与评价并不完全符合历史事实。因为最早称记者为"无冕之王"和"先知先觉"的,在中国并不是国民党,而是晚清时期的资产阶级维新派报人。

从群众办报路线出发,陆定一在"传者与受众"关系的问题上,提出了党报工作者既要当群众先生又要当群众学生的观点,认为专业记者要与非专业记者互相结合。所谓做学生,就是向人民群众请教事实的真相,尊重他们所说、所写的事实。因为他们亲身参与、亲自领导具体的革命工作,对所报道的事实有着透彻

① 《陆定一新闻文选》,北京:新华出版社1987年版,第81页。
② 同上书,第1—2页。
③ 同上书,第10页。
④ 同上书,第10页。

的了解。专业记者对所报道的事实缺乏感性认识，报道写好之后一定要请教亲历事实的人，"细细的听，好好的记，写成之后还要请他看过（或听过）和改过，写得不好就要听他的意见重新写过，以便真正求得忠于事实"①。做先生，也可以说是做"理发员"，就是帮助整理修饰，在技术上帮助他们，"使他们用口头或书面报告的事实，制成为完全的新闻，经过这种结合，报纸就与人民密切结合起来了"②。在陆定一的思想里，记者是低于受众的，"群众的力量是伟大的"，只有他们才能了解事实的真相，只有他们才能检查事实的真相，记者仅是在技术上具有长处，具有提高群众的新闻写作水平的责任。陆定一论证说：

> 我们新闻工作者，必须时刻勉励自己，做人民的公仆，应知我们既不耕田，又不做工，一切由人民供养，如果我们的工作，无益于人民，反而毒害人民，那就比蠹虫还要可恶，比二流子还要卑劣。③
>
> 记者是应该"小心"的。但他们的"小心"，不应用来服侍专制主义者，而应用来服务于人民，当人民的勤务员。人民，是记者们最尊贵的主人。④

说记者要做人民的公仆和勤务员，并没有错，但是，陈述的理由是"我们既不耕田，又不做工，一切由人民供养"，显然缺乏科学性和说服力。早在 2000 多年前，孟子就论证过社会的进步与分工造就了"劳心者"与"劳力者"的合理性。1948 年 3 月，陆定一在《在晋绥日报编辑部的谈话》中说："我们办报的多是知识分子，思想上常有一种绝对观念，对复杂问题单纯化，公式化，往往被单个现象所迷惑，常是看到一点，'只见树木不见森林'，便否定全体，否定历史，甚至对马列主义一些基本原则在认识上也发生动摇。"⑤这种评价对知识分子是不公平的，正是"一种绝对观念"的表现，这种"否认记者是劳动者的错误观念，无意中成为后来整肃记者的正当理由"⑥。

（四）记者的报道要体现党的政策

众所周知，中国共产党新闻工作党性原则是在继承列宁党性思想的基础上于延安时期形成的。它要求党报要完全体现和代表党的利益和意志，按照党的方针政策进行宣传，不能有丝毫违背党的方针和意志的表现。党报的责任更多

---

① 《陆定一新闻文选》，北京：新华出版社 1987 年版，第 10 页。
② 同上书，第 8 页。
③ 同上书，第 10 页。
④ 同上书，第 73 页。
⑤ 同上书，第 68 页。
⑥ 陈力丹：《陆定一〈我们对于新闻学的基本观点〉思维模式对后世的影响》，《湖南大众传媒职业技术学院学报》2004 年第 3 期。

的是宣传党的路线、方针和政策,而不是报道客观世界不断发生的新闻,即使报道新闻,也要从党的立场上进行报道。这是延安时期形成的政治新闻学的主要特征。作为中国共产党宣传战线的领导人之一,陆定一是这一原则有力的宣传者和落实者。在他的思想里,党报记者重要的伦理责任就是时时刻刻注意党的政策,做党的政策有力的宣传者。

1948年3月30日,他在《晋绥日报编辑部的谈话》中强调:"要知党报工作就是宣传政策,报纸的一字一句,一则新闻,一条标题,处处都体现着党的政策,稍一疏忽即会产生错误。每个党报工作者,要认识自己光荣而艰巨的责任,努力学习,使报纸办得更好。"①他举例说:"比如'贫雇农打江山坐江山',刚一听见,就会认为这是对的,甚至还会称赞这个口号'阶级立场稳'。要细细想一想,还要有事实作证据,才知道这个口号不但不对,而且大错了,因为这个口号实际上是排斥中农,而中农在我国农民中占大多数,在民主革命中,在反帝反封建中是无产阶级的同盟军,历史上从来没有反对过共产党。"②陆定一的讲话在总体思想上与博古1942年9月发表的《党与党报》的思想基本一致,甚至有些话语表达都相差无几。

在中国共产党的党报理论中,一直以来都把与党中央保持一致作为新闻工作者首要的政治伦理要求,尤其是经过延安整风运动之后,新闻工作党性原则得到了空前的加强。这对于党的新闻工作者增强政策观念和政治责任意识,对于党报提高政策宣传水平与传播效果,有着重要的意义。但问题在于,如果"党的政策"也出现了问题和偏差,而党报工作者还恪守着"报纸的一字一句,一则新闻,一条标题,处处都体现着党的政策",那么,党报的宣传就会助长错误的发生与蔓延,对党的事业也会更加不利。这在"大跃进"和"文化大革命"时期是有过深刻教训的。客观地看,在新闻事业的党性原则要求中,的确存在遵守组织原则与发挥个人独立性的矛盾,这个矛盾处理好了,才会真正对党的事业有利。

五、刘少奇新闻伦理思想

刘少奇(1898—1969),湖南宁乡人。他是伟大的马克思主义者和无产阶级革命家、政治家、理论家,党和国家卓越的领导人之一。在有中国特色的马克思主义新闻观的发展史上,他富有创见的理论探索和思想贡献,对中国共产党新闻事业的成长壮大和健康发展产生了积极而深远的影响,至今仍然闪耀着真理的光芒。尤其是他对新闻工作者提出的道德品质和工作作风修养的要求,历来受

---

① 《陆定一新闻文选》,北京:新华出版社1987年版,第69页。
② 同上书,第70页。

到新闻工作者的肯定与赞扬。已故著名记者田流曾说:"那次华北记者座谈会,给了我很多教益,特别是刘少奇的讲话,可以说改变了我一生。是刘少奇的讲话使我坚定了做记者的决心,是刘少奇的谆谆教导,使我学会了做记者工作。"①新中国成立之前,刘少奇的新闻伦理思想集中体现在1948年10月2日《对华北记者团的讲话》中。这篇讲话是对中国共产党新闻事业的一次理论总结,其中许多重要论述对新中国的新闻事业产生了深远的影响。

(一)党报记者要充分认识职业的光荣与使命的崇高

在延安时期,中国共产党的领导人在有关新闻工作的讲话中,都论述了记者地位与作用的重要性问题。如博古1944年在《党报记者要注意些什么问题》中就说:"每一个做党报记者的同志要认识到自己作党的喉舌、党的眼睛、耳朵是很光荣的,要打下长期事业心,使本身的业务也更钻研,这是我对大家的希望。"②这是博古针对当时有些记者认为做新闻工作没有前途、不如做实际工作重要有感而发的。诚如田流所说:"我调到《晋察冀日报》工作时,一没有新闻工作起码的知识和能力,二感到记者工作远不如地方上党务工作、政权工作、群众工作'重要',当记者不如当官'威风',所以心里对党让自己干记者工作很不惬意,一心想回到地方上去做'实际工作'。"③田流的想法在当时部分党报记者中有一定的代表性,因此,刘少奇说:"有的同志说,做新闻工作没有兴趣,没有味道,担心是不是有前途。很明白,这是不懂得你们工作的重要性,自己轻视自己。"④针对这种情况,刘少奇在谈话中要阐述的第一个观点,就是党报记者要充分认识新闻工作的重要性,要增强职业荣誉感与使命感。他说:

> 报纸办得好,就能引导人民向好的方面走,引导人民前进,引导人民团结,引导人民走向真理。如果办得不好,就存在着很大的危险性,会散布落后的错误的东西,而且会导致人民分裂,导致他们互相磨擦。因此,新闻工作的影响是很大的。⑤

刘少奇从记者所担负的职责与使命的角度,论述了党报记者工作的重要性。他说,记者工作的重要性主要体现在它是"党联系群众的桥梁"。首先,报纸是准确传达党的方针、政策的桥梁,"我们党要通过千百条线索和群众联系起来,而你们的工作、你们的事业,就是千百条线索中很重要的一条。报纸每天和群众见面,

---

①　田流:《刘少奇教我这样做记者》,《新闻战线》1998年第12期。
②　无锡市史志办公室编:《秦邦宪(博古)文集》,北京:中共党史出版社2007年版,第489页。
③　田流:《刘少奇教我这样做记者》,《新闻战线》1998年第12期。
④　《刘少奇选集》上卷,北京:人民出版社1981年版,第398页。
⑤　同上书,第396页。

每天把党的政策告诉群众"①。如果离开了党报与群众的联系,那么,党的政策在贯彻落实上就会受到影响。其次,党报也是真实反映群众呼声的桥梁。人民群众要依靠报纸反映他们的利益诉求,表达他们的意见和呼声,党报记者有责任"把他们的呼声、要求、困难、经验以至我们工作中的错误反映上来,变成新闻、通讯,反映给各级党委,反映给中央,这就把党和群众联系起来了"②。

刘少奇特别强调,党联系群众的渠道很多,但没有什么可以同报纸相比。他说:"军队是党联系群众的桥梁,人民代表会、合作社等也是党联系群众的桥梁。没有这些桥梁,党和人民群众的联系就断了,党和人民之间就有了鸿沟,因此必须有这些桥梁。千座桥,万条线,主要的一个就是报纸。"③"我们党必须和广大群众保持密切的联系,如果和群众联系不好,就要发生危险,就会像安泰一样被人扼死。共产党也会被人扼死的哩!党什么也不怕,就怕这一项。"④因此,"新闻工作很重要,党很重视这个工作"⑤。

刘少奇将党报形象地比喻为联系群众的"桥梁",既反映了共产党群众路线的特点,又体现了党报记者在联系群众中的特殊作用。1945年5月10日,刘少奇在中国共产党第七次全国代表大会上作的《关于修改党章的报告》中就说过:"我们共产党人的一切事业,都是人民群众的事业。我们的一切纲领与政策,不论是怎样正确,如果没有广大群众的直接的拥护和坚持到底的斗争,都是无法实现的。所以我们的一切,都依靠于、决定于人民群众的自觉与自动,不依靠于群众的自觉与自动,我们将一事无成,费力不讨好。"⑥因此,党的事业离不开党报和党报工作者。党报记者的根本职责就是密切、加强、扩大、发展党同群众的联系,其职责与使命神圣而崇高。

职业荣誉感往往是人们选择、热爱和干好这项工作的前提,是工作中强有力的精神动力。无论做什么,只有热爱它,才会舍得付出,才会乐意为之奋斗。难怪美国的威廉博士在1911年手订的《报人守则》中,第一条就是:"我们相信,新闻事业为神圣的职业。"⑦

(二)党报记者的道德品质修养

1939年7月,刘少奇在延安马克思列宁学院做了《论共产党员的修养》的著

---

① 《刘少奇选集》上卷,北京:人民出版社1981年版,第398页。
② 同上书,第399页。
③ 同上书,第398页。
④ 同上书,第397页。
⑤ 同上。
⑥ 同上书,第351页。
⑦ 周鸿书:《新闻伦理学论纲》,北京:新华出版社1995年版,第259页。

名演讲。他在演讲中说:"每个共产党员,都应该脚踏实地,实事求是,努力锻炼,认真修养,尽可能地逐步地提高自己的思想和品质。"①对于党报记者,他也是这么要求的。他希望记者要具备以下几种必备的品质。

一是敢于讲真话的品质。他在《对华北记者团的谈话》中说:"你们的报道一定要真实,不要加油加醋,不要戴有色眼镜。群众对我们,是反对就是反对,是欢迎就是欢迎,是误解就是误解,不要害怕真实地反映这些东西。唯物论者是有勇气的,绝不要添加什么,绝不要带着成见下乡。党的政策到底对不对,允许你们去考察。如果发现党的政策错了,允许你们提出,你们有这个权利。如果你们看到党的政策大体上是对的,但是还有缺点,也要提出来。这是不是不相信党的政策呢? 不是的。党的政策是否正确要在群众实践中考验。你们要把党的政策执行结果如实告诉我们,中央时刻在准备考验自己的政策。中央是这个样子,各级党委也应该是这样子。如果政策有错误,就修正它,如果它是不完全的,就把它补充得完全起来。马列主义的领导,应该如此。因之,鼓励你们去考察,依照你们的材料、看法提出问题来,如果政策正确,就说正确,如果政策错了,就说错了。你们不仅可以这样做,而且你们的任务就是如此——在群众中考察党的政策执行得怎样。你们不要怕反映黑暗的东西,当然,有的是不宜发表的。你们要从各方面去考察,用各方面的材料证明自己的判断。第一是真实,不要过分,再就是全面、深刻。"②

刘少奇的讲话充分体现了共产党人一贯提倡的"实事求是"的精神。尤其是他提出的"不要怕反映黑暗的东西",对党报记者的采访报道具有重要的指导作用。长期以来,如何正确把握正面报道与负面报道的分寸,如何处理歌颂与揭露的关系,一直是党报伦理中的一道难题。刘少奇的讲话在一定程度上回答了这一难题:"第一是真实,不要过分,再就是全面、深刻。"当然,在新闻工作中要真正做到"敢讲真话"几个字,并非易事,尤其在党内民主遭到严重破坏的情形下则更难。但是,作为有责任感的党报记者,按照反映意见的规定程序和宣传纪律要求反映考察的实际情况与个人的意见,怎么说都不是过高的要求,因为新闻人无论对内对外,只有讲真话才有用。据梅益回忆:"早在西柏坡的时候,有一次我同少奇同志谈到陕北新华广播电台的《对蒋军广播节目》对国民党军将校的影响越来越大。当时少奇同志就说:'我们的广播,我们的新闻之所以有威信,就是因为它真实'。他指示说,对蒋军的广播要准确,要及时,要讲政策,这样就更能发挥瓦解敌军的作用。"③

---

① 　《刘少奇选集》上卷,北京:人民出版社 1981 年版,第 106 页。
② 　同上书,第 402—403 页。
③ 　转引自梅益:《少奇同志和广播事业》,《北京广播学院学报》1980 年第 1 期。

二是坚持真理、敢于斗争的品质。新闻工作最高的道德要求是讲真话,最难做到的也是讲真话,因为追求新闻真实,有时是要担风险的。刘少奇对记者们说:"党依靠你们的工作,指导群众,向群众学习。因此,你们做得好,对党对人民的帮助就大;做不好,帮助就不大;如做错,来个'客里空',故意夸大,反映得不真实,就害死人了。"①为了避免"客里空"的错误,能够真实地反映情况,记者就要培养坚持真理、敢于斗争的专业主义精神。刘少奇鼓励记者说:

> 即使你批评了别人,吃了人家一顿骂,也不要怕。只要我们的工作建立在党的路线、方向上,即便一时不得彩,也不要怕,要能坚持,要有点硬劲,要有点斗争性,要像鲁迅那样有骨头,没有骨头,是硬不起来的。为了人民的事业,你们要经得起风霜,要经得起风浪,要受点锻炼,要学得经验。②

记者在讲真话的时候碰到的最大难题就是威逼与利诱。有些记者在威逼面前成了懦夫;在利诱面前,成了俘虏。因此,刘少奇号召党报记者为了人民的事业,要经得起风霜,要有点硬劲,有斗争性,像鲁迅那样有"硬骨头"精神。这也是他一以贯之的思想。1939 年 7 月,他在《论共产党员的修养》中说:"革命坚决,斗争勇敢,是每一个共产党员必须具备的宝贵品质。"③新中国成立后的 1956 年 5 月 28 日,他在《对新华社工作的第一次指示》中也说:"新闻记者要坚持真理,要有斗争性,头上要长角。不要怕人家报复,不要怕人家把你赶走。如果你报道正确,人家把你赶走了,这是你的光荣。"④他的观点深刻地影响了党报工作者。田流在回忆文章中说:"几十年的实践,我越来越深切地认识到,要做好记者工作,首先自己必须是个正直的人,有原则的人,作风正派的人,敢于坚持真理的人。没有这种品德,他不但做不好记者工作,写不出好的符合实际、符合人民利益、有利于革命和社会主义建设事业的通讯报道,毫不过分地说,他根本不配做记者工作。"⑤

三是不断学习的品质。刘少奇在《论共产党员的修养》中就说过:"理论学习和思想意识修养是统一的","我们共产党员,不但要在革命的实践中改造自己,锻炼自己的无产阶级思想意识,而且要在学习马克思列宁主义理论的过程中改

---

① 《刘少奇选集》上卷,北京:人民出版社 1981 年版,第 399 页。
② 同上书,第 400 页。
③ 同上书,第 116 页。
④ 刘少奇:《对新华社工作的第一次指示》,《中国共产党新闻工作文件汇编》下,北京:新华出版社 1980 年版,第 365 页。
⑤ 田流:《刘少奇教我这样做记者》,《新闻战线》1998 年第 12 期。

造自己,锻炼自己的无产阶级思想意识。"①他认为,只有把理论学习和思想修养很好地结合起来,才是真正的共产党员。在《对华北记者团的谈话》中,他对党报记者也提出了同样的要求。他说:"你们要有主动学习的精神,独立地把你们的事业做好。"②"共产党记者最可宝贵的知识,是理论知识,在这方面,你们特别缺少。所以,要继续学习,不只要三个星期,要三个月,三年、三十年,努力把马列主义学好。"③

刘少奇还特别强调,学习要讲究方法,不能盲目学习。党报记者要想把新闻工作做好,一方面要按照新闻工作的需要来学习。他说:"你们可以互相学习,也可以看国民党的报纸,看外国通讯社的报道,人家有许多东西不比你们写得差,甚至还好些。……你们要看一看,做新闻工作需要些什么条件,需要些什么知识,自己必须独立学习、努力学习。这样,你们就有了主动性。"④在这里,刘少奇根据新闻职业的内在要求,提出了一个重要的观点,就是"也可以看国民党的报纸,看外国通讯社的报道"。这是说,党报记者在政治立场上要坚定不移,但在新闻业务上可以借鉴国民党的报纸和外国报纸的写法,"向敌人学习,也可以增加知识"⑤。另一方面,还必须学习马列主义的基本原理和方法,特别是辩证唯物主义和历史唯物主义理论。要用马克思主义的理论武装自己的头脑,学会用马克思主义的理论和方法解决现实生活中的问题。"要做马克思主义记者,却不大懂马克思主义,基本问题就在这里。你们不提高理论修养,工作是做不好的"⑥。

四是密切联系群众的品质。在延安时期,中国共产党所开展的知识分子改造运动,一个突出的主题,就是知识分子走近工农,向群众学习,在思想感情上与群众打成一片。刘少奇在讲话中也贯彻了这一思想主张。他说:"我们的报纸现在有几十种,将来全国会有几百种,如果能比较真实、全面、深刻地把群众的情绪、要求、意见反映出来,那不知会起多大的作用。你们要和群众生活在一起,了解他们真正的情绪和要求,看他们反对什么,拥护什么,要求什么,把这些东西反映出来。……我们要了解群众,向群众学习。"⑦中国共产党党章明确规定了党的群众路线是党的根本政治路线和组织路线。党报记者无疑是这条路线忠实的宣

---

① 《刘少奇选集》上卷,北京:人民出版社 1981 年版,第 112 页。
② 同上书,第 401 页。
③ 同上书,第 406 页。
④ 同上书,第 400 页。
⑤ 同上书,第 353 页。
⑥ 同上书,第 405 页。
⑦ 同上书,第 399 页。

传者和执行者。刘少奇对记者说:"办报是联系群众很重要的工作,你们就是做这个工作的。"①做这个工作的人,如果自以为是、高高在上,没有全心全意为人民服务的精神和自觉联系群众的品质,就无法完成这项任务。

（三）党报记者要养成良好的作风

刘少奇在对华北记者团的谈话中,对党报记者的作风问题,也给予了特别的重视。他认为,党报记者要出色地完成党交给的任务,必须养成良好的工作作风。这些作风要贯彻在实际的新闻采访和写作之中。具体说来,有以下几个重要内容。

首先是实事求是的作风。这是刘少奇谈得最多的内容。他说:"你们要了解人民群众中的各种动态、趋向和对党的方针政策的反映。……要采取忠实的态度,把人民的要求、困难、呼声、趋势、动态,真实地、全面地、精采地反映出来。""党的政策到底对不对,允许你们去考察。如果发现党的政策错了,允许你们提出,你们有这个权利。"②刘少奇鼓励党报记者要以忠实的态度,真实、全面、深刻地反映情况,甚至不要怕反映黑暗的东西,这是十分深刻和具有实践指导意义的。新中国成立后的"大跃进"时期,党报记者对甚器尘上的浮夸风,不仅没有及时反映,还起到了推波助澜的作用。1961 年 5 月 1 日,刘少奇同《人民日报》副总编辑胡绩伟等谈话时说:三年来,报纸在宣传生产建设成就方面的浮夸风,在推广先进经验方面的瞎指挥风,在政策宣传和理论宣传方面的片面性,对实际工作造成了很大恶果。③ 之所以会出现这样的情况,说到底,就是违背了实事求是的原则,丢失了求真务实的作风。

其次是全面细致的作风。1948 年 8 月 4 日,刘少奇在中共中央各部委负责人会议上发言时,对当时新闻报道的作风问题提出了严肃的批评:"我们的报纸作风是经验主义的党八股,一条一条孤立的消息,有头无尾,看不出宣传目的,没有反映全面动态。比如,有反映前线战斗的消息,没有反映三查三整的材料;有各地平民办合作社的消息,没有办合作社得失利害的报导。过去是'空话连篇言之无物,现在是实话连篇言无长物'。"④我们知道,"党八股"是一股流行于党报党刊的恶劣的文风,从井冈山到延安,党的领导人如张闻天、毛泽东等人,都撰写过专文对此进行了批判,但是,这种恶劣的文风要克服起来却不是一朝一夕的事情。1948 年 10 月,刘少奇在《对华北记者团的谈话》中再一次强调,党报记者一

① 《刘少奇选集》上卷,北京:人民出版社 1981 年版,第 398 页。
② 同上书,第 402、403 页。
③ 刘书峰整理:《刘少奇与新闻工作大事记》,《新闻春秋》2009 年 3 月,第 148—149 页。
④ 中共中央文献研究室编:《刘少奇年谱》,北京:中央文献出版社 1996 年版,第 157 页。

定要树立良好的工作作风,深入群众,深入实际,对党的政策在群众中的执行情况以及群众的意见与呼声,做具体的调查研究,在全面掌握情况的基础上,做周密细致的思考和深刻的分析判断。他说:"你们的责任,就是要从各方面把事情搞清楚之后,再下判断。""你们的笔,是人民的笔,你们是党和人民的耳目喉舌。你们不能采取轻率的、哗众取宠的、'客里空'式的态度,而应当采取负责的、谨慎的、严肃的态度去做工作。"①

再次是独立与艰苦的工作作风。刘少奇说:你们"必须独立地做相当艰苦的工作。凡不愿独立地做艰苦工作的人,任何事情也做不好。你们要切记这一点。艰苦工作,首先思想上要艰苦,要做理论的、系统的工作,而且是独立地去做"②。刘少奇强调的独立与艰苦的工作作风对于党报记者来说,是非常重要的。很多时候,记者的报道不能真正服务于党的事业和维护人民的利益,就是缺乏这种作风造成的。所谓独立的工作,就是能独立地调查、独立地思考与判断。"人家叫你们去做什么就做什么是不行的。你们要真实地反映情况,独立地去作判断,就要到处去看,去问,就要读马列的书,做许多研究工作。"③不难理解,所谓独立思考,就是对待具体事实与问题要有自己的分析和判断,不能人云亦云。做艰苦的工作,就是深入实际,深入群众,不怕吃苦,不怕麻烦,舍得花工夫去钻研。只有具备了这种工作作风,才能在宣传党的路线方针的时候,在报道群众生活与要求的时候,真正做到全面深刻,让读者受益。很多新闻报道之所以浮于表面,不能深刻地反映现实和解释问题,说穿了,都是懒人做出来的活。懒人怕吃苦、缺乏创造性,完全不适宜做需要独立思考和艰苦工作的记者。

六、邹韬奋新闻伦理思想

邹韬奋(1895—1944),原名恩润,笔名韬奋,祖籍江西余江县,出生于福建永安,是我国著名的新闻记者、政论家、出版家。他是1944年7月去世之后才被中共中央追认为共产党员的,但他生前的思想和行为,特别是"九一八"事变之后的思想和行为与中国共产党的主张是完全一致的。正如范长江在《念韬奋同志》一文中所说:"他临死时才请求加入中国共产党的,但他对于中国共产党的主张、毛泽东的思想,在他当时的觉悟基础上,一发现真理,立即全力以赴。"④韬奋自己也这样说过:"我自己向来没有加入任何党派,因为我这样看法:我的立场既是大众的立场,不管任何党派,只要它真能站在大众的立场努力,真能实行有益大众的

---

① 《刘少奇选集》上卷,北京:人民出版社1981年版,第403—404页。
② 同上书,第404—405页。
③ 《刘少奇选集》上卷,北京:人民出版社1981年版,第405页。
④ 胡愈之等:《众说韬奋》,上海:学林出版社2000年版,第88页。

改革,那就无异于我已加入了这个党了,因为我在实际上所努力的也就是这个党所要努力的。"①

的确,"韬奋先生二十余年为救国运动,为民主政治,为文化事业,奋斗不息,虽坐监流亡,决不屈于强暴,决不改变主张,直至最后一息"②。他所追求所努力的,也就是中国共产党提倡追求和努力的。惟其如此,他在生前才屡遭国民党的迫害,中国共产党才给他那么高的评价。毛泽东、周恩来、朱德、陈毅、叶剑英等老一辈无产阶级革命家都先后题词,高度评价他"热爱人民,真诚地为人民服务"的一生。1995年,江泽民在纪念韬奋一百周年诞辰时号召:"继承和弘扬韬奋真诚为人民服务的精神"。因此,我认为,韬奋的新闻伦理思想应该放到共产党新闻伦理思想这一章来介绍。

韬奋从1926年接办《生活》周刊以后,毕生从事新闻出版工作。先后主编的报刊有《生活》《大众生活》(上海)、《生活日报》《生活星期刊》《抗战》《全民抗战》《大众生活》(香港)等1报6刊。在长期的新闻生涯中,他不仅在实践上取得了突出成绩,而且善于总结经验,在新闻理论上也卓有建树。他的新闻伦理思想,主要有如下一些内容。

（一）记者的活动要有正确的动机

从1927年3月撰写《本刊与民众——本刊动机的重要说明》到1938年4月撰写《新闻记者活动的正确动机》,韬奋总是不厌其烦地强调办报动机与新闻记者和新闻工作的重大关系,认为动机不纯,就不可能办出纯洁高雅的报刊。在当时的新闻界,报刊既有官办的,也有民办的,既有独资的,也有合股经营的。从事新闻出版业的人员,在从业动机问题上存在着种种不同的观点,而受观念支配的职业行为就更是千差万别了。以记者为升官阶梯者有之;以新闻为发财手段者有之。韬奋认为,这样的动机是对崇高新闻职业的亵渎,是对自己的事业缺乏忠诚的行为。《生活》周刊创刊不久,他就向广大读者郑重宣告"本刊动机""完全以民众的福利为前提"。他解释说:"说到全国大多数民众的利益,我们以为'力求政治的清明'与'实业的振兴',都是根本要策。所以我们痛恶虐待职工不顾人道的惨酷资本家;而对于优待职工热心群众利益的实业家,却表同情。"③

1928年11月,他在《〈生活〉周刊究竟是谁的》一文中进一步表明:"我们办这个周刊,心目中无所私于任何个人,无所私于任何机关。我们心里念念不忘的,是要替社会造成一个人人的好朋友。"《生活》周刊是以读者的利益为中心,

① 邹韬奋:《经历》,长沙:岳麓书社1999年版,第78页。
② 1944年9月28日《中共中央唁电》,胡愈之等:《众说韬奋》,上海:学林出版社2000年版,第1页。
③ 邹韬奋:《韬奋全集》第1卷,上海:上海人民出版社1995年版,第647—648页。

以社会的改进为鹄的,就是赚了钱,也还是要用诸社会,不是为任何个人牟利,也不是为任何机关牟利。"①这种公开的表白,绝不是哗众取宠的口号,而是实实在在的行动指南。韬奋在办刊过程中,始终贯彻这一宗旨。从1926年接手《生活》周刊到1933年6月该刊被国民党密令查禁,韬奋"以民众的福利为前提"的办刊动机从未动摇过,而且,不断改进为大众谋福利的做法,以致《生活》周刊的发行量从当初的2000余份增至1934年的15.5万份,位居同时期全国刊物之冠,受到读者的高度赞扬,被誉为"有趣味有价值的周刊"。

《生活》周刊的成功实践,使韬奋更加坚定了新闻为大众服务的动机观。他深切地体会到了为大众谋福利的事业乐趣和事业前途。1936年6月,他在《理论和实践的统一》一文中这样说道:"倘若一个人不知道他的真正的动机所在,那末他的行动是盲目的,盲目的行动有着很大的危险性,因为理论是实践的眼睛。"②1938年4月写的《新闻记者活动的正确动机》一文,可谓是韬奋新闻工作的深刻总结和新闻动机观的集中表达。在这篇文章里,他意味深长地说:"依我十几年来在这个队伍里摇旗呐喊的经验,以及冷眼旁观这队伍里其他'同道'的经历或变化,深刻地感觉到做新闻记者最应该有的是活动力,尤其应该有的是活动的正确动机。"③

韬奋说的"动机",就是指新闻工作为谁服务的问题。办报是为社会大众的福利而活动,还是为自己的私图而活动,这是检验其动机好坏的唯一标尺。他认为,"有事业的兴趣而没有个人的野心"才是正确的办报动机。他进一步论述说:"有事业的兴趣才会埋头苦干而仍津津有味,乐此不疲;没有个人的野心才不至利用从事业上所得到的社会的信用做自己升官发财乃至种种私图的阶石。"④韬奋的"动机观"是他从自己的实践和同行的经历中得出的认识,是被事实充分证明了的真理。翻检中外新闻史上正反两方面的典型,更让人感到这一思想的正确和深刻。动机决定人的行为,有什么样的职业理想,就有什么样的职业行为,如果从业的动机不纯,要想在媒介实践中做到立言为公、办报为民是根本不可能的。

(二)记者应站在劳苦大众的立场上说话

韬奋的从业动机论,阐述的是新闻记者的职业理想问题,即为什么办报的问题,而立场则是报刊创办之后怎样为大众服务的问题。用韬奋自己的话来说,就

---

① 邹韬奋:《韬奋全集》第5卷,上海:上海人民出版社1995年版,第446、448页。
② 邹韬奋:《韬奋全集》第6卷,上海:上海人民出版社1995年版,第688页。
③ 邹韬奋:《韬奋全集》第8卷,上海:上海人民出版社1995年版,第22页。
④ 同上书,第23页。

是刊布的言论和评述替谁说话。"凡遇有所述评或建议,必以劳苦民众的福利为前提,也就是以劳苦民众的立场为出发点"①就是韬奋的立场观。

其实,韬奋的新闻立场观并非一开始办刊就那么清晰明确,而是在办报办刊的过程中逐步形成并不断丰富完善。1936 年 11 月至 1937 年 4 月,韬奋在国民党监狱中写的《经历》一书,有这样一段回忆:

> 《生活》周刊既一天天和社会的现实发生着密切的联系,社会的改造到了现阶段又决不能从个人主义做出发点,如和整个社会的改造脱离关系而斤斤较量个人的问题,这条路是走不通的。于是《生活》周刊应着时代的要求,渐渐注意于社会的问题和政治的问题,渐渐由个人出发点而转到集体的出发点了。②

具体地说,就是"九一八"事变之后,中华民族危机的加剧和国民党的不抵抗政策,使韬奋逐渐认清了国民党政权的本质,认清了民主政治和民族的希望在于广大民众的觉醒,在于为大众谋福利的党派带领人民进行艰苦卓绝的斗争。从此以后,他便更加自觉地站在人民大众的立场上从事他终生热爱的新闻工作。

在新闻报道中,立场总是客观存在的。无产阶级新闻学的一个显著特点,就是公开承认自己的立场,并将自己的立场贯彻于自己的报刊之中。自 1930 年至 1932 年,韬奋在《生活》周刊先后发表过《我们的立场》《我们最近的思想和态度》《我们最近的趋向》等文章,反复申述自己办刊的立场、信仰和态度。其中核心思想就是"凡遇有所评述或建议,必以劳苦民众的福利为前提,也就是以劳苦民众的立场为出发点"。1936 年 6 月,《生活日报》创刊时,韬奋在创刊词中特别强调:"同人愿以自勉的第一义,便是以全国民众的利益为一切记述评判和建议的中心标准。本报的两大目的是努力促进民族解放,积极推广大众文化。这也是从民众的立场,反映全国民众在现阶段内最迫切的要求。"③

如果说韬奋新闻事业成功有什么奥秘的话,那么,"永远立于大众立场",便是其中最关键的因素。立场关系到事业的前途,立场决定民心的向背,立场是衡量报刊价值高低的核心标准。1942 年,毛泽东的《在延安文艺座谈会上的讲话》把"站在无产阶级的和人民大众的立场"作为文艺工作者首先要解决的问题,就说明立场对于文化事业的重要性。韬奋的人民大众的立场观及其在报刊实践中

---

① 邹韬奋:《韬奋全集》第 4 卷,上海:上海人民出版社 1995 年版,第 412 页。
② 邹韬奋:《韬奋全集》第 7 卷,上海:上海人民出版社 1995 年版,第 203 页。
③ 邹韬奋:《韬奋全集》第 6 卷,上海:上海人民出版社 1995 年版,第 672 页。

的做法,是当今乃至将来无产阶级新闻事业非常宝贵的精神财富,值得永远继承和发扬。

(三)培养为大众服务的精神及德性

1936 年 7 月 31 日,韬奋在《生活日报》上发表的《〈生活日报〉的创办经过和发展计划》一文中,这样陈述自己的心声:"我的职业是一个新闻记者。……我生平并无任何野心,我不想做资本家,不想做大官,更不想做报界大王。我只有一个理想,就是要创办一种为大众所爱读、为大众作喉舌的刊物。"①事实上,韬奋每办一种报刊都在如何为人民群众服务的问题上,殚精竭虑,不断探索,逐渐形成了丰富的经验和思想。概括起来主要体现在以下几个方面。

1. 牢固树立为大众服务的意识,培养服务所应具有的精神

韬奋在自己的文章中曾多次从人生价值的高度阐明这一观点。例如,1928年 11 月 18 日在《〈生活〉周刊究竟是谁的》一文中说:"我们办这个周刊……是要藉此机会尽我们的心力为社会服务。求有裨益于社会上的一般人,尤其注意的是要从种种方面引起服务社会的心愿,服务所应具的精神及德性。"他认为,一个人光溜溜的来到这个世界,又光溜溜的离开这个世界,彻底想起来,名利都是身外之物,"只有尽一个人的心力,使社会上的人多得他工作的裨益,是人生最愉快的事情"②。韬奋在自己的新闻生涯中之所以能够始终不渝地坚守为大众服务的目标,就在于他较早地确立了为大众服务的人生价值观,即人生最大的乐事就是让社会大众能从你的工作中得到裨益。可以说,这是从根本上解决了为什么记者要树立群众意识的问题。

2. 替群众说话,做人民的喉舌

群众意识在新闻工作中表现是多方面的,而首要的一点是让媒介成为大众的喉舌。1936 年 6 月,韬奋在《〈生活日报〉创刊词》中说:"我们不必讳言世上尽有报人做豢养他的主子的'喉舌',和民众恰恰立于敌视的地位;但是就原则上讲,报人应该是'民众喉舌',那却是无可疑的。"③在韬奋的思想里,做民众喉舌,既包括反映人民群众的根本利益和愿望,也包括反映和人民大众有切身利益关系的事情。例如,"九一八"事变之后,民众的根本利益就是抗日救亡。"全中国民众在当前所焦思苦虑,梦寐不忘的,是争取中华民族的平等自由,是要避免亡国奴的惨祸。"④因此,他要求《生活日报》一方面要把争取民族解放作为头等大

---

① 邹韬奋:《韬奋全集》第 6 卷,上海:上海人民出版社 1995 年版,第 679 页。
② 邹韬奋:《韬奋全集》第 5 卷,上海:上海人民出版社 1995 年版,第 446—447 页。
③ 邹韬奋:《韬奋全集》第 6 卷,上海:上海人民出版社 1995 年版,第 672 页。
④ 同上书,第 672—673 页。

事,一步也不能离开抗敌救亡的大目标。另一方面,又要反映全国大众的实际生活,登载全国工人、农民、职员、学生直接提供的言论和新闻资料。报纸的内容适合大众的需要,言论反映大众的意见和要求,与大众的实际生活息息相关。

3. 文字力求大众化,尽可能用口语文来写言论和新闻

关于文字的通俗化问题,早在接办《生活》周刊不久的1927年3月,韬奋就提出:"至于文字方面,本刊力避'佶屈聱牙'的贵族式文字。采用'明显畅快'的平民式文字。"自此以后,他一直把文字的大众化作为为大众服务的重要条件和不断追求的目标。1936年6月,《生活日报》创刊后,韬奋提出:"本报的文字要力求大众化,要尽可能用口语文来写论文和新闻。现在完全用口头文的报纸还没有,我们要来首先作一个榜样。我们要注意最落后的大众。使一切初识字半通文的妇女们,孩子们,工友们,农夫们,都能看懂《生活日报》,才算达到了我们的目的。"①翻看韬奋办的刊物和报纸以及韬奋所写的文章,总体上看,通俗生动、明白晓畅、情真意切、趣味盎然是其鲜明的特点。在无产阶级新闻学说里,语言的大众化一直被看作是为人民大众服务的前提,而韬奋堪称是实践这一思想的光辉典范。

4. 尽自己的心力为读者服务,做读者的"好朋友"

韬奋在办报办刊过程中,与读者关系之密切是有口皆碑的。他之所以能够成为读者的良师益友,是因为在他的头脑中有一种始终不渝的指导思想——"鞠躬尽瘁的服务精神"。韬奋从主编《生活》周刊起,就一直把将报刊办成读者"诚恳同情、悲观与俱的好朋友"作为追求的目标之一。他在各种刊物上设立的"读者信箱",不仅是表达读者心声的喉舌,也是沟通编辑与读者心灵的桥梁。他把阅读读者来信和解答读者的问题,看作是义不容辞的光荣职责。有时,一天最多收到的信件在1000封以上,发信在500封以上。一个人忙不过来,就请同事帮忙,但最后都要亲自过目和签名。长此以往,从不厌倦。"好像天天和许多好友谈话,静心倾听许多好友的衷情"。他在新闻实践中深深体会到:"做编辑最快乐的一件事就是看读者的来信,尽自己的心力,替读者解决或商讨种种问题。把读者的事看作自己的事,与读者的悲欢离合、酸甜苦辣,打成一片。"②韬奋在服务读者方面的思想和做法是许多同行不得不心悦诚服的。

(四)记者自身的道德人格修养

还在创办《生活》周刊之初,邹韬奋就为自己确立了为大众服务的职业理想和道德追求,要求自己和同人"要从种种方面引起服务社会的心愿,服务所应具

---

① 邹韬奋:《韬奋全集》第6卷,上海:上海人民出版社1995年版,第683页。
② 邹韬奋:《韬奋全集》第9卷,上海:上海人民出版社1995年版,第721页。

的精神及德性"①。在一生的新闻实践中,他都特别重视记者的道德人格修养,视人格为办报的首要条件。他认为:人格与报格是新闻事业赖以生存的基础,记者应该做到:为保全人格报格而决不为不义屈服。

韬奋在办报的历程中,几经磨难,艰苦备尝,面对国民党的威逼利诱,他坚贞不屈,宁肯流亡或坐牢,也决不丧失自己的人格和报格。1933 年 12 发表的《与读者诸君告别》是韬奋人格思想的集中表现。当时,《生活》周刊因大力宣传抗日救亡而"大招政府当局的疑忌,横加压迫,愈逼愈厉",以至被查封关闭。面对政府的封禁打压和恐吓威胁,韬奋处之泰然,毫不妥协,表现了一个民主斗士的铮铮铁骨。他在文中明确表示:"记者所始终认为绝对不容侵犯的是本刊在言论上的独立精神,也就是所谓报格。倘须屈伏于干涉言论的附带条件,无论出于何种方式,记者为自己人格计,为本刊报格计,都抱有宁为玉碎不为瓦全的决心。"②韬奋的这种为维护正义而刚直不阿的品性,始终如一。他坚定地主张:一个没有人格的人不配主持有价值的刊物。

韬奋认为,一个有人格的记者,就要克服个人主义,服膺集团主义。"九一八"事变之后,他积极投身于抗日救亡的民族解放运动。在斗争实践中,他日益感到:"民族未解放,个人何从获得自由? 个人不是做集团的斗士的一员,何从争自由? 个人集开了集团的斗争,何从有力量争自由? 以个人的利害做中心,以个人的利润为背景,又怎样能团结大众,共同奋斗来争自由。所以我们要应现代中国的大众需要,就必须克服个人主义,服膺集团主义。"③抛弃个人主义、转向集体主义是韬奋思想发展过程中一次重大的转变。"个人主义以个人为一切利害的中心,以个人自由为标榜"④,而集体主义则以国家民族和人民大众的利益为中心,当个人利益与集体利益发生矛盾的时候,毫不犹豫地将集体利益放在首位。正因为韬奋有了集体主义的道德观,所以在敌人的诽谤、恫吓和威胁面前,在敌人的物质、地位的引诱面前,能够做到宁为玉碎、不为瓦全,将个人生死荣辱置之度外;正因为韬奋有了集体主义的道德观,所以他在《生活》周刊和生活书店经营蒸蒸日上的时候,想到的是如何发展事业,更好地为大众服务,从不为个人的升官发财动半点心思。他告诫广大青年,在人生修养上,尤其应加强集体主义的道德修养,"要注意怎样做大众集团中一个前进的英勇的斗士,在集团的解放中才能获得个人的解放"。他说:"不是说'人生'无须'修养',但是'修养'不应以个人主义为出发点,却要注意到社会性;是前进的,不是保守的;是奋斗的,不是屈

---

① 邹韬奋:《韬奋全集》第 5 卷,上海:上海人民出版社 1995 年版,第 446—447 页。
② 同上书,第 439—440 页。
③ 邹韬奋:《韬奋全集》第 6 卷,上海:上海人民出版社 1995 年版,第 495 页。
④ 同上书,第 494 页。

伏的;是要以集团一分子的立场,共同努力来创造新的社会,不是替旧的社会苟延残喘。"①

韬奋提倡,一个有人格的记者就要有强烈的社会责任感,为大众提供健康的精神食粮,拒绝一切低级趣味的内容。他认为,报刊质量的高低,内容起着决定性的作用。"内容如果真能使读者感到满意,或至少有着相当的满意,推广的前途是不足虑的。否则推广方面愈用工夫,结果反而愈糟。因为读者感觉到宣传的名不符实,一看之后就不想再看。"②

在 20 世纪 30 年代的中国,许多报刊在内容上存在着严重的低俗化现象。韬奋在《大报和小报》中一针见血地指出:"关于社会新闻,有一个时期最热闹的是集中于'美人鱼',最近又转着视线到'胡蝶结婚'了。尤其是附刊的文字,更是无微不至。提倡体育和艺术,重视运动家和艺人,原是好事情,但是注意点另有所在,却又是另一回事了。因为是女性的关系,虽和别的男选手一样的是运动家,却特别注意到她几时睡觉,睡时又怎样;一个艺人结婚,也因为是女性的关系,却特别注意到是否为她的'肚皮'所促成! 这不是敬重运动家和艺人,却是大大地侮辱了运动家和艺人了。"③韬奋批评这种"低级趣味的弊病"和"凭空捏造、毁谤诬蔑"的现象,是"把新闻记者的道德完全丧失"的表现,是一种"恶劣习性"。

有人认为,报刊登载低级趣味的东西可以增强其吸引力,扩大报刊的影响。但韬奋认为:"引人注意是一事,报的内容是否值得一看又是一事。倘若报的内容没有阅看的价值,徒然引人注意也是没有用的。"④在韬奋的思想里,读者的利益和健康的需要总是摆在第一的位置。他要求自己办的刊物,"要使读者看一篇得一篇的益处,每篇看完了都觉得时间并不是白费的"。为了达到这一目标,关键是记者要有强烈的服务意识和责任意识。他说:"推进大众文化的刊物,便须顾到一般大众读者的需要。……要用敏锐的眼光和深切的注意,诚挚的同情,研究当前一般大众读者所需要的是怎样的'精神食粮'。这是主持大众刊物的编者所必须负起的责任。"⑤韬奋在办刊的过程中始终坚持正确的方向,自觉抵制一切低俗的习气,为新闻工作者树立了恪守新闻职业道德的榜样。

韬奋认为,一个有人格的记者就应正确处理好义利的关系,在经营上切不可见利忘义。韬奋办报刊一向是重视经营管理的。在他看来,作为具有事业性和

① 邹韬奋:《韬奋全集》第 6 卷,上海:上海人民出版社 1995 年版,第 565 页。
② 邹韬奋:《韬奋全集》第 7 卷,上海:上海人民出版社 1995 年版,第 206 页。
③ 邹韬奋:《韬奋全集》第 6 卷,上海:上海人民出版社 1995 年版,第 291 页。
④ 邹韬奋:《韬奋全集》第 5 卷,上海:上海人民出版社 1995 年版,第 702 页。
⑤ 邹韬奋:《韬奋全集》第 7 卷,上海:上海人民出版社 1995 年版,第 205—206 页。

商业性双重属性的新闻事业,如果经营上不好,那么其事业性的发挥也就失去了依托。因此,从事文化事业的人也不能不重视经营活动,不得不赚钱。但韬奋当时不同于他人的,就在于特别强调事业性与商业性的统一,即义利统一的经营观。

特别是在创办《生活日报》的时期,他对《生活日报》的广告经营提出了非常明确的道德要求。还在刊物问世之前的1932年3月1日,他在《创办〈生活日报〉之建议》一文中就向社会宣告自己的设想:"凡不忠实或有伤风化之广告,虽出重金,亦不为之登载。"[①]这种对社会负责的广告道德观,不仅在当时难能可贵,就是在今天也依然能给媒介的广告经营者提供认识上的帮助。1936年7月,韬奋在《〈生活日报〉创办经过和发展计划》一文中则更为详细地阐明了自己的广告道德思想。他说:"报纸上面登载广告,不应该专为了报纸的营业收入,而应该同时顾到多数读者的利益。有些广告是含有欺骗性质的,有些广告提倡迷信,或伤风败俗,报纸为了广告费的收入,加以登载,在法律和道德上,都要负重大责任。本报既然是代表民众利益的报纸,所以对于广告的刊登,要有他严格限制。凡是骗人害人的广告,一概拒绝不登。换句话说,本报对于所登载的广告,也和言论新闻一样,是要向读者负责的。"[②]在广告道德方面,韬奋是在同时期的报人中强调最多、在实际工作中做得最好的一个。尤其是他提倡的广告"也和言论新闻一样,是要向读者负责的"观点,充分体现了他在新闻职业活动中高尚的道德境界和道德追求。唯其如此,他办的报刊才能在读者中赢得广泛而充分的信任。

总之,韬奋在近20年的新闻生涯中,始终坚持为人民大众服务的方向,追求真理,不畏强暴,热爱祖国,忠于事业,积极进取,不断创新,为无产阶级新闻事业积累了丰富的理论与经验。他的新闻伦理思想和实践经验值得新闻工作者永远继承和发扬。

第四节　国民党代表性报人新闻伦理思想

从1927年到1949年的国民党政府时期,国民党作为当时中国的执政党,其报刊数量及在国内外的影响,比起局部执政的共产党的报刊来,都占有一定的优势。在国民党新闻战线,也有许多优秀的报人,他们站在国民党的立场上,为了巩固和发展国民党的新闻事业,对新闻道德建设也给予了极大的关注,提出了具

---

① 邹韬奋:《韬奋全集》第4卷,上海:上海人民出版社1995年版,第33页。

② 邹韬奋:《韬奋全集》第6卷,上海:上海人民出版社1995年版,第684页。

有国民党党报特色的新闻伦理思想。这里只论述叶楚伧、程沧波和马星野三位著名报人的新闻伦理思想,因为他们都先后做过国民党《中央日报》社的社长,在国民党报人中具有很强的代表性。

一、叶楚伧新闻伦理思想

叶楚伧(1887—1946),原名宗源,江苏吴县(今昆山市)周庄人。1904年,入苏州高等学堂学习,1908年加入同盟会。辛亥革命后,于1913年到于右任创办的《民立报》任副刊主编。1916年,任《民国日报》总编辑,以文字鼓吹革新与建设思想。1928年,任国民党中央宣传部部长。1929年兼任国民党《中央日报》社社长。1930年以后,他陆续担任过江苏省政府主席、国民政府委员、中央宣传委员会主任委员、立法院副院长、国民党中央执行委员会常委兼秘书长等要职。1946年病逝于上海,时年60岁。

叶楚伧在长期的办报生涯和领导国民党宣传工作的过程中,发表了许多有关新闻宣传的论文与讲话。在国民党中央文物供应社1983年出版的《叶楚伧先生文集》(三卷)中,就有不少这方面的文章。如《民立报最近宣言》《为国民党请愿于言论界》《抗战以来宣传工作之概观》《宣传重于作战》《新闻界应有真是非》《报纸为社会耳目应慎重记载》《党务上实施之问题》等。这些文章,比较集中地反映了他的新闻伦理思想。

(一)忠实是新闻记者唯一道德

1925年8月2日,叶楚伧在《国闻周报》周年纪念特刊上发表了一篇文章《为国民党请愿于言论界》。他针对一些报刊不顾事实、无中生有的造谣进行了尖锐的批判,提出了"忠实为记者惟一道德"的观点。他说:

> 新闻记者之惟一道德为忠实,己所善者赞助之可也;己所不善者诘难驳斥之亦可也。然所赞助与驳斥,必根据于事实。就同一事实而批评之可也,造作事实以中伤之侮蔑之不可也。因传闻偶然之语,错载于前,纠正于后可也,明知其误而更利用其误不可也。虽然,吾于新闻界竟不幸而屡见所谓不可者矣。①

他列举了一些实例,证明这种造谣的卑劣。他说:"远之如去年污国民党三月四日实行共产之谣,如孙先生在广州猝死之谣;近之如国民党欲攫取东大之谣,如许济蒋中正拔枪互击之谣。诸如此类,吾虽不敢决曰执此以批评国民党之人,即凭空造谣之人,而其动因之卑劣,决非忠实者所应有,则可断言也。""予望

---

① 《叶楚伧先生文集》第1册,台北:文物供应社1983年版,第221—222页。

舆论界以忠厚为怀,一体会国民党之所为,而与以公正之评论焉。"①记者的主要职责是报道每天发生的有价值的新闻,向社会大众提供准确的消息,如果消息错误,就会使受众产生错误的认识,如果是有意造谣,危害就更大了。叶楚伧从新闻功能的角度,论述了"忠实""至诚"的品性对于记者的重要性。他提醒记者"报纸为社会耳目,应慎重记载","吾人办报登载不确消息,影响甚大,社会视报纸为耳目,市面如有谣言,人民皆赖报纸,而证其虚实,所以报纸关系甚大,固应感谢慎重纪录之报纸,使人民得其利益,不慎重者,吾人恐人民蒙受其影响,自不能不稍加约束"②。

叶楚伧认为,不仅新闻报道要真实确切,而且宣传工作也要本着至诚信仰的精神,用真实揭露虚伪,以事实攻破谣传。1939 年 7 月,他在《抗战以来宣传工作之概观》中说:"一般人多以为凡是宣传,其本身即具有虚伪性,多为掩饰事实的真相;甚至为'危言耸听'以淆惑一般人的心理,此为'恶宣传'与'反动宣传'所引起之根本的错误观念。吾人应知关于主义与国策的宣传,根本系发于至诚的信念,而不容有丝毫的怀疑。本于至诚信仰的精神,以为宣传行动,当然要以真实打破虚伪,以事实证明谣传,以实现主义与国策,来纠正一切不合理的思想与行动,而最后的要求,是统一全国民的意志与能力完成革命的使命。"③在报纸宣传中要以至诚的精神来感化民众的观点,是孙中山先生反复提倡的。叶楚伧继承了孙中山的思想,在其论文与讲话中多次强调至诚、忠实的重要性。

但是,在他任国民党中央宣传部部长期间,对有利于国民党的宣传,往往大加扶持和赞扬,而对不利于国民党的宣传则进行压制与取缔。1929 年 11 月,他在国民党中央宣传部招待记者时的讲话《新闻界应有真是非》中说:"本党与人民所需要于报纸者,乃正确消息与好意的批评。人孰无过,以中国之大,思想之杂,且在各局纠纷期间,本党所标出一切政治,当然有不可避免之诟病。""……同是批评,一种是恶意,一种是好意的。受批评者,当然是一种是好意的可以诚意接受,一种是恶意的则不能接受。""新闻记者不是有闻必录,无闻不录就算完了,因为中国之纷乱与统一,皆在新闻记录上面,不但是法律问题,乃是新闻道德问题,一言既出,立有重大影响,甚至关于中国之兴亡。故记者应有一整个的风纪。现在发现不少造谣报纸,不利于本党,不利于中央,不顾大局,而自谓言论自由是何心理? ……我们觉得为大局计,已不能再敷衍,不能不毅然决然加以取缔。"④

从表面上看,叶楚伧提出的新闻记者要有忠实、至诚的品德,不能"有闻必

①　《叶楚伧先生文集》第 1 册,台北:文物供应社 1983 年版,第 222—223 页。
②　《叶楚伧先生文集》第 2 册,台北:文物供应社 1983 年版,第 7 页。
③　《叶楚伧先生文集》第 1 册,台北:文物供应社 1983 年版,第 256 页。
④　《叶楚伧先生文集》第 2 册,台北:文物供应社 1983 年版,第 3、4、5 页。

录,无闻不录就算完了"这些观点,都是正确的,但是,其实质是要求新闻记者对国民党忠诚,不要发表"不利于本党,不利于中央"的言论。他一方面总是强调批评要善意,记载要确实;另一方面,对共产党则常常加以攻击和污蔑。如他在《民众运动——停止运动就是要民众》一文中说:"共产党表面上也是说要民众,事实上是拿这一部分的民众杀人放火,去牺牲那一部分的民众。……国民党要的是全部的民众。"①"共产党在国内作乱,人民财产的牺牲,生命的牺牲,不可胜算。"②可见,作为国民党中央宣传部部长的叶楚伧,对待中国共产党,自己也没有做到讲话要忠实、批评要善意这一条,说的与做的自相矛盾,其"忠实至诚"的道德观念被党派利益与政治偏见所淹没。

(二)新闻记者应尽的职责

关于记者的职责问题,自新闻事业产生之后,历代都有人论述过。晚清时期的梁启超、英敛之等人提出,记者的主要职责是监督政府、向导国民。北洋政府时期的徐宝璜、邵飘萍、戈公振等人认为,记者的主要职责是探究事实,传播新闻。叶楚伧在不同时期也有过不同的论述。他认为,忠于国家和忠于民族,要从忠于职务做起。"忠于职务,是一种非常伟大的精神。"③从事新闻采写与报道的记者,应具有哪些职责呢?叶楚伧的总体观点是,不同的时代,应承担不同的职责,"一时代有一时代革命之任务"④。1913年7月,他在《民立报》任副刊主编时,代表报社撰写了《民立报最近宣言》,向社会宣告,《民立报》在辛亥革命成功之后的主要职责是保民、睦邻、诛奸。

叶楚伧说:"书生握三寸管,纵可横竖八荒,威助神明,自信所言,确可福民。""盖民立之于中国,助平民以与恶政府战焉久矣。"现在虽然情况有了变化,清政府已被资产阶级革命派推翻,但民权建设的任务才刚刚开始。因此,记者的第一个责任就是"保民"。"帝王不能凌,威武不能屈","一息尚存,此志不容稍懈。"⑤第二个责任是有助于外交友好,争取更多的国际支持。第三是诛奸。"本报天责所在,何敢有贰。今告正义于国民曰,凡荼毒民命者,皆本报所誓不与之俱存;凡违背共和者,皆本报所誓不与之俱存。"⑥就是说,凡欺压民众的和违背共和的,都是《民立报》不共戴天的敌人。这是辛亥革命刚取得胜利之后,叶楚伧对革命党报人职责的论述。

---

① 《叶楚伧先生文集》第2册,台北:文物供应社1983年版,第2页。

② 同上书,第65页。

③ 《叶楚伧先生文集》第2册,台北:文物供应社1983年版,第61页。

④ 同上书,第282页。

⑤ 《叶楚伧先生文集》第1册,台北:文物供应社1983年版,第174—176页。

⑥ 同上书,第177页。

北伐胜利后,国民党建立了南京国民政府,取得了全国性政权。叶楚伧担任国民党中央宣传部部长,主管全国宣传工作。此后,他在论述记者责任的时候,反复强调的是要以宣传三民主义和抗战建国的方针为主要职责,进而"俾全国民众以三民主义为鹄的,确定共同之信念,以奠定民族复兴之始基"①。

1933 年 7 月 17 日,他在《本党与新闻界的关系和确定以后努力的方向》的演讲中说:"本党开始革命的时候,正是中国的新闻事业发端的时候,我们看在那时候的新闻界,并未与本党发生关系,完全是一种文人的笔墨,而并没有政治和社会的意味。同时我们知道总理正在努力提倡革命时,而上海是中国报界首先开始的地方,那时候的上海报纸,虽有一二篇论说,但要是皇帝有了一条上谕,便会有一篇'圣谕恭注'的文章,登载出来。……到了近年来,报纸一天多一天,政治的记载,一天详细一天,于是与本党的关系,一天密切一天,而彼此间的麻烦,也一天多一天,而这一种麻烦,乃是新闻界进步的结果。"②叶楚伧认为,既然全国的报纸与国民党发生越来越紧密的联系,那么,报馆的职责就必须与国民党的宣传政策和宣传方针相一致。"编辑的材料应该合于理想,言论和主张也要有坚定的立场。"③所谓理想自然是三民主义理想,所谓立场就是国民党政府的立场。抗战时期的 1940 年 1 月,他在《党务实施上之问题》的演讲中,把国民党的宣传工作划分为三种:经常的宣传,战地的宣传,国际的宣传,并认为无论是哪一种宣传,新闻记者都肩负重要的职责。因为"报上所载的消息往往会影响整个社会,一件极渺小的事情或者议论在报上发表,往往会发生很大的骚动或者危险,许多重大的事件,多半是从微小的地方产生出来,无意之中,常常造成无限的遗憾"。因此,"我们对于宣传工作尤其是新闻事业格外重视"④。

此外,叶楚伧还提倡,新闻记者要成为中国民族德性的推动力。1930 年 1 月 24 日,叶楚伧在《中央日报》发表的《培养人才与道德》一文中说:"一个民族没有民族德性,是要遭灭亡的。要建立民族德性,大部分是教育;开发教育,只恃新闻记者几篇文章是不够的,不过现在一切要赖新闻记者推进,要建立中国民族德性,更要新闻记者作推动力,报纸是民众教育,其力量或过于学校,此确是事实。……故报纸教育比学校教育力量还大,如全国报纸皆能提倡气节廉耻,即可造成气节廉耻的风气。""但有一个要点,就是要'自己作起来',中国人有一种毛病,一切要除开自己,一切人都可如此,自己是例外。大家都把自己除外,即等于没有。"⑤

───────────────

①　《叶楚伧先生文集》第 2 册,台北:文物供应社 1983 年版,第 282 页。

②　同上书,第 99—100 页。

③　同上书,第 189 页。

④　同上书,第 186—187 页。

⑤　同上书,第 14—15 页。

叶楚伧的这一观点是正确的。报纸在社会风气和民族道德建设中,的确具有不可替代的作用,其登载的内容对社会大众具有潜移默化的影响。因此,记者担负着大众道德教育的重大责任,而要担负起这个责任,自身需要有良好的道德,不能自己是例外。不然,这个责任是担不起来的。

二、程沧波新闻伦理思想

程沧波(1903—1990),原名中行,江苏武进人,国民党著名报人。1925 年毕业于复旦大学政治系。1930 年赴英国伦敦政治经济学院留学,次年回国,任《时事新报》总编辑。1932 年春,由陈布雷推荐,任改组后的国民党《中央日报》首任社长,时年 29 岁。1937 年 10 月底程沧波奉派赴欧洲,1938 年 8 月回国,复任国民党中央宣传部副部长兼《中央日报》社社长,直到 1940 年秋天被免去社长一职,到监察院任秘书长。在重庆期间,程沧波还兼任重庆复旦大学新闻系主任,主讲"新闻评论与新闻采访"。1941 年被国民党中央党部派往香港,任《星岛日报》总主笔。1945 年他与成舍我等人合作,创建"中国新闻公司",投资经营重庆《世界日报》,并任该报总主笔,主持社评委员会工作。抗战胜利后,国民党政府委任他为江苏监察使。1947 年他辞去此职,担任新闻报社社长。上海解放前夕,他迁往台湾。1971 年"新闻评议会议"成立,他被推举为主任委员。在长达 18 年的任期内,他拟订各种道德规范,为推动台湾地区新闻道德自律做出了突出贡献。1988 年退休时,台湾当局颁赠他"实践一等奖章",以表彰其业绩。在台期间,他还担任过政治大学、东吴大学、世界新闻专科学校教授。1990 年 7 月 21 日在台湾去世,终年 88 岁。

程沧波在长期的办报实践中,撰写过大量政论时评,1954 年在台湾出版过《时论集第一编》和《时论集第二编》,另有《历史文化与人物》一书行世。1983 年,他从以上三书中选择得意之作 69 篇以《沧波文存》书名出版。他在该书的"自序"中说:"我所遭逢的时代,是北伐前后,经'九一八'而抗战以至于内战。'九一八'以前所著文字,片纸只字,不可复得。苦难时代中所成苦难的文字,若说尚有一点时代史料价值,这一点危苦之音声,或可稍供知人论世者参阅。"①他的文章,除了时评颇受称赞之外,还有人物传记和怀念故交的文章,也令人瞩目。在长期的新闻工作中,他对新闻道德颇为关注,提出了自己的思想见解。

(一)做一个自由独立的记者

1951 年 11 月 13 日,程沧波在《重诉生平——为陈布雷先生逝世三周年作》一文中说:"布雷先生从政二十年中,真是参加高级政治。其于政情宦海之内容,

---

① 《程沧波文存》,北京:华龄出版社 2011 年版,第 9 页。

较任何人知之深切。他知我的个性最深,我的素性不羁,他是最优容我的一人。对他二十余年的亲炙,使我对宦情索然。他始终期望我做一个独立自由的记者,真是我生平最深的知己。"①程沧波在文章中不仅深情地回忆了陈布雷先生与他的深情厚谊和对他的关怀与栽培,而且反映了他一生追求的理想——"做一个自由独立的记者"。他之所以尊陈布雷为生平最深的知己,是因为陈布雷对他的期望与他个人的职业理想是完全一致的。

关于自由与独立,程沧波在《独立与独行》中做过这样的解释:"独立精神是自由主义一个核心,也是民主制度中一个支柱。今天我们侈谈民主自由,而忽视了这一种独立精神,实如无源之水。"②就是说,独立精神是自由的前提与基础,没有独立便没有自由,两者是不可分离的整体。他进一步论述说:

> 今人好谈民主自由,亦好谈人格尊严。这就是自由主义尊重个人,发挥个性至善的要义。中国儒家讲"修身",讲"成己"。"自天子以至于庶人,一是皆以修身为本。""古之学者为己,今之学者为人。""成己成物","立己""立人",充实自己,发挥自己,就是今天流行的"人格尊严"之注解。上面所引述的宗教上政治上乃至社会上的独行与独立,根本出发点,在先完成自己,再能扩大完成他人,或完成社会与天下国家。古今历史上惟有自己充实完美的人,然后能有所不为。怎样能有所不为?因为我们心中所守。"守"的是什么?我们良心良知上所认为的直道与真理。良心上良知上的直道与真理,就是我内心上的防线与堡垒。当我们采取守势,是有所不为。当我们采取攻势时,是"有所必为"。这样才能在万世天地独来独往,这样才能见祸福生死,漠然无动于衷。③

程沧波的这段论述,是颇有见地的。他与梁启超一样,都把个性独立看成是自由的前提。1899 年梁启超在论述独立精神的时候,认为"独立"就是"不藉他力之扶助,而屹然自立于世界者也。人而不能独立,时曰奴隶"④。梁启超认为,不依赖他人的扶助与庇护,具有孟子所说的"当今之世,舍我其谁"的气概,就是独立。后来,即 1903 年,他又说:"独立者,与隶属对待之名词也。""独立者,自有主权,而不服从于他人者也。"⑤就是说,独立是指人在精神和行动上与奴隶相反的那种生存境界,不受外力的强制和干预,能够自己主宰自己。而程沧波认为,

① 《程沧波文存》,北京:华龄出版社 2011 年版,第 116 页。
② 同上书,第 75 页。
③ 同上书,第 80 页。
④ 张品兴主编:《梁启超全集》第 1 册,北京:北京出版社 1999 年版,第 268 页。
⑤ 张品兴主编:《梁启超全集》第 2 册,北京:北京出版社 1999 年版,第 1080 页。

所谓"独立"精神,本质上是充实完善自己,在精神上独有所守,即守住"良心良知上的直道与真理"。这种解释与梁启超从政治学角度的理解有所不同,主要是从道德哲学的角度来理解的。在他看来,作为记者,只要心中坚守直道与真理,就会在新闻活动中,记事论事,真实公平,是真正的独立精神的体现。

程沧波认为,在中国新闻史上,最具有独立精神的记者,是成舍我先生。他在《中国自由史上一位独立的记者》一文中,以饱含深情的笔触,热情赞扬了成舍我先生的办报业绩与精神。他说:"他过去四十余年在新闻界的奋斗历史,他的光荣是不仅属于新闻界的。他四十余年的努力奋斗,是中国自由的一章。他在新闻界四十年的奋斗,影响及效果,不止限于新闻界一个圈子中间,其直接间接的影响,在于整个中国。所以,舍我先生是近代中国新闻史上一位伟大的斗士。他为了新闻自由而奋斗,也就是为了人类自由而奋斗。"①程沧波回顾和总结了成舍我先生办报的经历,认为最值得新闻界继承和发扬的是他自由独立的精神。他说:"综合舍我先生的生平,在他四十余年奋斗史中,最值得我们大书特书的,是他独立的精神。四十六年的长期奋斗中,他所遭遇的敌人,虽然有各种的各式的不同;他所创立的报纸,虽然有晚报、日报、画报乃至周刊;他奋斗努力的地方,虽然遍及中国的南北东西,乃至海外;然而他最伟大的特点是他独立的精神。独立与公平,是一个好记者的必要条件。有了这两个条件,然后一个记者的观察与言论,可以引起多数人的信服,在社会方面发挥广大的效力。公平的报导与言论,能替国家社会造成优良的气氛与健全的环境。消极方面,各种政治与社会的罪恶,可赖公平的报导与言论为之涤除;积极方面,各种改良与设施,可依公平的报导与言论而为导引以迄于完成。"②

程沧波的这篇文章,既是对成舍我先生办报经历的回忆与独立办报精神的赞扬,又是对自己思想观念的阐发。我们知道,司马迁在他所写的人物传记中,写得最为动情和最为感人的莫过于屈原和项羽这两位悲剧英雄,因为太史公自己就是一位悲剧人物。他所写人物的命运与他自己的命运有许多相通之处,在思想感情上有了强烈的共鸣,因而《屈原列传》和《项羽本纪》才会那样感人至深。程沧波记述和评价成舍我的办报生涯也有这样的意味。他反复赞扬成舍我先生"他那独立的精神是近代中国记者中少有人可以比拟的","他真是近代中国记者的'云中一鹤'"③,其实,这充分表达了他自己对于记者道德修养的愿望与观点。人们在生活中对于某种事物和观点的认同与赞许,往往都是自己的内心表达。程沧波说:"近代成功的记者,其对人类的丰功伟烈,有时是超过政治家以

---

① 《程沧波文存》,北京:华龄出版社2011年版,第117页。
② 同上书,第118页。
③ 同上书,第121、122页。

上,而是与宗教思想家占着同等地位的。占着这样重要地位的人,其精神上最主要之条件,是独立。由这个精神源泉而奋斗出来的记者,必然是一位伟大的记者。"①在这里,程沧波把具有独立精神的记者对于人类社会的贡献,置于政治家之上,而与宗教思想家并列,充分反映了他对自由独立精神的崇尚。他提出的"独立与公平,是一个好记者的必要条件",是对记者个体道德的本质把握。记者在自己的职业活动中,是甘愿做一个听人使唤的御用记者,还是力求做一个具有人格尊严的独立记者,是决定其人生价值和职业价值的分水岭。

(二)记者不仅要拿笔杆子,还要拿算盘,用仪器

中国传统知识分子历来崇尚先义后利、安贫乐道的人生价值观,视"君子罕言利"的孔、颜乐趣为最佳的人生境界。但是,这种一向被人推崇的价值观念在程沧波这里遭到了质疑与否定。他认为,用脑和用笔服务于社会的教授、记者,不仅要会拿笔杆子,还要会拿算盘,善于经营,在追求高雅精神生活的同时,也应有高尚的物质生活。1940 年 4 月 1 日,程沧波在《中央日报》发表的《新时代的新闻记者》一文中说:

> 社会上普遍恭维教授与新闻记者,有一句口头禅,便是"你们清苦"。这句话充分表现我们社会的落后。社会中能容许这种事实的继续存在,与这种语调的流行,是社会一个耻辱。社会中高等文化智识分子是不应该清苦的。社会不应让这许多人清苦,文化智识分子亦不应自安于清苦。为什么教授与新闻记者不能得着人生应有的高尚物质生活?为什么高尚物质生活只能让官与商或半官半商的人去专有?……一个社会中若尽使官与商或半官半商的人肥头大耳,去发达滋长,这个社会就是落伍的。文化界生活标准的提高,是社会的责任,也是文化界自身的责任。②

程沧波一方面指出,如果社会中高等文化知识分子都是清苦的,那么,这是一个社会的耻辱与落伍,这个社会也一定是病态的;另一方面,也提醒知识分子自身要改变观念,不应自甘于清苦;也不能被动地等待他人来改善你的生活待遇。清苦不是知识分子的专利,富足也不是官商或半官半商的专利。文化界应理直气壮地想方设法提高自己的生活标准和经济待遇。不然,真正的人才就不会投身到新闻战线上来。胡道静在《新闻史上的新时代》中也说过:"故目前新闻人才之缺乏,决非由于鄙夷斯业之故,而实由于生活之难以维持。……待遇无法

---

① 《程沧波文存》,北京:华龄出版社 2011 年版,第 118 页。
② 程沧波:《新时代的新闻记者》,《中央日报》1940 年 4 月 1 日。

提高,是使人视从事报业为畏途也。"①物质待遇的高低常常是衡量人的生活是否有质量和有尊严的重要标尺之一。忽视高尚物质生活而以清高自许的知识分子,是迂腐的书呆子。程沧波提出"文化界生活标准的提高,是社会的责任,也是文化界的责任",是颇有见地的,不仅对安贫乐道的高级知识分子有醒脑的作用,而且对社会和政府也有重要的警示作用。

如何改变新闻界的待遇,提高记者的生活标准呢? 当然不是搞"有偿新闻"和权钱交易,也不是用低级趣味去迎合受众,扩大发行量,而是实行党报企业化经营管理,"要靠报界自身多产生组织的人才,业务的人才"。他说:"我观察中国的新闻事业,如果要希望新时代的报纸负起新时代的使命,必使新时代的报纸尽量企业化,报纸本身必使成为一个独立的生产的企业,然后报纸的各种机能才能充分发挥。""新闻事业在将来必然发达,新闻事业在将来也必然企业化,都是固定的趋势。""新闻界从业人员的待遇享用应该与实业、金融界有同样的水准。这就要靠报纸的企业化。新闻事业的企业化,要靠报界自身多产生组织的人才,业务的人才;同时社会中间才能之士,要变换目光去看新闻事业,要看新闻事业不定是赔累的事业,而是势与利兼具的事业。"②程沧波的观点是在深刻把握新闻事业本质属性的基础之上而提出的,所谓"要变换目光去看待新闻事业",就是要认清新闻事业"是势与利兼具的事业",即今天所说的文化事业与信息产业双重属性。因此,他认为,新闻事业的企业化经营是改善记者物质待遇的最佳途径。

1946—1948 年在《中央日报》担任过副总编辑的陆铿曾经回忆道:"从历史上看,国民党经营《中央日报》18 年一直没有摆脱亏本的局面,不论任何人当社长,都是老着脸皮伸手向国民党中央要钱。原因就是报纸没有办好,群众不爱看,销路打不开,连当地广告也上不来。"③其实,从程沧波的论述中可见,不是《中央日报》的报人不愿赚钱,也不是他们没有能力赚钱,而是国民党中央政府和蒋介石只希望《中央日报》成为国民党的宣传工具,而不是一份以报道新闻为职志的报纸。

1940 年 7 月 26 日,蒋介石在对中央政治学校新闻事业专修班毕业学生的训词中说:"现代新闻事业的经营,决不是纯粹商业的性质,而是要求达到宣达民意,指导舆论,贯彻国家宣传政策目的。……我们现在的新闻事业,要阐扬三民主义,宣传一贯国策,更要以服务为目的,不仅不能以营利为目的,而且要不惜成本,不惜牺牲,充实内容,提高效率。……我们一般从事新闻事业的人,平日受了

---

① 胡道静:《新闻史上的新时代》,上海:世界书局 1946 年版,第 40 页。
② 程沧波:《新时代的新闻记者》,《中央日报》1940 年 4 月 1 日。
③ 陆铿:《动荡年代的南京中央日报》,《纵横》2002 年第 12 期。

党国的培养,负了革命的责任,不能精诚尽到职责,反而藉此只图赚钱,这比贪官污吏,真是罪恶还大。"①由此可见,程沧波与蒋介石在报业经营上的观点并不相同。尽管蒋介石严厉地批评了新闻事业企业化经营的思想,但是,程沧波在《中央日报》上还是陆续发表了《鼓励个人的创造》《脑子吃饭问题》《教育界的才荒问题》等文章,进一步阐述自己的观点。

其实,党媒的政治宣传和企业化经营在某种程度上并不矛盾。党媒的企业化经营搞好了,媒体的实力增强了,不仅可以扩大政治宣传的影响力,还可以发展壮大其事业。问题的关键在于,不是要不要企业化经营,而是怎样进行企业化经营。如果一谈宣传,就是板起面孔说教,新闻机构像衙门,党媒记者如官员,优越感胜于责任感,空话、套话甚至假话连篇,一谈经营,就唯利是图,放弃媒介道德与社会责任,那么,宣传与经营就永远合不到一起。只有宣传不悖事实与真理,赚钱不昧道德与良心,才是正确的做法。

（三）记者要敢于为政府辩护

南京国民政府成立之后,为了规范国民党党报的新闻宣传,国民党中央常务委员会于1928年6月发布了《设计党报条例草案》《指导党报条例》《补助党报条例》等三个重要文件。文件规定:"各党报所有主张、评论除依据中央宣言决议及随时颁布之宣传要旨外,更须以本党主义及政策为最高原则","各党报须绝对站在本党的立场上,不得有违背本党主义、政策、章程、宣言及决议之处。"②国民党领袖蒋介石对国民党的宣传工作也明确要求:"本党的新闻事业,就是三民主义的文化服务","我们现在的新闻事业,要阐扬三民主义,宣传一贯国策。"③由此可见,国民党对其党报的要求,就是以阐扬主义、宣传国策为第一要务。

作为国民党《中央日报》社社长的程沧波,对于这些规定与要求无疑是坚决执行的。1940年4月1日,他在《中央日报》发表的《新时代的新闻记者》中说:"上一周中央政治学校新闻事业专修班甲组学员毕业,蒋校长发表长篇训词,刊载各报。在这篇训词中,总裁已将新闻事业的重要与新闻记者的责任,详尽发挥。这个训词对于新闻界必能发生很大的作用。……尤其训词中所列举的四种工作纲要,如(一)善尽普及宣传之责任;(二)善尽宣扬国策之责任;(三)善尽推进建设之责任;(四)善尽发扬民气之责任。都是今日新闻界应当尽力自勉的。"④可见,程沧波除了在党报企业化经营上坚持自己的观点之外,在宣传纪律

---

① 蒋介石:《怎样做一个现代新闻记者》,《新闻学季刊》1940年第1卷第3期。
② 转引自蔡铭泽:《中国国民党党报历史研究》,北京:团结出版社1998年版,第94、95页。
③ 蒋介石:《怎样做一个现代新闻记者》,《新闻学季刊》1940年第1卷第3期。
④ 程沧波:《新时代的新闻记者》,《中央日报》1940年4月1日。

上和宣传思想上与国民党中央有着高度的一致性。

为了使《中央日报》更好地宣传"本党主义及政策",程沧波提出了敢于为政府辩护的主张。1932 年 5 月 8 日,他在《中央日报》改版社论《敬告读者》中说:

> 中央日报在系统上为党的报纸,是其职守,应为党之主义言,为党的创造者之遗教言,故发扬党义与阐明遗教,允称本报使命之一。……本报不讳为本党主义之辩护人,而决不作党内机关或党内个人之辩护人。……今之政府,受命于党,而本报则本党之辩护人也。前既言之,党内之机关及个人,苟其行为违反党的主义,本报将尽量予以批评。然从另一方面言,则苟政府或个人之行为并不悖于主义而蒙意外之毁憎者,本报一本其批评政府之勇气以为政府辩护。报纸之生命在声名,吾人未敢遽云忘怀清名。吾爱清名,尤爱真理,惟爱真理者有大勇,亦惟有大勇者能为政府辩护。此吾人沾沾自喜以为不同流俗者,端在于是。

党报要为本党执政的政府辩护,站在本党的立场上说话,这是党报的基本属性,不然就不叫党报了,古今中外的党报都是如此。程沧波在阐述《中央日报》要理直气壮地为政府辩护的时候,还陈述了一条重要的理由,即党的利益与人民利益的一致性。他说:"依吾人所见,党之利益与人民之利益,若合符节。换言之,人民之利益即党之利益;为人民利益而言,即为党之利益而言,故本报为党之喉舌,即为人民之喉舌。同人此来,共发宏愿,凡人民利益所关,不论其利益之性质为积极或为消极,将不辞任何牺牲而为人民宣泄其不平,研究其补救方法。同人自信,以本报所处之地位,苟能戮力于此,必能直接间接为政府消弭无限怨毒,为民众保障不少利益,增加无量福利。"①

看了程沧波的论述,不由得让人想起共产党《解放日报》社社长博古在《解放日报》改版时写的《致读者》中的一段话。博古说:"我们的党是代表人民的党,我们除了人民的利益外没有别的利益。"②程沧波与博古的话,在语言表述和内容上几乎是一样的,都把党的利益等同于人民的利益,都站在各自政党的立场上说话。叶楚伧曾说:"差不多从古到今,从中国到外国,没有一个不要民众的;没有民众的就是亡,历史也有许多证据了。不要说救民众的本党要民众,就是从前的皇帝,表面上也是说要民众。"③共产党与国民党在很长一段时间里都相互指责对方反人民,只要本党的利益,不顾人民的死活,只有自己是人民利益的代表。其实,说来说去,口头承诺和自我标榜都是容易的,但要兑现承诺、落实标榜,就不

---

① 程沧波:《敬告读者》,《中央日报》1932 年 5 月 8 日第 3 版。
② 无锡市史志办公室编:《秦邦宪(博古)文集》,北京:中共党史出版社 2007 年版,第 465 页。
③ 《叶楚伧先生文集》第 2 册,台北:文物供应社 1983 年版,第 1 页。

那么容易了。国共两党在新民主主义革命阶段乃至在后来的历史进程中,究竟谁是人民利益的代表,不能由自己说了算,评判权掌握在人民手中。事实证明,国民党在大陆的失败,最根本的原因是人民用自己的选择与行动给出了回答。因此,程沧波说为政府辩护,就是为人民辩护,是没有说服力的。因为政府有真正为民众谋利益、能得到人民衷心拥护的服务型政府,也有欺压民众只为少数利益集团服务的腐败型政府。

在当时的历史条件下,怎样为政府辩护呢? 程沧波在后来的回忆中陈述了当年的看法。他说:"在四面环攻中的本党,其宣传中心,可以归纳为下列几个要点:第一,根据本党革命之历史,使全国纯然以党国利害休戚相关,使民意与党意,接近距离而成混合体。第二,根据本党民族主义之理论与事实,诱示人民,本党领导之政府,在最后关头,必然起而全面抗日。但在最后关头来临之前,必须忍辱负重,安内而后攘外。第三,在训政时期,拥护训政时期约法为国家根本大法,使本党的党治,在法律上得着依据而不容随意受人攻击。第四,用中国传统的纪纲阐发本党的领导权,对于国内的叛乱加以严正的宣扬。第五,根据事实、真理为政府辩护,对政府批评。根据党义替政府罪己认错……"①

从党报伦理角度看,程沧波的观点是符合当时国民党政府要求的。一般说来,尽力为政府歌功颂德,增强其权威,勇于为政府罪己认错、排忧解难,是政党报刊应尽的职责。但是,我认为,如果政府在路线、方针、政策和具体做法上,与人民的利益愿望相符合,与国家的发展进步相一致,与世界发展潮流相合拍,那么,媒体如何拥护和赞扬都不为过;相反,如果政府的决策逆历史潮流而动、与民意对立,那么,作为有巨大影响力的媒介,越是忠心耿耿地为其辩护,就越会欺骗民众、助纣为虐,使政府在错误的道路上越走越远,其结果是害了人民,也害了政府,这是毫无疑义的。真正有独立思想和爱国精神的报人,为政府辩护应当看情况,拥护政府也要看对象,先想想"值不值和该不该"的问题,然后再作抉择。对于恶政府和坏政策,绝没有拥护和辩护的责任与义务,相反必须进行勇敢的揭露和坚决的斗争。这才是独立报人和以维护公平正义为职志的媒介存在的意义和价值。

三、马星野新闻伦理思想

马星野(1909—1991),浙江平阳人,著名的新闻教育家、新闻理论家和国民党报人。1934 年毕业于美国密苏里新闻学院,回国后应母校中央政治学校之邀,讲授"新闻概论"及"新闻事业经营及管理",从 1935 年起任该校新闻系教授及系

---

① 转引自蔡铭泽:《中国国民党党报历史研究》,北京:团结出版社 1998 年版,第 135 页。

主任达 14 年之久。台湾政治大学彭家发教授认为,虽然 1920 年上海圣约翰大学就有报学系,但正规的学院式之新闻教育,则始于 1935 年国民党中央政治学校新闻系。马星野按照密苏里大学的教学方案,在中央政治学校开办正规的新闻学系,培养业界专门人才,所以,正规的中国新闻教育,一开始就是"美式装备",是由马星野开创的。① 马星野任教授兼新闻系主任时,年仅 26 岁。在教学之余,他撰写和发表了许多文章,成为全国新闻界、教育界的知名人士。他还亲自为母校新闻学系撰写系歌歌词,首段开头四句是:"新闻记者责任重,立德立言更立功,烯起人心正义火,高鸣世界自由钟。"②

1942—1944 年,马星野任国民党中央宣传部新闻事业处处长。1939 年 9 月 30 日,他在重庆出版的《青年中国》创刊号上,发表了长篇论文《三民主义的新闻事业建设》,首次提出"三民主义新闻事业"的概念,并做了详尽的论述。1942 年 9 月 1 日记者节,中国新闻学会在重庆召开首届年会。会议决定由马星野执笔起草《中国新闻记者信条》(以下简称《信条》)。《信条》的核心思想是"惟有提倡新闻道德,方能促进新闻自由"。1945 年,马星野任中国国民党中央机关报《中央日报》社社长。1949 年,他随报社迁往台湾。1991 年,马星野在台北病逝。姚梦谷先生为其撰写了一副挽联,赞扬他"为新闻教育先驱,大笔抒衷真国士;订记者信条共守,清操励德正时风"③。这副挽联真实地概括了马星野一生的主要业绩。了解和认识马星野新闻伦理思想,有助于我们更好地研究民国时期,特别是抗战时期中国的新闻事业。

马星野一生著述宏富,其新闻学专著有《新闻学概论》《新闻事业》《新闻的重要》《论新闻自由》《新闻的采访与编辑》《言论研究》等 10 余种,还撰写了大量新闻学论文,如《三民主义的新闻事业建设》《言论与诽谤》《新闻自由与世界和平》《新时代与新报人》《舆论政治之历史基础》《美国报界之道德律》《新闻事业与民主政治》《出版自由论》《中国新闻事业展望》《新闻记者的共信与共勉》等。在这些论著中,他着重阐述的新闻伦理思想有以下一些内容。

(一)记者的理想与方式要因时而变

马星野在他的长篇论文《三民主义的新闻事业建设》中,论述了他的一个重要的伦理观点:记者的理想与方式要顺应时代与制度的变化而变化。他认为,不同时代和不同阶级的报人,都会有不同的理想追求,国民党党报报人应该以三民主义的新闻事业作为自己的理想。文章开宗明义地提出:"我们要一种制度,一

---

① 张威:《旧中国留美新闻人的抉择与命运》,《新闻与传播研究》2008 年第 4 期。
② 同上。
③ 马允伦:《马星野传略》,《温州师范学院学报(哲学社会科学版)》1997 年第 1 期。

种文化生活的方式,如理想变化,首先要确立这种理想,确定着我们要采哪种方式。本文的目的,便是对三民主义社会中的新闻事业之理想及方式,做个初步的研究。"马星野从世界和历史的视野中考察了不同时代和制度下的新闻事业,认为不同制度的新闻事业,其理想和目的都是不同的。他说:

> 一切制度的背后,有着理想,一切方法的核心,有着目的。因为共产主义的理想,所以产生苏联现状下的新闻事业。真理报,新闻报,塔斯社都是工具,无产阶级的利益才是目标。因为个人主义自由主义的理想,所以产生了英美法等国的新闻事业。北严兄弟的托辣斯,哈斯脱连环报等等都是工具,资本家的年利才是目标。因为法西斯蒂主义极权主义的理想,所以产生德意各国现状下的新闻事业。德意志社,海通社,斯蒂芬尼社,观察报,哥贝尔,盖达等等都是工具,独裁者及其直属的少数统治阶级之利益才是目标。一切制度因观念不同而异,一切文化工具因所求的鹄的不同而表现出不同的形态。①

在这里,马星野从宏观的视角分析了无产阶级国家、资产阶级国家和法西斯国家新闻事业的状况,认为以苏联为代表的无产阶级新闻事业,追求的目标是共产主义;以英美为代表的资产阶级新闻事业的理想是个人主义和自由主义;而以德国为代表的法西斯新闻事业是为了服务于专制独裁。从记者个人的角度说,"为个人之'摇钱树'的报纸,是谓媚大众之报纸。为统治阶级'扬声筒'之报纸,是煽惑或欺骗大众之报纸。这种新闻事业,都不是一个合于理想社会所应有。"马星野对上述种种新闻事业都给予了认真的考察研究,认为只有"三民主义社会的新闻事业之目标,不是为资本家赚钱,不是为统治阶级说谎,而是为着全社会中每个分子(国民),同全社会的整个生命(民族)服务。记载时事,领导舆论只是一个手段,解放民族建设文化才是目标"②。

马星野在文章中运用对比论证的方法,突出了三民主义新闻事业理想的崇高,并指出:"根据这个原则而建设的新闻事业,很明显的不会是以个人赚钱为目的的英美新闻事业,不会是以宣传少数统治阶级利益,……民族至上国家至上,这是中国新闻界的第一个指南针!"③马星野在论述中提出新闻事业的理想与目的是"民族至上,国家至上"这个观点,对于中国国民党新闻事业具有积极的指导意义。1944 年 9 月 2 日,他在《中央日报》上发表了《新时代与新报人——九一节对全国广播词》,代表国民党报人向世人宣告对"三民主义"新闻事业的忠诚:

①　马星野:《三民主义的新闻事业建设》,《青年中国》创刊号,1939 年 9 月 30 日。
②　同上。
③　同上。

"在今天,我们应该对中华民国全体同胞宣言,用我们的笔来维护真正的民主政治;来贯彻民有民治民享的建国主张;来保证民族的适存,民权的发扬,和民生的康乐。"①

从马星野前后撰写的许多论文中可以看出,"三民主义"的新闻事业是他一生宣扬和追求的事业理想。自马星野提出"三民主义新闻事业"的概念之后,这一命题便成了国民党新闻事业的一面旗帜。1940年7月26日,蒋介石在《怎样作一个现代新闻记者》的演讲中也说:"各位毕业学生,你们是本党训练的新闻干部,你们将来到社会服务就是本党的代表,不要丧失自己的人格,以致为人家所轻视!务要自爱自重,增进我们的技能,修养我们的品德。然后才不愧为三民主义的新闻记者。"②可见马星野的这一观点在国民党新闻事业中的影响之大。

值得注意的是,马星野在《三民主义的新闻事业建设》这篇论文中,多次提到苏联的新闻事业,并引用列宁的话来论证自己的观点。如在谈到新闻事业与民权主义的时候说:"根据权能分开之意义,则当政府行使其充分的治权的时候,报纸不能作不负责任之攻击;当报纸领导人民,训练人民行使其充分的政权的时候,政府也不许对报纸作不必要之束缚。……关于前一点,总理曾对新闻记者演说时说过:'报纸在专制时代,则利用攻击,以政府非人民之政府。报纸在共和时代,则不利用攻击,以政府乃人民之政府,政府的官吏乃人民之公仆。譬如设一公司,举人司理,股东自言其司理人狡诈,生意安望兴隆。如果政府做恶,人民当一致清除之。'"关于后者,"列宁说:'在群众从事于建设新社会之斗争中,报纸是最好的组织者与领导者',这是很正确的话"③。在谈到发展国营新闻事业的时候,他说:"两个国营新闻事业之系统,应该采用最新的科学方法配合着抗战建国最迫切的需要,作有计划有步骤之扩充。在这里,苏联国营新闻事业,许多部分是值得我们参考的。苏联的党报与政府机关报,在技术方面差不多百分之百采用英美方法的,新闻之传递迅速,印刷之精美钜量,管理之严密与发行之有效率,都可以直追英美。"④1946年9月,他在《新闻记者的共信与共勉》中也说:"苏联革命以后,全国舆论,一致为五年经济建设计划做宣传,替劳动英雄作鼓吹,尽管苏联新闻事业有很多可批评的地方,然这个方针是正确的。"⑤

作为一个受过美国高等教育的新闻学者,马星野之所以在文中肯定列宁的观点和苏联新闻业某些做法,一方面是为了用名人名言来证明自己观点的正确,

---

① 马星野:《新时代与新报人——九一节对全国广播词》,《中央日报》1944年9月2日第3版。
② 蒋介石:《怎样作一个现代新闻记者》,《新闻学季刊》1940年第1卷第3期。
③ 马星野:《三民主义的新闻事业建设》,《青年中国》创刊号,1939年9月30日。
④ 同上。
⑤ 马星野:《新闻记者的共信与共勉》,《中央日报》1946年9月2日第3版。

另一方面,也体现了一个真正的学者实事求是的科学精神。毋庸置疑,马星野是忠于蒋介石和国民党的,对共产党和共产主义理论也是反对的,但是,他没有因为政治立场的不同,对苏联共产党领袖的理论和苏联共产党新闻事业的做法全盘否定。当然,马星野对苏联,特别是对中国共产党的新闻事业及其报刊,否定和诋毁的言论也不少。这是政党报人因其党派立场和政治理念的干扰而出现的必然现象。

（二）记者担负的社会责任与使命

一个人对自己从事的职业所担负的社会责任的认识和职业荣誉感,是职业道德培养与建立的重要基础。比如,一个教师觉得自己的职业关乎国家与民族的未来,也关乎许多家庭的幸福,就会竭尽全力去关爱学生,培养学生,即使待遇差一点,也会乐此不疲。同理,所有行业的从业人员,只有充分认识其职业责任的重要性,才会产生强烈的职业荣誉感,有了职业荣誉感,才会按照职业道德规范的要求全身心地投入工作。为了激励记者树立神圣和崇高的职业荣誉感,马星野在他的论著中,对记者的社会责任论述得相当充分,在不同的文章中都有所论及。

1944 年记者节,马星野在《新时代与新报人》一文中说:"我们在今天要对我们这门神圣的职业,庄严肃穆的宣布:我们以这有穷的生命,以我们一切健康、能力、智慧,为完成职业所赋予我们的使命而毕生奋斗。我们是新闻记者,我们要效忠于我们的职业。""我们负报道消息,解释时事,领导民意,反映公论的使命的新闻记者,临到了这个新时代,对于世界和平之永久保持,民主政治的充分实现,人类正义的发扬光大,负有比任何人更大的责任。"①1944 年 9 月 24 日在《中央日报》发表的《新闻自由与世界和平》中,他说:"在国际政治中,新闻纸是最伟大力量之一,新闻纸可以招致国际和平。""以前英国政治家谓新闻纸是第四权力,在国内政治上,他的力量超过贵族、僧侣与中产阶级。在国际政治中,我们可称之为第四武力,海陆空军以外,还有新闻一个武力。这个武力,用之不当,直接可以挑起战争;这个武力好好利用,可以根本消灭了战争。"②从马星野的论述中可知,他对记者责任的论述,既有国内政治的责任,也有国际政治的责任,既有三民主义的要求,又有新闻专业主义的要求。在当时以抗战为主题的时代背景下,是适合时代需要的。

抗战胜利之后的 1946 年 6 月 21 日,他在《中央日报》发表的《新闻事业与民主政治》一文中又说:

---

① 马星野:《新时代与新报人——九一节对全国广播词》,《中央日报》1944 年 9 月 2 日第 3 版。
② 马星野:《新闻自由与世界和平》,《中央日报》1944 年 9 月 24 日第 4 版。

新闻事业本身,负着二大使命:第一是把众人之事,报道给众人。不管是本城本埠之事,或本国本省之事,或全世界全人类的事,每天新闻纸要详细告诉了民众。第二,是把众人的意见,便是众人对于这些事情与人物的态度,表示出来。使甲地人民,知道乙地人民的意思,管理众人之事的公仆,知道他们主人的意思,使大家有交换意见,讨论政策的机会。……报纸对读者负的责任是:第一,每一条新闻,负正确迅速而完备报道的责任。第二,每一篇评论,负公正纯良发言有据的责任。第三,报纸上每一种读材,负有益读者无害社会的责任。①

在这里,马星野主要从新闻专业的角度论述了记者的责任:一是向公众传播信息,一是表达民众的意见。他认为,新闻纸是社会的必需品,人们须臾不可离开。但是,只有好的新闻纸才对社会有益,如果不好,有报纸比没有报纸更糟糕。他进一步论述说:所谓新闻纸,"决不是指那些欺骗民众、煽动民众的新闻纸,决不是指那些诲淫诲盗、伤风败俗的新闻纸,更不是指那些受人津贴,为人宣传敲诈毁谤、造谣捣乱的报纸。民主政治需要新闻事业,然而需要合于标准的新闻事业。要民主政治成功,我们首先要新闻事业成功,要有自由的、独立的、勇敢的、负责的而且普及民间,真正做老百姓耳目与喉舌的报纸"②。"报纸的使命是真真实实地报道新闻,是公公正正地伸张正义,是诚诚恳恳地为读者服务。"③

在国民党报人中,马星野无疑是新闻专业素养最高的报人之一,他不仅受过美国正规的新闻教育,而且回国后担任过10多年新闻专业教学工作和国民党中央宣传部的领导工作,撰写的新闻学专著和论文也是最多的。因此,他提出的新闻伦理思想,具有较强的专业内涵和理论深度。

(三)记者要有不怕威胁、不为利诱的品格

同许多报界先贤一样,马星野在论述新闻事业的时候,总是把记者的品格放在优先的地位加以强调,认为记者工作的首要条件是德性,而不是能力。1946年记者节,他应南京中央广播电台之邀撰写了一篇广播讲话——《新闻记者的共信与共勉》,文章中说:"首先,要注意我们自己的品格。社会信托我们,我们自己首先要做一个值得信托的人。在租界时代,有极少数新闻记者的名誉,非常不好。他们会因受了贿赂而颠倒是非,会揭发他人的阴私做敲诈的手段;有的拿某人某派某机关的津贴;有的用新闻用社论来逢迎有钱有势的人,做自己飞黄腾达的手段。更有一些人,破坏他人名誉,以报自己之私仇,妨害他人信用以报敲诈之未

① 马星野:《新闻自由论》,南京:中央日报1948年印行,第39页。
② 同上书,第40页。
③ 马星野:《四点信念》,《中央日报》1948年9月10日。

遂。至于锦上添花,下井落石,更是常有。但是,到了现在,这些记者,做汉奸的做了汉奸,堕落的堕落,已为社会所不齿。"①他批判了"租界时代"少数新闻记者种种不良和恶劣的道德行为,提倡记者为了崇高的事业和个人的名誉,必须培养优秀的品质,塑造健全的人格。

在记者的品德修养中,马星野最为推崇的是史家精神,或称言论家品格。他说:

> 今日之记者,即昔日史官,今日之报纸,即昔日之春秋,口诛笔伐,力量很大,一字之褒,一字之贬,可以活人也可以杀人。我们新闻记者,要有独立不倚之精神,有凛然不可侵犯之风度。社会上恶势力很大,对新闻记者之诱惑力尤大,我们要做到贫贱不移,富贵不淫,威武不屈的地步,有为真理为正义而不顾一切之精神。②

马星野的这种看法和观点,从内容上说,并不是新的见解。我们知道,从晚清以来,中国的许多报人和政论家,例如,何启、胡礼垣、郑观应、梁启超、章太炎、史量才等人,对新闻与历史的关系及"史家精神"都有过深刻的论述。但是,在前辈报人中,谁也没有像马星野一样,在不同时期和不同的文章中,反反复复地申述与强调。看马星野的论文,有一个深刻的印象,就是他特别推崇历代史官的不畏威胁、不为利诱的高尚品质,真可谓一篇之中,三致意焉。

例如,他在《舆论政治之历史基础》中说:"四千年以来,我们中国已经有一贯的传统,任何司言论责任的人,宁可牺牲性命,宁可冒夷九族之危险,而不牺牲一个字,牺牲一句话;为一次正确的记载,为一句公道的话,则泰山崩于前而色不变,生死可置于度外。如果负言责者滥用其言论自由,迎媚权势,必为人民所唾弃,遗臭于万代。"③他举例说:"中国言论家为争真理、争正义而奋斗的可歌可泣事迹真是举不胜举。……说公道话,不顾一切,这已是中国言论界的一贯作风。有报纸没有报纸都不相干,用笔可说,用舌可说,如笔舌都不能说,用血来说,四千年民族正气之结晶,所以在齐有太史之简,在晋有董狐之笔。辛亥以前民立、天铎诸报,排满之声,使帝制推翻;抗战期内,孤岛诸报,口诛笔伐,使奸伪无从掩饰其罪恶,抢救人心,保持正气。凡此种种,绝非偶然。……不为威胁,不为利诱,自有史官以来,便是如此。"④马星野用饱含激情的笔调盛赞中国历史上争真理、争正义的言论家,其目的就是为了激励现代记者要继承和发扬这一优良的职

---

①　马星野:《新闻记者的共信与共勉》,《中央日报》1946年9月2日。

②　同上。

③　马星野:《舆论政治之历史基础》,《中央日报》1945年9月15日第3版。

④　同上。

业传统。

马星野对中国言论家优良传统和职业精神的概括是符合历史实际的。他认为,历代言论家的品格就是当代新闻记者应有的品格,只有具备这样的品格,才能完成时代和职业所赋予的伟大使命。他提醒记者:"不论是写新闻的访员,不论是写标题的编辑,不论是写社评的主笔,不论是写特写的作家,当他下笔之时,要想象许多报界先烈的灵魂站在他面前。我们要时时问自己的良心,我们所写的事实是不是正确,我们所表示的意见是不是至诚至公。我们更要时时想到,这件事实之写出,这种意见之发表,会影响到多少人的幸福,会有多大严重之结果。"①的确,记者的工作由于责任重大,影响深远,如果没有道德的保障,就会无益反损,而在记者应具有的道德中,居于核心地位,且最为本质和重要的,莫过于史官所具备的"贫贱能不移,富贵能不淫,威武能不屈"这个核心价值观了。记者如果具备了这种品德,其他还有什么做不到的呢?

(四)记者要有自由与独立的精神

20 世纪 40 年代,在美国的影响下,中国的国统区也开展了为期 4 年的"新闻自由运动"(从 1944 年起到 1948 年 9 月结束)。这一运动在当时产生了较大的社会影响,1944 年 2 月,美国成立了新闻自由委员会,1947 年 3 月,新闻自由委员会出版了《一个自由而负责的新闻界》。该委员会认为,新闻界在充分享有自由权利的同时,也应该承担一定的社会责任,否则,新闻自由就是危险的。

1945 年 3 月 28 日,美国新闻自由代表团来到中国进行交流。据 1945 年 10 月 15 日的《中央日报》报道:"美众院共和党议员立刻组织有力运动,以阻止予任何不承认新闻自由或实施检查之国家以救济款项。共和党议员建议修正授权美国对联合国救济善后总署拨款五亿五千万之法案,此亦即阻止联合国救济善后总署资助不愿参加普世新闻自由运动之国家。"②正是在这样的历史背景下,以国民党《中央日报》为主导的中国"新闻自由运动"开始发动,进而波及全国新闻界,国民党所管辖的党报和民营报纸也积极参与了这场运动。

1944 年 2 月 6 日,马星野在《中央日报》上发表《言论与诽谤》,这是《中央日报》上最早的一篇关于新闻自由的文章。之后,马星野又陆续发表《言论自由固甚必要,但须自负法律责任》(1944 年 5 月 26 日)、《新时代与新报人》(1944 年 9 月 2 日)、《新闻自由与世界和平》(1944 年 9 月 24 日)、《中国言论界的自由传统》(1945 年 3 月 31 日)、《舆论政治之历史基础》(1945 年 9 月 15 日)、《出版自由论》(1946 年 7 月 8 日)、《新闻记者的共信与共勉》(1946 年 9 月 2 日)等文章,

---

① 马星野:《新时代与新报人——九一节对全国广播词》,《中央日报》1944 年 9 月 2 日。
② 《不承认新闻自由国家不予以救济贷款》,《中央日报》1945 年 10 月 15 日。

系统地介绍了新闻自由思潮的起源和美国新闻自由运动的概况,论述了新闻自由与世界和平及民主政治之间的关系,以及在中国社会的重要性与必要性。

马星野认为,新闻自由是世界的大趋势,对于维护国际和平与国内民主都有重要的作用。他说:"吾人深信,新闻自由,可以保证国内政治之民主,可以保证国际和平之持久,可以增加人民对政治之兴趣,可以增高人类间相互之了解。"① 他还说:"恶意宣传,是一切战争的罪魁。扑灭恶意宣传,只有一法,是让事实让真理来战胜谣言与伪道。只有光明可以克服黑暗,新闻自由使一切真相暴露。美国世界地球版有句格言,是'给人民以光明,人民自知出路'。新闻是灯塔,有自由的新闻,是最有光亮的灯塔,在灯光普照下,驾船者自知方向可以克服狂风猛浪,为扑灭恶意之国际宣传,我们需要国际新闻自由。"②

马星野在论述新闻自由的重要性与必要性的同时,特别强调新闻记者自身的自由意识和独立品格对维护新闻自由的重要作用。他认为:"真正的国际新闻自由,属于真正有国际意识,爱好世界正义的新闻记者,所以负责报道驻在国消息的记者,先要扫除心理上几种障碍,他绝对不能有民族优越感,他绝对不能有政治偏见,他更不许有求名求财的自私心,如果是这样,他一定会滥用新闻自由来增加国际之误解来促成世界的战争。"③"新时代需要新报人,我们要有充分现代知识,有国家观念,同时有世界意识,忠于事业,爱真理,重正义,好自由的记者,不畏威胁,不受利诱,牺牲一切以求真理的新记者,来参加新闻前线工作,使在新闻自由之时代,中国不会被人忘记,被人误解,被人轻视。"④他在《现阶段之国际新闻自由运动》中转述美国报纸主笔协会代表团对中国的建议说:"我觉得代表团有几句忠告,是最值得我们注意。……他们说中国报纸要同津贴分离,经济之独立是自由的第一条件。"⑤马星野称赞美国朋友的忠告是"金石之言",希望中国的记者能听进这些忠告。

在马星野的思想中,自由与独立,如同不畏威逼、不受利诱的品质一样重要。他在1945年3月29日的《中央日报》上,特意原文介绍了美国报纸编辑人协会于1923年通过的《报业信条》,其中有两条重要的道德规范是"尊自由""守独立",并说这个信条的7条规范,"同为我报业之金科玉律"⑥。这说明,马星野对美国的新闻道德规范是充分肯定和全盘接受的。

---

① 马星野:《世界新闻自由现状之研究》,《新闻自由论》,中央日报印行,1948年,第48页。
② 马星野:《新闻自由与国际和平》,《新闻自由论》,中央日报印行,1948年,第10页。
③ 马星野:《到世界新闻自由之路》,《新闻自由论》,中央日报印行,1948年,第17页。
④ 同上书,第20页。
⑤ 马星野:《现阶段之国际新闻自由运动》,《新闻自由论》,中央日报印行,1948年,第37页。
⑥ 马星野:《美国报界之道德律》,《新闻自由论》,中央日报印行,1948年,第30页。

从以上的论述中可知,马星野的新闻伦理思想是较为丰富的,其理论来源,既有美国新闻道德思想的影响,又有中国传统伦理思想的印记,还有孙中山三民主义思想的熏染。他的新闻伦理思想是三民主义政治观、西方新闻伦理观和中国传统史家道德三者融合的结晶。特别是他站在新闻专业的角度论述新闻道德的时候,许多观点可谓是深叩新闻规律的真知灼见。因此,我们在研究中国新闻伦理思想史的时候,没有理由不关注马星野的新闻伦理思想。从学术研究的角度看,了解和研究国民党代表性报人的新闻伦理思想,不仅可以使中国近现代新闻思想发展的全貌得到完整的呈现,而且有利于从比较中更加清楚和深入地认识共产党和国民党以及民营报人新闻思想的异同。

第五节　民营报人及新闻学者新闻伦理思想

国民政府时期,中国新闻界呈现的是三足鼎立的局面:国民党新闻业、共产党新闻业、民营新闻业三股势力共生并存,而党派色彩不甚鲜明的民营报刊是一支重要的力量。虽然民营报刊在特殊的历史条件下不得不受到当时国民政府的新闻政策和国共两党政治主张的影响,但是,相对于政党报人来说,民营报人及新闻学者,在其新闻活动和新闻学研究中,少了一些政治因素的制约,多了些专业精神的坚守。因此,他们的新闻伦理观呈现出了不同于党报伦理的别样风景。本节将对史量才、戈公振、成舍我、张季鸾等代表性人物的新闻伦理思想进行简要的论述。

一、史量才新闻伦理思想

史量才(1880—1934),江苏江宁人,中国新闻史上杰出的新闻实业家。1908年担任《时报》主笔。1912年10月与张謇等人合作买下《申报》,接收后大力进行改革,延揽人才,实行企业化经营,使这张报纸迅速发展成为国内著名的大报。1929年,史量才又买下《新闻报》的大部分股权,成为当时中国最大的报业资本家。史量才主持《申报》期间,热心社会公益事业,创办流通图书馆和业余补习学校,出版《申报丛书》《申报年鉴》等。"九一八"事变后,民族危亡迫在眉睫,《申报》常常对国民党政府的不抵抗政策予以批评。1933年,他参加了中国民权保障同盟,与蒋介石政权的种种倒行逆施行为作斗争,因此得罪了蒋介石。1934年11月13日下午,史量才被蒋介石指使的特务暗杀于浙江海宁。

史量才的办报思想,可分为前后两个时期。1931年以前,他遵循"无偏无党""经济独立"的办报原则,实行"广告第一、新闻第二、言论第三"的办报方针,在政治上较为保守,不明确发表政治主张,遇有国内外大事,常以"局外人"身份对待。1931 年后,面对日益尖锐的民族矛盾,史量才开始放弃"无偏无党"的中立立场,转而以"传达公正舆论,诉说民众痛苦"为办报宗旨,由"局外人"向"局中人"转变,一改过去老成持重的面目,开始为民族救亡、社会改革而呐喊。在中国现代新闻史上,史量才是"顺应时代要求,树立现代报业观念"①的典范。

(一)"为社会谋福利"的办报动机

史量才办报的时期,中国正处在一个大转折、大变动的时代,阶级矛盾和民族矛盾异常尖锐复杂,而中国的报业整体上依然处于比较落后的状态。作为报人,史量才特别希望通过自己的努力,在中国创建一个权威的言论机关和现代化报业集团。他曾与人谈及自己接办《申报》的想法:"我惨淡经营《申报》多年,非为私而是为社会国家树一较有权威之历史言论机关,孳孳为社会谋福利,尽国民之天职。"②他强调自己办报并不是为了个人谋利,而是为了"尽国民之天职","为社会谋福利"。我们追踪史量才的一生,无论是他接办《申报》之前的从教办学,还是在接办《申报》之后创办"三校一馆"等文化事业,可以发现:"社会改良者是史量才自我认定的第一身份……同时,我们也可以看到,史量才作为一位社会改良者,尤其是原有强调教育改变社会、服务社会的改良方式始终伴随他的办报生涯。"③这种社会改良者的身份与意识,深刻地影响了史量才对新闻事业的认知。

"九一八"事变后,目睹日本帝国主义的侵略和民族的危机,史量才的思想发生了很大的变化。1931 年,《申报》发表《本报六十周年纪念宣言》,史量才称:报纸具有"肩荷此社会先驱推进时代之重责",为了促进民族臻于兴盛与繁荣,本报决心积极行动起来,反对帝国主义强加于我国家民族头上的不平等条约,"以求奋发我民族之伟力,锤碎束缚我生命自由之枷锁,跻我国家民族于自由平等之地位"。1932 年,史量才以《申报》创刊 60 周年"纪念年"为契机,拟订新的办报方针,发表《〈申报〉六十周年革新计划宣言》,提出了 12 项具体的革新计划。宣言指出:"本报同人认为新闻事业为推进社会最有力的工具……为社会一架伟大的教育机器";"同时,在另一方面,报纸亦无异于社会一架放音机,传达公正舆论,诉说民众痛苦,也正是报纸所应切实负荷的使命。"④他强调报纸在推动社会进步、国家强盛中能发挥重要的作用,"以为国家赖舆论救治;社会赖舆论改进;民

---

① 《宁树藩文集》,汕头:汕头大学出版社 2003 年版,第 335 页。
② 傅国涌:《"报有报格":史量才之死》,《书屋》2003 年第 8 期。
③ 朱春阳:《关于史量才与〈申报〉三个问题之思考与追问》,《国际新闻界》2008 年第 9 期。
④ 《〈申报〉六十周年革新计划宣言》,张之华主编:《中国新闻事业史文选》,北京:中国人民大学出版社 1999 年版,第 406 页。

众赖舆论清醒"①。这既是《申报》同人对媒介功能的认识,也是史量才事业追求的新宣言。我们知道,美查时期的《申报》是一个纯商业企业,营利是其最高宗旨,为了赚钱,常常不顾报格与人格,政治上朝秦暮楚,飘忽不定,内容上迎合时俗,格调低下。史量才接办之后,没有沿袭《申报》的老路,而是另辟蹊径,宣称"本报宗旨以维持多数人当时切实之幸福为主。不事理论,不尚新奇。故每遇一事发生,必察正真人民之利害,秉良心以立论,始终如一"②。他把报业经营与民族振兴和社会文化进步紧密结合起来,为《申报》确立了新的发展目标,并使之逐步进入了一个充满正气与活力的新境界。

(二)人有人格,报有报格

"人有人格,报有报格,国有国格,三格不存,人将非人,报将非报,国将非国。"③这是史量才留给后人最有影响的道德格言,也是他自己在长期办报生涯中的座右铭。我认为,史量才所说的"报格"与"人格",其主要内涵就是新闻记者要具备史官忠于事实、不怕威逼利诱的品质和独立不倚的精神。

在中国新闻史上,最早提出记者要具有史家精神的是晚清早期改良派何启、胡礼垣,此后,又有郑观应、梁启超、谭嗣同、章太炎等人相呼应,于是,记者应有史家道德便成了中国报人的共识与追求。不过,梁启超和谭嗣同在论述报纸与历史之关系时,主要是从其政治功能出发的,特别强调报纸在"向导国民"中应发挥教育引导作用。而史量才的史家办报思想,则首先"认为报纸同历史记录一样,是将历史事件如实地记录下来,传诸后人"④,更强调报纸作为历史记录者的责任。他说:

> 日报者,属于史部,而更为超于史部之刊物也。历史记载往事,日报则与时推迁,非徒事记载而已也,又必评论之、剖析之,俾读者惩前以毖后,择益而相从。盖历史本为人类进化之写真,此则写真之程度,且更超于陈史之上,而其所以纪载行迹,留范后人者,又与陈史相同。且陈史研究发扬之责,属之后人;此则于纪载之际,即尽研究发扬之能事。故日报兴而人类进化之纪载愈益真切。⑤

史量才将报纸真实记录历史的职责置于优先的位置,认为报纸的本质就是"史家

---

① 庞荣棣:《史量才:现代报业巨子》,上海:上海教育出版社1999年版,第176页。

② 王升远、庞荣棣:《史量才的新闻家"私德"观》,《新闻记者》2006年第12期。

③ 转引自孙德中:《史量才的报业人才理念》,《新闻爱好者》2009年第12期。

④ 徐培汀:《中国新闻传播学说史》,重庆:重庆出版社1994年版,第237页。

⑤ 史量才:《申报六十周年发行年鉴之旨趣》,转引自李雪:《为社会保存一份信史——论史量才的史家理想》,《湖南社会科学》2008年第4期。

之别载,编年之一体"①,明确提出自己办报的本意:"慨自十七年中兵争倏扰,而国家文献荡然无存,一旦政治清明,朝失而求之于野,此戋戋报纸或将为修史者所取材乎?"②他认为,报纸的第一职责是要为后世留下真实的史料,在此基础上再对事实进行评论剖析,使读者从中得到教训与启发。

在对"史家精神"的认识上,史量才的观点与章太炎颇为相近。章太炎认为报纸是"史官之余裔","今史官既废不行,代以日报"③。就是说,古代的史官职责现在是由记者来承担了,因此,记者应有"良史之材",做到"事不可诬,论不可宥,近妇言者而不可听,长乱略者不可从,毋以肤表形相而昧内情,毋以法理虚言而蔽事实,毋以众情涌动而失鉴裁"。"诸新闻记者,其当不务谄媚、不造夸辞、正色端容,以存天下之直道。"④与章太炎一样,史量才认为"日报负直系通史之任务",报社全体同人必须"以史自役",要求记者有史家的自觉意识,坚持"不虚美,不隐恶"的实录精神,评论主张公正,新闻力求翔实,做到"主义而不为感情所冲动,事实而不为虚荣所转移,力争自存而不任自杀,充天地四大之力,能变化之而不能消磨之也"⑤。正因为如此,史量才主持的《申报》对国内外大事和时局的变迁以及战事灾祸无所不报,如俄国十月革命、中国的五四运动等别人不敢报道的事件,《申报》本着对历史负责的态度,照登不误,实践了"报纸或将为修史者所取材"的责任承诺。

史量才提倡的报格与人格还包括独立精神。1921 年,英国《泰晤士报》的北岩勋爵和美国新闻学家格拉士来华访问,参观了《申报》报馆,并发表了演讲,提倡报纸应有独立精神,不受政治潮流的影响,以服务大众为职志。史量才对此表示十分赞同,并在致辞中说:

> 敝报创立至今,已四十九年,较鄙人之年岁,尚多六载。鄙人办此报,现历十年,以敝报言,如老人之身。惟全馆同人皆竞竞自勉,以新精神鼓运之,使向前进。现在营业收入可以供用,故可自信不受任何方面津贴。虽十年来政潮澎湃,敝馆宗旨,迄未偶迁,孟子所谓"贫贱不能移,富贵不能淫,威武不能屈",与顷者格拉士君所谓"报馆应有独立之精神"一语,敝馆宗旨似亦隐相符合。且鄙人誓守此志,办报一年,即实

---

①　黄炎培:《史量才先生之生平》,转引自李雪:《为社会保存一份信史——论史量才的史家理想》,《湖南社会科学》2008 年第 4 期。

②　史量才:《本报发行两万号纪念》,转引自李雪:《为社会保存一份信史——论史量才的史家理想》,《湖南社会科学》2008 年第 4 期。

③　《章太炎政论选集》,北京:中华书局 1977 年版,第 600 页。

④　同上书,第 543 页。

⑤　傅国涌:《"报有报格":史量才之死》,《书屋》2003 年第 8 期。

行此志一年也。①

做一个独立报人是中国近代以来许多新闻工作者孜孜以求的梦想,从梁启超到成舍我等许多报人,对独立办报都做过一些理论思考和实践的探索。但是,由于中国的政治制度和社会经济条件的限制,许多报人的梦想都在现实面前成了水中花镜中月、空中楼阁。史量才也是如此。他对中国独立办报的环境有着充分的了解与认识,所以才说"鄙人誓守此志,办报一年,即实行此志一年也",流露出内心的道德坚守与现实的生存困境之间的矛盾与忧虑。但令人称道的是,史量才在独立办报的道路上坚持自主经营、不接受外来津贴,为新闻界树立了光辉的榜样。

(三)独立自主经营,不接受任何津贴

1923年,《新闻报》主笔汪汉溪写过一篇论文《新闻事业困难之原因》。他说:"办报之第一难关,即经济自立。……然经济自立,言之非艰,行之维难。中国报纸,各埠姑不论,即上海一埠,自通商互市以来,旋起旋仆,不下三四百家。惟其致败之由,半由于党派关系,立言偏私,不能示人以公;半由创办之始,股本不足……进退维谷之时,不得不仰给于外界。受人豢养,立言必多袒庇,甚至颠倒黑白,淆乱听闻,阅者必致相率鄙弃,销数自必日少,广告刊费,更无收入,此办报困难之一大原因也。……,各国对于报纸,多方维护。而中国政府,邮电两项,摧残舆论至于此极,良深浩叹,此办报困难之又一原因也。各省军阀专权,每假戒严之名,检查邮电,对于访员,威胁利诱,甚至借案诬陷,无恶不作。故报馆延聘访员人才,难若登天。有品学地位俱优而见闻较广者,咸不愿担任通信。"②汪汉溪总结了中国当时新闻事业困难的三条主要原因:一是报馆经济上很难独立,二是中国政府和军阀摧残舆论,三是优秀人才不愿从事新闻工作,导致新闻人才缺乏。这些原因使报馆的生存面临着极大的压力。在这样的媒介生态环境之下,史量才始终坚守着自己的道德信条:不接受来自任何方面的津贴,以保持"无党无偏"的独立办报立场。

毫无疑问,凭着史量才在中国新闻界的地位与影响,他所受到的诱惑与收买比别人会更多,遭受到的威胁也更多。1915年袁世凯复辟帝制时,就妄图收买《申报》为其宣传,但遭到史量才的拒绝。他还在9月2日的《申报》上发表启事,向读者表白:本馆同仁,自民国二年十二月接办后,以至今日,所有股东,营业盈余外,办事人员及主笔等薪水、分红外,从未受过他种机关或个人分文津贴。

---

① 胡太春:《中国近代新闻思想史》,太原:山西教育出版社1987年版,第268页。

② 汪汉溪:《新闻事业困难之原因》,张之华主编:《中国新闻事业史文选》,北京:中国人民大学出版社1999年版,第178—179页。

1916 年 1 月,袁世凯粉墨登场,改民国五年为洪宪元年,并通令全国各报馆以洪宪纪年。《申报》有意把"洪宪元年"四个字刻得极小,印刷得模糊不清,表示了对袁世凯复辟帝制的反对态度。1927 年以后,国民党当局为了控制《申报》,派人进驻《申报》,遭到史量才的坚决抵制。1931 年 12 月 10 日,《申报》和《新闻报》因支持学生抗日请愿活动,被上海市党部扣留报纸,不准发行。史量才主持的"上海日报公会"当即召开紧急会议,派代表向市党部提出抗议。《申报》还发表时评《言论自由之真义》,批判国民党当局压制民众言论自由的违法行径。1933 年,他参加中国民权保障同盟,与国民党破坏人权的行为作坚决的斗争。史量才用自己的行为体现了他所崇尚的不怕威逼、不为利诱的道德精神。

在中国新闻史上,很多人都说过记者要"贫贱不能移,富贵不能淫,威武不能屈"的话,但是,并不是所有说过这些话的人,都能够真正做得到。因为口头上说几句豪言壮语容易,做一个真正的豪杰之士太难。史量才可谓是记者队伍中的真豪杰。他为了不接受外来的津贴,以保持自己办报的独立性,在经营上想尽了办法来提高报纸的质量与发行,创造出了一套既符合现代经营理管理念,又符合《申报》实际的管理方法。在报纸内容、副刊设计、报纸发行、设备更新以及报馆人才上,都采取了一些新的做法,使《申报》的发行量不断上升,广告收入也不断增多。1912 年史量才接手时,《申报》的发行量只有 7000 来份,到 1934 年发行量突破 15 万份,广告收入平均每月达到 15 万元,《申报》总资产达到 200 余万元。这在当时的中国是绝无仅有的。1921 年,《申报》被来访的英国报业大亨北岩爵士称赞为中国的《泰晤士报》,就说明了《申报》在当时的规模与影响。

一个人事业的成功,固然有着许许多多的内外在因素,如学识、能力、机遇、出身、外援等,但是,个人的道德精神也是必不可少的重要条件。一个只顾"小我"而忘记"大我"的人,一个只讲经济利益、不讲人间道义和社会责任的人,也许可以成功于一时,但终究成不了"大器"。史量才办报的成功,固然是他经营管理上的成功,也是他道德人格的成功。他努力服务社会,服务公益的办报动机,对社会和历史负责的纪事态度,不怕威逼、不受利诱的道德品质和独立办报的精神,既成就了他个人的办报事业,也给后人留下了宝贵的精神财富。在他的身上,我们看到了一个真正具有独立人格的报人的气质与风范。

二、戈公振新闻伦理思想

戈公振(1890—1935),江苏东台人,名绍发,字春霆,号公振,是我国现代著名的爱国进步新闻记者、中国新闻史研究奠基人和我国早期新闻教育工作者。他 1912 年在《东台日报》任图画编辑,1914 年到《时报》编辑部工作,从校对、助编、编辑到总编,前后工作 15 年,对《时报》的改革和发展作出了重要贡献,也为他后来的新闻学教学与研究奠定了基础。1920年他创办了《时报》旗下的《图画时报》,揭开了中国画报史上崭新的一页。1927年年初,他自费出国考察,足迹遍及英、法、德、意、美、日等国,对欧美和日本的新闻事业有了直接的了解。1930年,应史量才的邀请,加盟《申报》,创办《申报星期画刊》,并担任主编。从1925年起,戈公振先后在上海国民大学、南方大学、复旦大学等校的报学系讲授"新闻学"和"中国报学史"等课程。他同邵飘萍一样,是集记者、学者和教师于一身的新闻界全才。1935年10月因阑尾炎住院,同月22日病逝,年仅45岁。

戈公振最重要的学术贡献是他撰写并于1927年由上海商务印书馆出版的《中国报学史》。这是我国第一部报刊史研究专著,以材料丰富、考订精详、论证严谨而闻名,出版后受到新闻学界的普遍赞扬,被誉为中国新闻史研究的第一座丰碑。他遗留下的著作还有《新闻学撮要》《新闻学》《从东北到庶联》等,还有在《时报》《申报》《大公报》《生活周刊》等报刊上发表的新闻作品和其他文章。作为一个学者型的记者,戈公振善于从历史与现实的联系中考察与思考新闻伦理问题,在《中国报学史》中,常常将自己的观点融入对历史的叙述与分析之中。

(一)记者为争言论自由应有宁为玉碎、不为瓦全的精神

戈公振办报时期,正是中国军阀统治严厉压制言论自由的时期。袁世凯上台后,为谋求帝制,"以大刀阔斧之手段,努力排除异己,积极为家天下之预备"[①],出台了《报纸条例》《出版法》等钳制言论的法令,制造"癸丑报灾",以至于中国新闻界在经历短暂的繁荣之后跌入了谷底。戈公振说:"慨自洪宪以还,军人柄政,祸乱相寻,有若弈棋。报纸之言论与记载,苟忠实而无隐讳,则甲将视为袒乙,乙又将视为袒甲。故封报馆、扣报纸、检阅函电,十余年来,数见不鲜。"[②]袁世凯死后,继任的军阀统治者动辄以"赤化""过激"的罪名严禁革命报刊的出版发行,枪杀邵飘萍、林白水等新闻记者。戈公振认为,这种现象在世界上都是少见的。他说:"英国有以'红旗'名报者,德国有以'炸弹'名报者,国会中有共产党,而其政府不之禁;今欲假'赤化'以摧残言论自由,乃无意识之下焉者也。"[③]军阀政府对新闻业横加摧残,导致的结果是"报纸不是阿谀惟谨,就是模棱两可。仿佛舆论消沉,人心已死"[④]。

戈公振是那个时代的亲历者,目睹当时的报界现状,他在不同的场合通过不同的形式都发表了自己反对专制政府压制言论自由的行径。有人在回忆文章中

---

① 戈公振:《中国报学史》,北京:中国新闻出版社1985年版,第149页。
② 同上书,第287页。
③ 同上书,第288页。
④ 戈公振:《新闻学》,上海:商务印书馆1940年版,第14页。

写道："惟兹届其逝世纪念，忆及先生生平从业报界，思想上更有一特点，可来一提，藉以略表追念之意。此特点为何，即其异常重视言论是也。自由乃人类为人人所视为宝贵而应爱护的，戈先生在报界服务二十余年，对之重视，每尤甚于他人。……上课之时，时常闻其倡导言论自由，彼认为欲谋报业前途之光明与发展，非任之有自由刊载新闻、发表言论不可。意态之间，对于拥护报业之自由，异常具有热诚。……而戈先生崇尚自由之思想，乃系大公无我，异常纯洁，自非世之假借自由之幌子，以便利私图者，所可与相比拟也。"①

为了鼓动人们向统治者争自由的决心，戈公振对言论自由的重要性作了充分的论述。他认为，言论自由是报业安身立命的根基。"言论自由，为报界切肤之问题，此问题不解决，则报纸绝无发展之机会。"②在戈公振看来，中国官报历史悠久，但不能发展成现代新闻事业，主要原因是："盖西人之官报乃与民阅，而我国乃与官阅也"，"故'官报'从政治上言之，固可收行政统一之效，但从文化上言之，可谓毫无影响，其最佳结果，亦不过视若掌故，如黄顾二氏之所为耳。"③缺少了"言论自由"这个内核，官报只能成为史家之掌故，而不能成为中国文明进步之阶梯。戈公振认为，报业进步与社会进步互为因果："盖报纸者，人类思想交通之媒介也。夫社会为有机体之组织，报纸之于社会，犹人类维持生命之血，血行停滞，则立陷于死状；思想不交通，则公共意识无由见，而社会不能存在。有报纸，则各个分子之意见与消息，可以互换而融化，而后能公同动作，如身之使臂、臂之使指然。""报纸既为代表民意之机关，应屏除己见，公开讨论，俾导民众之动作，入于同一轨道。"④就是说，自由的报刊是民意的代表，社会成员在充分表达自己的意见后方能达成共识，共同行动，建立规则，促进社会进步。

言论自由也是民主政治的前提。戈公振认为，"民主政治，根据于舆论；而舆论之所自出，则根据于一般国民之公共意志。报纸者，表现一般国民之公共意志，而成立舆论者也"⑤。民主政治意味着"主权在民"，民众能够充分表达自己的意见，监督权力的运行，以使其不偏离民众的公共利益。"一个国家，欲贯彻民治政体的精神，不能不希望健全舆论的生成。健全的舆论，又不能不以报纸为枢纽。"⑥

言论自由还是社会稳定的重要条件。戈公振指出，政府查封报馆，推行封建

---

① 转引自蔡斐：《戈公振自由主义思想剖析》，《盐城工学院学报（社科版）》2008年第1期。
② 戈公振：《中国报学史》，北京：中国新闻出版社1985年版，第287页。
③ 同上书，第53页。
④ 同上书，第1页。
⑤ 同上书，第290页。
⑥ 戈公振：《新闻学》，上海：商务印书馆1940年版，第32页。

专制,不仅在于阻碍报业发展,更大的危害在于会给国家社会带来巨大的危害:"盖思想不能发表,徒成空幻,思想者必甚感苦痛,而郁积既久,无所发泄,终必至于横决,国家命运之荣枯系之。"①只有民意得以充分表达,民众利益得以尊重,社会矛盾才不会积久成患,社会秩序才能维持平稳运转。因此,他强烈呼吁"予平民以发抒意见之机会",此"有助于国家之统一,良好政府之建设。"②

报界怎样才能获得言论自由这项基本权利呢?戈公振认为,言论自由绝不能指望统治者的施舍,而是要靠民众自己去争取。尤其是新闻工作者要有为争自由而宁为玉碎、不为瓦全的精神。他说:

> 吾意服务报界文字方面之人,既以先觉自命,为争绝对的言论自由,应先有一种强固的职业结合。纵报馆之主持者以营业关系,不得不屈服于非法干涉之下,而自主笔以至访员,为尊重一己职业计,则不必低首下心,同一步骤。果全体认为有采某种行动之必要者,则全体一致进行,宁为玉碎,无为瓦全,有背弃者共斥之,使其不齿于同类。总之,在位者不论何人,绝不喜言论自由,其摧残也亦易。一方面固在报界一致团结,以与恶势力抗,而一方面人民又当为报纸之后盾,随时防止恶势力之潜滋,不稍松懈。……拥护言论自由,实亦国民之天职也。③

戈公振提出,新闻工作者争取言论自由应有的态度是"宁为玉碎,无为瓦全"。与此同时,他希望广大民众亦应认识到"拥护言论自由,实亦国民之天职也"。只有业界的斗争和民众的支持相结合,言论自由才可能实现。戈公振还对中国新闻界的软弱进行了批评:"若当袁氏蓄意破坏共和之时,各报即一致举发,则筹安会中人或不敢为国体问题之尝试,是以后纷乱,可以不作。""袁氏虽死,继之而起者,往往倒行逆施,无所恐惧。虽曰其故甚多,而舆论之软弱无力,不可谓非一种诱因。"④"造成今日之时局,报纸不能不分负其责也。"⑤一个国家,一个团体,或一个单位,领导人的专制独裁,其责任不能完全归因于独裁者本人,被领导者的奴性也是造成独裁的重要因素之一。权威以服从为前提,设若被领导者多一点自由独立意识,多一点敢于斗争的精神,那么,独裁者想专横跋扈、倒行逆施,也不会轻而易举地得逞。

---

① 戈公振:《中国报学史》,北京:中国新闻出版 1985 年版,第 288 页。
② 同上书,第 289 页。
③ 戈公振:《中国报学史》,北京:中国新闻出版社 1985 年版,第 288 页。
④ 同上书,第 161 页。
⑤ 丁淦林、商娜红:《聚焦与扫描:20 世纪中国新闻学与传播学研究》,北京:新华出版社 2005 年版,第 99—100 页。

（二）记者的天职是报道新闻、代表舆论

戈公振认为，人类之所以需要新闻，是因为"人类求知的欲，是与生以俱来的，对于新的或变化的，更喜欢早些知道和知道真切"①。报纸最根本的属性和职责，就是登载新闻。在《中国报学史》的第一章《绪论》中，戈公振将报纸和杂志进行对比，详细讨论了报纸的特性。

戈公振提出，与杂志相比，报纸具有"公告性""定期性""时宜性"和"一般性"等特点，然此四点尚不足以构成报纸之原质。所谓原质，戈公振解释说："大凡事物之原质，其特色必具恒存性；尤以事物之发生，经过一切发达之过程，即在任何时代，该事物之形式上有发展之特色，方可谓之原质。否则无称原质之价值也。"②就是说，所谓原质是该事物区别于他事物的根本特性。"报纸之原质，质言之，即新闻公布之谓也"③，"报纸之元素，新闻而已。"④报纸的原质，就是发布新闻，满足公众对各类信息的需求，帮助受众监测环境，消除对生存世界的不确定感。在新闻本源问题上，戈公振主张新闻"为时宜性及一般性之自身"。按他的理解，所谓时宜性，是指"报纸以现在发生事件为内容"，强调新闻的新和快；所谓"一般性"，是指"内容要有一般兴味"，强调新闻的趣味性。其实，"时宜性"与"一般性"都是新闻选择的标准，而非新闻的本源，新闻的本源只能是事实。

"报纸虽以揭载新闻为主，然评论为意见之表示，亦未可轻视。"⑤故报纸以"报告新闻"为第一职责，"揭载评论"为第二职责。"报纸为舆论之机关"⑥，舆论不善，则报纸无法发挥监督政治、改造社会的功能。戈公振说：

> 民主政治，根据于舆论，而舆论之所自出，则根据于一般国民之公共意志。报纸者，表现一般国民之公共意志，而成立舆论者也。故记者之天职，与其谓为制造舆论，不如谓为代表舆论。更进一步言之，与其令其起而言，不如令其坐而听，耳有所听，手有所记，举凡国民欢笑呻吟哭泣之声，莫不活跃纸上，如留音机器然，则公共意志自然发现，而舆论乃有价值而非伪造。⑦

戈公振的观点是，记者的主要职责是报道新闻和反映舆论，而不是制造舆论，只有客观公正地表达民众呼声，反映他们的喜怒哀乐，才算是尽了报人的职责。

---

① 戈公振：《一个代表通讯社》，黄天鹏：《新闻学名论集》，上海：上海联合书店 1930 年版，第 69 页。
② 戈公振：《中国报学史》，北京：中国新闻出版社 1985 年版，第 12—13 页。
③ 同上书，第 12 页。
④ 同上书，第 289 页。
⑤ 同上书，第 172 页。
⑥ 同上书，第 13 页。
⑦ 同上书，第 290 页。

"报纸为公众而刊行,一评论,一记事,又无往而非关于公众者。故为公众而有所陈述,报纸实负有介绍之义务也。"①报纸登载新闻,是为了满足公众信息的需要;报纸刊发评论,是为了表达公众的意志。戈公振批评古代官报"为遏止人民干预国政",以"官僚"为阅读对象;当时报纸只重视所谓"名人""要人"的文电,多是"私见"而非"公论"。他希望报馆主持者把目光转移到普通民众身上,给予他们表达意见的机会,使报纸真正成为"公众"的报纸。"今报纸渐成社会之日用品,人民之耳目喉舌寄之;于是采访有学,编辑有法,学校列为专科,书肆印为专籍,以讨论报纸之最高目的,期合乎人群之需要。"②

在《中国报学史》中,戈公振在总结袁世凯称帝事件时,认为袁氏之所以胆敢逆历史潮流而动,做出复辟帝制的荒唐事来,与记者不敢代表舆论有一定的关系。设若全国的报纸一致起来,奋不顾身,代表民意,努力反抗,那么,就可以防患于未然。因此,记者对自己所担负的社会责任要有充分的认识:面对倒行逆施的恶势力,报界只有团结一心,敢于斗争,反映民心,代表民意,才能真正发挥舆论监督的作用。

（三）新闻记者应有的修养

在长期的新闻实践中,戈公振深切地认识到新闻人才对于新闻事业的重要性:"报馆譬之人体,人材则灵魂也。故报纸之良不良,可自其人材多寡而知之。"③"今后之办报者,欲卓然有所树立,将不在资本之募集,而在专材之养成。"④他指出:报业人才的养成,一方面要依赖专门的新闻教育;另一方面,要依靠记者的自我修养。戈公振是中国早期卓越的新闻教育工作者之一,曾长期在大学报学系担任专职或兼职教授。他也曾游历欧美,了解西方国家新闻事业的状况。他提出中国的新闻人才应着重加强三个方面的素质修养。

第一,要把职业道德修养放在首位。"记者之职责至重,而社会之希望于记者亦甚高。"⑤记者的"一论、一评、一记事,须对读者负责任,非有素养者,曷足以语此?"⑥因此,"新闻学的主要目的,不是使人学得实用的职业,是给他一种精神上的立脚点,指明他能够站在应该站的地方。"⑦这个"立脚点"就是职业道德。戈公振认为,在新闻教育中,如果只重职业技术之训练,就会导致学生道德素质

---

① 戈公振:《中国报学史》,北京:中国新闻出版社1985年版,第288页。

② 同上书,第291页。

③ 同上书,第198页。

④ 同上书,第200页。

⑤ 同上书,第208页。

⑥ 同上书,第209页。

⑦ 戈公振:《新闻教育之目的》,《报学月刊》1929年第1期。

之不足,难以培养成理想的记者。新闻教育应把职业道德教育放在优先的位置。唯有如此,记者方不至于盲从错误的观点,才会按照国家和民族利益来报道新闻,揭载评论。他的这一观点与邵飘萍提出的记者"以品性为第一要素"的内涵是一致的。戈公振提出,记者道德修养的内容应着重体现在廉洁、公正、责任心强、勤勉与自治力等方面。他说:"道德方面,不可不廉洁而公正,不可无责任心,不可不爱自己的责任,不可不勤敏而有自治力。"①这里所说的"自治力",就是君子慎独的德性修养,指在职业活动中要自己管理好自己,不要放纵私欲,不要随波逐流。

第二,要有专业知识的储备。戈公振认为,新闻事业需要四类高素质的记者:政治记者、文艺记者、商业记者和省报或地方记者。这样的记者,必须具备丰富的知识,才能胜任其职责。"故报业之必须有教育,即使有志于此者,于未入报界之先,予以专门之训练,及关于政治学心理学社会学上之高级知识,乃尊重职业之意,岂有他哉?"②记者缺少丰富渊博的知识,不知道对眼前发生的事实进行考据研究和识别判断,"若根据捕风捉影之谈,人云亦云,漫为鼓吹相攻击,其不为通人所齿冷也几希。从科学方面观,可谓最无贡献"③。如果让知识不足的人担任记者工作,就会从根本上降低新闻的质量和有损记者的尊严。因此,他提倡记者要注重三种能力的培养。他说:"新闻记者最能表现他的特质的,就是要有敏捷的理解力、迅速而正确的判断力,能得到一个问题要点的观察力。"④毫无疑问,随着社会的发展和科技的进步,新闻职业对记者能力的要求也在逐渐增多,但可以肯定,理解力、判断力、观察力这三种能力无论任何时候对于记者都是必不可少的。

第三,应注重理论与实践相结合。戈公振在总结西方新闻教育发展的历史时指出:"学问无害于经验,而有助于经验也。""故由道德上理想上以造就报业人材,则报馆不如学校;学问与经验,两不宜偏废也。"⑤他认为,新闻专业的人才除了在大学阶段要学好基础知识和注意接触实际之外,毕业之后,要继续加强理论学习,并用理论知识来解决实际问题,在实践中检验和发展新闻理论,如此才能成为优秀的记者。

作为一个报人和新闻理论家,戈公振在新闻业务和新闻理论方面都取得了突出的成就。他对新闻记者素质修养的看法,是切合中国当时报业实际需要的。

---

① 戈公振:《新闻学》,重庆:商务印书馆1940年版,第28页。
② 戈公振:《中国报学史》,北京:中国新闻出版社1985年版,第209页。
③ 同上书,第161—162页。
④ 戈公振:《新闻学》,北京:商务印书馆1940年版,第27—28页。
⑤ 戈公振:《中国报学史》,北京:中国新闻出版社1985年版,第208—209页。

记者作为专业人才,在道德修养和知识结构上都应有特殊的要求。如果不具备这样素质的人混迹于新闻队伍,不仅会危害这个职业,而且会危害社会。

三、成舍我新闻伦理思想

成舍我(1898—1991),湖南湘乡人,我国著名的新闻记者和新闻教育家。他14岁时就向安庆的《民岩报》投稿,开启了新闻工作的生涯。到1924年26岁之前,他先后进入《健报》《民国日报》《益世报》等报社工作。1925年以后陆续创办了"世界报系"(《世界晚报》《世界日报》《世界画报》)以及《民生报》、上海《立报》《香港立报》《自由人》半周刊、《小世界》周刊、世新广播电台、《台湾立报》等,是我国新闻史上"参与和创办新闻媒体最多的人"①,也是从事新闻事业时间最长的人,前后达77年之久。除此之外,成舍我还于1933年和1942年分别在北平和桂林创办新闻专科学校。1956年在台北创办世界新闻职业学校(1990年改制为世界新闻传播学院),为我国新闻界培育了众多人才。"他是中国新闻史上少有的一位能够同时从事新闻业务、管理、教育、经营并分别取得不俗成就的'新闻全才'。"②

有学者认为:"严格地讲,成舍我主要是一个自由主义报刊实践家而不是一个报刊思想家。"③这使我想到晚清的汪康年,他也是一个职业报人,办报时间比成舍我要短(只有20多年),所撰写的新闻学理论文章也比成舍我要少,但汪康年却获得了这样的评价:"他对中国自由主义运动的贡献,是同时经由思想和行动这两个相辅相成的方面来体现的。"④我认为,说成舍我只是一个报刊实践家,这与成舍我的实际并不相符。在中国新闻史上,成舍我是在思想与实践两方面都对中国新闻事业贡献卓越的杰出报人。在新闻伦理思想方面,他的许多思考与主张不仅对当时的新闻事业和新闻记者起到了一定的指导作用,而且对于我们今天的新闻道德建设也有一定的参考价值。2012年暨南大学出版社出版的、由刘家林等人编的《成舍我新闻学术论集》较为全面地汇集了成舍我的新闻学研究文章。这些论文全面反映了他的办报理念和新闻思想。在新闻伦理思想方面,他主要提出了如下一些主张。

(一)记者应该把做人放在首位

成舍我在长期的办报实践中始终认为,对一个记者来说,做人比做事更重

---

① 方汉奇:《新闻史的奇情壮彩》,北京:华文出版社2000年版,第232页。
② 李磊:《报人成舍我研究》,北京:中国传媒大学出版社2011年版,第3页。
③ 张育仁:《自由的历险——中国自由主义新闻思想史》,昆明:云南人民出版社2002年版,第417页。
④ 同上书,第138页。

要,品德比能力更重要。1935 年 10 月,他在一篇纪念报学家戈公振先生的文章中满怀深情地说:

> 不自满、能尽责和待人诚恳。老实说来,这只是每个人应该具备的最低条件。既然要做人,自然应该向人的路上走。公振所具备的三个条件,本只是人生大道的起点,很平常而并不特别,但就是这样平常的起码标准,恐怕举世滔滔,尤其我们贵行同业,没有好多,可以像公振那样的做到。我们不必过分恭维公振是超人,我们只很忠实的说,活了四十六岁的戈公振先生,他现在死了,我们可以盖棺论定,上他一个尊号,他是做了四十六岁的"人"。尤其是在这乱七八糟的报人社会中,做了几十年的一个真正"报人"。①

从这里可以看出,成舍我不仅在深情地赞颂戈公振先生的为人,而且是在借怀念戈公振先生表达自己对报人人生观的看法。他认为,记者应该像戈公振先生那样要有做人的起码标准,尤其在举世滔滔和乱七八糟的报人社会中,要常常想到,一个真正的报人所应该具备的道德品质。报人首先是人,做人得有做人的起码标准,如果连做人的问题都没有解决好,那么,就不具备报人的资格。

从报业诞生以来,记者队伍中各种各样的人都有:有的拿新闻作为巴结讨好权贵和自己升官的阶梯;有的用报纸作为牟利发财或进行敲诈勒索的工具;还有些人仅仅以新闻当作混饭吃的手段,平平庸庸、碌碌无为。成舍我认为,这样的人算不上是真正的报人,而真正的报人除了业务素质以外,在品行上应该有自己独特的要求。因此,成舍我在谈到报人如何报效国家的时候,就强调记者要先"立己"然后才能"立人"与"立国"。1935 年 9 月,上海《立报》创刊时,他在发刊词《我们的宣言中》说:

> 我们不相信什么叫国运,我们相信,只有生息在这个团体中的全人类,共同奋斗,无论何种灾难,都自然可以度过。我们认为不仅立己、立人不能分开,即立国也实已包括在立己的范围以内。我们要想树立一个良好的国家,就必先使每一个国民,都知道本身对于国家的关系。怎样叫大家都能知道,这就是我们创办《立报》唯一的目标,也就是我们今后最主要的使命。②

成舍我的这一主张是对中国儒家历来提倡的修身、齐家、治国、平天下思想的继承与发扬,也是他对中国新闻界同行的殷切期望。在腥风血雨、民族危难的

---

① 刘家林等编著:《成舍我新闻学术论集》上,广州:暨南大学出版社 2012 年版,第 80 页。
② 同上书,第 99 页。

历史关头,新闻事业作为"社会组织的中坚"和"时代文化的先驱",新闻记者作为知识精英,绝不能只顾个人的利益,而要担起"报纸救国"的重任。

（二）记者要着重培养自由独立的人格

报人应当具备哪些精神品格呢? 成舍我在很多文章和讲话中,都做过精辟的论述。例如,他提倡新闻记者应该尽职尽责、吃苦耐劳、待人诚恳等,但是,在他的思想里占核心地位的是自由独立的精神。1957 年 7 月,他回顾和总结自己一生的办报经历,认为记者最崇高的精神品格就是孟子提倡的"大丈夫"精神。他说:

> 青年们常问我:报人最伟大而崇高的精神是什么? 我总这样地答复:"富贵不能淫,贫贱不能移,威武不能屈"。这三句话,可以包括无遗,而在孟子这三句话后面,并可改"此之谓大丈夫"为"此之谓标准报人"。[①]

这段话的精神实质是,衡量一个标准报人的重要标尺,就是看你是否经得起名利与金钱的诱惑,抵得住贫穷、强权的压迫。程沧波曾经写过一篇文章,题目是《中国自由史上一位独立的记者》,称赞成舍我先生是中国近代新闻史上"一位伟大的斗士","一位新闻事业的全才","他那独立的精神是近代中国记者中少有人可以比拟的"[②]。的确,成舍我在办报过程中总是尽力抵制各种压力与诱惑,保持自己独立自由报人的形象。

首先,在政治上,他坚持不依附于任何党派。成舍我虽然早年参加过国民党,但不久因从军队中退出而自动丧失了党籍。在北大就学期间,虽与中共领导人陈独秀和李大钊交往密切,但并没有加入共产党。香港沦陷后,国民党《中央日报》和军方《扫荡报》拉他去接办,遭到拒绝。蒋介石希望他能代替去世的张季鸾成为国民党的净友,他婉辞拒绝,表示"生平绝不做御用记者"[③]。成舍我认为,只有无党无派的超然报纸,才能代表大多数人说话,才能充分发挥舆论权威,消灭威胁国家民族生存的内外危机。他说:"'超然'的可贵,就因他能正视事实,自由思想,自由判断,而无任何党派思念加以障害。"[④]为了实现"要说自己想说的话"和"要说社会大众想说的话"的新闻理想,成舍我主张要坚守独立自由的人格,以保证报纸的客观性和主动性。

---

① 刘家林等编著:《成舍我新闻学术论集》上,广州:暨南大学出版社 2012 年版,第 277 页。
② 《程沧波文存》,北京:华龄出版社 2011 年版,第 117、121、123 页。
③ 荆溪人:《舍老我师与国民党》,台北"世新大学舍我纪念馆"网站,http://csw.shu.edu.tw/PUBLIC/ view_01.php3? main＝People&id＝345,检索日期:2016 年 4 月 5 日。
④ 刘家林等编著:《成舍我新闻学术论集》上,广州:暨南大学出版社 2012 年版,第 171 页。

但是,随着内战的爆发,"所谓'客观',所谓'超然',也越来越化为成舍我的一厢情愿了"①。《世界日报》出现了《请共产党想一想》《速勘止共军流窜》《中共首都已告崩溃,国军昨日进驻延安》此类反对共产党拥护国民党的报道和评论。1946 年,成舍我被圈定为国大代表,1948 年,成为立法委员会成员,与国民党"CC 系"领袖陈立夫等商议创办中国新闻公司……他的这些新闻活动和政治表现证明,他与国民党之间的关系越走越近。由此可见,在阶级对立和党派纷争的时局之下,新闻记者要真正做到"超然""独立"并不那么容易。政治上的站队,在记者自身看来也许正是独立自主的选择,但是在社会大众和党派的眼里,这实质上就已经背离了"客观"与"超然",尤其是站队站错了的时候,"说自己想说的话"却并不是"社会大众想说的话"。

其次,他认为,不接受党派和政府的津贴是保持自由独立品格的基础。在为《立报》筹措股金时,他公开声明:"绝不招半份官股,绝不请一文津贴",并特别强调,"报馆资本必须全部出自以新闻为职业的同业朋友,不要与任何党派发生经济关系,也绝不接受任何方式的政府津贴,因为只有如此才可以巩固报纸的基本原则即立场坚定,态度公正,否则即使技术上报纸办得极为精彩,它的前途也是十分暗淡的。"②三年内战期间,白报纸缺乏,纸价飞涨,国民党当局应新闻界要求,配发白报纸,有的报社更虚报销数冒领,并在市场上出售。成舍我则拒领大量配纸,坚持不接受津贴和补助的原则。

但是,据张友鸾记述,成舍我也有拿过津贴的事情。"1925 年 11 月 19 日《晨报》揭露《世界日报》、《世界晚报》领取六机关'宣传费'400 元。"③《世界日报》创刊时,迫于经费短缺,也曾拿过段祺瑞政府财政总长贺德霖 3000 元。众所周知,在北洋政府时期,报馆接受津贴是公开的秘密和普遍现象。报人常常是一方面旗帜鲜明地指斥拿津贴的危害,另一方面又抵挡不住津贴的诱惑。这一自相矛盾的现象是这一时期所特有的。

但是,与其他报人不同的是,成舍我并没有因为受人恩惠而说一些违心的假话。例如:1926 年,段政府制造了"三一八"惨案,成舍我发表时评《段政府尚不知悔祸耶》,谴责军阀当局镇压学生爱国运动的行为。从中国新闻史上看,报人在接受津贴之后,常常有三种不同的表现:一是拿了钱就不顾事实地为他人唱赞歌,乐意搞"有偿新闻";二是拿了钱便缄口不言,即搞"有偿不闻";三是拿了钱而不"封口",即钱照拿,人照骂,林白水和成舍我就属于这一类报人。相对来说,这类报人就算是有职业操守的了。

①　张功臣:《民国报人——新闻史上的隐秘一页》,济南:山东画报出版社 2010 年版,第 97 页。
②　刘艳凤:《试论成舍我的新闻思想及其新闻实践》,《国际新闻界》2010 年第 8 期。
③　张友鸾:《世界日报兴衰史》,重庆:重庆出版社 1982 年版,第 49 页。

再次,在编辑方针上,成舍我主张"绝对独立,不受'商业化'任何丝毫的影响"。对于那些为了谋取个人私利,而"昧着良心,专给私人鼓吹圣德的机关报,或只图迎合社会上低级病态的心理,来诲淫诲盗的所谓营业报"①,成舍我常常给予无情的批判。他对于那些为了获得广告收入而忽视编辑内容的做法给予坚决的抵制。他说:

> 有些办报的人,不讲求报纸内容,千方百计,专从广告上打主意,情面而外,甚或透过一些特殊关系,软讨硬要,非登不可。又有一些办报的人,版面如何视为不足轻重,所努力的只在如何推销,或托人介绍,或挨户劝购,再或三日一小宴,五日一大宴,一折九扣,优待报贩,向报贩下功夫,请其特别帮忙,打击他报,扶助自己。这两种人,绝无例外,结果都必殊途同归,获得百分之百的惨败。②

为了防止报纸在编辑上受到"商业化"的侵蚀,成舍我多次提出言论与资本分离的主张,即资本家出钱,专家办报。同时,他还倡议设立编辑委员会和民众监督组织来解决"以资本家个人利益及意志支配报纸言论"的问题。他说:"此编辑委员会一经成立,则凡主笔总编辑之任免,报馆言论政策之制定,及对每一重大事件发生时采取之态度,即悉应由其决定,主办报馆者,无权干涉。此委员会既有三分之二之多数,出自人民选派,则报馆言论记载,亦即自可真正与老百姓意旨相配合。以资本家个人利益及意志支配报纸言论,及所谓黄色新闻之流弊,亦从此可望避免。"③

这些提议和想法在当时可谓是一种创新的观点,也反映了成舍我的新闻理想。但是,出钱的不管办报,不影响和干预报纸的言论方针,这在现实生活中根本行不通。时至今日,也没有出现过资本家只出钱而不干预办报的先例。资本家为什么要出钱给专家办报,如果没有利益诉求,他愿意无偿奉献吗?在政府允许私人办报的管理体制下,要真正做到独立办报,最重要的还是靠报人自身要有自由独立的精神和懂得报业经营管理。成舍我之所以被誉为"独立报人",正是因为他是一个懂业务、会管理的全才。他在数十年的办报历程中,对于如何抵挡外来的压力与诱惑的难题,较之于同时期的记者来说,无疑是处理得最好的。最主要的原因,还是因为他为人正直,会经营管理。有学者评价说:"成舍我先生的长处是兼优张季鸾之业务长才,又具胡政之先生之经营管理之特色,是一个兼备

---

① 李磊:《报人成舍我研究》,北京:中国传媒大学出版社 2011 年版,第 113 页。
② 刘家林等编著:《成舍我新闻学术论集》上,广州:暨南大学出版社 2012 年版,第 269 页。
③ 同上书,第 164 页。

张、胡之特长的罕见人物。"①

（三）报纸要以拥护公众利益为目标

无论是党派报纸还是民营报纸，为谁办报的问题都是报人必须优先考虑的。例如以康有为为代表的维新派报人明确提出，他们办报就是为了更好地宣传维新变法的政治主张，而以孙中山为代表的资产阶级革命派的办报目的，就是为了唤起民众接受三民主义政治主张，实行反清革命。历代民营报人在其报纸发刊词和之后的报业实践中，都会反复申述自己的办报宗旨。成舍我自然也不例外。1933 年 12 月 4 日，他在《世界日报——新闻学周刊》的发刊词《我们的两个目的》中说："这个刊物创办的旨趣"一是增进公共福利，二是唤起大众如何对于一切报纸能有精确的认识。他说：

> 我们认定，新时代的报纸，不但一派一系的代言性质，将成过去，即资本主义下，专以营利为本位的报纸，亦必不能再为大众所容许。新时代的报纸，他的基础，应完全真确，建筑于大众"公共福利"的上面。新闻记者，虽然不是直接受了大众的委任，但他的心中，应时时刻刻将自己当做一个大众的公仆。不要再傲慢骄纵，误解"无冕帝王"的意义。他只知有大众的利益，不知有某派、某系或某一阶级的利益，更不知有所谓个人政治或营业的利益。所以报纸上的言论、记载、一字、一句，均应以增进"公共福利"为出发点。②

客观地说，作为民营报人，追求商业利益是理所应当的，没有盈利，报业也无法生存与发展。但在成舍我看来，办报的目的如果是为了党派利益或者为了自身的商业利益，都是错误的，唯有为了"公共福利"，才是正当的、合理的。这种关于办报动机的思想虽然不是成舍我最早提出的，早在 1902 年《大公报》的发刊词中，英敛之就提出了"扩大公无我之怀"，"移风易俗，民富国强"的办报主张，但是，成舍我说他创办《世界日报》是"以'增进公共福利'为出发点"，让我们看到了中国近代优秀的民营报人逐步形成了一个优良的思想传统：报纸应以维护公众利益为目标，而不仅仅是个人赚钱的工具。

值得注意的是，成舍我在这里特别论述了记者应如何看待自我的社会角色定位问题，即新闻记者是"大众的公仆"，还是"无冕之王"？对这个问题的认识，直接关乎记者在报业活动中的行为表现。1932 年 4 月 29 日，成舍我在燕京大学新闻学系"新闻讨论周"的讲演中就有过深刻的论述。他说：

---

① 李磊：《报人成舍我研究》，北京：中国传媒大学出版社 2011 年版，第 43 页。
② 刘家林等编著：《成舍我新闻学术论集》上，广州：暨南大学出版社 2012 年版，第 49 页。

  "新闻记者是无冕之王"这句话,在从前,固然仅是想表现他的独立和自由,然实际上,却只利用了这句成话,来掩饰新闻记者的骄傲、狂妄和自私。在未来的新时代,无论有冕无冕,"王"这一样东西,是根本不能存在的。所以"新闻记者是无冕之王"这一句话,在未来的新闻事业中,当然无再称引的余地。老实说,就是应该打倒。未来的新闻事业,新闻记者,只是在"民众""读者"监督指导下的一个忠实服务者,他不能再以自己或他的主人的个人爱憎,来强奸民众的意思。①

  在中国新闻史上,成舍我是最早批判"无冕之王"口号的报人。他认为,"无冕之王"不过是用来掩饰新闻记者的骄傲、狂妄和自私。记者心目中有了这种意识就不可能以"公仆"的身份与姿态去接近民众和自觉维护公众利益。如前所述,在1942年延安整风运动中,共产党的报纸《解放日报》和共产党党报负责人博古、陆定一等人,对记者是人民公仆还是无冕之王的问题做过专门的论述。成舍我的观点虽然在内容的广度和深度上都不能与共产党党报理论相比,但时间上早了10年左右。

  成舍我还指出,报纸对于大众利益有重大影响,"一篇不纯正的批评,一条不真确的消息,他的贻害社会,就数量言,可以有无计数的男女读众,就时间言,可以延长至几十百年以后。至于关系个人私德的事,尤当谨慎,稍一疏忽,小之可使当事者饮恨终身,大之可迫其羞愧自戕"。因此,"编辑室中的每一编辑,在挥舞他自己的工具——笔——的时候,当设想,在这个工具的下面,有整个民族的命运待他决定,有无数个人的生死祸福听其转移。因为如此,所以我们这个刊物第一目的,即在如何联合我们的报业同伴,来努力于新时代报业的树立。以'拥护公众利益'为我们的职责,打倒那些漠视公众利益,轻率狂悖,对社会不负责的传统谬见"②。

  1930年,成舍我对欧美的新闻事业进行考察后,效仿纽约《太阳报》《每日邮报》等报社的做法,确立了办报的"大众化"方针。他说他提倡的"大众化"与资本主义国家报纸的"大众化"有所不同。1935年9月20日,他在《立报》发表的《我们的宣言》一文中指出了两者之间的区别,他说:

  我们所标举的"大众化",与资本主义国家报纸的大众化,却实有绝对的差异。我们并不想跟在他们的后面去追逐,而是要站在他们的前面来矫正。因为最近的数十年中,报纸大众化,已被许多资本主义者,利用做了种种的罪恶。他们错将个人的利益,超过了大众的利益,所以

———————

① 刘家林等编著:《成舍我新闻学术论集》上,广州:暨南大学出版社2012年版,第35页。
② 同上书,第49—50页。

他们的大众化,只是使报馆变成一个私人牟利的机关,而我们的大众
化,却要准备为大众福利而奋斗。我们要使报馆变成一个不拘形式的
大众乐园和大众学校。我们始终认定,大众利益,总应超过于任何个人
利益之上。①

成舍我看到了资本主义国家报纸以大众化为手段、以牟利为目的的本质,提出要
站在他们的前面来矫正其流弊,使中国报馆变成"大众乐园"和"大众学校",把
"大众利益"放在首位。可见,他并不是简单复制西方"报纸大众化"的新闻理念
和办报模式,而是把报纸大众化当作唤起民众的思想觉悟和实现为公众服务的
有效途径。他说:"我们特别感觉到中国报纸大众化的需要,那就是因为中国近
百年间,内忧外患,纷至沓来,甚至遇到了空前国难,而最大多数国民仍若漠然无
动于心。根本毛病即在大多数国民,不能了解本身与国家的关系。何者为应享
的权利,何者为应尽的责任,都模糊印象,莫名其妙。""在如此形势之下,要树立
一个近代的国家,当然万分困难。要打破这种困难,第一步,必开创一种新风气,
使全国国民,对于报纸,皆能读、爱读、必读,使他们觉到读报真和吃饭一样的需
要,看戏一样的有趣,然后,国家的观念,才能打入最大多数国民的心中,国家的
根基才能树立坚固。《立报》所以揭举大众化的旗帜,其意义在此,其自认为最重
大的使命,也在此。"②

成舍我是中国新闻史上较早关注与提倡"报纸大众化"的报人之一,他所倡
导的"报纸大众化",是 20 世纪三四十年代中国新闻大众化思潮的一部分。他主
张的报纸大众化,既不同于资本主义国家以大众化为手段、以牟私利为目的的新
闻大众化,也不同于共产党人提倡的与工农群众打成一片、站在工农大众的立场
上说话的新闻大众化,而是与他提出的"立己立人立国"使命紧密相连的大众化。
他的主要观点是,大众化只是办报的手段,是为了让读者能读、爱读,目的是要唤
起民众的爱国热情和社会责任意识,关注的是大众利益和国家利益。

(四)记者要不畏强权、敢于维护社会正义

20 世纪二三十年代,中国政局动荡,军阀横行。在这种恶劣环境中,进步报
纸和报人经常遭到迫害。著名新闻工作者邵飘萍、林白水就因揭露当局的黑暗
腐败而惨遭军阀枪杀。面对这样一种情况,不少报人噤若寒蝉,不敢主持社会正
义,有的甚至不顾人格,充当起反动派的走狗。而成舍我从来没有被反动军阀所
吓倒,不屈服任何势力与强权。去台湾以后,他初心不变,一直主张新闻记者要
有敢于同恶势力进行斗争的精神。他鼓励青年说:"在此社会腐恶、人心萎靡最

---

①　李磊:《报人成舍我研究》,北京:中国传媒大学出版社 2011 年版,第 144 页。

②　同上。

危急时期,我切望一切有志于文学与新闻写作的青年男女,都能挺起胸膛,冒险犯难,对伸张正义、转移世运的大业,尽一己责任。不仅勿使文学、新闻,专供人类的消闲陶醉,并且助长社会罪恶,人心陷溺。相反地,我们应将这两大武器,变成世界复兴、起衰救亡的核子弹。掌握这些武器的人,应有富贵不淫、贫贱不移、威武不屈的决心与毅力。"①

纵观成舍我曲折的办报经历,我们不得不佩服他为维护正义而冒险犯难的大无畏精神。他因敢于直言而多次坐牢,差一点被枪毙,报馆被封不下10次。但在恶势力面前,他从来没有屈服过。1915年,成舍我因参与讨伐袁世凯称帝,在安徽安庆被捕入狱,后得友人相助获释,被迫逃往上海。1926年,他因主张正义,坚持新闻自由,被军阀张宗昌逮捕,即将枪毙时,得到曾任北洋国务总理的孙宝琦的力保,才幸免于难。成舍我自诩这是"第一次值得追忆的笑"。1934年,因揭发行政院长汪精卫亲信彭学沛贪污案,《民生报》被非法封闭,成舍我被拘禁40天。出狱后,汪精卫的党徒唐有壬劝成舍我:"新闻记者,怎能与行政院长作对?新闻记者,总是失败的。不如与汪先生妥协,《民生报》仍可恢复。"成舍我却坚决地答复道:"我的见解,完全与你相反,我有四大理由,相信最后胜利必属于我。此四大理由,最重要的一点,就是我可做一辈子新闻记者,汪不能做一辈子行政院长。新闻记者可以坚守自己主张,保持自己人格,做官则往往不免朝三暮四、身败名裂。"②事实上,最后胜利者是作为记者的成舍我,而不是做官的汪精卫。这一件事情,他一辈子都引以为荣。

成舍我的好友程沧波在《新闻记者与天下国家》一文中说:"新闻记者在东方是有骨气有作为的士,'士可杀不可辱',这是东方的士风,代表士风的新闻记者,要明辨是非,扶持正义,为天下国家辟邪说、阻乱源。新闻记者的荣誉,是力抗强暴,拨乱反正。反之,新闻记者的耻辱,莫过于但见现实的利害,对现实的利害,屈膝低头,把是非邪正,一脚踢开。"成舍我说,程沧波的这一段话,"真可作每一记者的座右铭"③。翻检中国近现代新闻事业史就不难看出,这一段话正表达了成舍我那一代优秀新闻记者共同的道德追求,是我国新闻伦理思想中宝贵的财富。在现实生活中,只有那些具备传统"士风"和"大丈夫"气概的记者,才能在恶劣的环境中,敢于抵抗强暴、维护正义。

(五)坚守新闻真实的信条

1932年4月,成舍我在《中国报纸的将来》一文中指出,当时报纸新闻存在闭

---

① 刘家林等编著:《成舍我新闻学术论集》上,广州:暨南大学出版社2012年版,第319页。

② 同上书,第170页。

③ 同上书,第325页。

门造车的弊病,大部分新闻是由"两位秀才不出门的专家包办"。他们每天送上来的"十条蝇头恭楷的所谓访稿"并没有实质内容,"有时即使有一两句,不是模糊影响,就是迹近捏造"①。对于这种违反新闻真实性的报道方式,成舍我是坚决反对的。他认为:"新闻的报道必须要有真凭实据,这是现代报人共守的信条。就是一时能欺骗了读者,结果事实大白于天下,谁还相信你真实? 一个家庭的和平,会被假新闻搅坏;一个社会的和平,也会被假新闻搅坏。谁不愿意和平? 但是笔下稍不留神,他便能做了和平的搅坏者。我们希望世界上的同业们,不要为了矜奇立异,违背了真实的信条!"②

基于对新闻真实性重要性的认识,成舍我在确立《立报》的营业和编辑方针时,就把"凭良心说话,用真凭实据报告新闻"作为新闻工作者必须遵守的伦理原则。在教育学生时,他也总是提倡"与其信用耳朵,不如信用眼睛","如果眼睛真没有法看见,也只好自认失败,终比捏造的好。"③

为了防止虚假新闻的出现,成舍我强调新闻工作者一定要有忍耐性。他说:"依据我过去办报的经验,新闻记者,尤其外勤,他们最容易也最危险的毛病,就是不能'忠于职守'。所以不'忠'的原故,第一,是缺乏忍耐性。有些外勤,往往因为急于销差的关系,消息竟任意捏造,骗自己,骗报馆,骗读者。"因此,为了维护新闻真实性,新闻工作者就要养成相当的忍耐性,对事实进行深入的调查,杜绝那些"造谣捏报的恶习。"④

另外,成舍我对待那些未经证实,而报馆"又不得不登载"的新闻,提出了这样的解决办法:为了求得"确实"和"登载"两方面的平衡,唯一的办法"只有将此项消息,如何得来,明白说出,以示报馆对此,并无成见,即使有误,亦决非报馆自造也。唯报馆方面,往往不愿,或因一时疏忽,未能做到,于是读者对于报纸所有错误之记载,辄认为报馆有意造谣,为报馆计,诚觉太冤。又报馆转载他报消息,更应标举来源,此则于责任以外,更有同业道德之关系"⑤。

成舍我说的报纸对未经证实而登载的消息,要标注消息的来源,一方面是为了给读者一个交代,另一方面也是为了处理好同业之间的道德关系,但实际上这是报馆逃避责任的一种表现,与早被摈弃的"有闻必录"没有什么区别。报社有义务保证其所刊发的新闻都是真实的,是经得起核查的,不能因为有"不得不登载"的理由而加以转载。一个负责任的媒体对转载的新闻无疑有核查其真实性

---

① 李磊:《报人成舍我研究》,北京:中国传媒大学出版社 2011 年版,第 110 页。
② 同上书,第 156 页。
③ 同上书,第 148 页。
④ 同上书,第 147—148 页。
⑤ 同上书,第 125 页。

的责任与义务。不经过证实，只通过标注新闻来源就加以转载，不仅扩大了虚假新闻的传播范围和恶劣影响，而且将传播"虚假新闻"的风险转嫁他人，本身就是不道德的，与他提倡的坚守新闻真实的信条并不相符。

（六）要有认真、廉洁、勤俭、勇敢的品德

"个体的德性和道德意识对于不论哪种性质的伦理实体，都是至关重要的。"①成舍我在长期的办报活动中，对记者个体的品德修养也提出了许多见解。他认为，记者最应该具备的道德品质是认真、廉洁、勤俭和勇敢。

（1）要有认真的态度，不许马虎。成舍我对新闻学专业的学生说："就工作态度说，我们不容许同学们有任何的不认真，不努力。我们最重要的教条，就是'不许马虎'。"②曾任《小世界》周报社社长的康健曾回忆，成舍我在"不许马虎"这一点上对新闻工作者要求极其严格，"尤其是校对工作，绝对马虎不得，如果有一个错字被他老人家发现，那种感觉简直是罪大恶极，一星期的努力，在刹那间化为乌有"③。凡是有过编辑工作经历的人都知道，能够有效避免错误发生的方法，除了认真细致以外，确实别无选择。

（2）要有廉洁的道德品质。1944 年 11 月，成舍我在《报纸必须如何始"真"能代表"民意"》中说："一部分英美报纸更借'言论出版自由'的护符为资本家'招财进宝'，败坏风化，唯利是图，这更是英美言论出版自由制度下一种最不幸的现象。"他不断地告诫同行，廉洁自律是新闻记者最起码的职业道德。1983 年，他说自己每年在世界新闻专科学校的毕业典礼中，都要告诉毕业的同学："新闻记者要红包，争特权，其危害社会，戕贼人心，影响之大，实百倍于贪官污吏，恶霸土豪。"成舍我对学生的教诲，其实质是教导他们在未来的职业活动中如何处理好义与利的矛盾，他认为，只有符合中国儒家所提倡的先义后利和义利兼顾的道德原则才是正确的选择。

（3）要勤俭节约，不能浪费。成舍我认为，办好一张报纸，必须要养成勤俭节约的好习惯，而且在自己的报业经营中总是身体力行。例如，他会将报社的全部电灯"按所需时间，分组按设总门，全部总门，集中于总管理处"，自己的座位旁边，会"指定专人，按时启闭。又如每天利用一部分通信社废稿，将反面作为夜间编辑的稿纸。及严禁印刷部职工撕取卷筒报纸上厕所之类"。他说："这在一些大报馆、大报人眼中，虽都卑不足道，但我们总相信凡是可以防止的浪费，就必须

---

① 杨保军：《新闻道德论》，北京：中国人民大学出版社 2010 年版，第 218 页。
② 刘家林等编著：《成舍我新闻学术论集》上，广州：暨南大学出版社 2012 年版，第 293 页。
③ 中国人民大学港澳台新闻研究所编：《报海生涯——成舍我百年诞辰纪念文集》，北京：新华出版社 1998 年版，第 117 页。

加以防止。"①节约无小事,不铺张不浪费从来都是大企业大老板应有的风采,因此,成舍我的做法常常被人所称道。

(4)要有勇敢的精神,不能胆小怕事。成舍我提倡,新闻记者,特别是战地记者要有勇敢精神。北洋军阀统治时期,他遴选一名记者赴战地采访,却遭其辞职拒绝。在辞职函中,该记者说:"炮火无情,当者立死,以生命换新闻,天下最不合算与最愚蠢之事,孰过于此!"对于这种"视战场为屠场,不肯冒险,相戒裹足"的"不以生命换新闻"的记者,成舍我是藐视的。当然,他要求记者要勇敢,并非"期望每人都为新闻而牺牲生命,每人都变成冒险而殉职的安立佩和贾巴",而是希望他们"要有不惜以生命换取新闻的决心"②,来推动战地新闻的发展。

我们从成舍我的有关论述和他的道德行为中,既看到了一个不畏强暴、敢于维护社会正义,以"立己立人立国"为使命的东方雅士风范,又看到了一个高举自由独立旗帜、以拥护公众利益为依归的独立报人的形象。在中国近现代新闻史上有成舍我这样的报人,是中国新闻事业之幸,也是新闻记者的光荣。

四、张季鸾新闻伦理思想

张季鸾(1888—1941),陕西榆林人,中国近现代新闻史上著名的报刊评论家和独立报人,与黄远生、邵飘萍并称为记者中的"民初三杰"。1906 年去日本留学,1908 年回国后,在关中高等学堂担任了两年教员。1911 年,应于右任之邀,赴上海协助编辑革命派报纸《民立报》,自此开始了报业生涯。两年后到北京创办了北京《民立报》,因揭露袁世凯"善后借款"内幕而被捕入狱,关押 3 个月后经多方营救出狱。1916 年,又因揭露段祺瑞的卖国行为再次被捕入狱。半个月后经国会抗议和多方营救恢复自由。1926 年,他与留日同学胡政之、吴鼎昌合股接办了日趋衰落的天津《大公报》,任总编辑和副经理,主持《大公报》笔政达 15 年之久,开创了《大公报》一段新的辉煌的历史。

张季鸾一生本着新闻救国、言论报国的理想,在报坛耕耘了 30 年。他的评论,继承和发扬了中国报刊的政论传统,关心时局,见解独到,情真意切,通俗简练,在当时产生过广泛的影响。胡政之称他是为"文人论政"的典型。③ 1941 年张季鸾因病在重庆逝世,终年 54 岁。国共两党都发唁电哀悼,对他的一生给予

---

① 成舍我:《如何办好一张报》,刘家林、王明亮、陈龙、李时新:《成舍我新闻学术论集》上册,广州:暨南大学出版社 2012 年版,第 273 页。

② 成舍我:《待庐谈报——以生命换新闻》,台湾"世新大学舍我纪念馆"网站,http://csw.shu.edu.tw/PUBLIC/view_01.php3? main=Works&id=1369,检索时间:2014 年 3 月 23 日。

③ 胡政之:《季鸾文存序》,《季鸾文存(上)》,天津:大公报馆 1944 年印行。

极高的评价。周恩来、董必武、邓颖超在唁电中,誉之为"文坛巨擘""报界宗师"①。

张季鸾生平所写的 3000 余篇文章中,大多数是议论国是的社评。"其为文如昌黎,如新会,无僻典,无奥义,以理胜,以诚胜,故感人深而影响远"②后人为了纪念他,搜集他的部分文章编成《季鸾文存》于 1944 年出版。在《季鸾文存》中有一些阐述其新闻理论和办报思想的文章。如《大公报一万号纪念辞》《今后之大公报》《本报复刊十年纪念之辞》《论言论自由》《本社同人的声明》《抗战与报人》《国闻周报十周年纪念感言》《赠战地记者》《无我与无私》等。这些文章及其办报实践,体现了张季鸾对新闻道德的主张与追求。

(一) 记者要有独立办报的精神

后人在论述张季鸾与新记《大公报》的时候,都会重点提到《大公报》著名的"四不"方针,因为它既是新记《大公报》办报的指导思想,也是《大公报》报人的新闻伦理追求。1926 年 9 月 1 日,在新记《大公报》出版的第一期报纸上,张季鸾以"新记公司大公报记者"的笔名发表了《本社同人之志趣》一文,首次提出了《大公报》新的办报方针——"不党""不卖""不私""不盲"。

文章解释说,"不党",是"本社对于中国各党阀派系,一切无联带关系已耳。惟不党非中立之意,亦非敌视党系之谓……吾人既不党,故原则上等视各党,纯以公民之地位发表意见,此外无成见,无背景。凡其行为利于国者,吾人拥护之;其害国者,纠弹之"。

"不卖",就是"声明不以言论做交易。换言之,不受一切带有政治性质之金钱补助,且不接收政治方面之入股投资是也。是以吾人之言论,或不免囿于知识及感情,而断不为金钱所左右"。

"不私",就是"本社同人,除愿忠于报纸固有之职务外,并无私图。易言之,对于报纸并无私用,愿向全国开放,使为公众喉舌"。

"不盲",就是指"随声附和,是谓盲从;一知半解,是谓盲信;感情冲动,不事详求,是谓盲动;评诋激烈,昧于事实,是谓盲争。吾人诚不明,而不愿自陷于盲"③。

当然,"四不"方针并不是张季鸾个人的观点,而是与吴鼎昌、胡政之共同的思想主张,是他们共同商讨后由张季鸾执笔成文的。还在新记公司《大公报》创办之初,他们三人就有 5 项约定:(1)资金由吴鼎昌一人筹措,不向任何方面募款。(2)三人专心办报,在三年内谁都不许担任任何有俸给的公职。(3)吴鼎昌

---

① 周雨编:《大公报人忆旧》,北京:中国文史出版社 1991 年版,第 291 页。
② 曹谷冰:《季鸾文存四版序》,《季鸾文存》,天津:大公报馆 1947 年印行。
③ 转引自张之华主编:《中国新闻事业史文选》,北京:中国人民大学出版社 1999 年版,第 382 页。

任社长,张季鸾任总编辑兼副经理,胡政之任经理兼副总编辑。(4)由三人共同组成评论委员会,研究时事问题,商榷意见,决定主张,文字分任撰述,张季鸾负整理修正之责。意见有不同时,少数服从多数,三人意见各不相同时,服从张季鸾。(5)张季鸾、胡政之以劳力入股,每届年终,须由报馆送与相当数额之股票。①

　　他们三人之所以提出这样的办法与主张,是因为他们认为,民国以来中国报界萎靡不振的根本原因,是报人的依附性太强。1923 年,张季鸾在《新闻报三十年纪念祝辞》中就曾指出:"中国报界之沦落苦矣。自怀党见,而拥护其党者,品犹为上;其次,依资本为转移;最下者,朝秦暮楚,割售零卖,并无言论,遑言独立,并无主张,遑言是非。"②吴鼎昌也认为:"一般的报馆办不好,主要因为资本不足,滥拉政治关系,拿津贴,政局一有波动,报就垮了。"③他愿意拿 5 万元钱作本金,宁愿赔光,也不拉政治关系,不收外股,坚定不移地要办一份独立不倚的报纸。

　　《大公报》提出的"四不"方针,其核心思想就是"独立"二字。不拉政治关系,不接受外人资本,不谋私人利益,"不盲从、盲信、盲动、盲争",在政治上、经济上、思想上都能独立自主,"除服从法律外,精神上不受任何拘束"④。张季鸾认为,"做记者的人最好要超然于党派之外,这样,说话可以不受约束,宣传一种主张,也易于发挥自己的才能,更容易为广大读者所接受"⑤。有学者评论说:"'四不主义'的提出,第一次表明中国职业报人独立意识的觉醒,是中国报纸摆脱政党报刊,跳出纯粹商业目的,进入更高的独立报纸阶段,是中国报业现代化过程中重要的里程碑。"⑥虽然早在"四不主义"提出之前,中国报人就已经有了独立意识的觉醒,如梁启超、汪康年、英敛之都是代表,但是,"四不主义"的提出,的确标志着中国报纸进入了独立办报的新阶段。

　　在后来的新闻实践中,张季鸾和《大公报》同人都秉持着独立办报的精神来报道新闻、发表评论,在读者中树立了良好的声誉,使《大公报》实现了成为"中国公民之独立言论机关"的设想。⑦ 1936 年 9 月 1 日,张季鸾在《本报复刊十年纪念之辞》中作了这样的回顾与总结:"同人十年来仅服膺职业神圣之义,以不辱报业为其消极的信条。虽技能有限,幸品行无亏。勉尽报纸应尽之职分,恪守报人

---

① 周雨编:《大公报人忆旧》,北京:中国文史出版社 1991 年版,第 280 页。
② 同上书,第 280 页。
③ 转引自方汉奇等:《大公报百年史》,北京:中国人民大学出版社 2004 年版,第 224 页。
④ 《季鸾文存(上)》,天津:大公报馆 1944 年印行,第 190 页。
⑤ 徐铸成:《报人张季鸾先生传》,北京:生活·读书·新知三联书店 1986 年版,第 34 页。
⑥ 王润泽:《张季鸾与大公报》,北京:中华书局 2008 年版,第 43 页。
⑦ 《季鸾文存(上)》,天津:大公报馆 1944 年印行,第 190 页。

应守之立场。"①我们考察《大公报》的新闻与言论,尤其是重大事件和重要人物的报道和评论,这种自我评价并非言过其实。诚如方汉奇先生所说:"正因为如此,《大公报》从一创刊起,就受到了社会的瞩目和尊重,得到了读者的认同和欢迎。这家报纸后来能够得到世界新闻界的承认和国际新闻学界的关注,被授予'最佳新闻事业服务奖',影响由国内及于国外,成为中国新闻史上唯一获得国际荣誉的报纸,也和她的上述特点不无关系。"②

（二）报界应提倡自由与责任并重

在西方大部分国家的新闻伦理规范中,都有"新闻自由"的道德信条。如美国报纸编辑人协会 1923 年制定的《报业信条》的第二条是:"新闻自由,人类基本的权利,应受保障。凡是法律上未经明文禁止的事项,报纸都有权评论。"③意大利 1957 年制定的《报业道德信条》第一条是:"新闻自由是一项不可让与的权利,每一个新闻从业人员均有依照真实事实采访、评论和刊出新闻的自由。"④在中国,晚清时期的新闻界就有了言论自由的强烈呼声,之后也一直不绝于耳。可以说,言论自由是全人类的共同追求,也是中国历代报人的共同理想,但对于自由的理解与实际做法却存在一定的差异。

张季鸾的新闻自由观,就是强调自由与责任并重,提倡个人自由要服从国家和民族的利益,特别是在国难当头的战争时期。1937 年 2 月 18 日,他在《论言论自由》中明确提出:"自由之另一面为责任。无责任观念之言论,不能得自由。夫自由云者,最浅显释之,为不受干涉,其表现为随意发表。是则责任问题重且大矣。国难如此,不论为日刊定期刊或单行本,凡有关国家大事之言论,其本身皆负有严重责任。言论界人自身时时须作为负国家实际责任看。"⑤

张季鸾历来主张,言论自由是公民的一项基本权利,是报纸生存的重要条件。新闻记者要为争言论自由而勇敢地奋斗,特别要正确处理好与政府的关系,因为自由的主要障碍来自于政府的管制。他认为,政府在战时实行新闻检查制度,也有一定的理由和必要性,新闻界应给予理解与支持。但是,政府应采取宽大主义,除了"外交军事财政之机密,不得纪载;危害国家利益之言论,不得刊行"外,"如各界讨论国事之文字,若其本质上非反动宣传,则虽意见与政府出入,利在许其自由发表。人民有拥护政府之责,同时亦俱有批评政府一部分政策,或攻

① 《季鸾文存（上）》,天津:大公报馆 1944 年印行,第 204 页。
② 方汉奇:《再论大公报的历史地位》,卓南生主编:《方汉奇文集》,汕头:汕头大学出版社 2003 年版,第 292—293 页。
③ 转引自蓝鸿文主编:《新闻伦理学简明教程》,北京:中国人民大学出版社 2001 年版,第 251 页。
④ 同上书,第 257 页。
⑤ 《季鸾文存（上）》,天津:大公报馆 1944 年印行,第 239 页。

击官吏一部分行动之权"①。他在《关于言论自由》中说:"当此国难严重关头,吾人所至诚希望者,为政府与言论界同在一条战线上密切合作。……最要之点,为各守法律范围,而有互相尊重之善意。"从新闻媒介方面说:"报界自身应努力之点亦多,诚不得滥用报纸武器,在道德上有缺憾。"②

1939年5月5日,张季鸾在《抗战与报人》一文中将自己的观点又作了进一步的阐发:"中国报人本来以英美式的自由主义为理想,是自由职业者的一门。其信仰是言论自由,而职业独立。对政治,贵敢言,对新闻,贵争快,从消极的说,是反统制,反干涉。"③但是,在国难当头的时候,报人则应该放弃个人自由而服从国家的需要。"所以现在的报,已不应是具有自由主义色彩的私人言论机关,而都是严格受政府统制的公共宣传机关。国家作战,必需宣传,因为宣传战是作战的一部分,而报纸本是向公众做宣传的。当然义不容辞的要接受这任务。"④他还说:"我们这班人,本来自由主义色彩很浓厚的。人不隶党,报不求人,独立经营,久成习性。所以在天津在上海之时,往往与检查机关小有纷纠。然抗战以后,在汉在渝,都衷心欢迎检查,因为生怕纪载有误,妨碍军机之故。……我们自信:这一个渺小的存在,唯有这样忠纪律,守统制,时刻本着抗战建国纲领工作,然后这存在庶几为无害。我们并且十分信仰:要保卫民族自由,必须牺牲许多部分的个人自由,要拥护国家的独立与完整,必须一切人民意志集中,力量集中。"⑤

在张季鸾的心目中,自由对于新闻职业来说无疑是最为重要的,《大公报》人也一直以自由独立为自己的办报理想。但是,在国难当头的特殊时期,没有什么比国家和民族利益更为重要的了,覆巢之下,绝无完卵。因此,他希望政府"除违反三民主义的宣传,应当取缔之外,其他应当自由"⑥。新闻记者也应当无条件地为捍卫民族利益而牺牲个人自由。这种自由观是顾大局、识大体的爱国精神的体现,也是"大公"精神的体现。他赞扬"在上海等处为国尽忠的中国报人,在道德上是世界第一等"的报人,且这种道德"是中国国民的志气,也就是中国报人的精神"⑦。他表示:"假若国家需要我们上战场,依法征召,我们便掷笔应征。不然便继续贡献这一支笔,听国家作有效的使用。"⑧

---

① 《季鸾文存(上)》,天津:大公报馆1944年印行,第193页。

② 同上书,第160页。

③ 《季鸾文存(下)》,天津:大公报馆1944年印行,第151页。

④ 同上书,第152页。

⑤ 同上书,第153页。

⑥ 同上书,第32页。

⑦ 同上书,第126—127页。

⑧ 同上书,第93页。

（三）办报要有"文人论政"的精神

1941 年 5 月,美国密苏里大学新闻学院授予《大公报》"最佳新闻事业服务奖",张季鸾在重庆各报联合委员会召开的庆祝会上发表了一篇热情洋溢的演说——《本社同人的声明》。在演说中,他说:

> 我们公平论断,中国报人的精神,在许多方面断不逊于各国报人,或者还自有其特色。……何以说中国报人自有特色？中国报有一点与各国不同,就是各国的报是作为一种大的实业经营,而中国报原则上是文人论政的机关,不是实业机关。这一点可以说中国落后,但也可以说是特长。民国以来中国报也有商业化的趋向,但程度还很浅。以本报为例,假若本报尚有渺小的价值,就在于虽按着商业经营,而仍能保持文人论政的本来面目。本社最初股本,只五万元,可谓极小。当初决定,失败关门,不招股,不受投资,不要社外任何补助。五万元刚用完,而营业收支正达平衡。就这样继续经营,自然发展。……我们自信:大公报的惟一好处,就在股本小,性质简单,没有干预言论的股东,也不受社外任何势力的支配。因此,言论独立,良心泰然。而我们同人都是职业报人,毫无政治上事业上甚至名望上的野心。①

张季鸾称大公报馆虽然按着商业化经营,"类于外国无党派之普通营业报纸",以采访新闻、介绍舆情为主②,但"仍能保持文人论政的本来面目",并说这是中国报人的精神和特色。他的这一自我评价,是符合中国报人和《大公报》实际的。在中国新闻事业史上,从王韬、梁启超以来,就有"文人论政"的光荣传统,但被誉为"文人论政"之典型的,张季鸾是第一人。胡政之在《季鸾文存》序言中说:"季鸾是一位新闻记者,中国的新闻事业尚在文人论政的阶段,季鸾就是一个文人论政的典型。"③

关于中国新闻史上的"文人论政",学界已有许多论述。李金铨先生在《文人论政:知识分子与报刊》中将其特征概括为三个方面:"其一,现代中国知识分子抱着'以天下为己任'的精神,企图以文章报国,符合'立德、立功、立言'的三不朽。""其二,他们感染儒家'君子群而不党'的思想,无党无派,个人主义的色彩浓厚,论政而不参政。""其三,自由知识分子和国民党当局的关系暧昧,殊堪玩味。"④

---

① 《季鸾文存（下）》,天津:大公报馆 1944 年印行,第 125—126 页。

② 《季鸾文存（上）》,天津:大公报馆 1944 年印行,第 204 页。

③ 胡政之:《〈季鸾文存〉序》,《季鸾文存》,天津:大公报馆 1944 年印行。

④ 李金铨主编:《文人论政:知识分子与报刊》,桂林:广西师范大学出版社 2008 年版,第 4—6 页。

　　李金铨从近现代报人的理想追求、无党派的独立身份和与国民党的特殊关系三个方面来概括"文人论政"的特点，当然有一定的依据和道理。但值得进一步指出的是，作为中国报界的一种传统，历史上以笔墨为武器的报人，无论面对的是晚清政府、北洋军阀政府还是国民党政府，他们坚忍不拔地论政而不参政的动力，是为了国家和民族的振兴，而不是为了某个党派，不参政是为了更好地独立论政；他们之所以坚守着儒家"先义后利"的原则，并以此来处理商业经营与社会需要的关系，心甘情愿地承担着文人应负的社会责任，是因为他们充分认识到历代文人所具有和应有的独特价值；他们论政的结果常常是报国有心，回天无力，发出"道统"敌不过"政统"的慨叹，这不是他们精神上的气馁与实践上的无能，而恰恰是儒家"知其不可为而为之"的精神的体现，要求文人去"组织力量或具体办法实现抽象的理想"，就如同要求军人不弄枪杆子而要笔杆子一样是不现实的。"文人论政"的最大价值是政府有了诤友和监督，民众有了导师和喉舌。方汉奇先生说："所谓的文人论政，其出发点是文章报国，是知识分子对国家兴亡的关注，和他们的以天下为己任的襟怀和抱负。"[①]我认为这是对"文人论政"精神实质的深刻把握。

　　张季鸾在从事新闻工作的数十年中，尤其是从 1926 年起主持《大公报》笔政以后的 15 年，充分体现了"文人论政"的精神。他坚定地主张："凡其行为利于国者，吾人拥护之；其害国者，纠弹之。"[②]"中国在今后救亡建国之漫漫长途中，实亟需勇敢切实之言论，以辅助政府，纠绳官吏，鼓动社会。"[③]唯其如此，张季鸾才被誉为中国报界"文人论政"的典范，才会被后世报人所景仰和效法。

　　（四）记者应有公、诚、忠、勇的品质

　　中国历代著名报人不仅十分重视记者个体道德品质的修养，而且内容上各有侧重。如王韬认为公平、诚实、正直是记者最重要的品德；章太炎推崇确固坚厉，重然诺、轻生死的德性；梁启超倡导记者不可不有"史家精神"；林白水认为记者最重要的是要说人话，不要说鬼话。……而张季鸾经常向同行宣传和自己坚守的道德品质就是公、诚、忠、勇四个字。

　　1937 年 2 月 18 日，他在《论言论自由》中说："吾人以为言论自由问题之解决，首视言论界本身之努力如何。要公，要诚，要勇！而前提尤须熟筹国家利害，研究问题得失。倘动机公，立意诚，而勇敢出之，而其主张符于国家利益，至少不

①　方汉奇等：《〈大公报〉百年史》，北京：中国人民大学出版社 2004 年版，"前言"第 3 页。
②　《本社同人之志趣》，《大公报》1926 年 9 月 1 日。
③　《季鸾文存（上）》，天津：大公报馆 1944 年印行，第 161 页。

妨害国家利益,则无虑压迫干涉矣,纵意见与政府歧异,政府亦不应压迫干涉矣。"①他还说过:"办报之秘诀在于准备失败,立言纪事,务须忠勇。忠者忠于主张之谓,此项主张自非偏见,事前务宜经过深思熟虑,多听他人意见,多考察各项事实。勇者系勇于发表,勇于发表必须准备失败。"②

张季鸾所提倡的"公",就是办报要为国家民族利益服务,为社会大众利益服务,而绝不是为了个人求名、求利、求权。在新记《大公报》创刊号上发表的《本社同人之志趣》一文中,张季鸾就说过:"报业天职,应绝对拥护国民公共之利益,随时为国民贡献正确实用之知识,以裨益国家。""本社同人,除愿忠于报纸固有之职务外,并无私图。易言之,对于报纸并无私用,愿向全国开放,使为公众喉舌。"③后来,他又多次强调:"近代国家报纸负重要使命,而在改革过渡时代之国家为尤重。"④他在数十年的办报过程中,都怀抱着"言论报国"的职业志向,努力地尽报纸之天职。1938年6月,他在《无我与无私》一文中,将自己的办报经验介绍给战时新闻记者说:

> 新闻记者于处理问题,实践职务之时,其基本态度,宜极力做到无我与无私。……何谓无我?是说在撰述或记载中,努力将"我"撇开。根本上说,报纸是公众的,不是"我"的。当然发表主张或叙述问题,离不了"我"。但是要极力尽到客观的探讨,不要把小我夹杂在内。举浅显之例解释,譬如发表一主张,当然是为主张而主张,不要夹杂上自己的名誉心或利害心。而且要力避自己的好恶爱憎,不任自己的感情支配主张。⑤

张季鸾说,这些事说起来容易,做起来就难了,但不能因为难,就不努力去做。例如采访纪事,要以新闻价值为标准,不能受自己爱憎好恶的影响。所谓"无私",是从"无我"推演出来的,"自根本上讲,报人职责,在谋人类共同福利,不正当的自私其国家民族,也是罪恶。以中国今天论,我们抗日,决非私于中国。假若中国是侵略者,日本是被侵略者,那么,中国报人就应当反战。现在中国受侵略,受蹂躏,所以我们抗拒敌人,这绝对是公,不是私。至于就国家以内言,更当然要以全民福利为对象。报人立言不应私于一部分人,而抹煞他部分人,更不

① 《季鸾文存(上)》,天津:大公报馆1944年印行,第240页。
② 周雨:《张季鸾传略》,周雨编:《大公报人忆旧》,北京:中国文史出版社1991年版,第290页。
③ 转引自张之华主编:《中国新闻事业史文选》,北京:中国人民大学出版社1999年版,第381—382页。
④ 《季鸾文存(上)》,天津:大公报馆1944年印行,第30页。
⑤ 《季鸾文存(下)》,天津:大公报馆1944年印行,第21页,附录。

能私于小部分人,而忽略最大部分的人"①。可见,张季鸾对"公"的理解,除了国家、民族和大多数人的利益之外,还有正义的内涵。这比《大公报》创始人英敛之的思想更为深刻。英敛之在《爱国心》一文中曾说,爱国心纯粹是自私私利的产物,但这种私心绝不能没有,不然就有亡国灭种的危险。② 而张季鸾认为,"不正当的自私其国家民族,也是罪恶",就是说,为"公"要为得有道理,有原则,有正义感。

所谓"诚",就是立意要诚,动机要纯。凡提出的主张都是为了国家民族的振兴与社会的进步,即诚心诚意地为国家、社会和他人谋福利,而不是为了自己的私利而别有用心。他曾向社会公开表白:"同人学识简陋,对国家社会之重大问题,不能有良好之贡献,惟苟有主张,悉出诚意,国难以来,忧时感事,晨夕不安。"③对于"诚"的品德,孙中山曾作过较多的论述,认为"谋国不以诚意,未有不误国者"④。又说:"诸君去实行宣传的人,居心要诚恳,服务要勤劳,要真是为农民谋幸福。"⑤可见,作为道德品质,"诚"就是在处理个人与国家、与社会和他人的关系中所表现出来的处事的态度与行为准则。张季鸾的观点也是这样。他认为:"报人立言,焉得无错,但只要动机无私,就可以站得住,最要戒绝者,是动机不纯。"⑥"诚"与"真"是密切联系在一起的,真心实意地为国家、为政府和社会的大多数人服务,就是"诚"的最好表现。

所谓"忠",在张季鸾的思想中,是指忠于民国,忠于职守与主张。他说:"本报将继续贯彻其十年前在津续刊时声明之主旨,使其事业永为中国公民之独立言论机关,忠于民国,尽其职分。"⑦"同人自复刊以来,常以本报之经济独立,及同人之忠于职业自勉。"⑧又说:"我们尽忠于这个言论界的小岗位,以传达并宣扬中国民族神圣自卫的信念与热诚,使之更贯注而交流。"⑨在张季鸾看来,每一个职业都有自己的天职,如果连自己的职守都不能忠诚,那么,就是失职和缺德。报人的职守是什么? 他认为:"报纸天职,应绝对拥护国民公共之利益,随时为国民宣传正确实用之智识,以裨益国家。宜不媚强梁,亦不阿群众。而其最后之结论

---

① 《季鸾文存(下)》,天津:大公报馆1944年印行,第22页,附录。

② 徐新平:《大公报创始人英敛之新闻思想》,《湖南大学学报》2012年第5期,第150页。

③ 《季鸾文存(上)》,天津:大公报馆1944年印行,第204页。

④ 《孙中山全集》第6卷,北京:中华书局1981年版,第549—550页。

⑤ 《孙中山全集》第10卷,中华书局1981年版,第558页。

⑥ 《季鸾文存(下)》,天津:大公报馆1944年印行,第22页,附录。

⑦ 《季鸾文存(上)》,天津:大公报馆1944年印行,第190页。

⑧ 同上书,第203页。

⑨ 《季鸾文存(下)》,天津:大公报馆1944年印行,第93页。

曰:吾人惟本其良知所昭示,忍耐步趋,以求卒达于光明自由之路。"①他还说过:"中国报原则上是文人论政的机关,不是实业机关。"②从他的有关论述中可知,张季鸾强调的"忠",最主要的是指忠于报人的职守,为国家和公众利益服务;忠于自己正确的主张,不要朝三暮四,流变不居。例如,他提出的"四不"主义,就是终身坚持的办报旨趣,从来没有因为外在条件的变化而改变过。

所谓"勇",是指勇于发表自己的见解,并随时准备失败。张季鸾在《大公报》上发表的许多时评,之所以在当时产生轰动性的影响,至今也为人所津津乐道,就是因为他和同人继承和发扬了英敛之开创的《大公报》敢言的优良传统。例如,1927 年 11 月 4 日,他写的《呜呼领袖欲之罪恶》和同年 12 月 20 日写的《蒋介石之人生观》,对汪精卫领袖欲太强的缺点和蒋介石与宋美龄的政治婚姻,进行了鞭辟入里的剖析,嬉笑怒骂,痛快淋漓。还有撰写反对蒋介石在"四一二"反革命政变中屠杀共产党和青年罪恶行为的社评,刊载反映列宁和苏联十月革命之后的情况及红军长征后的情况报道等,没有敢言的勇气,是绝对做不到的。张季鸾认为,勇敢是有风险的,既然选择了勇敢,就要准备失败,越害怕失败的人往往越容易失败。他说:"须时时准备失败,方能做到勇字。报纸失败有两种可能:一为与政府或当地官厅冲突结果而失败;一为与社会空气冲突致销路失落而失败。以本报为例,自十五年开始经营,时时准备此两种失败。"③正是这种准备失败的勇气,才能顶住来自各方面的压力,才能做到不畏强权,不媚时尚,真正办出一份具有独立品格的报纸。

我国台湾学者赖光临先生在《中国近代报人与报业》一书中,用专门一节论述"张季鸾精神",并将"张季鸾精神"概括为三个方面:一是把报纸事业与国家命运相结合、共休戚;二是维护报人尊严,表现报人操持;三是坚持信念,终生不渝。他认为:"《大公报》受全国民众信赖,并获致国际重视,成为当时全国舆论的领导中心,端赖'张季鸾精神'的陶养。"④赖光临的概括与评价并非过誉。从王韬以来,干记者这个行当的中国人不计其数,但像张季鸾这样称得上有独特精神品质的人,如凤毛麟角。仅凭这一点,就足可以树立他在中国新闻史上的崇高地位和对后世的深远影响。

五、胡政之新闻伦理思想

胡政之(1889—1949),名霖,字政之,笔名冷观,四川成都人。他是我国著名

---

① 《季鸾文存(上)》,天津:大公报馆 1944 年印行,第 33 页。
② 《季鸾文存(下)》,天津:大公报馆 1944 年印行,第 126 页。
③ 转引自王润泽:《张季鸾与大公报》,北京:中华书局 2008 年版,第 154 页。
④ 赖光临:《中国近代报人与报业》,台北:台湾商务印书馆 1980 年版,第 599 页。

的新闻记者、报刊政论家和报业企业家。1905年赴日本留学,入东京帝国大学学习法律,1911年回国。1912年,应聘加入章太炎主办的上海《大共和日报》,担任翻译和编辑,不久升为总编辑,时年24岁。1916年,王郅隆接办《大公报》后,胡政之被聘为经理兼总编辑。1920年,他担任著名报人林白水主办的《新社会报》的主编,此后又陆续创办国闻通讯社和《国闻周报》。1926年,他与吴鼎昌、张季鸾合作,组成新记公司,正式接办《大公报》,并出任总经理兼副总编辑。从1912年去《大共和日报》工作,到1949年逝世,胡政之在新闻岗位上奋斗了37年。在37年的新闻实践中,他积极推进我国新闻事业的改革,对中国新闻工作者的职业道德建设提出了许多有益的见解。

（一）报道真确公正的新闻,铸造稳健切实的舆论

胡政之认为新闻记者有两大天职,"一在报道真确公正之新闻,一在铸造稳健切实之舆论。而二者相较,前者尤重,盖新闻不真确,不公正,则稳健切实之舆论无所根据也"①。这里包含三层含义:一是报道新闻和制造舆论是新闻事业最基本、最重要的职能,而报道新闻是第一职责;二是报道的新闻要正确公正,制造的舆论要稳健切实;三是稳健切实的舆论是建立在正确公正的新闻报道基础之上的。

胡政之的这种认识来自于对当时新闻道德问题的反思。北洋军阀政府统治时期,一些报刊受党派利益驱使,对客观事实任意加以歪曲。"各报都没有专电,所谓专电都发生在编辑的脑海,可以毫无事实,就写一篇骂人的文章。"②在1917年发表的《本报之新希望》一文中,胡政之揭露了当时虚假新闻的表现形式主要有"数字式的新闻""秘密式的新闻""推阐式的新闻""翻陈式的新闻"③。他严肃地指出,制造这些公式新闻是"诈欺取财""欺世盗名"的行径,新闻界都应引以为戒。

胡政之对当时虚假新闻泛滥的原因进行了分析,认为一是政治诡秘,信息不公开。"吾国政治,习专制之余毒,好以诡秘相尚,而政治无一定轨道,虽极推理作用,亦往往不能与实际相合。"④二是记者品行不端,责任感不强。一些"恶德之新闻记者",于"至难探悉"之新闻不肯"博访周探",为了发稿,往往会伪造虚假新闻。三是报界组织不够完善,分工不明。胡政之曾将中国的报业组织与欧美日本诸国进行比较,发现外国报馆"内部有完善之组织,外部有得力之访员,更有

---

① 王瑾、胡玫编:《胡政之文集》下,天津:天津人民出版社2007年版,第1030页。
② 同上书,第1106—1107页。
③ 同上书,第1030页。
④ 同上书,第1030页。

通讯社搜集材料为之分类。其消息灵确,舆论健全,实由于此",而"中国则因报界组织不完全之故,报道歧出,真相难明。同在一国,而南北之精神隔绝。同在一地,而甲乙所传各别"①。因此,他创办国闻通讯社就是为了改善中国报界组织不完全的现状。胡政之对虚假新闻泛滥的原因的剖析是比较全面的。他既看到了客观的政治、社会环境对记者新闻报道的干扰,又看到了记者自身的不足及新闻机构的不完善对新闻报道造成的不良影响。

此外,胡政之对虚假报道的危害性给予了深刻的剖析。他认为,报道若不正确公正,"则新闻之人格不立,其言绝不能为世所重。使全国之新闻皆不能自成人格,则社会舆论何由得正确之指导?"②社会舆论得不到正确的指导,国民意志也就不能得到真正的体现。他还说:"自新闻纸不能表现真是非,而舆论之有无与其势力之是否足重,乃成为一社会问题。而治国范群之一利器已寝寝失其作用。是非不明,功罪混淆,天下滔滔,大乱靡已,新闻记者失职之罪,实应与军阀政客之祸国同科。"③胡政之将新闻记者报道不真实的失职之罪看成与军阀政客之祸国相同,深刻揭示了虚假新闻的危害。他希望新闻记者要从自身人格和国家利益的高度来认识维护新闻真实性的重要性。"今日新闻界所最宜努力者,首为报告消息之确实,与发表言论之公平不偏。"④胡政之本人在新闻报道和报业管理中也不遗余力地维护新闻真实和评论的公正性。如1916年接手《大公报》后,他在北京聘请林白水、梁鸿志、王峨孙等为特约访员,每天以电话向天津发消息,或以快邮寄稿。"这是他祛除编造新闻的恶习、从新闻务求真实入手整顿《大公报》的第一步。"⑤

在报刊舆论方面,胡政之认为,新闻记者虽然有引导舆论的职责,但不能包办舆论。"新闻家之职务,要以搜求事实付之公论为主,若夫记者个人之批评与主张,则仅能供公众参考或促成舆论之用,而决不能遽冒社会舆论之尊称,僭窃口含天宪之地位。"⑥在《中国为什么没有舆论》一文中,胡政之指出,要想造成健全合理的舆论,"至少应该先把事实真相,赤裸裸地公表出来,供大众之认识与理解",如果少数人"别具见地,也尽可以公开研讨,不客气地交换意见,彼此切磋",最后大家可以"选择一种他们所认为比较合理的议论,一致起来赞成他,拥护他,主张他"。经过这些阶段,才能形成"健全而合理的舆论"⑦。为此,胡政之在《大

---

① 王瑾、胡玫编:《胡政之文集》下,天津:天津人民出版社2007年版,第1035页。
② 同上书,第1031页。
③ 同上书,第1036页。
④ 同上书,第1031页。
⑤ 胡玫、王瑾编:《回忆胡政之》,天津:天津人民出版社2009年版,第200页。
⑥ 王瑾、胡玫编:《胡政之文集》下,天津:天津人民出版社2007年版,第1037页。
⑦ 同上书,第1043—1044页。

公报》开辟"社会之声"栏目,"作为社会公众发表意见之机关,专收外稿,为民呼吁,传达社会各界的声音"①。胡政之把新闻纸看作是公众意见交换和问题讨论的平台,与西方"意见的自由市场"理论是一致的。同时,在报刊言论动辄得咎的时代,如实呈现多方面意见,对记者、编辑自身也是一种保护。

(二)办报要有为公众谋利益的责任心

胡政之认为,报纸是"天下之公器,非一人一党所得而私"。因此,"吾人业新闻者,当竭其智力,为公共谋利益"②。"在执行业务的时候,决不能掺杂一些自私的念头在里面",要发扬"无我的精神"③,为社会大众服务。

胡政之指出:"从前的报纸,往往好带政治上党派色彩,近来的报纸,又大抵过于商业化,这都是不对的。本来堂堂正正为一个政治团体宣传政见原无不可,但是他那政见,必须与公理公益站在一条线上,方算合理,否则便是党派私利的传音机,不配作社会公器。报纸过于商业化,从销数上讲,一味企图多卖,不免要迎合群众心理,求所以引人注意之法,对社会忽视了忠实的责任,等于诈欺取财一样。从广告上讲,一味推广招徕,不免要逢迎资产阶级,求所以维持顾主之道,忽视了言论公正的天职,等于受变相的津贴,甚至以虚伪之告白,帮同奸商坏人,欺骗公众。"④在这里,胡政之批评了当时我国新闻界存在的过于商业化和一些媒体沦为党派私利的传声筒两种流弊。这些表现与他心目中的"媒介公器"和独立办报理想格格不入。为了祛除这两种弊端,他提倡新闻工作者"不应该专重营利,只图赚钱;也不应该专供政治利用,要为公理公益张目"⑤。

胡政之还指出,新闻工作者在现实生活中难免会遇到许多困难和危险,也会遭到许多口舌与误会,但是,这并不可怕。只要你"不求利,不贪名,诚实甘愿做社会的无名公仆,迟早是有成效的。精神上有了表现,营业发达,物质上当然得着酬报,因为社会毕竟有公道,只要你干得好,当然不会埋没的"⑥。胡政之对于报纸为公共利益服务的价值回报是有深刻认识的。他认为,忽视公共福利所获得的利益只是暂时的,因为随着时间的推移,公众对于那些格调低下的报纸会渐渐失去兴趣。相反,致力于服务社会的报纸,则会得到公众的加倍信任,读者也更愿意订阅这一类的报纸。随着读者和发行量增加,报馆的经济效益就会自然而然增长。因此,那些为了追求商业利益而不惜迎合群众低级趣味、为了获得小

---

① 胡玫、王瑾编:《回忆胡政之》,天津:天津人民出版社 2009 年版,第 211 页。
② 王瑾、胡玫编:《胡政之文集》下,天津:天津人民出版社 2007 年版,第 1034 页。
③ 同上书,第 1074 页。
④ 同上书,第 1042 页。
⑤ 同上书,第 1041 页。
⑥ 同上书,第 1042 页。

恩小惠而不惜沦为党派宣传工具的报纸都是短命的,只有为公众服务的报纸才有长久的生命力。胡政之在论文中,对新闻事业的社会效益与经济效益的关系问题阐释得非常清楚。

胡政之特别强调新闻工作者要担负起社会赋予的责任。在谈及《国闻周报》的创办动机时,他说:"我们这一代肩负了清末外交的耻辱,内政窳败,以及国计民生艰难所加给的刺激,在原则上,是内求进步,外争独立,以公正舆论促进国家现代化,以翔实新闻协助民主制度的建立,并且扫除中国人旧日玩弄文字的积弊,以科学化为一切施政之母。我们距离西方进步情形至少相差一个世纪,距离日本也相差五十年,怎样能使中国踏入进步的世界之林,是我们从事新闻事业人士所追寻的最大目标;进而发扬中国文化,传布于全球各个角落,也是我们的责任。"[1]

民主政治和国家现代化是现代中国知识分子梦寐以求的理想。在西方政治文明和工业文明的冲击下,他们深感祖国的落后,并想方设法为这个目标的实现尽一己之力。作为报人,胡政之主张,新闻工作者"要肩负起普及政治教育的使命。我们要凭一支笔、一张纸,苦口婆心,启发不关心政治的民众。完成这个使命需时或在五十年以至百年。因此,我们要有信念,要有耐性,要有恒心"[2]。这种为国家振兴和民族富强而主动担责的意识,特别是启发民众关心政治、为推动中国民主政治的进程而尽职尽责的意识,并不是每一个记者都具有的。胡政之估计"完成这个使命需时或在五十年以至百年",不仅说明在中国要完成民主政治思想启蒙与普及任务的长期性和艰巨性,而且反映了他认识问题的深刻性。在被封建专制文化浸淫数千年的国度,从民众思想基础与现实心理基础上看,要使现代民主政治的思想光辉照亮人们的心灵,确实任重道远。

此外,胡政之还主张报纸应该为提高公众的世界知识水平而努力。采访巴黎和会回国后,胡政之感慨地说:"吾国社会所最缺者,为世界知识。"因此,他立即决定增加《大公报》国际新闻和国际知识的报道,"以期养成国民于世界的判断力"[3]。由此可见,中国传统的书生以文章报国的精神在胡政之身上有着充分的体现。

(三)记者要有自由独立的精神

民国时期,一些报纸依附党派,拿津贴过日子;一些报纸为个人或利益集团吹捧,为了达到目的,极尽造谣之能事。针对新闻界这种道德败坏的现象,胡政

---

[1]　胡玫、王瑾编:《回忆胡政之》,天津:天津人民出版社 2009 年版,第 216 页。
[2]　王瑾、胡玫编:《胡政之文集》下,天津:天津人民出版社 2007 年版,第 1115 页。
[3]　同上书,第 1033 页。

之和张季鸾、吴鼎昌在接办新记《大公报》时，提出了著名的"不党、不卖、不私、不盲"的办报方针，其实质就是要求新闻工作者要具备独立自由的精神。

1941 年，在接受美国密苏里大学新闻学院颁发给《大公报》的"最佳新闻事业服务奖"之前，胡政之特地对美国人民广播。在广播中，他说："我们深切认识，要言论独立，必须报社及主持人本身精神上先能独立，因此实行下列两个信条：（一）股本小而简单。《大公报》最初实际资本，只华币五万元，我们向不接受投资，因为怕股东干预言论。（二）同人相约不作政治活动，不求权势财富，亦不求名。若入政界，则辞去报馆职务。"①

事实上，胡政之一直在努力践行着经济独立和政治独立的办报方针。据《大公报》人李纯青回忆，"大公报录用新人必须无党无派"。曾经，"我们发现新来一位记者到处打听人事消息，怀疑他是国民党特务，并将其事报告胡政之。胡立刻采取措施，把他辞退了"②。抗战胜利后，胡政之到南京，美国驻华大使司徒雷登试探他是否愿意出任行政院院长，拿洋房汽车招待他，他谢绝了，自己跑回《大公报》南京办事处去睡帆布床。胡政之曾说："我与社会上层人物和达官权贵虽多交往，但只有公谊而无私交，所谈皆国内外时势大事，从不涉私，这样对于事业是有利的。"③

当然，金无足赤，人无完人。胡政之早年办报也接受过政府津贴。段祺瑞内阁的财政总长李思浩曾说："除《大公报》（由王郅隆出面主办时期），以及胡后来办的《新社会报》要给相当数目的资助外，对胡本人，我记得在我当财部总、次长的几年间，每月送他三四百元，从未间断过。"④此外，胡政之创办国闻通讯社时也曾接受过皖系军阀、奉系军阀和南方国民党"三角联盟"的津贴。

这段拿津贴办报的经历使得胡政之对于经济独立和新闻事业之间的关系有了更为深刻的认识，对金钱干预独立的体会更为深刻。直皖战争中，段祺瑞和安福系大败，王郅隆被列为"安福十凶"遭到通缉而逃亡日本，胡政之随即辞去经理职务。《大公报》一时声名扫地，销量锐减。三角联盟由于战事失败瓦解后，胡政之才掌握国闻通讯社的大权，摆脱了政治势力的羁绊。这一经历使他认识到，拿津贴的报纸不仅在言论上受人制约，而且也难于善终。办报必须经济独立，然后才有言论独立的基础。因此，在接办新记《大公报》之初，胡政之就和张季鸾、吴鼎昌共同确定了"资金由吴鼎昌一人筹措，不向任何方面募款"的原则以及"不卖""不盲"的办社方针。

---

① 王瑾、胡玫编：《胡政之文集》下，天津：天津人民出版社 2007 年版，第 1071 页。
② 周雨编：《大公报人忆旧》，北京：中国文史出版社 1991 年版，第 307 页。
③ 徐百柯：《民国风度》，北京：九州出版社 2011 年版，第 153 页。
④ 王润泽：《张季鸾与〈大公报〉》，北京：中华书局 2008 年版，第 39 页。

一些人认为,胡政之在政治上倾向国民党,特别是 1943 年,胡政之将《大公报》的"四不"方针归纳为"不私不盲"的"二不"方针后,很多人认为胡政之丧失了新记《大公报》所倡导的独立自由的精神。最受非议的是他参加了 1946 年由国民党一手操办的"国大"。后来有学者研究证明,胡政之"之所以参加国民大会,完全出于被迫和无奈,是为了《大公报》的生存,有其不得已的苦衷。而且只签了个名,连一天会也没有参加,就立即退席,旨在敷衍应付,并无意为国民党捧场"①。

至于胡政之将"四不"方针改为"二不"方针,其中原因和他参加"国大"的原因大概相似,都是在国民党的威权逼迫之下,为了保全《大公报》而做出的无奈妥协。1947 年,胡政之在对《大公报》重庆馆编辑部的讲话中语重心长地谈到:"国共决裂之后,本报暗中遭受的压迫厉害极了。""过去二十余年来积多少同人心血而成的事业,谁也不能因求一时的痛快而毁掉它!我们必须细水长流,顽强努力。试想《大公报》如垮台,中国可有第二个《大公报》?"②胡政之对《大公报》是有感情的,在国民党当局的压迫下,他想尽一切办法也要保护好这倾注了多人心血的《大公报》,甚至不惜向国民政府申请 20 万美元的官价外汇购买印刷机,以维持《大公报》的正常运转。正如曹世瑛所说:"胡政之当时一心要发展《大公报》,其他一切都置之不顾了。"③

客观地说,胡政之的思想主张与现实行为是存在矛盾的。他早年接受军阀津贴,晚期接受政府贷款,毋庸置疑都与《大公报》"四不"原则不相符合。特别是将"四不"方针变成"二不"方针,虽然是在特殊的历史条件下为了维持苦心经营的《大公报》不致垮台而采取的权宜之计,但在读者眼里无疑是一种思想的退化。当然也可以理解,在特殊的历史条件下,能做到胡政之这样,已属难能可贵,我们不必苛求他在口号与某些具体措施上的权变之举,而应该从整体上看他的办报经历是否与其独立自由的办报理念相符。胡政之的经历也给后人留下了一道实实在在的思考题:设若你遇到胡政之同样的情况,该如何应对?

（四）记者要具备史家品德

1924 年 8 月 3 日,胡政之在《国闻周报》发刊词中将新闻记者这门职业与古代史官进行了对比,认为:"今之新闻记者,其职即古之史官,而尽职之难则远逾于古昔。盖古昔史家纪述以一代帝室之兴亡为中心,而今世界新闻家所造述则包罗万象,自世界形势之嬗迁,以迄社会人事之变动,靡不兼容并蓄。且古昔史

---

① 王瑾、胡玫编:《胡政之文集》上,天津:天津人民出版社 2007 年版,序第 5 页。
② 王瑾、胡玫编:《胡政之文集》下,天津:天津人民出版社 2007 年版,第 1119 页。
③ 《文史资料选辑》编辑部:《文史资料精选》第 13 册,北京:中国文史出版社 1990 年版,第 400 页。

家著述旨在纪往以规来,义微言精,常论定于千秋百祀之后。今之新闻则一纸风行,捷于影响,上自国际祸福,下至个人利害,往往随记者述叙之一字一句而异其结果。夫职责之繁难如彼,势力之伟大又如此,宜乎新闻家之无忝厥识者不数数觏也。"①1929 年,在《中国新闻事业》一文中,胡政之再次提到新闻记者与史官两种职业间的关系。他说:"新闻记者之位置,似乎颇小,但与昔之史官,不无相同之点。惟史官多记载皇帝之起居,新闻记者多叙述民众之生活。史官应有不畏强权之精神,不惜杀身成仁之意志,而兼具才学识;新闻记者亦正如此。盖社会问题至为复杂,非在书本可以窥见,有报纸始能唤起一般之注意。故为记者不只应虚心以察事理,尤应有独立不挠之意志,与公正不阿之精神。"②

胡政之在文章中既论述了新闻记者与史官的相似点,即忠于事实、不畏强权、意志坚韧,兼具才学识;又论述了两者之间的区别——新闻记者需要记载的内容比史家宽泛,其工作难度要比史官大;新闻的及时快捷性决定了它的影响力要比史家著述大。虽然胡政之对于新闻"上自国际祸福,下至个人利害,往往随记者述叙之一字一句而异其结果"的影响力有所夸大,但主要目的是为了提醒业界同行铭记身上所肩负的重大责任。正因为如此,新闻记者更需要具备才学识方面的修养,更需要有忠于事实、秉笔直书、不畏强权、独立不挠、公正不阿的品质。

胡政之提出的新闻记者要具备史家修养的观点,是对前人观点的继承与发扬。1902 年,梁启超在《敬告我同业诸君》一文中,最早提出了报人"不可不有史家之精神"的理论主张;1912 年,章太炎在《新纪元报发刊词》中提出"日报之录,近承乎邸钞,远乃与史官编年系日者等";1919 年,蔡元培在为徐宝璜的《新闻学》所作的序言中也将记者这门职业看成是史官的流裔。胡政之提出的新闻记者要具备史官不畏强权之精神,不惜杀身成仁之意志,而兼具才学识的观点,与前人的主张是一致的。这说明,从晚清到民国,"史家精神"成了中国报人普遍认同与提倡的道德品质。

(五)要热爱和忠诚于新闻事业,不断求得进步

一个人事业成就的大小往往决定于对事业的忠诚度,个人业绩与其忠诚度成正比。在经营《大公报》的 20 多年时间里,胡政之兢兢业业,全身心投入他所热爱的新闻事业。据其儿子胡济生回忆,胡政之"每日工作至少 12 个小时以至通宵,他在编辑部写社评、看大样、讨论时局……从无节假日和休息,事无大小均

---

① 王瑾、胡玫编:《胡政之文集》下,天津:天津人民出版社 2007 年版,第 1036 页。
② 王瑾、胡玫编:《胡政之文集》,天津:天津人民出版社 2007 年版,第 1040 页。

亲身体察过问"①。这种全身心投入事业而不知疲倦的工作热情,就是对新闻事业最大的忠诚。

胡政之不仅自己热爱新闻工作,还告诫和鼓励同人对工作要有"极热烈的兴趣与志向"。1943年6月13日,他对《大公报》桂林馆编辑部同人说:"如果新闻记者对新闻事业不发生热烈的兴趣,则一定难于成功。因为新闻记者不求名利,不求显达,任劳任怨,为社会服务,个人所得到的,只是菲薄的报酬,则所为何事?曰:为了精神的安慰。物质生活如是之苦,精神无所寄托,因而对工作缺乏热忱,结果枯燥无味。那么,他怎能成为一个成功的新闻记者呢? 所以新闻记者最重要的条件,'热'是缺少不了的。"②胡政之还说过:"任何团体,皆由许多分子合组而成。要使团体发展,以求各个分子健全。如大家对职务皆能诚笃忠实,则事业当然可以发扬光大。反之,各人如有私意,不能处事以忠,相见以诚,则事业必难成功。"③

当记者要有这样的职业认同、职业兴趣与职业忠诚,干其他工作又何尝不是如此呢? 客观地说,职业吸引力固然与物质报酬有着密切的关联,无视物质待遇的高低而谈职业兴趣与忠诚,未免虚伪。但是,古往今来,的确有不少人如安贫乐道的孔门弟子颜回一样,视精神满足比物质报酬更可贵,把精神追求当作维系个人职业忠诚的最大动力之一。胡政之就是这种道德理念的信奉者和践行者。

胡政之还提倡,要使团体取得发展,新闻记者必须"信仰正义,服从规律"。这一点其实是从"不私不盲"的社训中引申出来的。具体来讲,就是要求新闻工作者"绝对不应该有结党营私、串通舞弊、为私打算的行动"。要是有谋私的行为,同人"应共起纠正之,而不能盲从附和"④。就是说,新闻记者有了职业的兴趣与忠诚,还要有为公众服务的精神,绝不可为了自己的职业而损害公众的利益,甚至把自己职业和岗位的优势当作谋私的工具。

除此之外,新闻工作者还要不断进步、不断学习,总是以昂扬奋进的姿态对待事业和生活。如此,才能离"成功"更近。1917年1月,胡政之在《大公报之新希望》中指出:"夫今之世界,一生存竞争之世界也,故不进步不得生存,不奋斗不得进步,进步者人生之真价值,奋斗者人生之大本能也。岂惟个人,即社会事业

---

① 周雨编:《大公报人忆旧》,北京:中国文史出版社1991年版,第272页。
② 王瑾、胡玫编:《胡政之文集》下,天津:天津人民出版社2007年版,第1075页。
③ 同上书,第1059页。
④ 同上。

亦曷莫不然。"①1943年10月20日,他在重庆馆对编辑工作人员说:"新闻事业应该不断求进步,至少要跟得上时代,最好能走在时代前面,领导社会。如果跟不上时代,那就难免落伍。试看以往有些地位的报纸,不少被时代淘汰了,就是因为不肯求进步的缘故。因为凡是一种事业,最怕它有惰性,一有惰性,便不肯有新设施,不肯用新人,甚至有人条陈建议,亦多认为那是花钱的事,一概置之不理,于是事业更难免没落了。我们应该知道'不进则退'的道理,力戒这种弊病。事业要求进步,个人也更要求进步。望我同人共勉。"②

由此可见,不断奋斗与进步是胡政之一生的信条。他联系社会现实具体分析了新闻记者要具有积极进取精神和不断进步的原因,认为在激烈竞争的时代,必须懂得"不进则退"的道理。无论是事业还是个人,要想跟上时代的步伐,就必须不断保持进步与发展的姿态,才不至于落伍。特别是他提出的跟上时代与引领时代的问题对新闻工作者尤其重要。跟上时代需要智慧与能力,引领社会则需要更高的智慧与能力,设若自己的学识见识、情趣格调不高,如何能担负起引导社会大众的重任? 胡政之说的"最好能走在时代前面,领导社会",的确值得我们深思。

新闻记者还要有健康的体魄。胡政之说:"新闻记者因为起居饮食不像常人那样有规律,内勤常要通宵工作,外勤需要不避风日,跋涉奔波,所以必须具有健康的体格,始能担负这种沉重的工作。但是,反过来说,如果自己生活不检点,浪费精力,纵有健康的身体,亦必断送。"③记者工作是一项体力和脑力结合的辛苦活,没有强健的身体做后盾,就吃不了这碗饭。因此,胡政之叮嘱新闻记者不要浪费精力,断送了健康。遗憾的是,胡政之在劝导他人要注意健康的时候,自己却不注意休息,以至最终累倒在病床上,60岁就离开了人世。

（六）记者要爱恕待人,谦虚谨慎

抗日战争胜利后不久,国共内战爆发。在国共两党你死我活的政治和军事斗争环境中,《大公报》也陷入了艰难的境地。用胡政之的话来说,《大公报》是"在夹缝中讨生活。我们今日的处境的的确确够得上'孤危'二字"④。面对在夹缝中求生存的社会环境,胡政之告诫新闻同人要爱恕待人,谦虚谨慎。

1947年7月,胡政之在对《大公报》天津馆编辑部同人的讲话中谈到:"同人与外间接触,一方面由于报馆的声光而受人恭维,一方面由于对报馆嫉恨而被人

---

① 王瑾、胡玫编:《胡政之文集》下,天津:天津人民出版社2007年版,第1030页。
② 同上书,第1080页。
③ 同上书,第1075页。
④ 同上书,第1098页。

仇视。这种情形,都应该置之度外。俗称:'富贵不能淫,贫贱不能移,威武不能屈。'我还要再加一句:'毁誉不能动。'受人恭维,那是尊重你背后的事业,不可太看重,以为自己了不起;受人毁谤亦不可神经过敏。""总之,从事新闻事业应该心存恕道,处处要为他人着想。要多交朋友,少树敌人。"①1943 年他在《本报"社训"和"同人公约"的要义》一文中就说过:"我们大公报,是一种言论的事业。我们一向本悲天悯人之胸襟,希望国家社会,人人向上,以得其情则哀矜而勿喜之怀抱,发挥爱恕的精神。我们对社会任何方面,既然素持上述这种态度,那么,内部同人之间,自然更应该充分发挥爱恕的精神。以后我们的事业更大,人更多,人事更复杂,就更需要友爱的恕道。在适合正义的条件下互助互谅,各以短长相砥砺,方可使团体事业永能在进步中又求进步。"②

从以上言论中可知,胡政之深受儒家仁爱忠恕思想的影响。他有着传统士大夫悲天悯人的情怀,也深知人与人之间相处的复杂,面对外来的赞誉和诽谤,他主张不能太在乎,不能为毁誉所动。因为太在乎,就会有种种反应,有反应就可能有烦恼和麻烦,只有不受外界声音的干扰,新闻记者才能气静心明,按照自己的准则工作和生活。与此同时,新闻同人还要发扬爱恕精神。他说的"爱",是同志间的友爱,"恕"是宽容、克制与忍让,就是"己所不欲,勿施于人"③。就是说,对报馆内部与外部,都要用爱恕精神来处理事务。这样才有利于事业,也有益于个人。

胡政之还希望新闻界同行要有"事业向前,个人退后"的谦虚品德和"居安思危"的危机意识。他说:"参加事业者,皆应不骄不怠,怀孤臣孽子之心理,操心危、虑患深,然后或可避免意外打击。我们应该特别铭记满招损谦受益的信条,常求事业之推进,而使个人退后。"④首先,在言行上,则要力求谨慎,要"竭力避免不自觉地陷入嬉笑怒骂。嬉笑怒骂虽然逞快一时,但不合报人的身份,也最容易招忌。其次,我们要对事不对人,主张要有建设性。在今日的乱世,私仇万万不可结"⑤。此外,"对公事的批评还要慎重,对于个人隐私切忌揭发,否则必遭深恨,落井下石更须深戒"⑥。

由此可见,胡政之后期的思想言论日趋稳健平和,更多地关注报馆内部外部各种伦理关系的处理。其中原因当然十分复杂。胡政之曾说:"在过去写文章稍

---

① 王瑾、胡玫编:《胡政之文集》下,天津:天津人民出版社 2007 年版,第 1105 页。
② 同上书,第 1059 页。
③ 《论语·卫灵公》。
④ 王瑾、胡玫编:《胡政之文集》下,天津:天津人民出版社 2007 年版,第 1060 页。
⑤ 同上书,第 1098 页。
⑥ 同上书,第 1105—1106 页。

会掩护,即可混过。记得北方军阀混战时,我们评山东战局曾以'敌不来攻,防务巩固'为题,暗示讽刺,在当时却未获罪。现在不同了,当权者懂得别人加予他的讽刺,决不姑容。""事业是在这样的国家环境里,怎能不细密,谨慎,奋斗?"①因此,在国民党当局高压政策下,胡政之不得不做出妥协和退让。他认为,中国是一个没有民主自由的国家,在这种情况下,新闻工作者"万不可单凭个人的意气,随便发泄,以致累及全体永久的事业"②。胡政之在其新闻工作的后期,的确多了几分权变与软弱,少了几分坚持与锐气,原因是为了在复杂的政治环境中保全《大公报》的生存。对于这种变化,的确是可以理解的。

总之,胡政之受过中国传统文化教育,又接受过西方思潮的洗礼。在他的新闻伦理思想中,中国传统的文人精神和西方现代的新闻理念都有所体现,如新闻工作者要有独立自由的精神、要具备史家品德等。同时,胡政之将新闻当作一门职业来看,对新闻的真实性、客观性、独立性和自由性均做了诸多论述,体现了他强烈的新闻专业主义意识。虽然胡政之本人的实际言行与他的道德主张有些许不一致的地方,但是瑕不掩瑜,他在新闻职业道德上的探索和在新闻道德实践中所做的努力是值得肯定的。

六、任白涛新闻伦理思想

任白涛(1890—1952),河南南阳人。他是我国著名的新闻理论家,"少小之时,即嗜报纸成癖"③。辛亥革命后,曾任《民立报》《时报》《新闻报》《神州日报》特约通讯员。1916年,任白涛东渡日本,入早稻田大学攻读政治经济学,因酷爱新闻学,参加了日本新闻学会,成为首届会员,并开始了新闻学的研究。1921年,任白涛在杭州创立中国新闻学社,次年11月,自费出版了中国第一部新闻实务的著作《应用新闻学》。1935年至1937年间,他又完成了6卷本、130万字的《综合新闻学》。这是一部与中国新闻业实际紧密结合,同时又突出介绍了西方新闻传播理论的著作,在当时乃至现在的新闻界都有重要的影响,其中的第二章"新闻职业道德",开我国新闻学著作中首次用专章论述新闻职业道德之先河。任白涛终身致力于新闻学研究,为中国新闻学的建立与发展做出了重要贡献。他在论著中特别重视新闻职业道德的研究,提出了独具特色的新闻伦理思想。正如他在《应用新闻学》的序中所说:"吾之精神,殆无时无刻而不寄托于此书。"

(一)新闻事业的地位决定记者必须尊重道德

任白涛新闻伦理思想首先表现为他对新闻事业的重要地位和报纸性质的认

---

① 王瑾、胡玫编:《胡政之文集》下,天津:天津人民出版社2007年版,第1118—1119页。
② 同上书,第1105页。
③ 任白涛:《应用新闻学》,上海:亚东图书馆1937年版,第1页,序。

识。在他看来,报纸的势力与作用是无与伦比的。他在 1918 年完稿的《应用新闻学》中说:"报纸者,近世文明产出之原动力也。报纸之发达,与世界文明之发达为正比例。但就一国家而论,内治无报纸为前导,则修明无望;外交无报纸为后盾,则优胜难期。故报纸威力之雄伟堂皇,殆有非专制君主之压力、万灵宗教之神力,以及披靡金汤之炮火、纲维乾坤之电气所可相提并论者矣。"①在后来撰写的《综合新闻学》中又说:

> 报纸在社会上的威力,真是其大无比。载于报上的文字的影响,实能够上下一世的风教,左右一国的政治;或是推进文明,动摇思想;或是引起人民的新趣味,兴起国家的新事业;时而刺激住国际关系,博得外交上的胜利等等。真是任何威力也不能企及的强大的威力;这个威力是在报纸存续于社会之间永久地浸润、弥漫、沉潜于那些活字与活字之间的。②

我们知道,从梁启超到徐宝璜,再到任白涛,中国的报人和新闻理论家无不强调报纸无与伦比的巨大威力与作用。在他们的笔下,似乎谁掌握了媒介,谁就拥有了一切。这种观念的产生,既有西方视记者为"无冕之王"和"布衣宰相"的外来思想的影响,又有记者自身树立职业自信与职业荣誉感的内因。事实上,新闻媒介在社会上的影响与威力,不可谓不大,但从来没有达到如他们所说的"任何威力也不能企及的强大的威力"。在任何国家和任何时代,媒介都是要受政府管制的。尤其是在专制时代,新闻媒介和记者的命运几乎掌握在当权者手中。当握有"笔杆子"的记者与握有"枪杆子"的专制政府和军阀政客发生矛盾冲突的时候,记者要么屈从臣服或者调和妥协,要么断送性命,绝无第三种可能。

任白涛在论述新闻道德的时候,总是以记者的地位和报纸的威力作为前提条件。他认为,正因为报纸和报人在社会上的作用与影响非常重大,因此,"报业经营者和记者应负的社会的责任,也是很大的。说句老话:有权利,必有义务;即要想尊重权利,必须尊重义务;要想真正使报纸得到善良的效果,必须先使新闻业者尊重道德"③。虽然任白涛对报纸和报人的力量有所夸大,但是,他对新闻从业者要负起社会责任、尊重职业道德中权利与义务统一的看法是完全正确的。报纸作为连接个体与社会、沟通民众与政府的桥梁,在提供信息、监督社会等方面确有不可替代的作用,"报纸对于社会的效用,全在'纪录'和'批判'",报纸

---

① 任白涛:《应用新闻学》,上海:亚东图书馆 1937 年版,第 2 页。
② 《民国丛书》编辑委员会编,任白涛著:《综合新闻学》(民国丛书第三编 40),上海:上海书店出版社 1991 年版,第 77 页。
③ 同上书,第 79 页。

"除可做史料之外，更可做现时的写照，而能将事实的真相公诸大众，能使一切妖魔的形迹无可逃遁"①。

正因为如此，任白涛认为，新闻事业所具备的公共性特质需要新闻从业者必须承担起相应的社会责任，恪守新闻职业道德。他说："新闻事业特质之第一应述者，则社会之公共机关是已。"它与其他一些营利事业只计少数人的利益不同，"新闻事业，则以大多数人之利害荣辱为标准。主张则透明无色、态度则公正不偏，是为经营新闻业者常守之要则。报纸之权威信用，皆视尊重此要则之程度为差等。换言之，尊重公共特质之报纸，其声价自益高大，若个人或一部分人的色彩浓厚，不惟其事业难得健实的发展，且为社会所嫌弃。"②同时，任白涛还将"公众"的概念扩展到全人类，认为报纸拥有"人类"的特质。他断定，将来的报纸，"所谓国家或民族的界域，于此后之某时期，必遭逢打破之命运是也"。因此，新闻记者不仅要"维护一国家或一民族之福利，同时更须顾及全人类之福利。其凡足为吾人类福利之障碍者，皆当努力排除之"③。

任白涛从新闻事业的影响力与公共性的特质来探讨新闻道德问题，与梁启超、徐宝璜、邵飘萍等人的观点有相似之处。他们都意识到报纸的地位与作用决定了记者重大的社会责任，都强调新闻从业者要懂得权利与义务相统一的道理。这为记者树立正确的道德观提供了一定的理论支持和现实指导。但是，他在论述报纸威力与作用的时候，带有明显的理想主义色彩：一方面过分夸大了新闻事业的力量；另一方面，认为将来的报纸必然会打破国家和民族的界限，成为人类的报纸，显然不切实际。媒介作为传播工具，无论何时都属于具体的国家和民族，提倡媒介顾及全人类共同的福利是应该的，但维护国家民族利益则是媒体永恒的职责。

（二）正确处理新闻活动中的道德冲突

任白涛认为，记者在新闻活动中往往面临着新闻价值与道德价值之间的冲突，"新闻业者所需要的材料的标准——新、奇、常等等的标准——原是与道德对立的。即标准是不考虑道德的"。但是，记者在其新闻活动中又不能放弃道德的责任，"道德的要求，完全在对各标准的选择中"④。他明确主张，新闻业者"不可为新闻价值而蹂躏道德的要求"，"无论怎样地想遵从新闻价值的要求去超越道

---

① 《民国丛书》编辑委员会编，任白涛著：《综合新闻学》（民国丛书第三编40），上海：上海书店出版社1991年版，第56页。

② 任白涛：《应用新闻学》，上海：亚东图书馆1937年版，第5页。

③ 同上书，第7页。

④ 《民国丛书》编辑委员会编，任白涛著：《综合新闻学》（民国丛书第三编40），上海：上海书店出版社1991年版，第79页。

德，也不能抑压住那做一个社会人的彼的心中所发生的道德。缺乏这种道德感的人，是不能制作为社会多数人所欢迎的有价值的新闻记事的。"并且，"反社会道德的新闻记事，要受一般社会的排斥。这便失去做报纸的价值。遵守社会道德，乃是新闻工作的最根本的条项"①。

　　任白涛举例说，当时充斥报纸版面的含欺诈性的新闻广告，涉及个人隐私、迎合阅者下意识趣味的有关杀人、强奸的报道，是"减杀新闻价值""背乎善良之风俗"的，是新闻业者没有处理好新闻价值与新闻道德二者间的关系的表现。"单说'迎合阅者下意识的趣味'这一点，确实是报纸和记者受社会轻视乃至'侮辱'的最大的原因，就是闹出所谓'风纪问题'的原因。"②他质问道："试问这些'杀人'的新闻记载，对社会有什么利益？如其含蕴一些，简略一些，难道减低了新闻的价值吗？"③任白涛强调，记者在新闻活动中面对新闻价值和道德价值发生冲突时，"应以一般社会道德为基础，以服它的指导诱掖、取舍选择的任务"④。在中国新闻史上，任白涛是最早明确提出和讨论新闻伦理冲突的理论家。他的观点不仅在当时令人耳目一新，而且对当今的新闻界也有一定的启发。

　　目前，关于新闻价值和新闻道德价值发生冲突时该如何取舍的问题，仍在争论之中，最典型的案例便是荣获 1994 年普利策新闻摄影奖的《饥饿的女孩》所引发的争论。1993 年苏丹大饥荒时，一只兀鹰正盯着一个赤身裸体、骨瘦如柴、奄奄一息的小女孩。南非记者凯文·卡特用自己的相机真实地记录了苏丹的饥荒，引起国际社会对苏丹的关注。但是，这张《饥饿的女孩》照片发表后，不少人指责凯文·卡特冷酷无情，没有放下相机去救小女孩。最终，凯文·卡特因受不了良心自责和舆论的谴责，自杀身亡。

　　新闻价值和道德价值究竟孰轻孰重？这个问题一直困扰着记者的价值判断和行为选择。在许多情形下，记者的工作责任与道德责任是难以两全的，往往会顾此失彼。如何处理新闻活动中的道德冲突？按照任白涛的观点，新闻业者首先是一个社会的人，其次才是一名新闻人，维护良好的道德价值观、体现道德进步和人文关怀才是记者的第一原则。当新闻职业责任与社会道德要求发生冲突时，毫无疑问要优先接受道德责任的指引。任白涛的"不能为新闻价值而蹂躏道德要求"的观点，对于记者在面临道德冲突与行为抉择时如何作出正确的判断与选择，依然具有很强的现实指导意义。

---

① 《民国丛书》编辑委员会编，任白涛著：《综合新闻学》（民国丛书第三编 40），上海：上海书店出版社 1991 年版，第 80 页。
② 同上书，第 65 页。
③ 同上书，第 103 页。
④ 同上书，第 79 页。

(三) 正确真实是新闻记者第一金科玉律

任白涛在《综合新闻学》"应遵守什么道德"一节中,列举了一些欧美新闻机构和新闻学者、报人的道德信条,他要求,无论在记事上,还是在广告上都要"把'正确'作为新闻业者应遵守的唯一无二的金科玉律"①。他指出,"春秋,所以能'使乱臣贼子惧'者,唯一原因,就是它在'褒贬'上能够绝对注意'正确',决不任意捏造事实。所以新闻业者如欲保持报纸的威力,不使失坠,必须牢守着'正确'或'真实'的原则"②。任白涛把正确或真实的原则作为新闻业者应遵守的独一无二的金科玉律,深刻揭示了新闻工作的本质要求。从古到今,从中到外,说来说去,最能体现新闻职业精神的莫过于"说真话"这一条。在社会的各行各业中,某些行业说假话有时恰恰是善的表现,如医生有时在病人面前故意隐瞒病情真相、国家安全人员和公安人员说自己根本不知道某件事情等,绝不会被看成是不诚实的表现,而新闻记者说假话就是绝对的恶。

任白涛还认为,"正确"与报纸的销路有很大关系。他对当时的新闻记者为了获得更多的经济利益,而刊登不正确或虚构事实的行为进行了批判,认为这是有损报纸声誉和信用的不道德行为。而"信用的大小是与报纸销数的多少为正比;因此,完全没有信用的报纸的销数,有时会等于零;这样,除靠'津贴'或不正当的收入之外,那报纸是不能存在的"③。任白涛论述报纸的正确与报纸销数的关系,是为了提醒报业人员要从职业形象和自身生存的高度来认识新闻真实的重要性。

任白涛在论述政治与报纸的关系时,同样强调了"正确"的重要性。他指出,"真正的报纸,就是不歪曲事实而以读者为本位的报纸"④。"假若那政党的色彩染遍全纸,对于自党的事,单写好的一方,对于他党的事,单写坏的一方,即故意歪曲事实,赞美自党,毁谤异党,这算是虚伪的宣传,没有做报纸的价值",这类报纸,只能算是野心家或贪恋者的工具,是要受读者排斥的。因此,"要想使报纸做报纸而存在,不一定就说带党派的色彩是坏的。纵然带党派的色彩,只要那编辑者守着新闻道德而忠实地去报道,那也不至于丧失了报纸的价值"⑤。在任白涛看来,党派报纸有自己的立场与倾向是自然而然的事情,也不一定就是坏事,关键在于这份报纸是否能恪守着新闻道德而忠实地报道事实。如果能坚持真实性

---

① 《民国丛书》编辑委员会编,任白涛著:《综合新闻学》(民国丛书第三编 40),上海:上海书店出版社 1991 年版,第 92 页。
② 同上书,第 93 页。
③ 同上。
④ 同上书,第 122 页。
⑤ 同上书,第 120 页。

原则,让事实说话,那么,这样的党派报纸就是有价值的好报。可见,任白涛所提倡的衡量报纸价值的标准,不在于报纸的所有者是谁,而在于是否遵循了新闻规律、按照真实第一的原则办事。这一观点对于衡量党派报纸的优劣无疑是客观公允的。

任白涛还主张,衡量政党报纸的优劣,除了是否客观真实地报道事实之外,还要看其是否能让各种主张都有平等的发表机会。"因为如果它采取这样公平的态度,别党的党员就会尊重它,爱读它了。报纸对于本党也负有一种责任;因为本党是靠它作言论机关的。政党的报纸如果一味只放肆无忌,其言论的价值自然要减损的。攻击个人的言论更能予本党以不利;因为这种言论很容易引起反动,反令被攻击者得利,或使不重要的人因被攻击而见重要。反对派所最怕的不是你报纸上无根据的污蔑,是怕你把他自己言行的谬误真真切切地宣布出来。"①要想表达自己的政治立场,"最好的、最稳当的方法不是靠论评,也不是靠捏造事实,是靠'事实的选录'"②。

国民党统治时期,各个党派都视报纸为政治斗争的工具,公开为本党立言,大打舆论宣传战。这个时期的政党报纸,或多或少都出现过歪曲事实和人身攻击的报道和言论。尤其是国民党《中央日报》对红军的报道,有许多都是造谣污蔑和自相矛盾的。范长江在1946年曾这样谈到国民党的报纸,他说:"抗战发生时,国民党报纸用两版以上篇幅登载战报,开始时大家争着看,到后来,没有人看了。有人统计,国民党对日作战,所杀伤的日军人数,已超过日本全人口二三倍以上了。中国十年内战的时候,国民党发表打死的人数超过全苏区二三倍;那么到了现在,他们所发表的数字几乎已超过了四万万五千万,连国民党自己也打死了。"③任白涛是一个学者,不属于任何党派。他是站在客观公正和学术的立场上看问题的。他一方面承认党派报纸立场的合理性,另一方面希望党派报纸在表达自己的立场倾向时,应靠"事实的选录"来反映,而不是靠评论来表达。这一观点与我们今天所说的"用事实说话"有异曲同工的内涵,也体现了作为学者的任白涛思考问题的公允和严谨。

（四）新闻业者应具备的品性修养

任白涛对于新闻业者的道德品质修养作了多方面的论述。他认为,记者最应具备的道德品质主要有以下几点。

---

① 《民国丛书》编辑委员会编,任白涛著:《综合新闻学》(民国丛书第三编40),上海:上海书店出版社1991年版,第128页。

② 同上书,第131页。

③ 沈谱编:《范长江新闻文集》下,北京:中国新闻出版社1989年版,第1044页。

（1）纯正无垢。任白涛说："新闻记者之生涯，要在捧忠实笃诚之肝胆于真理、事实之前。其生命、其觉悟、其勇气、其良心、其情感，悉为真理、事实所同化。故不可不排小我，抛小主观，以服其任务。质言之，新闻记者必为纯正无垢之自然人，始克完成其光辉赫赫之天职。"①所谓纯正无垢的品质，体现在新闻活动中就是排斥私心对新闻报道的干扰，尽力站在客观公正的立场上说话。新闻活动中要想干干净净做事，先得清清白白做人。

（2）客观冷静。"彼之眼中，不许有敌我之区别。彼之心底，不许怀某种之成见。不问如何之时际、场所，其地位、态度，常为超越的、独立的、客观的。质言之，新闻记者实为冷静慎重之社会检察官，提出案件之材料于社会，是则其唯一之任务耳。"②然而，人的生活环境、教育经历、成长过程等，不可避免地使人们形成了一套成见系统，这套成见系统"在很大程度上决定着我们应当关注哪些事实，以及从哪个角度去关注"③。因此，任白涛要求新闻业者用超然独立的眼光看待一切事实和问题显然具有超现实的理想色彩，但他提出在观察事物的时候要保持冷静慎重的态度，不仅合情合理，而且是记者能够做到的。

（3）意志刚健。"新闻记者，因其职务之尊严、地位之崇高，故当具富贵不淫、贫贱不移、威武不屈之精神。笔可焚而事实不可改，身可杀而良心不可夺。若此浩然精神所赖以培养而保持者，刚健之意志力也。"④任白涛认为，新闻记者在工作中会面临很多诱惑，一些"意志力薄弱之记者，不知精神的报酬为可贵，徒津津焉唯物质的报酬之是求。于是资本家、野心家伺其弱点而饵以所欲者，以买其欢心，使曲其笔，作一己之企图，是为新闻记者通有之怪状也。此种怪状，纵于法律上幸免构成其罪名，而于道德审判之前，则决不容赦"。因此，新闻记者"尤不可无相当之修养"，尤不可"无忧乐天下之抱负与毅力"，否则，"新闻事业，终不许其从事，即从事亦难告厥成功也"⑤。在中国新闻伦理思想史上，关于记者如何面对和处理威权与利诱的考验难题，自晚清以来已经有了许多著名的观点和论述，任白涛提出的为忠于职守"笔可焚而事实不可改，身可杀而良心不可夺"，同样是鼓舞人心的金句名言，令人过目不忘。

任白涛反复论述新闻记者品性修养的重要，主要是因为他目睹了中国新闻界道德败坏的现状，为新闻事业的前途和记者的社会形象而担忧。当时屈从权贵而捏造事实、追逐金钱而丧失人格、迎合阅者低级趣味而违背社会道德等"怪

---

① 任白涛：《应用新闻学》，上海：亚东图书馆 1937 年版，第 10—11 页。
② 同上书，第 11 页。
③ 〔美〕沃尔特·李普曼：《公众舆论》，阎克文、江红译，上海：上海人民出版社 2002 年版，第 101 页。
④ 任白涛：《应用新闻学》，上海：亚东图书馆 1937 年版，第 15 页。
⑤ 同上书，第 10 页。

状",着实"令人战栗不堪"。因此,任白涛在其论著中不仅不惜笔墨对新闻道德的内容与作用做了较为详尽的阐述,而且对导致新闻记者失节的原因进行了深刻的分析。

（五）新闻记者失节的原因及改善新闻道德的办法

任白涛认为导致新闻记者道德堕落的原因主要有以下三点：

第一,记者薪金微薄。任白涛引用日本新闻学者松井柏轩的一段话来分析记者道德失范的原因："做新闻记者而自犯其德义,是何缘故？是为面包呵！是为某种欲望呵！"虽然记者的社会地位很高,但是"其俸给的微薄,到底不能同公司银行职员比较,更比不上公家吏员或教师。于是乎为了面包,不得不在俸给以外取得何等的收入。尤其是当脱离学校的羁绊,开始成了自由之身,青年的欲望像火一般地燃烧起来的时候。""所以断定新闻记者堕落、不道德的主要原因,是在其俸给的微薄。"①任白涛结合自己当年做特约通讯员生活拮据的经历,表示赞同松井柏轩的观点,认为薪金微薄的确容易导致记者德义的丧失。不可否认,在现实生活中,人的物质需要往往是第一位的。如果连基本的物质需要都不能保证,那么,包括道德在内的所谓精神需求就必然会大打折扣。特别是握有舆论权力和宣传便利的记者在待遇过低、生活拮据之时,要做到穷不失义,并不是一件容易的事情。

第二,个人修养不足。任白涛指出,除了薪金微薄,"记者的意志薄弱,学力欠缺——尤其是缺乏纯正新闻学的修养"也是导致其失节的重要原因。"记者涉及风纪问题的最初起点,还在本身修养不足。……真正的报人,他一定不忘记者真正的人格。他对自己道德上的修养,也正像涉及风纪问题的一样戒惧。"②就是说,记者的德性丧失与其自身的人格修养有着密切的关系。为什么面对同样的困难与压力,面对同样的腐蚀与诱惑,道德个体的主观选择和采取的态度会千差万别呢？其原因就在于各人的修养和意志力的不同。举世皆浊而我独清、众人皆醉而我独醒的慎独君子,也毕竟大有人在。

第三,外界诱惑太大。在任白涛看来,记者周围的诱惑较之其内心想去作恶的力量要大。当时中国社会上自政府,下至民众,还没有彻底认识到记者的责任,一些还没有上台的"政治难民"总是想方设法勾结记者,替他们大吹大擂。记者为了某些好处,也往往忘记自己的立场,替他人拨弄是非。社会上的一些人于是便"识透了记者的心肠","不惜用了种种卑劣的手段,来笼络记者,以便有机会

---

① 《民国丛书》编辑委员会编,任白涛著：《综合新闻学》（民国丛书第三编40）,上海：上海书店出版社1991年版,第104页。

② 同上书,第107页。

时捧捧;遇了乱子,遮盖遮盖",其至"唆使记者,混乱听闻"①。如此一来,记者的道德日益败坏,报纸的信用越来越低。在这里,任白涛既从经济和社会环境方面分析了记者失节的原因,又批评了记者个性修养不够与意志力薄弱给了别有用心者可乘之机,这种主、客观相结合的分析是较为全面和客观的。

针对新闻记者失节的"病因",任白涛开出了医治当时中国新闻道德病症的两剂"药方"。

首先,力促报业发达,以提高记者的报酬。任白涛指出:"在报人生活既是这样地没有保障,不固定,报人们的目的,既是这样的'高大',报人们的专门知识又是这样地低下的时候,是谈不上新闻事业道德的。"②要想改善这种状况,必须力促报业发达。他认为当时报业不发达的原因主要是"办报的人,没有新闻学识,即虽有办报的志愿而没有办报的本领"③。因此,要想使报业发达,就必须提高新闻记者的学识,特别是新闻学方面的修养。其中,又以学习掌握报业经营知识、争取报纸的经济独立为重,"这是论新闻记者道德者,必不可忽略的问题"④。一旦"记者文化水平提高之后,新闻事业自然会发达起来,那末,记者生活不提自高"⑤,这样就能有效避免记者为了获得薪金以外的收入而做出有违新闻道德的事情来。

其次,制裁失节的记者。要想改善新闻道德的现状,还须对失节的记者进行制裁。对此,任白涛提出了制裁的四种办法。第一种为国家的制裁,即法律的制裁。政府运用法律的手段惩处道德败坏的记者,是提高新闻职业道德水平的重要途径。第二种为社会的制裁。即社会大众通过不看、不登广告、罢邮等形式抵制不良的报纸。第三种是新闻社或全国新闻界的制裁。主要是新闻行业开展伦理运动并制定出共同遵守的新闻道德规范来规约记者的行为。第四种是记者个人的自律,主要是记者通过自身的品性修养,增强遵守新闻职业道德的自觉性。

总之,任白涛的新闻伦理思想是比较丰富和深刻的。虽然他的一些观点在今天看来有一定的历史局限性,如他对报纸和报人力量的过分夸大、对记者超然独立立场的过于理想化等,与新闻事业的实际都不太相符,但他对新闻记者失节行为的谴责和职业道德的提倡,特别是他对如何解决新闻伦理冲突的论述、对新闻记者失节原因的分析、对改善和加强新闻职业道德建设的建议等,都值得我们

---

① 《民国丛书》编辑委员会编,任白涛著:《综合新闻学》(民国丛书第三编40),上海:上海书店出版社1991年版,第108页。

② 同上书,第112页。

③ 同上书,第110页。

④ 同上书,第113页。

⑤ 同上书,第109页。

认真地研究与参考。

第六节　国民政府时期新闻职业道德规范

在"晚清时期新闻伦理思想(1840—1911 年)"一章中,我介绍了 1902 年《中国日报》发表的《谨拟各报馆公共章程》,认为这是中国第一份新闻职业道德规范。在此后 30 多年时间里,中国新闻界再没有制定出成文的新闻职业道德规范。直到 1939 年 10 月,中国青年新闻记者学会制定了中国第二份新闻职业道德规范——《记者公约》。接着,1942 年由中国新闻学会提出、由马星野执笔起草的《中国新闻记者信条》问世,这是中国新闻史上第三份新闻职业道德规范。比起《谨拟各报馆公共章程》来,这两份规范从制定过程到具体内容,都是较为成熟和有一定影响的新闻伦理规范,在我国新闻史上具有重要的地位。

一、《会员信条》和《记者公约》

(一)《会员信条》和《记者公约》的制定背景

1937 年 7 月 7 日,日本侵略者蓄意发动了卢沟桥事变,中国全面抗日战争爆发。当时,许多青年记者怀着一腔爱国热情和共赴国难的决心奔赴华北和西北战场,报道前线抗战情势。但是,由于当时"军事政治经济文化社会各方面,皆起高速度的变化","我们许多新闻工作者经常感觉自己知识与经验的缺乏,不能圆满地从事新闻工作"[1]。加之平、津、沪、京四大新闻要地相继沦陷,使得许多新闻工作者暂时失业。一些有潜力成为新闻记者的青年失去施展抱负的机会。抗战爆发后,中国报业严重萎缩,"为了补救目前抗战中新闻工作的缺点,为了失去岗位的同业,为了训练成功大批健全的新闻干部以应付将来新闻事业的需要,我们不能不起来组织,不能不赶紧以集体的力量,加强自我教育,加紧自我扶助"[2]。

在这样的特殊历史背景下,1937 年 11 月 8 日,中国青年新闻记者协会于上海成立。在成立宣言中,协会明确提出,其目标是致力于宣传抗日战争,争取民族独立以及发展中国的新闻事业。后来,协会转到汉口,并于 1938 年 3 月 30 日,正式成立中国青年新闻记者学会,同时出版《新闻记者》杂志。1941 年 4 月,学会在重庆被国民政府查封。

中国青年新闻记者学会前后存在了三年多时间。在这段时间里,它积极参与新闻战线的抗日斗争,致力于加强自我扶助与自我教育。其中,新闻记者的道

---

① 沈谱编:《范长江新闻文集》,北京:中国新闻出版社 1989 年版,第 752 页。
② 《新闻记者》1938 年第 1 卷第 2 期。

德和作风问题是学会关注和重视的一个重要方面。1937 年前后，我国新闻界出现了一些新的道德问题。如：一些新闻媒体以营利为目的，为争取更多的受众，"倾全力于搜求奸、淫、烧、杀等日常社会事变，并作着夸大的报道，制造出一种商品文化供给于社会大众，刺激他们的神经"①。又如：一些媒体于"是非中生是非"，"为汉奸者流刊载惊人大著；于是这里是仇，那儿是友，仇友又似一体，使读者疑其在串演双簧，不明内幕的读者，真感到是非不辨之难"②。还有一些报纸"每每从批评开始，以恶骂来代替论争。比如，开始是为了一个女权法律问题，发生了论战，而结果竟战到私人间恩怨的问题上了"③。还有一些新闻记者为了得到部分小恩小惠，应某利益团体的要求，对读者所关心的新闻不予报道；或者罔顾事实，对该利益团体的作为或产品大肆赞扬；等等。

这些不道德的现象引起了中国青年新闻记者学会诸多同人的关注。如学会负责人范长江就曾提到："在抗战中新闻工作的效力远比平时为大，同时客观上要求新闻记者人格之健全更大。因为如果我们为外力所诱惑，我们不忠实的作新闻工作，把抗战不力的人说成民族英雄，把虚伪腐化的分子，誉为爱国志士；相反方面，把英勇抗战的事实人物，或加歪曲，或加诬蔑。这样一来，使国民是非颠倒，毁誉失真，丧失正确而有力之国民舆论，则难以支持战争。"④因此，中国青年新闻记者学会提出了"有了健全高尚的人格，才可以配做新闻记者"⑤的口号。学会刊物《新闻记者》发表了《做一个报纸刊物作者的起码条件》，论述了新闻道德对于记者的重要性，认为"只有代表大众利益，促进历史文化发展的新闻记者，才有远大的前途。所以，我们说：代表大众的要求和利益，促进历史文化发展的立场，是一个有为的新闻记者的起码条件之一"⑥。于是，新闻职业道德规范的制定工作被提上了议事日程。1939 年 10 月，中国青年新闻记者学会制定了《会员信条》和《记者公约》，其内容是：

1. 会员信条：

努力自我修养，健全本身人格，巩固共同意志，促进影响事业，维护大众利益，发扬民族精神。

---

①　袁殊：《记者道》，上海：上海群力书店 1936 年版，第 46 页。
②　同上书，第 49 页。
③　同上书，第 50 页。
④　沈谱编：《范长江新闻文集》，北京：中国新闻出版社 1989 年版，第 757 页。
⑤　同上书，第 758 页。
⑥　傅于琛：《做一个报纸刊物作者的起码条件》，中国青年新闻记者学会编：《新闻记者》1938 年第 1 卷第 3 期。

2. 记者公约：

（1）拥护抗战建国纲领，促进中华民族之解放与建设；

（2）坚持新闻岗位，为新中国新闻事业而奋斗；

（3）不收受非法金钱，不曲用自己笔尖；

（4）发扬集体主义，加强新闻记者之团结；

（5）建立平凡坚韧之工作与生活作风；

（6）努力自我教育，提倡工作与学习并重之精神。

从内容中可以看出，《会员信条》和《记者公约》的制定，其目的，一是为了适应全民抗战新形势的需要，更好地团结新闻战线的力量，在宣传抗日斗争的新闻实践活动中，促进中华民族的解放和建设；二是希望新闻记者努力加强自我修养，健全自身人格与精神，培养良好的品德和作风，从而赢得社会公众的信任，扩大新闻事业的影响，更好地为大众服务，推进新闻事业向前发展。

（二）对《会员信条》和《记者公约》的评价

美国的普利策曾经说过："只有最高尚的理想，最严谨追求真理的热望，最正确丰富的知识，以及最诚挚的道德责任感，才能将新闻事业从商业利益的臣商，自私自利的追求，以及社会利益的敌对上拯救出来。"[1]中国青年新闻记者学会的《会员信条》和《记者公约》，就是为了业界同行树立"高尚的理想"和"拯救新闻事业"而制定的。

首先，从制定的主体来看，《会员信条》和《记者公约》是我国新闻史上最早由全国性的行业组织制定的正式成文的新闻职业道德规范。我国第一份成文的新闻职业道德规范《谨拟各报馆公共章程》是《中国日报》自发制定的。而《会员信条》和《记者公约》的制定者——中国青年新闻记者学会是一个全国性的新闻团体。它的组成人员包括全国各方面的代表。在第一次全国代表大会上选出的理事会成员中，邵力子、于右任、叶楚伧是国民党的资深报人；金仲华、杜重远是文化界的进步人士；潘梓年是共产党机关报《新华日报》的社长；张季鸾、王芸生是民营报纸《大公报》的代表；三位常务理事中，范长江是民营报《大公报》的记者，钟期森是国民党《扫荡报》的编辑，徐迈进是共产党《新华日报》的记者。学会在成都、徐州、兰州、长沙、南昌、广州、重庆、桂林、延安、香港等地均设有分会，拥有会员近 2000 人。相比起《谨拟各报馆公共章程》来说，由全国性新闻团体制定的《会员信条》和《记者公约》，是经过多方面的讨论形成的，代表了这一行业中大多数人的共同价值观，其影响范围更广。

---

① 转引自马骥伸：《新闻伦理》，台北：三民书局 1997 年版，第 16 页，译文略有改动。

其次,从内容上看,《会员信条》和《记者公约》对新闻工作者的人格、意志、立场、目标、作风等方面都做出了要求。如《会员信条》中,"努力自我修养,健全本身人格""巩固共同意志,促进影响事业""维护大众利益,发扬民族精神"分别是对记者的人格、意志、立场提出的准则规范。《会员信条》的文字表达虽然比较简单,但是,体现了记者信条的核心内容和时代要求。《记者公约》一共6条,比《会员信条》稍详细一些,其中"拥护抗战建国纲领,促进中华民族之解放与建设"是新闻记者当时总的工作任务与目标;"坚持新闻岗位,为新中国新闻事业而奋斗"是指新闻职业理想的追求;"不收受非法金钱,不曲用自己笔尖"是清正廉洁、客观公正的规范要求;"发扬集体主义,加强新闻记者之团结"是新闻队伍中处理内部关系方面的要求;"建立平凡坚韧之工作与生活作风"是新闻职业态度的要求;"努力自我教育,提倡工作与学习并重之精神"是指记者业务修养方面的要求。

这些内容对新闻工作者的品德与责任都作出了规定,表明我国新闻工作者的道德自律已经由个体意识上升为行业行为。一方面,新闻工作者要对自己负责,防止有悖于职业道德的行为的发生,要爱岗敬业、甘于奉献、清正廉洁、客观公正、坚忍不拔、艰苦奋斗、勤奋努力,以达到自身品德的完善和人格的健全。另一方面,新闻工作者还要对同行负责,要与其他新闻工作者和谐相处,发扬集体主义精神,加强新闻业内部的团结合作。特别是在大敌当前、民族危亡成了当务之急的特殊形势下,不同派别的新闻工作者的精诚团结尤为重要。此外,新闻工作者还要对公众和社会负责,要关心国家的前途命运和公众利益。在抗日战争时期,维护民族利益、促进民族解放是新闻工作者最重大的职业责任。

《会员信条》和《记者公约》中"努力自我修养"和"努力自我教育"的内容还体现了当时新闻界对新闻记者个体道德的重视。众所周知,"新闻职业道德原则和规范只有依靠个人的道德修养,变成从业人员的道德品质与行为习惯,才能真正发挥其作用;新闻行业的良好风气,也只有依靠每个新闻工作者的道德自觉才能形成"①。中国青年新闻记者学会的同人们不仅认识到新闻职业道德修养的重要性,还明确指出,学习和工作是加强个人职业道德修养的两个重要途径。一方面,新闻工作者只有通过不断的学习,才能获得新闻职业道德方面的知识,从而产生道德情感、态度和道德行为的变化;另一方面,新闻工作者只有将学到的知识付诸实践,在具体的新闻工作中做到坐言起行、知行合一,才能真正提升自己的道德水平和思想境界。

但是,《会员信条》和《记者公约》也存在一些不足。首先是新闻专业特色不

---

① 徐新平:《新闻伦理学新论》,长沙:湖南师范大学出版社2001年版,第241页。

够鲜明。《会员信条》中的全部内容,《记者公约》中的部分条文,如"拥护抗战建国纲领,促进中华民族之解放与建设","建立平凡坚韧之工作与生活作风","努力自我教育,提倡工作与学习并重之精神"等,并不是新闻记者所特有的伦理规范与道德要求。这些内容同样适用于军人、医生、律师、教师、工商业者等其他行业的成员,其普适性胜于专业性。其次,内容不够全面。信条和公约对当时新闻界出现的歪曲事实、颠倒是非以及刻意迎合受众低级趣味等道德失范现象并没有做出特别的规范,没有针对这些情况提出新闻工作者要忠于事实、格调高雅等方面的要求。其所列出的"巩固共同意志,促进影响事业"和"维护大众利益""发扬集体主义"等条款也缺乏具体的符合新闻记者工作特点的细节要求,因此,明显存在具体性不够和操作性不强的缺陷。职业道德规范的制定,在内容上应该是总体原则与具体细则相结合。在具体细则方面应该是越具体越好,联系工作实际越紧密就越便于规范的操作与执行。

二、《中国新闻记者信条》

《中国新闻记者信条》在以往的中国新闻史研究中常常被忽视,许多新闻史著作和教材都没有提及和论述。其实,在中国新闻伦理发展史上,它的地位与影响是不可磨灭的。不了解这份新闻职业道德规范,就无法认识中国新闻伦理规范发展的全貌,也不了解抗战时期中国新闻记者形成的共同的道德观念。因此,研究中国新闻伦理思想的发展演变,就应该对《中国新闻记者信条》给予应有的重视。

(一)《中国新闻记者信条》的产生及在台湾地区的影响

1941 年 3 月 16 日,《大公报》的张季鸾、中央社的萧同兹、《中央日报》的胡健中、《扫荡报》的黄少谷、《世界日报》的成舍我等著名报人,在重庆发起成立中国新闻学会。

张季鸾起草了成立宣言,在宣言中阐述了成立学会的目的和任务:"同仁等今日集会陪都,缅怀共和缔造之艰难,体念国难牺牲之壮烈,承近代言论先辈之遗志,而自省其对历史人群所应负之重责。诚以为,吾侪少数报人,其双肩担负,乃有无穷之重,何况十年国难,目击身经四载战争,出生入死,当兹与兴亡成败之交,惟有至诚至勇,尽忠报国,使中国得其自由平等,万民享其乐利,然后吾侪工作始告一段落。"①新闻学会号召全国新闻工作者,在大敌当前、国难当头的严峻形势下,作为"社会之木铎,民众之先锋"的新闻记者应承担起抗战建国的历史责任,要以国家民族的利益为重,倾尽全力争取国家的自由平等和人民的安居乐

---

① 张季鸾:《中国新闻学会宣言》,《中国新闻学会年刊》1942 年第 1 期。

业。同时,在抗战宣传中,建设中国之新闻学,促进民意的表达和政令的畅通。

为了实践宣言,学会成员或通过举办新闻讲座,或通过创办《新闻战线》学术刊物等来回望过去、检讨当下、策励未来。新闻界的道德状况如何,新闻工作者应当拥有怎样的道德品质,遵守怎样的道德规范,是他们思考的重要内容。1942年,中央政治学校新闻系主任马星野应学会邀请,起草了《中国新闻记者信条》(以下简称《信条》)。该《信条》是马星野参照美国密苏里大学新闻学院院长沃尔特·威廉手订的《报人守则》等国外新闻职业道德规范,根据我国新闻界的伦理传统和现实情况制定的。由于当时处于战争环境等原因,《信条》只在国民党管辖的部分地区新闻界实行。中国共产党领导的抗日根据地报纸因为不是中国新闻学会的会员,所以,《信条》在共产党领导的抗日根据地没有产生什么影响。

国民党当局败退台湾以后,《中国新闻记者信条》重新得到台湾各新闻团体的重视。台北市报业公会最先在 1950 年 1 月 25 日成立大会上决定采用这个《信条》作为台湾地区的新闻伦理规范。报纸事业协会在 1955 年 8 月 16 日的成立大会上作出了同样的决定。台北市记者公会 1957 年 9 月 1 日召开的第八届会员大会和通讯事业协会在 1963 年 1 月 21 日召开的成立大会都分别作出了以这个《信条》为道德规范的决定。并且,在台湾新闻工作者的道德自律过程中,《中国新闻记者信条》始终被新闻业界奉为遵循的规范。

国民党当局败退台湾初期,政治、经济、军事、社会等均不稳定,新闻事业也处于杂乱无章的状态,经过一段时间的调整,新闻业渐趋稳定并日渐繁荣。然而,由于部分新闻工作者滥用新闻自由,社会上出现了一股歪风,形成了台湾社会所谓的"文化三害",其中最主要的是,专载诲淫诲盗内容的"黄色的害",刊布造谣诽谤内容、揭人隐私的"黑色的罪"。

据台湾学者马骥伸介绍,当时的学者许孝炎在《我所见到的中国新闻事业》中对这一时期新闻事业伦理缺失现象作过描述与批判。他指出,部分新闻工作者"一、无超然独立的认识与风格。一般记者多'人云亦云'随声附和。……三、忽视法律及道德上责任。新闻自由为报人所应争取,但自由应在法律范围以内,切不可任意诽谤,切忌造谣,影响他人蒙受名誉上的损害。但有记者发布不实、损人名誉的新闻,好像无所谓。四、未能自动对社会负责。许多报纸均刊载黄色新闻,不顾及由之促进社会罪恶的产生"①。

为了适应国民党的政治需要和有效防止"文化三害"的泛滥,台湾当局在1958 年 6 月第五次修订关于出版的有关规定时,在行政处分中加重罚则并增加

---

① 　马骥伸:《新闻伦理》,台北:三民书局 1997 年版,第 28—29 页。

了"撤销登记"一项。这引起了台湾新闻工作者的不满和反对。再者,国际新闻学会当时以台湾地区没有新闻自由为由,一再拒绝台湾新闻工作者入会,也给台湾新闻界不小刺激。在这样的背景下,新闻界人士普遍认识到道德自律的重要性。他们开始做出检讨反省,试图通过制定道德规范、建立自律组织来取得新闻自由与政府管理的平衡。因此,诞生于1942年的《中国新闻记者信条》,自然而然成了台湾地区新闻界道德自律的规范。

(二)《中国新闻记者信条》的指导思想

《中国新闻记者信条》何以成为抗战时期国统区新闻工作者和国民党败退台湾之后新闻团体奉行的道德规范呢? 现将全文照录如下,以便于我们全面了解与分析。

《中国新闻记者信条》

一、吾人深信:民族独立,世界和平,其利益高于一切。决不为个人利益、阶级利益、派别利益、地域利益作宣传,不作任何有妨建国工作之言论与记载。

二、吾人深信:民权政治,务求贯彻。决为增进民智、培养民德、领导民意、发扬民气而努力。维护新闻自由,善尽新闻责任,于国策作透彻之宣扬,为政府尽积极之言责。

三、吾人深信:民生福利,急待促进。决深入民间,勤求民瘼,宣传生产建设,发动社会服务。并使精神食粮,普及于农村、工厂、学校及边疆一带。

四、吾人深信:新闻纪述,正确第一。凡一字不真,一语失实,不问为有意之造谣夸大,或无意之失检致误,均无可恕。明晰之观察,迅速之报道,通俗简明之叙述,均缺一不可。

五、吾人深信:评论时事,公正第一。凡是是非非,善善恶恶,一本于善良纯洁之动机、冷静精密之思考、确凿充分之证据而判定。忠恕宽厚,以与人为善;勇敢独立,以坚守立场。

六、吾人深信:副刊文艺、图画照片,应发挥健全之教育作用。提高读者之艺术兴趣,排除一切诲淫诲盗、惊世骇俗之读材,与淫靡颓废、冷酷残暴之作品。

七、吾人深信:报纸对于广告之真伪良莠,读者是否受欺受害,应负全责。决不因金钱之收入,而出卖读者之利益、社会之风化与报纸之信誉。

八、吾人深信:新闻事业为最神圣之事业,参加此业者,应有高尚之品格。誓不受贿！誓不敲诈！誓不谄媚权势！誓不落井下石！誓不挟私报仇！誓不揭人阴私！凡良心未安，誓不下笔。

九、吾人深信：养成严谨而有纪律之生活习惯，将物质享受减至最低限度，除绝一切不良嗜好，剪断一切私利私害之关系，乃做到贫贱不移、富贵不淫、威武不屈之先决条件。

十、吾人深信：新闻事业为领导公众之事业，参加此业者对于公众问题，应有深刻之了解与广博之知识。当随时学习，不断求知，以期日新又新，免为时代落伍。

十一、吾人深信：新闻事业为最艰苦之事业，参加此业者应有健全之身心。故吃苦耐劳之习惯，乐观向上之态度，强毅勇敢之意志力，热烈伟大之同情心，必须锻炼与养成。

十二、吾人深信：新闻事业为吾人终身之职业，誓以毕生精力与时间，牢守岗位，不见异思迁，不畏难而退，黾勉从事，必信必忠，以期改进中国之新闻事业，作福于国家与人类。[1]

不难看出，《信条》的前三条是指规范制定的总体指导思想与原则，而且与马星野一贯倡导的所谓"三民主义新闻事业"思想密切相关。马星野有着浓厚的领袖崇拜情节，对孙中山和蒋介石推崇备至。他曾经说："我一生信仰国父中山先生之思想，只有他的思想，可以救中国、救世界人类，他的思想与新闻自由、新闻独立的原则，完全一致的。"[2]他认为，"三民主义社会的新闻事业之目标，不是为资本家赚钱，不是为统治阶级说谎，而是为着全社会中每个分子(国民)，同全社会的整个生命(民族)服务。记载时事、领导舆论只是一个手段，解放民族、建设文化才是目标"[3]。他回忆说："当时中国新闻学会，要我起草中国新闻记者信条，我即认为三民主义是最理想的报业理论根据。"因此，《信条》的前三条规范所强调的就是新闻记者和新闻工作要为民族独立、民权政治和民生福利这个总目标服务。《信条》制定之后被国民党党报记者普遍接受，与国民党"三民主义"的政治信仰有很大的关系。

与此同时，《信条》的内容还渗透着蒋介石新闻伦理思想的成分。马星野在晚年回忆当年起草《信条》的过程时说，抗战期间，中国新闻学会成立，大家推他起草"中华民国记者信条"。当时美国已有两种"记者信条"，其他国家，也有新闻规范。中国信条，一方面要符合国际的潮流，一方面要符合本身之需要。他起

---

①　马星野：《中国新闻记者信条》，《新闻自由论》，中央日报印行，1948 年，第 1—2 页。

②　马星野：《给青年记者——新闻采访应守什么原则》，《新闻学研究》1983 年第 32 集。

③　马星野：《三民主义的新闻事业建设》，《青年中国》1939 年第 1 期。

草时,大半是参照蒋介石对新闻界的训示,定下了十二条,而为新闻界所接受。①而蒋介石的新闻道德思想,在马星野看来,主要有五点:第一,大众传播事业,要以国家民族利益为至上,不可以营利为目的。第二,报道之真实,与言论之公正,为大众传播的灵魂,有一错失,即失去报格。第三,诲淫诲盗,黄色黑色,不问其为文艺副刊,节目内容,均应彻底净化。第四,为传播工作者,品格道德,重于一切。第五,时时提高警觉,严防共产党之渗透,及利用大众传播以遂其统战之目的。② 由此可见,由马星野执笔的《中国新闻记者信条》是在孙中山的三民主义学说和蒋介石的新闻伦理思想指导下制定出来的。

（三）《中国新闻记者信条》的内容与评价

诞生于抗日战争时期的《中国新闻记者信条》,是中国新闻史上最早的较为完善的新闻职业道德规范。从 12 条规范的内容看,大致可以分为三个部分:

第一条至第三条明确了新闻记者的职业追求与工作目标,即新闻事业不是为谋求个人利益、阶级利益、派别利益和地域利益的宣传工具,而是为了实现民族独立和世界和平,为了民权政治的贯彻和社会民主的进步,为了民生福利和社会生产发展而服务的机构。这 3 条规范要解决的核心问题是新闻工作的手段与目的的关系问题。只有这个根本问题解决好了,记者在处理各种社会伦理关系以及个体道德修养等方面才有了根基与方向。

第四条至第七条分别从新闻记述、评论时事、文艺副刊、报纸广告等新闻业务方面提出了 4 条职业道德要求。即报道新闻要追求真实正确、迅速及时、简明通俗;评论时事要公正客观、忠恕宽厚、勇敢独立;副刊图片务求健全高雅、抵制低俗;报纸广告要信实无欺、义利兼顾,从而维护广大读者的利益和报纸的信誉。这些规范虽然未能涵盖当时所有的新闻业务范围,但对主要的新闻业务活动具有一定的针对性和指导性。

第八条至第十二条是针对记者内在的品性修养提出的规范。主要是记者要树立崇高的职业荣誉感,视新闻事业为神圣的事业,在品格培育上着力做到"六不"(不受贿!不敲诈!不谄媚权势!不落井下石!不挟私报仇!不揭人阴私!);要养成严谨而有纪律的生活习惯,减少物质欲望,强化精神追求,从而达到贫贱不能移、富贵不能淫、威武不能屈的精神境界;要随时学习,不断求知,跟上时代的步伐;要养成健全的身心,培养吃苦耐劳的精神与乐观向上的态度;要培植对职业的忠诚,不见异思迁,用毕生的精力与时间坚守新闻工作岗位,黾勉从事,必信必忠。

---

① 参见马星野:《给青年记者——新闻采访应守什么原则》,《新闻学研究》1983 年第 32 集。
② 参见《新闻学研究》,1983 年第 31 集。

　　马星野说他起草《信条》时,参考了美国和其他国家已有的新闻职业道德规范,并考虑了国际潮流与本国新闻事业的实际需要,以便为新闻业界同行所接受。他在美国密苏里大学新闻学院留学的经历,使他对世界新闻事业的发展状况和外国新闻道德理念有了一定的了解与认识。因此,《信条》的内容蕴含了中西方新闻伦理思想的某些精华。如正确认识和处理新闻自由和新闻责任之间的关系,是美国报刊社会责任理论的精髓,也是马星野在起草《信条》时重要的参考。马星野认为:"新闻自由,可以保证国内政治之民主,可以保证国际和平之持久,可以增加人民对政治之兴趣,可以增高人类间相互之了解。"①"'自由'固然可贵,但'责任'尤为重要。"他认为:"新闻便是教育,是文化事业,不是私人图利事业,我一向反对商业化资本主义化的经营方式,我们不能因为'哗众取宠',以'低级趣味'来满足多数读者的低级要求,诲淫诲盗、犯罪、破坏社会秩序,败坏国民道德,无论是报纸与电视,都是反教育的作用,危害儿童头脑,破坏家庭和谐,反之,我们要用新闻,来增加人民知识,提高人民道德,向真、善、美的社会前进。"②他起草这份道德规范的时间正值国内外新闻自由呼声高涨,而西方报刊社会责任论还没有形成的时期。《信条》第二点提出的"维护新闻自由,善尽新闻责任",提倡新闻自由与社会责任并重,是富有见地的。

　　在制定《信条》时,他参照了沃尔特·威廉制定的《报人守则》等新闻职业道德规范,吸收了其中的经验与智慧。如:《报人守则》的每一条均以"我们相信"四字开头,《信条》则以"吾人相信"开头,其英译均为"we believe";《信条》第八条"新闻事业为最神圣之事业"与《报人守则》第一条"新闻事业为神圣的职业",都是关于职业认同与职业荣誉的内容;《信条》的第二部分关于新闻业务的道德规范与《报人守则》中的第三、第四、第七条的内容,在要求上是基本一致的。

　　该《信条》还汲取了中华民族优秀的传统伦理精神,如第九条说"养成严谨而有纪律之生活习惯,将物质享受减至最低限度,除绝一切不良嗜好,剪断一切利害之关系,乃做到贫贱不移、富贵不淫、威武不屈之先决条件"。《信条》将晚清以来儒家经典中被记者和新闻学者引用率最高的孟子的语录"富贵不能淫,贫贱不能移,威武不能屈"写入职业道德规范,这在中国新闻事业史上还是首次,也是唯一的一次;第十条说的"当随时学习,不断求知,以期日新又新,免为时代落伍",则继承了《大学》中"苟日新,日日新,又日新"的伦理思想等。在这个规范中,我们不难看出中国传统伦理思想中切合新闻职业需要的精神因子。尤其是将孟子提倡的"大丈夫"精神融入新闻职业道德规范,不仅符合晚清以来中国新闻记者

---

① 马星野:《新闻自由论》,南京:中央日报社 1948 年印行,第 48 页。

② 马星野:《给青年记者——新闻采访应守什么原则》,《新闻学研究》1983 年第 32 集。

共同的道德愿望与要求,而且体现了记者和媒体伦理精神的根本。一个记者、一家媒体,如果总能充盈着顶天立地的浩然正气,真正做到"富贵不能淫,贫贱不能移,威武不能屈",那么,其道德境界想不高尚都难。

但是,这份《信条》也存在一些不足。如在新闻要正确、评论要公正、副刊要有益、广告要信实等专业性内容方面还可以更加详细和具体。在新闻实践中,正确、公正、有益、信实的标准该如何界定,新闻工作者该如何在自己的行为中贯穿落实还比较粗略和笼统。又如《信条》中以"三民主义"和蒋介石新闻思想为指导,在抗日民族统一战线业已形成的历史条件下,也不符合当时国共两党政权并存的国情,因此,该《信条》在共产党领导下的抗日根据地没有产生任何影响,也就理所当然了。

总之,抗日战争时期由中国青年新闻记者学会制定的《会员信条》《记者公约》和中国新闻学会制定的《中国新闻记者信条》,都体现了那个时代的特点与要求。面对外敌入侵、国难当头的危急形势,不同阶级阵营的新闻工作者秉承着"天下兴亡,匹夫有责"的精神,把积极进行抗日宣传和促进民族解放与独立作为首要的道德原则呈现在道德规范之中。《公约》和《信条》的新闻伦理规范是针对当时新闻界道德滑坡的现状和为解决职业行为中存在的道德问题而制定的,具有一定的现实针对性和指导性。这些道德规范一定程度上反映了新闻工作者共同的职业理想,不仅有针对现实道德问题的"应该"和"不应该"的要求,还有关于职业行为中"如何做"的提示。

两份《信条》和一份《公约》都十分关注新闻工作者的道德品质修养。法国社会学家涂尔干曾说:"一个规范只有当人们从价值理念上内化而甘受约束时才有真正的效力。如果它只是靠习惯势力和压制来维持,那么,平静与和谐只是假象,紊乱和不满会在暗中滋长。表面上被控制住的欲望随时可能爆发出来。"[①]重视和强调个体道德的修养,正体现了当时新闻工作者已深刻地认识到记者的个体道德修养是职业道德规范发挥作用的内在动力与保证。

但是,中国青年新闻记者学会制定的《会员信条》和《记者公约》相比马星野起草的《中国新闻记者信条》来说,无论是形式还是内容,都比较单薄。从形式上说,中国青年新闻记者学会将规范拆分为《会员信条》和《记者公约》两部分,没有《中国新闻记者信条》那样完整、统一。从内容上说,《会员信条》和《记者公约》的条款过于简单、抽象,没有《中国新闻记者信条》那样详细、具体。但是,众所周知,"任何行为规范都不可能是完美的规范,其适用性和有效性总是有限的。

---

① 转引自杨保军:《新闻道德论》,北京:中国人民大学出版社 2010 年版,第 215 页。

规范必须随着规范对象的变迁而变迁,必须随着规范制定者不断深化的认知而变迁"①。因此,我们不必苛求前人,不必求全责备,因为任何伦理规范都需要在历史发展和道德建设的进程中不断充实与完善。

第七节　国民政府时期新闻伦理思想小结

国民政府时期,中国新闻事业是在国共内战和抗日烽火中生存发展起来的。在这个特殊的年代里,共产党的新闻事业、国民党的新闻事业和民营新闻业在战火硝烟中都经受了血与火的考验与洗礼。为了培育和发展自己的新闻宣传事业,共产党人和国民党人及民营报人,面对当时不断变化的严峻形势和新闻业艰难曲折的现状,在新闻道德建设方面进行了积极的探索,提出了许多新的思想主张,丰富和发展了中国新闻伦理学说,形成了前所未有、蔚为壮观的新局面。

一、新闻伦理思想成果空前

与晚清和北洋政府时期相比较,国民政府时期的新闻伦理思想最为丰富,可谓异彩纷呈,成果空前。这主要体现在重视和参与研究新闻道德问题的人员在不断增多,新的新闻伦理思想成果不断涌现。国民党在取得全国政权之后,很快建立了覆盖全国的党报网络体系,成了全国新闻宣传的主体。共产党突破了国民党的军事"围剿"和文化"围剿",在江西中央革命根据地艰难办报;红军长征胜利之后,重新建立了以延安为中心的革命根据地,陆续恢复和发展了共产党的报刊并创建了自己的广播事业,真正体现了共产党既重"枪杆子",又重"笔杆子"的斗争策略与革命传统。中国的民营报刊和中国的新闻教育事业在国民政府时期得到了迅速的发展。一批又一批知识分子投身到新闻事业包括新闻教育事业中来。为了提高新闻宣传的水平与质量,共产党人、国民党人和民营报人,都经常性地总结办报的经验与教训,提出改进新闻宣传工作的对策与方法。这样就自然而然地产生了许多新的新闻伦理思想。

例如,共产党在延安开展的整风运动和《解放日报》的改版,就是为了通过整顿"三风",来提高共产党报刊的宣传水平,使党报更加符合共产党的要求,由不完全的党报变成完全的党报。在整风运动和党报改版过程中,毛泽东、刘少奇、博古、张闻天、陆定一等一大批共产党的领导人和党报负责人参与其中,提出了许多党报改革的新观点。于是,新闻工作的党性原则,记者要做"人民公仆",不做"无冕之王",事实第一性,政治第二性,党报必须要有党报的品质——党性、群

---

① 转引自杨保军:《新闻道德论》,北京:中国人民大学出版社 2010 年版,第 182 页。

众性、组织性、战斗性等许多新闻伦理思想应运而生。这些新的伦理思想成果，奠定了中国共产党党报工作者道德修养的理论基础，有效地促进了共产党党报事业的发展和党报工作者道德意识的增强。

又如，许多民营报人怀着新闻救国和言论报国的理想，突破重重困难，坚持办报，不仅有力地促进了中国新闻事业的发展，而且培养了一批又一批新闻人才，使得中国的民营新闻事业代有传人，新闻伦理思想得以继承和发扬。以《大公报》为例，在张季鸾、胡政之的提携与培养下，从《大公报》走出来的记者群体足可以代表当时中国新闻记者的最高水平。如王芸生、张琴南、许君远、费彝民、徐铸成、梁厚甫、曹谷冰、萧乾、范长江、杨刚、彭子刚等，他们继承了《大公报》的优良传统，为中国新闻事业作出了突出的贡献。1941年张季鸾病逝后，王芸生继任总编辑，成为新记《大公报》第二代负责人之一。他继承和发扬了"张季鸾精神"，使《大公报》在失去了张季鸾这位"报界宗师"以后，依然保持着《大公报》的优良传统和张季鸾遗风。王芸生说："新闻记者怎样执行这种实际、庄严而有意义的职务呢？我们认为只有'真'与'勇'两个字。真实地记出你所见到的事，勇敢地说出你心里的话，可以无愧为一个新闻记者了。敢说、敢做、敢担当，是自由人的风度；敢记、敢言、敢负责，是自由报人的作风。新闻自由应该如此求，也应该如此用。"①这种以"敢记、敢言、敢负责"为核心的伦理观念无疑是"张季鸾精神"的继承和发扬。

还有史量才、成舍我、戈公振、任白涛等其他无党派报人和新闻学者，为中国新闻伦理思想的建设作出了独特的贡献。他们提出的许多主张，如史量才"人有人格，报有报格"的主张，戈公振"为新闻自由而宁为玉碎，无为瓦全"的思想，成舍我的"报人应负立己、立人、立国的使命"的观点，任白涛的"记者应以真实正确为第一金科玉律"的看法等，都是过去没有过的新思想、新观点。可以肯定地说，在中国百余年的现代新闻史上，没有哪个时期的新闻伦理思想能像这个时期一样，琳琅满目，蔚为壮观。

二、国共两党新闻伦理思想各具特色

国民政府时期，之所以出现新闻伦理思想异彩纷呈的局面，是因为国民党并没有在全国形成至高无上的统治权威，在国统区是这样，在共产党管辖的革命根据地就更加没有市场。再加上抗日战争使民族矛盾上升为中国社会的主要矛盾，抗日战争和解放战争使双方的新闻战线面临的任务也与和平时期完全不同。因此，不同派别和不同的办报主体可以根据自己的情况和立场，来阐发自己的伦

---

① 转引自王润泽：《张季鸾与大公报》，北京：中华书局2008年版，第175页。

理观念,也就形成了不同特色的新闻伦理思想。

共产党人的新闻伦理思想是在马克思、恩格斯提倡的"报刊伦理精神"①和列宁的党报理论指导下产生的。尤其是列宁在《党的组织与党的出版物》等文章中阐述的思想,深深地影响着共产党人对党报伦理的思考。列宁的"报纸不仅是集体的宣传员和集体的鼓动员,而且是集体的组织者"这一著名论断,在共产党人的讲话和文章中是经常被引用的经典语录。1933 年,《红色中华》报社还把"成为集体的宣传者和组织者"印在毛巾上,发给通讯员。共产党人在这一时期提出的新闻伦理思想,具有三个鲜明的特色。

一是进一步强调新闻工作的党性原则,提出党报必需的品质是党性、群众性、战斗性和组织性。新闻工作的党性原则是共产党的一贯主张。20 世纪 40 年代,这一原则得到了进一步的阐扬与强化。当时的《解放日报》《新华日报》《晋绥日报》等共产党的主要报刊,在阐述党报工作者的伦理修养时,都将党性原则放在优先的位置,认为"报纸是党的喉舌,是这一个巨大集体的喉舌。在党报工作的同志,只是整个党的组织的一部分。一切要依照党的意志办事,一言一动一字一句都有顾到党的影响"②。共产党的领袖及党报负责人,在一些文章和讲话中,反复论述了党性原则对于党报工作者的重要性,要求党报不仅要"忠实于党的总路线、总方向,而且要与党的领导机关的意志呼吸相关、息息相通,要与整个党的集体呼吸相关、息息相通,这是党报工作人员的责任"③。自此以后,个人无条件地服从组织,党报无条件地服从上级领导机关,就成了党报工作者铁的纪律和党报伦理的核心思想。

二是进一步明确党报工作者的角色定位。共产党的宗旨是为人民服务,党报工作者只是整个党的组织的一部分,因此,共产党的报人与人民群众就是仆人与主人的关系。党报工作者要坚定不移地树立人民公仆的观念,不做"无冕之王"。毛泽东说,"报纸工作人员为了教育群众,首先要向群众学习。同志们都是知识分子。知识分子往往不懂事,对于实际事物往往没有经历,或者经历很少"。"报社的同志也要经常向下边反映上来的材料学习,慢慢地使自己的实际知识丰富起来,使自己成为有经验的人。这样,你们的工作才能够做好,你们才能担负起教育群众的任务。"④张闻天、博古、陆定一等共产党的宣传工作负责人,按照毛泽东改造知识分子的指示精神,反复告诫党报报人"不可以自以为是,做'无冕之

①　徐新平:《新闻伦理学新论》,长沙:湖南师范大学出版社 2001 年版,第 103—111 页。

②　《党与党报》,《解放日报》1942 年 9 月 22 日。

③　同上。

④　《毛泽东著作选读》下册,北京:人民出版社 1986 年版,第 646、647 页。

王',而应该去做'公仆',应该要有恭谨勤劳的态度"①。从 20 世纪 40 年代以来,党报工作者在共产党的教育下,思想观念发生了根本的变化。他们自觉向工农学习,以群众为师,放弃了自身专业和知识分子身份的优越感,转而以一个普通劳动者和"公仆"的身份从事党报工作。

三是从新闻内在的规律出发论证党报伦理的正确性。以博古的《从五个 W 说起》、陆定一的《我们对于新闻学的基本观点》、胡乔木的《报纸是人民的教科书》、刘少奇的《对华北记者团的谈话》等论文和讲话为代表,共产党人除了从政治需要的角度论述党报伦理之外,还注意从新闻内在的规律出发来探索党报伦理的重要性和必要性。例如,陆定一说:"新闻的本源是事实,新闻是事实的报道,事实是第一性的,新闻是第二性的,事实在先,新闻(报道)在后,这是唯物论者的观点。因此,唯物主义的新闻工作者,必须尊重事实,无论在采访中,在编辑中,都要力求尊重客观事实。"②博古说:"世界上最有效的宣传,莫过于事实。'事实胜于雄辩',这是颠扑不破的真理。你说一百句一千句'反对国民党进攻解放区',他可以胡赖不认账,反诬你先放第一枪。但当你把《剿匪手本》介绍出来时,巧言善辩如吴国桢先生,也不能不噤若寒蝉。而要做好事实宣传,就要实事求是,注意绝对确实。"③这些伦理观点无疑是完全正确的。共产党的新闻伦理思想在这一时期能够得到迅速的发展,与党报报人对新闻规律的深入认识有着密切的关系。

国民党的新闻伦理思想,与共产党的新闻伦理思想都属于党报伦理的范畴。党报伦理往往具有某些共同的特征。例如,都强调报刊对党组织的绝对服从和与党中央保持高度的一致。《国民党党报条例》明确规定:"各党报须绝对站在本党的立场上,不得有违背本党主义、政策、章程、宣言及决议之处。"④国民党《中央日报》社社长程沧波还明确提出了"为政府辩护"是党报应尽职责的主张。从晚清时期康有为、梁启超以来,中国的党报伦理都毫无例外地强调党报及党员个人对组织和"主义"的绝对忠诚与服从,强调党报必须成为党的忠实的喉舌。共产党和国民党的党报伦理观也是这样。

但是,不同党派的新闻伦理思想由于建党的理论基础、阶级基础以及追求的宗旨与目标不同,又存在许多差异。例如,国民党的新闻伦理思想在理论基础上与共产党就截然不同,孙中山的"三民主义"是其思想基础。自 1939 年中央政治学校教授马星野发表长篇论文《三民主义的新闻事业建设》之后,为"三民主义新

① 《党与党报》,《解放日报》1942 年 9 月 22 日。
② 《陆定一新闻文选》,北京:新华出版社 1987 年版,第 2—3 页。
③ 无锡市史志办公室:《秦邦宪(博古)文集》,北京:中共党史出版社 2007 年版,第 493 页。
④ 转引自蔡铭泽:《中国国民党党报历史研究》,北京:团结出版社 1998 年版,第 95 页。

闻事业"而奋斗，做一个三民主义新闻事业的记者，便成了国民党报人最高的道德信条。1940 年，蒋介石在《怎样做一个现代新闻记者》的演讲中强调："本党的新闻事业，就是三民主义的文化服务"；"我们现在的新闻事业，要阐扬三民主义，宣传一贯国策，更要以服务为目的。"①他要求国民党的记者"平日受了党国的培养，负了革命的责任"，就应当"精诚尽到职责"，做一个"不愧为三民主义的新闻记者"②。由此可见，党报伦理与其建党理论有着密不可分的联系。

此外，国民党报人由于教育背景与个人经历的关系，其新闻伦理观念明显带有欧美新闻伦理思想的印记。例如，先后担任过《中央日报》社社长的程沧波和马星野，都有过英美留学和考察的经历，他们较多地接受了西方新闻理念，在新闻伦理观念上，提倡独立自由和社会责任并重的观点。马星野认为"负报道消息，解释时事，领导民意，反映公论的使命的新闻记者，临到了这个新时代，对于世界和平之永久保持，民主政治的充分实现，人类正义的发扬光大，负有比任何人更大的责任"③。"吾人深信，新闻自由，可以保证国内政治、民主，可以保证国际和平之持久，可以增加人民对政治之兴趣，可以增高人类间相互之了解。"④他们所倡导的职业责任与新闻自由的内涵，与西方的思想观念基本上是一致的。尤其是他们有些看法与其领袖蒋介石的观点并不一致。蒋介石在两次演讲中，只字未提新闻自由，只强调记者的社会责任。而程沧波、马星野，则把自由与独立的精神看成是记者必备的品质和追求的理想。因此，国民党报人在许多时候都在三民主义政治理想与新闻专业主义理想之间艰难地徘徊。

三、民营报人坚守新闻专业主义伦理思想

新闻专业主义伦理观与党报政治伦理观是截然不同的。党报伦理观强调忠于政党的利益与信奉的主义，新闻专业主义伦理观强调忠于自己的职业与社会公益。国民政府时期，随着中国新闻界同西方交往的增多及一些有过留学经历和文化功底深厚的知识分子投入到新闻事业中来，新闻专业主义精神得到了前所未有的重视。特别是一些民营报人在探讨新闻伦理问题时，完全是从新闻事业本身的特点与要求来思考的。这样就形成了独立于党报伦理体系之外的新闻伦理思想。民营报人的新闻伦理思想总体上呈现出以下三个特点。

一是办报动机上，提倡为社会福利和公众利益而办报。他们认为，当时中国的报业存在种种不良的倾向，如：政党报纸过于政治化，处处为政党服务，报道和

---

① 蒋介石：《怎样做一个现代新闻记者》，《新闻学季刊》1940 年第 1 卷第 3 期。
② 同上。
③ 马星野：《新时代与新报人——九一节对全国广播词》，《中央日报》1944 年 9 月 2 日。
④ 马星野：《世界新闻自由现状之研究》，《新闻自由论》，南京：中央日报社 1948 年印行，第 48 页。

评论有失客观公正;商业报纸过于低俗化,为了吸引读者、扩大发行,放弃社会良知与责任,热衷于风花雪月的社会新闻。面对中国报业的现状,民营报人力求在党报与商业报刊之间找到一种平衡,办一种无党无派、不受他人约束、敢为公众说话的报纸。成舍我说,"新时代的报纸,她的基础,应完全真确,建筑于大众'公共福利'的上面。新闻记者,虽然不是直接受了大众的委任,但他的心中,应时时刻刻,将自己当做一个大众的公仆"。"报纸上的言论、纪载、一字、一句,均应以'增进公共福利'为出发点①。史量才说:"我惨淡经营《申报》多年,非为私而是为社会国家树一较有权威之历史言论机关,孳孳为社会谋福利,尽国民之天职。"②成舍我创办的《世界报》系,史量才接办的《申报》,都在实际行动中实践了自己的主张。

二是坚持自由独立的办报方针,不接受任何津贴,不拉政治关系,"人不属党,报不求人",以保证言论的客观公正。成舍我、史量才、张季鸾、胡政之是这一时期独立办报的典型。他们认为,言论独立的前提是报人要有自由独立的精神,而自由独立精神的树立,又要靠经济独立以及不受政党干预和约束。因此,他们始终保持中国传统知识分子的那份自信与清高,以"文人论政"自许,专心专意办报,为中国报界开创了一种新的风气与路径——按照新闻专业的职责与要求办报,而不是按照政党和政府的意图去办报。惟其如此,才有了史量才、张季鸾、成舍我、胡政之这样被后人称颂与景仰的独立报人。

三是提倡按照新闻专业的要求加强品德修养。在民营报人的眼中,新闻专业的根本职责是真实地记录事实,公平地发表评论,使报刊成为社会公众的喉舌,而不是专为某党某派服务。要履行好这个职责,就要养成专业所需要的品质。如关心国家和民族的前途与命运;追求言论自由与人格独立;忠于自己的职业与主张;敢于发表个人的思想见解;为维护社会公平与正义能做到富贵不淫、贫贱不移、威武不屈;等等。史量才、任白涛等报人和学者都一致认为,记者的品德修养关乎新闻事业的前途和命运,是从事这个职业的前提条件。因此,他们根据新闻事业的特点与需要,对记者道德的论述,比以往任何时候都要全面和深刻。

四、制定了比较成熟的新闻职业道德规范

道德规范是一定时代的产物,代表特定历史时期某一职业内人员共同的价值取向和道德理想。规范中的道德内容与要求,往往富有鲜明的时代特征。如

---

① 李磊:《报人成舍我研究》,北京:中国传媒大学出版社 2011 年版,第 123 页。
② 傅国涌:《"报有报格":史量才之死》,《书屋》2003 年第 8 期。

果说 1902 年由《中国日报》拟订的《谨拟各报馆公共章程》是我国新闻伦理规范雏形的话，那么，国民政府时期产生的两份新闻道德信条，则是符合时代需要且比较成熟的新闻职业道德规范。特别是马星野起草的《中国新闻记者信条》，是一份富有鲜明时代特色和专业特色的道德规范。这两份规范的内容与特色，在上一节中已做述评，此不赘述。但是，对于它何以在 1940 年前后出现，有必要再作一些分析。

我认为，它之所以出现在这个时期，主要有以下几个原因：一是抗战形势的需要。中国全面抗战爆发之后，面对日寇亡我中华的狼子野心和穷凶极恶的残暴行径，广大知识分子的爱国热情和团结抗日的决心空前高涨。为了更好地团结广大新闻工作者，投入到抗战建国的斗争中来，一些著名的报纸和报人，自觉发起成立了中国青年新闻记者学会和中国新闻学会的民间团体。他们坚信："新闻舆论可以坚定抗战胜利的信心，可以鼓舞抗战的勇气，可以打击败北主义的倾向，可以激励英勇的士气。"[1]许多报纸纷纷表示："本报愿在争取民族生存独立的伟大的战斗中作一个鼓励前进的号角。"[2]两个学会的成立，顺应了时代的要求，符合广大记者的心愿，为信条的制定提供了组织条件。

二是新闻专业意识的增强。如果说中国近代报业在初兴时期，以孙中山为代表的资产阶级革命派和以康有为为代表的资产阶级改良派都是为了政治斗争的需要而办报，专业意识尚不明晰的话，那么，经过北洋政府时期的摸索与发展，到国民政府时期，大多数报人都有了明确的专业意识和专业精神。无论是党派报人还是民营报人，他们都对新闻专业的特性与内在规律有了更为深入的了解。特别是对报人与报纸、人格与报格的关系，有了前所未有的深刻认识。"做一个新闻从业人员，如果品德不够，背上记者的招牌，拿着一枝笔，去敲诈、去胡扯、去捧人家，这比贪官污吏对国家社会的贻害更大。"[3]著名报人成舍我的观点可谓是当时报人的共同看法。因此，《记者公约》和《中国新闻记者信条》所提出的有关新闻职业道德规范，是大多数记者首肯和乐于接受的。这反映了当时新闻记者专业意识和行业自律意识的自觉与成熟。

三是存在的各种道德问题促进了行业内部道德自律的加强。任何时期新闻道德问题都是客观存在的，就如同疾病与人类相伴始终一样，道德问题也会与具体职业相伴始终。抗战前后，我国新闻界存在的主要问题是有些报人对抗战胜

---

①　《中国青年新闻记者学会成立宣言》，张之华主编：《中国新闻事业史文选》，北京：中国人民大学出版社 1999 年版，第 425 页。

②　《新华日报发刊词》，《新华日报》创刊号，1938 年 1 月 11 日。

③　成舍我：《"世新"是属于全体同学的，恳切盼望校友能早日"接棒"》，台北"世新大学舍我纪念馆"网站，http://csw.shu.edu.tw/PUBLIC/view_01.php3? main＝Works&id＝1430，检索日期：2017 年 4 月 15 日。

利的信心不够;有的利用报纸发国难财,谋取私利,甚至充当汉奸的可耻角色;有的习惯于道听途说,搞"有闻必录",严重违背新闻真实性原则;还有的接受津贴,丧失自己的立场;等等。为了纠正当时新闻界存在的道德问题,使报纸更好地担负起时代赋予的使命,有必要在行业内部加强道德自律,于是,便有了前后两个新闻职业道德规范。法国学者让·贝特朗说:"没有哪个行业在没有外部压力的情况下会给自己制定职业道德规范的,更不用说会去执行了。在垄断的情况下,滚滚财源会湮没良心。在存在竞争的情况下,一些肆无忌惮的家伙会拒绝任何道德规范,还会迫使他人追随仿效。"①"记者的权威性不是建立在某种社会契约之上,也不是建立在通过法律程序任命或者选举出来的人的委托之上。因此,为了维护其尊严和独立性,新闻传媒业需要深刻意识到自己的根本职责是为全社会公众提供良好服务。"②显然,《记者公约》和《中国新闻记者信条》的制定,其主观动机,就是为了纠正本行业的不正之风,更好地树立新闻职业的形象,为社会大众提供最优质的服务。

---

① 〔法〕让·贝特朗:《媒体职业道德规范与责任体系》,宋建新译,北京:商务印书馆 2006 年版,第106 页。

② 同上书,第 6 页。

第四章 新中国成立后 27 年新闻伦理思想
（1949—1976 年）

第一节 新中国成立后 27 年的中国新闻事业

1949 年 10 月中华人民共和国的成立，揭开了中国历史的新篇章。1949 年至 1956 年是中国共产党领导全国各族人民全面建设新中国的七年，经过对农业、手工业和资本主义工商业的三大改造，中国从一个"全国只有 10% 左右的近代工业经济，90% 左右是分散的个体的农业经济和手工业经济"①的国家，成为一个全民所有制和劳动群众集体所有制占主导地位的社会主义国家。新闻业也由多种性质的新闻媒体共存转入"党媒一统"的新格局。然而，1957 年至 1976 年，中国进入曲折发展时期。在 1957 年反右派斗争、1958 年到 1960 年的"大跃进"运动和 1966 年到 1976 年的"文化大革命"等一系列政治运动中，新闻媒体不仅成为政治运动的受害者，而且成了政治斗争的工具和错误路线的助推器，中国的新闻事业偏离了正常轨道，经历了一段艰难曲折的路程。

一、新闻事业由多元走向一元

新中国成立以前，中国存在三种不同性质的新闻媒体，即国民党新闻宣传机构、共产党新闻宣传机构以及私营报纸和广播电台。国民党败退到台湾以后，原隶属旧政权的部分新闻媒体也随之迁往台湾。新成立的中央政府对国民党尚在大陆的新闻媒体以及由外国资本或外国人经营的报刊、广播电台，一律予以查封。而对于少量党外的、民间的报纸，则暂时允许其继续出版。但是，这些私营报纸在发展中遇到了很多困难。1950 年下半年，中央政府决定对私营新闻出版

---

① 桑东华：《新中国成立以来党的所有制政策的演变与我国所有制结构的变迁》，《中共党史研究》2010 年第 7 期。

事业进行社会主义改造,到 1952 年年底,原有私营报纸全部变成了公私合营性质的报纸。而对私营广播电台,政府采取只许"国家经营""禁止私人经营"的政策。同年年底,全国 34 家私营广播电台也以公私合营的方式全部改造完毕。中国新闻事业呈现出新的格局,过去的党营、公营和私营并存的新闻体制为单一公营新闻体制所替代。

在通讯社建设方面,新华社组建为国家通讯社,并在华北、东北、华东、中南、西南、西北六大行政区设立六个总分社,各分社按照要求向总社供稿,总社承担起"消息汇总"和消息发布的任务。1952 年还成立了中国新闻社,广泛报道国家的政治经济文化建设,团结爱国华侨,形成了以新华社为主体的国家通讯网。

在广播事业建设方面,通过没收国民党广播电台设备,组建了以解放区广播机构和人员为主体的从中央到地方的国营人民广播电台网。在技术上,农村有线广播站广泛建立。延安新华广播电台于 1949 年 3 月 25 日迁入北平,改为中央人民广播电台。到 1954 年年底,全国共有县广播站 101 座,中小城镇广播站 705 座,有线广播喇叭 49854 个。① 至此,中央人民政府对新闻事业进行历经三年的调整和改造后,形成了"以《人民日报》为首并以共产党机关报为核心的公营报刊体系,以新华社为主体的国家通讯网,以及以中央人民广播电台为中心的国营广播网"②。

在新闻管理方式上,改变革命战争时期形成的由党直接领导新闻事业与宣传工作的方法,而由人民政府行使管理和领导新闻事业的职权。中共中央决定:"在中央人民政府成立后,凡属政府职权范围的事,应经由政府讨论决定,由政府明令颁布实施","不要再如过去那样有时以中国共产党名义向人民发布行政性质的决定、决议或通知";并且强调"各地中国共产党党报的社论、论文和新闻按语,也要注意不再用行政命令的态度和口气,……不仅现在是错误的,就是过去也是不对的"③。因此,1949 年 11 月 1 日,国家新闻总署成立,胡乔木任署长,范长江、萨空了任副署长。新闻总署成立后,制定和发布了一系列法规,如《全国报纸杂志登记暂行办法(草案)》等,为新闻事业的发展提供了组织保证和法规保证。但到 1952 年 8 月,新闻总署被撤销,党政分开的管理模式被党政合一所取代,中央和各级党委宣传部代替政府部门主管新闻事业及新闻宣传工作。

新中国成立初期,中共中央针对党内外拒绝批评、压制批评的现象,两次颁布在报纸刊物上开展批评与自我批评的决议。第一次全国新闻工作会议之前,1950 年 4 月 19 日中共中央发布《关于在报纸刊物上展开批评与自我批评的决

---

① 吴廷俊:《中国新闻史新修》,上海:复旦大学出版社 2008 年版,第 399 页。
② 同上书,第 397 页。
③ 《中国共产党宣传工作文献选编》(3),北京:学习出版社 1996 年版,第 10 页。

定》,要求党的各领导机关和干部要保护群众发表意见的权利,不能打击、报复和嘲笑。并明确指出:"凡在报纸刊物上公布的批评,都由报纸刊物的记者和编辑负独立的责任""只要报纸刊物确认这种批评在基本上是正确的,即令并未征求或并未征得被批评者的同意,仍然应当负责加以发表。"①可以说,这一规定给新中国的新闻事业带来了活力与生机,大大鼓舞了新闻媒体进行舆论监督的热情和勇气,使报纸批评进入了黄金时期。

《人民日报》起着领头羊的作用,发表了多篇社论鼓励批评与自我批评,如《开展批评与自我批评》《克服以功臣自居的骄傲自满情绪》《动员全党同坏人坏事作斗争》等,引导全国报刊开展批评与自我批评。地方报纸积极响应这一号召,《山西日报》1950 年 5 月共发表批评稿件 81 篇;《黑龙江日报》1950 年 6 月发表批评稿件 177 篇,占来稿发表总数的 13% 强;《东北日报》从 1950 年 4 月到 1954 年 8 月共发表批评稿件 3800 多篇。但批评只限于在国内的报纸刊物上进行,同时期的广播中批评的声音很少。因为广播事业局认为,无线电广播国外也能听见,容易给敌人提供造谣污蔑的材料,因此给广播批评订下了许多清规戒律。后又学习苏联经验,干脆规定广播中只能讲成绩,不能讲缺点,对内对外都一样。

在报纸批评进行得如火如荼之际,1953 年春天发生了广西《宜山农民报》在报纸上批评宜山地委一事。广西省委宣传部对《宜山农民报》进行了批评,并上报中央,认为党报不得批评同级党委。中宣部赞成和认同了这一意见并复信指出:

> 关于《宜山农民报》在报纸上批评宜山地委一事,我们认为广西省委宣传部的意见是正确的。党报是党委会的机关报,党报编辑部无权以报纸与党委会对立。党报编辑部如有不同的意见,它可在自己权限内向党委会提出,必要时并可向上级党委、上级党报直至中央提出,但不经请示不能擅自在报纸上批评党委会,或利用报纸来进行自己与党委会的争论,这是一种脱离党委领导的作法,也是一种严重的无组织无纪律现象。②

这条规定与三年前记者应对其报道负独立责任且可以不征求被批评者的意见的规定相差甚远。紧接着 1954 年 4 月,毛泽东也强调报纸上的批评要实行"开、好、管"的方针,"管,就是要把这件事管起来。这是根本的关键。党委不管,

---

① 中国社会科学院新闻研究所编:《中国共产党新闻工作文件汇编》中,北京:新华出版社 1980 年版,第 6—7 页。

② 同上书,第 279 页。

批评就开展不起来,开也开不好"①。而陆定一也认为:"同级的报纸批评同级的党委,这是不容许的,不应该的。像这样就是闹独立性了。"②他还强调:"自我批评,并不是为了减弱领导,而是为了加强领导,为了把纸上的和没有威信的领导变成有生命的和真正有威信的领导。所以,批评与自我批评一定要有领导。谁领导?党委领导。"③1954年7月,中共中央颁布了第二次全国新闻工作会议讨论的《关于改进报纸工作的决议》。尽管该决议要求进一步开展批评与自我批评,但同时指出"报纸上发表的批评有一部分发生事实错误和态度不适当,甚至有些报纸曾发生过脱离党委领导的倾向"④。要求"各级党委要负责领导报纸,要求在报纸上积极展开批评与自我批评"⑤。党报不能批评同级党委的规定,使得报纸批评缩手缩脚、舆论监督报道迅速减少,1954年《人民日报》的批评稿件直线下降,只是1953年的20%、1952年的12%。从此,各级党委成为同级新闻媒体批评的禁区。

1956年,国内外政治发生了重大变化。党的领导人一方面总结我国经济建设中的成就与经验,一方面开始反思学习苏联经验中出现的问题。毛泽东在听取了34个经济部门的汇报与讨论后,于1956年4月在中央政治局扩大会议上作了《论十大关系》的报告。报告提出,对于外国的经验不能一概照搬,特别是苏联在建设社会主义过程中暴露了一些缺点和错误,不能再走它们的弯路。与此同时,中央确定在科学文化工作中实行"百花齐放、百家争鸣"的方针。

"百花齐放、百家争鸣"的方针使新闻界的人思想活跃起来,开始积极反思盲目学习苏联新闻工作经验中的教条主义,以及三次思想文化大批判中用政治斗争代替学术讨论的问题。经中央批准,《人民日报》于1956年7月1日正式宣布改版。当日发表的改版社论说:"《人民日报》是党的报纸,也是人民的报纸。""我们的报纸名字叫做《人民日报》,意思就是说它是人民的公共的武器,公共的财产。人民是他的主人。"⑥社论把改版的重点归纳为三个方面:扩大报道范围,开展自由讨论,改进文风。改版后的《人民日报》,在内容和形式上给人耳目一新的感觉,如新闻数量大大增加。改版后《人民日报》平均每天登出新闻74条,占全部版面的40%;独立思考的言论增多,据统计,1956年7月间,《人民日报》共

---

① 《毛泽东新闻工作文选》,北京:新华出版社1983年版,第177页。
② 《陆定一文集》,北京:人民出版社1992年版,第476—477页。
③ 同上书,第476页。
④ 中国社会科学院新闻研究所编:《中国共产党新闻工作文件汇编》中,北京:新华出版社1980年版,第323页。
⑤ 同上。
⑥ 张之华主编:《中国新闻事业史文选》,北京:中国人民大学出版社1999年版,第718页。

发表与"百家争鸣"方针有关的消息和文章 23 篇；批评性报道明显增多，1956 年
7 月《人民日报》发表了各类批评性稿件 150 篇，比 6 月份的 29 篇增加了 121 篇；
国际报道一改"报喜不报忧"的特点，开始真正发挥"瞭望者"的作用，对新中国
社会经济发展中出现的问题及时发出警报。在《人民日报》的带领下，新华社、中
央和地方广播电台及报纸，也进行了改革。在一年多的改革浪潮中，新闻工作者
大胆创新，使全国新闻工作出现了崭新的局面。

但是，这场具有历史意义的新闻改革持续时间不长，1957 年下半年"反右
派"斗争兴起后，因反右斗争扩大化及其他多种原因，这场正确的改革很快夭折了。

1949 年至 1956 年，这一时期中国新闻事业的特点是，经过社会主义的"三大
改造"，原有的政党报刊与私营报刊并存的多元新闻事业格局被清一色的执政党
和政府机关媒体所取代，全国呈现高度一致的局面。加之党的最高领导人特别
是毛泽东对国内外形势的错误判断，对阶级斗争的形势过分严重的估计，使新中
国成立后的新闻管理探索和新闻改革尝试相继中止和夭折。郑保卫主编的《中
国共产党新闻思想史》第五章第四节"新中国最初七年新闻宣传工作小结"说：
"回眸这七年，新闻观念、新闻体制、新闻工作指导思想、新闻价值取向以及新闻
职业道德规范，同延安时期有许多相似的地方。"虽然其间党中央也做过一些调
整与改革，但常常半途而废，加上教条主义地学习苏联经验，在管理体制与思想
观念上形成了一些严重的弊端。"这些弊病几十年日积月累，尾大不掉，以至成
为今天新闻改革最难突破、最为敏感的堡垒。"①

二、"左"风劲吹：中国新闻事业的倒退

1957 年，中国政治风云突变，原来用于解决人民内部矛盾的整风运动发展成
为对敌斗争的反右派运动，一大批在整风运动中"鸣""放"的党内外人士被错划
为右派。在这个转变过程中，毛泽东对社会主要矛盾的判断也发生了转变。
1958 年 5 月，中共八大二次会议根据毛泽东的意见提出："整风运动和反右派斗
争的经验再一次表明，在整个过渡时期，也就是说，在社会主义社会建成以前，无
产阶级同资产阶级的斗争，社会主义道路同资本主义道路的斗争，始终是我国内
部的主要矛盾"，并称"正在逐步地接受社会主义改造的民族资产阶级和它的知
识分子"②是另一个剥削阶级。会议还通过了"鼓足干劲、力争上游、多快好省地
建设社会主义"的总路线，但总路线忽视了客观经济发展规律，在宣传中片面强
调速度，夸大人的主观意志和主观努力的作用。

---

① 郑保卫主编：《中国共产党新闻思想史》，福州：福建人民出版社 2004 年版，第 338、341 页。
② 胡绳主编：《中国共产党的七十年》，北京：中共党史出版社 1991 年版，第 412 页。

党的最高领导人对社会主要矛盾的错误判断，无疑将深刻影响新闻事业的发展。在以阶级斗争为主要矛盾的思想指导下，作为上层建筑的新闻媒体受到更加严格的领导和管理。在反右派运动中，一大批有独立见解、敢讲真话的编辑和记者因其"资产阶级新闻思想"以及"反党言论"而被打为右派，离开了新闻战线。如《人民日报》社社长邓拓因跟不上政治形势而靠边站；《文汇报》总编辑徐铸成因其"资产阶级思想观点"和整风初期《文汇报》的错误言论而被划为右派；《文汇报》记者姚芳藻因策划和组织关于电影问题的讨论、《新民报》创始人和老报人陈明德因提倡办"同仁报纸"、《光明日报》总编辑储安平因其"党天下"言论都被打成右派。

新闻界被划为右派的名记者和名编辑还有浦熙修、戈扬、陆诒、陆铿、王中、陈模、彭子冈、梅朵等。在反右运动中新闻界究竟有多少人被划为右派，至今仍没有一个准确的数字，但据迟蓼洲编的《一九五七年的春天》中说："据九月底的初步统计，人民日报、光明日报、文汇报、大公报、新闻日报、教师报、健康报，以及北京、天津、河北、湖南、广西等二十二个省（市）和省辖市的党委机关报的编辑部门，在报上进行了批判的右派分子就达二百十二人。"①在广播界，中央广播事业局直属单位被划为右派分子的有 83 人，占全国广播系统右派分子总数的22.8%。②

反右派运动将一批独立思考和敢讲真话的名编辑和名记者打倒，不仅中断了"五四"时期萌芽的新闻专业主义，也扼杀了中国新闻媒体独立思考与判断的精神。从此，各级党委对党报实行全面领导，抓宣传、抓社论、抓新闻干部培养。新闻媒体成为政治的附庸。这也为接下来 1958 年"大跃进"中新闻媒体不顾事实说大话、不讲科学说胡话埋下了祸根。

新闻界在宣传和报道"大跃进"的同时，自身也开始了一场"大跃进"。新华社和《人民日报》以及各地机关报的"大跃进"主要体现为新闻报道工作上的"跃进"，广播电台的"大跃进"则包括广播业务和广播电台建设上的"跃进"。

新华社于 1958 年 3 月制定了新华社国内部分苦战三年的工作计划，提出："苦战三年，把新华社建成充分满足全国报纸、广播电台需要的消息总汇和新闻图片总汇，更好地为社会主义服务。"③5 月，中国新闻社总社又先后分片召开了世界各地的国外分社会议，各地国外分社都提出了自己的"跃进"目标和规划：

---

① 迟蓼洲编写：《1957 年的春天》，学习杂志社 1958 年版，第 48 页。
② 刘家林：《新中国新闻传播 60 年长编（1949—2009）》上，广州：暨南大学出版社 2010 年版，第 168 页。
③ 同上书，第 185 页。

"苦战三个月,面貌一新;苦战半年,达到世界性通讯社水平!"①9 月,新华社总社又举行"飞天集会",向全社同志发出号召,要求大家创造奇迹,迎接国内新闻、亚非新闻、南美新闻三大"新闻元帅"升帐。

《人民日报》在 1958 年 2 月 27 日发布了《人民日报苦战三年工作纲要〈草案〉》,号召全体编辑部人员苦战三个月,使报纸面貌焕然一新;苦战三年,使人民日报真正成为名副其实的党中央机关报、真正成为全国人民爱不释手的精神食粮。在《人民日报》的带头示范下,各省市报纸都开始制订自己的"跃进"计划,并互相竞争和互相推广"跃进"经验。《山西日报》于 1958 年 3 月率先向全国各省报发出挑战书,提出苦战一年,在十个方面比先进、学先进、赶先进。尽管新闻界在"大跃进"的过程中提出了一些不切实际的目标和要求,但在新闻业务方面也提出过一些正确的主张。如《人民日报》要求写社论要有形象化的描写,善用口语、比喻、古谚。《人民日报》编辑部开展的"除七害"运动,即消除文理不通、冗长枯燥、政治错误、事实和数字错误、技术错误、泄密、不按时出版等现象,对新闻业务的改进与提高不无裨益。

中央人民广播电台在第五次全国广播工作会议后,也制定了三年工作纲要。第五次全国广播工作会议提出了宣传政治、普及知识、文化娱乐是广播的三大任务,确立了"广播是阶级斗争的工具"的指导思想。在"大跃进"的浪潮中,中央人民广播电台的新闻节目从 1954 年的每天 11 次增加到 1958 年的 15 次,一些广播电台还频繁召开声势浩大的现场广播大会。在土地辽阔、人口众多的中国,广播电台影响范围广大、传播时间迅速,是"没有距离的报纸""不要课堂的学校""不花钱买票的戏院"②,因此,中央人民政府特别重视广播事业的建设和发展。1957 年全国广播电台 61 座,1958 年增至 91 座,1959 年为 122 座,1960 年为 137 座,平均每年以 30%的速度递增。

中国电视事业在新中国成立后诞生。早在 1953 年,中央广播事业局就开始培养电视人才,派遣 6 名技术人员赴捷克斯洛伐克研修电视技术。1955 年,发展电视即被列入文教事业五年计划之中。1956 年 5 月,刘少奇同中央广播事业局负责人谈话,指示:"电视发射机和接收机最好自己生产,这样既便宜,易于推广,又不要外汇。"1957 年 4 月,中央广播事业局组建电视试验台筹备机构。1958 年5 月 1 日,中央电视台前身北京电视台开始试播。此时,由于设备限制,电视台仅覆盖北京一地。北京电视台的成功创办标志着中国电视事业正式登上历史舞

---

①　刘家林:《新中国新闻传播 60 年长编(1949—2009)》上,广州:暨南大学出版社 2010 年版,第185 页。

②　《熊复文集(1948—1951)》第 2 卷,北京:红旗出版社 1993 年版,第 50 页。

台。1958 年 10 月 1 日上海电视台开始试播;12 月 20 日,哈尔滨电视台开始试播。到 1961 年年底,全国已建立 26 座电视台、实验电视台和转播台。在 50 年代末,全国拥有 17000 部电视机,大部分置于公共场所,供集体收看。

在"敢想、敢说、敢干"的"大跃进"中,广播电视业迎来了新中国第一个黄金时期,但新闻媒体在宣传报道和自身发展过程中都犯了不切实际的"急性病",在建设中盲目推广"土法上马"办电视台的经验,不计成本,不计后果。1961 年,党和国家领导人开始总结"大跃进"中的"左"的错误,对国民经济实行"调整、巩固、充实、提高"的八字方针。在新闻业务上,号召全党发扬实事求是的优良传统,大兴调查研究之风。在中央的领导下,新闻界对"大跃进"时期的新闻失实现象进行总结与反思,改进工作作风,开展调查研究,涌现出一批内容翔实、实事求是的典型报道和新闻通讯。杂文写作在这一时期得到迅猛的发展。如《北京晚报》的《燕山夜话》、《前线》杂志的《三家村札记》、《人民日报》的《长短录》是这一时期最出色的三个报刊杂文专栏。

1963 年,全国广播事业调整后,电视台、试验台由 36 座降至 8 座,广播电台由 1960 年的 137 座降至 1963 年的 89 座。在广播节目上,广播事业局局长梅益号召精办节目、创造品牌、加强地方特色。于是中央人民广播电台提出"办好十大名牌栏目"的口号。广播事业局还规定地方台必须转播《报摘》《联播》和《国际时事》三个节目,其中《报摘》和《联播》由于影响大,逐渐成为广大群众了解时事的首要渠道。在电视节目上,广播事业局为北京电视台制定了"立足北京面对世界"的宣传方针。由于国内电视机很少,而国外市场广阔,加上反帝反修斗争的需要,8 家电视台将注意力放在出国电视片的制作上。出国电视片数量增长迅速,1960 年,中国仅向 7 个国家寄送 61 部电视片;到 1965 年,中国已与 27 个国家的电视机构建立了交换关系,并向 30 个国家寄送了 473 部电视片。①

然而,在"左"的惯性下,这次调整如同昙花一现。随着 1962 年经济逐步好转以及中苏争论的进一步激化,党内对国内形势的估计和工作指导思想的分歧又开始出现。毛泽东联系苏联赫鲁晓夫批判斯大林的事件,将一些不同意见看成是阶级斗争和修正主义的表现,并斥之为"单干风""翻案风"。毛泽东在党的八届十中全会的公报上写道:"在无产阶级革命和无产阶级专政的整个历史时期,在由资本主义过渡到共产主义的整个历史时期(这个时期需要几十年,甚至更多的时间)存在着无产阶级和资产阶级之间的阶级斗争,存在着社会主义和资本主义这两条道路的斗争。"②毛泽东还认为:"阶级斗争和资本主义复辟的危险

---

① 郭镇之:《中外广播电视史》,上海:复旦大学出版社 2005 年版,第 243 页。
② 胡绳主编:《中国共产党的七十年》,北京:中共党史出版社 1991 年版,第 465 页。

性问题,我们从现在起,必须年年讲,月月讲。"①新闻媒体再一次成为阶级斗争的工具,新闻宣传中的"左"倾错误又进一步发展起来。

三、"文化大革命":新闻界的灾难

1966 年,"文化大革命"爆发。毛泽东曾在 1967 年说,为什么要发动"文化大革命",是因为过去农村的斗争,工厂的斗争,文化界的斗争,社会主义教育运动,"都不能解决问题"②。只有通过这种由下而上、公开地、全面地发动广大群众,才能把权力从"走资派"手中夺回来,才能维护党的纯洁性和寻求中国自己的社会主义道路。

在"文化大革命"时期,新闻界面临一次更大的灾难。"文化大革命"中新闻界的第一个冤案是对邓拓、吴晗、廖沫沙所谓"三家村"的批判,邓拓成为全国口诛笔伐的"反党反社会主义黑帮"。邓拓、吴晗被迫害致死,廖沫沙被冤入狱。在"文化大革命"中被迫害致死的老一辈新闻工作者还有孟秋江、范长江、金仲华、章汉夫、潘梓年。与此同时,新闻界开始"夺权"斗争。1966 年 5 月,《北京日报》《北京晚报》《前线》杂志领导全部撤换。5 月 31 日,陈伯达率工作小组进驻《人民日报》,夺了吴冷西的权,全面接管报纸工作。1967 年 1 月 3 日和 4 日,上海《文汇报》和《解放日报》被造反派夺权接管。紧接着,山西、贵州、黑龙江、山东、北京、青海、内蒙古、天津等八省、自治区、直辖市的党政领导机关先后被"造反派"夺权,成立"革命委员会",原来的党委机关报全部被改造为"红色政权革命委员会"的机关报。中共中央发出通知指出,"最近有些省市的报纸停刊闹革命,这是可以的,但必须完成代印《人民日报》、《解放军报》、《光明日报》航空版的任务,以保证党中央的精神'及时同广大群众见面'"③。据统计,全国邮局发行的中央级和地方级报纸数量从 1965 年的 413 种直线下降到 1970 年的 42 种,新闻界陷入百花凋零的境地。

当新闻界被"夺权",党、政、军文化机关出版的许多报刊纷纷停刊时,"文化大革命"小报如雨后春笋般冒了出来。"文革小报"是"文化大革命"时期的一种特殊宣传品,是各种"红卫兵"组织和"造反组织"用来"革命"和"造反"的宣传武器。这种小报先是油印并在学校、机关、工厂内部发送,后来大部分改为铅印,向社会发行。大部分小报没有编辑机构,无须向有关部门登记注册,随出随停。"文革小报"有由学校红卫兵组织创办的"红卫兵小报",也有由社会

---

① 胡绳主编:《中国共产党的七十年》,北京:中共党史出版社 1991 年版,第 465 页。
② 同上书,第 484 页。
③ 吴廷俊:《中国新闻史新修》,上海:复旦大学出版社 2008 年版,第 482 页。

各界群众组织创办的"文革小报"。这些小报是在无政府状态下发展起来的,内容主要刊载毛泽东的指示、讲话以及各种大批判文章,语言粗俗、文风僵硬、充满了火药味。据迄今见到或确切记载的北京地区的"文革小报"近 1000 种,全国出版的"文革小报"超过 6000 种。①

"文化大革命"后期,中国新闻事业完全被"四人帮"控制。"小报抄大报,全国看梁效"是这一时期新闻传播的基本格局。"大报"即《人民日报》《解放军报》和《红旗》杂志。由于"中央文化革命小组"隶属于中共中央政治局常委会,其所控制和领导的"两报一刊"成为其他报刊"转抄"的样板。在这样的传播格局下,新闻理论被扭曲,"阶级斗争工具论"成为新闻理论的基础和指导思想。

广播电视同样沦为"无产阶级全面专政的工具"。"文化大革命"开始后,广播电视被林彪、江青一伙掌控,广播电视中政治内容急剧增加,知识性内容大幅减少,甚至消失。所有"涉嫌"美化阶级敌人,鼓吹阶级调和,宣扬资本主义、人道主义、人性论和歌颂才子佳人、帝王将相的作品都不许播出。中国现代音乐中清除轻歌曼舞的节目,外国音乐节目中则减少古典音乐的播出数量,中央台在清理外国音乐库存时,将大量世界经典作品视为不符合民族文艺发展方向的"大、洋、古"作品处理掉,90%的外国音乐被消磁。文艺节目中充满了极"左"宣传,"八个革命样板戏"成为电视节目中的主要内容。广播电视节目中充斥着空洞的理论宣传,不厌其烦地播出毛泽东语录和"两报一刊"社论,成为党报党刊的"有声版"和"传声筒"。上海电视台在张春桥、姚文元的支持下,甚至首次实况转播了由造反派组织的"彻底砸烂中共上海市委大会"。造反派对上海市党政领导实行暴力摧残,架"喷气式飞机"、揪头发、罚跪等暴行都通过电视向全国转播,造成了极为恶劣的影响。

"文化大革命"十年,尽管广播电视在新闻宣传上出现了重大失误,但广播电视业在技术和硬件上取得了很大发展。首先,农村有线广播网全面覆盖。"文化大革命"十年中,我国各地党组织和地方政府动员群众发扬自力更生、艰苦奋斗的精神,就地取材、因地制宜,架设起一条条有线广播专用线路,深入千家万户。至 1976 年年底,全国县级广播站增加到 2503 座,比 1966 年多 502 座;广播喇叭发展到 1.13 亿只,比 1966 年增加了 12 倍多②,在全国范围内建立起了独立的有线广播传输系统。其次,电视台迅速增加,彩色电视兴起。1968 年前后,过去被停播的电视台相继恢复。1970 年,为了将"毛主席的光辉形象"传播到各地,没有电视台的地方也开办了电视台。至 1976 年,"我国电视台已由'文化大革命'

---

① 方汉奇:《中国新闻事业通史》第 3 卷,北京:中国人民大学出版社 1999 年版,第 334—335 页。
② 刘家林:《新中国新闻传播 60 年长编(1949—2009)》上,广州:暨南大学出版社 2010 年版,第 372—373 页。

前的七座发展到三十七座,电视转播台发展到一百二十三座,首都的电视节目可以通过微波线路传送到二十三个省、区、市;电视接收机比'文化大革命'前增加了将近十倍"①。

我国彩色电视的研究始于 1970 年,在"左"倾思潮的影响下,我国开始了"自创制式"的攻坚战。但此时,全球已形成了美国研制的 NTSC、法国研制的 SECAM 和德国研制的 PAL 三种制式三分天下的局面,中国选择不借鉴他人、自主研发的路子,收效甚微。直至 1972 年,尼克松总统访华,美国三大广播公司带来了全套先进的新式彩色电视摄录、转播设备和卫星通信设备,让中国同行大开眼界。从此,中央广播事业局开始放弃"攻关",向国务院提交了《关于进口部分彩色电视设备的请示报告》,又派出电视技术考察团赴法国、瑞士、联邦德国、荷兰和英国考察。最终由北京电视设备厂和上海广播器材厂试制 PAL 制式彩色电视。1973 年 4 月 14 日,北京电视台第一次试验播出彩色电视节目。

从以上简略的介绍中可知,新中国成立后 27 年的新闻事业有以下几个特点:

第一,新的政府的建立使中华大地的新闻事业由多元走向一元。原来国民党、共产党和私营新闻事业并存的局面由共产党的新闻事业所取代,全国新闻媒体在体制上逐步形成单一公有制新格局。与此同时,共产党的新闻管理体制基本沿袭了在战争时期形成的办法。这种单一的党报体制一方面大大增强了党对新闻媒体的领导和管理;另一方面,也使中国的新闻事业管理模式固化,新闻媒体缺乏独立性,批评报道和舆论监督不够,以至于当党在社会主义建设中出现重大失误时,新闻媒体的预警功能整体失效。

第二,新中国成立后的新闻事业与党的事业共沉浮。新中国成立以后,共产党一直在是以经济建设为中心还是以阶级斗争为中心的问题上摇摆不定。新中国初期,共产党致力于社会主义改造,其主要注意力在经济建设;1957 年开始,"左"的思想抬头,表现为经济建设上急于求成的"大跃进"和政治上反右派斗争的扩大化。1961 年,中国进入短暂的调整时期。1962 年党的八届十中全会后,阶级斗争再次扩大化,"左"倾错误制约了经济的发展。1966 年"文化大革命"的爆发,使中国社会陷入了灾难性的 10 年。中国新闻事业也在这一次又一次的政治运动中,起伏沉浮,总体上丧失了新闻媒体监督社会和守望社会的功能。

第三,新闻观念的改变与扭曲。新闻事业的社会主义改造以及一元党报体制的建立,使新闻专业主义失去了生存的土壤。"反右"运动以及"文化大革命"中对"资产阶级新闻思想"的批判以及对老报人的"迫害",使中国民营报人开创

---

① 《文化大革命推动我国电视事业蓬勃发展》,1976 年 6 月 4 日《人民日报》。

的新闻专业主义传统被彻底否定。基于党对社会主要矛盾的错误判断,阶级斗争理论成了全党全国的指导思想。于是,新闻观念逐渐扭曲,新闻媒体成了阶级斗争和政治斗争的工具。

第二节　新中国成立后 27 年新闻道德失范现象

新中国成立后,新闻工作者以极大的热情投入到社会主义建设事业之中,取得了一系列成就。随着私营报刊的消失和新闻事业的社会主义改造,黄色小报基本上退出了历史舞台。在共产党的领导下,新闻报道和广告都呈现出一片积极向上的图景。然而,这一时期的新闻事业也出现了不少问题。1957 年李慎之在《新闻业务》上发表文章《试揭新闻工作中的一个矛盾》,描述了新闻工作所面临的宣传与报道的矛盾。他说:"迄今为止,我们判断一件事情报道出去是否对人民有利的时候,标准就是同这件事情有关的政策。如果有利于这项政策的推行的,就能够报道,否则就不能。"这种以是否有利于政策推行为选择标准的新闻理念注定会带来主观主义和教条主义,"在长期执行这种报道方针以后,我们也能同时看到这种做法会造成使人民'蔽聪塞明'的后果"。因此,对宣传与报道之间的错误认识导致这一时期新闻指导思想发生偏差,新闻事业出现新闻失实、事实为政治服务、媒介功能异化等问题。

一、报喜不报忧的片面报道

1950 年 8 月 16 日,新华社社长陈克寒在《人民日报》上发表的文章中说:"片面性的报道,往往报道了工作的成绩,而不报道缺点,不说明目前存在的问题以及尚待努力的地方。"他还举例说:"在报道水利建设中,我们曾经报道了修堤复埝的巨大规模,动员了大量民工,花费了无数器材,筑成了很长的堤坝,等等,这些都是事实,是应该宣传的,但有时,某些地方已经发现修建工程缺乏严密计划,发生偷工减料、敷衍塞责等现象,在当时却往往很少或几乎没有任何揭发,一直到大水来临,有些新筑的堤坝溃决,才开始报道有些工程有毛病。"①这种片面报道极易误导公众,带有一定的欺骗性。因为单看一篇报道,其报道的事实是经得起核查的,不存在造假。然而,这些报道所描述的现实却不是真实的现实,而是被美化了的现实。又如"中央人民政府,实行许多财政经济新措施,使国家财政经济统一,收支接近平衡,物价趋向稳定,财政经济情况开始好转,报纸对于这一工作中的成绩和收获曾予以热烈的宣传……但当时有些报道对于国家的财政经

---

① 蒋亚平等:《新闻失实论》上册,北京:中国新闻出版社 1986 年版,第 64—65 页。

济情况仍有很大困难,根本好转的条件尚待创造,在执行财政经济的进步措施中发生了一些暂时的副作用,却缺乏适当的说明,因而曾有一部分人产生盲目的乐观情绪,另一部分人对宣传上的个别问题表示不能接受"①。这样的片面性报道,既误导了受众,也损害了新闻媒体的信誉。

　　陈克寒在 1950 年指出的这种问题,在后来的新闻报道中并没有被克服,反而表现形式更加多样。1954 年 10 月 22 日,《人民日报》记者安岗总结了工业报道中片面性的种种表现:第一种表现是"人云亦云,不进行独立的调查、思考和判断,信手拈来,便信以为真";第二种表现是"只看问题的一面,不去全面地观察和分析问题";第三种表现是"割断历史,把一件事同它的主客观条件对立起来,而不是从事物的内在联系中去发现问题进行报道"。"据沈阳日报检查,他们曾在显著地位上发表了'二一九二工地发动职工讨论施工计划'的消息,介绍和推广了该工地讨论计划的作法。消息中所报道的本来都是事实,可是这个工地的旬计划仅仅实行了一次就烟消云散了,同时在这一旬内还发生了返工事故。"第四种表现是"笔下生花,'要什么有什么'。工厂刚实行责任制,有些报纸马上就有了'新气象'的新闻,好象责任制是一副万灵药丹一样……"②对于这种片面报道,刘少奇曾批评说:"现在的新闻报道有偏向——只讲好的,有片面性。应该好的要讲,不好的也要讲。讲坏的,不是什么都讲;什么都讲,是客观主义,是有闻必录;而是经过思考,经过观察,有自己的见解;要做到对当前的斗争有利,不被敌人和反动派利用。"③

　　这样的片面报道在"大跃进"时期发展到了顶峰。一些新闻报道片面强调"快",而忽视了"好",单纯强调速度而忽视了质量。1958 年年初,报纸上关于"大跃进"的提法已经出现。如《人民日报》发表的元旦社论《乘风破浪》提出:"我们要在十五年左右的时间内,在钢铁和其他重要工业产品产量方面赶上和超过英国","再用二十年到三十年的时间在经济上赶上并且超过美国。"④《人民日报》充满了"快"的口号,将工人的"豪言壮语"作为副标题加粗印刷。如"炼钢工人的豪语:炼出更多的钢,赶上英国";"在千里冰封的大兴安岭,工人们说:'快干哪! 今天干完了,好迎接第二个五年计划!'又如新闻标题《为祖国高速度工业化欢呼》《快马又加鞭 增产再增产》《武钢第一座高炉已经安装到十一圈了》等,一个"快"字铺天盖地,中国的媒体向世人呈现了一个快速运转的中国。

---

　　①　蒋亚平等:《新闻失实论》上册,北京:中国新闻出版社 1986 年版,第 65 页。

　　②　《人民日报》1954 年 10 月 22 日第 1 版。

　　③　中国社会科学院新闻研究所编:《中国共产党新闻工作文件汇编》下,北京:新华出版社 1980 年版,第 363 页。

　　④　《人民日报》1958 年 1 月 1 日。

1958 年 6 月,《人民日报》还发表了题为《力争高速度》的社论,宣称"速度是总路线的灵魂","'快'是多快好省的中心环节"。新闻界在鼓吹"快"的同时,不考虑实际,宣传超越社会主义阶段,并宣称共产主义就要到来了。1958 年 10 月 4日,《人民日报》发表通讯《毛主席在安徽》,文中提到毛泽东在视察舒城县舒茶人民公社时说,"吃饭不要钱,既然一个社能办到,其他有条件的社也能办到。既然吃饭可以不要钱,将来穿衣服也就可以不要钱了"①。全国报纸立马跟风,大肆宣传"吃饭不要钱、不限量制度"。单从新闻报道看,共产主义的美好图景似乎即将降临人间。

这种片面报道引起了党中央领导人的注意。1960 年冬,中央开始反思和纠正"大跃进"时期的"左"倾错误。刘少奇在中共中央工作会议小组会上批评说:"不是超高速度,而是脱离现实的非马克思主义的高速度。""这种高速度,是不符合总路线精神的,把多、快、好、省割裂开了。高速度和稳步前进可否统一起来呢? 我有一个想法,是可以统一和应该统一的。人赛跑的时候,要跑得快,还要跑得稳,如果不稳,跌了跤,就不可能快。"②刘少奇的谈话体现了实事求是的科学精神,对于纠正"大跃进"中的错误具有一定作用。但可惜的是,这一认识不是只出现在"大跃进"之前或过程之中,而是在已经造成重大损失的"大跃进"之后。

二、大放"卫星"的浮夸新闻

浮夸是"大跃进"时期新闻失实的另一表现。1958 年 5 月党中央提出"鼓足干劲,力争上游,多快好省地建设社会主义"的总路线后,又恰逢小麦等夏粮开始收割,各级政府互相攀比、竞赛,一级压一级,一级骗一级。新闻界用大量篇幅、版面配合各级政府作假大空的报道,形成了"中国新闻史上规模最大的一次造假运动"③。

在农业生产方面,新闻界大放高产"卫星"。《人民日报》放的第一个高产卫星是 1958 年 6 月 8 日关于河南省遂平县卫星农业社五亩小麦创丰产新纪录的消息。其标题是《卫星社坐上了"卫星" 五亩小麦亩产 2105 斤》。该报道说:"它比去年湖北省房县双河农业社创造的全国小麦亩产最高纪录一千五百四十斤多五百六十五斤。"④此后,报纸上放出的越来越离谱的"卫星"也与日俱增。6 月 12日,《人民日报》又放出河南遂平县卫星农业社"亩产(小麦)三千五百三十斤七

---

① 《人民日报》1958 年 10 月 4 日。
② 转引自胡乔木:《胡乔木谈新闻出版》,北京:人民出版社 1999 年版,第 297 页。
③ 刘家林:《新中国新闻传播 60 年长编(1949—2009)》上,广州:暨南大学出版社 2010 年版,第178 页。
④ 同上书,第 179 页。

两五钱"①的第二颗卫星。6 月 16 日,《人民日报》又报道湖北省谷城县星光社试验田小麦亩产 4353 斤。7 月 12 日,《人民日报》报道称:"和平社二亩小麦平均亩产 7320 斤,这是河南省今年麦收中放出的小麦亩产 3000 斤以上的第二十九颗‘卫星’。"②8 月 1 日,《人民日报》报道:"长风社乘长风破万里浪,早稻亩产一万五千斤。"③8 月 9 日,新华社电:安徽高丰社试验田"开放大红花",早稻亩产 16260 斤。8 月 13 日,《人民日报》刊登了四个小孩并排站在稻穗上的经典假照片,并配上文字说明:"这块高产田的早稻长得密密层层,孩子站在上面就像在沙发上似的。"

　　广东省领导看到这则消息后备感压力,决定在广东也放出一颗高产"卫星"。9 月 5 日,《南方日报》发表《巨型"卫星"升天,田北社中稻突破 6 万斤》的消息和《粤北望"星"记》的通讯,并配发社论《人有多大的胆,地有多少的产》。文中强调"卫星记录的一个超过一个,那是不断地在证明地力无边,增产无限,最终决定的因素是人的努力。人有多大的胆,地有多少的产"④。这种完全不顾事实的唯意志论不仅违背了自然规律,而且进一步助长了新闻界不切实际的浮夸之风。9 月 18 日,《人民日报》放出了"大跃进"中的"水稻卫星王",其头版头条报道了广西环江县红旗人民公社水稻"亩产 13 万斤"的荒唐无稽的新闻。

　　"大跃进"时期,《人民日报》不仅在新闻报道中违背了新闻真实的原则,社论也是建立在不真实的"事实"和数据之上。如 1958 年 11 月 5 日社论《明年棉花产量还要来一个飞跃》中写道:"1958 年是我国棉花生产‘一天等于二十年’的一年,如果说在自然条件较好的 1957 年我国……创造了亩产一千四百多斤籽棉的全国最高纪录,已经是一个很大成绩的话,那么,今年在水旱灾害不利的情况下,不论南方和北方,内地和边疆,高产区和低产区,棉花单位产量、总产量以及大面积高额产量,都超过去年一倍到几倍。"⑤这篇社论的论据是亩产一千四百多斤籽棉,完全是现实世界中根本不存在的人造幻影。即使是半个世纪后的今天,籽棉亩产也只能达到八九百斤,如 2012 年山西省棉花高产纪录是亩产 420.2 公斤,何况是在科学技术相对落后的 1958 年。这篇社论还有更加离谱的论据:"安徽省颍上县城郊人民公社,在柳木棉田上创造了亩产二千四百二十斤皮棉的世

　　① 刘家林:《新中国新闻传播 60 年长编(1949—2009)》上,广州:暨南大学出版社 2010 年版,第 179 页。

　　② 蒋亚平等:《新闻失实论》上册,北京:中国新闻出版社 1986 年版,第 71 页。

　　③ 同上书,第 72 页。

　　④ 刘家林:《新中国新闻传播 60 年长编(1949—2009)》上,广州:暨南大学出版社 2010 年版,第 181 页。

　　⑤ 《明年棉花产量还要来一个飞跃》,《人民日报》1958 年 11 月 5 日。

界最高纪录……这样的增长速度是古今中外史无前例的。"①

由此可见,社论建立在虚假浮夸的论据之上,其观点注定是站不住脚的,而在这一时期《人民日报》社论中,这样的现象却处处可见。如1959年1月1日元旦社论《迎接新的更伟大的胜利》中列出了1958年的"伟大成就","在农业战线上,粮食将达到七千五百亿斤左右,比1957年增加一倍以上。棉花将达到六千七百万担左右,比1957年增加一倍以上"②。但事实是:"由于'大跃进'和人民公社化运动中'左'倾错误的一再发展……1959年的粮食产量仅为3400亿斤,比1958年实际产量4000亿斤减少600亿斤。"③也就是说,1958年中国的粮食产量仅为4000亿斤,而1959年社论却浮夸粮食产量,称1958年的粮食产量达到了7500亿斤左右,足足翻了一倍。

不仅新闻媒体为各地政府竞相放出的高产"卫星"摇旗呐喊,一些科学家也为高产进行所谓的"科学论证"。1958年6月16日,有科学家在《中国青年报》上发表文章《粮食亩产量会有多少?》说:"土地所能给人们的粮食产量碰顶了吗?科学的计算告诉人们:还远得很!今后,通过农民的创造和农业科学工作者的努力,将会大大突破今天的丰产成绩。因为,农业生产的最终极限决定于每年单位面积上的太阳光能,如果把这个光能换算农产品,要比现在的丰产量高出很多。现在我们来算一算:把每年射到一亩地上的太阳光能的30%作为植物可以利用的部分,而植物利用这些太阳光能把空气里的二氧化碳和水分制造成自己的养料,供给自己发育、生长结实,再把其中的五分之一算是可吃的粮食,那么稻麦每年的亩产量就不仅仅是现在的两千多斤或三千多斤,而是两千多斤的20多倍!"④科学家提供的所谓"科学依据",不过是隔行如隔山的自欺欺人之语,给当时的浮夸新闻穿上了一套"皇帝的新装"。真正生活在农业生产第一线的老百姓对这些浮夸新闻和所谓论证是绝对不会买账的。这也给人们提了一个醒:对于自己不熟悉的领域千万不要乱发言,更不能出于政治需要而放弃科学精神,以免留下千古笑柄。

在工业生产方面,《人民日报》和新华社从1958年6月开始,掀起了"全民大炼钢"的宣传。这一时期的新闻界不仅极力宣传鼓动,而且还不懂装懂瞎指挥。1958年6月17日《人民日报》第1版发表了《炼钢不神秘,小炉显神通》的消息。这是"全民大炼钢"的第一篇报道。消息报道了福建福州"炼出第一炉钢",并配发短评《炼钢铁齐头并进》。文中说:"炼钢是不是高不可攀呢?是不是非要较复

---

① 《明年棉花产量还要来一个飞跃》,《人民日报》1958年11月5日。
② 《迎接新的更伟大的胜利》,《人民日报》1959年1月1日。
③ 胡绳主编:《中国共产党的七十年》,北京:中共党史出版社1991年版,第437页。
④ 《中国青年报》1958年6月16日。

杂的设备和较高的技术不可呢？不。""福州通用机器厂设计和利用土转①炉炼钢成功的是一般技术工人,都不是炼钢工人。这哪里谈得上什么高超技术,只是因为他们不迷信,不妄自菲薄,敢想、敢干,所以就很快地由不懂到懂,创造了奇迹,为我们开拓了发展小型炼钢的道路。"②只要不迷信,敢想敢干就可以创造奇迹,这与"人有多大胆,地有多大产"的唯心主义论调如出一辙。

1958 年 8 月,中共中央提出全国要为生产 1070 万吨钢而奋斗,全国很快卷入了"全民大炼钢"的运动之中。报刊、广播立即密切配合全民炼钢运动,大肆鼓吹"土洋并举"加速发展钢铁工业。钢铁高产的"卫星"开始一个接一个升空。1958 年 9 月 14 日,贵州放出了钢铁产业的第一个高产"卫星",宣称生产生铁14000 吨,超额完成了原订 9000 吨的生产计划。第二天,河南省不甘示弱,立马宣布仅 9 月 15 日一天全省产铁 11894 吨。"9 月 29 日是中央确定的大放'卫星'的日子,全国日产钢近 6 万吨、铁近 30 万吨,出现了 9 个日产生铁超过万吨的省、73 个日产生铁超过千吨的县,以及两个日产 5000 吨钢、一个日产 4000 吨钢的省。"③10 月 26 日《人民日报》又报道称:"一周内钢的平均产量比以前 14 天的平均产量增加了 85%。"在经历了大半年的浮夸宣传后,至 12 月 22 日,《人民日报》用头版头条通栏大标题的方式刊载消息称:"1070 万吨钢——党的伟大号召胜利实现。"

然而,实际情况却是,为了完成 1070 万吨钢的目标,人民付出了惨痛的代价。生态环境遭到严重的破坏,森林被砍光,矿产资源被严重浪费,甚至连老百姓家中的锅碗瓢盆也被砸烂去炼钢铁。可笑的是,如此"高成本"生产出来的钢却根本不合格。据薄一波回忆:"冶金部原定标准,生铁含硫量不得高于 0.1%。北戴河会议后,放宽标准,改为 0.2%。即使这样,1958 年第 4 季度和 1959 年第 1 季度,各钢厂调入的生铁,合格的不到一半。有些地区小高炉生产的铁,含硫量竟超过 2%、3%,有的甚至高达 6%。这种当时名叫'烧结铁'的高硫铁不能炼钢。"④新闻报道的浮夸风,完全违背了实事求是的精神和新闻真实性原则,给中国社会主义建设事业和新闻事业带来了无法挽回的影响。

三、事实为政治服务的帮派新闻

"事实为政治服务"是"文化大革命"时期流行的荒谬绝伦的做法。它彻底

---

① "转"应为"砖",原文有误。

② 刘家林:《新中国新闻传播 60 年长编(1949—2009)》上,广州:暨南大学出版社 2010 年版,第 182 页。

③ 同上。

④ 薄一波:《若干重大决策与事件的回顾》下卷,北京:中共中央党校出版社 1993 年版,第 735 页。

扭曲和颠覆了科学新闻学理论，导致整个中国新闻事业扭曲。事实为政治服务，即将政治需要置于新闻真实之上，为了政治宣传的目的不惜歪曲、编造事实。"这就把事实当作可以任意揉捏的面团，要它圆就圆，要它方就方。……不少新闻工作者往往不能坚持从客观实际出发进行报道，而是以主观意图代替客观事实，仅仅按上级领导意图去'按图索骥'采编新闻。"①这种让事实沦为政治宣传奴婢的荒谬做法，给中国新闻事业造成了灾难性的后果。

（一）媒体成为政治斗争的工具

新中国成立后 27 年，特别是从 1957 年开始，中国的政治运动接连不断。在反右派运动、"大跃进"运动和"文化大革命"等一系列政治运动中，中国的新闻事业也偏离了正常的轨道。新闻媒体逐渐失去了报道真实新闻的功能，而成为阶级斗争的工具。

1951 年，风行一时的电影《武训传》得到全国各界的一致好评，几个月全国报纸发表了 200 多篇赞扬的文章。5 月 20 日，《人民日报》发表社论《应当重视电影〈武训传〉的讨论》，风向为之一变，将学术讨论上升为政治斗争。文中提到："承认或者容忍这种歌颂，就是承认或者容忍污蔑农民革命斗争、污蔑中国历史，污蔑中国民族的反动宣传，就是把反动宣传认为正当的宣传。"②接着，全国报纸闻风而动，至 7 月底，《光明日报》发表与《武训传》相关文章 30 多篇，《文汇报》发表了 100 多篇。对一部电影的讨论，观点可以并存，而一旦上升到政治高度，整个讨论也就严重变味了。1954 年，毛泽东发起批判俞平伯的《红楼梦研究》；1955 年，胡风因提出了不合时宜的文艺主张被定性为"胡风反革命集团"，并被判处有期徒刑 14 年，后又改判无期徒刑。新中国成立初期的三场思想文化大批判开启了政治干预学术的先例。在 1957 年的反右派运动中，文学界、新闻界、民主党派等各界人士均"因言获罪"。

1956 年 12 月 15 日，钟惦棐在《文汇报》发表《电影的锣鼓》一文，奏响了"百花齐放"的前奏。这篇批评中国电影界的文章最初得到了毛泽东的肯定。他说："这次对电影的批评，很有益。但是电影局开门不够，他们的文章有肯定一切的倾向。"③但短短两个月后，1957 年 2 月 27 日，毛泽东在最高国务会议上对钟惦棐进行了严厉批判，"共产党里也有右派有左派，中宣部有个干部叫钟惦棐，他用假名字写了两篇文章，把过去说了个一塌糊涂，否定一切，这篇文章引起批评了，引

---

① 吴培恭：《新闻与政治》，《传媒观察》1985 年第 4 期。

② 《毛泽东文集》第 6 卷，北京：人民出版社 1999 年版，第 166 页。

③ 叶永烈：《反右派始末》，乌鲁木齐：新疆人民出版社 2000 版，第 87 页。

起争论了,但是台湾很赏识这篇文章"①。1957 年 8 月 4 日《文汇报》发表徐景贤的批判文章《否定成绩,改变方向,篡夺领导——揭露〈电影的锣鼓〉一文的右派论点》。9 月 17 日《人民日报》又揭发钟惦棐写给何迟的"密信"《从"密信"看钟惦棐向党的第二次进攻》;9 月 19 日,又发表报道《钟惦棐仇恨党的文艺事业》。钟惦棐这位坐在红墙中的电影理论家,就这样被塑造成恶意攻击和污蔑党中央领导和重大政策的右派分子。据 1978 年中共中央统战部和公安部向中共中央递交的《关于全部摘掉右派分子帽子的请示报告》显示,在 1957 年的反右派斗争中,全国有 45 万多人被划为右派。②

　　"文化大革命"开始后,新闻媒体沦为少数阴谋家篡党谋权的工具。这一时期的报纸拥有极高的权威和极强的破坏力,上到国家主席下到平民百姓都可以成为它的批判对象。报纸点了谁的名谁就倒霉,甚至危及生命。如媒体批判刘少奇《论共产党员的修养》和围剿电影《清宫秘史》,称刘少奇为"党内最大的走资本主义道路的当权派""睡在我们身边的赫鲁晓夫"。在"中央文革"的指使下,造反派将刘少奇和王光美揪到中南海的两个食堂批斗。1968 年 11 月 2 日,《人民日报》头版头条刊登了中共八届十二中全会公报,将刘少奇定性为"一个埋藏在党内的叛徒、内奸、工贼,是罪恶累累的帝国主义、现代修正主义和国民党反动派的走狗"。一年以后,刘少奇在开封凄惨地去世,甚至骨灰盒上刻下的都不是自己的名字,而是曾用过的化名"刘卫黄"。

　　在这一系列运动中,新闻工作者为什么不能坚守新闻真实的基本原则和职业操守? 这与新中国的新闻管理体制紧密相关。新中国的新闻体制延续了共产党在战争时期利用新闻媒体作为政治宣传工具的特点,又全面模仿苏联的新闻管理体制。所以在反右派运动中,毛泽东可以通过起草《组织力量反击右派分子的猖狂进攻》直接部署新闻媒体"反击右派",并亲自撰写社论《这是为什么?》,揭开反右斗争序幕,新闻媒体失去了应有的独立思考的能力和说真话的勇气。"经济上、政治上必要的自由性和独立性,乃是任何新闻业、新闻媒体保持自主性的基础,也是新闻业、新闻媒体能否与社会公众、政府以及各种社会力量建构起健康伦理关系的基础。"③那一时期中国的新闻媒体恰恰缺乏必要的自由与独立。在强大的政治高压下,新闻工作者自身难保,还谈什么道德上的独立? 而"在道德上缺乏独立性、自主性的新闻媒体、新闻业,必然是残废性的新闻媒体、新闻

①　叶永烈:《反右派始末》,乌鲁木齐:新疆人民出版社 2000 版,第 518 页。
②　朱建华、郭彬蔚主编:《中华人民共和国史辞典》,长春:吉林文史出版社 1989 年版,第 92 页。
③　杨保军:《新闻道德论》,北京:中国人民大学出版社 2010 年版,第 46 页。

387

业,而'残废的传媒业只能沦为愚民和灌输的工具',新闻人这时也只能是残废的职业新闻人"①。

（二）狂热的造神运动和拔高的典型报道

"文化大革命"时期,新闻媒体成为林彪、江青两个反革命集团进行"阶级斗争的工具"。狂热的造神运动和个人崇拜、攻击性的大批判与拔高的典型宣传成为媒体宣传报道的主要特点。

野心家、阴谋家林彪利用《解放军报》《红旗》杂志,在全国大力推广"活学活用毛主席著作"的群众运动。在内容上,报刊称"毛泽东思想是当代马克思列宁主义的顶峰,是最高最活的马克思列宁主义,是反对帝国主义和现代修正主义的强大思想武器……""毛主席的书,水平最高、威信最高、威力最大,句句是真理,一句顶一万句。"②在版面上,《解放军报》几乎每天在报纸头版右上角的位置刊登"毛主席语录",还首创头版通栏大标题,甚至将毛主席语录直接用作标题。在正文中,对毛主席语录用黑体字或者用加粗的仿宋体字刊出。在重要的节日,报纸还会用头版整版刊登毛主席的巨幅照片。如 1966 年 10 月 1 日,《人民日报》《解放军报》《光明日报》头版用一整版刊登了毛主席身穿军装站在天安门城楼上接见红卫兵的巨幅半身照,而三大报纸的报头却挪到报纸的左下角。正如恽逸群所说:"蓄意篡夺权力的奸人,就千方百计地提倡个人崇拜,把最高领导人宣扬为几乎全知全能的超人,大树特树其权威。"③

"文化大革命"期间,新闻媒体通过任意拔高、歪曲事实、移花接木等手段,为了政治需要推出了许多典型,号召全国人民学习。在 1969 年 4 月中共九大期间,主流媒体再次强调"抓好典型","两报一刊"推出了一批又一批积极开展"斗、批、改"运动的典型。1968 年至 1976 年,《人民日报》、新华社不断派出记者蹲守在"六厂二校",不断炮制有关典型经验的报道。新闻媒介完全成为政治斗争的工具和任人使唤的奴婢。

第三节　新中国成立后 27 年新闻伦理思想

新中国成立后 27 年,我国的新闻事业虽然经历了艰难曲折的发展历程,尤其是在"文化大革命"时期彻底沦为阶级斗争的工具,先后出现了许多违背新闻

---

① 杨保军:《新闻道德论》,北京:中国人民大学出版社 2010 年版,第 46 页。
② 《解放军报》1966 年 1 月 1 日第 1 版。
③ 陆炳炎主编:《恽逸群同志纪念文集》,上海:上海三联书店 2005 年版,第 482 页。

伦理和新闻规律的严重问题,但是,在这个时期,尤其是前 17 年,党和国家领导人及新闻工作者,对新闻道德问题也进行了认真的思考,提出了具有时代特色和现实针对性的一些观点,在一定程度上丰富了无产阶级新闻伦理思想。

一、树立为人民服务的道德观念

为人民服务是无产阶级新闻道德的基本原则,是共产党新闻工作长期的指导方针。新中国成立初期,为人民服务的观念成为涤荡晚清和民国时期中国资产阶级新闻道德观念的思想武器,帮助广大新闻工作者破除旧道德,树立新道德。

据新闻总署 1950 年年底不完全统计,在全国一万多名新闻工作人员中,抗日战争和解放战争中参加革命的占总人数的 42.5%;平津解放后参加革命的新干部占总人数的 56.8%。在 6708 名编采人员中,曾经在旧中国新闻机构任职 2 年至 10 年以上的近 800 人,为编采总人数的 12%。① 总体上看,共产党原有的新闻工作者是新中国新闻事业的骨干。但是,由农村进入城市之后,面对复杂的新环境,新闻工作者的办报理念和道德观念也需进行改造。

如 1949 年 1 月 14 日,华北局宣传部批评《张家口日报》"不着重宣传工人、职员、学生和中下层市民,而过份地不适当的宣传工商业资本家、民族资产阶级,宣传外国传教士,宣传投诚敌军等等"②。宣传部认为,这两期报纸犯了右倾错误,"在这个座谈会上,工人被排斥在'各界'之外。……其阶级观点是何等模糊"③;并一再强调,"我们的党报进入城市之后,必须首先成为工人阶级和一切劳动人民的喉舌,以极大的热情和注意,反映他们的生活和要求,并经过报纸,对他们进行阶级的先锋队的教育,必须在一切干部中,树立起依靠工人阶级团结全体劳动人民及一切反帝反封建反官僚资本主义分子建设新城市新中国的思想,并应在党报上清醒的反映出这种思想。这是不能动摇的原则,否则就是没有党性,没有立场"④。因此,面对全新的办报环境,共产党的新闻工作者需要进一步加强为人民服务的观念,以防止在错综复杂的环境中迷失方向;而对于从民国过来被允许继续从事新闻工作的编辑、记者,则需要用"为人民服务"的道德观念来改造他们的世界观。

新闻工作为人民服务首先体现在新闻工作者的立场上。刘少奇说:"你们是

---

① 方汉奇:《中国新闻事业通史》第 3 卷,北京:中国人民大学出版社 1999 年版,第 53 页。
② 中国社会科学院新闻研究所编:《中国共产党新闻工作文件汇编》上,北京:新华出版社 1980 年版,第 297 页。
③ 同上书,第 297—298 页。
④ 同上书,第 298 页。

人民的通讯员,是人民的记者,要全心全意为人民服务。"①胡乔木说:"编辑、记者、新闻工作人员,首先应该有人民的立场,这一点不需要多说。如果没有人民的立场,虽然仍旧是一个新闻工作者,但不是我们所需要的新闻工作人员。"②这是新中国的新闻工作者与民国时期中国的新闻工作者根本的区别。为人民服务的道德观念强调人民的利益高于一切。吴冷西说:"人民新闻学的基本原则,是以最大多数人民的最大利益为依归,对此有利的多报道,对此利少者则少报道,对此无益甚至有害者则不报道,反对客观主义和所谓'有闻必录'。"③

为人民服务要求新闻工作者正确认识和处理与人民群众的关系。道德现象是"一种人类在处理、应对与自己,特别是与他人、与社会、与自然的关系时通过自己良心、意志等自觉约束自我言行的现象"④。在新闻出版事业中,为人民服务的观念实质是指导新闻工作者处理自身与人民之间的关系。共产党人认为,报纸与人民有两层关系。一是"报纸是党用来教育和领导广大人民群众进行革命斗争和建设新生活的最有力的武器"⑤。二是我们的报纸要"成为工人阶级和一切劳动人民的喉舌,以极大的热情和主义,反映他们的生活和要求",党报记者应该心甘情愿地"当人民的勤务员。人民,是记者们最尊贵的主人"⑥。

为人民服务,还要做到"从群众中来,到群众中去",充分了解人民群众的喜怒哀乐,为群众提供及时、生动、准确、有吸引力的新闻信息。胡乔木指出:"报纸是给群众看的。尽管我们的报纸今天的程度——文化水平、政治内容还不能使每一个老百姓看懂、听懂,但是这并不妨碍我们的报纸是给群众看的,是面向群众的这一个基本原理。"⑦陶铸认为,"反映农民的要求和思想情绪(当然是正当的和先进的),讲农民真正要讲的话,帮助农民正确地解决他们需要解决的问题"⑧是报纸最重要的职责。读者往往最为关注与自己切身利益密切相关的消息,报纸要真正做到为人民服务,走进人民心中,就必须讲他们关注的事,写他们面临的问题,"如果我们报纸的消息不是干巴巴的,不光是那些指示等大文章,而是能真正地从各方面反映群众的思想要求,群众就会爱看,就会感到有'趣味'"⑨。

① 《刘少奇选集》上,北京:人民出版社 1985 年版,第 402 页。
② 《胡乔木谈新闻出版》,北京:人民出版社 1999 年版,第 244 页。
③ 新华社新闻研究所编:《吴冷西论新闻报道》,北京:新华出版社 2005 年版,第 7 页。
④ 杨保军:《新闻道德论》,北京:中国人民大学出版社 2010 年版,第 3 页。
⑤ 《邓拓文集》第 1 卷,北京:北京出版社 1986 年版,第 285 页。
⑥ 《陆定一文集》,北京:人民出版社 1992 年版,第 341 页。
⑦ 《胡乔木谈新闻出版》,北京:人民出版社 1999 年版,第 54 页。
⑧ 《陶铸文集》,北京:人民出版社 1987 年版,第 289 页。
⑨ 同上书,第 152 页。

　　为人民服务要求报纸在文风上适合群众的口味,为群众喜闻乐见。新中国成立初期,人民大众的文化水平普遍偏低,新闻通俗化问题成了一个新的课题。陶铸说:"白居易写了诗念给老太婆听,我们编了报纸也要拿到生产队念给农民听,看他们懂不懂。因此,语句要通顺流畅,文字要避免艰涩难懂,最要紧的是还要采取平等态度和商量口吻,少来一些'干部腔'。"①

　　全心全意为人民服务,是中国共产党在延安时期就确立的共产党人的道德原则。1942 年 5 月,毛泽东在《在延安文艺座谈会上的讲话》中,要求我们的文艺应该成为"革命的为人民服务的东西"。1944 年 9 月 8 日,毛泽东作了纪念张思德的著名演讲《为人民服务》。1945 年 4 月 24 日,毛泽东在中国共产党第七次全国代表大会的政治报告《论联合政府》中,提出了"全心全意为人民服务"是我们工作的出发点的论点。中共七大第一次把"全心全意为人民服务"作为党的宗旨列入党章。1946 年 5 月 4 日,《解放日报》发表的胡乔木《谈道德》一文明确提出:"中国人民和中国青年在自己的斗争中已经建立起一种庄严的新道德,它的根本原理就是为人民群众服务,就是与人民群众相结合,就是个人的利益服从于人民群众的利益。"②这是中国共产党的文献中,较早论述为人民服务新道德的论文。

　　全心全意为人民服务既是共产党人的根本政治立场和行为规范,也是党报工作者最高的道德准则。但是,党媒记者在具体的新闻实践中如何才能做到为人民服务,怎样判断和检验新闻工作者是否真正做到了为人民服务,无论是过去、现在还是未来,都不能由媒体和记者自己说了算,而应该由媒体的服务对象——人民群众说了算;也不能只看领导人和媒体主持者嘴上如何说的,而是要看党报和党报记者在行动上是如何做的。只有站在人民的立场上,用人民群众喜爱的语言和报道方式,真实地反映人民的生活、愿望和呼声,才是真正的为人民服务。

　　二、强调联系实际、联系群众、批评和自我批评的作风

　　1950 年 3 月 29 日至 4 月 16 日,全国新闻工作会议召开,新闻总署署长胡乔木在会议的报告中提出了改进报纸工作的方法:"联系实际、联系群众、批评和自我批评。"同年 5 月,邓小平在西南区新闻工作会议上的报告中,也把"联系实际、联系群众、批评和自我批评"看作是办好报纸的三个重要的条件。这是新中国成立后,中国共产党对新闻工作提出的指导方针,也是对新闻记者提出

---

① 《陶铸文集》,北京:人民出版社 1987 年版,第 290—291 页。
② 《胡乔木文集》第 3 卷,北京:人民出版社 1994 年版,第 307 页。

的职业道德要求。

联系实际，就是新闻报道要联系与"人民生活和国家工作有直接重要联系的实际"，要结合当时当地工作的重心，用重要的位置、重要的力量，大量刊载人民群众的工作和生活状况，少发表一些与地方生活无关的东西，或者一些政府机关的指令、决议、会议等。

联系群众，就是记者要与广大工农群众和知识分子保持密切的联系。一方面，记者要深入群众、深入生活，了解人民群众的情况；另一方面，"报纸应该负一种责任，就是把群众的兴趣，把群众的积极性，把群众的精神引导到一个比较更适合于群众自己利益的方向去"①。了解群众，学习群众，引导群众，鼓励群众，就是新闻工作者联系群众的基本内容。

批评和自我批评，就是"吸引人民群众在报纸刊物上公开地批评我们工作中的缺点和错误，并教育党员，特别是党的干部在报纸刊物上作关于这些缺点和错误的自我批评"。"在报纸刊物上进行批评和自我批评，是为了巩固党与人民群众的联系、保障党和国家的民主化、加速社会进步的必要方法。"②而且，在报纸上开展批评，"应该是建设性的，积极的，指明出路的，与人为善的"③。

新中国成立初期，中国共产党在新闻战线上提倡发扬三大作风，是适合当时的客观形势和新闻工作实际需要的。共产党在取得全国政权之后，如何不脱离群众、不脱离实际是摆在面前的重大课题，尤其是在报纸刊物上展开批评与自我批评，促进新中国的建设事业，值得广大新闻工作者认真地思考。陆定一说："在没有取得政权以前，如果要想取得革命的胜利，必须时时注意开展批评和自我批评。如果有了错误没有批评和自我批评，那么敌人就会胜利，我们就会丢掉脑袋。取得了政权以后，情况就不同了，没有人要我们的脑袋了，但很可能犯了错误自己还不知道。怎么办呢？就更要开展批评和自我批评，也就是说，这个批评和自我批评完全要靠我们自己来作了。"④邓拓也说："为了增强党的团结，不但不允许缩小党内民主和党内的批评和自我批评，而且必须保证充分发展党内民主，充分发展党内的批评和自我批评，以求竭力避免一切可以避免的缺点和错误，使党的事业得到顺利的进展。"⑤

---

① 张之华主编：《中国新闻事业史文选（公元724年—1995年）》，北京：中国人民大学出版社1999年版，第550页。

② 中国社会科学院新闻研究所编：《中国共产党新闻工作文件汇编》中，北京：新华出版社1980年版，第5—6页。

③ 张之华主编：《中国新闻事业史文选（公元724年—1995年）》，北京：中国人民大学出版社1999年版，第555页。

④ 《陆定一文集》，北京：人民出版社1992年版，第470页。

⑤ 《邓拓文集》第1卷，北京：北京出版社1986年版，第287页。

邓拓还对报纸上进行批评的具体方法进行了论述。他指出:在报纸上进行批评时,应当区别不同的情形,采取不同的方针。对于典型的坏人坏事,不只是应该进行批评,而且要进行无情的斗争,给以严重的打击。至于我们工作中一般性质的缺点和错误,就应该采取同志式的批评和自我批评。报纸上发表的批评必须完全正确,包括所批评的事实的完全正确和批评时所采取的态度、观点的完全正确。发表的时机也要恰当。报纸上发表的批评必须对党、对人民、对工作、对被批评者都有帮助。不夸大事实,不乱扣帽子。报纸工作人员应该以最严肃负责的态度来对待这个工作。①

1950 年 4 月 19 日,《中共中央关于在报纸刊物上展开批评和自我批评的决定》颁布,对在一切公开场合,在人民群众中,特别在报纸刊物上展开批评与自我批评的重要性与必要性,以及展开批评与自我批评的具体办法,给予了充分的论述和详细的规定。如"凡在报纸刊物上公布的批评,都由报纸刊物的记者和编辑负独立的责任"。"读者来信中的有益的批评,凡报纸刊物能判断其为真实者,应当加以发表。"②

1954 年 7 月,中共中央发布的《中共中央关于改进报纸工作的决议》进一步强调:"被批评者对于自己的缺点和错误,必须进行诚恳的、深入的检讨,并采取改正错误或缺点的切实措施;对报纸上的批评认为不正确或有部分失实的,应当实事求是地加以解释,但是对于其中正确的部分,即令是只有百分之五,也必须虚心接受。……凡是对批评者施行打击报复或压制批评的,经过调查属实,不管他是什么人,不管他的职位多么高,应当受到应得的处分。"③从这两个文件中,我们看到了中国共产党在成为全国的执政党之后反对官僚主义和鼓励新闻媒体进行舆论监督的决心以及对待舆论监督的正确态度。在一段时间里,党报党刊发表了相当数量的有关批评和自我批评的文章,对于改进党的工作作风起到了积极的作用。

有人认为,20 世纪 50 年代提出的报纸批评,在根本上与延安整风一样,属于党组织自身的整顿,党和政府依然是报纸批评的主体,报刊不过是行使批评的工具。尽管文件中明确规定"吸引人民群众在报纸刊物上公开地批评我们工作中的缺点与错误",将人民群众确立为报纸批评的主体,但在实际工作中,由于传统媒介技术的缺陷和管理体制的限制,人民群众很难成为真正的批评主体。这一

---

① 中国社会科学院新闻研究所编:《中国共产党新闻工作文件汇编》下,北京:新华出版社 1980 年版,第 334—336 页。

② 中国社会科学院新闻研究所编:《中国共产党新闻工作文件汇编》中,北京:新华出版社 1980 年版,第 6—7 页。

③ 同上书,第 324—325 页。

看法应该说部分符合当时报纸批评的客观实际,但不完全准确。因为行使批评监督权利的,既可以是人民群众,也可以是党和政府以及政府监管下的新闻媒体。事实上,当时在报刊上行使批评权利的主体也是多元的。

为了使报纸刊物的批评与自我批评开展得更好,使舆论监督更有利于党的事业的发展,1954年4月,毛泽东提出了"'开、好、管'的三字方针"。他说:"关于报纸上的批评,要实行'开、好、管'的三字方针。开,就是要开展批评。不开展批评,害怕批评,压制批评,是不对的。好,就是开展得好。批评要正确,要对人民有利,不能乱批一阵。什么事应指名批评,什么事不应指名,要经过研究。管,就是要把这件事管起来。这是根本的关键。党委不管,批评就开展不起来,开也开不好。"①

显然,在"开、好、管"的三字方针中,毛泽东强调的是"管"。此后,新闻宣传战线都是按照毛泽东的这个思想来处理媒体与党委之间的关系的。陆定一说:"自我批评,并不是为了减弱领导,而是为了加强领导,为了把纸上的和没有威信的领导变成有生命的和真正有威信的领导。所以,批评与自我批评一定要有领导。谁领导?党委领导。"②"广西有个《宜山报》,在报纸上批评宜山地委。同级的报纸批评同级的党委,这是不容许的,不应该的。像这样就是闹独立性了。"③1953年3月4日,《宜山农民报》发文批评宜山地委引发争议,中宣部3月19日作出批示,党报不得批评同级党委。这一规定延续至今。陆定一还进一步指出,当党委和党报编辑部对某个问题的观点不一致时,编辑部应该"依照党章办事。报纸编辑部可以向上级控告、申诉,可以一直告到中央,告到毛主席那里;而不应该在那个时候和党委对立起来,否则是违反组织原则的"。"自我批评开展得好不好,这一类问题离开了党委的领导就没有办法搞好。所以,党委的领导是改进报纸工作的关键。"④

邓拓强调新闻批评要有纪律性。他说:"我们在外面采访时如果发现有重要的问题,应该直接找负责同志谈,不要乱说。他如果不同意,则不要一股劲坚持,可以写给报社或中央。如果发现某地高级领导机关有政策路线上的问题,最好在当地绝口不提,迳自写给报社与中央。反映了,就听中央处理好了,对中央也不要一再坚持重复的意见。我们应该与中央各部的工作人员一样,应该注意工作中的纪律性。"⑤"加强党委对报纸的领导工作,这是各级党委实现对人民群众的政治思想领导的最有决定意义的任务之一。这是改进报纸工作的

---

① 《毛泽东新闻工作文选》,北京:新华出版社1983年版,第177页。
② 《陆定一文集》,北京:人民出版社1992年版,第476页。
③ 同上书,第476—477页。
④ 同上书,第485页。
⑤ 《邓拓文集》第1卷,北京:北京出版社1986年版,第284页。

根本关键。"①由此可见,关于报纸刊物展开批评与自我批评的认识与方法,经历了由"记者编辑负独立的责任"到同级的报纸不能批评同级的党委的转变。

对这种思想与方法的转变,在改革开放之前是不容讨论的,认为报纸不能批评同级党委有着天然的合理性与合法性。但是,近几年来,新闻学界对此提出了不同的看法,认为这一规定,既不利于党的事业发展,也不利于发挥舆论监督的作用。我认为批评监督的关键是看是否符合事实,是否有利于治病救人,是否有利于党和国家的事业,而不是看级别的高低。如果媒体借舆论监督之名进行恶意毁谤,可以用法律的武器进行事后追惩。

其实,陆定一在 1954 年对于报纸开展合理的批评就有过深刻的论述:"(一)事实要完全正确,而不是基本正确。""(二)批评要有利于实际工作,有利于团结,要对党、对国家、对人民,以至对被批评者都有帮助。这就是要区别破坏性的批评同正确的批评的问题。""(三)批评的态度要正确。……对犯了一般错误的或虽犯了比较严重错误但是愿意改正的同志,就不应该夸大他们的错误,而应该以治病救人的态度对待,不能随随便便给人家戴帽子,什么官僚主义等等。""(四)批评发表的时间问题。……重要的批评什么时候该发表,要党委来决定。""应该是好的方面、先进的方面、进步的方面、光明的方面在报纸的版面上'盖过'消极落后的方面。"②陆定一的文章,对批评报道事实的准确、所起的作用、态度的正确、发表的时间、所占的比例等方面做了全面而深刻的论述,对党报搞好批评报道和舆论监督具有很强的指导作用。今天读来,依然能给人启发与教益。

三、学会独立思考,成为观察家和批评家

新中国成立后的 50 年代直至 60 年代初期,党和国家领导人都反复强调,新闻记者要培养独立思考的精神,要成为有自己独立见解的观察家和批评家。胡乔木在第一次全国新闻工作会议上指出:"报社的编辑部、编辑人员、记者,应该看到自己这种重要的地位;报纸的工作人员要认清自己,重视自己的工作,对自己所接触到的问题加以思考,要建立自己的见解,建立自己的思想,应该'胸有成竹'地处理问题。只有这样,才能把许许多多每天涌到报社来的人和问题和事件处理得好。要把自己的工作看成是一个极重要的社会的力量,把自己培养成为政治上、工作上、思想上的观察家和批评家。"③

1956 年 5 月 28 日,刘少奇在《对新华社工作的第一次指示》中说:"新闻记者

---

① 《邓拓文集》第 1 卷,北京:北京出版社 1986 年版,第 304 页。

② 《陆定一文集》,北京:人民出版社 1992 年版,第 474、476—477 页。

③ 中国社会科学院新闻研究所编:《中国共产党新闻工作文件汇编》中,北京:新华出版社 1980 年版,第 50 页。

第一要有老实态度,第二要深入观察问题。光有老实态度不行,必须能够深入观察问题,不是皮毛地而是系统地了解事物的发展规律,看出事物的本质。"①"现在的新闻报道有偏向——只讲好的,有片面性。应该好的要讲,不好的也要讲。讲坏的,不是什么都讲;什么都讲,是客观主义,是有闻必录;而是经过思考,经过观察,有自己的见解;要做到对当前的斗争有利,不被敌人和反动派利用。"②

1958 年 11 月,毛泽东对《人民日报》负责人吴冷西说:"做报纸工作的,做记者工作的,对遇到的问题要有分析,要有正确的看法、正确的态度","记者的头脑要冷静,要独立思考,不要人云亦云。这种思想方法,首先是各新华分社和人民日报的记者、北京的编辑部要有。不要人家讲什么,就宣传什么,要经过考虑。"③

从以上的材料中可见,毛泽东、刘少奇等党和国家领导人希望记者不要只做老老实实的记录者和传声筒,而要做有独立思考的观察家和批评家。1961 年,刘少奇在湖南做调查时说,党报工作人员之所以在 1958 年的"大跃进"报道中犯错误,并不是不听党的话,而是完全依赖党委,自己不做调查研究工作,不提出问题,也不反映问题,丧失了独立思考的能力。这样做的结果是使党的事业损失更大。因此,他提出:党报和党报记者,应该做党委有头脑的喉舌,而不是缺乏独立思考的工具。④ 著名记者赵超构作为一个老报人,对新闻工作者的独立性问题,有着切身的感受与体会。他说:"新闻记者应当是社会主义的宣传员,同时又是人民的喉舌,要把正确地反映人民群众的思想感情作为自己的责任。因此他们就不应该同于一般的机关干部,也不可能百依百顺的照机关行政观点办事。在这点上,新闻记者有权利争取自己的独立思考独立判断的地位。"⑤

与延安时期的党报伦理思想相比较,新中国成立之后的一个时期内,提倡新闻记者要做有独立思考的"喉舌",是中国共产党党报伦理思想的创新和进步。有人担心,强调记者独立思考,不人云亦云,可能会有新闻自由化的风险。其实,这个担心是不必要的。因为党报记者本身就是党组织的一部分,党报与党组织的利益是一致的。而且,实现党内民主与自由,也是党内生活的应有之义。如果党报记者能独立思考、独立观察与分析,就不会出现"大跃进"时期荒唐可笑、自欺欺人的"卫星"新闻与"文化大革命"期间的"造神"新闻了。其实,对于一味盲目执行上级指示的做法,毛泽东早在 1930 年撰写的《反对本本主义》中就提出过批评。他说:"我们说上级领导机关的指示是正确的,决不单是因为它出于'上级

---

① 中国社会科学院新闻研究所编:《中国共产党新闻工作文件汇编》下,北京:新华出版社 1980 年版,第 365 页。

② 同上书,第 363 页。

③ 《毛泽东新闻工作文选》,北京:新华出版社 1983 年版,第 211、212 页。

④ 胡绩伟:《刘少奇新闻观点述评》,《新闻学刊》1987 年第 5 期。

⑤ 《赵超构文集》第 6 卷,上海:文汇出版社 1999 年版,第 492 页。

领导机关',而是因为它的内容是适合于斗争中客观和主观情势的,是斗争所需要的。不根据实际情况进行讨论和审察,一味盲目执行,这种单纯建立在'上级'观念上的形式主义的态度是很不对的。"①

四、搞新闻工作要"政治家办报"

在中国伦理思想史上,历来就有伦理政治化和政治伦理化的传统。即把对人的伦理道德要求上升为政治要求,从而实现伦理政治化;把政治要求伦理化,从而使政治要求变为人们的伦理自觉。孔子提倡的"为政以德"和孟子提倡的"仁政"就是其中的代表。搞新闻工作要"政治家办报"的命题也是新中国成立之后,新闻伦理政治化的体现。

"政治家办报"是毛泽东于 20 世纪 50 年代后期提出的一个重要观点。他针对"大跃进"中"大家头脑发胀,大谈共产主义"的问题,以及对邓拓"书生办报"的不满,发表了他独特的思想见解。1957 年 6 月 7 日,毛泽东第一次提到要"政治家办报"。当时,《人民日报》对最高国务会议的召开无动于衷,只发了两行字的新闻,没有发社论,以后又不宣传。而全国宣传工作会议甚至连新闻也没有发。但是,《文汇报》《新民报》和《光明日报》却对此进行了详细的报道。毛泽东严厉批评《人民日报》社社长邓拓"不仅不是政治家办报,甚至也不是书生办报,而是死人办报"②。毛泽东还对胡乔木说:"中央党报办成这样子怎么行? 写社论不联系当前政治,这哪里像政治家办报?""报纸的宣传,要联系当前的政治,写新闻、文章要这样,写社论更要这样。如 2 月间的最高国务会议和 3 月间的全国宣传工作会议及其以后的发展,报纸的宣传要围绕这个当前最重要的政治来做。"③毛泽东批评邓拓是"书生办报",确有几分道理和依据,在邓拓身上的确存留着几分中国传统文人的气质和坚持己见的"书生气",缺少一点政治"敏感性"。但是,骂邓拓是"死人办报",就完全是个人偏见和对人的不尊重了。

1959 年 6 月,毛泽东在与吴冷西的谈话中又一次提到了"政治家办报"。他说:

　　新闻工作,要看是政治家办,还是书生办。有些人是书生,最大的缺点是多谋寡断。刘备、孙权、袁绍都有这个缺点,曹操就多谋善断。

　　要反对多端寡要,没有要点,言不及义。要一下子看到问题所在。……

　　搞新闻工作,要政治家办报。④

① 《毛泽东著作选读》上册,北京:人民出版社 1986 年版,第 50 页。
② 吴冷西:《忆毛主席:我亲身经历的若干重大历史事件片段》,北京:新华出版社 1995 年版,第 41 页。
③ 同上书,第 42 页。
④ 《毛泽东新闻工作文选》,北京:新华出版社 1983 年版,第 215—216 页。

从毛泽东的论述中可知,他说的"政治家办报",并不是要办报的人都成为政治家,而是希望记者,特别是新闻单位的领导要具备政治家的素质,要有敏锐的政治头脑、犀利的政治眼光、准确的判断能力。特别是在复杂的形势和大是大非面前,要能够从政治上总揽全局,一下子抓住事物的要害与本质,站稳立场,明辨是非,使新闻宣传紧密配合国内外形势,为全党全国工作大局服务。

新中国成立后,党的报纸由战争环境转入和平环境,由农村转入城市。在新的历史条件下,党报的使命已经不同于过去两军对垒、敌我分明的时期,对党报工作者的政治素质也提出了更高的要求。毛泽东、刘少奇、周恩来、邓小平等党和国家领导人,在这方面都有论述。1956 年 5 月,刘少奇在《对新华社工作的第一次指示》中说:"做一个无产阶级记者和编辑,做一个马克思主义的记者和编辑,应该具备什么条件,要有哪些修养,应该提得完全一些,不能光从技术上着眼。"①所谓不能光从技术上着眼,就是要求记者还要在政治素质和道德品质方面加强修养;如"要有坚定的人民立场、阶级立场,要有马克思列宁主义观点和方法"等②。

在中国新闻史上,关于报人的职业素养和道德精神,不同历史时期的代表人物有过不同的主张。如王韬提出,记者应是"博古通今"的全才;梁启超提出,记者应是鉴既往、示将来的历史家;林白水说,新闻记者最可贵的精神是"说人话而不说鬼话";成舍我说,新闻记者最最重要的条件在"敦品励行"……而毛泽东提出,搞新闻工作,要政治家办报。这些观点都是从不同的侧面论述了记者的职业道德与专业才能,都有一定的合理性。一般说来,民营报人和新闻学者多从新闻专业的角度提出要求,而党派领袖和政治家多从政治角度提出要求。这正反映了不同性质的媒体对于报人的道德要求是有一定区别的。

五、培养坚持真理、敢于斗争的品质

新中国成立后的前几年,中国共产党的领导人在许多讲话和文章中都对新闻记者提出了一个重要的道德要求:坚持真理、敢于斗争。刘少奇在《对新华社工作的第一次指示》中说:"新闻记者要坚持真理,要有斗争性,头上要长角。不要怕人家报复,不要怕人家把你赶走。如果你报道正确,人家把你赶走,这是你的光荣。如果在一九五五年春天,在粮食问题上,你报道了某个地方的真实情况,说明那个地方绝大多数人的粮食是够吃的,只有极少数人真正缺粮食,你因此被赶走了,那么你最光荣,而现在你在全中国是最有名的记者,赶走你的人也

---

① 中国社会科学院新闻研究所编:《中国共产党新闻工作文件汇编》下,北京:新华出版社 1980 年版,第 365 页。
② 同上书,第 360 页。

会承认错误，请你回到他那里去。"①刘少奇的这段话是针对新闻记者不敢讲真话的问题而提出的。他认为，坚持真理、敢讲真话是新闻记者应有的品质，但讲真话是有风险的，如果没有大无畏的斗争精神，就无法做到真实客观地报道事实。

1956 年 5 月，胡耀邦在《作战斗的号角和喉舌》的讲话中说："孔夫子讲的'君子三戒'里有一戒说，壮之士，血气方刚，戒之斗。我看这一戒对我们不合适，我们要随时准备战斗，随时准备发出战歌。报纸没有战斗性不行，一定要扯破脸，要搞批评，要准备打官司。你们不要怕。我看你们现在就是有点怕。""新与旧的斗争，前进与停顿、倒退的斗争，这是一个很大的思想斗争。要在斗争中取得胜利，就需要勇敢，就需要顽强，需要准备着丢掉'乌纱帽'。""当然这里所谓的斗争，并不是斗争哪个人，而是这种思想观点战胜那种思想观点，这种政策、措施克服那种政策、措施。"②胡耀邦的讲话在精神实质上与刘少奇的思想是一致的，都强调记者要有维护真实和真理而敢于斗争的勇气和精神。

1957 年 6 月，毛泽东对即将赴《人民日报》工作的吴冷西说："要政治家办报，不是书生办报，就得担风险。"办报要有"五不怕"："一不怕撤职，二不怕开除党籍，三不怕老婆离婚，四不怕坐牢，五不怕杀头。"③他还说："有人问，鲁迅现在活着会怎么样？我看鲁迅活着，他敢写也不敢写。在不正常的空气下面，他也会不写的，但更多的可能是会写。俗话说得好：'舍得一身剐，敢把皇帝拉下马。'鲁迅是真正的马克思主义者，是彻底的唯物论者。真正的马克思主义者，彻底的唯物论者，是无所畏惧的，所以他会写。"④毛泽东说的记者要"五不怕"，是鼓励搞新闻工作的人，要无所畏惧，敢于担风险，敢于斗争。

众所周知，中国共产党在延安时期就提出过党报的品质之一是具有"战斗性"。在新中国成立之前的 1948 年 4 月，毛泽东在《对晋绥日报编辑人员的谈话》中就提出："我们党所办的报纸，我们党所进行的一切宣传工作，都应当是生动的，鲜明的，尖锐的，毫不吞吞吐吐。这是我们革命无产阶级应有的战斗风格。"⑤

新中国成立之后，党和国家领导人继续提倡和鼓励记者要敢于斗争，要有战斗性，是对延安时期提倡的党报战斗品质的继承和发扬。但是，在战争时期与建

---

① 中国社会科学院新闻研究所编：《中国共产党新闻工作文件汇编》下，北京：新华出版社 1980 年版，第 365 页。

② 同上书，第 347、348、349 页。

③ 吴冷西：《忆毛主席：我亲身经历的若干重大历史片段》，北京：新华出版社 1995 年版，第 45 页。

④ 《毛泽东新闻工作文选》，北京：新华出版社 1983 年版，第 190 页。

⑤ 中国社会科学院新闻研究所编：《中国共产党新闻工作文件汇编》下，北京：新华出版社 1980 年版，第 237 页。

设时期,党报的战斗性,在斗争对象和斗争方式上,都不相同。战争时期党报的战斗性,体现在对内揭露消极腐败现象的同时,更多的是与敌对势力作斗争。而建设时期,党报的战斗风格主要表现在敢于批评和揭露各项工作中的缺点与错误,敢于同贪污腐败分子和危害人民群众利益的行为及官僚主义作风作斗争。历史经验告诉我们,坚持真理,维护正义,是要付出代价的,有时还会付出沉重的代价,如果没有勇气和硬骨头精神,就很难做到这一点。因此,共产党的领导人反复告诫和鼓励新闻工作者,为了人民的事业,什么也不要怕。怕字当前,就什么也不敢做了。

这些论述和观点,从理论上看是完全正确的。惩恶扬善、主持正义是媒体的天职。但问题在于,当一个国家的民主政治和国家法律尚不健全的时候,尤其是在个人崇拜与专制作风盛行的时候,媒体的战斗性和记者的斗争性要想发挥出来,的确有相当的难度。"反右"运动和"文化大革命"中许多优秀记者被错划右派和迫害致死,以至于新闻界出现人人自危、万马齐喑的局面就说明,在非正常的历史条件下,新闻记者不要说敢于斗争,就连一般的独立思考也会丧失。因此,记者和媒体的斗争性一方面需要以自身的品质为依托,另一方面也需要民主法制做保障,不然,就会是凌虚蹈空的纸上谈兵。

六、对新闻真实性的认识与探讨

新闻真实是一个历久常新的老话题,不同时代的人都要对它作出诠释,任何媒介都要对它作出承诺,因为"新闻是对客观事实的真实反映,是对事实信息的真实陈述。这一新闻传播的基本使命、基本前提,决定了新闻从业者的基本品质就是忠实地再现新闻事实,客观、全面地叙述事实信息"①。新中国成立之前,从上海办报到中央苏区办报再到延安时期的新闻改革,党报党刊逐步形成了实事求是的优良传统。然而,新中国成立之后,新闻失实和浮夸的问题不仅没有减少,反而在"大跃进"和"文化大革命"时期愈演愈烈。在新中国新闻事业曲折发展的过程中,新闻真实的原则一再受到挑战与破坏。正因为新闻界在真实性问题上出现过严重的偏差,就更加令人感受到新闻真实的重要性。这如同饱受战争苦难的人,更加知道和平的重要性;遭受过疾病折磨的人,更加懂得健康的宝贵。

从1958年"大跃进"到"文化大革命"时期,中国报界在新闻真实性的问题上,从思想认识到具体行为,都犯过严重的错误,给国家的建设事业和人民的生活造成了重大的损失。毛泽东在1959年写给省、地、县、社、队各级干部的《党内通信》中提出:"讲真话问题。包产能包多少,就讲能包多少,不讲经过努力实在

---

① 杨保军:《新闻道德论》,北京:中国人民大学出版社2010年版,第221页。

做不到而又勉强讲做得到的假话。"①毛泽东要求新闻工作者"要实事求是,报道时要弄清事实真相。不是新闻必须真实吗? 一定要查清虚与实,是虚夸、作假还是真实、确实。新闻报道不是做诗写小说,不能凭想象虚构,不能搞浪漫主义"②。人们对世界上发生的新鲜事情,大多是通过新闻媒体了解到的,媒体提供的情况、描画的图景,是真是假,对人们的认识与判断会产生相当大的影响。如果说想象虚构、浮夸作假的新闻对受众个人的影响还相对较小的话,那么,对于政府的决策者来说,影响就大了。

1958 年 12 月,胡乔木在北京各新闻机关负责人电话会议的讲话中说:"宣传今年取得的成就时,有一个分寸的问题。不要夸大。不夸大,成就还是在那里。十分说成十二分是夸大,说成八分有藏量,但不要紧。"③他还强调"反对浮夸是长期的斗争,不是现在一说,1959 年就没有了"④。

1961 年,刘少奇在中共中央工作会议小组会上说:"三年来,报纸在宣传生产建设成就方面的浮夸风,在推广先进经验方面的瞎指挥风,在政策宣传和理论宣传方面的片面性,对实际工作造成了很大恶果。"⑤刘少奇对新闻界虚假报道的批评是严厉的,说明当时从中央领导到新闻记者都在认真反思"大跃进"时期报纸上出现的浮夸风、瞎指挥和片面性的问题。人们至今还存在疑惑:既然报纸上的"卫星"新闻在现实生活中根本就不存在,为什么还能频频见报? 难道当时的记者和编辑都是瞎子、聋子和疯子? 全国新闻机构集体造假这样荒唐而不可思议的事情,当时为什么没有人站出来进行揭穿与抵制? 将来新闻界还会重演"皇帝的新装"这样的闹剧吗?

如何避免虚假浮夸和片面报道呢? 毛泽东、刘少奇等党和国家领导人提出的办法是:新闻工作者要大兴调查研究之风。1958 年 11 月,毛泽东专门派吴冷西和田家英到河南新乡的修武县和新乡县的七里营公社进行调查研究,并对他们说:"你们办报的也要心中有数。这就要调查研究,掌握第一手材料。"⑥毛泽东还要求他们带上《马恩列斯论共产主义社会》和《苏联社会主义经济问题》两本书,同时强调,"不是要我们搞本本主义,按图索骥,对号入座,也不是要我们照本本去宣传,而是想使我们对马、恩、列、斯关于共产主义说过什么话有个大致的了解,下去调查中面对眼花缭乱的实际情况能够保持冷静的头脑。特别当记者的,

---

① 《毛泽东新闻工作文选》,北京:新华出版社 1983 年版,第 213 页。
② 《吴冷西论新闻报道》,北京:新华出版社 2005 年版,第 364 页。
③ 《胡乔木谈新闻出版》,北京:人民出版社 1999 年版,第 287 页。
④ 同上书,第 288 页。
⑤ 刘崇文、陈绍畴主编:《刘少奇年谱》,北京:中央文献出版社 1996 年版,第 518 页。
⑥ 《吴冷西论新闻报道》,北京:新华出版社 2005 年版,第 350 页。

不能道听途说，人云亦云，要深入实际，调查研究，实事求是，心中有数，头脑清醒，做冷静的促进派。报纸宣传影响大，人家头脑发热，搞报纸宣传的也头脑发热，那就坏事了"①。

刘少奇在1962年扩大的中央工作会议上说："有许多同志没有做，他们满足于听口头汇报和看书面汇报，而这些汇报，有许多是靠不住的。他们听了一些不确实的事情，如假典型、假'卫星'等，就以讹传讹，盲目推广；看了一些不可靠的材料，也不调查研究，就照样搬用。他们这样主观主义地做领导工作，怎么可能不犯错误呢？"②陶铸借用毛泽东关于吃梨的比喻深刻地论述了为什么要进行调查研究。"毛主席的《实践论》里有一段话说：'你要知道梨子的滋味，你就得变革梨子，亲口吃一吃。你要知道原子的组织同性质，你就得实行物理学和化学的实验，变革原子的情况。你要知道革命的理论和方法，你就得参加革命。一切真知都是从直接经验发源的。'这正是辩证唯物论的认识论的根本问题。而要解决这个问题，在工作中就必须实行调查研究，实行一切经过试验。没有调查研究就没有发言权这句话，就是批评专凭主观办事的人。"③

除调查研究之外，还要学会全面地看问题。毛泽东说："做新闻宣传工作的，记者和编辑，看问题要全面。要看到正面，又要看到侧面。要看到主要方面，又要看到次要方面。要看到成绩，又要看到缺点。这叫做辩证法，两点论。现在有一种不好的风气，就是不让讲缺点，不让讲怪话，不让讲坏话。任何事情都有两面性。好的事情不是一切都好，也还有坏的一面，反之，坏的事情不是一切都坏，也还有好的一面，只不过主次不同罢了。听人家都说好，你就得问一问是否一点坏处也没有？听人家都说坏，你就得问一问，是否一点好处也没有？大跃进当然是好事，但浮夸成风就不好。"④

"大跃进"以来出现的虚假浮夸新闻，不仅使人们充分认识到了假新闻的危害性，而且让党和国家领导人认识到了当时造假和说谎"风气"形成的主客观原因。毛泽东曾在1959年说："有许多假话是上面压出来的。上面'一吹二压三许愿'，使下面很难办。"⑤陶铸批评党内不良风气时说："现在党内有一种很不好的现象，看脸色行事，你要什么他就给你什么。特别是近三年来反右倾，处分了一些干部，使得大家精神状态不正常，不敢反映实际情况。"⑥而广东阳江县的一位

---

① 《吴冷西论新闻报道》，北京：新华出版社2005年版，第351页。
② 《刘少奇选集》下卷，北京：人民出版社1985年版，第397页。
③ 《陶铸文集》，北京：人民出版社1987年版，第163页。
④ 转引自吴冷西：《忆毛主席——我亲身经历的若干历史事件片断》，北京：新华出版社1995年版，第108页。
⑤ 《毛泽东新闻工作文选》，北京：新华出版社1983年版，第213页。
⑥ 《陶铸文集》，北京：人民出版社1987年版，第298页。

县委书记用自己的亲身经历分析了脱离实际的原因："第一,我们必须坚决执行上级的指示;第二,上级指示如果同群众的要求不一致的话,我们还是坚决执行上级的指示。这样,当然就要脱离群众,脱离实际。"①

要改变媒体的虚假浮夸的风气,除了媒体记者自身要重视调查研究和学会全面看问题外,上级领导必须要克服官僚作风,不要有官场习气,不能只喜欢听好话,不喜欢听真话。周恩来说:"我们要提倡说真话。怎样才能做到这一点呢?要大家讲真话,首先要领导上喜欢听真话,反对说假话。如果你乱压任务,结果象同志们所说的,他就会准备两本账,揣摩一下才讲,看你喜欢听什么再讲什么。这的确是一个党风问题。大家都说假话,看领导的颜色说话,那不就同旧社会的官场习气一样了吗?你们反映的情况我听起来觉得很痛心。你们说假话当然不对,但更重要的是我们压你们。从现在起,不要乱压任务、乱戴帽子了。"②中央领导人的这些认识,是对严重的虚假浮夸之风痛定思痛的结果。党风决定着报风,报风也可以改善党风,这是毫无疑义的。一个政党只有敢于总结与反思过去、善于承认所犯错误并勇于改正错误,才会获得人民的拥护,才有能力带领人民从挫折中走出来,迈向新的征途。

第四节　新中国成立后 27 年新闻伦理思想小结

新中国成立后的 27 年,是社会主义建设事业取得巨大成就并经受了重大挫折的 27 年,也是中国新闻事业曲折发展的 27 年。从最初 7 年的调整改造,到后 20 年的政治运动,中国新闻事业始终与国家的政治共沉浮。随着"党媒一统"格局的形成和国内形势的变化,中国共产党的新闻伦理思想既有一贯坚持的主张,也有应时而变的内容。在这 27 年中,"文化大革命"的十年无疑是新闻界的一场灾难,也是新闻思想的一片荒漠。其余 17 年的新闻伦理思想及其实践主要呈现出以下几个特点。

一、新闻管理体制与新闻伦理观念的冲突

中华人民共和国成立后,中国共产党按照自己的社会政治理想,在全国实行了"三大改造"。新闻事业是被改造的对象之一,在"三大改造"完成之后,全国形成了以党委机关报为核心的党报体系,以新华社为主体的国家通讯网,以中央人民广播电台为中心的国营广播网。民营报纸在 1954 年集体退出历史舞台。

① 《陶铸文集》,北京:人民出版社 1987 年版,第 299 页。
② 中共中央文献编辑委员会编辑:《周恩来 刘少奇 朱德 邓小平 陈云著作选读》,北京:人民出版社 1987 年版,第 535 页。

在新闻管理体制上,中国共产党在 20 世纪 50 年代"一边倒"地学习苏联新闻工作经验,建立起了高度集中的新闻管理体制。这种体制要求所有媒体按照"党性原则",在思想上、组织上、行动上与党中央保持高度的一致,对西方资本主义国家的新闻工作经验和新闻理论成果则一概排斥与批判。按照新闻工作的党性原则要求,党的媒体是党的喉舌,要与党的领导机关的意志保持一致;党媒的主要任务是迅速宣传党的政策,反映党和政府的工作情况;党报的报道内容、报道方式、报道时机等,都要接受党委的领导和指挥。

这种高度集中的管理体制,如果说在战争年代还行之有效的话,那么,在社会主义建设时期,不仅产生了一些弊端,而且与共产党自身的新闻伦理主张发生了背离与冲突。例如,新中国成立以后,中共中央于 1950 年 4 月发布《关于在报纸刊物上展开批评和自我批评的决定》,提倡在一切公开场合,在人民群众中,特别在报纸刊物上展开对我们工作中一切错误和缺点的批评与自我批评。其目的是"通过报纸吸引广大人民群众用来监督我们的工作,对我们工作中的缺点和错误提出及时的批评和建议,监督我们和帮助我们克服缺点,纠正错误,使我们的工作日新月异地向前发展"①。但是,到 1953 年,中宣部下发的关于党报不能批评同级党委的文件,又基本否定了这一正确的做法,认为媒体批评同级党委就是闹独立的表现,于是将媒体的监督权力限制在一定的范围之内,禁锢了记者的手脚,使刚刚兴起的批评与自我批评的良好风气被扼杀。

像这样前后反复、自我否定的做法,不止一次。如 1956 年《人民日报》改版的夭折,就是如此。还有党的领导人一方面提倡记者要有斗争精神,要善于独立思考,鼓励记者为了坚持真理,什么都不要怕(不怕撤职,不怕开除党籍,不怕老婆离婚,不怕坐牢,不怕杀头);另一方面又要求记者与党委保持高度的一致性,确保党对报纸的绝对领导。其结果是:记者的敢于斗争和独立思考的精神无法发挥,只能按照各级党委主要领导人的意志办事。

当然,古今中外,凡鼓励他人成为勇敢斗士的人,绝不是要你在他面前也成为"敢死队员",而是希望你站在自己一方,勇敢地与对方作斗争。但问题是,在和平建设时期,媒体的斗争精神,主要体现在勇敢地维护社会公平正义,为广大人民群众说话,敢于同损害国家和人民利益的贪官污吏和各种危害社会的不良行为作斗争。如果一个地方的主要领导人贪赃枉法、腐化堕落、以权谋私,媒体是应该进行斗争揭露,还是应该无条件地服从,保持一致呢?时代已经步入 21 世纪了,党内民主的改革也在不断取得新的成果,但几十年前形成的党报不能监

---

① 中国社会科学院新闻研究所编:《中国共产党新闻工作文件汇编》下,北京:新华出版社 1980 年版,第 333 页。

督同级党委的规定依然沿用着。

二、对延安时期新闻伦理思想的继承与发展

新中国成立后的 27 年，共产党新闻伦理思想从总体上看，是对延安时期和解放战争时期新闻伦理思想的继承与发展。毛泽东、刘少奇、周恩来、胡乔木、陆定一等老一辈无产阶级革命家，既是延安时期党报伦理的创建者，也是新中国新闻事业的领导者和指挥者，因此，他们的新闻伦理思想继承与发展了过去战争时期形成的思想。

如新闻工作的党性原则是延安时期最重要的新闻理论成果之一。当时党的领导人和党报对此做过全面、深刻的论述。博古撰写的《解放日报》社论《党与党报》说："在党报工作的同志，只是整个党的组织的一部分。一切要依照党的意志办事，一言一行一字一句都要顾到党的影响。"①陆定一撰写的《在〈晋绥日报〉编辑部的谈话》说："要知党报工作就是宣传政策，报纸的一字一句，一则新闻，一条标题，处处都体现着党的政策，稍一疏忽即会产生错误。每个党报工作者，要认识自己光荣而艰巨的责任，努力学习，使报纸办得更好。"②新中国成立后，直至今天，新闻工作的"党性原则"依然是党报必须坚持、不可动摇的第一原则。但是，对这一原则的理解，中共中央和党报工作者也提出过新的阐释。如 1956 年 8 月，《中共中央批转人民日报编辑委员会向中央的报告》中说：

> 为了便于今后在报纸上展开各种不同意见的讨论。《人民日报》应该强调它是党中央的机关报又是人民的报纸。过去有一种论调说："《人民日报》的一字一句都必须代表中央"，"报上发表的言论都必须完全正确，连读者来信也必须完全正确"。这些论调显然是不实际的，因为这不仅在事实上办不到，而且对于我们党的政治影响也不好。今后《人民日报》发表的文章，除了少数的中央负责同志的文章和少数的社论以外，一般地可以不代表党中央的意见，而且可以允许一些作者在《人民日报》上发表同我们共产党人的见解相反的文章。这样做就会使思想界更加活跃，使马克思主义的真理愈辩愈明。各地党委今后也要强调地方党报是地方党委的机关报又是人民的报纸。我们党的各种报纸，都是人民群众的报纸，它们应该发表党的指示，同时尽量反映人民群众的意见；如果片面强调它们是党的机关报，反而容易在宣传上处于

① 无锡市史志办公室编：《秦邦宪（博古）文集》，北京：中共党史出版社 2007 年版，第 471 页。
② 《陆定一新闻文选》，北京：新华出版社 1987 年版，第 69 页。

被动地位。[①]

很明显,这一文件体现了中国共产党尊重新闻规律和实事求是的科学态度,反映了中国共产党党报伦理思想的发展和创新。党报对党的忠诚要做到一字一句都与党的组织息息相通、呼吸相关,体现党的意志与政策,这是延安时期提出的观点,当时谁也没有怀疑过它的正确性。其实,这些提法明显带有绝对化的偏颇,不符合实事求是的精神和唯物辩证法的要求。党报和党报记者在报纸上发表文章,怎么可能做到一言一行、一字一句都符合党的意志呢?文件指出:"这些论调显然是不实际的,因为这不仅在事实上办不到,而且对于我们党的政治影响也不好",并提出党委的机关报,既是党的报纸,又是人民的报纸,应该尽量反映人民群众的意见。这无疑是新中国成立后党报伦理的重大突破和创新。但令人遗憾的是,随着1956年新闻改革的失败,这些可贵的探索与思考也随之中断。

又如,1948年10月2日,刘少奇在《对华北记者团的谈话》中说:新闻报道"第一是要真实,不要过分,再就是要全面、深刻。说到全面、深刻,应该说明,不深刻不会全面,提不到理论高度是不会全面的,那只能是零碎的、现象的、无系统的。全面,这是一个理论工作。要综合,要总结,要提到政策、理论的高度。"[②]时隔近8年之后的1956年5月28日,他在《对新华社工作的第一次指示》中又说:"新闻报道要客观、真实、公正,同时要考虑利害关系,看看对人民和无产阶级事业是否有利。""新华社的新闻就必须是客观的、真实的、公正的、全面的,同时必须是有立场的。"[③]

对照这两段话,内容上既有相同的地方,又有某些差异。两次讲话都把新闻的真实、全面作为建立党报威信的立足点,但是,1956年的谈话,明显增加了对新闻立场性的强调,要求无产阶级新闻事业将新闻的客观性与立场性结合起来。他还举例说:"斯大林犯了许多错误,在肃反斗争中杀错了一些人,是真实的。但是,如果报道了,就对当前的斗争很不利,这是立场问题。错误是犯了,但是要考虑在什么时候讲有利。"[④]这与毛泽东说的"新闻""旧闻"和"不闻",在本质上是一致的,体现了在新的历史时期,党的领导人对新闻真实性与立场性的关系有了更为深入的认识。

---

① 中国社会科学院新闻研究所编:《中国共产党新闻工作文件汇编》中,北京:新华出版社1980年版,第483—484页。

② 中国社会科学院新闻研究所编:《中国共产党新闻工作文件汇编》下,北京:新华出版社1980年版,第257页。

③ 同上书,第360—361页。

④ 同上书,第361页。

三、新闻伦理政治化与新闻专业精神的弱化

新闻伦理政治化，是指将新闻伦理的行为上升为政治行为，将新闻道德的要求上升为政治要求。一般说来，伦理与政治属于两个不同的范畴。伦理是指人与人相处的各种道德准则；政治是指国家、政党、阶级为建立、组织、巩固和发展政权而进行的各方面的活动。伦理是内在的，政治是外在的；伦理靠个人内心的自觉，政治靠外在的力量强制。两者的内涵、作用与影响都有明显的不同。

但是，伦理与政治又不能截然分开，它们彼此相互独立又相互联系与依靠。中国古代儒家的政治哲学就特别强调道德在政治生活中的重要作用，主张政治与道德应该融为一体，甚至认为道德是政治的基础。孔子所说的"为政以德，譬如北辰，居其所而众星共之"①，就是指道德对于政治的重要影响。伦理政治化，或者说政治伦理化，是伦理与政治两者之间必然联系的外在表现。

中国共产党的党报伦理一开始就具有政治化的特点。特别是 1942 年开始的延安整风运动，是中国共产党在全党进行的一次马列主义的教育运动。在新闻领域，批判了资产阶级的新闻学观点，要求党报记者加强世界观的改造，树立全新的新闻道德观念。如当时提倡的记者不以"无冕之王"和"先知先觉"自居，而甘当"人民公仆"；记者要以宣传党的政策作为自己的光荣职责；等等。这些含有政治要求的主张，到新中国成立之后，几乎原封不动地搬了过来，并进一步提出新闻工作必须讲政治的道德要求。毛泽东关于"搞新闻工作，要政治家办报"的观点，就是新闻伦理政治化的集中表现。

中共中央宣传部、新闻总署发布的一系列决定和指示明确规定了新闻工作者应该做什么和不应该做什么。如新中国成立之初，华北局宣传部批评《张家口日报》不注重宣传工人、职员和中下层市民，而过多宣传资本家和传教士，要求"我们的党报进入城市之后，必须首先成为工人阶级和一切劳动人民的喉舌，以极大的热情和注意，反映他们的生活和要求"②。党和国家通过文件的形式，对新闻工作者提出具体的政治和道德要求，来规范新闻工作者的职业行为，这是中国共产党长期以来领导新闻事业的特色，即"一些政治统治上的要求，意识形态宣扬的诉求，成为职业新闻工作者的道德责任"③。

新中国成立后的 27 年，在凸显新闻伦理政治化的同时，新闻专业主义精神在一定程度上被弱化。新闻专业主义是西方新闻学的重要概念，也是西方新闻

---

① 《论语·为政》。

② 中国社会科学院新闻研究所编：《中国共产党新闻工作文件汇编》上，北京：新华出版社 1980 年版，第 298 页。

③ 杨保军：《新闻道德论》，北京：中国人民大学出版社 2010 年版，第 102 页。

工作者恪守的职业规范。其核心理念是：新闻工作的根本职责是客观、真实、准确地报道事实真相；新闻工作的目标是服务于全体人民，而不是某一党派或利益集团；新闻媒介的运作应该是自由和独立的，不应受行业规范之外任何权力的控制。这一理论表达了西方新闻行业的职业理想，在中国近代民营报人中有相当大的影响，但与中国共产党的党报伦理却有很大差异。如党报伦理强调绝对服从党的领导，新闻专业主义强调自由与独立；党报伦理强调媒介做"党的喉舌"，新闻专业主义强调媒介是"社会公器"；党报伦理强调服务政党的需要，新闻专业主义强调客观公正地报道事实真相。

中国共产党的党报伦理与西方新闻专业主义伦理，本就属于两个不同主体和体系，从理论基础到伦理追求、从适应对象到具体内容都不一样。例如1954年7月发布的《中共中央关于改进报纸工作的决议》，是当时指导我国新闻工作的一份重要文件。但在这份文件中，自始至终强调和要求的是如何做好党报的"宣传工作"，而不是如何报道新闻。在第一部分和第二部分关于报纸工作任务的内容中，"宣传"一词出现了26次，"新闻报道"只出现了3次，而且明确要求："使新闻报道充分发挥以事实进行政治鼓动的作用。"①新闻报道是为政治服务的，新闻只是手段，政治才是目的。

同年，被毛泽东后来指责为"书生办报"的邓拓撰写的《怎样改进报纸工作》，提出了今后报纸工作的纲领：第一，要使报纸进一步成为宣传马克思列宁主义的基地；第二，逐步加强报纸的评论工作；第三，加强关于国际问题的宣传；第四，设立和加强党的生活栏；第五，改进经济建设的宣传；第六，报纸的新闻必须改革②。邓拓是党报的领导人和新闻专业工作者，对新闻是比较熟悉的。他在论述怎样改进报纸工作的时候，对新闻业务的阐述最多，也十分内行。但在他的新闻理念中，"加强党委对报纸的领导工作"，"是改进报纸工作的根本关键"③。他强调，报纸一切业务的改进都应该在党委的指导下进行，专业精神要服从党性指导，从而提高报纸的政治质量。

新中国成立后的27年，在政治挂帅和"新闻是阶级斗争工具"的观念指导下，新闻工作的专业属性从来没有得到过正确的认识与承认，记者的职业伦理也很少有新闻专业主义内涵。直到改革开放之后，随着思想的进一步解放和西方新闻理论的传播，我国的新闻伦理中才逐步有了既要坚持党性原则又要遵循新闻规律、既要坚持政治家办报又要发扬新闻专业精神的思想认识。

---

① 中国社会科学院新闻研究所编：《中国共产党新闻工作文件汇编》中，北京：新华出版社1980年版，第322页。

② 中国社会科学院新闻研究所编：《中国共产党新闻工作文件汇编》下，北京：新华出版社1980年版，第326—331页。

③ 同上书，第342页。

第五章　改革开放以来新闻伦理思想
（1978—2012 年）

1976 年 10 月,以江青为首的"四人帮"集团被粉碎,肆虐中国长达 10 年之久,给党、国家和人民造成严重灾难的"文化大革命"宣告结束。1978 年 12 月召开的中共十一届三中全会拉开了我国改革开放的序幕。从此,我们的国家和人民摆脱了极"左"路线的束缚,以新的姿态迈入健康发展的轨道。中国的新闻事业也随着改革开放的洪流进入历史上从未有过的黄金期,取得了前所未有的辉煌成绩。

第一节　改革开放以来中国的新闻事业

一、新闻战线的拨乱反正

粉碎"四人帮"后,作为"文化大革命"重灾区之一的中国新闻业急需拨乱反正以恢复正常。从 1976 年年底到 1978 年年底,新闻界展开了一场声势浩大的舆论宣传战,发表了大量揭批"四人帮"利用新闻媒介进行篡党夺权、制造冤假错案和塑造假典型的文章。同时,新闻界还批判了"四人帮"所鼓吹的"事实服从路线需要"的荒谬理论和"帮八股"的恶劣文风,为拨乱反正做出了重要的贡献。

1978 年 5 月 11 日,《光明日报》以特约评论员的名义发表了胡福明等的文章《实践是检验真理的唯一标准》,从理论上否定了"两个凡是"的观点,阐述了马克思主义关于检验真理标准的重要原则,即只有社会实践才是检验真理的唯一标准。到 5 月底,全国共有 30 多家报纸转载,各界人士也纷纷参与到这一场大讨论中来。关于真理标准问题的大讨论,促进了全国的思想解放,为纠正"文化大革命"的错误和平反冤假错案扫清了思想障碍。1978 年 12 月,中共十一届三中全会召开,邓小平在会议上发表了《解放思想,实事求是,团结一致向前看》的讲话,高度评价了"实践是检验真理的唯一标准"问题的讨论,赞扬这场讨论对于促进全党和全国人民解放思想、端正思想路线具有重大而深远的意义。

"实践是检验真理的唯一标准"本身就是一条永不过时的真理。它深刻地告诉我们:对待任何主义与学说,都不能机械教条地理解与照搬。在现实生活中,只有冲破教条主义的思想牢笼,根据变化了的新形势、新情况,一切从实际出发,运用科学的理论与方法寻找出行之有效的解决问题的对策与办法,才是唯一正确的选择。

中共十一届三中全会之后,全国进行了大规模的平反冤假错案的工作。在"文化大革命"时期遭到残酷迫害的一大批新闻工作者,如"三家村反党集团"冤案中的邓拓、吴晗、廖沫沙以及范长江、王中、潘梓年、高丽生等人陆续得到平反昭雪。同时,新闻媒体还通过在全国范围内开展的关于真理标准问题的大讨论,为其他问题的拨乱反正扫除障碍。1979 年 3 月,中共中央宣传部召开全国新闻工作座谈会后,新闻界开始从理论上开展拨乱反正。如:彻底否定"报纸是阶级斗争的工具"和"报纸是无产阶级专政的工具"这类过时的错误口号;利用 1980 年 2 月中共中央为刘少奇平反昭雪的机会,举行刘少奇新闻理论讨论会,肯定刘少奇新闻思想的价值与作用。

经过真理标准问题的讨论和新闻事业的拨乱反正,从 1978 年起,在"文化大革命"中被迫停刊的一大批曾有广泛影响的报纸纷纷复刊。如 1978 年 10 月,《工人日报》和《中国青年报》在停刊 10 多年后复刊。接着,《中国少年报》《北京青年报》《北京晚报》《羊城晚报》《南昌晚报》《新民晚报》等在"文化大革命"中被迫停刊的报纸也纷纷复刊。1979 年 10 月,人民日报社主办的《市场报》创刊,成为改革开放以来我国创办的第一家经济类专业报。1983 年 1 月 1 日,由国家经济委员会主办的《财贸战线》正式改名为《经济日报》出版发行,带动了我国经济类报纸的大发展。1981 年 6 月 1 日在北京正式创刊的《中国日报》是新中国成立后创办的第一家英文综合性报纸,也是第一家采用电脑照排系统、通过卫星把版面传送到国外印刷发行的报纸。就报业结构而言,我国形成了以各级党委机关报为主体,经济报、体育报、科技报、教育报、晚报等其他各类报纸百花齐放的新格局。

由于受到十年"文化大革命"的干扰和破坏,我国两大通讯社——新华通讯社(以下简称新华社)和中国新闻社(以下简称中新社)的事业发展缓慢,徘徊不前。在"文化大革命"中,中新社国内分支机构全部撤销,除"口语广播"记录新闻外,其他各项业务基本停止,这使我国的对外宣传工作受到严重的影响。1978年秋,中新社恢复原有机构,并陆续建立起技术先进的通信网络,同海外和港澳地区的 160 多家华文报刊、电台、电视台建立了业务联系,发展成为在海外华侨、华人地区和港澳新闻界具有一定影响力的通讯社。新华社在真理标准问题讨论期间不辱使命,发挥了自己作为党的喉舌的作用。80 年代初期,新华社进行了大量的调研工作,在国内召开了一系列会议,认真讨论、制定了建设世界性通讯社的发展规划,加快了建设世界性通讯社的进程。如今,新华社已由一个单一的新闻发布机构,发展壮大成为拥有庞大的国内外新闻采集和发布网络、报纸、刊物、出版社、科研机构、新闻教育机构和其他多种经营形式的综合性新闻集团。

我国广播电视事业也告别了十年动乱造成的停滞状态,迎来了欣欣向荣的春天。中央人民广播电台的重点新闻节目《全国联播》节目得以恢复发展。1978 年 1 月 1 日,试播一年半的央视晚间新闻节目定名为《全国电视台新闻联播》(后简称《新闻联播》)正式播出。1980 年 7 月 12 日,中央电视台的第一个述评性新闻评论栏目《观察与思考》开播,改变了我国电视台的新闻性节目只有新闻报道而没有新闻评论的状况。同时,播音员出身的记者庞啸第一次以新闻节目主持人的身份出现在电视屏幕上。1983 年广播电视部召开全国广播电视工作会议,提出了实行中央、省、地、县"四级办广播、四级办电视、四级混合覆盖"的建设方针,彻底改变了原来中央和省(自治区、直辖市)两级办广播电视的事业格局。据统计,"从 1983 年 10 月到 1985 年底的短短两年多时间里,除中央台外,地方广播电台由 1983 年的 120 座增加到 211 座,增长率为 75.8%;地方电视台由 1983 年的 51 座增加到 1985 年的 201 座,增幅为 2.9 倍,电视人口覆盖率为 68.4%"①。

二、新闻传播观念的转变与新闻业务的改进

1981 年中国共产党第十一届六中全会通过《中国共产党中央委员会关于建国以来党的若干历史问题的决议》,全国上下拨乱反正的任务顺利完成。1982 年中国共产党第十二次全国代表大会确立"建设有中国特色的社会主义"的方针,为中国的进一步全面发展指明了方向。在以经济建设为中心和坚持"四项基本原则"的大背景下,我国新闻改革顺应时代的潮流,在新闻观念和新闻业务上进行了有益的探索。

(一) 引入信息观念,回归新闻本位

长期以来,特别是"文化大革命"期间,我国新闻界无论在理念上还是在具体实践中,都将新闻与宣传画上等号,把新闻媒介当作宣传工具,认为新闻的最重要甚至全部功能就在于政治宣传,新闻报道中充满了空洞的说教和连篇累牍的大话、套话和空话。这种"劝导性的宣传如果劝诱性太强烈,则可被认为是侵犯

---

① 刘家林:《新中国新闻传播 60 年长编(1949—2009)》下,广州:暨南大学出版社 2010 年版,第 46 页。

了一个人的选择自由，从而会激发这个人对此信息的抵抗"①。20 世纪 80 年代初，信息观念传入中国，引起了国人对诸多新闻理论问题的重新思考和解读。新闻定义的"信息"说认为，新闻的本质功能不是单纯的宣传鼓动，而是及时传递人们需要的各类事实的真实信息。

各种新闻媒体在新闻报道上，也悄然发生了变化，除了重大的政治新闻、军事新闻外，经济新闻、社会新闻、娱乐新闻、体育新闻等开始在新闻版面上频频露脸，极大地丰富了新闻内容。同时，新闻媒介转变思路，采取扩大版面、增加栏目的方式来增加新闻的信息含量。如《人民日报》自 1980 年起正式扩版，日出 8 版，信息量大大增加；中央电视台在 1984 年开办《午间新闻》、1985 年开办《晚间新闻》、1986 年开办《英语新闻》，使受众获知新闻的渠道大大增多。此外，新闻报道样式也推陈出新，更加丰富多彩。如以 1985 年 12 月 13 日至 28 日《中国青年报》的 8 篇系列报道《大学毕业生成才追踪记》为先导，中国的报纸上出现了一系列产生了重大影响的以挖掘"新闻背后的新闻"为特征的深度报道。"80 年代至 90 年代初，还先后出现过立体报道、系列报道、连续报道、组合报道、中性报道、对话式报道等多种报道式样，新的新闻文体如雨后春笋般涌现。"②

（二）受众意识、服务意识增强

随着改革开放的深入和对外交流的增多，西方新闻传播观念逐步传入中国，并产生了多方面的影响。从 20 世纪 80 年代开始，传播学的研究在我国新闻理论界得到重视，新闻工作者开始意识到，改革开放前我国新闻传播界奉行的"魔弹论""皮下注射论"早已不合时宜，只是一味地从传者角度出发去进行新闻的采写报道，已经不能适应广大受众需要，要使新闻媒体保持长久的活力和强大的竞争力，就必须对受众进行细致深入的观察和研究。

20 世纪 80 年代初期，安岗发表《研究我们的读者》《新闻事业的春天》等重要文章，反复强调"新闻工作者的一个重要课题，就是认识和接近自己的读者。读者是主人"，呼吁新闻工作者"应当为广大读者的工作、生活和学习等各个方面服务"③。1982 年，中国社会科学院新闻研究所和首都新闻学会调查组在北京地区发起了我国第一次大规模的受众调查，在国内外引起很大反响。国外传播学者认为"中国传播学研究者在研究方面取得了巨大的进步"；国内新闻界则认为这一次受众调查是"我国新闻史上一次突破性的行动"④。由此，受众观念和受众

---

① 中国新闻学会联合会秘书处编：《新闻学论文集》，北京：人民日报出版社 1988 年版，第 94 页。
② 吴廷俊：《中国新闻史新修》，上海：复旦大学出版社 2008 年版，第 515 页。
③ 安岗：《新闻论集》，天津：天津人民出版社 1982 年版，第 8 页。
④ 方汉奇：《中国新闻传播史》，北京：中国人民大学出版社 2002 年版，第 427 页。

理论得以建立并强化,并在新闻报道方式上有所体现。如:习仲勋提出的"真、短、快、活、强"的新闻采写观,穆青提出的散文式新闻写作、"视觉新闻"写作等都大大增强了新闻的可读性和易读性,符合受众的阅读兴趣和需求。

"以往,由于害怕泄密、顾虑'抹黑'、担心制造混乱等因素,许多重大事件、突发事件的报道不能公开见报。"①对这种应该报道的"热点""焦点"问题采取不报道的方式只会引起群众的怀疑和不满。曾任新华社社长的著名记者穆青对此评论说:"过去我们对人民群众街谈巷议,甚至是满城风雨的议论,往往视而不见,听而不闻,在宣传上脱离了群众。这样做法,在社会上就形成了两个舆论阵地,一个是群众的口头舆论阵地,一个是官方的舆论阵地,无形间拉开了党和人民的距离。这种状况不能再继续下去了。"②

改革开放后,新闻工作者的信息公开意识和透明意识加强,他们打破自我禁锢,在报道内容、报道结构和报道方式上大胆突破,大大拓展了报道面。有些地方报纸改变过去"一地方、二国内、三国际"的思维定式,延伸新闻触角,增加了国际政治军事、国际金融贸易等新闻。面对一些公共突发事件,新闻媒体也适时抓住先机进行报道,突出体现在 20 世纪 70 年代末 80 年代初对两起突发事件及灾难事故报道的改革上。1979 年 8 月 12 日,上海《解放日报》刊登在第一版的社会新闻《一辆二十六路无轨电车翻车》,详细报道了这起交通事故的前因后果及有关部门的善后工作。1980 年 10 月 31 日,《人民日报》在头版显著位置报道了在北京火车站发生的一起爆炸事件,并在半个月后又发消息对此进行了后续报道。这两则典型案例打破了以往头版"报喜不报忧"、不报负面新闻的惯例,受众的知情权得到重视。此外,电视媒体在加强新闻报道的开放程度上也充分发挥了自身的优势。如:1985 年六届全国人大三次会议开幕式第一次实行了现场直播;1988 年七届全国人大一次会议期间实行了中外记者招待会现场直播。这些改革措施有力地促进了我国电视业务的发展。

(三)坚持正确舆论导向,加强舆论监督

改革开放以来,以新华社的"西水东调"事件报道、《工人日报》的"渤海二号"钻井船翻沉事故报道和《中国青年报》的大兴安岭"三色"报道为代表,我国新闻媒体的批评报道和舆论监督工作取得阶段性成效。这些报道打破了以往媒体对重大事故和重大决策失误不公开报道、对先进典型的缺点不公开批评、对高级领导干部的错误不公开揭露的潜规则,敢于正视现实,披露负面事件的真相,产生了积极的社会反响,给予了新闻工作者开展舆论监督的信心和勇气。

---

① 吴廷俊:《中国新闻史新修》,上海:复旦大学出版社 2008 年版,第 511 页。
② 李良荣等:《开放的报纸和报纸的开放》,《新闻大学》1988 年第 1 期。

但在 1989 年的"北京政治风波"中,《人民日报》等一些新闻媒体在对这次事件的报道中犯了严重的错误,造成了不好的影响。针对新闻界存在的一些问题,中共中央宣传部于 1989 年 11 月下旬举办了全国各省、自治区、直辖市党报总编辑新闻工作研讨班。在新闻工作研讨班上,李瑞环做了《坚持正面宣传为主的方针》的讲话,第一次全面系统地提出了新闻宣传工作的舆论导向问题,要求新闻工作者要坚持以正面宣传为主的方针,要正确实行舆论监督。江泽民也发表了《关于党的新闻工作的几个问题》的讲话,指出一些新闻媒体不但不宣传中央正确的声音,反而违背中央的正确方针和决策,公开唱反调,在群众中造成了极大的思想混乱。江泽民从亡党亡国的高度强调了舆论导向的重要性,要求新闻记者要有高度的政治觉悟和政治敏感,坚持正确的舆论引导。从此,坚持正确的舆论导向被确定为中国新闻工作者职业道德准则的内容之一,受到前所未有的重视,也逐步成了我国新闻界的共识。

三、新闻体制的改革与传媒产业的发展

在改革开放的新时期,中国的新闻传播体制也发生了相应的变革,首先体现在宏观的新闻管理体制上。从 1952 年到 1987 年间,中共中央和地方各级党委一直是我国新闻媒介的最高决策机关,中共中央宣传部和各级党委宣传部具体领导各级新闻媒介,批准或直接任命各新闻媒介的主要负责人,制定新闻媒介的工作方针,批准各阶段的工作计划,审查重大的新闻报道和重要的新闻评论,监督、审查财务收支状况。这种"党管新闻"的机制除了在"文化大革命"期间受到破坏以外,一直延续了下来。然而,20 世纪 80 年代以后,我国报业结构发生了重大变化,出现了专业报、行业报、服务报等大量非机关报纸,这些报纸在性质和体制上都不适合党委管理。为此,1987 年 1 月,国务院设立国家新闻出版署(2001 年改名为新闻出版总署),负责全国报纸和期刊等印刷媒介的管理工作。这是我国由政府部门管理新闻出版事业的开始。

"文化大革命"结束时,我国的广播电视事业归中央广播事业局领导。该局1977 年前为中央直属部门,1977 年划归国务院,宣传业务归中宣部领导。1982年 5 月,中央广播事业局升格为广播电视部;1986 年 1 月,又将电影管理纳入广播电视部,组成广播电影电视部;1998 年 3 月,该部改为国家广播电影电视总局,成为国务院直属机构。国家广播电影电视总局的成立,在加强广播电影电视宣传工作,调整中央与地方、有线与无线、宣传与技术等方面的关系上发挥了重要作用。

其次体现在新闻媒介的经营管理上。中共十一届三中全会后,随着经济体制改革的深入,我国新闻事业也重新认识了自身的属性:新闻事业既属于上层建

筑又属于信息产业。在市场经济的洪流中,新闻媒体的市场化行为开始走向自觉,改革的重点已经转移到经营管理上来。

1978 年财政部批准《人民日报》等首都几家报纸试行企业化管理。1979 年 4 月,财政部在颁发《关于报社试行企业基金的实施办法》中,明确提出报社是党的宣传事业单位,在财务管理上实行企业管理的办法。1992 年 6 月,《中共中央国务院关于加快发展第三产业的决定》颁布,把报刊经营管理正式划入第三产业,把报刊社划出了党政机关的行列,从此报刊社由机关型转入企业型。"事业性质,企业管理"的体制变革使媒体进入了多元化经营时代,许多媒体将一部分精力投入到广告收入和多种经营上,以提高媒体的经济效益。同时,报社陆续开始自办发行,自建发行网。1985 年,《洛阳日报》率先在全国突破"邮发合一"的单一发行体制束缚,自办发行成功。通过自办发行和多种经营,许多报纸实现了扭亏为盈。

20 世纪 90 年代初期,我国开始出现大规模的"扩版潮"和"办报热"。1992 年 1 月 1 日,《广州日报》实现每天出版对开 3 大张 12 版;1993 年 12 月 1 日,改为每天出 16 版;1995 年 1 月 1 日,除周末外每天出 20 版;1997 年,增加到 48 版;2003 年,向全国发行版为 32 大版,珠三角地区版为 80 版,广州地区版为 84 版。《广州日报》的扩版开启了中国报业的"厚报"时代,同时,它自身也取得了良好的经济效益。20 世纪 90 年代,由于城乡经济的快速发展以及报业市场经济效益的提升,都市报纸(包括晚报、周末报和都市报)也迅速崛起。

90 年代中后期成了中国晚报发展的最辉煌时期。"据统计,截至 1999 年,全国有晚报 146 家,其中有 133 家是改革开放以来创办的。这 133 家晚报中,又有近 100 家是 90 年代以来问世的。1999 年全国 146 家晚报无论期发行总数,还是广告营业额,几乎占了当时全国报纸(2038 家)的半壁江山:全国各类报纸平均期发行量 4000 多万份,晚报的占了 2000 万份……全国报纸广告总额约 112 亿元,其中晚报的占 50 亿元。"①此外,在计划经济向市场经济转型过程中纷纷创办起来的《南方周末》《华西都市报》《楚天都市报》《南方都市报》等都市报的创刊也丰富了我国报业格局。都市报采取市场化经营的策略和方式,对我国媒体从事业型转向产业型起了很大的推动作用。

在社会主义市场经济条件下,我国新闻媒体在报道内容、报道形式、报道时效、广告收入、人才储备等方面都展开了激烈的竞争。在这种背景下,越来越多的媒体希望通过组建传媒集团,强强联合,实行规模化经营,实现自身的扩张发展。1996 年 1 月,广州日报报业集团成立,这是国家新闻出版署批准成立的第一

---

① 　刘家林:《新中国新闻传播 60 年长编(1949—2009)》下,广州:暨南大学出版社 2010 年版,第 180 页。

家报业集团。1998年,南方日报报业集团、羊城晚报报业集团、文汇新民联合报业集团、经济日报报业集团、光明日报报业集团先后成立。1999年6月,我国第一家广播电视集团——无锡广播电视集团成立;2000年12月,湖南广播影视集团正式挂牌,成为我国首家省级广电传媒集团;2001年12月,中国广播电影电视集团也登台亮相,该集团的成立整合了中央电视台、中央人民广播电台、中国国际广播电台、中国电影集团公司、中国广播电视传输网络有限责任公司和中国广播电视互联网站等资源和力量,是一家拥有广播电视、电影、传输网络、互联网站、报刊出版、节目制作销售、科技开发、广告经营、物业管理等业务的大型国家级综合性传媒集团。此后,我国各地大报、电台、电视台等纷纷组建传媒集团,传媒业开始向规模化、集约化的方向发展。

四、传播技术的现代化与新媒体的出现

改革开放以来,新技术革命给传媒领域带来了巨大的变化。报纸的激光照排和彩色印刷,有线电视的推广和中央台、省台电视节目的"上星"传播,数字电视、网络、手机等新型媒体的出现,都改变了传播的既有方式和传媒的原有结构。

1985年5月8日,"计算机—激光汉字编辑排版系统"首次研制成功,标志着我国印刷业直接进入了计算机激光照排时代。1987年5月22日,《经济日报》成为世界上第一张用激光照排印刷、整版输出的中文报纸。1990年8月30日,《经济日报》又成为全国首家使用卫星传版的报纸。1992年6月1日,《科技日报》成为我国内地采用彩色激光照排、实现图文合一整版输出的第一张彩色报纸。

1991年3月15日,我国第一家省级有线电视台——湖南电视台开播。此后不久,全国各地迅速掀起了兴建有线电视台的热潮,到2000年,全国有线电视网络基本形成。1985年8月1日,我国为传送电视节目租用的国际卫星转发器开始使用,中央电视台首先通过卫星传送电视节目。到1999年10月海南的电视节目上星播出,我国所有省级电视台电视节目全部通过卫星电视播出。进入21世纪,数字电视开始在我国发展起来。2001年,北京、上海、深圳三个数字电视实验区先后建立。2003年1月,全国广播影视工作会议召开,将2003年确定为"网络发展年",全面开启有线电视从模拟信号向数字信号的整体转化工作,初步建立了由数字节目平台、传输平台、服务平台、监管平台构成的有线数字电视新体系。同年9月,中央电视台数字付费电视频道开始试播。

中国网络媒体的发展以互联网进入中国为起点。1994年,中国电信与美国商务部签订中美双方关于国际互联网的协议,协议中规定,中国电信将通过美国斯普林特公司开通两条 64K 专线(一条在北京,一条在上海),中国公用互联网的建设开始启动。从此,中国的互联网进入市场化的高速发展阶段。从 1995 年起,以《神州学人》《中国贸易报》的上网为发端,国内的报刊社、广播电台、电视台、通讯社等纷纷上网并建立网站。如:1997 年 1 月 1 日《人民日报》正式开通自己的网站,定名为《人民日报·网络版》;新华社于 1997 年 11 月 7 日正式开通了自己的网站。此外,商业门户网站也在新闻传播领域产生重大影响。1998 年,网易和搜狐开通了新闻频道,与国内多家著名媒体建立起合作关系;新浪网在 1998 年 4 月推出了大型新闻中心。这些网站每天发布并随时更新国际、国内、社会、财经、体育、娱乐等各种新闻信息,页面浏览量迅速增长。从 1998 年起,互联网作为继报刊、广播、电视之后的又一新兴的大众传播媒体的概念被提出,有了"第四媒体"的称谓。

进入 2000 年,国务院新闻工作办公室网络新闻管理局成立,随后各地新闻办也相继成立相应的机构,网络新闻传播受到高度重视。2005 年,互联网进入 Web 2.0 时代,网络承载能力不断改善,越来越多的媒体融合付诸实践,如:2005 年 2 月 24 日,人民网与中国人大新闻网、中国政协新闻网共同开办的以手机为终端的两会无线新闻网站开通;8 月 8 日,央视国际网络开通网络电视新闻频道和娱乐频道;等等。与此同时,博客、微博自媒体的普及,吸纳了更多的公众加入网络传播。

随着彩信、WAP 等新技术的广泛应用,手机已成为新的新闻信息传播媒体,是人们获取资讯的重要方式。2004 年 7 月,《中国妇女报》推出全国第一家手机报《中国妇女报·彩信版》,揭开了手机与报纸合作传递新闻信息的第一幕。12 月,重庆各大报纸联手推出《重庆晨报》《重庆晚报》和《热报》WAP 手机上网版。2005 年 10 月,众多用户通过手机直播观看了神舟六号载人飞船发射过程。手机报、手机广播、手机电视等新闻信息传播业务的展开,使手机成为继报纸、广播、电视和网络之后的传递新闻信息的"第五媒体"。它和网络媒体依托高科技拥有传统媒体无可比拟的优势,传统媒体正承受着巨大的压力与挑战。

回首改革开放前,全国仅有 186 家报纸,中央人民广播电台和中央电视台都只有两套节目。到 2011 年年底,我国出版各类报纸 467 亿份,各类期刊 33 亿册,拥有广播电台 197 座,电视台 213 座,广播电视台 2153 座,教育电视台 44 个,有线电视用户超过 2.01 亿户,有线数字电视用户 1.14 亿户,网民数量达到 5.13 亿,互联网普及率攀升至 38.3%,手机网民规模达到 3.56 亿人。根据截至 2012 年 3 月收集到的各种数据进行统计和推算,2011 年中国传媒产业的总产值为 6379 亿元,比 2010 年增长了 15.1%。^① 这些数字,标志着改革开放以来,我国新闻事业取得了突飞猛进的发展,中国已进入了媒体大国的行列。

第二节　改革开放后新闻伦理失范现象

始于 1978 年年底的改革开放给我国的政治、经济、文化等带来了全新的面貌,促进了社会全面变革。在这一系列的变革之中,我国政治更加民主,经济快速发展,文化生活丰富多彩,但问题也相伴而生,新闻伦理失范便是这一时期出现的问题之一。改革开放以来,我国新闻界主要出现了以下一些伦理失范现象。

一、形形色色的虚假新闻

改革开放以来,我国新闻界对曾经盛极一时的"假大空"新闻现象进行过激烈的批判,但是,虚假新闻在新时期依然阴魂不散。《新闻工作通讯》刊载文章说,据不完全统计,"《湖南日报》1981 年见报失实稿件五十篇,1982 年六十五篇,1983 年增至一百二十九篇;1984 年全国新闻真实性问题座谈会的有关材料表明:1983 年 11 月至 1984 年 5 月,《陕西日报》收到读者揭发失实报道的来信五十件,揭发三十五篇报道失实。经查,有三十篇确属失实报道"^②。改革开放以来,我国新闻媒体的虚假新闻不仅时常出现,而且呈现出一些新的特点。

(一)无中生有,凭空捏造

改革开放后,我国报业竞争日趋激烈,一些新闻工作者和通讯员为了追求经济效益和知名度,热衷于"热点新闻"和"轰动效应",从而使虚假新闻得以出笼。例如:1993 年 7 月 30 日,《南方周末》在其《人与法》专版上刊登《袭警案》,报道了一起公安人员犯罪被杀的事件。当读者将其作为一桩真实案件广泛传阅时,10 月 29 日,《南方周末》在其头版刊登了一篇反省自身的编辑部文章《沉痛的教训——对〈袭警案〉一文严重失实的反省》,指出《袭警案》一文是作者虚构出来的作品,读者们才大呼上当受骗。在这篇反省文章中,编辑这样写道:"我们被不断上升的发行量和一些读者的赞扬冲昏了头脑……在办报过程中片面追求可读性,热衷于追求所谓'热点新闻'、'猎奇新闻'、有轰动效应的'社会新闻',从而使一些有错误的文章得以出笼……此稿的编发,我们首先考虑的不是新闻的真实性、新闻的社会效果,而首先考虑如何去迎合读者的猎奇心理。"^③像这样凭空

---

① 崔保国主编:《2012 年:中国传媒产业发展报告》,北京:社会科学文献出版社 2012 年版,第 4 页。
② 蒋亚平等:《新闻失实论》(上),北京:中国新闻出版社 1986 年版,第 3 页。
③ 吴海民:《金元新闻》,北京:华艺出版社 1995 年版,第 228 页。

捏造的虚假新闻,在每年的报刊上都有出现。从上海《新闻记者》杂志 2001 年以来每年披露的十大假新闻看,有相当一部分就属于凭空捏造的。如 2001 年的"上海将建 300 层容 10 万人的摩天大楼"、2002 年的"女记者与狼共穴 61 天"、2003 年的"百万美金义还失主"等,都是无中生有的产物。

(二)缺乏常识,漏洞百出

由于一些记者对所报道事物的有关知识掌握不够,又不肯学习讨教,而是敷衍了事、轻率成文,发表了诸多失实的新闻报道。1984 年 4 月 7 日至 9 日,湖南和中央的一些媒体相继报道了"长沙上空落下一块 5 斤重冰团"的消息、图片和录像。这条气象"珍闻",引起了人们的普遍兴趣。科学工作者也怀着极大的兴趣准备研究这位"天外来客",可是,时隔两天,经查证,冰团并非"天外来客",而是被人扔进学校草坪的一块人造冰。将人造冰当作陨冰进行报道,源于记者知识的贫乏和缺乏思考。

2008 年 9 月 11 日《武汉晚报》发表文章,称一辆高速列车 3 秒钟便可跨越全长 4657 米的长江大桥。这则报道引起了多方面的质疑。第二天,四川新闻网刊发《"时速 5588 公里的火车"让媒体蒙羞》一文,为读者演算了这道算术题:一个小时有 3600 秒,3 秒钟过一次,就是说这列火车能以这种速度一个小时过 1200 次。简单的乘法 4.657×1200 = 5588,因此这列火车的速度是 5588 公里/小时。而超音速飞机的速度也不过 1065 公里/小时,也就是说这列火车的速度达到了超音速飞机的 5 倍多,可谓空前绝后的"超超音速火车"了![1] 这种算术题对于小学生来说都不是难题,为何一些新闻记者却会犯下如此低级的错误呢?

(三)捕风捉影,道听途说

在新闻报道中,一些记者不亲历现场进行认真的调查采访,而是满足于道听途说来编造新闻,与晚清时期"有闻必录"的社会新闻无异。如 1981 年愚人节,某外电播发"消息":"西点军校学员学雷锋,高唱学习雷锋好榜样"。新华社记者李竹润不假思索便将它写成新闻稿,直到 1997 年第 1 期《读书》杂志发表李慎之的文章揭露这是篇假新闻,读者才知道上了当,才知道西方媒体往往在愚人节编造"洋葱"新闻供人娱乐。可贵的是,李竹润知道自己摆了一个大乌龙后,公开道歉,并告诫同行,新闻采写一定要反复核实信息源。

2006 年 4 月 4 日《兰州晨报》上登载的《垃圾场惊现儿童残肢》也是一个典型案例。记者在采访时没有进行深入调查,而是道听途说,主观臆测,看到垃圾场中的残肢便推断是一起杀人碎尸案。而实际上,残肢只是甘肃中医学院的正

---

[1]　贾亦凡等:《2008 年十大假新闻》,《新闻记者》2009 年第 1 期。

常教学尸体标本所切除的碎片。又如《重庆时报》《华西都市报》于 2010 年 3 月 30 日同时刊出的假新闻《作家团：先订了总统套房 张信哲：只好住普通套房》给中国作协的作家抹了黑，在社会上造成了恶劣的影响。事实是，中国作协的作家住的是普通房间，用的是宾馆平日标准的自助餐。记者对从"接待人员处获悉"的信息不作调查核实，才有了上面的假新闻。《新闻记者》杂志每年披露的十大假新闻，其中有一些就属于这种道听途说、捕风捉影的类型。

（四）发挥想象，添枝加叶

2003 年 5 月 12 日，《华西都市报》重庆版刊登的《"小"百万富翁抱得美人归》一文获得了《新闻记者》评选出来的 2003 年十大假新闻"添油加醋奖"。这则新闻说身高 1.18 米的牟小彬"已拥有资产上百万"。然而，牟表示自己根本没那么多钱。记者为主人公贴上百万富翁的标签，无非是想为读者展示一段"郎财女貌"的爱情故事。

在正面典型报道中，添枝加叶、肆意拔高的做法普遍存在。2007 年 6 月，《杂文月刊》发表的《一次感动》使得"新时期爱国拥军模范"乔文娟及其家人陷入重重误解之中。报道中所提到的乔文娟为女儿借来上大学、后来在抗洪中捐给士兵买雨衣的 2000 元钱，实际上是女儿的爷爷奶奶和外公外婆给的。她所救助的困难群众和患病战士没有报道中提到的 700 多个。她的爱人也不是报道中所说的"退休又打工""脸上褶皱纵横、两手肿大皴裂"的样子。报道中的"月收入从未上过千元的一对夫妻，25 年献爱心 40 多万元"完全是无稽之谈。这种按照自己的主观想象去构造情节、添加细节、对事物刻意粉饰的做法，造成了新闻事实的严重歪曲。

（五）移花接木，偷梁换柱

新闻报道所涉及的新闻元素，由于出现移位和易主导致失实的现象在改革开放后的新闻报道中屡见不鲜。2005 年 3 月 17 日，《三湘都市报》刊登了题为《"炒作学"长沙开课》的报道，但正文中说明课程名称并不是媒体盛传的"新闻炒作学"，而是"现代企业新闻运作"。这则新闻不仅张冠李戴，还自相矛盾，给教学单位带来了不必要的麻烦。

同样的问题在新闻图片上也有所表现。《中国记者》披露，2006 年 7 月 23 日《今日早报》刊登的图片新闻《大雨袭杭百舸归》是一张经过电脑后期制作、将影像复制组合而成的照片。只要读者细心观察，就不难发现照片中有两组影像是相同的，只不过前后位置有所变化而已。

（六）颠倒黑白，混淆是非

1983 年 10 月 25 日，《人民日报》刊登的通讯《他没沾临漳半点光》，经多方举报发现是一则严重失实的报道——包庇儿子犯罪的蔡成功，在中央党报上竟被宣传成"自觉维护党性原则，坚决抵制不正之风"的典型。这则混淆是非的新闻见报之后，不仅在临漳县一度引起舆论混乱，给对蔡成功父子犯罪活动的侦查造成了困难，还严重损害了党报的声誉。

《纽约时报》前总编辑豪厄尔·雷恩斯有句名言："作为编辑部的头，我最关注的是新闻既快又准地到达编辑部，既要求准确的又是最早获得的。如果快速和准确二者不能兼得，则宁肯准确而不要快。"①然而，一些媒体却不是这么想的。2004 年 8 月 29 日，女排终于拿下阔别多年的奥运金牌，可是新浪网为了抢发新闻，在比赛结束前就发布消息："女排姑娘奋战不敌俄罗斯，20 年奥运冠军梦惜未能圆"。这种因抢新闻而造假的新闻失实，让媒体在公众面前丢尽了脸面。

（七）信源不实，隐匿实情

2003 年"非典"肆虐期间，不少权威媒体刊出了严重失实的报道。如《人民日报》2 月 15 日的报道《广东非典型肺炎已得到有效控制，大部分病人痊愈出院》。而实际情况是"2 月 6 日非典型肺炎进入发病高峰，全省发现病例 218 例，当天增加 45 例，大大超过此前单日新增病例；2 月 12 日上午，省政府新闻办宣布至 2003 年 2 月 9 日，全省报告病例 305 例，死亡 5 例；2 月 28 日全省累计发生病例 789 例……"②

再如新华社 2003 年 4 月 4 日报道：卫生部部长张文康 4 月 3 日在国务院新闻发布会上表示，我国局部地区发生的非典型肺炎已得到有效控制。中国大陆自 2003 年年初发现非典型肺炎以来，截止到 3 月 31 日，共报告非典型肺炎 1190 例，其中北京 12 例。而事实真相是：截至 4 月 18 日，全国累计报告非典型肺炎病例 1807 例，其中，广东 1304 例，北京 339 例……这些新闻报道的数据与客观事实相差甚远。尽管媒体是依据政府发布的新闻源报道新闻的，但作为新闻传播者，也负有一定的责任。

（八）掩耳盗铃，自欺欺人

"不少假新闻之'假'，一开始就有蛛丝马迹，而编辑明知其中有诈，但又舍不得割爱，于是在主题上加上问号，以便进可攻退可守。"③2005 年的十大假新闻中就不乏这样的例子。5 月 16 日，《竞报》刊载了标题为《北京市民可喝上贝加尔湖水?》的报道；5 月 18 日，《时代商报》刊载了标题为《布什要把夏威夷卖给日本?》的报道；12 月 9 日，《苏州广播电视报》刊载了标题为《王小丫陈章良携手入

---

①　雷健：《传播伦理论纲》，成都：四川科学技术出版社 2008 年版，第 85 页。

②　《羊城晚报》2003 年 5 月 4 日。

③　陈斌等：《2005：中国十大假新闻》，《新闻记者》2006 年第 1 期。

围城?》的报道。这些新闻虽然标题都打上了问号,但正文却言之凿凿,混淆了读者的视听。

同过去的假新闻相比,改革开放以来的虚假新闻具有一些新的特征。

一是报道假新闻的媒体多样。有学者曾对《新闻记者》2001年至2010年十年间评选出来的100条假新闻的首发媒体作出数据分析,发现来自报纸的假新闻有81篇,电视媒体有2篇,网络媒体有13篇,其他媒体有4篇。①

二是造假对象五花八门。国家政要、院士、作家、明星、富豪等都成为媒体猎奇造假的对象。同时,社会、体育、娱乐等领域成为假新闻的高发地带。在政法、财经等领域,虽然新闻把关较严,但也有假新闻存在。

三是权威媒体也刊播假新闻。以往,假新闻大多只出现在都市小报小刊上,权威媒体和主流媒体很少涉案。新世纪以来,许多虚假新闻都有权威媒体的参与。如:2004年十大假新闻之一《第二代身份证将由日本企业造》由《中国青年报》刊出;2007年流传甚广的假新闻"纸箱馅包子"由北京电视台播出;2009年十大假新闻之一《奥巴马将向金正日赠送苹果电脑、iPhone手机》由环球网登出。

四是多家媒体进行转载。经过转载的虚假新闻,其真面目往往更难被揭穿,也更容易造成恶劣影响。如2002年4月,一则假新闻《莫忽视微波炉的危害》快速被全国600多家媒体转载,引起了消费者的恐慌,给微波炉生产企业造成了无法挽回的损失。

2001年,上海社会科学院新闻研究所主办的《新闻记者》杂志评选出年度"十大假新闻",意在通过新闻打假,使新闻从业人员意识到虚假新闻的危害性,从而增强社会责任感,杜绝假新闻。"原打算2001年'十大假新闻'的评选是第一次,也是最后一次,但是,2002年的传媒依然生产了为数不少的假新闻,使我们不得不改变初衷,再作冯妇。"②此后,《新闻记者》的新闻打假一直坚持了下来,每年都披露"十大假新闻",成了国内虚假新闻典型案例的展览平台。

二、有偿新闻屡禁不止

20世纪90年代,社会上流行着一首打油诗:"一等记者卖情报,二等记者炒股票,三等记者奔商潮,四等记者拉广告,五等记者会上泡,六等记者编文钞,七等记者搞投靠……末等记者写报道。"这则打油诗在一定程度上反映出当时我国有偿新闻泛滥的现实:将广告包装成新闻刊发,谋取私利;兜售版面和播出时间,索取报酬;接受被采访单位的"三包"(包吃、包住、包旅游);私下领取被采访单

---

① 张涛甫:《十年百条虚假新闻的样本分析——〈新闻记者〉"年度十大假新闻"评选十年来分析报告之一》,《新闻记者》2011年第5期。

② 陈斌、贾亦凡:《2002年十大假新闻》,《新闻记者》2003年第1期。

位赠送的"红包";利用舆论监督权进行敲诈勒索;倚仗新闻特权收受贿赂;等等。有偿新闻在20世纪80年代开始出现,到了90年代日益泛滥,进入21世纪后仍然屡禁不止,成为我国新闻伦理建设中最严重的问题之一。

1983年7月13日,上海《文汇报》在第四版开辟了一个新栏目《商品广告》,以小半版篇幅刊登商品求购类信息。该栏目的发刊说明中写道:"本报新辟这个专栏,作为改革商品广告宣传的一种新尝试。欢迎各地厂矿企业提供类似的商品介绍广告稿。"这个栏目,既有商品信息,又有商品使用知识,被称为"广告新闻"。在这个专栏刊登消息的厂家根据版面的面积大小,适量交纳版面费。该栏目仅存在一个多月,就被报社下令取消了。这个事件被看作是我国改革开放以后较早出现的"有偿新闻"。

1987年我国新闻界出现了三大有偿新闻的丑闻:《陕西工人报》记者赵冀广受贿1万元,发表文章为诈骗犯扬名;《河南日报》见习记者杨晋以揭露漏税行为为名,公开向书法名人庞中华敲诈钱财;《中国人才报》骗取专版宣传费,制造了"真假报"事件。

第一个轰动全国的有偿新闻案例是1993年的长城机电科技产业公司非法集资案。1990年,北京市长城机电科技产业公司总裁沈太福用金钱收买中央人民广播电台新闻中心的记者蔡元江和《科技日报》记者孙树兴,利用他们为自己的集资做宣传。1992年6月27日,先后两次共接受沈太福5000元现金的孙树兴炮制了吹嘘长城公司的长篇通讯《20天集资2000万》,在《科技日报》头版头条位置发表。这一报道使长城公司的集资额很快突破亿元大关。此后,孙树兴还为长城公司撰写了《用高科技和我们百年不懈的改革开放筑起新的长城》《为了千百万父老兄弟》等报道,蔡元江与他人合作共同撰写了一篇题为《长城产业高科技发展与"五老"嫁接方式》的长文。这一系列报道为沈太福的非法集资提供了舆论帮助,两名记者先后收受了沈几万元钱财。不仅如此,孙树兴受沈太福之命,向李效时送上沈提供的4万元现金,李效时当时没有同意,孙把钱带回。1993年3月4日,孙以李效时儿子的名字签订了4万元的北京长城公司《技术开发合同书》,连同"分红结算卡"从门缝塞到李效时家中。1994年3月,北京市中级人民法院对长城公司10亿元非法集资案进行了审理判决。《科技日报》社记者孙树兴因犯有受贿罪和行贿罪,被判处有期徒刑7年、剥夺政治权利1年;中央人民广播电台记者蔡元江被判处有期徒刑6年。

孙树兴、蔡元江的行为在社会上造成了恶劣的影响,严重损害了新闻职业的信誉和形象,理应受到法律的制裁。然而,有些记者并未从中吸取教训,得到警示,继续从事有偿新闻活动。2002年6月22日,山西省繁峙县发生特大金矿爆炸案,前去采访的新华社山西分社、《山西经济日报》《山西法制报》《山西生活晨报》等媒体的 11 名记者，收取了涉案非法矿主现金、金元宝等钱财，或者谎报"死亡 2 人，伤 4 人"（真实死亡人数为 48 人），或者隐瞒不报。

2003 年，《鄂东晚报》报社内部达成默契，以曝光当事方丑闻的方式强拉广告。报社上下通力配合，形成了一条报社领导——记者——受要挟单位的"媒体腐败食物链"。2003 年，该报社从学校敲诈所得的款额就有 100 万元之多。这是新闻媒体集体敲诈的典型案例。同年 9 月 4 日，湖南省娄底市中级人民法院审理了一桩引人注目的案件。案件之所以引人注目，是因为此案的被告是有着"湘中名记"之称的原娄底日报社政法记者伍新勇。他被控犯有抢劫、诈骗、挪用公款及非法持有枪支等四项罪名。据当地媒体披露，伍新勇"独特"的犯罪手法更令人震惊：他通过布设色情陷阱、请君入瓮的手段来控制某些领导，最终达到牟取私利的目的。

2005 年河南汝州发生矿难，闻风而至的一百多家媒体的 480 多个记者纷纷来到汝州"领工资"，共领走了"封口费"20 万元。2008 年 7 月河北省张家口市蔚县李家洼煤矿新井发生特大炸药燃烧事故。事故发生后，8 家中央和地方媒体的 10 余名记者向矿主索要了 260 万元，继而"有偿不闻"。同年 9 月，山西霍宝干河煤矿"封口费"事件中有据可查的涉案人员 60 人（其中发"封口费"封锁消息、阻挠记者采访者 2 人，收受"封口费"的记者 4 人、媒体工作人员 26 人、假记者 28 人）。事后，他们都受到有关行政部门、媒体主管部门和公安机关依法处理，4 名记者都被处以吊销记者证的行政处罚。

2006 年 5 月 16 日，中国法院网发布了一则消息：《四家报社记者站记者涉嫌敲诈被拘捕》。消息称，中国食品质量报社原四川记者站副站长汪启明、中华工商时报社原浙江记者站站长孟怀虎、《经济日报》农村版浙江记者站副站长卜军、中国工业报社原河南记者站常务副站长陈金良，以新闻报道为名向基层单位和群众敲诈或诈骗钱财，因涉嫌敲诈被拘捕。消息披露后，一位老记者痛心地说：

> 我一直以为新闻记者是一个使人骄傲的职业，风里来，雨里去，待遇清苦，生活俭朴，是我们国家一种特殊的知识分子。他们满身正气，激浊扬清。但读上述报道，真有一种刻骨的痛，好像几十年捧在手里的理想，一下掉在地上，彻底地被粉粹了……记者，记者，岂不悲乎，记者，记者，岂不羞乎？[①]

原人民日报社社长、总编辑邵华泽在一次会议发言中指出，有偿新闻"腐蚀了新闻队伍，涣散了新闻队伍的人心，直至毁坏一批干部，如果任其发展，后果不堪设

---

① 陈绚编著：《大众传播伦理案例教程》，北京：中国人民大学出版社 2010 年版，第 238 页。

想"①。对于一些人认为在市场经济条件下,搞点"有偿新闻"来增加收入情有可原的说法,邵华泽一针见血地指出了其荒谬性和危害性。他认为:"市场经济的一个主要特点是公平竞争,而'有偿新闻'恰恰违背了社会主义市场经济的要求。它的出现和蔓延,只会给市场经济的健康发展增添混乱。"②

三、迎合媚俗的新闻低俗化现象

新闻事业由于具有意识形态和信息产业双重属性,从诞生之日起就游走在"严肃"与"低俗"之间。世界新闻史上赫赫有名的"黄色新闻",讲的就是 19 世纪末 20 世纪初美国报业巨头赫斯特与普利策为了抢占市场,争相在自己的报纸上刊登低俗刺激煽情的丑闻、犯罪、性等内容。一百多年后,这股"黄色新闻"思潮的幽灵依然游荡在世界各国新闻界。"明星取代了模范,美女挤走了学者,绯闻顶替了事实,娱乐覆盖了文化,低俗替代了严肃……"这个流行已久的段子就是这种现象的真实反映。

和改革开放之前相比,新时期的新闻工作者对受众的态度可以说是来了一个 180 度的大转弯,由过去的"我登什么你就看什么"转向"你想看什么我就登什么",这样就出现了一些媒体过度迎合受众的低级趣味,以媚俗为手段,在标题制作和内容选择上大量出现性、腥、星等不良内容。

(1)热衷于色情报道与描写。有些媒体为了追求"眼球效应",拿"性"做卖点。2002 年世界杯的时候,《新周刊》做了一期专题报道,封面中心是数个硕大的描绘成足球形状的女性乳房,旁边是一行黄色大字"世界杯期间的外遇",以此吸引读者的眼球。2004 年 4 月,昆明一家餐馆开办了"女体盛宴",这本是一个侮辱妇女、低级趣味的事件,个别媒体竟然对此进行了细致描写和大篇幅报道,严重损害了记者和媒体的形象。在报道湖北丹江口市委书记张二江受贿案件时,一些媒体的注意力不是挖掘其理想信念丧失、违背党员干部的政治纪律和生活纪律走上贪腐受贿犯罪道路的表现与原因,而是专注于他的私生活,写出了《曾和 107 个女人有染,"五毒书记"张二江今受审》《办公室亦成淫乱场——记"双面贪官"张二江》的报道,将严肃的反腐报道写成了性丑闻。翻看当下的媒体,这种以"性趣"吸引读者的低俗化现象,不仅存在于网络媒体,而且在报刊和电视节目中也不时出现。

(2)热衷暴力,渲染恐怖场面。部分媒体津津乐道于凶杀、强奸等报道,采用大标题、大图片、详细的文字内容等描写血腥作案现场,以求最大限度地刺激

① 《人民日报》1993 年 8 月 6 日第 3 版。
② 《中国新闻年鉴 1994》,北京:中国新闻年鉴社 1994 年版,第 300 页。

受众感官。2004 年 9 月 13 日《扬子晚报》头版位置刊登的一则《95 分钟生死大营救》的新闻,配发了三张彩色照片,其中有两幅将浑身渗透着鲜血的司机作为主体,过度渲染车祸现场,使人触目惊心。再看看下面这几个标题:《公交车轮从"头"越》《男子持菜刀砍死父母等五人》《嫌疑人三次被吊打后蹲马步猝死公安局》《打工仔在出租屋点火自焚后跳楼自杀》……这些标题充满了凶杀、暴力色彩。

有些媒体甚至在体育新闻报道中也存在语言暴力现象,本来是很正常的体育赛事,在记者的笔下却成了残酷的、血淋淋的战争,或者成了动物世界里弱肉强食的厮杀。例如《德意志血洗英格兰》《森林狼加时咬死国王》等。有一些记者在报道体育比赛的内容、过程和结果的时候,喜欢用"杀手""宣战""全歼""生擒""复仇"等词汇。这些语言暴力给受众造成了"体育竞赛就是你死我活"的印象,是对体育精神的严重歪曲。

(3)炒作八卦,爆料明星隐私。一些媒体将窥探明星隐私、炒作明星绯闻当作迎合少数读者口味的法宝。电影、影视剧举行新闻发布会时,记者的注意力往往不在作品的内容上,而在明星们穿了什么、说了什么、发生了什么绯闻上。例如,在周迅主演的电影《恋爱中的宝贝》上映时,人们在新闻中很少见到关于剧情的介绍,看到更多的却是周迅在剧中的激情戏达到多大尺度、男女主角戏外传出的绯闻等内容。有些媒体在追逐"星"闻时,甚至不放过对追星人的炒作。2007年上半年的"杨丽娟事件"中,部分媒体忘记自己的社会责任,对杨丽娟 13 年来苦追刘德华的事件进行大肆宣传炒作,对杨父因为女儿没能单独与刘德华见面而在香港跳海自杀的悲剧负有不可推卸的责任。

(4)漠视苦难,缺少人文关怀。部分媒体在报道悲剧事件时,缺乏起码的同情心和悲悯情怀,用所谓"幽默"的笔调描写灾难新闻。如南京一行人被车撞倒,当场惨死,一家媒体的新闻标题竟然是《骑车人"中头彩"惨死》;广州 30 多人因酷暑死亡,某媒体竟描述为《广州"酷"毙三十余人》;车祸新闻标题竟为《面包车"激吻"公交车》《四车连撞好似"多米诺"》……这些灾难性事件都是不该发生的悲剧,记者却用具有调侃意味的词汇来形容,完全丧失了一个记者起码的人文关怀与道德良知。

(5)推崇奢靡生活,鼓动"时尚消费"和"金钱至上"。有的媒体宣传对私欲和享乐的追求,鼓吹"及时行乐""玩世不恭"和"金钱至上"的腐朽思想,将人们引入萎靡、颓废的精神状态,充满了低级趣味。2004 年 4 月 9 日,《华西都市报》报道成都市一对名贵宠物犬举行中西合璧的隆重婚礼,详细描述了它们的"结婚礼服"、特别的红色婚车、在婚礼进行曲下举行婚礼,并说婚礼"热闹非凡"。又如2003 年《重庆商报》刊发的假新闻《180 万买辆宝马砸着玩》、2004 年《成都商报》

登载的假新闻《金钱激出张国政奥运冠军》等都是如此。大量的此类报道,势必助长奢靡之风的蔓延,加剧困难群体的不平衡心理,激化社会矛盾。

(6)宣扬迷信和伪科学。如 2009 年不少媒体的社会新闻以"寡妇年"风俗为主题进行大规模的报道,出现了《为避"寡妇年",新人年底扎堆结婚》《为避"寡妇年",新人赶"牛尾"扎堆结婚》《新人扎堆结婚避"寡妇年"》这样的新闻。尽管媒体在这些新闻报道中不同程度地否定了"寡妇年"的说法,然而,在报道中故意将青年结婚与"寡妇年"连在一起,显然助长了这一迷信观念的传播。又如《浙江青年报》2001 年 9 月 5 日的报道《魂化黑蝶翩翩去——赵群力遗体告别仪式昨天举行》,对蝴蝶误入殡仪馆大厅的巧合现象,展开毫无科学依据的联想——"时而盘旋,时而俯冲,活像赵群力驾机航拍的样子",最后大胆归结是逝者的化身。这里显然是在宣扬灵魂不灭并可转世的有神论思想,制造出迷信的神秘主义幻象,违背了科学精神。

在社会新闻中,还有热衷于"伪气功""特异功能""吉祥数字"的报道。如 2010 年 3 月 23 日《南方日报》的《吉祥联号一抢而空》报道了带有 8、6、3 等数字的车牌号被市民一抢而空的事实,没有向受众解释热衷于特殊数字的不科学性,助长了人们思想观念中的数字迷信。

低俗新闻不仅对受众的人生观和价值观产生误导,败坏社会风气,而且有损媒体自身的形象和公信力,其负面影响不可低估。针对种种媚俗、低俗、庸俗、恶俗的新闻现象,曾任新华社社长的穆青指出,新闻工作者"一定要有正确的观点、高尚的情趣、健康的内容、活泼的形式,给人们提供高水平高质量的精神食粮"①。然而,有部分记者错误地理解了"受众中心论",以为新闻报道只要吸引受众的眼球就是最有新闻价值的,因而把自己的聪明与才华用歪了。

四、不同类型的新闻侵权行为

从 20 世纪 80 年代开始,我国新闻侵权的案件屡屡发生,新闻诉讼出现了四次高峰:第一次高峰是 1988 年到 1991 年,主要是普通公民控告媒体侵害其名誉权;第二次是 1992 年,以刘晓庆、陈凯歌、李谷一等名人为代表状告新闻媒体侵犯其名誉权;第三次是 1993 年至 1999 年,企业法人控告媒体侵犯其名誉权;第四次是 2000 年至今,以政府机关及公务员为主控告媒体侵害其名誉权。可见,新闻侵犯公民名誉权、著作权、隐私权已经成为新时期新闻职业道德的一个突出问题。

(1)侵犯名誉权。1988 年 10 月 1 日,《温州日报》某记者撰写的一则评论写

---

① 《穆青论新闻》,北京:新华出版社 2003 年版,第 235 页。

道:"如果强奸犯们都能一展风姿,尽抒歌喉,那么风华少女们何必讲什么贞操呢?"迟志强被法院以"流氓罪"判刑,文章却把"流氓罪"说成"强奸罪",把刑满释放后已成为合法公民的人说成"强奸犯",是典型的对被报道人人格和名誉的侵害。

此类案件比较引人关注的还有:2004年唐季礼诉青年时报社侵犯名誉权案;2006年文清诉重庆商报社侵犯名誉权案;2006年富士康诉《第一财经日报》记者侵害名誉权案;2014年王思聪诉网易、搜狐侵犯名誉权案;等等。

(2)侵犯著作权。改革开放以来,某些新闻工作者采取不正当手段抄袭、剽窃他人作品,谋取私利;报刊在摘录、转载已发表的作品时,不注明作者姓名,不支付作者报酬;等等。这些行为侵犯了作者的著作权。1996年7月5日,《北方时报》记者姜国和《黑龙江日报》记者焦明忠惊奇地发现,在"黑龙江省第三届宣传中国共产党领导的多党合作和政治协商制度好新闻"颁奖典礼上,获得二等奖的电视新闻《北大荒拆除"篱笆墙"》涉嫌抄袭自己的作品。这篇由记者何健、栾新波、陈跃撰写的获奖作品与姜国和焦明忠在《北方时报》上发表的一篇文章除了采访时间、地点不一样外,从标题到内容甚至标点符号都完全一致。于是,姜、焦两人向哈尔滨市中级人民法院递交了《民事起诉状》。法院经审理认定,被告剽窃二原告作品并参加评奖活动属实,侵犯了原告的著作权和荣誉权。这起记者状告记者侵犯其著作权的案件,在我国尚属首例。

(3)侵犯隐私权。在新闻传播活动中,有些记者保护当事人隐私权的意识淡薄。他们为了商业利益,一味迎合受众的猎奇窥私心理,不择手段地利用针孔摄像、红外遥控等技术偷窥、挖掘、兜售他人的隐私信息,给他人的生活带来了极大的困扰,也给新闻职业道德抹了黑。2006年8月,香港艺人"TWINS"组合在马来西亚举办演唱会,其成员之一在后台换装时不慎被偷拍,她宽衣解带的照片刊登在香港《壹本便利》的封面上。香港娱乐圈对该周刊的卑劣行为举行了声讨会,并策划了游行抗议。当年11月,香港法院裁定《壹本便利》周刊偷拍明星隐私的行为属于违法。

新闻侵权的形式包括侵害当事人名誉权、著作权、隐私权、姓名权、肖像权等,无论哪一种形式,都会给当事人带来精神和心理的创伤,影响新闻媒体的公信力和新闻工作者的道德形象。这是新闻从业者在新闻传播活动中需要特别注意的。

五、见利忘义的不良广告

在社会主义市场经济条件下,广告在一定程度上成为经济发展的助推器和加油机。广告不仅促进了商品市场的活跃和社会经济的发展,而且肩负着传播道德文化的使命,还是新闻媒体最重要的经济来源之一。为了创造更大的经济效益,各新闻媒体都会在广告市场上尽其所能地施展拳脚。但在新的历史时期,媒体上也出现了一些污染社会风气和损害消费者利益的不良广告,主要表现在以下几个方面。

(1)虚假广告。2007 年中国消费者协会发布的《全国城镇消费维权状况》调查结果显示:"假劣产品、虚假广告、房价过高名列消费领域最突出问题的前 3 位。"①2009 年,北京市网络媒体协会和第三方互联网分析、研究机构万瑞数据,针对使用搜索引擎的网民联合展开调查,发布了《搜索引擎网民行为调查报告》,结果显示:"对于搜索引擎行业现状,虚假广告的审查和监管不力是网民反映最突出的问题。"②可见,虚假广告已成为公众最担忧的社会问题。

例如,1992 年 12 月 16 日,《人民日报》刊登了一则广告,说上海市吉欧电器厂的产品"经上海市级和国家食品机械检测中心鉴定,具有国内领先水平,并出口澳大利亚、新加坡、马来西亚以及中国香港等十多个国家和地区,为我国出口创汇做出了贡献"。结果消费者买到产品后却大失所望——产品外观粗糙,具有严重裂痕,使用时发现一半热,一半不热,经黑龙江佳木斯市技术监督局鉴定为劣质产品。于是,该消费者起诉了人民日报社,经法院调查认定,刊在《人民日报》上的"吉欧"系列产品广告使用了夸大性词语,不符合产品实际,人民日报社与厂家要赔偿消费者的经济损失。

再如,在央视 2007 年第 17 届"3·15"晚会上,相声演员郭德纲代言的"藏秘排油"减肥茶被曝光。他在多家电视广告中信誓旦旦地宣称三盒就能抹平大肚子,减个十斤八斤不算回事。许多消费者被广告误导,购买产品后才发现根本没有效果。这成了明星代言虚假广告的一个典型案例。类似的还有"德国牙医"章俊理"神奇医术"的虚假广告;宣传"盖中盖"等保健品疗效的虚假广告;宣传美容、丰胸和减肥产品的虚假广告;等等。2006 年 7 月 19 日,国家广电总局和国家工商总局发布了《关于整顿广播电视医疗资讯服务和电视购物节目的内容的通知》,要求从 2006 年 8 月 1 日起,全国所有广播电视机构暂停播出介绍药品、医疗器械、丰胸、减肥、增高产品的电视购物节目。这类电视节目被公众称为"直播谎言"。

(2)低俗广告。低俗广告是指传播的信息内容、表现方式等庸俗和低俗,引起受众强烈反感的广告。改革开放后,电视、网络媒体声画合一的传播优势为这

---

① 刘克:《中消协调查报告显示:消费领域三大问题最突出》,人民网,http://lady.people.com.cn/GB/1089/5464332.html,检索时间:2016 年 11 月 25 日。

② 万瑞数据供稿:《搜索引擎未现信任危机,百度用户少量流向谷歌》,中国新闻出版广电网,http://www.chinaxwcb.com/xwcbpaper/html/2009-02/11/content_47023.htm,检索时间:2015 年 4 月 13 日。

类广告提供了"温床",其低俗的程度是以往任何时期所无法比拟的。例如:网络上每年都会评选出"十大恶俗广告",其中"脑白金"广告多年来都蝉联冠军"宝座"。一群老人卡通形象不停地敲锣打鼓吹嘘"脑白金"的功效,"今年过节不收礼,收礼只收脑白金"的广告语通过电视向观众进行轮番轰炸。还有一些广告内容愚昧粗俗,传播方式机械重复,引起了观众的强烈反感。

此外,一些媒体上刊载或播放的广告情趣低下,甚至充满性挑逗。比如雕牌洗衣粉电视广告中一个充满磁性的男中音向观众发问:"今天你泡了吗?你漂了吗?"这很容易让人产生"泡妞""嫖娼"的不良联想。再如胖哥槟榔广告,画面是一群衣着暴露的女人围着一个男人搔首弄姿,拥抱抚摸,广告声音则是"诱惑、冲动,挡不住"。在一些内衣、减肥广告中,广告商将镜头故意对准女性身体上的一些敏感部位,比如胸、背、腿、臀等,将这些镜头放大、强化。这不仅体现了低级、庸俗的审美情趣,对于女性来说,无疑还是一种性别歧视。还有一些广告画面十分丑陋甚至荒唐,不符合人们的审美习惯,相当恶俗。比如:某明星为统一酱拌面做的广告中,画面中热气腾腾的统一酱拌面正被搅拌着,很是诱人,之后画面一转,该明星嘴上还挂着最后几根面条,嘴角上沾满了浓浓的调味酱,旁边一个美女不停地用手指去刮他嘴角的调味酱,送到自己的嘴中吮吸,让人感到十分恶心。

(3)新闻广告。新闻与广告存在本质上的差别。广告通常是替商家和产品作宣传的,新闻则是对客观事实的及时报道,新闻报道的可信度要比广告大得多。因此,许多商家、企事业单位都愿意出钱用新闻报道的形式发布广告。这种做法模糊了新闻与广告的界限,误导和欺骗了广大受众。

如《潇湘晨报》2011年9月1日第A18版非广告版中的一则新闻,标题为《微博订KTV,长沙宅人有福了》。开头写道:"针对宅男宅女量身打造的'微博KTV订房'于今日正式试运营,乐点新概念量贩KTV首次在全国尝试这种新模式,不管是生活在长沙,还是来长沙旅游的人都可以享受到这项服务。"其后的内容则对乐点KTV的微博订房和其他服务进行了详细介绍,并对KTV董事长进行了采访,表示乐点KTV"会有很多促销活动,比如说订房间送演唱会门票"。这则消息实际上就是在为乐点KTV做广告。

再看一例:2006年12月5日《华商报·国际新闻版》刊登的《三年割两刀,刀刀要"肠"命》,大篇幅引述了被采访者说的话:"幸亏用了同仁堂××草,否则我这身老皮肉不知道还要挨几刀。""自从同仁堂××草进我们药店后,每天有很多患者前来购买,从没听说过没效的。""从那以后,只要有这方面的病人来找我,都给他们推荐同仁堂××草,用后都感激得不得了。""同仁堂××草治疗肠炎、结肠炎那的确没话说。"这样的言词,哪里像记者的新闻语言,整篇都像是同仁堂的促销员在药店门口拉客吆喝的广告词。

早在20世纪20年代,戈公振就说过:"广告为商业发展之史乘,亦即文化进步之记录。人类生活,因科学之发明日趋于繁密美满,而广告即有促进人生与指导人生之功能。如留声机之广告,可供世人以高尚之音乐,得精神上之安慰;汽车之广告,可化世界之险阻为坦途,同臻交通利便之域。其他广告,均可与世人以利益与便宜。故广告不仅为工商界推销出品之一种手段,实负有宣传文化与教育群众之使命也。"①时至今日,一些媒体还没有尽到"宣传文化与教育群众"之责任,受经济利益的驱使而参与制作和发布虚假广告、低俗广告、新闻广告,的确有负公众对媒体的信任与期望。

六、网络伦理的缺失

作为"第四媒体",网络具有不同于传统媒体的独特优势与特色,如传播时效迅捷化、传播主体多元化、传播选择自由化、传受双方互动化、传受身份隐匿化等。"第四媒体"为社会构建了一个全新的传播空间,为人们自由传递与获取各种信息及自由表达意见提供了前所未有的方便。然而,当我们为新技术革命带来的巨大利益而欢欣鼓舞时,也不能忽视网络传播给社会带来的负面影响。网络谣言、网络暴力、网络色情、网络新闻侵权等伦理失范现象,给传统新闻伦理带来了巨大的冲击,引起了人们对传媒伦理的新担忧。

（一）网络谣言

美国社会学家特·希布塔尼认为,"谣言是在一群人议论过程中产生的即兴新闻",它"总是起源于一桩重要而扑朔迷离的事件","目的是为了给无法解释的事件寻求一种答案"②。近几年来,借助网络媒介传播的谣言已经成为新闻传播领域的一大公害,并具有以下一些特点。

一是传播范围广。2003年3月29日,《中国日报》网站发出消息称,微软总裁比尔·盖茨在出席洛杉矶的一个慈善活动时遭到暗杀并身亡。由于该新闻首发者是主流新闻媒体网站,其新闻来源又是"CNN",其他网站和媒体对这一新闻的真实性深信不疑。新浪、搜狐等国内影响力较大的门户网站以及其他一些网站在第一时间转发这条消息,并发布关于"比尔·盖茨遇刺身亡"的手机短信。成千上万的受众通过网络、电视、手机等媒体获知了这一假新闻。有批评者称,这是中国网络媒体有史以来最大的丑闻。

---

① 戈公振:《中国报学史》,长沙:岳麓书社2011年版,第184页。
② 〔法〕让-诺埃尔·卡普费雷:《谣言:世界最古老的传媒》,郑若麟译,上海:上海人民出版社2008年版,第8页。

二是造假手段更高明。中国社会科学院新闻研究所闵大洪指出,谣言制造者为了使其发出的信息令人相信,往往会将其伪造成新闻报道的形式,或者盗用新闻媒体的名义来混淆视听。如上面提到的比尔·盖茨遭暗杀身亡的假新闻的原始出处是伪造的 CNN 网页,与大家知道的 CNN 网站毫不相干。

三是传播者"草根"化。传统媒体的新闻发布权掌握在受过专业训练的新闻工作者手中,但是,网络新闻发布的主体已经延伸到一般的网民,特别是博客、微博一类自媒体的出现,使得每个人都能成为信息传播的主体。在微博、微信给大众带来方便与快乐的同时,也给谣言的传播打开了方便之门,以致微博、微信成了世界上最便捷的谣言制造机器。2010 年 12 月 6 日,《中国新闻周刊》官方微博发表消息称金庸在香港尖沙咀圣玛利亚医院去世。事实上,香港并没有一家名为圣玛利亚的医院,金庸本人也还健在。事后,《中国新闻周刊》副总编辑、新媒体总编辑刘新宇在新浪微博上承认这是一条未作任何核实、草率转发的新闻。2011 年,在日本福岛发生核泄漏事故期间,一则碘能防止核辐射的谣言在中国迅速传播,结果导致很多地区恐慌性抢购碘盐,有些地方还出现碘盐脱销。又如2011 年 11 月有一则谣言说,有一群新疆的艾滋病患者,将他们的血液掺在餐馆的食物中,散播病毒给他人,引起了公众的紧张与恐慌。经有关部门查明,这一谣言是洛阳市一李姓男子故意编造并通过手机短信散布传播的。郑州某公司女职员戚某又将它发到 QQ 群,然后在互联网迅速扩散。事后,他们都受到公安部门的治安拘留处罚。

(二)网络暴力

网络暴力是网民通过虚拟的网络,对某一事件和当事人发表具有攻击性、煽动性和侮辱性的言论,或借助网络调查,公开当事人的真实信息,从而造成当事人的名誉权、隐私权受到侵害的行为。网络暴力现象在 2006 年就开始出现,"虐猫事件"中的主人公的虐猫行为引起网民公愤,在"人肉搜索"的强大攻势下,当事人丢掉了工作。此后,网络暴力现象愈演愈烈,"铜须门事件""姜岩事件""很黄很暴力事件""史上最毒后妈事件""艾滋女事件"等都是典型的网络暴力事件。在这些事件中,网民一任情感宣泄,缺乏理智地进行"道德审判"和"口诛笔伐",给当事人的身心造成了极大创伤。

一些网站放弃了应负的社会责任和应守的职业伦理准则,不顾登载的内容给他人造成什么影响,对网民上传的攻击性、侮辱性言论,不仅不认真审核,原文照发,还有意夸大,以此来吸引网民眼球,提高点击率。例如:2007 年 7 月 17 日,互联网上出现了一篇题为《史上最恶毒后妈把女儿打得狂吐鲜血》的帖子。该帖图文并茂地讲述了江西省鄱阳县一个 6 岁女童被继母陈彩诗打得"口吐鲜血、脊椎断裂、大小便失禁"的情况,并称陈彩诗为"史上最毒后妈"。接着,多个网站以"六岁女童遭史上最毒后妈毒打"等有罪推定式的标题报道此事。铺天盖地的舆论压力和责备谩骂让陈彩诗面对媒体"跪地喊冤"。后来,公安机关介入调查,还原了事实的真相:陈彩诗不仅不是"恶毒后妈",而且是一个慈爱善良的好人。但令人失望与伤心的是,真相披露之后,没有一家网络媒体向公众和陈彩诗本人道歉,它们唯一做的就是删除了各自网站上的相关报道。

(三) 网络色情、凶杀新闻

传统媒体的编辑、记者及负责人在新闻传播活动中一直充当着"把关人"的角色。他们按照一定的标准,通过新闻采写、编辑和审读各个环节,最终决定传播的内容。而网络是高度开放的电子信息空间,尤其是网络新闻传播多方向、发散式的特点使得传统新闻媒体的"把关人"角色淡化,为不良信息的滋生和泛滥提供了方便。许多新闻网站和门户网站的新闻网页为了吸引更多的网民,提高点击率,登载了一些迎合受众猎奇、窥私的低级趣味的社会新闻。这些新闻以色情、凶杀等为主要内容,通过精心制作标题、配发图片,甚至详细描写暴力犯罪的过程来吸引眼球。

仅以网易 2012 年 6 月 20 日的新闻排行榜为例,我们可以看到点击率排在前九条的新闻分别是:《刘亦菲着透视裙亮相 与邓超新片陷"四角恋"》《古寺方丈还俗与 26 岁女老板完婚》《丰乳翘臀万人迷 电视游戏中的天生尤物》《广州外国男子派出所身亡引发外籍人员聚集堵路》《广州七百警力凌晨围剿黑帮》《勒布朗领衔 NBA 福布斯榜 科比紧跟其后魔兽第三》《A 片,男人不能缺的励志歌舞剧》《DNF 领主神器 BOSS 粉装备属性 第三季男法师版本》《成龙杨受成为容祖儿庆生 狂欢至凌晨 1 点》。从这些新闻标题中不难看出网络编辑们的选择兴趣和报道格调。类似这样的信息在商业门户网站的新闻网页社会新闻社区几乎随处可见。

(四) 网络新闻侵权

在数字化时代,人们正面临着计算机新技术对个人隐私权、名誉权、著作权等带来的种种威胁。网络媒体上每天都有数以千兆的私人通信数据在全球各地传播,人们借助网络,可以马上调阅到远隔重洋的他人的数据,网络新闻侵权相对于传统新闻侵权具有更广泛、更迅速、更多样、更隐秘的特点。

2003 年中联网新闻中心在一篇名为《小区拒绝色情扰续,"色女郎"被请出居民楼》的新闻中,用参加"美在金陵"影视新星大赛的女模特李媛媛在连云港市苏马湾拍摄的一组泳装照片作为配图,既没说明照片的时间地点出处,也没说明文章和照片的关系,严重侵害了李媛媛的肖像权和名誉权。李媛媛报案后,江苏省南京市建邺区人民法院作出一审判决：被告停止对原告李媛媛的肖像、名誉侵权行为，并发布致歉声明，赔偿李媛媛 2 万元。

2010 年 5 月 26 日的《南方周末》报道了一个"极其荒谬、繁重、漫长"的案例。《新京报》认为浙江在线网站自 2003 年至 2007 年间非法转载其 7706 篇文章，将浙江在线告上了法庭。但杭州中院裁定称，此案"不宜合并审理，应当予以分案审理"。这意味着《新京报》若要讨回自己的权利，还得再经历 7706 场甚至更多的官司。从这个案例中我们可以看到，如今新闻、门户网站涉嫌侵权的现象是较为严重的。

随着互联网的繁荣和发展，网络谣言、网络暴力、网络色情和网络新闻侵权等现象日趋严重。这不仅对传统新闻道德造成了巨大的冲击，还给社会公众带来了严重的负面影响。如何进一步加强网络伦理建设，提高网络从业人员的道德水准，增强网络管理的有效性，以营造健康清朗的网络空间，是一项长期而艰巨的任务。

第三节　改革开放后新闻伦理思想

改革开放以来，我国新闻事业取得了举世瞩目的成就，无论是经营管理水平还是传播技术革新，无论是学术理论研究还是新闻业务水平，都超过中国历史上任何一个时期。但是，在新闻事业发展繁荣的同时，也出现了较为严重的新闻职业道德问题。对此，党和国家领导人以及新闻业界、新闻学界都给予了高度的关注，提出了许多解决问题的对策，在应对和解决现实问题的思考中，形成了富有时代特色的新闻伦理思想。

一、新闻工作必须坚持党性原则

新闻工作的党性原则，是中国共产党新闻事业一贯坚持的原则。在新的历史条件下，党和国家领导人对此又作了进一步的论述与强调。

20 世纪 70 年代末 80 年代初，我国思想战线存在怀疑和否定党的领导、背离党的思想路线、违反党的组织原则和宣传纪律的现象。面对新的形势，邓小平旗帜鲜明地提出："所有共产党员都要增强党性，遵守党的章程和纪律。不管是什么专家、学者、作家、艺术家，只要是党员，都不允许自视特殊，认为自己在政治上比党高明，可以自行其是。"①邓小平从维护党的权威和国家长治久安的高度强调坚持党性原则的重要性，认为只有坚持党性原则，开展积极的思想斗争，才能解

---

① 　《邓小平文选》第 3 卷，北京：人民出版社 1993 年版，第 46 页。

决思想战线存在的种种问题,才能保证思想战线沿着正确的方向前进。

1985 年 2 月 8 日,胡耀邦在中央书记处会议上作了《关于党的新闻工作》的重要讲话,对党的新闻事业的根本性质做了具体的论述。他指出:"党的新闻事业是党的喉舌,自然也是党所领导的人民政府的喉舌,同时也是人民自己的喉舌。""党的新闻事业是要代表党和政府讲话的,是要按照党的路线和政策来发表议论、指导工作的,虽然报纸、通讯社、电台的每一篇文章、每一则报道不都是具有指导性的,有许多只是个人意见和个人的观察,但党的新闻机关的主要言论,有关国内工作和对外关系的主要报道,应当是代表党和政府的,而不是只代表编辑或记者个人的。"①胡耀邦在讲话中多次提到"党性"二字,深刻阐明了党的新闻部门与党中央的关系,明确提出党对新闻界最重要的要求"就是要有鲜明的正确立场,要有鲜明的阶级性和党性,要有实事求是的科学态度。"党的新闻工作最主要的任务,"就是要用大量的、生动的事实和言论,把党和政府的主张,把人民的各方面的意见和活动,及时地、准确地传播到全国和全世界"②。胡耀邦的讲话是改革开放后,中央领导人对新闻工作党性原则的一次重要的论述与强调。

江泽民在担任中共中央总书记期间,对新闻工作发表了很多讲话。其重点之一,是强调新闻工作者的道德修养问题,并把坚持党性原则作为新闻战线加强队伍建设、提高记者道德品质修养和发展新闻事业的首要条件。

1989 年 11 月 28 日,江泽民在全国各省、自治区、直辖市党报总编辑新闻工作研讨班上发表了《关于党的新闻工作的几个问题》的讲话,明确指出:"我们的新闻工作是党的整个事业的一个重要组成部分。因此不言而喻,必须坚持党性原则。"③1996 年 1 月 2 日,他在接见解放军报社师以上干部时的讲话中又说:"办好《解放军报》,首要的一条,就是必须坚持鲜明的党性原则。……我军的性质和特点,决定了《解放军报》在坚持党性原则上,不允许有任何的含糊和动摇。"④同年 9 月 26 日,他在视察人民日报社的讲话中再次强调:"党的新闻事业与党休戚与共,是党的生命的一部分。可以说,舆论工作就是思想政治工作,是党和国家的前途和命运所系的工作。"⑤因此,社会主义的新闻工作者"必须讲政治,必须具有良好的政治素质,具有很强的政治鉴别力和政治敏锐性,必须树立高度的政治责任感。每个同志都要自觉地在思想上、政治上与党中央保持一致,

---

① 《中国新闻年鉴 1985》,北京:中国新闻年鉴社 1985 年版,第 1 页。
② 同上书,第 8、4 页。
③ 《中国新闻年鉴 1990》,北京:中国新闻年鉴社 1990 年版,第 3 页。
④ 《中国新闻年鉴 1997》,北京:中国新闻年鉴社 1997 年版,第 1 页。
⑤ 同上书,第 3 页。

在任何复杂多变的形势面前,都要保持清醒的头脑"①。江泽民深刻阐明了党的新闻事业的性质、地位与作用,重申了坚持新闻工作党性原则的重要性。

2002年1月,胡锦涛在全国宣传部长会议上指出:"我们的新闻媒体是党和人民的喉舌,一定要坚持新闻工作的党性原则。"②2008年6月,他在视察人民日报社的工作时对新闻宣传工作提出了"五个必须",头一个"必须"就是"必须坚持党性原则,牢牢把握正确舆论导向"③。从江泽民要求把坚持党性原则作为"首要的一条",到胡锦涛把党性原则视为头一个"必须",说明新闻工作的"党性原则"是中国共产党领导人在新时期重视和提倡的基本原则。这一原则经过长期的宣传和教育,已经深入到我国党报工作者的心中。

新闻工作党性原则的基本要求是:在思想上坚持以马克思主义为指导,在政治上与党中央保持一致,在组织上坚持党对新闻工作的领导。严格地说,党性原则本是中国共产党对新闻工作的政治要求,为什么也可以看成是重要的新闻伦理原则呢?主要是因为在中国共产党的新闻伦理建设中,政治要求伦理化和新闻伦理要求政治化已经成为党报思想的传统与常态。早在延安时期,党的领导人在论述党报和党报工作者的道德品质时,就提出了"党性"的要求。如1942年4月1日,《解放日报》发表的由博古执笔、经毛泽东修改的社论《致读者》在总结过去的工作时说:"总之,我们还没有具备党报所必需的品质:党性、群众性、战斗性和组织性。"④显然,在中国共产党的党报伦理中,党性是党报和党报记者必备的品质。

这一思想传统一直延续着。改革开放以来,中华全国新闻工作者协会制定的《中国新闻工作者职业道德准则》(以下简称《准则》),从1991年到2009年经过3次修订,虽然随着形势的变化,每一次修订,内容都有所更新,但是,新闻工作党性原则的内容是始终不变的。如1991年的《准则》说:"新闻工作者要在党的领导下,发挥密切党和政府同人民群众联系的桥梁、纽带作用";"坚定地宣传、贯彻党的理论、路线、方针、政策。"1997年第二次修订的《准则》说:"坚决贯彻执行党的基本路线、基本方针";"新闻工作者要在党的领导下,发挥密切党和政府同人民群众联系的桥梁、纽带作用。"2009年11月通过的《准则》说:"用马克思主义新闻观指导新闻实践,学习宣传贯彻党的理论、路线、方针、政策。""要忠于党、忠于祖国、忠于人民……发挥党和政府联系人民群众的桥梁纽带作用。"这说明,坚持党性原则是党的新闻工作者职业道德的内在要求和应有之义。

---

① 《中国新闻年鉴1997》,北京:中国新闻年鉴社1997年版,第2页。
② 《中国新闻年鉴2003》,北京:中国新闻年鉴社2003年版,第5页。
③ 《中国新闻年鉴2009》,北京:中国新闻年鉴社2009年版,第3页。
④ 《致读者》,《解放日报》1942年4月1日社论。

如何坚持党性原则,改革开放以来党内有了许多新的认识。1984年陆定一在《宣传好整党是当前新闻工作的一项重要任务》中说:"什么叫与党中央在政治上保持一致? 不是照抄文件,而是调查研究,实事求是,敢提实际办法,敢讲真话,这才是真正的一致。"①同年12月29日,他在《新闻记者应是政治家》的谈话中说:"记者不要光把自己看作记者,而要把自己看作政治家。""无论对什么事,都要开动脑筋,想一想,进行独立思考。要想一想是否符合马列主义,想一想是否符合实际情况。只要开动脑筋,就不会顺流而下,人云亦云。看风转舵,看眼色办事,不是共产党人的品格。"②陆定一的观点代表了经历过10年"文化大革命"灾难之后许多老一辈无产阶级革命家的思想,对党报工作者具有很强的启发性与指导性。

江泽民和胡锦涛对此也有过精辟的论述。江泽民说:"新闻宣传在政治上同党中央保持一致,决不是机械地简单地重复一些政治口号,而是站在党和人民的立场上,采取多种多样的方式,把党的政治观点、方针政策,准确地生动地体现和贯注到新闻、通讯、言论、图片、标题、编排等各个方面。"③胡锦涛说:"要增强政治敏锐性和政治鉴别力,严格宣传纪律,做到守土有责,在重大问题、敏感问题、热点问题上把好关、把好度。"④江泽民和胡锦涛的讲话为党的新闻工作者贯彻落实新闻工作的党性原则提供了正确的指南。

值得注意的是,20世纪80年代初期我国新闻界还开展了一场关于党性与人民性的大讨论。当时有人主张"党性来自人民性","人民性高于党性"。针对这种观点,邓小平在1983年召开的党的十二届三中全会上明确指出:"党性来自人民性"的观点是"违反马克思主义的说法"⑤,是不科学的。1989年11月25日,李瑞环在《坚持正面宣传为主的方针》中说:"我们的新闻事业是党的新闻事业,是社会主义国家的新闻事业,新闻的党性同新闻的人民性,两者是统一的。我们党的宗旨是全心全意为人民服务,除了人民的利益以外,党没有自己的私利。党是人民利益的最集中的代表者。因此,党的耳目喉舌当然是人民的耳目喉舌。新闻工作对党负责与对人民负责是完全一致的。前几年新闻界曾有过党性与人民性的争论,有人主张人民性高于党性,报纸应当跟人民走,而不应当跟党走。这种将人民性和党性对立起来的观点是根本错误的,是十分有害的。"⑥江泽民

---

① 《陆定一新闻文选》,北京:新华出版社1987年版,第86页。
② 同上书,第89—90页。
③ 《中国新闻年鉴1990》,北京:中国新闻年鉴社1990年版,第3页。
④ 《中国新闻年鉴2009》,北京:中国新闻年鉴社2009年版,第3页。
⑤ 《邓小平论新闻宣传》,北京:新华出版社1998年版,第24页。
⑥ 《中国新闻年鉴1990》,北京:中国新闻年鉴社1990年版,第8页。

说："我们党是工人阶级的先锋队，代表工人阶级和最广大人民群众的根本利益，除了工人阶级和人民群众的根本利益以外，没有自己的任何私利。坚持党性原则，也就是坚持工人阶级和人民群众的根本利益的原则，两者是完全一致的。提出'人民性'高于党性，实质就是要否定和摆脱党对新闻事业的领导。"①

江泽民和李瑞环的论述与延安时期党报负责人博古的观点基本相同。1942年4月1日，博古在《解放日报》社论《致读者》中说："我们的党是代表人民的党，我们除了人民的利益外没有别的利益；我们愿意将我们的报纸变成全国抗日人民和抗日党派的共同的论坛，我们欢迎一切抗日人士和党派利用我们的篇幅来倡导一切有利抗日团结的主张办法，消灭一切阻害抗建大业的障碍。"②

博古撰写这篇文章时，正值中国的抗日战争时期，"人民"的概念与今天的内涵有所不同，当时是指所有愿意抗日的人。博古认为党的利益就是人民的利益，人民的利益就是党的利益，两者是完全一致的。从理论上看，这一观点是完全正确的。一个政党能够向世人宣示除了工人阶级和人民群众的根本利益以外，没有自己的任何私利，把人民的利益当作唯一的追求，其目标和理想无疑是伟大而崇高的。但是，如何才能实现这个目标，怎样才能让"人民群众"真正感到"除了人民的利益外，没有别的利益"，这不只是一个理论问题，更多的是实践问题。只有当人民群众在自己衣食住行的日常生活中真正感受到人民的利益就是党的利益的时候，只有当人民群众在建设时代也能看到"公仆"们像战争年代一样"吃苦在前、享受在后"的时候，人民才会从心底里相信两者的利益确实是一致的。

从长期的新闻实践看，新闻工作的"党性"与"人民性"应该一致也能够一致，但并非天然就一致，这需要党的各级领导和党报工作者在实践中作出不懈的努力。客观地看，在中国共产党党报史上，新闻工作的"党性"与"人民性"，既有一致的时候，也有相悖的时候。如"文化大革命"时期的新闻媒体被党内的野心家、阴谋家所控制，新闻成了"阶级斗争"的工具。这个时期的新闻工作就不能说"党性"与"人民性"是相统一的。胡耀邦在1985年就说过："如果中央路线正确，事情好办；而如果中央路线不正确，比如在'文化大革命'中，事情就复杂了，就不能简单地说作为中央喉舌和反映人民呼声是完全一致的了。"③胡耀邦之所以被人民群众深深地怀念与敬仰，原因之一是他敢于讲真话、办实事，是共产党人"实事求是"的光辉典范。

---

① 《中国新闻年鉴1990》，北京：中国新闻年鉴社1990年版，第3页。
② 无锡市史志办公室编：《秦邦宪（博古）文集》，北京：中共党史出版社2007年版，第465页。
③ 《中国新闻年鉴1985》，北京：中国新闻年鉴社1985年版，第3页。

二、全心全意为人民服务的原则

伦理总是存在和体现于一定的关系之中。如果说党性原则要体现的是党报工作者与党中央及上级党委之间的关系的话,那么,全心全意为人民服务的原则体现的则是党报工作者与人民群众之间的关系。从 1991 年到 2009 年,由中华全国新闻工作者协会制定和经过三次修订的《中国新闻工作者职业道德准则》第一条都是"全心全意为人民服务",只是在内容表述上有所增加和改进,而且"人民"一词在《准则》中出现的次数也是最多的,超过了 10 次,排在所有用词的前列。

"全心全意为人民服务"是社会主义道德的集中体现,也是我国新闻工作的根本宗旨。1993 年 8 月 4 日,时任中宣部部长的丁关根同志在加强新闻职业道德建设座谈会上的讲话中说:"一切从事新闻工作的同志,都要继承和发扬社会主义新闻事业的光荣传统,增强社会责任感,树立正确的理想、信念、人生观和价值观,全心全意为人民服务。这是培养和形成良好新闻职业道德的力量之源,是新闻工作者的立身之本,职业之魂。"[1]丁关根的讲话阐明了为人民服务的原则在新闻道德体系中的核心地位。1996 年 10 月 10 日,江泽民在《努力开创社会主义精神文明建设的新局面》中说:"社会主义道德建设最重要的是要抓住为人民服务这个核心。"[2]

众所周知,"人民"是一个历史概念,在不同的历史时期包含不同的对象。同样的道理,新闻工作为人民服务也有鲜明的时代要求与时代内涵。在新的历史时期,党和国家领导人以及著名的新闻记者对于新闻工作如何更好地为人民服务,进行了新的探索与思考。邓小平说:"报纸真的同实际、同群众联系好了,报纸办好了,对领导是最大的帮助。常常有这样的情况:党和政府听不到的,报纸能听到,它能摸到社会的脉搏。目前最突出的问题是什么,把读者来信加以综合研究,常常就能看出来。"[3]他在《高级干部要带头发扬党的优良传统》讲话中说:"密切联系群众,是我们党的一个优良传统。"[4]"只要我们密切联系群众,深入地做工作,把道理向群众讲清楚,就能得到群众的同情和谅解,再大的困难也是能够克服的。"[5]相信群众,依靠群众,走群众路线,切实解决群众最需要解决的问题,就是为人民服务的体现。

---

[1]　《中国新闻年鉴1994》,北京:中国新闻年鉴社 1994 年版,第 2 页。
[2]　《江泽民文选》第 1 卷,北京:人民出版社 2006 年版,第 579 页。
[3]　《邓小平文选》第 1 卷,北京:人民出版社 1994 年版,第 150 页。
[4]　《邓小平文选(一九七五—一九八二)》,北京:人民出版社 1983 年版,第 200 页。
[5]　同上书,第 201 页。

1982年5月11日,陈云对《人民日报》提出:"报纸要为广大读者着想,报社的领导和编辑要经常提醒自己:'假如我是读者','假如我是一个很忙的读者'。《人民日报》为人民嘛。"①陈云所指的虽然是要求《人民日报》的通讯、评论要简短,长文章都应当有提要,中间还可以加小标题,以便于读者阅读和节省时间,但他提出的"为广大读者着想"的观点具有普遍的意义。尤其是"《人民日报》为人民"的提法非常精辟。

胡耀邦在1979年2月就提出过新闻工作者"要当人民群众的良师益友"的观点。②1983年7月,他在考察西北期间的谈话中指出:"报上的文章、理论文章,套话太多,'洋话'多,老百姓听不懂,片面性大,缺乏辩证法,使人不愿看。有些地方的宣传之所以不能打动人心,不通俗、讲'洋话'、讲套话是一大原因。"③因此,他提倡:"宣传报道、理论工作要密切联系实际,要同群众的切身利益结合起来,要做到通俗易懂,生动活泼。"④

江泽民对新闻工作者全心全意为人民服务有过许多论述。1989年11月28日,他在《关于党的新闻工作的几个问题》中说:"在新的历史时期,新闻工作坚持为社会主义服务,为人民服务,就要坚定地全面准确地宣传党的基本路线,宣传建设有中国特色的社会主义的理论和决策,宣传全国各族人民在现代化建设和改革开放中的业绩和经验。"⑤在这里,江泽民把三个"宣传"看成是"二为"方针的具体体现,提纲挈领地阐明了新时期新闻工作为人民服务的具体要求。

1994年1月24日,江泽民在全国宣传思想工作会议的讲话中说:"二为"方向和"双百"方针是对精神产品生产的基本要求,是宣传文化事业繁荣的基本保证。他要求:"在大的是非面前,宣传思想文化部门要坚持原则,提倡什么、允许什么、限制什么、反对什么,必须旗帜鲜明。那些散布否定党的领导和社会主义制度的东西,散布腐朽思想、颓废情绪以及传播封建迷信、渲染色情暴力的东西,危害我们的事业,损害人们特别是青少年的身心健康,群众十分不满,不能任其泛滥。"⑥

1996年9月26日,他在《视察人民日报社时的讲话》中,提出新闻工作者要打好"五个根底",其中之一是"群众观点根底"。他说:

新闻工作、党报工作,说到底,也是群众工作,是我们党联系群众的

---

① 《中国新闻年鉴1984》,北京:中国新闻年鉴社1984年版,第10页。

② 同上书,第1页。

③ 同上书,第15页。

④ 同上书,第14页。

⑤ 《中国新闻年鉴1990》,北京:中国新闻年鉴社1990年版,第2页。

⑥ 《中国新闻年鉴1995》,北京:中国新闻年鉴社1995年版,第5—6页。

重要纽带。密切联系群众，是新闻工作者的必修课和基本功。大家要树立牢固的群众观点，同广大人民群众同呼吸，共命运，善于做调查研究工作，紧扣时代的脉搏，倾听群众的心声，多写出反映改革开放和社会主义现代化建设的好作品来。①

江泽民在论述中特别强调新闻工作者要树立牢固的群众观点，同广大人民群众同呼吸、共命运。1993年1月15日，他在全国宣传部长座谈会上的讲话中就说过同样的话。他说："古人说：'与民共其乐者，人必忧其忧'。意思就是与群众同甘共苦的人，一定会受到人民的支持和爱护。我们的干部包括宣传思想战线的干部，一定要与人民群众呼吸相通，血肉相连，休戚与共，诚心诚意做人民的公仆。"②"同呼吸、共命运"，虽然只有简短的六个字，却是一个很高的要求，尤其在工作实践中要真正做到并不是一件容易的事情。

胡锦涛任总书记后，把全心全意为人民服务的道德原则概括为"以人为本"。"以人为本"，是中共十六大以来党中央提出并反复强调的新的执政理念中的一个重要内容。胡锦涛在同全国宣传思想工作会议代表座谈时明确提出："服务人民，就是要坚持以人为本，贴近实际、贴近生活、贴近群众，充分发挥人民主体作用，把人民是否满意作为根本标准，尊重差异、包容多样，努力满足人民多层次、多方面、多样化的精神文化需要，让人民共享文化发展成果，促进人的全面发展。"③

在2008年6月考察人民日报社的工作时，胡锦涛论述了新闻工作者坚持"以人为本"的重要性和必要性。他强调："坚持以人为本，是做好新闻宣传工作的根本要求。"

在2009年世界媒体峰会开幕式上，胡锦涛在致辞中说："中国政府始终高度重视媒体发展，鼓励和支持中国媒体贴近实际、贴近生活、贴近群众，创新观念、创新内容、创新形式、创新方法、创新手段，增强亲和力、吸引力、感染力。"④由此可见，"以人为本"理念、"三贴近"原则以及提高亲和力、吸引力、感染力的观点，是胡锦涛在新时期对新闻工作提出的创新性的指导思想。

与此同时，他还提出了"保证人民的知情权、参与权、表达权、监督权"的重要思想，在中国新闻事业史上具有里程碑的意义。他说：

> 坚持以人为本，是做好新闻宣传工作的根本要求。要坚持把实现好、维护好、发展好最广大人民的根本利益作为新闻宣传工作的出发点

---

① 《中国新闻年鉴1997》，北京：中国新闻年鉴社1997年版，第4—5页。
② 《中国新闻年鉴1993》，北京：中国新闻年鉴社1993年版，第2页。
③ 《中国新闻年鉴2009》，北京：中国新闻年鉴社2009年版，第1页。
④ 《中国新闻年鉴2010》，北京：中国新闻年鉴社2010年版，第2页。

和落脚点,坚持贴近实际、贴近生活、贴近群众,把体现党的主张和反映人民心声统一起来,把坚持正确导向和通达社情民意统一起来,尊重人民主体地位,发挥人民首创精神,保证人民的知情权、参与权、表达权、监督权。要面向基层、服务群众、深入实际,多报道人民群众的工作生活,多反映人民群众的利益要求,多宣传人民群众中涌现的先进典型,激励全体人民信心百倍地创造美好生活。①

在中国新闻事业史上,明确提出要"保证人民的知情权、参与权、表达权、监督权",这还是首次。2009 年 11 月第三次修订通过的《中国新闻工作者职业道德准则》,就将"保证人民群众的知情权、参与权、表达权、监督权"写进了第一条"全心全意为人民服务"之中。2012 年 11 月,胡锦涛在中共十八大报告中强调:"健全权力运行制约和监督体系。坚持用制度管权管事管人,保障人民知情权、参与权、表达权、监督权,是权力正确运行的重要保证。"这些论述不仅使广大人民群众认识到了自身应有的四种权利,而且丰富了新闻工作全心全意为人民服务的思想内涵。

在中国共产党的新闻宣传史上,从 20 世纪 20 年代提出的新闻宣传的通俗化、群众化思想,30 年代形成的新闻"大众化"思想,到 40 年代提出的"全党办报,群众办报",50 年代提出的"联系实际,联系群众,开展批评和自我批评",再到胡锦涛提出的"三贴近"原则,中国共产党"全心全意为人民服务"的思想,不仅一脉相承,而且在思想内容上不断丰富和发展。

三、自觉维护新闻真实

新闻真实是新闻传播活动的规律之一,从新闻事业诞生以来,就受到人们的普遍接受与重视。然而,"文化大革命"期间,这一新闻规律遭到无情的践踏,以至于"假、大、空"新闻盛行。邓小平在总结这一段历史教训时沉痛指出:"他们弄得我们党内同志不敢讲话,尤其不敢讲老实话,弄虚作假。甚至于我们有些老同志也沾染了这些坏习气,这是不应该原谅的啊!"②《新民晚报》原总编辑赵超构在谈论怎样办晚报时指出:"假大空是十年动乱中的产物。现在拨乱反正,讲实事求是,反对假大空是宣传战线上的长期任务。因为假话违背真实;大话浮夸,也不符合实际;空话言之无物,不接触实际;这就达不到宣传政策的效果,反而损害党的信誉,所以必须反对到底。"③他甚至为《新民晚报》在"文化大革命"初期

---

① 《中国新闻年鉴 2009》,北京:中国新闻年鉴社 2009 年版,第 3 页。
② 《邓小平文选(一九七五——一九八二)》,北京:人民出版社 1983 年版,第 43 页。
③ 《赵超构文集》第 6 卷,上海:文汇出版社 1999 年版,第 545 页。

就被停刊了而感到庆幸,因为这样就"免得有以后的一笔账。'四人帮'的'全面专政'的账,假、大、空的账"①。他的话语里充满着对"文化大革命"时期违背新闻规律的否定与对新闻真实的强调。改革开放后,党和国家领导人及新闻界的有识之士对"文化大革命"时期的"假、大、空"新闻和帮派新闻进行了揭露与批判,其目的就是为了使十年"文化大革命"中走偏了的中国新闻界重新回归到正确的道路上来。

1979 年,甘肃日报内部刊物《新闻理论与实践》创刊号刊载了《甘肃日报》编委蓝坪的一篇文章《重新学习新闻 ABC》。② 文中所说的新闻 ABC,就是新闻的真实、全面、客观、及时等基本理论问题。这些问题本来是人所共知的常识,但在"文化大革命"那个特殊的年代,却遭到随意的破坏与扭曲。改革开放以后,人民群众和新闻战线热切地呼唤常识的复位、呼唤按新闻规律办事。因此,对新闻ABC 的讨论,其实质是新闻伦理思想观念的拨乱反正。

1989 年,李瑞环在新闻工作研讨会上说:"我们要像爱护眼睛一样,维护新闻的真实性原则,坚决防止和杜绝弄虚作假、任意拔高和凭空杜撰等不良现象。要把坚持真实性提高到坚持党性原则、坚持新闻工作职业道德的高度来认识。"③

陆定一在延安时期,就提出了"事实是新闻的本源"的著名观点。在改革开放新时期,他谈得最多的,还是新闻真实性问题。他说:"新闻真实性,是无产阶级新闻学的根本原则。违反真实性,新闻就失去生命,写不真实新闻的记者,随之也会失去'生命'。党和人民怎会相信说假话、写假新闻的记者呢? 真实是记者必须遵守的起码的职业道德。"④1982 年,他在接受《新闻战线》记者的采访时说:"新闻工作搞来搞去还是个真实问题。新闻学千头万绪,根本性的还是这个问题。有了这一条,就有信用了。有信用,报纸就有人看了。"⑤这是一个老新闻工作者在历经数十年风雨之后的深刻体会与经验之谈。

那么,在具体的新闻实践活动中,如何维护新闻的真实性呢? 回顾改革开放以来的理论成果,大致有如下一些主要观点。

(一)坚持实事求是,力求全面客观

1985 年 2 月,胡耀邦在中央书记处会议上作了《关于党的新闻工作》的发言,谈到党的新闻工作的真实性问题时,他指出,不真实的报道不仅不会给改革增添光彩,还会使改革前功尽弃,维护新闻真实性就要实事求是,学会全面地看问题,

---

① 《赵超构文集》第 6 卷,上海:文汇出版社 1999 年版,第 543 页。
② 《新闻与写作》2010 年第 3 期。
③ 《中国新闻年鉴 1990》,北京:中国新闻年鉴社 1990 年版,第 12 页。
④ 《陆定一文集》,北京:人民出版社 1992 年版,第 835 页。
⑤ 同上书,第 763 页。

防止片面与浮夸。他说：

> 我们这样的大国，今天如果有谁专门搜集阴暗面，每天在报上登一百条，容易得很！如果把这一百条集中到一张报纸上，可以整整覆盖四个版面，搞成一幅彻头彻尾的阴暗图画。虽然其中每一条可能都是真实的，但如果谁要说这就是代表今天中国社会主义社会的整个画面，那就不真实了。当然，如果反过来硬说我们今天的社会，到处都是光明面，实在好得不得了，一点阴暗面也没有，一条缺点也没有，那也不真实。所以，去年我们就同新闻界的同志们说过，报纸上，大体应当是八分讲成绩、讲光明、搞表扬，二分讲缺点、讲阴暗面、搞批评。这样，既有利于促进整党，又合乎今天我们社会的实际。①

胡耀邦的讲话充分体现了"实事求是"的精神，对于新闻工作者正确理解新闻报道的单个真实与整体真实的关系，从而更好地维护新闻真实有重要的指导作用。他还说："凡属涉及人的功过是非的问题，一定要格外慎重，反复核实，不要抢时间。"②因为这是为了对他人负责，是"文化大革命"中先打倒后定性的做法留下的深刻教训。胡耀邦的讲话体现了中国共产党人对新闻真实的深刻认识，与西方资产阶级的新闻真实观大相异趣。

江泽民 1989 年 11 月在《关于党的新闻工作的几个问题》中又重申了这一观点：

> 我们的新闻工作者要做到真实地反映生活，就要深入进行调查研究，不仅要做到所报道的单个事情的真实、准确，尤其要注意和善于从总体上、本质上以及发展趋势上去把握事物的真实性。要防止搜奇猎异，防止捕风捉影。要在保证真实、准确的前提下，讲求时效。③

关于衡量新闻真实的标准问题，历来存在着不同的看法。西方和国内都有一些学者不承认新闻整体真实的标准，认为整体真实要求"从总体上、本质上以及发展趋势上去把握事实的真实性"是无法做到的。只要每一则新闻所报道的事实经得起核查，新闻就是真实的。对此，新闻学界进行过激烈的讨论。大多数人认为，新闻整体真实的标准是科学的，是可以做到的。它是从更宽广的视野看待社会现实，使单个事实与整体事实相统一，是更高价值的真实。

2002 年 1 月，胡锦涛在全国宣传部长会议上讲话时指出："要坚持讲真话、报

---

① 《中国新闻年鉴 1985》，北京：中国新闻年鉴社 1985 年版，第 6 页。

② 同上。

③ 《中国新闻年鉴 1990》，北京：中国新闻年鉴社 1990 年版，第 5 页。

实情,实事求是地反映情况,坚决反对弄虚作假。"①2009 年 10 月,他在世界媒体峰会开幕式上的发言中指出:"各类媒体要被公众广泛接受、受社会广泛尊重,不断提高公信力和影响力,就应该遵守新闻从业基本准则,客观报道世界多极化、经济全球化、文明多样性的现实,充分反映世界各国发展的主流和趋势,热情鼓励发展中国家发展进步。"他认为,"切实承担社会责任,促进新闻信息真实、准确、全面、客观传播"②,是对新闻传播的最基本的要求,也是新闻工作的一条客观规律。胡锦涛反复告诫新闻工作者,新闻的真实性与媒体的公信力休戚相关,媒体要想赢得受众的尊重,提高自己的信用,就必须要努力维护新闻真实性,做到全面客观。其中说的"充分反映世界各国发展的主流和趋势",指的就是新闻报道的整体真实问题。

在我国的新闻报道中,存在两个比较突出的问题:一是典型报道的片面性和绝对化;二是"报喜不报忧"。对于这两个问题,新闻界做过深刻的反思。范敬宜说:"在宣传先进人物时也要特别注意符合历史真实,切忌重犯'高、大、全'、'三突出'的老毛病。"这种做法"是最易引起群众反感和怀疑的"③。要想不引起群众反感和怀疑,"今后我们应当提倡这种求实的文风,改变那种一好百好、非白即黑的写法。当然,要把握好'度'"④。著名报人赵超构在《该不该"报忧"》一文中指出,报喜不报忧这种片面性的失实报道会对社会、对人民产生负面的影响,应该为新闻记者所不齿。他说:"实事求是地有喜报喜,有忧'报忧',不仅无忧,而且是可喜的。而片面地报喜不报忧,甚至于吹牛,浮夸,谎报军情","那才是可鄙可耻的,也是祸国殃民的。"⑤"无论是报道,还是言论,都不应有所偏废。"⑥

以上这些论述,对于新闻战线纠正典型报道中的假大空和新闻报道"报喜不报忧"的片面性具有很强的针对性和指导性。改革开放以来,我国媒体上的典型报道比过去有了很大的改进和提高,被报道的先进典型,让读者感到可亲、可敬、可信;新闻媒体在弘扬主旋律的同时,揭露贪官和社会阴暗面的批评报道也比过去任何时期都要多。这正反映了新闻真实的伦理原则在发挥它应有的作用。当然,新闻报道中的片面性和虚假浮夸现象并未绝迹,有时在某些媒体中还比较严重。这说明新闻真实性原则需要经常讲、反复讲,不然,假、大、空的歪风就会死

① 《中国新闻年鉴 2003》,北京:中国新闻年鉴社 2003 年版,第 5 页。
② 《中国新闻年鉴 2010》,北京:中国新闻年鉴社 2010 年版,第 1 页。
③ 范敬宜:《总编辑手记》,北京:人民日报出版社 1997 年版,第 4 页。
④ 同上书,第 47 页。
⑤ 《赵超构文集》第 6 卷,上海:文汇出版社 1999 年版,第 42 页。
⑥ 同上书,第 336 页。

灰复燃。

(二)反对形式主义,重视调查研究

1979年胡耀邦在谈如何做好外宣工作时指出:"我们做宣传工作的人对于好的、坏的,都要自己独立思考,调查研究。国内吹风的人可多了,早上吹这个风,晚上吹那个风,我们有些宣传干部经常上当,跟着风走。"他告诫宣传工作者,要防止跟风,就必须做到:"对每天接触到的和出现的新问题,我们一定要养成这样一种习惯,就是八个字:'调查研究,独立思考'。我们上了多年当还不总结经验?经验就这八个字。"①胡耀邦的讲话深刻地阐明了调查研究和独立思考的重要性。新闻记者每天接触的人和事及每天了解的信息都比其他行业的人要多,如果没有调查研究和独立思考的思想作风,就必然成为传声筒、跟风草。在现实生活中,有些人对别人所说的话不加思考和辨析,轻信本无其事的谣言,甚至连不合乎逻辑的说法也信以为真,完全丧失了独立思考的能力。尤其在新媒体时代,重温胡耀邦的讲话,对于提高我们的独立思考能力和分辨真假的能力具有重要的作用。

1992年年初,邓小平在视察南方谈话时指出,当前新闻工作的一个重大问题,"就是形式主义多。电视一打开,尽是会议。会议多,文章太长,讲话也太长,而且内容重复,新的语言并不很多。"他认为,要维护新闻的真实性,就必须反对形式主义,认为"重复的话要讲,但要精简。形式主义也是官僚主义。要腾出时间来多办实事,多做少说"②。扎"花架子"、搞形式主义和官僚主义,是新闻工作者要力求避免的。

穆青对新闻的"实"作过深刻的论述,他认为新闻的"实"包括三个层次的意思:一是真实。那些无中生有、捕风捉影的做法是违反新闻真实性原则的,闭门造车、不深入实际调查研究的做法,背离了新闻真实性原则。二是扎扎实实。就是在新闻报道中"要实实在在,多讲实的,少讲空的"。新闻来源于事实,是关于事实的报道,"要通过事实阐明观点"③,没有实在的材料是不行的。三是从实际出发,密切联系实际,不要脱离实际。他说:"新闻的生命的源泉在于实际。离开了实际,新闻的生命,记者职业的生命,也就枯竭了。""记者的优势在第一线,和时代的脉搏一起跳动,和群众的脉搏一起跳动。"④

近几年来,形形色色的虚假新闻在不同媒体上频频出现,这一方面反映了在

---

① 《中国新闻年鉴1984》,北京:中国新闻年鉴社1984年版,第2页。

② 《邓小平文选》第3卷,北京:人民出版社1993年版,第381—382页。

③ 《穆青论新闻》,北京:新华出版社2003年版,第125页。

④ 同上书,第216页。

记者队伍里,总有一些人置新闻真实性原则于不顾,不仅心中缺乏"把关人"的责任意识,甚至成了制造和传播假新闻的帮凶;另一方面,也说明在新闻战线开展维护新闻真实的道德教育,是一项长期而艰巨的任务。

四、坚持正确的舆论导向

舆论导向功能是新闻固有的功能之一。早在中国新闻事业诞生之初,就受到报人的普遍重视。1902 年,著名宣传家梁启超在《敬告我同业诸君》中说,报馆的两大天职:"一曰:对于政府而为其监督者;二曰:对于国民而为其向导者是也。"①他提出舆论有积极舆论和消极舆论之分,媒介的责任就是要造成积极的舆论。1922 年 9 月,中国共产党创办的第一份中央机关报就取名《向导》。可见强调新闻工作的舆论导向功能和记者的舆论导向职责是中国新闻事业的传统,也是中国共产党新闻事业的传统。

改革开放以来,随着国际国内形势的变化,新闻工作的舆论导向职能受到前所未有的重视。党的十一届三中全会后,邓小平一再强调整个社会主义历史阶段的中心任务是发展生产力,集中力量进行社会主义现代化建设,而"没有一个安定团结的政治局面,就不能安下心来搞建设"。因此,邓小平指出:"我们希望报刊上对安定团结的必要性进行更多的思想理论上的解释,这就是说,要大力宣传社会主义的优越性,宣传马克思列宁主义、毛泽东思想的正确性,宣传党的领导、党和人民群众团结一致的威力,宣传社会主义中国的巨大成就和无限前途,宣传为社会主义中国的前途而奋斗是当代青年的最崇高的使命和荣誉。总之,要使我们党的报刊成为全国安定团结的思想上的中心。报刊、广播、电视都要把促进安定团结,提高青年的社会主义觉悟,作为自己的一项经常性的、基本的任务。"②在《党在组织战线和思想战线上的迫切任务》的讲话中,邓小平说:"思想战线上的战士,都应当是人类灵魂工程师。在当前这个转变时期,在社会主义精神文明建设和整个社会主义建设事业中,他们在思想教育方面的责任尤其重大。"③

邓小平的讲话,是在以经济建设为中心、坚持改革开放、坚持四项基本原则的新形势下,对新闻工作者如何做好宣传舆论工作提出的新要求。他从我国实际出发,创造性地运用马列主义和毛泽东思想分析当前的新形势、新任务,把党的报刊定位为"安定团结的思想上的中心",把记者誉为"人类灵魂工程师",凸显了中央对新闻宣传工作的重视以及新闻宣传在建设有中国特色社会主义事业

---

① 《梁启超全集》第 2 册,北京:北京出版社 1999 年版,第 969 页。
② 《邓小平文选(一九七五——一九八二)》,北京:人民出版社 1983 年版,第 219 页。
③ 《邓小平文选》第 3 卷,北京:人民出版社 1993 年版,第 40 页。

中的重要作用。

　　胡乔木对邓小平关于新闻媒体要成为全国安定团结思想上的中心作了进一步的阐释。他认为,从思想上解决安定团结的问题是新闻工作者的重要职责。1980年2月6日,他在北京新闻学会成立大会上的讲话中说:"我们要建设四个现代化,必须有一个安定团结的政治环境。安定团结为什么成为一个问题呢?这是因为在社会上还存在着某些不安定团结的因素,在一部分人的思想上还存在着某些不安定团结的因素。任何行动,都是在一定的思想指导下发生的。"①"我们的报纸、刊物一定会像党中央所希望的、所号召的那样成为一个巩固安定团结、生动活泼的政治局面的思想中心,并且进一步促进这个局面发展。"②因此,他对参加新闻学会的同志说:"你们是社会舆论的向导。社会舆论是靠今天在座的同志来引导的。"③

　　在1989年发生的北京政治风波中,一些新闻媒体刊发了一些不符合实际、不负责任的报道,使得社会舆论出现了一定程度的混乱。党和国家领导人对此进行了严肃的批评,并对新闻媒体的舆论导向问题给予了前所未有的关注与重视,把新闻舆论导向正确与否,提高到关系党和国家的前途与命运、关系社会主义事业的成功与失败的高度来认识。

　　时任中共中央总书记的江泽民就舆论导向问题作了一系列的重要论述,强调了坚持正确舆论导向的重要性,阐明了坚持正确舆论导向的原则和方法。他在1989年11月28日全国新闻工作研讨班的讲话中,针对中央一级的一些主要新闻单位和上海的《世界经济导报》在1989年政治风波时期散布不少资产阶级自由化观点及其产生的后果,得出结论:"新闻宣传一旦出了大问题,舆论工具不掌握在真正的马克思主义者手中,不按照党和人民的意志、利益进行舆论导向,会带来多么严重的危害和巨大的损失。"④

　　江泽民要求各级党委、宣传部门和新闻出版单位的领导干部,必须以高度的责任心抓好舆论引导工作,并明确提出要以五个"有利于"作为衡量坚持正确舆论导向的标准,即"有利于进一步改革开放,建立社会主义市场经济体制,发展社会生产力的舆论;有利于加强社会主义精神文明建设和民主法制建设的舆论;有利于鼓舞和激励人们为国家富强、人民幸福和社会进步而艰苦创业、开拓创新的舆论;有利于人们分清是非,坚持真善美,抵制假恶丑的舆论;有利于国家统一、

---

① 《胡乔木谈新闻出版》,北京:人民出版社1999年版,第317页。
② 同上书,第323页。
③ 同上书,第328页。
④ 中共中央文献研究室编:《十三大以来重要文献选编》(中),北京:人民出版社1991年版,第767页。

民族团结、人民心情舒畅、社会政治稳定的舆论"①。他指出:"我们的宣传思想工作,必须以科学的理论武装人,以正确的舆论引导人,以高尚的精神塑造人,以优秀的作品鼓舞人,不断培养和造就一代又一代有理想、有道德、有文化、有纪律的社会主义新人,在建设有中国特色社会主义的伟大事业中发挥有力的思想保证和舆论支持作用。"②在1994年4月第一次修订的《中国新闻工作者职业道德准则》中,江泽民论述的坚持正确的舆论导向和"五个有利于"写进了准则之中。

1996年1月24日,江泽民在全国宣传部长会议上的讲话——《宣传思想战线的主要任务》中专门论述了"以正确的舆论引导人"的问题。他认为,搞好舆论引导,最重要的是三条:一是要激励人民,二是要服务大局,三是要加强管理。③1996年9月26日,他在视察人民日报社的讲话中又着重论述了舆论引导的重要性和如何做好舆论引导的问题。他说:

> 历史经验反复证明,舆论导向正确与否,对于我们党的成长、壮大,对于人民政权的建立、巩固,对于人民的团结和国家的繁荣富强,具有重要作用。舆论导向正确,是党和人民之福;舆论导向错误,是党和人民之祸。④

"福祸论"是江泽民新闻舆论思想的重要内容。在中国共产党新闻史上,把舆论导向提到与党和人民祸福相关的高度来认识,还是首次。与此同时,他还具体论述了党报正确引导舆论的方法。他说:"不管在什么时候、什么情况下,都要在思想上政治上同党中央保持高度一致,弘扬爱国主义、集体主义、社会主义的主旋律,热情歌颂人民群众在改革和建设中的奋斗业绩,鼓舞人民群众为振兴中华而艰苦奋斗。"⑤

胡锦涛对我国改革中的政治、经济、文化、社会等领域发生的新变化作出了新的分析与判断,并根据变动了的新情况提出了一些新的思想。他说:"当前,我国社会正处在深刻变革之中,干部群众的思想问题和实际问题明显增多。紧密联系改革发展稳定的实际,有针对性地做好思想政治工作,是摆在全党面前的一项重大而紧迫的任务。"⑥同时,"世界范围内各种思想文化交流、交融、交锋更加频繁,'西强我弱'的国际舆论格局还没有根本改变,新闻舆论领域的斗争更趋激

---

① 中共中央文献研究室编:《十四大以来重要文献选编》(上),北京:人民出版社1999年版,第654页。

② 同上书,第647—648页。

③ 《江泽民文选》第1卷,北京:人民出版社2006年版,第502页。

④ 《中国新闻年鉴1997》,北京:中国新闻年鉴社1997年版,第3页。

⑤ 同上书,第4页。

⑥ 《中国新闻年鉴2003》,北京:中国新闻年鉴社2003年版,第5页。

烈、更趋复杂。在这样的情况下,新闻宣传工作任务更为艰巨、责任更加重大"①。

面对国际国内的新形势,胡锦涛要求宣传思想战线的人员要"从新的发展阶段的实际出发,深入研究新形势下宣传思想工作的特点和规律,积极探索开展宣传思想工作的新途径、新办法,大力推进新闻出版广播影视业的改革,在新的实践中努力开创宣传思想工作的新局面"②。同时,胡锦涛还辩证地分析了社会环境和新闻传播间的关系,指出社会环境的变化在制约着新闻传播变化的同时,新闻传播也会对社会环境起到越来越大的作用。他说:"媒体对国际政治、经济、社会、文化等各领域的辐射日益加强,对人们思想、工作、生活等各方面的影响日益深入。正因为如此,对各类媒体来说,树立和秉持高度的社会责任感比以往任何时候都为重要。"③他指出,新闻工作者必须要"牢牢把握正确舆论导向。舆论引导正确,利党利国利民;舆论引导错误,误党误国误民。要牢固树立政治意识、大局意识、责任意识、阵地意识,把坚持正确导向放在新闻宣传工作的首位。"④

胡锦涛还就如何坚持正确的舆论导向作了深刻的论述。他认为,首先是"不断改革创新,增强舆论引导的针对性和实效性"⑤。必须坚持解放思想、实事求是、与时俱进,充分认识创新观念、内容、形式、方法、手段在舆论引导中的重要作用,只有创新才能不断提高舆论引导的权威性、公信力和影响力。

其次,要发挥各类媒体尤其是新兴媒体在舆论导向中的作用。他强调,"必须加强主流媒体建设和新兴媒体建设,形成舆论引导新格局。要从社会舆论多层次的实际出发,把握媒体分众化、对象化的新趋势,以党报党刊、电台电视台为主,整合都市类媒体、网络媒体等多种宣传资源,努力构建定位明确、特色鲜明、功能互补、覆盖广泛的舆论引导新格局。"胡锦涛指出:"互联网已成为思想文化信息的集散地和社会舆论的放大器,我们要充分认识以互联网为代表的新兴媒体的社会影响力,高度重视互联网的建设、运用、管理,努力使互联网成为传播社会主义先进文化的前沿阵地、提供公共文化服务的有效平台、促进人们精神生活健康发展的广阔空间。"⑥在舆论引导上,不同的媒体具有不同的特点与优势,只有充分利用各种媒体,形成舆论引导新格局,才能适应新环境新形势的需要。特别是他提出的重视新兴媒体的影响力,加强新媒体的运用与管理,对于舆论引导工作具有重要的现实意义。

---

①　《中国新闻年鉴 2009》,北京:中国新闻年鉴社 2009 年版,第 2 页。

②　《中国新闻年鉴 2003》,北京:中国新闻年鉴社 2003 年版,第 5 页。

③　《中国新闻年鉴 2010》,北京:中国新闻年鉴社 2010 年版,第 1 页。

④　《中国新闻年鉴 2009》,北京:中国新闻年鉴社 2009 年版,第 3 页。

⑤　同上。

⑥　同上。

最后,要充分认识国际舆论的重要性。他要求我国新闻工作者"要紧紧围绕党和国家的工作大局,认真贯彻中央的对外工作方针,全面客观地向世界介绍我国社会主义物质文明、政治文明和精神文明不断发展的情况,及时准确地宣传我国对国际事务的主张,着力维护国家利益和形象,不断增进我国人民同各国人民的相互了解和友谊,逐步形成同我国国际地位相适应的对外宣传舆论力量,为全面建设小康社会营造良好的国际舆论环境"①。胡锦涛的这些观点,彰显了新时代对新闻记者的新要求,对中国新闻工作和新闻伦理建设具有重要的指导意义。

在舆论导向问题上,李瑞环也有许多精彩的论述。1989 年,他在全国新闻工作研讨班上提出了"以正面宣传为主"的观点与要求。他说:"当前,改进新闻工作需要研究和解决的问题很多。无论是从新闻工作的一般意义上讲,还是从当前各方面的实际情况来讲,或是从稳定是压倒一切这个大局来讲,关键的问题是新闻报道必须坚持以正面宣传为主的方针。"李瑞环认为,坚持正面宣传为主"是社会主义新闻事业必须遵循的一条极其重要的指导方针"②,因为"新闻报道只有坚持以正面为主的方针,才能正确地、充分地发挥引导社会舆论的作用,才能有助于大局的稳定和各种社会问题的解决"③。

李瑞环通过总结党的新闻工作的历史经验,为新闻工作者如何坚持正面宣传为主提出了一些具体的方法——"就是要准确、及时地宣传党的路线、方针、政策,实事求是地反映社会现实生活的主流,让人民群众用创造新生活的业绩教育自己,形成鼓舞人们前进的巨大精神力量,在当前就是要造成一个有利于稳定局面的舆论环境。"④坚持正面宣传的方针,要求新闻工作者实事求是地反映社会现实生活的主流,并不是不要揭露和报道阴暗面,而是在报道负面东西的时候,也要从积极方面着眼,从而达到团结鼓劲的效果。

关于坚持正面宣传为主的方针,有人简单地误解为歌功颂德。这种认识是片面的。因为现实生活中正面的事物本来就是主流,积极报道生活的主流,正是新闻真实性原则的体现。从新闻报道的作用看,受众的心灵如同花圃,杂草多了,花就少了,一天到晚从媒体上看到的是负面的信息,再阳光的心理也会变得阴暗。因此,作为提供信息、引导舆论的媒体,应该责无旁贷、理直气壮、实事求是地报道生活中积极、阳光的一面,从而达到认识社会、鼓舞斗志、增强信心的目的。只是在报道时,"必须实事求是,讲成绩不要说得天花乱坠,讲问题也不能说

---

① 《中国新闻年鉴 2004》,北京:中国新闻年鉴社 2004 年版,第 3—4 页。
② 《中国新闻年鉴 1990》,北京:中国新闻年鉴社 1990 年版,第 6 页。
③ 同上书,第 9 页。
④ 同上书,第 6 页。

成一团漆黑"①。

在中国新闻史上,舆论导向并不是一个新的话题,晚清以降,每一个历史时期都有报人和学者提出过自己的观点。但是,改革开放以来,中国共产党对舆论导向重视的程度,认识的深刻,论述的全面,观点的精辟,是中国新闻史上从来没有过的。

五、发挥舆论监督的作用

舆论监督的概念在我国被普遍使用始于 20 世纪 80 年代。1987 年,中国共产党第十三次全国代表大会政治报告提出:"要通过各种现代化的新闻和宣传工具,增加对政务和党务活动的报道,发挥舆论监督的作用,支持群众批评工作中的缺点错误,反对官僚主义,同各种不正之风作斗争。"这是"舆论监督"第一次被写进党的政治文件之中,新闻媒体的舆论监督功能首次得到正式的肯定、鼓励与提倡。此后,党的许多政治文件都强调舆论监督在党务和政务工作中的重要作用。但是,这段话对舆论监督的主体、监督的对象、监督的内容、监督的作用与目的等论述得并不充分与完整。

1989 年 11 月 25 日,李瑞环在《坚持正面宣传为主的方针——在新闻工作研讨班上的讲话》中对"新闻舆论监督"进行了明确的解释。他说:"新闻舆论的监督,实质上是人民的监督,是人民群众通过新闻工具对党和政府的工作及其工作人员进行的监督,是党和人民通过新闻工具对社会进行的监督,不应仅仅看成是新闻工作者个人或者是新闻单位的监督。舆论监督包含批评报道,但不是简单地等同于批评报道,它在我国已成为人民群众行使社会主义民主权利的一种有效形式。人民的利益和愿望,人民的意志和情绪,人民的意见和建议,都是党和政府所必须时刻重视和考虑的内容,通过新闻报道把这些反映出来,形成舆论,也就是舆论监督。新闻舆论监督是通过新闻工作者的努力来实现的。"②在这里,李瑞环对我国新闻舆论监督的主体、舆论监督的对象、舆论监督的方式等问题第一次给予了简要的回答。

"舆论监督"一词被写入《中国新闻工作者职业道德准则》(以下简称《准则》)是 1994 年。该《准则》的第一条"全心全意为人民服务"中有这样的表述:"支持符合人民利益的正确思想和行为,勇于批评、揭露违背人民利益的错误言行和消极腐败现象,积极、正确发挥舆论监督作用"。在后来修订的《准则》中,都提出了舆论监督的要求。

---

① 《江泽民文选》第 1 卷,北京:人民出版社 2006 年版,第46 页。
② 《中国新闻年鉴1990》,北京:中国新闻年鉴社1990 年版,第 10—11 页。

　　进入新世纪以来,我国对舆论监督的作用和方法等问题有了更加全面深入的理解。2001 年,中宣部副部长王晨在《新闻战线》第 3 期发文说:"舆论监督要着眼于改进工作,解决问题,密切党群关系,维护社会稳定,使人看到希望,增强信心。要继续坚持'六个要'的原则:一要出以公心,二要服务大局,三要事实准确,四要以理服人,五要把握好度,六要遵守纪律。"①王晨还提出,舆论监督要把握好四个关系:一是局部与全部的关系,防止夸大和以偏概全。二是集中与分散的关系。不要对一个地区与行业进行批评曝光,避免产生负面影响。三是对内对外的关系。四是上与下的关系。这些论述对于搞好新闻舆论监督工作具有很强的指导作用。2009 年 11 月修订的《准则》在第一条和第二条中分别提到舆论监督。第一条"全心全意为人民服务"中说"把坚持正面宣传为主与加强和改进舆论监督统一起来"。第二条"坚持正确舆论导向"中说:"加强和改进舆论监督,着眼于解决问题、推动工作,坚持准确监督、科学监督、依法监督、建设性监督。"可见舆论监督在新时期越来越受到重视,新闻界对舆论监督的理解越来越深刻。

　　2012 年 11 月,胡锦涛在中共十八大报告中提出:"加强党内监督、民主监督、法律监督、舆论监督,让人民监督权力,让权力在阳光下运行。"在这里,舆论监督被看作是同党内监督、民主监督和法律监督同等重要的监督方式。

　　2005 年 3 月,中共中央办公厅印发了《关于进一步加强和改进舆论监督工作的意见》,接着,中共中央宣传部又下发了《加强和改进舆论监督工作的实施办法》。为了贯彻落实这两个文件的精神,国家新闻出版总署和国家广电总局分别印发了通知,要求新闻单位认真学习与贯彻。这些文件集中反映了新时期中国共产党人的舆论监督的思想。

　　中共中央办公厅印发的《关于进一步加强和改进舆论监督工作的意见》(以下简称《意见》)共提出了六条意见,其中最值得关注的内容有:第一,深刻阐述了舆论监督的重要作用,提出了"四个有利于"的重要观点。《意见》指出:"正确开展舆论监督,有利于发展社会主义民主,健全社会主义法制;有利于反映人民群众的意见和呼声,密切党和政府同人民群众的联系;有利于加强党风廉政建设,维护党和政府的良好形象;有利于弘扬正气,针砭时弊,理顺情绪,化解矛盾,维护社会稳定。"②这是对舆论监督重要作用的全面阐释,提高了人们的思想认识。特别是把"舆论监督"看成是有利于维护党和政府的良好形象的观点,对新闻工

---

　　①　王晨:《总结经验,认清形势,统一认识,坚定信心,努力做好新世纪第一年的新闻宣传工作》,《新闻战线》2001 年第 3 期。

　　②　中共中央办公厅法规室等选编:《中国共产党党内法规选编(2001—2007)》,北京:法律出版社 2009 年版,第 576 页。

作者具有深刻的启示。

第二，提出了舆论监督的原则要求。要求是在坚持党性原则、坚持实事求是、坚持为人民服务和正确舆论导向的前提下，做到五个"要"：要服务大局，要事实准确，要客观公正，要注重社会效果，要遵守新闻纪律和新闻职业道德。

第三，舆论监督的对象。《意见》提出，当前舆论监督的重点是五个方面：一是加强对违法违规行为的监督，推进依法治国；二是加强对党和政府的方针政策落实情况的监督，维护中央权威，保证政令畅通；三是对党纪政纪执行情况的监督，揭露失职渎职、滥用权力、消极腐败行为，促进廉政建设；四是加强对侵害群众利益行为的监督，保护人民群众的合法权益；五是加强对社会丑恶现象、不道德行为和不良风气的揭露和批评，推进公民道德建设，弘扬社会正气。

另外，《意见》还要求各级党委和政府、社会团体及其工作人员重视和支持新闻媒体特别是省级以上媒体的舆论监督工作，不得封锁消息、隐瞒事实、干涉舆论监督；不得以行贿、说情等手段干预监督工作。要求新闻媒体在舆论监督中对报道内容认真核实，做到真实、准确、可靠；不得编发互联网上的信息，不得刊播未经核实的来稿，不得采取非法和不道德的手段进行采访报道；不得利用职务之便谋取私利，借舆论监督进行敲诈勒索。

这份《意见》是新时期中国共产党在加强舆论监督方面的重要文献，所提出的观点和要求明显超过以往。其重要价值主要体现在三个方面：一是进一步明确了舆论监督在社会主义事业建设中的重要意义与作用；二是及时指出了我国新闻舆论监督工作存在的监督不力、缺乏大局意识和违背职业道德等问题；三是提出了进一步加强和改进舆论监督工作的途径与方法，对于加强和改进新闻舆论监督工作具有重要的指导意义。

自从网络新媒体技术诞生以来，我国的舆论监督工作进入了一个前所未有的新时代。2010年12月，国务院新闻办公室发表的《中国的反腐败和廉政建设》白皮书提出："网络监督日益成为一种反应快、影响大、参与面广的新兴舆论监督方式。"这是官方文件中首次使用"网络监督"这一术语，肯定了网络监督是舆论监督的一种新方式。

随着媒介新技术的快速发展，网络、博客、微博、微信、手机等新兴媒体使舆论的载体一定程度上发生了转移，为新时期的舆论监督提供了前所未有的广阔的话语空间，为各种公民意见的表达提供了相对宽松、快速便捷和具有一定影响的新途径。在新的历史条件下，舆论监督已从长期由政府和媒体为主导的模式逐步改变为政府、媒体和社会公众共同参与的新模式。特别是社会公众利用新媒体对政府公权力和公职人员以及社会进行监督，有效地扩大了舆论监督的范围，加大了舆论监督的力度。但是，多元的话语平台和复杂的话语空间也为传统的主流媒体如何在新形势下搞好舆论监督提出了新的课题。例如,主流媒体的监督对象、发声的时间、监督的立场、监督的力度等,都将受到来自公众和自媒体的挑战。在新媒体背景下如何更好地发挥主流媒体舆论监督的威力与作用,是我国新闻工作者面临的一个新的重大课题。

六、以社会效益为最高准则

邓小平在 1980 年中央政治局扩大会议上的讲话中严厉批评了当时社会上存在黄色、淫秽、丑恶的照片、影片、书刊的问题,认为这些东西会"败坏我们社会的风气,腐蚀我们的一些青年和干部"①。1983 年,针对"一切向钱看",把精神产品商品化的倾向,邓小平又说:"'一切向钱看'的歪风,在文艺界也传播开来了,从基层到中央一级的表演团体,都有些演员到处乱跑乱演,不少人竟用一些庸俗低级的内容和形式去捞钱。很可惜,有些名演员、有些解放军的文艺战士,也被卷到里边去了。对于那些只顾迎合一部分观众的低级趣味,而不惜败坏社会主义文艺工作者光荣称号的人,广大群众表示愤慨是理所当然的。这种'一切向钱看'、把精神产品商品化的倾向,在精神生产的其他方面也有表现。有些混迹于艺术界、出版界、文物界的人简直成了唯利是图的商人。"②

邓小平旗帜鲜明地批判了新闻界、艺术界、出版界、文物界的少数人"一切向钱看"的思想与行为,主张思想文化界要注重社会效益。在 1985 年召开的党的全国代表会议上,他进一步指出:"思想文化教育卫生部门,都要以社会效益为一切活动的唯一准则,它们所属的企业也要以社会效益为最高准则。"他要求"思想文化界要多出好的精神产品,要坚决制止坏产品的生产、进口和流传"③。邓小平要求包括新闻工作者在内的思想文化界要注重社会效益,"思想战线上的战士,都应当是人类灵魂的工程师"。"对人民负责的文艺工作者,要始终不渝地面向广大群众,在艺术上精益求精,力戒粗制滥造,认真严肃地考虑自己作品的社会效果,力求把最好的精神食粮贡献给人民。"④新闻工作者和文艺工作者一样是思想战线的一员,同样有"把最好的精神食粮贡献给人民"的任务和责任。

1983 年 12 月,胡耀邦在同经济日报社的领导谈话时提出了同样的观点,他说:"我们的报纸不登资产阶级的新闻,也不登迎合低级趣味的东西。报纸的整个宣传要着眼于发展社会主义事业,开创新局面。"⑤他提出,报纸不能为了眼前

---

① 《邓小平文选(一九七五——一九八二)》,北京:人民出版社 1983 年版,第 298 页。
② 《邓小平文选》第 3 卷,北京:人民出版社 1993 年版,第 43 页。
③ 同上书,第 145 页。
④ 《邓小平文选(一九七五——一九八二)》,北京:人民出版社 1983 年版,第 183 页。
⑤ 《中国新闻年鉴 1984》,北京:中国新闻年鉴社 1984 年版,第 17 页。

短暂的利益而降低格调,应该从大局出发,多考虑社会效益,这才是为报纸为人民做长远的打算。邓小平和胡耀邦的这些论述,对于我国新时期加强新闻伦理建设具有非常重要的意义。

我国实行社会主义市场经济体制之后,部分新闻工作者在媒介的社会效益与经济效益的关系问题上产生了一些错误的认识,认为市场经济就是捞钱,实现经济利益的最大化。于是,为了吸引受众"眼球",刊发了一些低俗、庸俗的内容,降低了媒体的格调,损害了人们的身心健康,对社会主义精神文明建设产生了消极影响。针对这种情况,1994 年 1 月 24 日,江泽民在全国宣传思想工作会议的讲话中,提出了以社会效益为最高准则的要求。他说:"我们在宣传文化工作中要始终把社会效益作为最高准则,当经济效益同社会效益发生矛盾时,自觉服从社会效益。"①

江泽民指出,虽然"随着社会主义市场经济的发展,精神产品的生产流通同市场运行一般规律的联系愈益紧密,确实也有经济效益的问题。经济效益好,有助于宣传文化事业的发展。同时也要看到,精神产品又具有不同于物质产品的特殊属性,它的价值实现形式更重要地表现在社会效益上。有些精神产品,直接经济收益可能不大,但对推动社会生产力的发展和社会全面进步的作用很大"②。在这里,江泽民论述了精神产品的特殊性。新闻工作者以社会效益为最高准则,是由新闻产品的特性决定的。衡量新闻产品的价值,不能像对待物质产品一样以金钱的多少来衡量。商品的价值可以用价格来体现,而衡量新闻产品价值的大小,则主要看它产生的社会效益。

新闻工作者要以社会效益为最高准则,还是由新闻部门"事业单位,企业管理"的双重属性所决定的。江泽民指出:"在思想文化教育部门和所有从事精神产品的生产或传播的企事业单位,都必须把社会效益摆在首位。"虽然新闻单位实行企业化管理,但它的事业性质没有改变,社会效益始终是第一位的,"在这个前提下讲求经济效益,实现社会效益和经济效益的正确结合,多出好的精神产品,而绝不允许'一切向钱看'的错误倾向冲击和危害社会主义精神文明建设,更不允许这种错误倾向泛滥而不受到批评和制止"③。

江泽民要求新闻工作者"正确处理个人、集体、国家的利益关系,绝不能为了个人的、小团体的利益损害国家和民族的利益,绝不允许那种'人为财死、鸟为食亡'、金钱至上等拜金主义、极端个人主义泛滥起来,毒害人民"④。他从新闻事业

---

① 《中国新闻年鉴1995》,北京:中国新闻年鉴社1995年版,第5页。
② 同上。
③ 《江泽民文选》第1卷,北京:人民出版社2006年版,第358页。
④ 《中国新闻年鉴1996》,北京:中国新闻年鉴社1996年版,第2页。

和社会主义现代化建设事业的安危出发，强调新闻工作者要有高级趣味，不能"散布否定党的领导和社会主义制度的东西"，不能"散布腐朽思想、颓废情绪以及传播封建迷信、渲染色情暴力的东西"，因为这样做的后果，必然会危害社会主义现代化建设事业，会"损害人们特别是青少年的身心健康"，会引来群众的不满，因此，绝不能"任其泛滥"。①

胡锦涛担任总书记期间，对新闻事业社会效益与经济效益的关系问题也作了深刻的论述。2003 年 8 月 12 日，中共中央政治局进行第七次集体学习，胡锦涛发表了讲话。他说："发展各类文化事业和文化产业，都要坚持正确导向，把社会效益放在首位，做到社会效益和经济效益的统一，努力宣传科学真理，传播先进文化，塑造美好心灵，弘扬社会正气，倡导科学精神。"②胡锦涛在许多讲话中，都强调精神产品的特殊性和注重社会效益的重要性。他要求"广大文化工作者要始终不渝地坚持为人民服务、为社会主义服务的方向，坚持百花齐放、百家争鸣的方针，力求把最好的精神食粮奉献给人民"。虽然，"随着社会主义市场经济的发展，精神产品的生产流通也会受到市场经济规律的制约，也有一个提高经济效益的问题。但精神产品具有不同于物质产品的特殊属性，必须正确处理经济效益与社会效益的关系，坚持把社会效益放在首位，决不能唯利是图、见利忘义"③。胡锦涛从新闻产品不同于物质产品的属性出发，要求新闻工作者必须遵守以社会效益为最高准则的道德规范。

在 1991 年制定、1994 年修订的《中国新闻工作者职业道德准则》中，第二条就是"以社会效益为最高准则"。在 1997 年第二次修订的《准则》中，第二条改成"坚持正确的舆论导向"，原来的"以社会效益为最高准则"删去了，但内容有所保留。例如"新闻报道不得宣扬色情、凶杀、暴力、愚昧、迷信及其他格调低劣、有害人们身心健康的内容"。2009 年 11 月 9 日由中华全国新闻工作者协会第七届理事会第二次全体会议审议通过的《中国新闻工作者职业道德准则》，是修改力度最大、内容增加最多的新准则。其中的内容之一是在"坚持正确的舆论导向"中，对如何发挥社会效益提出了更为具体的做法与要求。

新闻事业从来就存在着社会效益与经济效益的矛盾冲突。诚如邹韬奋 1940 年在《事业管理与职业修养》中所说："我们的事业性的含义，是要能够适应进步时代的要求，要推动国家民族走上进步的大道，是进步的文化事业；商业性的含义，就是靠自己的收入，维持自己的生存，……不得不打算盘，不得不赚钱。"如何

---

① 《中国新闻年鉴 1995》，北京：中国新闻年鉴社 1995 年版，第 5—6 页。
② 《中国新闻年鉴 2004》，北京：中国新闻年鉴社 2004 年版，第 2 页。
③ 中共中央文献研究室编：《十五大以来重要文献选编》（下），北京：人民出版社 2003 年版，第 2222 页。

处理好两者的关系,也一直是新闻界面临的一道难题。美国的施拉姆说:"新闻事业是一种双重性格的事业,站在为公众提供普及教育的立场来说,大众传播是一所学校,但是,站在为投资者赚钱的目的而言,大众传播媒介是一家企业。任何传播媒介的负责人,如果一方面要尽校长之职,另一方面又要尽经理之职,便会陷于两难的境地。"①我认为,在两难境地之中,以自己的利益为重还是以社会责任为重,是处理这道难题的关键。其选择的路径无非是三种:第一是舍利取义,第二是见利忘义,第三是义利兼顾。如何选择,直接反映了媒介和记者的道德水准和职业追求。中国共产党倡导的新闻伦理明确提出以社会效益为最高准则,其实质是为广大新闻工作者提供正确处理义利关系的行动指南。

七、新闻记者的品性修养

记者的品性修养属于个体道德的范畴。"任何一个社会的道德原则和道德规范,只有内化为个体道德的自我意识,从而形成个体的道德品质,才能发挥其道德的功能,以达到更好地按照这些原则和规范来调整个人和他人、个人和社会的关系的目的。"②我国著名记者范长江在1941年撰写的《怎样学做新闻记者》一文中说:"我想世界上很少有像新闻记者这样有更多诱惑与压迫的。一个稍稍有能力的记者,在他的旁边一方面摆着:优越的现实政治地位,社会的虚荣,金钱与物质的享受,温柔美丽的女人,这些力量诱惑他出卖贞操,放弃认识,歪曲真理。另一方面摆着:诽谤、诬蔑、冷眼、贫困、软禁、杀头,这些力量强迫他颠倒是非,出卖灵魂。新闻记者要能坚持着真理的火炬,在夹攻中奋斗。"③范长江这段话是抗战时期说的,符合当时的客观实际。随着时代的变迁,记者面临的诱惑与压迫,在内容和形式上都有所不同。但无论面临怎样的诱惑与压迫,要想做到在利诱面前不动心,在压迫面前不低头,靠的就是记者的个体道德。个体的道德品质决定着自己的道德行为。

在人们的职业道德生活中,不同职业的人,由于担负的职责和承担的任务不同,其个体道德的要求与修养也有一定的差异。在新的形势下,党和国家领导人及新闻界有识之士对新闻工作者的品性修养寄予了殷切的期望。2009年11月9日,纪念范长江100周年诞辰座谈会在北京举行,中共中央政治局委员、中宣部部长刘云山在致辞中说:"范长江同志的新闻实践启示我们,新闻工作者要注重品格、注重修养,弘扬职业精神,恪守职业道德。范长江同志始终坚持职业操守,

---

① 转引自〔美〕霍斯曼:《良心的危机:新闻伦理学的多元视点》,胡幼伟译,台北:五南图书公司1995年版,第219页。

② 罗国杰:《个体道德论序言》,李肃东:《个体道德论》,北京:华中理工大学出版社1994年版,第1页。

③ 转引自黄瑚:《新闻伦理学》,北京:新华出版社2001年版,第180页。

不为金钱、利益所诱惑,不被诽谤、威胁所吓倒,他的新闻作品中具有强烈的正义感。""新时期的新闻工作者向范长江同志学习,就要树立良好的职业精神和职业道德,做到品行兼优、人文并美。要树立远大的志向和抱负,珍惜新闻记者这个神圣职业和人生机遇,把新闻工作作为记录历史、引领时代的崇高事业来追求,决不能仅当作养家糊口的工作岗位,更不能当成捞取个人好处的便利,陷入追名逐利的庸俗之中。要带头践行社会主义荣辱观,恪守新闻从业基本准则,坚持敬业奉献、诚实公正、清正廉洁、严守法纪的职业道德,以自己的实际行动维护新闻工作者的良好形象。"①

改革开放以来,关于记者的个体道德品质与修养着重强调的内容有哪些?从党和国家领导人的讲话、《中国新闻工作者职业道德准则》和名记者的相关论述中,可以概括出以下主要观点。

(一)清正廉洁,严于律己

改革开放之后,我国新闻界出现了"有偿新闻"的不正之风。针对新闻媒体这种"一切向钱看"的拜金主义、享乐主义、个人主义的现象,邓小平和江泽民给予了严厉的批评,并要求新闻工作者恪守职业道德,严于律己,保持清正廉洁的作风,坚决反对搞有偿新闻。1996年9月26日,江泽民在视察人民日报社时说:"在新的历史时期,仍要坚持发扬党的新闻工作的优良作风……四是清正廉洁的作风,自觉抵制拜金主义、享乐主义、极端个人主义思想的侵蚀,恪守职业道德,坚决反对搞有偿新闻。"②

穆青针对新闻界流行的"有偿新闻"的问题,提出了这样的观点:新闻工作者如果"不是把自己的职责和党的事业放在第一位,而是把个人的利益放在第一位。不讲尽职责、尽义务,一切要报酬,报酬高就干,报酬不高就不干,那个地方钱多就干,钱少就不干,处处讲价钱",就是"把新闻工作者变成了庸俗的商人"。如果新闻工作者心里想着的、脑袋里装着的"一切都是金钱,一切都是商品,把荣誉、党性原则、个人灵魂都变成商品,不择手段地要钱,惟利是图,实在危险,实在应该引起我们警惕"③。

穆青指出,只讲报酬的新闻报道实际上就是"以笔谋私,或者叫以稿子谋私、以文谋私"④,这种见利忘义的行为"是最可怕的",是"把自己当做商品,把自己的人格都拿出去卖"⑤,以稿谋私、以文谋私的行为,不仅违背了新闻职业道德,而

① 《中国新闻年鉴2010》,北京:中国新闻年鉴社2010年版,第19页。
② 《江泽民文选》第1卷,北京:人民出版社2006年版,第567页。
③ 《穆青论新闻》,北京:新华出版社2003年版,第324—325页。
④ 同上书,第325页。
⑤ 同上书,第370页。

且严重地损害了记者的人格。穆青告诫新闻界同行："物质享受是没有止境的，好了还要好，一个人整天去为这个奋斗，我觉得太庸俗了。我希望大家把主要的精力去追求事业，不要做一个物质上富有而精神上贫乏的人，而宁愿去做一个物质上比较贫乏而精神上非常富有的人。这样的人才是有所作为、令人崇敬的。"[①]因此，"记者应该是'一身正气，两袖清风'"，"歪门邪道"的事情绝不能干，"以权谋私、以笔谋私、以稿谋私"的事情绝不能做。要在思想上、作风上，在道德品质等方面保持高尚的作风，"不应该那么庸俗，那么没出息"，要"自己尊重自己"[②]，记者要在拜金主义和享乐主义思潮泛滥的时候，"出污泥而不染"[③]。

针对新闻队伍中存在的以稿谋私、以笔谋私的丑恶现象，老报人赵超构提出了自己的看法。他在《漫谈稿费》一文中说："前些天看到一个材料说，某地有个'报告文学会'，缺乏活动经费，就想出一个办法。办法是给煤矿和某些重点工程单位写报告文学，给他们出个'专辑'，对人家进行表扬，人家一高兴，就赞助一些钱。而'杂文学会'就惹麻烦了，人家一听是'投枪、匕首'，怕中暗器，谁敢赞助呢？"赵超构认为，这种以报告文学换报酬的做法就是以权谋私的行径。赵超构说："现在正值改革之年，实行对外开放政策，外界的诱惑力极大，想趁机捞一把的大有人在。记者也不例外，有人出去时搞不正之风，向人家要这要那，这怎么写得出好的报道？怎么会不失实？记者要讲记者的职业道德，要纯洁。"[④]"凡是办报的，办杂志的，都应该爱惜自己的事业，不能把精神产品同一般的商品完全等同起来，看作是纯粹的金钱买卖。更不可以利用职权，索贿渎职。"[⑤]

从20世纪80年代中期以来，对新闻记者影响最大的社会思潮就是拜金主义和享乐主义。行业内部及行业之间，相互攀比的往往不是对社会的贡献，而是收入的多少。在这种不良风气的影响下，有些记者心理失衡，大搞"有偿新闻"，严重破坏了记者的形象。为此，业界有识之士对同行敲起了警钟，希望记者不要将职业信誉和职业形象毁在自己手里。从1991年1月制定《中国新闻工作者职业道德准则》到2009年第三次修订，每一次都保留了"清正廉洁"的内容。可见，清正廉洁对于握有舆论监督权的记者来说，是必须具备的品德。

（二）勤勉进取，敬业奉献

新闻工作是脑力劳动与体力劳动兼具的工作，劳累辛苦却薪酬不高是其特点之一。如何看待这份工作，以怎样的精神投入这份工作？胡耀邦说："我们的

---

① 《穆青论新闻》，北京：新华出版社2003年版，第425页。

② 同上书，第326页。

③ 同上书，第370页。

④ 《赵超构文集》第6卷，上海：文汇出版社1999年版，第580页。

⑤ 同上书，第109页。

宣传工作、思想工作,在任何时候都要讲开拓精神、进取精神、创业精神和不畏艰险、不怕困难的精神。"①他认为,新闻事业作为党的喉舌并不代表"新闻工作者只能照抄照转中央已经说过的话。而是说,只要合乎中央的路线和政策,新闻工作者就有自由按照自己对客观事物的正确理解,进行新闻报道和发表意见的广阔天地,就可以而且必须充分发挥自己的积极性、主动性、创造性。这就要求我们的新闻工作者一定要有很好的精神状态。没有勤奋精神不行,没有拼搏精神不行,没有进取精神不行,没有不断地深入群众、联系群众、寻求真理、汲取新知,不断地磨练和提高自己本领的精神不行"②。新闻工作者只有通过勤奋刻苦的学习和钻研,只有通过坚持不懈的拼搏和创新,才能完成党和人民交代的任务,才是对党对人民负责。

江泽民提出,艰苦奋斗精神是我国的优秀传统,"在整个现代化建设过程中,始终要发扬艰苦奋斗、自力更生的精神"。宣传思想战线自身不仅要继承这个优秀传统,要热爱党的新闻事业,"不怕苦,不怕累,有时还要不怕危险、不怕牺牲","献身党的新闻事业"③,而且要向社会宣传这个传统,"要把宣传这种精神,作为一项长期的、重要的任务,在全社会树立艰苦创业为荣、奢侈腐败为耻的风气"④。胡锦涛在2002年全国宣传部长会议上同样强调了新闻宣传战线要大力倡导敬业精神、艰苦奋斗的良好风气。

丁关根多次谈到新闻工作者的品性修养问题。他强调新闻工作者"要大力提倡新闻职业道德,提倡敬业精神","要在新闻宣传队伍中,大力倡导勤奋学习、勇于创造的作风,深入实际、联系群众的作风,自强不息、乐于奉献的作风"⑤,只有作风正了,才能更好地承担党和人民赋予的重任。在1993年加强新闻职业道德建设座谈会上,丁关根重申了忠于职守、奉献精神的重要性。他说:"我们的时代,我们的事业,要求新闻工作者必须具有高尚的道德情操和追求真理的严谨态度,要求新闻工作者更富有无私奉献的精神。这是我们广大新闻工作者的职责所在,使命所在,光荣所在。"⑥为了履行好职责,新闻工作者"一定要热爱党的宣传事业,对工作极端热忱,极端负责。每个干部的岗位不同,职责不同,都要兢兢业业,忠于职守,充分发挥主动性、积极性和创造性"⑦,把工作往深里做,要有钻

---

①　《中国新闻年鉴1984》,北京:中国新闻年鉴社1984年版,第14页。
②　《中国新闻年鉴1985》,北京:中国新闻年鉴社1985年版,第5页。
③　《中国新闻年鉴1997》,北京:中国新闻年鉴社1997年版,第5页。
④　《中国新闻年鉴1996》,北京:中国新闻年鉴社1996年版,第2页。
⑤　《中国新闻年鉴1993》,北京:中国新闻年鉴社1993年版,第15页。
⑥　《中国新闻年鉴1994》,北京:中国新闻年鉴社1994年版,第2页。
⑦　《中国新闻年鉴1995》,北京:中国新闻年鉴社1995年版,第12页。

木取火那种集中在一点上不停地、深入地钻研精神才行,即便有些工作有相当的难度,也要知难而进。

穆青在《中年人要勇担历史重任》一文中深刻论述了新闻工作者的品德修养问题。他认为,新闻工作者要不断提高自己务实敬业、勇于拼搏、刻苦钻研的品德。他说:"我们在任何时候都要严格要求,认认真真、兢兢业业、一丝不苟地工作,绝不允许粗枝大叶、马马虎虎、松松垮垮,甚至玩忽职守。没有严格要求,就等于自行解除武装,背弃党和人民的信任。"对于工作中遇到的困难险阻,要"从不自暴自弃,从不被困难吓倒,说这是自信心也好,好胜心也好,不管怎样,我们就有这个气势,这么一股子劲。一支队伍如果没有这种士气,那就不敢拼搏,就没有战斗力,就没有胜利的把握!"①他希望新闻工作者要认真对待自己的工作,不怕吃苦。新闻工作者的人生哲学,"就是为尽义务而到地球上来的,就是要做出事业,为人民服务,乐在苦中"②。

(三)真诚友爱,团结协作

改革开放和发展商品经济,一方面促进了新闻行业的竞争,激发了媒介活力,调动了记者发挥个人能力和积极进取的精神,但另一方面也加剧了行业的不良竞争,造成"个人至上"思想的出现。面对这种情况,党和政府及新闻界在新闻道德教育中,特别强调与提倡记者要发扬真诚友爱、团结协作的精神。

1993年1月16日,丁关根在全国宣传部长座谈会上的讲话中指出,新闻工作者"要识大体,顾大局,以党的事业和人民的利益为重,不要纠缠历史旧帐,不要搞无谓的争论。如果你攻我、我攻你,只能使亲者痛、仇者快"。在新闻队伍内部"要充分发扬民主,研究问题要提倡同志式的、友好的讨论,彼此互相信任、互相尊重、互相谅解、互相支持,求大同存小异"。并且,新闻工作者还要心胸宽广,要有一颗博爱包容的心来讲团结,"一定要搞五湖四海"式的团结,不仅"要团结和自己意见相同的人,还要善于团结与自己意见不同,甚至,反对过自己而且已被实践证明错了的人"③。丁关根还提出了新闻工作者在实际工作中要善于交朋友,即"要严于律己,宽以待人,坦诚相见,虚怀若谷,信任尊重,关心支持。交朋友,要交诤友、交挚友"④。刘云山在《扎实开展"三项学习教育"活动,努力提高新闻队伍的整体素质》讲话中提出,广大新闻工作者"要团结协作,形成合力,同

---

① 《穆青论新闻》,北京:新华出版社2003年版,第261页。
② 同上书,第262页。
③ 《中国新闻年鉴1993》,北京:中国新闻年鉴社1993年版,第8—9页。
④ 《中国新闻年鉴1997》,北京:中国新闻年鉴社1997年版,第8页。

行间相互学习尊重,平等友爱互助,反对狭隘偏见、以邻为壑"①。

穆青结合自己多年的新闻工作经验,尤其是经历"反右"和"文化大革命"的惨痛教训后,对拉帮结派、挑拨离间、破坏队伍团结的行为进行了严厉的批判。他认为,那些习惯于"拉一派、打一派,挑拨离间,无事生非"和"闹无原则的纠纷,不能和同志同心协力"的人,是心术不正、极端自私的人。这种人是没有资格做记者的。他呼吁新闻记者们要"主动地、积极地配合工作,发挥集体主义精神,要有集体荣誉感","那种自私,自大,个人名利,甚至相互忌妒,这些肮脏的东西,都应该把它彻底抛弃"②。

总之,改革开放以来,党和国家领导人及新闻界人士对新闻职业道德建设的看法不尽相同,表述和强调的重点也有所差异,但是,在坚持党性原则、全心全意为人民服务、维护新闻真实性、坚持正确的舆论导向、以社会效益为最高准则、发挥舆论监督的作用、加强新闻工作者的品性修养这些方面,观点大体一致。这些重要的思想为新时期新闻职业道德建设提供了丰富的理论资源,为新闻工作者的职业道德修养提供了指南。

第四节　改革开放后新闻职业道德规范建设

新闻伦理道德规范既是新闻伦理学研究的重要对象和重要内容,也是一个国家特定历史时期社会主流价值观和新闻伦理观的集中体现。由新闻事业的重要性和特殊性所决定,几乎全世界所有国家都制定了成文的"新闻工作者职业道德准则"或"记者伦理守则""广告伦理准则""报人道德信条"等。联合国新闻自由小组委员会还制定了《联合国国际新闻道德信条》。这些伦理规范随着时代的变化和特定国家的政治、经济与社会的需要,又在不断地修订和变化着。每一部新闻伦理准则,都反映了特定历史时期特定国家的核心价值观和对新闻业的道德要求。改革开放以来,中国的新闻伦理规范建设受到前所未有的重视,中共中央宣传部和中华全国新闻工作者协会组织制定了《中国新闻工作者职业道德准则》,并对这一准则进行了多次修订。

一、新闻道德规范制定与修订的过程

从20世纪80年代开始,我国新时期新闻职业道德规范的制定被提上了议事日程。1981年,中共中央宣传部新闻局和首都各新闻单位共同研究制定了《记者

①　《中国新闻年鉴2004》,北京:中国新闻年鉴社2004年版,第28页。
②　《中国新闻年鉴1982》,北京:中国新闻年鉴社1982年版,第172页。

守则(试行草案)》,标志着新中国成立后我国第一部新闻职业道德规范的诞生。它的制定既反映了党的十一届三中全会后,新闻职业道德建设在改革开放的新形势下,开始受到新闻界的关注,又为后来新闻职业道德准则的制定与完善奠定了基础。这部《记者守则(试行草案)》一共10条:

(1) 在工作中自觉地同党中央保持政治上的一致。

(2) 调查研究新情况、新问题,充分掌握第一手资料。

(3) 严格尊重事实,严禁弄虚作假。

(4) 学习和掌握唯物辩证法,切忌主观主义、片面性和绝对化。

(5) 严肃认真,一丝不苟,注意社会效果,对党对人民高度负责。

(6) 对正确的思想与行为要敢于支持,对错误的思想与行为要敢于斗争。

(7) 积极向领导机关和有关部门反映情况。

(8) 遵守宪法、法律、党纪和所在单位制度,不涉密,不搞不正之风。

(9) 谦虚谨慎,向群众学习,甘当人民的小学生。

(10) 认真学习马列主义、毛泽东思想和党的路线、方针、政策,苦练采访写作基本功。

这10条规范包括对新闻记者在政治和新闻业务方面的要求,其中(2)(3)(4)条都与新闻真实性原则相关。可见,1981年制定的《记者守则(试行草案)》,针对的重点是新闻失实的问题。这与当时批判"文化大革命"遗留的"假大空"恶习、重新树立维护新闻真实性观念有着密切的关系。但是,由于当时新闻职业道德建设正处于起步阶段,《记者守则(试行草案)》内容还比较简单和空泛,没有在新闻业界展开大范围的学习讨论和贯彻执行。

20世纪80年代中期,特别是1984年10月中共十二届三中全会通过《中共中央关于经济体制改革的决定》之后,新闻单位的经营管理模式开始发生变化,媒体逐步实行"事业单位、企业管理"的经营管理模式,新闻单位出现了社会效益与经济效益的矛盾冲突。有人错误地认为,既然是企业管理,那么,新闻单位就应该像企业一样,只要能赚钱就行。于是"有偿新闻""虚假新闻""新闻广告"等不正之风在新闻界悄然兴起,并有愈演愈烈的趋势。针对这种情况,1987年9月,中共中央宣传部、新闻出版署和中华全国新闻工作者协会(以下简称"中国记协")联合发布了《关于纠正当前新闻界不正之风的几点意见(草稿)》,1993年中共中央宣传部、新闻出版署联合发布了《关于加强新闻队伍职业道德建设、禁止"有偿新闻"的通知》。这两个文件对于纠正新闻界当时存在的不良风气,产生了积极的作用。

　　各个新闻单位按照中宣部的指示,在本单位开展了新闻道德教育和道德自律活动,收到明显的效果。这也加快了《中国新闻工作者职业道德准则》的制定。1987 年中国记协制定了《中国新闻工作者职业道德准则(草案)》,发给中央和地方新闻单位征求意见。在此基础上,1991 年 1 月 19 日,中华全国新闻工作者协会第四届理事会第一次全体会议一致通过了《中国新闻工作者职业道德准则》(以下简称《准则》)。该《准则》是新中国成立后出台的第一个全国性的、正式的新闻职业道德规范,在我国新闻职业道德建设史上具有里程碑的意义。

　　《准则》明确要求“新闻工作者要忠诚于社会主义新闻事业,贯彻执行党的基本路线,以经济建设为中心,坚持四项基本原则,坚持改革开放。要坚持新闻为社会主义服务、为人民服务的基本方针,发扬党和人民新闻事业的优良传统,抵制资产阶级腐朽思想的影响,反对违背社会主义道德的行业不正之风,加强职业道德修养”。《准则》将新闻工作者的职业道德规范概括为八个方面:全心全意为人民服务,以社会效益为最高准则,遵守法律和纪律,维护新闻的真实性,坚持客观公正的原则,保持廉洁奉公的作风,提倡团结协作精神,促进国际友好和合作。《准则》明确了全心全意为人民服务是我国新闻工作的宗旨。为了践行这一宗旨,新闻工作者必须正确处理社会效益与经济效益的关系,把社会效益放在首位;必须坚持客观公正的原则,维护新闻的真实性;必须做遵纪守法的模范,反对新闻商品化的错误倾向。这些规定,是在改革开放新形势下,保证我国新闻工作健康运行和新闻工作者树立良好形象的有力的措施。1991 年 4 月,中共中央宣传部还专门下发了《关于认真贯彻〈中国新闻工作者职业道德准则〉的通知》,要求各新闻单位认真学习,切实执行。

　　1994 年 4 月 30 日,中华全国新闻工作者协会第四届理事会第二次全体会议对《中国新闻工作者职业道德准则》进行了第一次修订。修订的《准则》,在保持1991 年《准则》的总体内容和框架基础上,根据党的十四大精神和三年来新闻界的实际情况,对新闻工作者职业道德行为规范作了部分调整与补充。修订后的《准则》一共提出了八条规范性要求:(1)全心全意为人民服务;(2)以社会效益为最高准则;(3)遵守法律和纪律;(4)维护新闻的真实性;(5)坚持客观公正的原则;(6)保持廉洁奉公的作风;(7)发扬团结协作精神;(8)增进同各国新闻界的友谊与合作。

　　新《准则》增加了正面倡导和维护新闻工作者权益方面的内容,例如:在“遵守法律和纪律”这一条当中,添加了之前没有的“维护新闻工作者合法权益,维护包括申诉权在内的应有权利”的内容。同时,由于商品经济大潮的兴起和对外开放的扩大,西方资产阶级的腐朽生活方式乘虚而入,拜金主义、享乐主义、极端个人主义等不正风气在社会上滋长、蔓延。一些新闻工作者抵挡不住金钱的诱惑,见利忘义、以稿谋私、搞"有偿新闻",甚至触犯了法律,严重败坏了新闻工作者的声誉。针对这种情况,修订后的《准则》将1991年版的《准则》中提到的"抵制资产阶级腐朽思想的影响,反对违背社会主义道德的行业不正之风"明确地细化为"反对拜金主义、享乐主义、极端个人主义"。在第六条"保持廉洁奉公的作风"中,增加了"不得以任何方式接受报道地区、单位和个人的礼金或有价证券""保持勤俭作风,不得向采访地区或单位提出生活方面的特殊要求"等内容。这些修订和补充,使《中国新闻工作者职业道德准则》更加完善、更具有针对性和指导性。

1997年1月26日,新华社向全国发布第二次修订的《中国新闻工作者职业道德准则》。这次修订的《准则》与1994年《准则》相比,在形式上压缩为6条:全心全意为人民服务,坚持正确的舆论导向,遵守宪法、法律和纪律,维护新闻的真实性,保持清正廉洁的作风,发扬团结协作精神。但从内容上来看,却涵盖了之前《准则》的所有条款,只是在形式上做了一些调整。如:把原来的第五条"坚持客观公正的原则"并入到第四条"维护新闻的真实性"之中;把原来的第八条"增进同各国新闻界的友谊与合作"并入到第七条"发扬团结协作精神"之中;修订后的《准则》还特别增加和强调了"坚持正确的舆论导向"这一条。因此,这次修订后的《准则》可以说是概括性更强、内容更宽泛。

然而,经历了两次修订的《准则》仍然存在一些问题,最突出的是政治色彩过浓,职业针对性不强。除了"坚持正确的舆论导向"和"维护新闻的真实性"这两条与新闻职业直接相关外,其他的条目同样适用于教师、医生、律师等职业领域。同时,有学者对1997年版的《准则》进行统计发现,政治词汇频繁出现,如"社会主义"13次、"群众"11次、"党"10次、"宣传"7次、"政治"5次,近五分之一的文字篇幅是缺乏实际内容的政治话语。[①] 职业针对性不强、政治色彩过浓以及《准则》中部分内容的表述过于宏观、抽象等问题,都削弱了《准则》的可操作性,导致《准则》中所倡导的内容无法有效地贯彻到新闻实践当中。

在新闻事业飞速发展、不断繁荣的同时,虚假新闻、有偿新闻、低俗新闻、新闻侵权、不良广告等有违新闻职业道德的行为不断影响着新闻媒体的公信力和新闻记者的形象;隐性采访等有潜在新闻侵权危险的采访形式被越来越多的新闻工作者所采用;互联网的发展及公众参与意识的增强,一定程度上使得人们对

---

① 周俊:《试析我国现行新闻职业规范——以〈中国新闻工作者职业道德准则〉为例》,《国际新闻界》2008年第8期,第18页。

《准则》的实践性和有效性提出了更多的质疑。党的十六大以来,党和政府在指导新闻宣传工作方面的理念不断更新。从江泽民提出的舆论导向"福祸论""群众观点根底论"到胡锦涛提出的舆论引导"利误论"和"以人为本"等,都对新闻工作提出了新的要求,原有《准则》中的部分内容已经不能适应新形势的需要。特别是在全球化趋势不断发展、国际新闻的交流与合作逐步增多、国际新闻传播话语权的竞争愈加激烈的新形势下,原有的《准则》存在的欠缺越来越明显。

在这样的背景下,2009 年 11 月,中华全国新闻工作者协会第七届理事会第二次全体会议第三次修订了《中国新闻工作者新闻职业道德准则》。这次修订后的准则一共 7 条:

(1)全心全意为人民服务。

(2)坚持正确舆论导向。

(3)坚持新闻真实性原则。

(4)发扬优良作风。

(5)坚持改革创新。

(6)遵纪守法。

(7)促进国际新闻同行的交流合作。

这次修订的《准则》,无论在表达形式还是内容上,都比第二次修订的准则进步了不少。在每一条准则之下,都列出了 3—5 小点具体的内容,较为详细地回答了"如何做"的问题。它是我国新闻界目前共同遵行的新闻职业道德规范。

二、新修订的《中国新闻工作者职业道德准则》的特点

与 1997 年版《准则》相比较,新版《准则》的突出特点主要表现在以下几个方面。

首先是具有鲜明的时代性。新版《准则》将党的十六大以来所提出的有关新闻宣传的新观点和新要求写入了前言的指导思想中,增添了"以'三个代表'重要思想为指导""深入贯彻落实科学发展观""高举旗帜、围绕大局、服务人民、改革创新""贴近实际、贴近生活、贴近群众""积极传播社会主义核心价值体系""努力践行社会主义荣辱观"等内容,为新时期的社会主义新闻职业道德建设提供了宏观的强有力的理论指导。

新版《准则》科学地吸收了我国在新闻道德理论和媒介伦理实践中探索的新思想和新成果。如:第五条"坚持改革创新。要遵循新闻传播规律,提高舆论引导能力,创新观念、创新内容、创新形式、创新方法、创新手段,做到体现时代性、把握规律性、富于创造性"的表述,便是吸收了胡锦涛在 2008 年视察人民日报社

工作的讲话中阐述的思想。胡锦涛在这次讲话中说："新闻宣传工作必须坚持解放思想、实事求是、与时俱进，适应国内外形势的新变化，顺应人民群众的新期待，以改革创新精神做好工作。要坚持用时代要求审视新闻宣传工作，按照新闻传播规律办事，创新观念、创新内容、创新形式、创新方法、创新手段，努力使新闻宣传工作体现时代性、把握规律性、富于创造性，不断提高舆论引导的权威性、公信力、影响力"。新版《准则》第二条第四款中提到的"采访报道突发事件要坚持导向正确、及时准确、公开透明，全面客观报道事件动态及处置进程，推动事件的妥善处理，维护社会稳定和人心安定"，则是吸收了我国媒体在抗震救灾、北京奥运会宣传、应对重大突发事件报道中积累的一些新经验。

在互联网、手机报、微博、微信等新媒体的影响下，我国新闻传播理念和方式发生了很大的变化，掌握这些新的传播技术对于新闻工作具有极其重要的意义。新版《准则》与时俱进地在第五条第三款中增加了新闻工作者要"善于利用新载体、新技术收集信息、发布新闻，提高时效性，扩大覆盖面"的新内容。

新版《准则》不仅根据我国在新闻理论和实践中探索出的新成果做出了适应时代需要的修改，还根据相关的最新的法律规定制定了具体的细则。如：《中华人民共和国政府信息公开条例》和《国家人权行动计划（2009—2010）》这两部法律文件，规定了人民群众享有知情权、参与权、表达权和监督权等权利。因此，新版《准则》在第一条第一款中，将原有的"努力使党和政府的方针、政策及时、准确、广泛地同群众见面，为人民群众提供参与政治、经济、文化等社会生活以及了解世界所需要的新闻和信息"，表述为"积极宣传党和政府的重大决策部署，及时传播国内外各领域的信息，满足人民群众日益增长的新闻信息需求，保证人民群众的知情权、参与权、表达权、监督权"。可见，新版《准则》是根据国内外大环境的变化和新闻理念的更新及新闻实践的需要而进行修订的，彰显着强烈的时代色彩。

其次是专业性的增强。与政治色彩过浓、职业针对性较低的旧版《准则》相比，新版《准则》更加突出了新闻职业的专业特色。修订后的《准则》对新闻理论和传播学理论的新成果比较重视。将"坚持新闻的真实性原则"由原来的第四条提升到第三条，这就从位置上显示出其专业色彩的加强。同时，还使用了诸如"新闻素材""新闻信息来源""新闻要素"等专业术语进行了表述。又如：第五条第一款"深入研究不同传播对象的接受习惯和信息需求，主动设置议题，善于因势利导，不断提高舆论引导能力和传播能力"，其中的"传播对象""设置议题""舆论引导"等专业术语的使用，使新版《准则》的专业特点更为明显。还有许多反映新思想、新观念，更加切合新闻专业实际的词汇和语句，第一次进入《中国新闻工作者职业道德准则》。例如："加强和改进舆论监督，着眼于解决问题，推动工作,坚持准确监督、科学监督、依法监督、建设性监督";"努力成为专家型记者";"增强新闻报道的亲和力、吸引力、感染力";等等。这里提出的舆论监督"四要求"、新闻报道"三力度"和专家型记者的表述,给人耳目一新的感觉。

从比较中可知,新版《准则》还删除了一些口号化和行政命令式的政治词汇。有学者特意将 1997 年版《准则》和 2009 年版的《准则》中使用的政治词汇和新闻专业词汇做了一个简单的统计,发现"政治"一词出现的频率由 5 次减少到 3 次;"党"由 10 次减少到 7 次;"舆论"由 13 次减少到 6 次;"宣传"由 9 次减少到 8 次。而"信息"一词由 1 次增加到 5 次;"报道"由 9 次增加到 22 次;"采访"由 4 次增加到 7 次;"传播"由 0 次增加到 9 次……政治性词语的总体使用情况呈现出下降趋势,新闻职业话语的使用频率明显提升。① 这些改变明显地体现了新版《准则》在提高新闻专业要求、加强新闻职业针对性上作出的努力和改进。新修订的《准则》对我国的新闻工作者的专业素质和职业道德提出了更高的要求。

最后是操作性的提升。在表述形式上,新版《准则》由原来的六条调整为七条 28 款,每一条表述不再是以前政治口号式的一句话,不再是概念式地提出新闻工作者应尽的责任和义务,而是在每一个条目后加上一小段阐释性的话语,在每一条的下面,都有细化的条款进行具体的内容陈述,使新闻工作者对于这一条准则的理解与把握更加清晰、明了。这种宏观与微观相结合的表述形式既清楚地体现了新闻原则和道德要求,又为新闻工作者的学习和具体实践提供了方便。

在道德规范内容上,新版《准则》的规定更加贴近新闻工作的实际情况,实践性更强。如在坚持新闻真实性原则的问题上,原版《准则》的表述内容为"真实是新闻的生命。新闻工作者要坚持发扬实事求是的作风,深入基层、深入实际、深入群众,加强调查研究,报实情、讲真话,不得弄虚作假,不得为追求轰动效应而捏造、歪曲事实"。而如何发扬实事求是的作风、如何界定"轰动效应"在这里却没有明确的表述。相比之下,新版《准则》在这点上提出的"新闻采访要出示有效的新闻记者证""认真核实新闻信息来源""不摆布采访对象""刊播新闻报道要署作者的真名""刊播了失实报道要勇于承担责任,及时更正致歉"等,对实际的新闻采访写作活动提出了如何做的具体要求,避免了由于原则的空泛、界限的模糊而导致的难以操作的不足。

相对于以前的新闻职业道德规范,新版《准则》的确有了许多新的变化和进步,但是,《准则》在内容上还有需要进一步改进的地方。如把新闻舆论监督的内容作为第二条第三款放到"坚持正确舆论导向"之中,弱化了媒体监督政府和监

---

① 郑保卫、刘艳婧:《与时俱进,加强规范,服务实践——对〈中国新闻工作者职业道德准则〉修订稿的评析》,《新闻记者》2010 年第 1 期,第 14 页。

督社会的功能与职责；在"发扬优良作风"中，第三款"抵制有偿新闻"与第五款"不得从事创收"内容基本相同，而新闻记者最为重要的精神——为维护真理而敢于斗争、不畏强权、不为利诱的精神，却没有在《准则》中体现；还有对媒体自身如何进行有效的投诉与监管，也应该在《准则》中有所体现。当然，任何时期制定的《准则》，因为主客观条件的限制都会有缺陷和遗憾，因此，新闻工作者职业道德准则也应该在内容相对确定的前提下，随着时代的发展和社会形势的变化而不断地修订与完善。

三、中外新闻职业道德规范的异同

任何事物，有比较，才有鉴别，有鉴别，才能取长补短。在世界新闻事业发展史上，各国都非常重视新闻职业道德建设，并制定了各具特色的新闻职业道德规范。西方国家的新闻职业道德规范与我国 2009 年修订的《中国新闻工作者职业道德准则》有什么异同？笔者选择了西方国家具有代表性的《美国报纸编辑人协会原则声明》（1975 年修订）、英国的《职业准则》（1997 年 11 月英国报业投诉评议会批准）、法国的《新闻记者职业道德宪章》（1938 年修订完善）、德国报业评议会的《报业准则》（1994 年修订）、《澳大利亚报业评议会原则声明》（1996 年修订）、日本新闻协会制定的《新闻伦理纲领》（1946 年制定）和《世界报业评议联合会吉隆坡宣言》（1985 年通过）等新闻职业道德规范与我国的《准则》进行比较，发现有如下异同。

先看相同的部分。

1. 各国新闻职业道德规范都把保证新闻报道真实、客观、准确作为重要的信条，都把"讲真话"作为记者最重要的职业道德。如：《中国新闻工作者职业道德准则》第三条规定新闻工作者要"坚持新闻真实性原则。要把真实作为新闻的生命，坚持深入调查研究，报道做到真实、准确、全面、客观"。《美国报纸编辑人协会原则声明》第四条要求："真实与准确。对读者忠实，是真正的新闻职业的基础。必须尽最大努力保证新闻内容是准确的、无偏见的，所有各方的立场都必须在文中公正地显示。"[①]英国《职业准则》要求："报纸与期刊必须注意不得发表不准确的、有误导性的或曲解的文字、图片等各类材料。"[②]法国《新闻记者职业道德宪章》指出："将中伤、无根据的指控、篡改文件、歪曲事实及说谎，视为最严重的职业不轨。"[③]日本《新闻伦理纲领》规定："报道新闻的基本守则，对于所叙述的

---

① 黄瑚：《新闻伦理学》，北京：新华出版社 2001 年版，第 288—289 页。
② 同上书，第 291 页。
③ 同上书，第 296 页。

事必须正确与信实。"①世界各国新闻伦理规范虽然在文字表述上有所差异,但都把新闻真实视为职业道德的基本准则,并要求新闻与评论要严格区分开来,做到客观公正;新闻报道要全面,防止片面性;对于失实的报道要进行及时更正和道歉等。由此可见,讲真话、报实情是人类共同认可的新闻工作者最为重要的道德准则。

2. 中西新闻职业道德规范都明确提出新闻工作者要维护社会公共利益,承担社会责任。《中国新闻工作者职业道德准则》第一条"全心全意为人民服务"就要求新闻工作者"积极反映人民群众的正确意见和呼声,批评侵害人民利益的现象和行为,依法保护人民群众的正当权益"。英国《职业准则》专门列出"公共利益"一节,详细阐明公众利益的内容包括"调查和揭露犯罪或严重违法行为;保护公共健康和安全;防止公众受到个人、组织的声明或行动的误导",并规定:"在任何公众利益受损的情况下,报业投诉评议会将要求编辑人全面地解释其如何为公众利益服务的。"②德国《报业准则》要求:"报刊的发行人、编辑人和新闻记者在从事自己的职业活动时,必须始终重视其对于一般公众的责任和维护报业信誉的义务,必须根据自己的最大能力和信念履行公共宣传的义务,不得为个人的利益或与本职无关的动机所影响。"③《澳大利亚报业评议会原则声明》则提出:"在处理投诉时,评议会将首先和着重考虑公众的利益。"④韩国《新闻道德实践纲要》明确规定:公共利益就是指国家安全、公众安全、揭露犯罪和防止误导公众。⑤

不同国家之所以把维护公众利益作为记者应有的道德,主要是因为新闻事业天然就不是一个纯粹的工商企业,而是融维护公益与谋求私利于一体的文化企业。为什么一家新闻机构绝不能像一家工商企业那样运行,而必须按照新闻事业的规律从事新闻生产与营销,并不是因为新闻机构的老板和老总天生就比工商企业的董事长和总经理在道德上要高尚,也不是因为记者、编辑就一定比企业员工的思想觉悟高,而是因为媒体是靠公众吃饭的。公众对新闻事业的要求与期待和对工商企业的要求与期待,在内容与标准上都不相同。因此,新闻事业必须承担维护公众利益的道德责任和义务,不然就会失去公众的支持。媒体一旦失去公众的支持,也就失去了存在的必要与可能。

3. 中西新闻职业道德规范都明确规定要维护公民的合法权益,保护他人隐

①　黄瑚:《新闻伦理学》,北京:新华出版社 2001 年版,第 302 页。

②　同上书,第 291 页。

③　同上书,第 297 页。

④　同上书,第 300 页。

⑤　郎劲松、初广志编著:《传媒伦理学导论》,杭州:浙江大学出版社 2007 年版,第 323 页。

私。《中国新闻工作者职业道德规范》第六条规定:新闻工作者要"维护采访报道对象的合法权益,尊重采访报道对象的正当要求,不揭个人隐私,不诽谤他人",要"维护未成年人、妇女、老年人和残疾人等特殊人群的合法权益,注意保护其身心健康"。英国《职业准则》提出:"每个人的隐私、家庭生活、住宅、健康和通信都应得到尊重。报刊若无正当理由,不可未经许可侵犯个人的私生活。"①德国的《报业准则》要求新闻工作者"尊重个人的私生活和私人领域。若个人的活动与大众利益有关,可在报纸上讨论,在此情况下,必须注意不得侵犯非当事人的人权"②。日本《新闻伦理纲领》指出:"每一个人的名誉,应视与其他基本人权相同,须受到尊重与保护。"③

众所周知,媒体因为传播范围广、影响力大,一旦侵害公民的合法权益,给他人带来的伤害和负面影响可能会相当严重,比不得当事人双方口头上的互相诋毁与谩骂。因此,古今中外的媒体伦理中,都有不揭人隐私、不诽谤他人的要求。无论是普通民众还是握有一定权力的公职人员或影响较大的公众人物,都享有个人隐私不受侵犯的权利,只是国家公职人员和公众人物的个人隐私与公共利益相关的可能性更大,因此其隐私受保护的范围相对于普通民众来说就有可能被缩小。

4. 中西新闻职业道德规范均禁止新闻工作者以权谋私、以稿谋私。《中国新闻工作者职业道德准则》指出:"坚决反对和抵制各种有偿新闻和有偿不闻行为,不利用职业之便谋取不正当利益,不利用新闻报道发泄私愤,不以任何名义索取、接受采访报道对象或利害关系人的财务或其他利益,不向采访报道对象提出工作以外的要求。"《美国报纸编辑人协会原则声明》规定,新闻工作者"不可接受某些财物或热衷某些行为,如果这些财物和行为会损害或看上去会损害他们品质的话"④。英国《职业准则》提出:"新闻记者应不接受贿赂或其他将会影响履行职业责任的诱惑。"⑤韩国《新闻道德实践纲要》规定:"新闻单位和新闻工作者在进行采访、报道、评论、编辑等业务活动中,不得从有利害关系的当事者那里接受钱财、请客、无偿旅游招待、采访旅行经费、产品、商品券、高价纪念品等经济利益。为书评接受的书籍可例外,为产品介绍接受的产品可以使用于公共目的。"⑥

---

① 黄瑚:《新闻伦理学》,北京:新华出版社 2001 年版,第 292 页。
② 同上书,第 298—299 页。
③ 同上书,第 303 页。
④ 同上书,第 288 页。
⑤ 同上书,第 290 页。
⑥ 郎劲松、初广志编著:《传媒伦理学导论》,杭州:浙江大学出版社 2007 年版,第 323 页。

世界各国的新闻职业道德规范都要求新闻工作者不得接受任何形式的贿赂，不得以职业之便谋取个人私利，不得以新闻报道的形式为商业产品或服务部门做广告，不得将广告与新闻混为一谈。这主要是为了使媒体的专业性与独立性不受到侵害，从而更好地为公众提供真实客观的事实信息和意见信息，不被广告宣传和评论意见所误导。

新闻业作为一种世界性行业，必然有其共同遵守的职业规律与道德准则。2009 年 10 月 9 日，胡锦涛在《在世界媒体峰会开幕式上的致辞》中说："各类媒体要被公众广泛接受、受社会广泛尊重，不断提高公信力和影响力，就应该遵守新闻从业基本准则。"①所谓"新闻从业基本准则"就不是指某个国家特有的准则。从世界大多数国家制定的新闻道德信条看，力求新闻真实、维护公众利益、不利用职务谋私、保护他人隐私、保障言论自由等内容，就是新闻从业者的基本准则。

但是，由于受国家政治制度、意识形态和传统文化等因素的制约与影响，世界各国的新闻伦理规范也必然存在内容的差异。中国与西方国家的新闻职业道德规范也是如此。《中国新闻工作者职业道德准则》与西方国家的新闻记者信条最大的不同是，我国新闻职业道德准则的政治意识形态性较强。新版《准则》在前言中指出："中国新闻事业是中国特色社会主义事业的重要组成部分。新闻工作者要坚持以马克思列宁主义、毛泽东思想、邓小平理论和'三个代表'重要思想为指导"，要"学习宣传贯彻党的理论、路线、方针、政策"。第一条准则是："全心全意为人民服务。要忠于党、忠于祖国、忠于人民，把体现党的主张与反映人民心声统一起来，把坚持正确导向与通达社情民意统一起来，把坚持正面宣传为主与加强和改进舆论监督统一起来，发挥党和政府联系人民群众的桥梁纽带作用。"这些论述一开篇就体现了我国新闻职业道德的政治要求和党性原则，强调了新闻工作与党和政府的紧密联系。

西方国家的新闻职业道德规范在文字表述上没有这方面的内容。它们强调的是新闻自由和社会责任，强调新闻工作独立于任何党派之外，新闻媒体被当作"第四权力"，担负着监督政党、政府的职责。如《美国报纸编辑人协会原则声明》认为："美国的新闻自由不仅给人民提供信息和辩论的场所，更重要的是要对社会权力机关，包括所有等级的政府官员的行为，进行独立监督。"②在第二条关于新闻自由的阐释中指出："新闻自由属于人民，必须保护其不受任何部门、公众或个人的干扰或攻击。"③《世界报业评议联合会吉隆坡宣言》第一条是："本届大

---

① 《中国新闻年鉴 2010》，北京：中国新闻年鉴社 2010 年版，第 1 页。
② 黄瑚：《新闻伦理学》，北京：新华出版社 2001 年版，第 288 页。
③ 同上。

会重申言论自由是基本不可侵犯之人权,新闻自由则是这一人权的必然结果。新闻自由既不是出版商的专利,也不是新闻记者的特权,而是人们获知信息的权利。"第二条是:"行使新闻自由要求报业负起相应的责任,编辑、记者应接受和遵从高度的道德标准。"①从世界各国新闻道德规范中我们可以看到,"新闻自由与社会责任"是各国普遍关注的道德问题。有学者统计:"在我们收集到的 84 个国家或地区的职业道德准则当中,有 57 个国家或地区的准则明确提出新闻自由问题,有 53 个国家或地区的准则提到了社会责任问题,二者之间似乎存在相对平衡的现象。"②对照中西方新闻职业道德规范不难看出,中国强调的是"正确舆论导向",西方更突出媒体的"舆论监督"和保护弱势群体的功能。

这些内容不仅是对新闻工作的职责要求,还是对记者个体道德的要求。《中国新闻工作者职业道德准则》第一条是"全心全意为人民服务。要忠于党、忠于祖国、忠于人民"。第二条第一款是"服从服务于改革发展稳定大局不动摇,着力推动科学发展、促进社会和谐"。虽然在中国的《准则》中,"服从"一词出现的次数并不多,但是服从大局、服务人民的思想是贯穿始终的。而西方国家强调的则不同,如法国《记者职业伦理宪章》第七条指出:"捍卫表达自由、意见自由、信息自由、评论自由和批评自由的权利。"《日本新闻伦理纲领》指出:"如果没有充分的言论表达自由,没有高度的道德感和独立性,那这项权利将无法实现。"

恩格斯说过:"一切以往的道德论归根到底都是当时的社会经济状况的产物。而社会直到现在是在阶级对立中运动的,所以道德始终是阶级的道德。"③"新闻道德作为职业道德的一种,它是由社会经济关系决定的社会意识形态,与其他职业道德相比较,新闻道德又具有鲜明的阶级性和强烈的政治色彩。"④在资本主义制度下,新闻事业是建立在生产资料私有制基础上的,新闻工作者的职业道德必然受到资产阶级道德观的支配与影响,其内容也必然会体现资本主义国家的核心价值观。我国实行的是以生产资料公有制为基础的社会主义制度,新闻事业是党和国家事业的一部分。这种特质决定了我国新闻事业的根本属性就是党和政府的喉舌。社会政治制度和意识形态始终决定着职业道德的内容。

---

①　黄瑚:《新闻伦理学》,北京:新华出版社 2001 年版,第 304 页。

②　陈中原:《点击新闻职业道德关键词——84 个国家或地区新闻职业道德准则 73 个关键词汇的统计分析(上)》,《新闻记者》2007 年第 6 期。

③　《马克思恩格斯选集》第 3 卷,北京:人民出版社 2012 年版,第 471 页。

④　中华全国新闻工作者协会编:《新闻职业道德》,北京:新华出版社 1996 年版,第 42 页。

第五节　改革开放后新闻伦理思想小结

新闻传播业承担着传递信息、引导舆论、传承文化、促进经济、影响社会的崇高任务。在信息全球化时代,新闻传播业的重要性已被全社会所认知。如今,人们关注的不是要不要新闻传播业的问题,而是什么样的新闻业对国家和社会最为有利,什么样的记者才能担当起崇高的职责与使命。改革开放以来,中国新闻事业和传播观念发生了重大变化,新闻职业道德建设受到前所未有的重视,由此带来了中国新闻伦理思想的进步与发展。总体看来,新时期中国新闻伦理思想呈现出如下几个特点。

一、新闻伦理研究逐步受到重视并取得突出的成绩

改革开放以来,经过拨乱反正和"真理标准"问题的讨论,极"左"路线和思潮得到纠正,国家回归到"以经济建设为中心"的健康、正确的轨道上来,人们的思想观念发生了根本性变化,新闻职业道德建设和新闻伦理研究逐步受到学界和业界的重视,出现了许多理论成果。

首先,新闻伦理学研究受到重视,成果显著。1995 年 9 月,新华出版社出版了周鸿书撰写的《新闻伦理学论纲》。该书分别从概论、历史、关系、规范、功能、修养六个方面论述了新闻伦理学的有关问题,尽管只有 18.7 万字,却是中国新闻学术史上第一本新闻伦理学专著,在中国新闻伦理学研究中作出了开山辟路的贡献。1996 年 8 月,新华出版社出版了由全国新闻工作者协会编的《新闻职业道德》一书。特别是 2000 年以来,我国出版的各种新闻伦理学著作和教材,总数在 20 种以上。其中代表性的著作和教材有:黄瑚著《新闻伦理学》(2001 年),徐新平著《新闻伦理学新论》(2001 年),蓝鸿文主编《新闻伦理学简明教程》(2001年),陈汝东著《传播伦理学》(2006 年),张咏华等著《新闻传播业的自律与他律》(2007 年),郎劲松、初广志著《传媒伦理学导论》(2007 年),李伦著《网络传播伦理》(2007 年),邓铭瑛著《传播与伦理》(2007 年),陈正辉编《广告伦理学》(2008 年),黄富峰著《大众传媒伦理研究》(2009 年),杨保军著《新闻道德论》(2010 年),陈绚编著《大众传播伦理案例教程》(2010 年)等。这些著作和教材对新闻伦理学的历史、新闻伦理学基本原理和新时期出现的伦理道德问题,进行了全面系统的研究,对于读者认识和了解新闻伦理学及加强新闻职业道德建设都有一定的帮助。

其次,新时期的新闻传播学教材大都设有新闻职业道德的专章,阐述中国新闻职业道德的内容与要求。例如:何梓华主编《新闻理论教程》(1999 年)的第十

二章"新闻队伍建设";李良荣著《新闻学概论》(2001年)的第十四章"新闻工作者的修养和职业道德";郑保卫著《当代新闻理论》(2003年)的第十章"新闻工作的道德与法律规范"等。这些教材在向新闻专业的学生普及和传授已有的新闻伦理思想成果方面,有着独特的效果,对于新闻传播专业的学生在将来的新闻工作中增强道德的自觉性,无疑有一定的作用。

最后,新时期研究新闻伦理的学术论文其数量与质量都是空前的。中国新闻史上任何一个时期,专门论述新闻道德的文章都相当有限。但改革开放以来,尤其是进入新世纪以来,随着新闻学术的繁荣,我国研究新闻伦理的理论文章在不断增多。只要通过互联网的搜索引擎对新闻伦理的关键词进行搜索,就会发现,有关"新闻真实""党性原则""舆论导向""舆论监督""客观公正""有偿新闻""网络谣言"等职业道德问题的研究论文,数量之多,阐述的范围之广,都是空前的。这些论文不仅丰富了我国新闻伦理思想的内容,而且增强了人们对新闻职业道德的重要性与必要性的认识,为我国新时期新闻职业道德建设提供了有力的理论支持。

二、党和国家领导人的思想是我国新闻伦理的主导思想

改革开放40年来,中国新闻伦理思想成果蔚为壮观,业界精英和新闻学者都发表了许多有关新闻伦理的论文,提出了许多富有现实针对性和创新性的思想见解,但是,从总体上看,这些论文大多是围绕党和国家领导人的讲话精神而展开的。因此,新时期我国新闻伦理思想的主体是党和国家领导人的新闻伦理思想。

从1979年以来,中央领导,尤其是党的历任总书记对新闻工作都有重要的讲话。这些讲话论述的重点是当时新闻宣传工作中急需解决的重大现实问题和对新闻工作者政治上、道德上、业务上的要求。如1979年3月,胡耀邦在全国新闻工作座谈会上作了《关于新时期的新闻工作》的讲话,他说:"几十年来,我们的党和人民,都把报纸、通讯社、广播电台当作党中央的喉舌,这是长期形成的传统。有了这个传统,我们党就能够凭借报纸——这个在人民中有很大权威的武器,更好地教育人民,武装人民。正是由于这一点,就要求我们新闻工作者增强责任感。新闻战线的同志每天都要意识到自己岗位的重要性,我们是凭借党在人民中的崇高威信,对人民做启发工作,教育工作,思想工作的。""我们的报刊、通讯社、广播电台都是党所领导的,是党的工具,是为人民服务的工具,这是因为我们党的唯一宗旨是为人民服务,为人民谋利益。"①在这里,胡耀邦强调了新闻

---

① 《中国新闻年鉴1984》,北京:中国新闻年鉴社1984年版,第3页。

工作要当好党和人民喉舌的责任感问题。1985年2月,胡耀邦在中央书记处会议上作了《关于党的新闻工作》的发言,对党的新闻工作的性质、任务、基本要求和队伍建设等问题,进行了深入的论述。其中,围绕着当好党和人民的喉舌这个主题,论述了党报记者在精神品质上应该具有的素养。这在当时对于经过"文化大革命"劫难之后的新闻界来说,无疑是一种巨大的鼓舞与鞭策。

1989年11月,李瑞环在中共中央宣传部举办的全国省、自治区、直辖市党报总编辑新闻工作研讨班上做了《坚持正面宣传为主的方针》的讲话,他明确指出:"坚持正面宣传为主的方针,理直气壮地宣传人民群众创造历史、改造社会、建设新生活的英雄壮举,宣传社会主义在中国不断前进的历史真实,正是新闻工作者义不容辞的历史责任。"①在这篇讲话中,李瑞环还就正面宣传与批评报道、正面宣传与舆论监督的关系作了深刻的论述。这一方针至今依然是我国新闻工作的指导方针。

江泽民在这次新闻工作研讨班上发表了《关于党的新闻工作的几个问题》的讲话,分别就新闻工作的地位和作用、新闻工作的基本方针、新闻工作的党性问题、新闻自由问题、新闻真实性问题和党对新闻工作的领导问题,进行了深刻的论述。特别是1994年1月24日全国宣传工作会议在北京召开,江泽民在会上作了《在全国宣传思想工作会议上的讲话》,提出了许多重要的观点,其中最引人注目的,一是舆论引导的重要性和正确引导的标准。他说:"舆论导向正确,人心凝聚,精神振奋;舆论导向失误,后果严重。"所谓正确的舆论导向,"就是要造成有利于进一步改革开放,建立社会主义市场经济体制,发展社会生产力的舆论;有利于加强社会主义精神文明建设和民主法制建设的舆论;有利于鼓舞和激励人们为国家富强、人民幸福和社会进步而艰苦创业、开拓创新的舆论;有利于人们分清是非,坚持真善美,抵制假恶丑的舆论;有利于国家统一、民族团结、人民心情舒畅、社会政治稳定的舆论"。二是宣传思想工作的目标。"我们的宣传思想工作,必须以科学的理论武装人,以正确的舆论引导人,以高尚的精神塑造人,以优秀的作品鼓舞人,不断培养和造就一代又一代有理想、有道德、有文化、有纪律的社会主义新人。"三是把社会效益放在首位,实现两个效益的统一。"我们在宣传文化工作中要始终把社会效益作为最高准则,当经济效益同社会效益发生矛盾时,自觉服从社会效益。"②

1996年1月2日,江泽民在接见解放军报社师以上干部时的讲话中说:"一个称职的新闻工作者,必须始终保持坚定正确的政治方向,努力做到知识广博,

---

① 《中国新闻年鉴1990》,北京:中国新闻年鉴社1990年版,第8页。
② 《中国新闻年鉴1995》,北京:中国新闻年鉴社1995年版,第1—5页。

视野开阔,才能在新闻领域里得心应手,纵横驰骋。""再就是要讲究职业道德,树立新闻工作者的良好形象。""还有一点特别重要,就是要严格按照党中央、中央军委的要求办报。"①9 月 26 日,他在视察人民日报社时的讲话,对新闻工作者提出了更为明确、具体的要求。他说:新闻工作者要打好五个根底,发扬六种优良作风。五个根底就是打好理论路线根底,政策法律纪律根底,群众观点根底,知识根底,新闻业务根底。六种作风是:

> 一是敬业的作风,热爱党的新闻事业,献身党的新闻事业。二是实事求是的作风,报实情,讲真话。三是艰苦奋斗的作风,不怕苦,不怕累,有时还要不怕危险、不怕牺牲。四是清正廉洁的作风,自觉抵制拜金主义、享乐主义、个人主义思想的侵蚀,恪守职业道德,坚决反对搞有偿新闻。五是严谨细致的作风,一丝不苟,精益求精,严防差错。六是勇于创新的作风。②

2008 年 6 月 20 日,胡锦涛到人民日报社考察,对新闻工作提出了五条要求:第一,必须坚持党性原则,牢牢把握正确舆论导向;第二,必须坚持以人为本,增强新闻报道的亲和力、吸引力、感染力;第三,必须不断改革创新,增强舆论引导的针对性和实效性;第四,必须加强主流媒体建设和新兴媒体建设,形成舆论引导新格局;第五,必须切实抓好队伍建设,增强凝聚力和战斗力。③ 胡锦涛提出的五个"必须",既有对改革开放以来邓小平、胡耀邦、江泽民新闻思想的继承,又有新的发展。如他提出的新闻宣传工作要"坚持贴近实际、贴近生活、贴近群众,把体现党的主张和反映人民心声统一起来,把坚持正确导向和通达社情民意统一起来,尊重人民主体地位,发挥人民首创精神,保证人民的知情权、参与权、表达权、监督权"。如"要坚持用时代要求审视新闻宣传工作,按照新闻传播规律办事,创新观念、创新内容、创新形式、创新方法、创新手段,努力使新闻宣传工作体现时代性、把握规律性、富于创造性,不断提高舆论引导的权威性、公信力、影响力"④。这些思想在过去党和国家领导人的论述中是不曾见到的。

中国的新闻职业道德教育有一个突出的特点,就是中国共产党的历届领导人都会亲自关注新闻宣传队伍的思想作风建设和人才培养,都要发表有关宣传思想工作的讲话和指示,对新闻工作者提出具体的要求,尤其是政治要求和道德要求。这是由中国新闻事业的性质所决定的。因此,改革开放以来制定的《中国

---

① 《中国新闻年鉴 1997》,北京:中国新闻年鉴社 1997 年版,第 2 页。
② 同上书,第 5 页。
③ 《中国新闻年鉴 2009》,北京:中国新闻年鉴社 2009 年版,第 3 页。
④ 同上。

新闻工作者职业道德规范》及历次修订的内容,都可以从党和国家领导人的讲话中找到依据和出处。这是中国共产党新闻伦理思想独有的特点,在西方国家是不存在的。

三、不同类型的媒体和新闻机构都制定了新闻职业道德规范

改革开放以来,随着党和政府对新闻伦理建设的重视,全国性的新闻组织机构——中华全国新闻工作者协会,在20世纪80年代就制定了新闻工作者职业道德规范,到2009年,前后经过3次修订,4次发布《中国新闻工作者职业道德准则》。与此同时,不同类型和不同地区的新闻机构根据自身的情况,也制定了切合自身特点与需要的职业道德规范,使中国新闻职业道德规范的文本达到空前的数量。

从媒介类型看,传统媒体——报纸、广播、电视和新兴媒体——互联网,都在全国记协制定的总规范的指导下,分别制定了各自的新闻职业道德规范。例如,1999年12月8日,中国报业协会制定了《中国报业自律公约》;2004年6月18日,中国互联网协会公布了《中国互联网行业自律公约》;2004年6月10日,中国互联网协会又公布了《互联网站禁止传播淫秽、色情等不良信息自律规范》;2004年12月2日,《中国广播电视编辑记者职业道德准则》发布;2005年10月7日,中国新闻摄影学会公布了《中国新闻摄影工作者自律公约》。

这些规范与公约,都是按照《中国新闻工作者职业道德准则》的规范内容,结合媒介自身特点制定的。如《中国新闻摄影工作者自律公约》第一条是:"认真贯彻执行全国记协制定的《中国新闻工作者职业道德准则》。不断提高自身道德修养,严守新闻采访纪律,加强职业道德观念,维护新闻摄影工作者的良好形象。"在这个前提下,许多条款都体现了不同媒体道德自律的独特要求。例如下面三条规约,一看就能判断出分别属于三种不同的媒体。一条是:"报道中的细节必须真实,不加以拔高、想象和夸张。报道所采用的声音、图像均应来自新闻现场或与报道主题相关的采编活动,而非个人编造或拼接。"另一条是:"不以任何方式将广告内容与新闻报道内容相混淆,不把新闻采编活动与发行和广告等经营活动相混淆。"再一条是:"在新闻照片的后期制作中,除必要的影调处理外,不对新闻照片进行影响事实的电脑修改和暗房加工。"其中的"声音图像""发行""新闻照片"等关键词,不仅告诉我们这几个关键词分别是属于广电、报纸和新闻摄影三个方面的道德规范,而且反映了这些规范比全国性的《新闻工作者职业道德准则》在内容上更加细化和具体。

从媒介机构看,从中央到地方,全国大部分新闻单位都制定了成文的"自律公约""操作守则""行为准则"之类的道德规范。例如:《安徽日报报业集团新闻

工作者自律公约》《郑州日报社新闻自律公约》《西安日报社新闻采编行为准则》《第一财经日报采编人员手册》《羊城晚报社杜绝新闻敲诈、防止虚假新闻工作守则》《广州日报采编行为准则》《网易娱乐中心新闻采编规范》等。总体来看，这些规范具有如下特点。

一是规范的篇幅，除少数新闻单位制定的"自律公约"比较简单和概括外，大多数新闻机构的道德自律准则篇幅都比较长，内容条款比全国性的道德准则要多。例如：《第一财经日报采编人员手册》《重庆晨报采编准则六十条》《广州日报采编行为准则》就是这方面的代表。其中《重庆晨报采编准则六十条》由总则和六章构成，每一章中都有6—12条具体内容。道德规范文本篇幅的增加，意味着该规范的内容更为丰富，制定者对新闻职业活动中的道德问题考虑得更加全面。

二是规范的内容较为详细具体，具有较强的操作性。例如：《西安日报社采编行为准则》的第三条规定："尊重有身体残疾的人士，在报道中不使用'残废人''独眼龙''瞎子''聋子''弱智'等缺乏尊重的称呼，而应使用'残疾人''盲人''聋人''智力障碍者'等中性词语。"《南方日报报业集团预防新闻侵权的若干规定》第八条第一款规定："严禁道听途说、主观臆断、凭空想象。批评稿禁用'据说''听说'等字句。"《浙青传媒新闻编采行为准则》等职业道德规范规定："避免使用最高级形容词。'最大''最好''最坏''最多'等最高级形容词，只有在有确凿证据支持的情况下方可使用。要尽量避免使用'可能''或将'这样的词，对未经验证或无法验证的说法予以判断。""严禁记者仅凭第二、第三手材料或非直接当事人的叙述完成新闻稿件。"《广州日报采编行为准则》规定：要进一步增强求证和质疑意识，要不厌其烦地刨根问底，"质疑甚至可以是神经质的"。这些具体的规定与要求，有助于记者在新闻采编业务活动中更好地履行职责、防止道德失范。

三是新闻人的职业追求与个体道德在文本中得到更多的体现。全国性的新闻职业道德准则多从宏观的角度提出要求，新闻单位制定的道德准则，在强调遵循党性原则、舆论导向等政治伦理的同时，对新闻人的职业追求与个体道德给予了更多的关注与提倡。例如，《广州日报采编行为准则》中说："公平是《广州日报》报道严守的核心价值之一。"《第一财经日报采编人员手册》表示："《第一财经日报》坚持权威、独立、责任、专业的编辑理念，以全球化的视野，关注时代的核心问题。在时代演进变革的大视野中关照丰富的财经世界。""所谓独立，是要求我们的报道、分析和评论恪守无私无畏的立场。报纸不是各种机会主义声音的传声筒，而要基于公平、公正、合理的秩序进行客观准确的报道。对于那些不是依靠公平竞争而获得的特殊利益以及旨在固化这些既得利益的各种努力，报纸要保持清醒的自觉，要挺直腰杆站在公共平台、公共利益、公共秩序的立场上。

新闻媒体是社会公共利益的代言人，独立立场是新闻从业人员的立身之本。""在采编队伍建设方面，《第一财经日报》倡导诚信、敬业、忠诚、合作、创新的原则。"

这些职业伦理的内容在《中国新闻工作者职业道德准则》中是没有的。特别是将公平、公正、诚信、独立确立为新闻记者的伦理精神，对《中国新闻工作者职业道德准则》起到了丰富与补充的作用。鼓励记者无私无畏、挺直腰杆站在公共平台、公共利益、公共秩序的立场上说话，提倡"独立立场是新闻从业人员立身之本的理念"，既是对中国传统新闻伦理精神的继承和发展，也符合中国共产党党报伦理观的要求。

四、新闻专业主义精神得到应有的肯定

在中国共产党党报伦理中，报纸、广播、电视等媒体是党、政府和人民的喉舌，坚持新闻工作的党性原则是始终不渝的。但是，随着改革开放的不断深入，为了适应国内外形势的新变化，顺应人民群众的新期待，我国新闻事业及新闻理念也在与时俱进地发生着新的变化。从新闻伦理观念角度看，最明显的变化就是认识到了遵循新闻传播规律的重要性，新闻专业主义精神得到了应有的肯定。

西方新闻专业主义理论大约是 20 世纪 90 年代传入我国的。"进入新世纪，这个拿来的'主义'又得到业界人士的广泛认同。既然作为一种'主义'，它在理论上高屋建瓴的指导意义、在实际工作中的统领作用自然不言自明。"①据有关资料统计，仅 2011 年，在中国学术期刊网全文数据库中，用"新闻专业主义"的题名和关键词进行检索，相关的文章就达 73 篇之多。② 近 10 多年来，我国新闻界撰写的有关"新闻专业主义"的论文，总数达数百篇，还出版了以"新闻专业主义"为题的研究专著，如黄旦的《传者图像：新闻专业主义的建构与消解》③、吴飞的《新闻专业主义研究》④等。毫不夸张地说，进入新世纪以来，中国新闻学界与业界出现了一股"新闻专业主义"研究的热潮。

这股思潮不仅已在新闻学界流行，而且其中的有些理念得到了党和国家最高领导人的认可与提倡。例如，2008 年 6 月 20 日，胡锦涛在人民日报社考察工作时的讲话中说："新闻宣传工作必须坚持解放思想、实事求是、与时俱进，适应国内外形势的新变化，顺应人民群众的新期待，以改革创新的精神做好工作。要坚持用时代要求审视新闻宣传工作，按照新闻传播规律办事。"⑤2009 年 10 月 9

---

① 芮必峰：《新闻学研究中功能主义取向和方法之思考——以"新闻专业主义"为例》，《新闻大学》2012 年第 2 期。

② 张薇：《2011 年新闻专业主义研究综述》，《新闻世界》2012 年第 6 期。

③ 黄旦：《传者图像：新闻专业主义的建构与消解》，上海：复旦大学出版社 2005 年版。

④ 吴飞：《新闻专业主义研究》，北京：中国人民大学出版社 2009 年版。

⑤ 《中国新闻年鉴 2009》，北京：中国新闻年鉴社 2009 年版，第 3 页。

日,胡锦涛在世界媒体峰会开幕式上的致辞中又说:"各类媒体要被公众广泛接受,受社会广泛尊重,不断提高公信力和影响力,就应该遵守新闻从业基本准则,客观报道世界多极化、经济全球化、文明多样性的现实,充分反映世界各国发展的主流和趋势,热情鼓励发展中国家发展进步。"①胡锦涛所说的"按照新闻规律办事","遵守新闻从业基本准则",指的就是新闻职业所特有的专业内容、劳动方式、职业精神与伦理准则等。

马克思曾经说过:"要使报刊完成自己的使命,首先不应该从外部施加任何压力,必须承认它具有连植物也具有的那种为我们承认的东西,即承认它具有自己的内在规律。"②新闻业作为意识形态领域的职业之一,在不同国家和不同政治体制之下,其专业职责与专业理念无疑存在着一定的差异。但是,作为同一种职业,也必然有它的共同规律和共同的行为准则。例如,世界所有国家制定的记者伦理守则,都把"真实、准确、客观、公正"作为新闻工作者最重要的道德信条,就说明不同国度的新闻职业,是有大体一致的"从业基本准则"的。这如同没有哪一个国家能够容忍军人中有"怕死鬼"存在,医生中有见死不救的"冷血动物"存在,教师中有一问三不知的"白痴"存在一样。军人以服从和不怕死为天职,这是军人职业的共性;"听党的话,一切服从党指挥"是中国军人的天职。真实、客观、公正是全世界新闻业从业的基本准则;做党和政府的喉舌是中国新闻工作者特殊的要求。不承认人类新闻事业的共同理念与基本准则,就不是实事求是的态度。胡锦涛说的"与人民同命运、与时代共发展,是世界各地媒体的必然选择"③就是对世界各国新闻事业共性的揭示与概括。

关于新闻专业主义概念的源头及其内容,迄今并没有完全一致的看法。黄旦认为,新闻专业主义的基本理念有:"第一,报刊的主要功能是传播新闻,同时还要干预和推动社会;第二,在性质上,报刊是一个独立专业,因此,它必须是自主的,尤其在政治上不依赖任何派别,更不做政府的喉舌(所谓的新闻自由,实际上就是政府不能干涉报纸);第三,报纸的目的是为公众服务,并反映民意;第四,报纸的运转是靠自己的有效经营,尤其是广告收入;第五,报纸的约束机制是法律和职业道德自律,尤其是后者。"④李金铨认为,新闻专业主义在理论上大抵包括两个层面,一是追求报道的客观公正,一是职业的伦理道德。⑤ 我国台湾地区的李瞻先生认为,新闻专业主义就是一个专门职业所遵守的行为及道德标准。

---

① 《中国新闻年鉴2010》,北京:中国新闻年鉴社2010年版,第1页。
② 《马克思恩格斯全集》第1卷,北京:人民出版社1956年版,第190页。
③ 《中国新闻年鉴2010》,北京:中国新闻年鉴社2010年版,第2页。
④ 黄旦:《传者图像:新闻专业主义的建构与消解》,上海:复旦大学出版社2005年版,第32页。
⑤ 李金铨:《香港媒介专业主义与政治过渡》,《新闻与传播研究》1997年第2期。

假设一个团体宣称它是一个专业组织,它必须要求它的会员,遵守他所属专业组织所建立的某些行为规范,即职业道德。①

综上所述,新闻专业主义是指新闻职业所特有的精神与理念,与新闻工作者的职业道德紧密联系在一起。它所崇奉的基本的职业精神就是:客观公正,自由独立,服务公众。

有的学者认为,新闻专业主义在中国,"一开始就出现了水土不服症状,直接的原因是中国大陆新闻事业从纯粹的国家事业、党的事业转向市场经营,市场的利益原则不仅使新闻事业弱化了党报、国家机关报的性质,也在弱化新闻的职业性质。另外,全球化、文化生产模式迎来的新工作原则是新闻专业主义过时的重要背景"②。这一观点是值得商榷的。新闻事业的市场经营方式和市场利益原则及新闻产品的全球化、大众化生产模式,正是以美国为代表的西方国家新闻事业和文化事业的特色,也是西方新闻专业主义产生的客观条件,怎么成了新闻专业主义在中国水土不服的直接原因了呢? 那么,在什么样的社会历史条件下,新闻专业主义才不会过时呢? 照此逻辑,只有放弃市场化、全球化和大众化的生产模式,新闻的职业性质和新闻专业主义才会实现。新闻专业主义理念与见利忘义、放弃责任是对立的,正因为新闻事业和新闻人受到市场利益的诱惑,忘记了专业责任,才需要重振新闻专业主义精神,才需要强化新闻职业道德的培育。

我比较倾向于这样的观点:"'新闻专业主义'可以在'政治家办报'和'商人办报'之间起到很好的调节和制衡作用。它可以外化为新闻工作的职业道德,内化为新闻工作者的职业良知。"③在中国共产党领导下,由党的新闻事业的地位与性质所决定,我国的新闻事业不可能走私有化和完全市场化的道路,坚持新闻工作的党性原则是坚定不移的。但是,在世界多极化、经济全球化、媒介技术化的今天,世界范围内各种思想文化交流更加频繁与活跃,国家之间的联系更加紧密,为了适应国内外形势的变化和不断提高我国新闻传播的公信力、影响力和话语权,必须进一步解放思想,更新观念,拓宽视野,学习先进。在新闻思想方面,吸取新闻专业主义的一些积极有益的成分,并进行本土化改造,对于我国新闻从业者更好地树立职业理想、追求公平正义,更好地忠于职守、服务社会大众,都具有积极的意义。

---

① 李瞻:《新闻道德》,台北:三民书局 1982 年版,第 7 页。

② 李岩:《新闻专业主义在中国大陆的实践与变异》,《当代传播》2011 年第 1 期。

③ 转引自芮必峰:《描述乎? 规范乎? ——新闻专业主义之于我国新闻传播实践》,《新闻与传播研究》2010 年第 1 期。

主要参考文献

一、著作

安岗:《新闻论集》,天津:天津人民出版社1982年版。

蔡和森:《蔡和森文集》,北京:人民出版社1980年版。

蔡铭泽:《中国国民党党报历史研究》,北京:团结出版社1998年版。

蔡尚思、方行编:《谭嗣同全集》(二册),北京:中华书局1981年版。

陈独秀:《陈独秀文集》第1—4卷,北京:人民出版社2013年版。

陈汝东:《传播伦理学》,北京:北京大学出版社2006年版。

陈铁健:《从书生到领袖:瞿秋白》,上海:上海人民出版社1995年版。

陈锡祺编:《孙中山年谱长编》(上下册),北京:中华书局1991年版。

陈玉申:《晚清报业史》,济南:山东画报出版社2003年版。

程沧波:《沧波文存》,北京:华龄出版社2011年版。

单波:《20世纪中国新闻学与传播学·应用新闻学卷》,上海:复旦大学出版社2001年版。

邓拓:《邓拓文集》第1—4卷,北京:北京出版社1986年版。

邓小平:《邓小平论新闻宣传》,北京:新华出版社1998年版。

邓小平:《邓小平文选》第1—3卷,北京:人民出版社1993、1994年版。

邓小平:《邓小平文选(一九七五——九八二年)》,北京:人民出版社1983年版。

丁淦林、商娜红主编:《聚焦与扫描:20世纪中国新闻学与传播学研究》,北京:新华出版社
　　2005年版。

丁文江、赵丰田编:《梁启超年谱长编》,上海:上海人民出版社1983年版。

丁耘、陈新主编:《思想史研究——思想史的元问题》,桂林:广西师范大学出版社2005年版。

范敬宜:《总编辑手记》,北京:人民日报出版社1998年版。

方汉奇:《〈大公报〉百年史(1902-06-07—2002-06-17)》,北京:中国人民大学出版社2004
　　年版。

方汉奇:《方汉奇文集》,汕头:汕头大学出版社2004年版。

方汉奇:《中国近代报刊史》,太原:山西教育出版社1991年版。

方汉奇主编:《中国新闻事业通史》第1卷,北京:中国人民大学出版社1992年版。

方汉奇主编：《中国新闻事业通史》第 2 卷，北京：中国人民大学出版社 1996 年版。

傅国涌：《笔底波澜：百年中国言论史的一种读法》，桂林：广西师范大学出版社 2006 年版。

戈公振：《中国报学史》，上海：上海古籍出版社 2003 年版。

郭超人：《喉舌论》，北京：新华出版社 1997 年版。

胡道静：《新闻史上的新时代》，上海：世界书局 1946 年版。

胡礼垣：《胡翼南先生全集》，台北：文海出版社 1974 年版。

胡玫、王瑾：《回忆胡政之》，天津：天津人民出版社 2009 年版。

胡乔木：《胡乔木回忆毛泽东》，北京：人民出版社 1994 年版。

胡乔木：《胡乔木谈新闻出版》，北京：人民出版社 1999 年版。

胡绳主编：《中国共产党的七十年》，北京：中共党史出版社 1991 年版。

胡太春：《中国近代新闻思想史》，太原：山西人民出版社 1987 年版。

胡愈之等：《众说韬奋》，上海：学林出版社 2000 年版。

黄富峰：《大众传媒伦理研究》，北京：中国社会科学出版社 2009 年版。

黄瑚：《新闻伦理学》，北京：新华出版社 2001 年版。

黄瑚：《中国近代新闻法制史论》，上海：复旦大学出版社 1999 年版。

黄天鹏：《新闻学名论集》，《民国丛书》第 48 册，上海：上海书店出版社 1990 年版。

江泽民：《江泽民文选》第 1—3 卷，北京：人民出版社 2006 年版。

姜义华：《章炳麟评传》（上下册），南京：南京大学出版社 2002 年版。

蒋亚平、官健文、林荣强：《新闻失实论》，北京：中国新闻出版社 1986 年版。

瞿秋白：《瞿秋白选集》，北京：人民出版社 1985 年版。

赖光临：《中国近代报人与报业》，台北：台湾商务印书馆 1980 年版。

蓝鸿文：《新闻伦理学简明教程》，北京：中国人民大学出版社 2001 年版。

李彬：《中国新闻社会史》，上海：上海交通大学出版社 2007 年版。

李大钊：《李大钊文集》，北京：人民出版社 1984 年版。

李金铨：《大众传播理论》，台北：三民书局 2005 年版。

李金铨：《文人论政：知识分子与报刊》，桂林：广西师范大学出版社 2008 年版。

李侃等：《中国近代史》，北京：中华书局 1994 年版。

李磊：《报人成舍我研究》，北京：中国传媒大学出版社 2011 年版。

李泽厚：《中国思想史论》，合肥：安徽文艺出版社 1999 年版。

李瞻：《新闻学》，台北：三民书局 1969 年版。

无锡市史志办公室编：《秦邦宪（博古）文集》，北京：中共党史出版社 2007 年版。

梁启超：《梁启超史学论著四种》，长沙：岳麓书社 1998 年版。

林伟功主编：《林白水文集》（上下），福州：福州市新闻出版局，2006 年。

林语堂：《中国新闻舆论史》，王海、何港亮主译，王海、刘家林校，北京：中国人民大学出版社
　　2008 年版。

刘家林等编著：《成舍我新闻学术论集》（上下册），广州：暨南大学出版社 2012 年版。

刘家林：《新中国新闻传播 60 年长编（1949—2009）》（上、下），广州：暨南大学出版社 2010 年版。

刘兰肖：《晚清报刊与近代史学》，北京：中国人民大学出版社 2007 年版。

刘少奇：《刘少奇选集》，北京：人民出版社 1981 年版。

陆定一：《陆定一新闻文选》，北京：新华出版社 1987 年版。

《陆定一文集》编辑组编：《陆定一文集》，北京：人民出版社 1992 年版。

罗绍志等：《蔡和森传》，长沙：湖南人民出版社 1980 年版。

罗世宏、胡元辉：《新闻业的危机与重建》，台北：先驱媒体社会企业股份有限公司，2010 年。

马骥伸：《新闻伦理》，台北：三民书局 1997 年版。

马星野：《新闻自由论》，南京：中央日报印行，1948 年。

毛泽东：《毛泽东新闻工作文选》，北京：新华出版社 1983 年版。

民国丛书编辑委员会编，任白涛著：《综合新闻学》（《民国丛书第三编 40》），上海：上海书店出版社 1991 年版。

穆青：《穆青论新闻》，北京：新华出版社 2003 年版。

宁树藩：《宁树藩文集》，汕头：汕头大学出版社 2004 年版。

庞荣棣：《史量才：现代报业巨子》，上海：上海教育出版社 1999 年版。

钱穆：《中国历史研究法》，北京：生活·读书·新知三联书店 2001 年版。

任白涛：《应用新闻学》，上海：亚东图书馆，1937 年。

任建树：《陈独秀传》，上海：上海人民出版社 1989 年版。

沈谱编：《范长江新闻文集》上下卷，北京：中国新闻出版社 1989 年版。

孙旭培主编：《华夏传播论》，北京：人民出版社 1997 年版。

孙中山：《孙中山全集》第 1—10 卷，北京：中华书局 1981 年版。

汤志钧编：《康有为政论集》（上下），北京：中华书局 1981 年版。

汤志钧编：《章太炎年谱长编（修订本）》（上下），北京：中华书局 1979 年版。

汤志钧主编：《章太炎政论选集》，北京：中华书局 1977 年版。

唐凯麟：《伦理学》，北京：高等教育出版社 2001 年版。

汪康年：《汪穰卿笔记》，北京：中华书局 2007 年版。

汪康年：《汪穰卿遗著》卷 1—8，首都图书馆藏书，1920 年铅印本。

汪诒年纂辑：《汪穰卿先生传记》，北京：中华书局 2007 年版。

王尔敏：《中国近代思想史论》，北京：社会科学文献出版社 2003 年版。

王瑾、胡玫编：《胡政之文集》，天津：天津人民出版社 2007 年版。

王润泽：《北洋政府时期的新闻业及其现代化（1916—1928）》，北京：中国人民大学出版社 2010 年版。

王润泽：《张季鸾与大公报》，北京：中华书局 2008 年版。

王栻主编：《严复集》第 1—5 册，北京：中华书局 1986 年版。

王韬：《弢园文录外编》，上海：上海书店出版社 2002 年版。

王韬：《弢园文新编》，北京：生活·读书·新知三联书店 1998 年版。

王韬著,孙邦华编选:《弢园老民自传》,南京:江苏人民出版社 1999 年版。

《文史资料选辑》编辑部:《文史资料精选》第 13 册,北京:中国文史出版社 1990 年版。

吴冷西:《忆毛主席:我亲身经历的若干重大历史片段》,北京:新华出版社 1995 年版。

吴廷俊:《中国新闻史新修》,上海:复旦大学出版社 2008 年版。

郗卫东主编:《解放前珍贵红色报刊发刊词》,北京:中央编译出版社 2011 年版。

夏东元编:《郑观应集》(二册),上海:上海人民出版社 1982 年版。

肖东发、邓绍根编:《邵飘萍新闻学论集》,北京:北京大学出版社 2008 年版。

肖东发、邓绍根编:《徐宝璜新闻学论集》,北京:北京大学出版社 2008 年版。

新华社新闻研究所编:《吴冷西论新闻报道》,北京:新华出版社 2005 年版。

新华社新闻研究所编:《新华社回忆录》,北京:新华出版社 1986 年版。

新华社新闻研究所编:《新闻工作文献选编》,北京:新华出版社 1990 年版。

《新闻界人物》编辑委员会:《新闻界人物(一)》,北京:新华出版社 1983 年版。

徐培汀、裘正义:《中国新闻传播学术史》,重庆:重庆出版社 1994 年版。

徐新平:《维新派新闻思想研究》,长沙:湖南人民出版社 2010 年版。

许纪霖、宋宏编:《现代中国思想的核心观念》,上海:上海人民出版社 2011 年版。

杨保军:《新闻道德论》,北京:中国人民大学出版社 2010 年版。

叶楚伧:《叶楚伧先生文集》,台北:文物供应社 1983 年版。

叶永烈:《反右派始末》,乌鲁木齐:新疆人民出版社 2000 年版。

英敛之:《英敛之集》,桂林:广西师范大学出版社 2013 年版。

英敛之:《英敛之先生日记遗稿》,台北:文海出版社 1974 年版。

曾宪明:《中国百年报人之路》,呼和浩特:远方出版社 2003 年版。

张春香:《章太炎主体性道德哲学研究》,北京:中国社会科学出版社 2007 年版。

张岱年:《中国哲学史方法论发凡》,北京:中华书局 2003 年版。

张季鸾:《季鸾文存(上下)》,天津:天津大公报馆 1944 年印行。

张品兴主编:《梁启超全集》(1—8 册),北京:北京出版社 1999 年版。

张岂之、陈国庆:《近代伦理思想的变迁》,北京:中华书局 2000 年版。

张汝伦:《现代中国思想研究》,上海:上海人民出版社 2001 年版。

张闻天:《张闻天文集》第 1 卷,北京:中共党史资料出版社 1990 年版。

张闻天:《张闻天文集》第 3 卷,北京:中共党史资料出版社 1994 年版。

张小莉:《清末"新政"时期文化政策》,北京:人民出版社 2010 年版。

张友鸾:《世界日报兴衰史》,重庆:重庆出版社 1982 年版。

张之华主编:《中国新闻事业史文选》,北京:中国人民大学出版社 1999 年版。

章士嵘编:《西方思想史》,上海:东方出版中心 2002 年版。

章太炎:《太炎文录初编》,上海:上海书店出版社 1992 年版。

赵超构:《赵超构文集》第 6 卷,上海:文汇出版社 1999 年版。

赵建国:《分解与重构:清季民初的报界团体》,北京:生活·读书·新知三联书店 2008 年版。

赵凯:《二十世纪中国社会科学·新闻学卷》,上海:上海人民出版社 2005 年版。

赵玉明:《中国广播电视通史》,北京:北京广播学院出版社 2004 年版。

郑保卫:《当代新闻理论》,北京:新华出版社 2003 年版。

郑保卫:《中国共产党新闻思想史》,福州:福建人民出版社 2004 年版。

郑师渠主编:《中国共产党文化思想史研究》,北京:中共中央党校出版社 2007 年版。

中共中央文献研究室编:《十三大以来重要文献选编》(上、中、下),北京:人民出版社 1991—1993 年版。

中共中央文献研究室编:《十四大以来重要文献选编》(上、中、下),北京:人民出版社 1996—1999 年版。

中共中央文献研究室编:《十五大以来重要文献选编》(上、中、下),北京:人民出版社 2000—2003 年版。

中国第二历史档案馆编:《中华民国史档案资料汇编》第 3 辑,南京:江苏古籍出版社 2000 年版。

《中国共产党宣传工作文献选编》(3),北京:学习出版社 1996 年版。

中国人民大学港澳台新闻研究所:《报海生涯——成舍我百年诞辰纪念文集》,北京:新华出版社 1998 年版。

中国人民大学新闻系:《中国近代报刊史参考资料》(上下),北京:中国人民大学新闻系内部用书,1980 年。

中国社科院新闻研究所编:《中国共产党新闻工作文件汇编》(上、中、下),北京:新华出版社 1980 年版。

中国社会科学院新闻研究所:《中国新闻年鉴(1983—2010)》,北京:中国新闻年鉴社 1983—2010 年版。

周鸿书:《新闻伦理学论纲》,北京:新华出版社 1995 年版。

周永祥:《瞿秋白年谱新编》,上海:学林出版社 1992 年版。

邹韬奋:《经历》,长沙:岳麓书社 1999 年版。

邹韬奋:《韬奋新闻工作文集》,北京:新华出版社 1985 年版。

二、译著

〔法〕让·贝特朗:《媒体职业道德规范与责任体系》,宋建新译,北京:商务印书馆 2006 年版。

〔法〕让-诺埃尔·卡普费雷:《谣言:世界最古老的传媒》,郑若麟译,上海:上海人民出版社 2008 年版。

〔美〕迈克尔·埃默里等:《美国新闻史:大众传播媒介解释史(第八版)》,展江等译,北京:新华出版社 2001 年版。

〔美〕杰克·富勒:《信息时代的新闻价值观》,陈莉萍译,北京:新华出版社 1998 年版。

〔美〕利昂·纳尔逊·弗林特:《报纸的良知:新闻事业的原则和问题案例讲义》,萧严译,北京:中国人民大学出版社 2005 年版。

〔美〕罗恩·史密斯:《新闻道德评价》,李青藜译,北京:新华出版社 2001 年版。

〔美〕麦金太尔:《伦理学简史》,龚群译,北京:商务印书馆 2003 年版。

〔美〕施拉姆等:《报刊的四种理论》,中国人民大学新闻系译,北京:新华出版社 1980 年版。

〔美〕沃尔特·李普曼:《公众舆论》,阎克文、江红译,上海:上海人民出版社2011年版。

〔美〕新闻自由委员会:《一个自由而负责的新闻界》,展江等译,北京:中国人民大学出版社
　　2004年版。

〔英〕卡伦·桑德斯:《道德与新闻》,洪伟等译,上海:复旦大学出版社2007年版。

〔英〕马修·基兰编:《媒体伦理》,张培伦等译,南京:南京大学出版社2009年版。

〔英〕汤因比等著,张文杰编:《历史的话语:现代西方历史哲学译文集》,桂林:广西师范大学出
　　版社2002年版。

三、主要报刊

《时务报》《清议报》《湘报》《新民丛报》《民报》《申报》《大公报》《东方杂志》《时报》《安徽俗话报》《中国白话报》《盛京时报》《京报》《晨报》《布尔塞维克》《红旗》《向导》《红色中华》《解放日报》《新华日报》《晋察冀日报》《中央日报》《人民日报》《中国青年报》《光明日报》《经济日报》《湖南日报》

后　记

　　奉献在读者面前的是我主持的国家社会科学基金项目（批准号"08BXW006"）的最终成果。项目于 2013 年年初完成，2014 年 1 月拿到结项证书，评定等级为优秀。课题结项之后，一晃四年过去了。中间因为要完成"马克思主义理论研究和建设工程"教材《中国新闻传播史》所承担的章节以及部校共建的《新闻传播学案例教学》教材等其他任务，不得已终止了修改工作，一直拖到今年上半年才抽空对成果进行文字上的校正与修改，其主要内容和时间跨度仍保持结题时的样貌。

　　回顾我对中国新闻伦理思想的关注与兴趣，始于 2000 年撰写《新闻伦理学新论》书稿的时候。当时因为研究的需要，阅读了梁启超、严复、章太炎、徐宝璜和邵飘萍等人有关新闻学的论著。我发现在这些文献里，有关报馆职责和报人品德的论述无处不在。于是，根据当时的认识水平，撰写了《论徐宝璜新闻伦理观》和《中国新闻人才观的变迁》等论文发表在《新闻大学》等刊物上。后来随着阅读范围的扩大和涉猎文献的增多，越发觉得新闻伦理思想犹如耀眼的星辰时常闪烁在中国新闻事业史的银河之中，于是便萌发了要写一部"中国新闻伦理思想史"的想法。2008 年申报国家课题立项之后，除了完成教学任务外，大部分时间都用在资料的搜集、研读与写作之中。原计划用二十几万字完成的课题，由于研究对象时间跨度较长，涉及的代表人物众多，要阅读的文献资料和阐述的内容丰富，结果自然而然就成了现在 50 多万字的篇幅。

　　在课题研究中，我想解决的主要问题是对百余年来中国新闻伦理思想进行全面系统的梳理，重点探析各个历史时期存在的主要道德失范现象，挖掘知识精英面对当时的道德问题作出的回应与思考，凸显中国新闻传播史上新闻伦理思想精华，并结合特定的时代背景，在忠于史料的前提下，对这些思想进行适当的辨析与评价。书中所选择的"知识精英"，既包括新闻史上著名的主笔、经理、编辑、记者，也包括晚清以来的政治家和著名学者。我比较赞同这样的观点，"精英"思想虽然不能代替"大众"思想，但也是当时民众的一般观念和情感在一定程度上的反映和表达,能够典型地展现时代的思想观念与精神风貌。尤其是新闻伦理,没有从事过新闻事业的社会大众,他们对新闻道德的看法、要求与主张很难在历史材料中找到直接的依据。因此,我在研究中国新闻伦理思想史的过程中,关注的重点是近代以来的经典文本与精英思想。

在书稿即将出版之际,我要衷心感谢全国哲学社会科学工作办公室和当时的评审专家对课题立项的支持,课题立项无疑增添了我数年来沉潜研究的动力;衷心感谢结项评审专家对最终成果的肯定及为我提出中肯的修改建议;衷心感谢尊敬的方汉奇教授、郑保卫教授、吴廷俊教授、程曼丽教授,在百忙之中为拙著点评推介,隆情厚谊,铭感于心。在课题研究过程中,我指导的研究生邓丽琴、赵颖慧,在资料收集和第四章、第五章的部分初稿的写作上付出了辛勤的劳动,特表谢意。书稿完成后,正值湖南省委宣传部与湖南师范大学共建新闻与传播学院,学校副校长廖志坤教授和新闻与传播学院前后任的领导蔡骐教授、尹韵公教授、银海强书记、李正益书记、肖燕雄教授、周国清教授和闵素芬副院长、王云副书记对本书的出版给予了热情的关心与经费的大力支持,在此表示诚挚的谢意!北京大学出版社社长王明舟教授、社科编辑室周丽锦副主任和责任编辑胡利国副编审为拙著的出版给予了热情的支持。我也从事过多年的图书编辑出版工作,深知一个好编辑对于图书质量的重要作用以及对文字字斟句酌的付出与辛劳,我对他们的奉献精神和严谨、细致的工作作风深表敬意与感激。最后,还要感谢妻儿等家人的帮助,特别是儿子立之从大学毕业后去美国读博,到密歇根大学博士后出站,再到香港大学任教,其自觉自励的能力与精神让父母颇感省心与欣慰。

梁启超在《清代学术概论》中说:"学问非一派可尽,凡属学问,其性质皆为有益无害。""学问不厌辨难,然一面申自己所学,一面仍尊他人所学,庶不至入主出奴,蹈前代学风之弊。"①近几年来,新闻学界一直在探索如何拓展我国新闻史研究的范围和创新新闻史书写的范式。我想,"中国新闻传播史研究"本属于历史学科中的"专门史",而本人所做的"中国新闻伦理思想史"研究,又属于"专门史"中的专门史。如果拙著对拓展中国新闻史研究的范围有所裨益的话,于我则是一件十分荣幸的事情。

文章千古事,得失寸心知。我的这部书稿虽历时数年始得完成,但自知生性不敏、学识有限,书中的缺点与疏漏在所难免,真诚地期待同行先进和读者诸君不吝批评指正,使我在学问的辨难中获得启迪与收获,得其教益,乐莫大焉!

徐新平

2018 年 6 月于湖南师范大学上游村寓所

---

① 梁启超:《清代学术概论》,《梁启超史学论著四种》,长沙:岳麓书社 1998 年版,第 101 页。